新版　中国古代の社会と国家

# 新版　中国古代の社会と国家

増淵龍夫著

岩波書店

# 目　次

# 序論　中国古代社会史研究の問題状況

## ——学説史的展望——

### 一　中国社会経済史研究における二つの方法的視角

中国史における最初の専制的統一帝国の形成とその歴史的性格という問題を中心として、従来さまざまの面から多くの個別的実証研究がなされ、またそれにもとづく体系的把握のこころみがいくつかの方法的角度からなされてきた。そこで何が明らかにされ、そこに何が明らかにされないでのこされてきたか、ということを、問題史的に整理しておくことは、本書において展開するささやかな研究の意図するところを、あらかじめ限定的に明示しておくためにも必要であろうと思う。

秦漢帝国の全社会構造を、それに前後する社会経済史的展開のなかで「体系的」に把握しようとするこころみは、今日なお多くの論争を生みつつ精力的につづけられているが、学説史的にいえば、その端緒は、一九二〇年代の末期から三〇年代にかけて、中国で展開されたあの社会史論戦[1]からはじまる、といってよい。それは、革命へつながる中国現代史の苦悩を、そのまま反映する、きわめて実践的な問題要求から、発したものであった。一九二五年にはじまる国民革命が、それによせられた多くの期待にもかかわらず、現実問題になんら見るべき解決をもたらさずして失敗に終ったとき、革新的意欲にもえる中国知識人の目は、将来への希求をより確実に具体化するために、中国の歴史的過去への内省と、その体系的把握へ向けざるを得なくなった。中国社会の歴史的性格を理解し、その現段階的地位を中国史の歴史的発展のなかで正しく位置づけることが、明日の中国の進路を見定めるために何よりもさし迫った関心事となってきたのである。中国史を社会経済史的発展の面において、「体系的」に把握しようとするこころみは、ここにはじまる、といってよい。

このような問題要求をもった中国の若いゼネレーションに対して、方法的指針を与えたのは、マルクス・エンゲルスのあの史的唯物論の普遍的社会発展の図式であった。そこでは、中国史の諸時期を、史的唯物論の示す継起的発展の諸段階にしたがって、どうくぎるかについて、所謂社会史論戦とよばれる討論が展開されたのであるが、そこには、多くの困難な問題がまちうけていたのである。殊に、秦漢帝国の成立以降、西洋帝国主義勢力の侵入に至る、永い時代の歴史的性格については、最も多くの異論と困難な問題に当面しなければならなかった。その困難な問題の一つは、この時代の生産関係の分析が、実証的にもきわめて未熟な研究水準にあったばかりでなく、その生産関係に対応する政治形態が、分権的形態をとらずに、すでに早くから専制的な中央集権的形態をとっているという点であり、史的唯物論の封建制概念をもって、ただちにこの体制を規定するためには、なお解決しなければならない多くの困難な問題を残したのである。したがって、中国社会史論戦に端を発する中国社会経済史研究は、一九三〇年代においては、中国古代史のうち殷周時代の研究については、後にのべるように、郭沫若(2)・呂振羽(3)らの先駆的業績を生み、いくつかの問題を後にのこしながらも、史的唯物論の方法的規準のもとに、実証研究の新しい局面が開拓されていったのであるが、秦漢帝国およびそれ以後の時期についての「体系的」把握については、みのり多い成果を生まなかった、といってよい。むしろ、そこでは、上述のような困難に当面して、史的唯物論の発展図式による体系的把握を断念し、「解釈も分析もせずに資料を三十年間蒐集整理する」ことが提案され、史料の整理と各時代の社会経済史的個別研究が盛んとなって行く傾向にあった。一九三四年に創刊された、陶希聖を中心とする『食貨』半月刊誌は、このような傾向を代表するものであった。それは、従来あまり手をつけられなかった、主として秦漢時代以降の社会経済史的素材を整理し豊富に提供するという点においては、きわめて重要な貢献をなしたのであり、また当時すでに、加藤繁氏らを中心としておこなわれてきた日本における食貨志研究や中国社会経済史研究にも、多くの刺戟を与えたのであるが、方法はむしろ等閑に附された。個別的実証研究とはいっても、それにもとづいて方法自体を検討し、そこから新たな方法的仮説を提示しながら、再びそれを新たな史実の実証によって検証するという、根気強い問題追求の態度は、そこでは、まだ見られなかったといってよい。このような時期に、奴隷制・封建制という普遍的発達段階の図式の安易な適用によっては、必ずしも把握できない、秦漢帝国およびそれ以降の中央集権的国家権力とその下における社会構成を、それに代る別個の方法的解釈を導入することによって、体系的に把握しようとするこころみが、ドイツの中国研究者から提出されたのである。一九三〇年代に発表されたウィットフォーゲルの諸研究(4)がそれである。かれは、秦漢帝国以降の社会構成を特殊な「東洋的社会」として体系的に把握し、その特殊化の契機を生産力の自然的基礎、すなわち大規模な治水灌漑の不可欠性に求めたのである。そして、かれに方法的規準を与えたのは、マルクスの所謂「アジア的生産様式」およびそれと表裏一体をなす「アジア的デスポティズム」の概念であり、またそれら概念についてのかれ独自の解釈であった。

すでに、「アジア的生産様式」の解釈については、一九二〇年代末期からソ連において討論が開始されていた。そこでは、中国革命の当面する中国社会の歴史的性格をどう規定するかという問題をめぐって、マルクスの所謂アジア的生産様式は、奴隷制・封建制・資本制というマルクスの明示する継起的歴史発展の諸段階と、どう関連するか、という問題が提議されたのである。そこでは、大ざっぱにいって、二つの相対立する見解をうんだ。一つは、アジア的生産様式は東洋社会の独自の社会構成であるとする見解であり、一つは、それを、継起的社会発展の普遍的な発展段階のいずれかに――それが、奴隷制以前の段階であるか、奴隷制かあるいは封建制の段階にあたるものであるかについては、さらに議論がわかれて論争されて行くのであるが――関係づけて解釈しようとする見解である。まず、前者の見解は、マジァールによって提起され(5)、後述のように、それは論争の過程のうちにきびしく批判されて行くことになるが、ウィットフォーゲルの初期の研究は、このマジァールの研究から大きな影響をうけて展開されたのである。

一九三〇年代に発表されたウィットフォーゲルの諸研究、あの大規模治水灌漑を決定的要因とするかれの所謂東洋社会の理論は、学説史的にいえば、マルクスの所謂アジア的生産様式を普遍的歴史発展の継起的段階としてではなしに、西洋的社会発展とは類型的に異なる東洋的社会の特殊な生産様式として、理解し、検証しようとするものであった。そして、そのような生産様式の特殊化の契機として、生産諸力の自然的な基礎、すなわち水の問題をかれはとりあげたのである。農耕に不可欠な水が天水のみでは不充分で人工灌漑を必要とする地帯、しかもそのような治水灌漑が、局地的範囲をこえて、諸個人や地方的諸集団では果し得ない大規模な治水灌漑工事を必要とする地帯では、治水とそれによる水の規制という重要な経済的機能を集中的に掌握する強力なデスポットの統一国家が成立する。それは天水農耕地帯に成立する結合紐帯のゆるやかな、あの「西洋的」封建制的階級秩序とは類型を異にし、そこにおける君主は、水の社会的規制を一手に掌握することによって、地方的諸集団の諸機能を収奪し、改編し、農民の運命とその生産物の唯一のデスポット的支配者となる、というかれの自然的地理的条件に決定的要因をもとめるその原則的分析は、あらためてのべるまでもなく周知のところである。したがってかれの理解によれば、治水権を掌握する強力な権力によって統一的に農民を支配するアジア的デスポティズムのこの体制は、その歴史的経過の間に、治水官僚の遠心的運動による農業生産の危機と、それによる王朝の崩壊を生ずることはあっても、国家による水の規制を必要とする生産力の自然的基礎が不変である限り、王朝の交代にかかわりなく、体制として存続して行くこととなる。この体制を変革する力は、体制内部からは生れてこない。それは、外側からの強力な衝撃——西洋帝国主義勢力の侵入——をまってのみはじめて解体を開始する。東洋的社会を停滞性の社会と観じ、そこにおける運動法則は発展ではなく循環であるとするかれの理解は、その水の理論と不可分の関係にあったのである。もっともそのようなアジア的デスポティズムの東洋的社会が形成されるまでにはいくつかの段階があった。かれの所謂「単純なる形態」と「展開をみたる東洋的社会」との区別が、すなわちそれである。中国史についていえば、かれは殷周時代を前者にあて、そこでは、氏族制的共同体は未だ分解せず、灌漑も局地的で、それら多数の共同体の上にのぞむ周の支配もゆるやかであったが、春秋戦国時代の過渡期を経て、鉄製器具の普及、商業の発展は共同体の分解を促し、局地間をむすぶ治水・灌漑の公共事業の発達は、これら分解された小家族を統一的に支配する、秦漢帝国以降の「展開された東洋的社会」を形成せしめるにいたる、とするのである。そして、かれによれば、この秦漢帝国以降の永い年代にわたる中国社会が、アジア的デスポティズムの展開された「東洋的社会」であり、それは、前述のように停滞と循環の社会として、理解されたのである。

秦漢帝国およびそれ以降の中国社会を、西洋的社会発展とは類型的に異なる、特殊アジア的社会構成として、それを生産様式の特殊的基礎から、体系的に解明しようとしたウィットフォーゲルのこころみは、奴隷制・封建制等の普遍的社会発展の図式に中国社会をあてはめるに急で、しかもそこに多くの未解決の問題を残して苦悩している当時の研究状況においては、東洋的社会の特殊な性格という類型学的視点を導入した点において、殊に中国の革命的実践の課題と直接かかわりのない、日本および欧米の中国研究者の間に大きな反響と多くの追随者とを生んだ。しかしながら、注意しなければならないことは、かれが東洋的社会の特殊性を剔出するその価値視角である。かれのそのような東洋的社会の類型的把握の底には、比較の規準を西欧的価値規準におくことによって東洋をとらえる、あの十八世紀後半以降の西欧学者に伝統的な東洋社会観が、なお根強く作用していることに、私たちは気づくのである。それは、近代西欧思想の自己意識の過程につくられた産物であって、そこではすでに中国自体の内面からではなしに、外側の西欧的価値規準から「自由」に対して「専制」が、「発展」に対して「停滞」が東洋社会を特徴づけるものとして、対比的に観念されていたのである。その意味では、かれの東洋社会に対する価値視角は、かれがブルジョア的観念論として批判し[6]、そしてそれにもかかわらずかれ自身無視し得なかったマックス・ウェーバー[7]の、さらにはヘーゲルの中国社会論[8]にも系譜的にはつながりをもつものということができる。それ故、かれは、マルクスの所謂アジア的生産様式を、奴隷制・封建制等の継起的歴史発展とは別に、そのような一般的社会発展の系列には属さない特殊な社会構成として類型的に理解したのである。ただかれの場合には、そのように西欧的価値規準によって外側から観念され規定されたいわば近代西欧思想に伝統的な東洋社会観を、マルクスの「アジア的生産様式」の概念を手がかりとして、特殊アジア的社会構成として、「観念的」にではなく、「唯物的」に、「恣意的」にではなく、「科学的」に、すなわち、ひとしく、生産諸力と生産関係の基礎から、「体系的」に解明しようとしたのである。したがって、かれは、アメリカに亡命後、思想的転向を経て、文化人類学的方法の影響を多分に受けるにおよんで、東洋的社会に対するかれの類型学的把握の傾向は、全面的に強化されてくるのである。かれの近著『東洋的デスポティズム』[9]（一九五七）においては、かれのさきの「東洋的社会」（Oriental Society）の理論は、新たに「水利社会」（Hydraulic Society）という文化類型学的概念によって、より大きなスケールにおいて類型学的に展開され、それによって解明される「東洋的デスポティズム」の社会は、「西洋的」社会に対立する全くのパターンとしてその類型化を強化し、史的唯物論のあの歴史発展の継起的諸段階による位置づけを、戦闘的に拒否し攻撃するに至るのである。

ところで、このかれの近著をまつまでもなく、すでに一九三〇年代のかれの研究にみられる上述のような停滞社会論と不可分にむすびついた東洋的社会の理論は、かれに先行しかれに直接の影響を与えたマジァールの中国研究とともに、みずからの手による中国の変革を希求し、中国史のなかに発展と変革の主体的契機をさがし求めようとする実践的要求に燃える人々からは、大きな不満と批判とをもって迎えられなければならなかった。事実また、かれの東洋的社会の理論をもってしては、今日の中国の変革は中国史の内部からの発展としては説明できない。かれの論理によれば、「東洋的社会」に崩壊と変革をもたらす契機は、内部的力からではあり得ず、それは外部からの影響によってはじめて与えられるものであり、そのかれの論理は、かれの近著においては、中華人民共和国は西洋的影響のもとにおけるアジア的デスポティズムのより強大な規模における復活である、という極論にまで展開して行くのである。そのような結論も、かれの戦前の研究における「東洋的社会」の類型的把握、そこにすでにひそむ上述のような価値視角のコンセクェントな帰結でもあるのである。

停滞論を排して、中国史を発展の相においてとらえ、もって革命のための中国の現段階的認識を確実なものにしようとする実践的意欲にもえる人々は、あくまで史的唯物論のあの画一的な歴史発展の継起的諸段階を固守した。かれらにあっては、マルクスの所謂アジア的生産様式を、歴史発展の継起的諸段階としての奴隷制・封建制のいずれかにあてはめて解釈しようとする傾向が優勢を占めていった。一九三一年のレーニングラードにおけるアジア的生産様式討論会以降、ソ連・中国のマルキストの陣営においてたどった主流はそうである。そして史的唯物論の発展段階説を定式化したスターリンの『弁証法的唯物論と史的唯物論』においては、歴史発展の継起的諸段階としては原始共有制・奴隷所有制・封建制・資本主義制、および社会主義制の五つの発展段階が挙げられ、この五つの段階の外に、別にアジア的生産様式という段階なり、類型なりは、ありうべからざるものとされた。そして、さらにそこでは、地理的環境は、社会発展の諸条件の一つではあるが、社会発展の決定的要因ではないことが、宣明されるに至るのである。

（1）社会史論戦については、読書雑誌集刊『中国社会史的論戦』四冊（一九三一―三三）、李季『中国社会史論戦批判』（一九三四）参照。
（2）郭沫若『中国古代社会研究』一九三〇。
（3）呂振羽『殷周時代的中国社会』一九三六。
（4）Wittfogel, K.A., *Wirtschaft und Gesellschaft Chinas*, Teil I. Leipzig, 1931.（平野義太郎監訳『解体過程における支那の経済と社会』二冊、一九三四）。Ders.: Theorie der orientalischen Gesellschaft, *Zeitschrift für Sozialforschung*, Jahrgang VII. 1938 Heft 1/2. Ders.: The Foundations and Stages of the Chinese Economic History, *Zeitschrift für Sozialforschung*, Jahg. IV 1935 Heft 1.（共に森谷克己・平野義太郎訳編『東洋的社会の理論』一九三九に邦訳収録）。
（5）Madjal, L., Die Ökonomie der Landwirtschaft Chinas. *Unter dem Banner der Marxismus*, vol. II, 1929.
（6）Wittfogel, K.A., Die Probleme der chinesischen Wirtschaftsgeschichte. *Archiv für Sozialwissenschaft u. Sozialpolitik*, Bd. 57, 1927 参照。
（7）Weber, M., *Konfuzianismus und Taoismus*, *Gesammelte Aufsätze zur Religionssoziologie*. Bd. I. 1920.
（8）Wittfogel, K. A., Hegel über China, *Unter dem Banner der Marxismus*, vol. V, 1931 参照。
（9）Wittfogel, K. A., *Oriental Despotism, A Comparative Study of Total Power*, Yale Univ. Press, 1957.

## 二　殷周社会史研究の問題状況

上述のようなアジア的生産様式論争および中国社会史論戦は、もとより、今日的水準の実証的史実にもとづいてなされたのではない。それは、たびたび言及したように、中国革命の現段階的地位を見さだめようとする、いわば理論的・実践的要求から、展開されたのである。しかしながら、この論争から分岐してくるいくつかの中国社会経済史研究の流れを概観するとき、そこにすでに、問題は、端緒的な形においてではあるが、提出されていることに、私たちは気づくのである。

その一は、中国史を、社会発展の相において動的に把えようとする志向であり、他の一は、中国の社会構成を、その固有な形姿において、類型的に把えようとする志向である。ただ、この二つの志向は、そもそもの問題提示の当初においては、全く異なった問題関心から出発したため、相互に反発する方法と視角に拠って、歴史研究というよりは、むしろ理論的論争の形で相争われたのであった。そのような状態を打破って、この二つの志向が中国史理解のための、互にむすびつき合い、補完し合う、新しい方法的視野を開いて行くためには、何よりもまず、それぞれのよる方法と視角とが、実証的史実によって、きびしく検証されなければならなかったのである。そして、史的唯物論の方法的規準によりながら、実証研究の面に深い開拓の犂を打ちこみ、やがてそこから方法自体への検討の道を開いていったのは、まず、殷周史の研究においてであった(1)。

甲骨金文学の王国維の開拓者的業績をうけついで、みずからもその考釈に多くの貢献を加えながら、この新出史料をもって、殷周時代の生産関係に分析のメスをあてようとしたのは、郭沫若の先駆的業績『中国古代社会研究』(一九三〇)であった。かれは、王国維がその「殷周制度論」(『観堂集林』所収)において明示した、殷周両代の制度的・文化的相違をば、史的唯物論の社会経済的発展段階の概念によって把えようとして、殷代を原始共同体の末期、周代を奴隷制社会の初期と規定したことは、周知のところである。三〇年代においてすでに西周の時代を奴隷制時代と解した郭沫若の見解はまさに画期的であったといってよい。そこでは舀鼎・大盂鼎等の金文に見られる直接生産者としての「衆」・「臣」や、詩経等の文献史料にみられる農民の奴隷的性格を推論する一方、儒家の所謂「五服・五等爵」の制度の非現実性を金文研究にもとづいてあばき、儒家の所謂「封建」という古来の成語が、生産関係の発展段階としての「封建制」とはまったくかかわりのないことを明示したのであった。このように郭氏が、周代を奴隷制と規定したのは、直接生産者の社会関係の考察にもとづいたのであったのに反し、殷代を原始共同体の末期と規定した根拠は、王国維がさきにその卜辞研究により明示した殷王朝の兄弟相続制と先妣特祭の事実にもとづくものであって、支配氏族階級の社会制度にのみその根拠をもとめて、それと直接生産者との関係の考察をおろそかにした点に、その視点の一貫性を欠く弱点を蔵していたのであった。もっとも殷代においても、かれが奴隷と解する「衆」等が農業生産に従事する事例を、卜辞のなかからかれ自身数多く発見していたのではあるが、これを周代の奴隷制へ移行する過渡的形態として重視しなかったことは、殷と周とを全く性格を異にする社会として規定しようとするかれの最初の出発点、すなわち王国維から継承した先入見に災いされていたのである。一九三六年に発表された呂振羽の研究『殷周時代的中国社会』は、郭沫若のこの弱点をつくところからはじまる。すなわち呂氏は殷代においてはすでに支配階級と被征服者すなわち奴隷との階級分化が存在し、農業生産の直接担当者はこの奴隷であったとして、殷代を奴隷制社会と規定するのであるが、周代については、逆に王国維の周代封建についての伝統的見解の影響をうけ、それに加えるに、頌鼎その他の西周後期金文に見られる冊命儀礼に関する記事を、周室と諸侯との法制的封建関係を推定せしめる新史料として援用する一方、農業生産関係については、きわめて問題の多い井田制を農奴制にもとづく荘園制と解釈したのであった。さきに郭氏が奴隷制の史料として使用した曶鼎・大盂鼎等の銘文は、ここでは農奴の史料として利用されているのである。

以上が、史的唯物論の方法的視野における三〇年代の殷周史研究の問題状況の大略である。そこでは、そのような方法的視野において、実証的史料研究の新しい局面が開拓されはじめたことは注目されなければならない。しかしながら、それにしても、当時の生産関係を一義的に規定すべくあまりにも史料が限られているのであるから、当時の農民が奴隷であるか農奴であるかという点にのみ議論を集中することは、きめ手をもたない議論の空転に終る危険を内包していたのである。したがって問題は、単に生産関係についてばかりではなく、このような普遍的な典型的段階概念をもって、そこでは十分分析されていない西周時代の政治・社会の全構造が、果して矛盾なく理解できるかという点でも検証されなければならないのである。いやそればかりではない、周代が奴隷制社会であるか、或は封建制社会であるかということは、春秋末期から戦国時代にかけての変革期を通じて成立してくる秦漢帝国の歴史的性格を規定する上にも、きわめて重大な関係をもつ問題であって、周代社会の規定の仕方は、この変革期をどう理解するかによってても検証されてくるのである。そのような、普遍的な社会発展の段階概念を図式的に適用することによって、はたして、春秋末期から秦漢帝国の成立にかけてのあの大きな歴史の動きが矛盾なく把握できるかどうか、という方法的反省も、やがては不可避になってくるのである。

四〇年代に入っても、このような方法的視野における諸業績は、前記呂振羽の提示した仮説の線にそって、押しすすめられてきたが、この間における卜辞金文の史料学的研究の長足の進歩は、やがて、以上のような見解に重大な修正を要求してくるのである。

甲骨卜辞の研究は、董作賓の「甲骨文断代研究例」(『慶祝蔡元培先生六十五歳論文集』上冊、一九三三)によって、新しい段階に入ったということができる。それは、従来の釈字考釈から一歩をすすめて、卜辞の編年を明らかにする道を開いた、画期的な研究であった。この卜辞の編年研究の進展は、殷周革命を大きな社会的変革期とする王国維以来の定説をくつがえして、周の諸制度は殷のそれを受けついだもので、そこには本質的な制度的変化は見られない、とする有力な見解を生み、殷末周初史は、新しい実証的相貌のもとに、開拓されて行くことになる。董作賓をはじめ、胡厚宣・貝塚茂樹・白川静の諸氏の四〇年代から五〇年代にいたる精力的な甲骨文研究は、そのような視野を開いていったのであった。このような基礎史料の研鑽のなかから、王国維をのりこえて得た新しい問題視野をば社会経済史的に基礎づけようとしたものが、郭沫若の近著『十批判書』（一九四五初版）の第一論文「古代研究的自我批判」およびそれに手を加えた『奴隷制時代』（一九五二）であった。そこでは三〇年代の旧著『中国古代社会研究』の自己批判をおこない、殷周両時代とも奴隷制時代として規定して、この奴隷制より封建制への転換期を春秋戦国期に求め、中国古代社会の重要な変革期として、殷周革命よりも、春秋戦国時代を大きく前面におし出したのであった。この郭氏の新研究は、甲骨文研究の進展にもとづいて、王国維の定説の拘束からみずからを解きはなち、中国古代社会の変革期を、殷周革命にではなく、春秋戦国時代に求めた点において、大きな意味をもつものであったが、殷・周両代をともに奴隷制と規定する、その方法的規準それ自体は三〇年代と全く同じである。かれは、周代を奴隷制とする十五年前の自己の見解を、さらに詩経農事詩の研究や、井田制の独自の新解釈によって強化し、一方、殷代を原始共産制の末期とする自己の旧説を改めて、卜辞に見える「衆」・「衆人」を直接生産者としての奴隷と解するさきの呂振羽らの見解を、周代の奴隷との関連でさらに発展させ、殷・周の両社会とも奴隷制と規定したのであった。殷周両時代の国家・社会の全構造関連のなかで生産関係をより具体的に分析していったのではなく、ただ単にその時代の直接生産者としての奴隷の存在を検出することによって、その時代の発展段階的性格を規定しようとするその方法は、素朴なまでに、史的唯物論の典型的方式に忠実であって、その点についてのみいえば、三〇年代との相違はその段階付けの相違にすぎず、方法自体については、なにほどの進展も示していないといってよい。そればかりではない。史料解釈の点についても、殷周時代を奴隷制時代と規定する郭氏の史料的根拠、すなわち、卜辞に見える「衆」・「衆人」を奴隷と解する、その釈字についても、甲骨文研究家から異議が提出されてくるのである。前述の董作賓(2)および胡厚宣(3)は単に字形から

「衆」・「衆人」等をただちに奴隷と解するその釈字に反対し、尚書盤庚篇にみえる「衆」の検討を通じて、それを氏族成員もしくは自由な公民と解する、全く郭氏とは対照的な見解を発表した。この董・胡両氏の抗議に対し、郭氏は、(4)殷墟発掘によって確認されたおびただしい数の殉葬者をば、奴隷の例証として挙げて、自説の強化をはかったのであるが、白川静氏は(5)精緻な考証によって、その殉葬者は生産奴隷とは考えられず、羌・南等の異族ではないか、という批判的見解を提示した。さらに「衆」の解釈については、佐藤武敏氏は、(6)それは、殷の支配下にあって労役の義務を負う各邑土の氏族員ではないか、という仮説を提示し、「衆」についての異なる見解の統一的理解をこころみようとした。問題はすでに、「衆」という文字自体が奴隷をさすかどうかという素朴な提問の仕方をこえて、その背後にある邑制国家の構造、殷とその支配下にある諸邑氏族との関係、さらには、被征服民たる原住氏族との関係等々が、「衆」との関連において構造的に問われねば、解決できない段階にきているのである。

西周時代の生産関係についての四〇年代の研究状況も、それと同じような問題状況にある。井田制を公田同養の助法とむすびつけて、それを一種の荘園制と解する、前述の呂振羽の見解を排して、郭沫若は、(7)井田制関係史料についてよりきびしい史料批判をおこない、小川琢治氏の研究を導入しながら、井田制の実体は、古くから都邑築営の際になされる土田別定による区別された公有田であり、それは奴隷制的経営によるものと解し、その意味では、井田制は殷以来連続して見られる奴隷制国家の土地経営の方式である、と考えたのである。井田制を助法との関係で、農奴制にもとづく荘園組織と解する呂振羽以来の見解は、その後多くの追随者を生むが、それは、西周の邑の構造や社会組織の性格を考慮に入れないで、もっぱら断章取義的に、西洋中世のヴィリカチオン制との表面的類似だけを求めるに急で、十分批判されなければならないのであるが、さればといって、それを奴隷耕作にもとづくとする郭沫若の見解の究極の根拠は、西周後期金文の舀鼎等にみえる「衆」・「臣」等の字形の解釈であり、また詩経農事詩の解釈である点は、三〇年代のかれの旧著と同じである。舀鼎等にみえる「衆」・「臣」をその字形の解釈より奴隷と解する郭沫若の見解は、上述のように董作賓らによって批判をうけ、また、卜辞にみえる「衆」と、西周金文、詩経臣工にみえる「衆」とが、同じ社会的実体をさすかどうかは、「衆」の字形の釈字からではなく、かれら「衆」のはたす社会的・経済的諸機能を西周諸邑の政治的社会的全構造関連のなかで追求しなければ、決定できない問題なのである。したがって翦伯賛[8]・斉思和[9]・王毓銓・范文瀾[10]らと、郭沫若らとの間にその後もつづく論争は、特に決定的史料を提示することなく、また、問題の視角を邑制国家の構造的関連において深化することなく、単に当時の農民自体の非自由性の程度について、奴隷であるか、農奴であるかを争っているのであって、そこにはなんらの問題の進展はない。

　このような研究状況のなかにおいて、新しい問題と方法的視野を提示したのは、侯外廬の『中国古代社会史』(一九四九)である。侯氏は、郭沫若と同じく西周を奴隷制と規定するのであるが、まず郭氏の方法の公式性をするどくつくことから、みずからの研究を出発させる。すなわち郭氏の最大の方法的欠点は、史的唯物論の奴隷制の典型的形態をば唯一の固定した規準として、ただ外形的に直接生産者としての奴隷の存在を指摘することによって、中国古代史を段階づけようとした点にあるとし、等しく奴隷制とはいっても、そのような普遍的な生産関係が、中国固有の歴史的条件によって強い制約をうけるところに、古典古代の奴隷制とは異なる奴隷制のアジア的形態を問題としなければならないとする。このような方法的視野の深化のもとに、かれは奴隷制の典型的形態としての古典古代との対比において、中国古代社会の固有の構造をまず問題とするのであるが、その際かれは両者の外形的類似をば城市国家という概念でとらえながら、その根本的相違を、中国古代の固有な歴史的条件としての氏族制の強固な制約性にもとめるのである。すなわち、古典古代におけるように、各氏族を超えたより高次の政治的場として都市国家《ポリス》が成立したのではなくして、中国古代においては、氏族制そのものが同一次元においてそのまま都市国家の外形をまとったのであり、氏族制のこの根強い制約が、古典古代の典型的奴隷制とは形態的に異なる奴隷制のアジア的形態を生んだ、とするのである。すなわち、かれは、王国維・郭沫若以降、中国古代史研究の明らかにしてきた周代「封建」の実体、あの周の宗邑を頂点におく、氏族制的邑共同体の累層的支配隷属の関係を、城市国家の概念をもって説明する。すでに王国維も指摘するごとく、「封」という字は、邦と同じく丰の音義に従うもので、それは樹木をもって堺をくぎる意味で、当時の国とは、このように樹木・土城等をめぐらして、周囲の野と境界をくぎられた小さな邑(聚落)なのであるが、侯外廬は、このような土城をめぐらした邑を、城市国家と名づけたのである。このように境界をくぎって、樹木・土城をめぐらして邑を築営する所謂「封邑」「作邑」は、古くからおこなわれたのであるが、周初、東方に同姓・功臣を諸侯として「封」じたという儒家文献の所謂「封建」とは、事実関係としては、このような意味における「作邑」、すなわち周氏族の東方における征服地統治のための都市営築に外ならない。このようにして築営された同姓・異姓の諸氏族の都市国家群と、周の宗邑とをむすぶ関係は、氏族制的紐帯またはそれの擬制にもとづく宗礼であり、西洋中世の法制史的概念としての「フューダリズム」とは全くかかわりのない、一つの氏族制的組織と考えるべきであることを、まず侯氏は明確にする。そしてこれらの「封国」すなわち都市国家内部の社会組織は、宗廟を中心とする一つの氏族集団または氏族連合であり、その族長(すなわち侯)の世系を大宗として、宗法による氏族制的組織を形成し、貴族すなわち支配氏族として国中(城郭の中)にすみ、俘獲した被征服氏族を奴隷として——すなわち総体としての奴隷氏族として——鄙(城郭の外)において、生産にあたらせた、ということに、侯氏の論証の力点がおかれたのである。そこでは、血縁的紐帯に基礎をおく氏族制が、国中にすむ支配者たる貴族の側においても、またそれに隷属する鄙にすむ奴隷の側においても、根強く存続して、政治組織と生産関係のいずれをも規定し、したがって、またそこでは、生産手段(土地・奴隷)は私有ではなく、国有(族有)であり、奴隷も氏族として、総体的に、支配者たる氏族貴族に隷属する関係が、明確な構造的関連において、指摘される。そしてこのような、生産関係から政治・社会の全般にいたるまで強い制約を与えているこの固有の氏族制が、生産力の発展によって、分解して行く時期が春秋時代末期から戦国時代にかけての時期であり、氏族的土地公有から個別的大土地保有が、集団的奴隷氏族から個別化された農奴と小農民が生れてき、そしてこれら個別化された大小の土地保有者を、国鄙の別なく一様に民として支配する新たな公権の発生が郡県制であり、そこに奴隷制より封建制への転換の内実の意味を求めるのである。

この侯外廬の研究は、さきに提出された二つの問題、すなわち、一方においては、中国史を普遍的な社会発展の相においてとらえようとする要請と、他方においては、中国史を西欧的社会とは構造的に異なる固有な形姿においてとらえようとする要請との、二つの相異なる問題要求を、具体的歴史研究の中でむすびつける、新しい問題視野を開いたものとして注目しなければならない。それは、学説史的にいえば、アジア的生産様式論争の新たな展開ともいうことができる。前述のように、一九三〇年代のアジア的生産様式論争は、もとより、今日的水準の実証的史実にもとづいて、なされたのではなかった。マルクスの著述の中にアジア的生産様式について、くわしい内容的分析がないため、それをどのように理解すべきか、といういわば理論的実践的要求において、問題が展開されたのである。そして、このような実践的要求の下においては、定式化された史的唯物論の普遍的な発展図式が、中国史の分析に主導的地位を占めてきたことは、前述の通りであり、今日の中国における歴史研究の主流も、依然として、それである。しかしながら、前述のように、中国古代史の実証的研究がすすむにつれて、ギリシャ・ローマや西洋中世の史実からの高度の抽象化によって構成された、あの普遍的概念としての奴隷制・封建制という史的唯物論の定式化された社会構成を、単に形態として、中国史のなかにあてはめるだけでは割り切れない、いくつかの困難な問題に当面してくるのである。等しく、生産力と生産関係の弁証法的発展の立場に立ちながらも、そこに継起する奴隷制・封建制のとる具体的形態は、必ずしも一様ではない、という理論的反省が、史実の抵抗に直面するところから生れてくる。このような、実証史学の遺産の吸収によって、アジア的生産様式は、新しい相貌の下において、再び問題としてとり上げられてくる。そこにおいては、アジア的生産様式は、マジャールやウィットフォーゲルのように、西欧的社会に対立する全くの社会類型としての東洋社会の生産様式としてではなしに、奴隷制のアジア的形態として、より具体的・歴史的にとらえられてきたのである。このような反省は、理論と実証との接近のなかから生れてきたのであり、そして侯外廬の研究は、そのような傾向を代表するものであったのである。

もっとも、侯外廬の研究は、アジア的生産様式を総体的奴隷制と解する新たに発見されたマルクスの草稿に示されている見解を、西周史の史実によって検証しようとする問題要求をもち、理論的色彩のつよい研究であって、その実証的手続においては、なお多くの問題をのこしている。しかしながら、侯氏とは全く別個の問題要求からなされている、実証史家の殷周史研究も、この侯氏の提言をよりみのり多いものにして行く傾向にある。先秦時代の国家社会の単位は邑であって、古典古代の都市国家《ポリス》の外形に相近いものとする見解は、すでに、わが国では宮崎市定・貝塚茂樹らの諸氏[11]によって提言されており、その邑の国・都・鄙の重層的支配関係については、侯氏とほぼ相近い考えが、より実証的操作をもって、松本光雄氏[12]によって明らかにされている。諸侯のすむ邑が「国」、その「分邑」が都で、そこにすむ支配者層が「人」と呼ばれ、さらに国・都の支配をうける原住民の邑が鄙で、そこにすんで田土を耕作する被支配者層が「民」と呼ばれ、この国・都・鄙の構造と人と民との関係を具体的に明らかにしている。そしてこの支配者層である氏族貴族の側においても、被支配者層の農耕者の側においても、氏族組織は分解しておらず、農民は氏族組織を維持したまま、奴隷として総体的に氏族貴族に隷属するという侯氏の指摘は、限定的にではあるが、白川静氏[13]の、より実証的な研究によっても、検証されてくるのである。詩経の農事詩に見える農民を単に奴隷と解した前記郭沫若の研究[14]に対する実証的批判から出発して、白川氏は、その多年にわたる緻密な殷末周初史研究を背景として、周頌や風雅中の農事詩をとり上げて、地域別的に分析し、そこにおける農耕の社会関係をいくつかの型にわけて、その相違を指摘しながら、そこにおける共通の関係として、氏族制の強固な存続が指摘され、農民は、地域により程度の差こそあれ、氏族組織を維持しながら、氏族貴族に隷属する関係が明示されている。

もっとも、その際主として殷遺民を氏族単位に魯や衛に分給したことをつたえるあの左伝定公四年の記事を根拠として、そこから金文錫臣の記事を解釈して、俘獲された氏族が総体的に奴隷として周の氏族貴族に隷属することを推定し、周代をアジア的形態における奴隷制（総体的奴隷制）と規定する、侯外廬のやや粗略な史料操作にくらべれば、白川氏の実証的操作はより慎重である。周代の社会史的性格を規定する前に、それぞれの地域における歴史的条件に即して、地域別的に考察をすすめ、侯氏の推定したような、俘獲した被征服氏族を奴隷として農耕に役使する事例は、周頌に示される周室の料田・祭田その他の王領地のような特殊な御料地と、その他部分的には王畿内の氏族貴族所領の一部にみられるにすぎないとして、地域的に限定する。小雅の諸篇および豳風にみえる畿内の貴族氏族の所領においては、農民は、分給された被征服氏族よりは、周の同族の場合の方が多いとし、そこでは、家父長制的領主経営へ発展する志向を内蔵しながら、氏族的遺制は未だ全くは分解せず、単一氏族集団であれ、分邑による重層的構造をもつものであれ、いわば総体的支配ともよぶべき関係が見られ、また周の所謂「封建」の東南地域においては、周から入植した氏族貴族が、氏族組織を維持する原住農耕民を、総体として支配する関係を、大雅崧高などの分析を通じて明らかにした。したがって、白川氏は、これらの氏族として総体的に支配される農民を、俘獲されて分給された部民的被征服氏族と区別して、奴隷とは敢て規定しないのであるが、それらの農民も、氏族制を維持しながら、氏族貴族に隷属する点においては同じであり、問題は、その隷属の度合が、俘獲されて奴隷化される被征服異種氏族とどの程度異なるか、という点にある。この問題をとく鍵は、氏族貴族と隷属氏族との生産関係のより具体的究明、すなわち、古来問題とされながらもなお解決を見ない助法・徹法の古代税制が、この国・都・鄙の邑の重層的構造との関連で、どう解明さるべきか、という問題に外ならない。侯外廬のきわめて示唆にとむ提言は、さらにこの点の解明をまって、検討されなければならないのであるが、実は、残された問題は、その点にのみあるのではない。より重要な、そしてより困難な問題が、中国古代社会の体系的把握のこころみにとって、待ちうけているのである。それは、殷周時代を、上述のような奴隷制のアジア的形態（総体的奴隷制）として把握することによって、それにつづく春秋戦国の転換期、および秦漢帝国の成立が、どう矛盾なく説明されるか、という問題である。侯氏は、中国の奴隷制に固有な制約的歴史条件を附与しているのは、氏族制の強固な残存であるとし、それを奴隷制のアジア的形態として構造的に把握したのであるが、その制約的な歴史的条件とされる氏族制の強固な残存は、春秋戦国の転換期の過程において分解し、中国は封建制社会の段階に入る、という。果してそのような仕方で秦漢帝国成立の過程が説明できるであろうか。そして実は、秦漢帝国の歴史的性格とその成立の過程をそれに前後する歴史的展開のなかでどのように理解すべきか、ということが私の究極の意図なのであり、本書に展開される研究は、その模索の一過程に外ならない。

（1）その研究状況の詳細については、拙稿「中国古代の発展に関する戦後の体系的把握の試みについて」増田四郎編『歴史学の新動向』（一九五三）所収、および拙稿「古代帝国の成立とその歴史的性格」社会経済史学会編『戦後における社会経済史学の発達』（一九五五）所収、を参照。

（2）董作賓「殷墟文字甲篇自序」『中国考古学報』第四冊、一九四九。同「中国古代文化的認識」『大陸雑誌』第三巻第一二期、一九五一。

（3）胡厚宣「殷非奴隷社会論」『甲骨学商史論叢』初集（一九四四）、白川静「胡厚宣氏の商史研究」『立命館文学』一〇二—三（一九五三）参照。

（4）郭沫若『奴隷制時代』一九五二。
（5）白川静「殷代殉葬者と奴隷制」『立命館大学人文科学研究所紀要』二、一九五三。
（6）佐藤武敏「殷代農業経営に関する一問題」三上次男・栗原朋信編『中国古代史の諸問題』（一九五四）所収。
（7）郭沫若『十批判書』（一九五〇年版、野原四郎・佐藤武敏・上原淳道訳『中国古代の思想家たち』上、一九五三）、同『奴隷制時代』一九五二。
（8）翦伯賛『中国史綱』第一巻「殷周史」一九五〇。
（9）斉思和「孟子井田説弁」『燕京学報』三五、一九四八。
（10）范文瀾『中国通史簡編』修訂本第一篇、一九五三。
（11）宮崎市定「中国上代は封建制か都市国家か」『史林』三三ノ二、一九五〇。貝塚茂樹『中国の古代国家』一九五二。
（12）松本光雄「中国古代の邑と民・人との関係」『山梨大学学芸学部研究報告』三、一九五二。
（13）白川静「詩経に見える農事詩」『立命館文学』一三八―九、一九五六。
（14）郭沫若「由周代農事詩論到周代社会」『青銅時代』（一九五四）所収。

## 三　秦漢史研究における問題の所在

一九三〇年代初期の中国社会史論戦に端を発する、中国史の体系的把握のこころみは、殷周史については、上にたどったような経過をへて、次第にみのり多い視野と成果を生んできたのではあるが、秦漢帝国およびそれ以降の時代については、事情は必ずしも同じではない。そこでは、上述のような困難に直面して、史的唯物論の発展図式による体系的把握を断念し、「解釈も分析もせずに資料を三十年間蒐集整理する」ことを提案する、陶希聖を中心とする『食貨』学派が、革命前の中国における社会経済史研究の主流を占めて行くことになったことは、前述の通りである。

与えられた史料の在り方に即して、経済史的問題をとり上げることになれば、おのずから、租税制度を中心とする国家財政の問題がまずとり上げられ、ついでそのような財政政策との関連において、豪族の土地兼併、商業高利貸資本の小農民圧迫の問題が、秦漢経済史研究の好個な題目として、とり上げられてくることになる。ことわるまでもなく、秦漢時代の基本的史料、史記・漢書・後漢書のなかで経済に関してわれわれに与えられている史料は、その殆んどすべてが、為政者の財政政策的関心とその視角から編述されたものであるからである。(1) 陶希聖を中心とする『食貨』学派の秦漢経済史研究が、そのような問題を中心に史料の整理と個別研究をすすめているとき、日本においては、より精密な制度史研究が展開されていた。秦漢時代の財政制度の研究としては、今日でもなおその価値を失わない、加藤繁氏の古典的研究(2)が、すでに早くから発表されており、一九三〇年代においては、何よりもまず、兵制と徭役制、官僚制等についての、浜口重国氏の一連の卓越した個別研究(3)が、秦漢制度史研究のその後の研究方向を大きく決定した。秦漢時代の個別的実証研究は、その史料の性格よりして、中国においても、日本においても、制度史研究が、圧倒的に大きな比重をしめ、そこでは経済史とはいっても制度史研究が多く、また戦後発表された居延漢簡は、さらに精緻に制度史研究を発達させることになったが、このような大勢のなかにおいて、民間豪族の問題を、社会経済史的観点からとり上げた、楊聯陞(4)、宇都宮清吉(5)両氏の開拓者的業績は、特に注目されなければならない。豪族の問題は、その族的結合の面については、礼制の社会学的考察からなされた牧野巽氏等の家族制度研究においても触れられていたが、それを一つの民間における社会経済的勢力として、とり上げたのは前記の両氏であり、しかも、それを国家権力に対する対抗物としてとり上げるのが、両氏に共通する視野であった。豪族の大土地経営の具体的構造、それと商業との関係、その隷属民の性格等が、その後宇都宮氏によって、精力的に追究され、すぐれた業績を生む(6)ことになる。

ところで、戦後にいたって、中国革命の成功が、多くの実証史家および実証史学の遺産の吸収を可能にするにおよんで、かつての社会史論戦に端緒的に見られた体系的把握の志向は、秦漢時代についても、より具体的な実証研究をふんまえて、再び新たなるよそおいのもとに復活してきた。今日なおつづけられている、時代区分の論争（中国古史分期問題）が、すなわち、それである。そして、そこにおいて、秦漢社会を、それに前後する歴史発展のなかで体系的に把握しようとする場合、秦漢社会の歴史的性格を決定する生産関係として、まず論議の対象にとり上げられたのが、この豪族の大土地経営と、その隷属農民の性格であったのである。前述のように、中国においては、今日でもなお秦漢時代を封建制の社会として規定する主流的見解の根拠は、主としてこの豪族の大土地経営が農奴制にもとづくと解する点にある。それは、通例小作および小作料と解釈される「仮」についての、史料に散見する記述にもとづくものであった。しかしながら、この豪族の大土地経営をこのように農奴制にもとづくものと解することに問題があるばかりでなく、これによって秦漢時代を封建制と規定する場合、当面する最大の困難は、前述のように、分権的ならざる、秦漢帝国の、あの強度に統一的な専制主義的国家権力とその国家体制を、そのような下部の生産関係との対応においてどのように理解するか、ということにある。

このような一般的見解に対して、まず日本において新しい問題が提示された。それは、唐末までを奴隷制とする前田直典氏[7]の暗示的発言をうけついで、それを実証面における新しい局面の開拓によって発展させようとした西嶋定生氏の意欲的な研究である。西嶋氏は、漢代豪族の大土地所有が所謂小作によるのが一般であることをみとめながら、かれら豪族がきわめて多数の家内奴隷を所有することに着目して、かれらを氏族制的共同体の分解より析出されてくる家父長制的家内奴隷所有者として規定し、漢代の小作制は奴隷制の克服の結果生じたものではなく、家父長制的家内奴隷所有者的権力によって規制された奴隷制の特異なあらわれ方である、と見なければならないとし、そのような豪族の性格と漢帝国の国家権力の中核構造との同質性を立証するために、劉邦集団の分析を主題とする問題作「中国古代帝国成立の一考察——漢の高祖とその功臣」(『歴史学研究』一四一、一九四九)を発表したのであった。この研究と相関連して、西嶋氏は、別に、「漢代の土地所有制——特に名田と占田について」(『史学雑誌』五八ノ一、一九四九)と題する研究において漢代豪族の起源をさぐり、それを、商鞅変法の規定にみえる名田所有者に求め、その実体をば氏族制的邑共同体の分解から析出されてくる家父長制的家内奴隷所有者として規定し、しかも、その土地所有が「名田」として、すなわち、これら個々の家父長制的土地所有者が新たに形成されてくる専制的国家権力の直接支配下に掌握されるものとして、するどい理解を示したのであった。この西嶋氏の一連の研究は、漢代社会の性格を、単に豪族の土地所有とその生産関係の面だけに限定して論ずるのではなしに、漢代豪族を前代からの歴史的発展のなかに位置づけ、さらにそれを、劉邦集団の分析を媒介として、形成過程にある漢の国家権力の中核構造との同質性において、とらえようとした点において、きわめて創意にとむ着眼と、広い視野からする、すぐれた問題の提示を内蔵するものであった。従来、やや個別的問題に眼界を限るきらいのあった漢代史研究を、広いそして新しい局面にみちびき出す役割を果したこの研究の学説史的価値は、高く評価されなければならない。しかしながら、西嶋氏のこれらの研究は、その名田の解釈においても、また劉邦集団の分析においても、その実証的操作において若干の問題があった。その点については、ただちに平中苓次氏(8)や守屋美都雄氏(9)らの批判に当面しなければならなかった。それらの実証的批判は、それとして十分意味をもつものであり、また、平中氏の名田批判は、主として制度史的関連においてではあるが、その後の商鞅変法研究に新しい動機を与えて行くことになるのではあるが、しかしながら、これらの実証的批判によって問題が解決したのではない。その実証的操作に訂正されなくてはならない点が指摘されても、史料のより正確な解釈にもとづいて、西嶋氏の問題構想に代る新しい歴史理解が示されない限り、西嶋氏の提出した問題の意味は、なお解決されないで残るのである。残されているより困難な問題は、氏の所謂名田所有者や、劉邦を中心として集る、そして、中涓・舎人等の職名をそこで与えられる集団の組織分子をば、家内奴隷制という普遍的概念で一義的に規定する、その方法的規準にも、あったのである。そこにおけるより重要な問題は、単に劉邦集団の社会史的性格をどう把握するかという問題を超えて、先秦時代の氏族制的邑共同体の分解によって放出されてくる個々の家々や個々人を再び結びつける新しい人的結合関係、そこに形成されてくる新しい社会秩序を、同じく氏族制的邑共同体の崩壊の過程のなかから生れてくる新しい国家権力との関連において、どう把握するかという大きな問題に、必然的につながる問題であって、それを、奴隷制とか封建制とかいう普遍的概念によって、無媒介に、果して矛盾なく把握できるか、という困難な問題を内在していたのである。

この困難な問題を解くためには、まず問題を、氏族制的邑共同体の崩壊のはじまる、春秋中期までさかのぼって、その崩壊の過程のより精密な考察からはじめなければならない。そして、その崩壊の過程から生れてくる、一方においては、新しい上からの国家秩序、他方においては、下からおのずから生れてくる新しい民間秩序の、それぞれの性格と、相互の交渉の仕方を、別々に分離することなく、相互媒介的な統一的視野から、明らかにして見なければならない。そして、その際、支配の制度や権力の外郭的機構を、外側から、なんらかの既製の普遍的概念によって規定することを急ぐ前に、そのような制度を内側からささえそれを現実に動かす、人と人との結びつきの固有な内面的関係に立入って、詳細に観察した上で、改めて、支配の制度や権力のとる外郭的機構を、それとの関連で考えて行かなければならない。このような仕方で、氏族制的邑共同体の崩壊のなかから生れてくる所謂専制主義的な秦漢帝国の形成の具体的過程とそのもとにおける社会秩序の固有な構造を、統一的視野のもとに明らかにしようとするこころみの一端が、本書第一篇以下に収められた諸論考の究極に意図するところである。そこでまずとり上げられなければならない重要な問題の一つは、氏族制的邑共同体の崩壊から分出されてくる個々の家々や人々を、再び結びつけ、組織化して行く、新しい人的結合の習俗的関係である。それは、奴隷とか農奴とかいう普遍的概念では十分把握できない、中国固有の習俗的関係であって、それは、丁度、殷周時代において、氏族制的関係が政治・経済・社会のあらゆる関係の基底にあって、それに固有の構造と形姿とを与えていたように、氏族制的関係の解体の過程のなかからあらわれてくる、人的結合のこの新しい固有な習俗的関係も、それ以後の政治・社会・経済のあらゆる関係の基底にあって、それに固有の構造と形姿とを与えて行くのである。それは、最初、春秋末期の氏族制的秩序の分解過程から放出されてくる無産の游民が、なんらかの保護を求めて、有力者の周囲に結びついてくる固有な社会関係、あの養客結客の任俠的習俗に端緒的に示されてくるものであるが、それは、その外面において家父長制的な経済的従属の関係をとりながらも、その内面においてこれらの人的結合をささえているものは、所謂任俠的習俗に示されるきわめてパーソナルな心情的結合であり、主家のもつ権力や財力に対する全面的従属というよりはむしろ、そのような物的関係だけでは説明のつかない、具体的な人格的要因が相互に大きく作用する性格のものであった。しかも、注意すべきことは、第一に、このような任俠的紐帯によって結ばれる人的結合の関係は、それが分解された非血縁者を相互にむすびつける新しい結合関係であるのにもかかわらず、家父長制的な血縁関係を拡大された形で擬制化することによって、その結合の強化維持がはかられる一面をもつ点において、前代の氏族制的秩序とはその性格において、全く無縁なものではなく、そこから新しい歴史的条件のもとに展開されてきたものである、ということであり、第二に、このような任俠的習俗にもとづく人的結合関係は、いわばパーソナルな相互信頼にもとづく心情的結合であるが、それは決して平等の関係として平板に理解されるべきものではなく、そのような心情的結合自体のなかに、不可分の関係において、結合の一方の側の強い家父長制的支配意志が、矛盾なく化体しているのであって、逆にいえば、そのような支配関係を内面からささえ、それを強固にする、内面的結合紐帯として、この心情的な人的結合の習俗的関係が、積極的に作用し、そしてそれが支配関係に固有な構造を与えている、ということである。そして、第三に、このような人的結合の関係は、単に特殊な社会層に限られたものではなく、戦国期以降の社会のあらゆる階層において、それぞれの勢力集団における人的結合の紐帯として、また相異なる社会層相互の間の人的結合の関係を可能ならしめる紐帯として、いいかえれば、それを無視しては、どのような人的結合も現実性をもち得ないような固有の習俗的関係として、ほとんどあらゆる、政治・社会・経済の諸関係の基底に、根強く作用している、ということである。戦国期に出現してくる、新しい小専制君主のもとにあつまり、官僚制を形成して行く、学問技能の士も、当初はこのような人的結合の紐帯によって諸侯君主にむすびつけられていくのであった。秦漢の際の劉邦の遊民集団を内面からささえているものもこの紐帯であるし、郷曲に武断する豪族・土豪の社会的勢力も、その族的結合の外延にこの紐帯により非血縁的外界との人的結合関係を集積することによって形成維持される性格のものであったし、里における父老を中心に子弟をその内面においてむすびつける紐帯も、一見形態を異にするようであるが、その性格においては類似の、一種の人的結合関係であった。制度としてのその外郭的機構をほぼ完成した漢代官僚制の内部においても、このパーソナルな人的結合関係の紐帯はなお大きく作用して、例えば門生故吏の依附関係や、選挙請託にみられるような、党派的政治勢力の形成を可能ならしめ、また地方官僚と豪族勢力との結合を可能ならしめ、国家権力の制度的機構の現実の動きを規制していたのである。

私は、本書第一篇第一章において、このような問題視野から、まず、先秦時代の氏族制的秩序の崩壊の過程から生れてくる、この新しい人的結合の習俗的関係を発生史的に考察し、ついで、劉邦集団をふくめて、秦末に民間に結集される諸叛乱集団の母胎とその社会構造が、そのような任侠的習俗にもとづく人的結合関係によって内面からささえられていることを明らかにし、さらに、このような人的結合の習俗的関係にもとづいて形成される、漢代の社会秩序の特異な構造とその個別的性格とをそのような個別的秩序の中核に位する、豪族・土豪を中心において分析し、またさらにそれと上からの政治的支配機構との接合の仕方を具体的に明らかにしようとした。

第二章は、第一章で考察した漢代民間秩序の一環として、後漢に入って漸く一般民衆の間に大きな影響力をもって行く、太平道その他の巫術的民間信仰の宗教結社の社会組織の問題をとり上げ、それがしばしば農民叛乱の母胎となる場合にみられるその強固な結合の底には、貧窮農民の心を内面からしっかりとつかむ宗教的要因とならんで、少くともその組織幹部の間には、任俠的習俗にもとづくかたい人的結合関係が大きく作用していたことを論証し、後代の会党の原初的形態をこれに求めよう、としたものである。

第三章においては、以上のような心情的な人的結合関係が、現実の歴史の場では、支配関係を内面からささえ強化する作用をはたす、その固有な性格を明らかにするために、古来、任俠的結合関係の顕著にみられるとされる墨者の鉅子集団の分析をおこない、そこにおいて、刑罰をもって学団員に対しその遵守を強制する「墨者の法」が、その学団員と鉅子との間の心情的結合と不可分の関係においてむすびついているその特異な社会関係を、墨子の思想体系のなかにおける「兼愛」思想と法家的傾向の顕著な「尚同」思想とのむすびつき方を媒介とすることによって、内面的に理解しようとしたものであって、またこのような墨子の思想を通して、逆にその思想を担う人々の社会的基盤の歴史的性格を、当時の歴史的展開のなかで確認しようとしたものである。

第四章は、第三章でとり上げた問題をより具体化するために、豪族集団をはじめとする漢代の民間における諸々の社会集団に、集団の法的規範としての「約」「約束」のあることをたしかめ、この「約」「約束」は、今日の意味における平等者間の契約の意味ではなく、それは刑罰をもって強制する集団長の一方的命令としての法であることを具体的に明らかにし、法によるこの「約」的強制のなかに内在する集団の長の権力的支配意志と、それと概念的には一応対立するあの任侠的な相互信頼にもとづく、パーソナルな心情的結合関係とが、実は予盾することなく、同一の社会関係のなかに不可分の形において化体して生きて動く、その特異な関係を究明することによって、これら社会集団の固有な構造を明らかにしようとした。この第三・四章でとり上げた問題は、氏族制的秩序の崩壊過程のなかから生れてくる任侠的習俗にもとづく新しい人的結合関係が、その現実の歴史的展開の場においては、何故に家父長制的な支配構造をとり得るのか、という問題にこたえようとするものであって、それは同時に、つぎの第二篇でとり上げる、同じく氏族制的秩序の崩壊過程のなかから生れてくる新しい上からの政治秩序（官僚制）の問題をば、この第一篇の各章で明らかにした民間秩序の問題と、別々に切りはなしてではなしに、相関連させて考察するための統一的視野を、準備しようとするものでもあったのである。

第一篇でとり上げた、新しい民間秩序が生れてくる戦国時代において、政治組織の面では、新しい中央集権的官僚制が生れてくる。氏族制的秩序の崩壊のなかから、時を同じくして生れてくるこの二つの新しい秩序は、実は異質的なものではなくて、同一性格の社会関係のなかからそれぞれ発展していったものである、ということを、戦国期官僚制の成立過程の分析を通じて、論証しようとしたのが、第二篇第一章である。そこでは、まず官僚制が制度として完備した漢代官僚制の中核をなす郎官を分析することによって、漢代官僚制は、君主側近の内官（家臣群）から発展分岐していったものであることをたしかめ、それの先駆的形態は、戦国時代の君主や貴族の側近の家臣である中庶子・舎人等であり、それらの主君に対する実際の関係は、第一篇第三・四章で明確にしたところの人的結合関係とその性格を同じくすることを、ここでは、君主が官僚を統御する「術」を説く韓非子の思想を媒介として、すなわち、韓非子の所謂「術」としての「徳」を実際の社会関係の場におろして分析することによって、論証しようとしたものである。このような人的結合の習俗的関係は、しかしながら、官僚制が制度として完備した漢代官僚制においても、なお力強く作用する。漢代官僚制は、制度的関連より見れば、あくまで、それは、専制君主の一方的統御の体系である。しかしながら、そのような体系の枠内において、この官僚制を現実に動かしている他方のバネは、官職を担う具体人としての官僚自体の生活感情と生活習俗のなかにもひそんでいるのである。この二つの要因の複雑な相互作用のなかから、専制君主と官僚層——個々の官僚としてではない——との実質的関係、官僚組織の現実の動きが規定されてくるのであり、またそこに国家権力のはたらき方の限界も示されてくるのである。そのような官僚の内面にひそむ生活感情と生活習俗をば、任侠的習俗という一つの限られた窓からのぞくことによって、それが、漢代官僚制の現実の動きのなかにどのような形をとって現われ、国家権力の制度的機構の現実の運営をどのように規定したかを、漢初から武帝を経て王莽の簒奪にいたる前漢の政治史的消長のなかで素描的にではあるが、あとづけようとしたのが第二篇第二章である。

以上の第一篇、第二篇の考察において、私の明らかにしようとしたところは、秦漢時代における生産関係それ自体でもなければ、アンシュタルトとしての国家権力それ自体でもない。氏族制的邑共同体の崩壊過程のなかから生れてくる新しい社会構成を、奴隷制あるいは封建制という普遍的概念で一義的に規定する前に、そのような新しい社会構成の基底に、すなわち、そこに形成されてくる諸々の家父長制的集団のとる政治的・社会的・経済的諸関係の基底に、奴隷制或は農奴制というような普遍的概念では必ずしも一義的に規定できない、固有な人的結合の習俗的関係が、広く作用しており、それが同時に、これらの家父長的諸集団を固有な形で内面からささえていることを、明らかにしようとしたにすぎない。春秋時代末期から戦国時代にかけて生れてくる新しいタイプの専制君主を中心に形成される支配者層たる官僚集団においても、また時を同じくして、民間に形成されてくる新しい秩序の中核をなす諸々の家父長制的集団においても、同一性格の人的結合の習俗的関係が、それぞれの集団形成の基底にはたらいて、それに固有の構造を賦与していくのである。それは、丁度、さきの殷周時代において、氏族制的関係が、支配者層たる氏族貴族の側においても、またその支配をうける隷属民の側においても、それぞれの共同体形成の基底にあって大きく作用し、あの氏族制的邑共同体の重層的支配隷属の固有な構造を賦与していた、と同じような意味あいにおいて、この氏族制的関係の崩壊の後においては、それに代る新しい人的結合の習俗関係が、そこに分解放出された個々の家々を、新しい形において、再び結びつけ、それ以後の政治・社会・経済の諸構成の基底にあって、それに固有の構造を与えていくのである。私の問題にしたのは、そのような意味における、社会構成の固有の場であったのである。氏族制の強固な存続が、殷周時代の社会構成の固有の場であったように、氏族制の崩壊の後、新しい人的結合の習俗的関係が、それに代って、社会構成の固有の場を形成することになる。それは、氏族制的関係とは全く無縁の異質のものではない。氏族制的関係の崩壊の過程のなかから生れてくる新しい家父長制的関係が、自己を拡大し、種々な側面において多くの非血縁者を包摂していく場合にとる、それは、新しい人的結合の固有な習俗的関係であった。社会構成のこの固有の場において、戦国期以降の歴史発展が展開されていく、そこに形成されてくる生産関係も、それによって固有の構造を賦与されていく、そのような人的結合の固有の場を、私はまず問題としたのである。

そのような社会構成の固有の場を設定することによって、私は、第一、第二の両篇において、戦国期以降の歴史的展開をたどった。一方においては、新しい民間秩序の形成の過程を、他方においては新しい上からの政治秩序（官僚制）の形成の過程を、この人的結合の固有の場において、たどったのである。残された問題は、この二つの秩序が、どのような形で接触することによって、秦漢帝国の基本構造を形成するのであるか、という問題である。この問題の一端については、第一篇第一章の末節においてもふれているのではあるが、問題のもつ重要さが、ここで改めて、正面からこれに立向うことを必要とする。この問題は、戦国以降形成されてきた専制君主権力が旧秩序の崩壊から民間に分出されてきた個々の家父長たちや、その集団の成員たちを、どのように把握し、支配したか、という問題であり、従来制度史的観点から、郡県制的支配として理解され、制度史研究のもっとも精緻に追求した領域である。しかしながら、そこで明らかにされたことは、主として法制的な制度の外郭機構の詳細であり、いわばそれは定められた規則の示す生活の骨格にほかならない。現実には、そのような骨格のなかで、具体的な生活が、それぞれの固有の生活感情・生活習俗をもって営まれる。そのような固有な生活感情・生活習俗にあらわれる行為者の心的態度こそ、生活の外郭的機構にはじめて生きた血と肉を与えているものであって、現実に生きて動く制度の複雑な実態は、このような視角からも、あらためて、検討されなければならないのである。そのような観点から、第二篇第三章において分析した漢代官僚制の現実の動き方、国家権力のはたらきに内在する限界、第一篇第一章で明らかにした政治的な支配機構と民間秩序の固有の構造との接合の仕方によって制約される国家権力の直接的浸透の限界等については、従来の制度史研究の示す、郡県制的支配の原則的形態とは、やや異なるものがある。それが特殊例外的現象ではなく、郡県制的支配そのものの前提に内在する固有な要因にもとづくものであることをより説得力あるものとして論証するためには、所謂郡県制的支配の実態と、それを可能にする専制君主権力の経済的基盤について、あらためて検討しなければならない。このことは、従来、考察の外においてきた、国家権力それ自体の基本構造、専制君主権力とその人民支配の基本的構造の問題を、その生成史にかけて、とり上げることを意味する。第三篇の、比較的長い考察は、この問題を明らかにするための端緒をつかもうとするものに外ならない。

この第三篇でとり上げる問題の意図を、よりよく示すためには、秦漢帝国の全構造をどのように理解し、それを社会経済史的発展の段階として、どのように規定するか、という問題をめぐって争われている、今日の学界の論点をふりかえっておく必要がある。その論点の中心は氏族制的邑共同体の崩壊の後をうけて、そこから分出されてくる個々の家父長制的家族を直接個別的に把握するために、戦国期の諸国に形成されてくるとされる中央集権的な所謂郡県制的支配、それの一応の帰結としての秦漢帝国の統一支配の性格とその基礎を、それに先行する上述の総体的奴隷制との関連において、どう理解するか、という問題であった。戦国期からはじまり、秦漢において完成される専制君主権力の中央集権的統一支配の体制は、唯一絶対の天子による、分解された個々の人民に対する直接の個別人身的支配の体系である、と解するのが日本における有力な見解である。先秦時代の氏族制的邑共同体は、春秋中期頃から展開をみる生産力の発展によって、分解しはじめ、それら邑共同体の従来もっていた政治的・軍事的、さらには経済的・社会的諸機能は、ことごとく、最高唯一の国家権力に吸収しつくされて、個々の人民は、直接無媒介にこの強大な唯一絶対の国家権力によって把握されるにいたる、とされる。そこにおいては、小共同体はまったくぬけがらにすぎず、この唯一絶対のデスポットの支配を媒介するような機能をもった小共同体の存在はすでにみとめられない、とされる。国家それ自体がいわば一つの大きな共同体に転化したのであって、デスポットたる天子と、それによって個別的・人身的に直接支配される個々の農民との関係が、とりもなおさず秦漢時代の基本的な生産関係である、と解釈される。このような見解は、税制・徭役制・兵制等についての制度史研究によって明らかにされた秦漢帝国の法制的な基本構造を、「国家が最高の地主であり」「地代と租税は一致する」というマルクスのアジア的デスポティズムの概念を方法的指針として、理論的に理解しようとすることから生れたものであるが、秦漢時代の諸々の社会的・経済的関係を、このような理論的把握のなかに矛盾なく体系化するためには、実証的にも理論的にも、なお将来の解決をまつ、多くの困難に直面しなければならなかった。例えば、デスポット的国家権力と、それによって個別的・人身的に支配される個々の農民との間の関係を、秦漢時代の基本的生産関係とする見解は、その生産関係をどのような歴史的性格のものとして規定するかによって、二つに分れる。一はこれを封建制と規定し、一はこれを奴隷制と規定する。前者の見解は最初、浜口重国[10]・侯外廬[11]の両氏によって主張された。浜口氏は、民間豪族の大土地経営が小作制によるか奴隷制によるかに論議を集中して秦漢社会の性格規定を争う従来の多くの見解を批判して、秦漢帝国の基本的構造は、民間豪族の大土地所有下の隷属農民などよりも圧倒的に多数な一般小農民を専制君主が直接支配するところに成立するものであるとする、そのすぐれた制度史家的視角から、この国家権力対一般農民の間にこそ秦漢社会の基本的生産関係を求めねばならないとし、国家が最高の地主であるという観点から、その支配下の一般農民を国家の農奴と解すべきである、という注目すべき提言をおこなったのである。侯外廬もまた浜口氏とほぼ同じ視野と同じ理論的根拠から、中国における封建制のアジア的特殊条件として国家的土地所有をあげ、国家的規模における一般農民の農奴化という視点から秦漢以降中唐までを前期封建社会と規定した。この浜口氏らの提言は、史的唯物論の普遍的な封建制概念を墨守して単に民間の所謂豪族地主の隷属民が奴隷であるか農奴であるかのみを争い定めようとする、今日なお中国においてさかんな公式的議論にくらべれば、問題を国家権力対一般農民という秦漢帝国の基本的な制度的構造のなかにうつして、封建制のアジア的形態を検出しようとする点において、すぐれた方法的視野を開くものである。しかし、それはただちにつぎの困難にぶつかる。この生産関係を農奴制と規定するためには、国家的土地所有を前提としなければならない。そしてそれは、後の均田制を国家的土地所有と解する見解をさらに前提とするものである。均田制をそのように解することに多くの問題があるばかりでなく、より直接的には、秦漢時代においては、近代法的概念としての所有権とはもとより異なるものではあるが、一般農民は一応個別的に土地をもち、土地の売買譲渡もおこなわれていることは、明らかな事実である。この関係をどのように理解すべきか。単に所有と占有、或は上級所有権と下級所有権というような概念をあてはめることによっても、なお解決しきれない問題がのこる。農民の土地所有に対する国家権力のさまざまな制約を、国家的土地所有という概念では説明できないとするところから、一般人民の国家権力に対する人身的隷属の面を強調することによって、この関係を奴隷制と規定する見解が出てくる。国家権力対人民との関係こそ秦漢社会の基本的生産関係である、とする前述の浜口氏の提言の影響のもとに、自己の前説を批判的に補強しようとする西嶋氏等[12]に代表される見解がそれである。それならば、そのような国家権力の一般人民に対する個別的・人身的支配は、どのような基礎にもとづいてはじめて可能であったのであろうか。そのような基礎が十分説明されない限り、秦漢デスポティズムの構造についての以上のような理論的把握は必ずしも説得的ではない。そして、この基礎を説明するために、人々は再び治水灌漑の国家管理を問題としはじめたのである[13]。

しかしながら、治水灌漑の国家管理をもって、奴隷制的生産関係として規定されたこの専制君主権力の人民支配の基礎を説明しようとされるこのこころみも、理論的にも、実証的にも、困難な問題に当面せざるを得ない。さきに、私たちは、この治水灌漑の国家管理をもって、秦漢以降の中国デスポティズムの基礎を説明しようとした、ウィットフォーゲルのこころみを見てきた。ウ氏が治水灌漑の国家管理を問題としたのは、東洋的社会の停滞性を生産力の自然的基礎から説明しようとする自然的環境決定論の上に立つものであり、それはかれの東洋社会停滞論と不可分にむすびつくものであって、かれのこのような東洋社会の類型的把握の態度は、それがどのような価値規準と価値視角から、結果されたものであるかは、すでに詳述したところである。そして、そのようなかれの中国社会の類型的把握の方法と視角に対して多くの批判が展開され、中国史を継起的発展の相において、すなわち、奴隷制・封建制の発展段階概念をもって、とらえようとするこころみが主流を占めてき、そのような視野のなかから、史的唯物論の公式的適用に対する反省として、等しく生産力と生産関係の弁証法的発展の立場に立ちながら、中国における特殊具体的な歴史的条件を考慮に入れて、中国における奴隷制・封建制のとる特殊な形態をとらえようとする、苦慮にみちた探究の新しい道が開かれてきたことも上述の通りである。ところが、今、日本の中国古代史家は、ウィットフォーゲルに対する批判を通じて開かれてきたこのような新しい視野において、すなわち、停滞論的視野においてではなくて、歴史発展の継起的発展段階としての奴隷制の中国的形態として把握された秦漢デスポティズムの基礎を説明しようとして、再び中国における治水灌漑の不可欠性とその国家管理の問題をとり上げているのである。そのこころみにおいて、この治水灌漑の不可欠性とその国家管理が、ウィットフォーゲルと同じく、中国における不変の自然的条件にもとづいて一義的に立論されるならば、それは、そのような自然的条件を打破るなんらかの契機が明示されない限り、秦漢デスポティズムの人頭支配は、その歴史的性格を喪失して、いつまでも循環と停滞をつづけなければならない、という自己撞着におちいる危険をもっているのである。困難は、この点にあるばかりではない。すでに戦前のウィットフォーゲルの研究に対する実証的批判として、天野元之助氏[14]らにより華北農耕が必ずしも灌漑を必要としない条件として、旱につよい華北農産物の特性が指摘され、またその気候条件よりしても、年降雨量の総計よりも季節降雨量の偏差を重視することによって、天水耕作も可能であったことが指摘され、また、灌漑を必要とする地帯においても、必ずしも国家的管理を必要としない、豪族の手による小規模な私的灌漑としての陂が数多く指摘されていたのであった。もちろん、国家的治水灌漑事業も戦国期以降数多くみられる。しかし、それは後述するように、従来の技術をもってしては開墾の不可能であった荒蕪地や斥鹵の地が、鉄器の普及によって、国家的灌漑事業による開墾の対象となったものであって、論者がいうように、治水灌漑が華北農耕の全域にわたって不可欠であったのでもなければ、その治水灌漑機構がすべて国家の管理するところであったのでもない。それならば、個々の人民を個別的・人身的に支配するとされる秦漢デスポティズムの強力な権力の基礎は、何にもとづいて生れてきたのであろうか。問題をとく鍵の一つは、その戦国期以降国家的灌漑事業によって新たに開墾された荒蕪地がどのような性質の耕地となり、それ以外の古くからある一般の民の耕地と、どのような関係に立つことによって、専制君主権力の発展をささえ、またその発展を規定したか、ということにある。

以上のような問題を背景において、戦国期から成立してくる専制君主権力の経済的基盤を明らかにしようとしたのが、本書第三篇第一章である。そこにおいては、まず、漢代の全財政収入に公的な国家財政収入と天子の私的な帝室財政収入との区別があることを明示した加藤繁氏の古典的研究から、国家財政収入の内容をなす郡県の一般農民よりあがる賦税収入の額は、天子の私的な帝室財政に属する山林藪沢の税や公田その他の収入に比して、必ずしも多くはない、という事実に着目して、この天子の私的な財政収入源の歴史的成立の過程の追求から考察をはじめたのである。殷周時代においては、山林藪沢は田獵の地として、氏族制的邑共同体の共同の利用にゆだねられていたが、春秋中期以降、氏族制的邑共同体の変貌とともに、邑の中核体である族長の規制権は家父長制的支配権に転化し、邑人共用の山林藪沢はこの家父長制的君主の家産に化して行く。この山林藪沢の家産化によって、君主は、一方においては、当時漸く活発化してきた山沢の自然的産物の採取交易に従事する商工企業者から巨額の山沢の税を確保し、他方においては、この山林藪沢を開墾することによって、広大な公田(君主の私有地、すなわち国有地)をひらき、この強化された家産的経済基盤を次第に拡大しながら、その基盤の上に立って、諸氏族貴族を抑えて、その支配下にある群小の邑共同体の分解を促進し、所謂郡県制的直接支配を次第に強化していったことを、具体的に論証しようとしたのであった。君主の手によるこの山林藪沢の開墾は、鉄器の普及による大規模な灌漑・排水のための渠の開穿によってはじめて可能になったのであって、ここに従来の技術をもってしては開墾不可能であった荒蕪地や斥鹵の地が、国家的灌漑事業によって耕地化され、それが公田として専制君主権力の経済的基盤の重要な一翼を担うにいたるのである。このような大規模灌漑による山林藪沢の国家的開墾事業は漢代に入ってもさかんにおこなわれ、専制君主権力の経済的基盤として公田のもつ意味は、さらに曹魏の屯田制、西晋の課田制へと展開していくことも、そこで詳述したところである。

したがって国家的土地所有ということを問題にする場合は、この公田をこそ問題とすべきであって、郡県制的支配下の一般の民田とは、これを区別しなければならない。ところで、戦国期に設置された公田は、形成過程にある専制君主権力が、それを直接の経済的基盤とすることによって、その支配下になお残る諸々の氏族制的残滓の諸勢力を分解して、次第にその郡県制的直接支配を強化して行くために、重要な役割をはたしたのであるが、郡県制的支配が制度的には一応完備したといわれる漢代に入っても、このような大規模灌漑による山林藪沢の国家的開墾事業がさかんにおこなわれて、公田の拡大がはかられているということ、また前述のように、この山沢の税や公田の収入その他の天子の私的財政収入が郡県制的支配下の一般農民よりあがる賦税収入とほぼ相匹敵するということは何を意味するのであろうか。すなわち漢代に入ってもなお専制君主権力は公田その他のその直接的経済基盤の拡大をはからなければならなかったということは、その基盤の上に立って、一般の民田所有者(殊に土豪・豪族)に対する郡県制的支配をさらになお強化する必要があったからであって、逆にいえば、漢代においても、制度的関連では人民の個別的・人身的支配をそのプリンシプルとする郡県制的支配の体系が、現実の運営においては、制度の意図するそのままの形では、必ずしも一様には動いていない一面をなお残しているのではないか、という疑問をおこさせる。ここで問題は、本書第一篇第一章でとり上げた、上からの政治支配の機構と民間秩序の固有の構造との接触の仕方、および第二篇第二章で明らかにしたパトリモニアル・ビュロクラシーとしての漢代官僚制に内在する固有の性格と相関連してくるのであるが、この問題を、動態的に、すなわち郡県制の成立の過程をできるだけ具体的にたどることによって、その歴史展開の動きのなかでさぐろうとしたのが、第三篇第二章である。

郡県制の県は春秋時代からはじまると、顧炎武以来いわれている。そして秦漢の官制の示す郡県制の観念をそのまま春秋時代の県にうつして、これをもって君主の直轄支配地として理解するのが、一般の通説である。しかし、こまかにみて行くと、春秋時代の県には、そのような解釈では理解できない問題が多い。そこで、この第二章では考察を具体的にするために、春秋時代に晋の県となった河内の温邑を考察の中心において、諸他の春秋時代の県と比較考察しながら、県となることによってどのような変化が邑の支配の仕方、および邑の内部組織に生ずるかを、温邑の歴史的展開のなかで検討しようとした。その結果明らかにされたこと、およびそこから開かれた展望はこうである。春秋時代の県には封邑と変らない関係を多分にのこしている。それは顧頡剛の指摘する、晋・斉の県のみにある特有な現象ではない。春秋時代の県は他国または他国の封邑を滅ぼして、それを自国の属邑としたものであるが、その県を与えられた有力世族は、県大夫としてその県を治すると同時に、そこに宗廟をおき、自己の私領として行く傾向もなおつよいのである。また従来の邑が滅ぼされて県とされるとき、その邑の支配層の氏族制的秩序は破砕されるのが通例であるが、その反面、中原の地の氏族的伝統のつよい邑においては、その抵抗もつよく、一旦県とされながらも、その抵抗によって国を復される例も多い。春秋時代の県が秦漢時代の官制の示す郡県制の県につながるためには、そこに克服されなければならない重要な条件があったのである。それは民と支配者の両方の側において根強い族的秩序の伝統である。県を領有する世族の族的組織と、県内部にすむ原住諸族の族的組織と、この両面に根強く残存する氏族制的遺制を分解して行くためには、生産力の発達とともに、君主のより強大な専制的権力の基盤が必要であったのである。第三篇第一章で明らかにした、君主の山林藪沢の家産化による商工業支配と、従来の技術では開墾不可能であった藪沢や荒蕪地の国家的開墾による公田の設置拡大がここにおこなわれてくるのである。そしてこの次第に強化されて行く経済的基盤の上に立って、君主は、県とされても古い氏族的遺制をなおのこす古来の邑に対して郡県制的支配を強化し、また多くの他の邑の上にも県制を拡大して行くのである。しかしながらそれとても一挙にしてなったのではない。戦国時代に入って、商鞅の変法以来、専制君主の意図したところは、このような郡県制的直接支配であり、国家権力と個々の民との間にはなんらかの中間的媒介の存在も許さないような、個別的・人身的支配の方向に官制をととのえてきた。しかし、それは、そのままの形でただちに現実化されたのではない。戦国期の変法家がうけた氏族貴族からのはげしい攻撃からも知れるように、それは、多くの抵抗をうけながら、長い期間を通じて徐々におしすすめられていったものである。春秋時代の県の前進をはばんだ、古い氏族制的秩序は、戦国以降になっても、制度の意図するような形では、なお完全には破砕しきれず、その崩壊の後においても、その遺制は、形を変え、意味を変えつつ、分解された個々の民を新たにむすびつける新しい人的結合の擬制的関係を生みだして、民間秩序の形成に、重要な役割を演じて行くことは、第一篇第一章で明らかにしたところである。戦国末期においても、私たちは、三晋の地において、その地方に広い人的結合を掌握して大きな勢力をもつ土着の豪俠が、そのままその地方の県令に任ぜられる例を知っており、また氏族的遺制の残存程度も、国により、地域により、必ずしも一様ではなく、その点では、例えば秦と楚とでは明瞭な相違を示しているのである。このような社会の秩序の上に、専制君主は、次第にその人頭支配的な郡県制的支配を拡大強化して行くのである。その中央集権的支配は、制度としては、秦漢帝国において一応完備する。制度の意図する点に重点をおいて、制度を制度として静態的に把握すれば、たしかに秦漢デスポティズムの基本構造は、国家権力による直接的な個別的・人身的支配ということができる。しかしながら問題は、そのような制度が当時の現実の社会関係のなかにおいて、どのような形をとって現実化されたのか、という点にある。当時の固有な歴史的条件のもとにおいて、そのような制度が現実性をもつためには、どのような固有な社会秩序がその基底にあって、その支配をささえそれと協同したか、という問題でもある。マルクスがアジア的デスポティズムの基底に、共同体の媒介を前提とした意味は、究極にはこのような意味でもあったのである。かれの記述においては、主としてインドを素材として概念化したため、そこでは共同体の集団的所有が強調されているが、そしてその集団的所有の字義にこだわって、秦漢時代に類似の共同体を求めても、あり得るはずはないのであるが、しかし、一応土地をもち、戸に分解していても、当時の民に対して、大小さまざまな社会的規制を与える力は、民間においてもあったのである。それは、形態的にはさまざまな形をとる。共同体を、形態的に、里にのみ固定して考えることは正しくない。民に対して社会的規制力を与えるものとしては、所謂父老や、土豪・豪族の力も考慮に入れなければならない。従来、土豪・豪族は、大土地所有と、その族的結合の面が重視され、かれらの及ぼす規制力は、族人やその土地を仮作する佃客についてのみ考えられているようであるが、かれらはそれ以外の周辺の農民に対しても、その人的結合関係によって、さまざまな社会的規制力を及ぼして、郷曲に武断していたことは、これまた第一篇第一章で明らかにした通りである。豪族の所有する土地の総計よりも、国家の直接支配する個々の小農民の土地の総計の方が、はるかに多いという理由から、秦漢帝国の基本構造は国家権力対一般農民の関係のなかに求めなければならない、という議論は、まさにその通りであるが、それだからといって、これら土豪・豪族の維持する社会秩序の意味を軽視することはできない。かれらが農民に対して及ぼす土着の社会的規制力を、国家権力が利用することによって、その人頭支配を現実化していったことは、第一篇第一章に明示しておいたように、郡県の下級官僚――かれらが郡県統治の実務の実権をにぎる――の職権は、そこに土着する土豪・豪族の手にゆだねられていたことよりも、知ることができる。隋の郷官廃止にいたってはじめて、州県の下級官吏にいたるまで、中央から任命派遣されるにいたることを考えれば、すなわち、秦漢の中央集権と隋唐の中央集権との制度上に現われた強弱の相違を考えただけでも、秦漢の人頭支配は、それが現実性をもつためには、どのような社会的条件を必要としたかに思いあたるであろう。このような土豪・豪族のもつ社会的規制力を、一種の形を変えた共同体的規制の一つと考えるならば、共同体的諸機能は国家権力に吸収しつくされてただ形骸のみが見られるにすぎない、とする上述の理論的解釈は、やや一方的に問題を整理しすぎるといわなくてはならない。そのような土豪・豪族のもつ土着の社会的規制力が秦漢の人頭支配に協同することによって、それを現実化し、そしてまた時には国家権力に対する抵抗の源ともなるのである。したがって、秦漢デスポティズムの構造を問題とする場合には、単に制度史的視角から、一方的な権力支配の面を抽象するだけではなく、それをその基底においてささえる民間秩序の固有の構造とその性格、およびそれと上からの政治的支配機構との接合の仕方を究明することが、重要な意味をもってくるのである。本書の冒頭の第一篇第一章で提示した問題は、最後の第三篇第二章で開かれた展望の帰結するところでもあったのである。

そのような観点からするとき、制度史が一様につたえる秦漢デスポティズムの人頭支配の体制も、その支配下のあの広い地域のなかには、それを現実化する社会的条件のあり方如何によって、国家権力の郡県制的支配の貫徹度の比較的強い地域と、それの比較的弱い地域との地域差も問題になってくるのである。このような地域差の問題は、種々の角度から今後の検討を待つ困難且つ重要な問題であるが、戦国以降大規模灌漑によって山林藪沢の開発によって新たに耕地化された地域と、古来から邑のおかれた地域との地域差は、そのような問題関心からも、問題となってくるものと思う。(15) 森鹿三氏(16)の最近の推定によれば、戦国・秦・漢の四世紀の間に開拓された耕地の面積は、それ以前からあった邑の古来の耕地の面積とほぼ相等しいとされる。もちろん、そのすべてが国家的大規模灌漑によって開墾されたものではなかろう。宇都宮清吉氏が明らかにした南陽地方のように、豪族の開墾によるところもあったであろう。また、公田とされたもののなかにもやがて臣下に下賜された部分も多くあろうし、またやがて県がおかれたところもあったであろう。しかし、戦国以降大規模灌漑による国家的開発がなされた耕地が、漢代の全耕地のすくなくない部分をしめ、しかもそれが国家権力の経済的基盤の一つとして重要な役割をはたしていたとする場合、国家権力の浸透度の強弱、社会構成の相違、土地生産力の高低等々の相関連する問題角度から、さらに検討されなくてはならない多くの問題を、これら新旧二つの地域は内包していると考えられる。生産関係をもって秦漢時代を一義的に規定しようとするこころみにも、このような観点からする用意が必要であろう。そしてまた、秦漢デスポティズムを崩壊させ、さらにつぎの時代へと歴史を展開させる力の契機をより明らかにするためにも、制度史的考察からその人頭支配を一様に規定するだけではなく、制度の示す基本構造の枠内においてではあるが、さらに以上のような観点からする、その浸透度の強弱の地域差の問題を具体的に究明することも、必要となってくるのではなかろうか。しかしそれらはすべて残された問題である。

前述したごとく、アジア的デスポティズムという概念は、もともと、近代西欧思想の自己意識の過程でつくられた産物である。それは、価値を近代西欧社会におく人たちによってつくられた一種の反対概念であり、極限概念なのである。そのことは、モンテスキューからはじまるその思想的系譜をたどれば、おのずから明らかであろう。西欧社会の自己意識の過程において自己との対比によってつくり上げられた、このアジア的デスポティズムの概念は、たしかに、東洋社会のもつ一面をするどくつくものではある。しかしながら、その比較の規準は、西欧的価値規準によってなされていることを、私たちは知らなければならない。それは、今日の中国には「自由」がない、という、所謂自由主義諸国の陣営の人々の、現代中国に対する価値評価とある意味ではつながる視角でもあるのである。そのことは、ウィットフォーゲルの最近の研究『東洋的デスポティズム』があまりにも明瞭に示しているところである。他方において、わが国の中国史研究の伝統的な、そして、もっとも精緻に発達をとげた分野は、制度史である。そこでは経済史とても制度史である。それは史料のあり方からいって、当然の結果ではあるが、制度はあくまで統一的国家権力の意図する基本機構であり、それはその支配する全領域を一様に規定しようとする基本原則である。この制度史研究の成果と、前述のような極限概念としてのアジア的デスポティズムの概念が、無媒介にむすびつくとき、そこに、一人一人の人民が一様に身動きもできないような形で、強大な国家権力によって直接把握されているような姿として、描かれやすい。それは、しかし、歴史的理解としては正しくないのではなかろうか。そのような反省として、私は、制度史の示す基本構造と、それと一見矛盾するようでありながら、実はその骨格に生きた血と肉を与え、その基本構造に生きた現実性を与える固有な社会条件とを、別々に切り離して概念化するのではなしに、この両者がむすびついて生きて動く歴史の固有の現実を、統一的に且つ主体的に理解する新たな視野を、そしてただそれだけを、本書において模索したまでである。もちろん、その模索の過程においても、いくつかの重要な問題がふれられずに残った。今後に期す所以である。

(1) そのなかで史記貨殖列伝は特殊な地位をしめる。
(2) 加藤繁『支那経済史考証』上巻、一九五二。
(3) 浜口重国「践更と過更」『東洋学報』一九ノ三、一九三一。同「秦漢時代の徭役労働に関する一問題」『市村博士古稀記念論文集』(一九三三)所収。同「漢代の将作大匠と其の役徒」『史学雑誌』四七ノ一二、一九三六。同「漢の徴兵適齢に就いて」『史学雑誌』四六ノ七、一九三五。同「両漢の中央諸軍に就いて」『東方学報』(東京)一〇ノ二、一九三九。同「前漢の南北軍に就いて」『池内博士還暦記念東洋史論叢』(一九四〇)所収。同「後漢末・曹操時代に於ける兵民の分離に就いて」『東方学報』(東京)一一ノ一、一九四〇。同「光武帝の軍備縮少と其の影響」『東亜学』八、一九四三。同「漢代に於ける地方官の任用と本籍地との関係」『歴史学研究』一〇一、一九四二。
(4) 楊聯陞「東漢的豪族」『清華学報』第一一巻四期、一九三六。
(5) 宇都宮清吉「漢代に於ける家と豪族」『漢代社会経済史研究』(一九五五)所収。
(6) 宇都宮清吉「僮約研究」、「劉秀と南陽」、「史記貨殖列伝研究」、「西漢時代の都市」『漢代社会経済史研究』所収。
(7) 前田直典「東アジヤに於ける古代の終末」『歴史』一ノ四、一九四八。
(8) 平中苓次「漢代の所謂名田・占田について」『和田博士還暦記念東洋史論叢』(一九五一)所収。同「秦代土地制度の一考察」『立命館文学』七九、一九五一。

（9）守屋美都雄「漢の高祖集団の性格について(1)(2)」『歴史学研究』一五八―一五九、一九五二。
（10）浜口重国「中国史上の古代社会問題に関する覚書」『山梨大学学芸学部研究報告』一九五三。
（11）侯外廬「中国封建社会土地所有制形式的問題―中国封建社会発展規律商兌之一」『歴史研究』創刊号、一九五四。
（12）西嶋定生「中国古代社会の構造的特質に関する問題点」鈴木俊・西嶋定生編『中国史の時代区分』（一九五七）所収。
（13）木村正雄「中国の古代専制主義とその基礎」『歴史学研究』二一七、一九五八。
（14）天野元之助「中国古代デスポティズムの諸条件―大会所感」『歴史学研究』二二三、一九五八。
（15）この地域別的観点については木村正雄前掲論文はいくつかのすぐれた示唆を含んでいる。
（16）森鹿三『歴史地理学講座』第二巻第四章「中国」一九五八。

（一九五九・三・三〇稿）

## 四　所謂東洋的専制主義と共同体

### 一

一九五九年に公刊されたウィットフォーゲル氏の大著『東洋的専制主義』は、最近邦訳も刊行されたが、日本の、少くとも東洋史学界においては、むしろ、ひややかに迎えられたといってよい。(1)戦前、日本の中国研究者の間に、新しい科学的方法にもとづく研究としてあれほどもてはやされ、多くの追随者を生んだ同氏の東洋的社会の理論と、最近の氏の研究との間には、その研究それ自体の中にそれほど大きな変貌があったのであろうか。たしかに、氏のアメリカ移住後、氏の研究には文化人類学的方法の影響がみられる。しかし、東洋的社会に対する氏の基本的視角は、その後の新しい概念的アパラートの附加にも拘らず、基本的には変っていない、むしろ或る意味では、氏の近著における政治的色彩の強い、現代中国に対する一方的評価、そこに氏の所謂東洋的専制主義の復活を強調する、その視角は、西欧的市民社会に価値規準をおくことによって、それとの対比において、外側から、東洋的社会の「アジア的」特性を類型的に把握する、戦前の氏の中国研究の視角と、決して無縁ではないのである。そのような視角からする東洋的社会の類型的把握の帰結するところの或る種の危険を、氏の近著は端的に示していることについては、二、三年前に私は別の機会に関説したことがあるので、(2)ここでは詳述しない。ウ氏の業績に対する戦前と戦後のわが国の学界の評価の変化は、氏の研究自体の変化にもとづくよりも、むしろ、戦後における日本の学界の中国史研究の問題関心が、戦前のそれに比して、大きく変化して来たために外ならない。そこでは、ウ氏等により提唱された東洋的社会の停滞性の理論の克服が、戦後の日本の若い研究者の共通の課題となったとさえいってよい。中国における新しい政治的・社会的変革の歴史的性格を、中国史の流れの中で主体的に理解し、正しく位置づけるためには、停滞性の理論をもってしては不可能であるという認識から、それは発しているのである。そして、それには、中国の歴史学界におけるさかんな時代区分論争が、大きな刺戟を与えて来たことも、また事実である。問題は、戦後十数年多くの業績をかさねて来た日・中両国の歴史学界のこの新しい傾向は、果してその意図の如くに停滞性の理論を真の意味で克服したであろうか、という点にある。この点から、戦後十数年のわが国の中国史研究の歩みを検討し反省してみることは、私たちの当面している問題を明確にし、今後の研究の出発点を確認する意味においても、必要なことであろう。歴史学研究会は、一九六一年大会において、「アジア史研究の課題」というテーマを提出し、数人の共同報告の形をとって、上述のような問題の検討を要請した。私もその共同報告者の一人に指名されたが、準備不足その他の事情のため、そこでは、課題は十分には果されなかったといってよい。私がそこで意図しながら果せなかった課題について、ここでは、最近日本で発表された注目すべき若干の研究の検討を通じて改めて考えて見たいと思う。本号の編集が、歴史学の理論的諸問題をとりあつかうという方針なので、実証はなるべく簡略化して、一種の展望的論文の叙述の形式をとった。

（1）　Wittfogel, K. A., *Oriental Despotism, A Comparative Study of Total Power*, Yale Univ. Press. 1957.（アジア経済研究所訳『東洋的専制主義』昭和三十六年）。

（2）　拙稿「中国古代デスポティズムの問題史的考察」『歴史学研究』二二七号、一九五九。

## 二

戦後における停滞性理論克服の試みは、日・中両国の学界においてともに、定式化された史的唯物論のあの普遍的な発展段階概念をもって、奴隷制、封建制、資本制の分期を、中国史の中で明らかにしようとする形をとって行なわれた。しかしながら、たびたび別の機会でものべて来たように、ギリシャ・ローマや西洋中世の史実からの高度の抽象化によって構成された、あの奴隷制、封建制という史的唯物論の定式化された概念をもって、中国史の各時期の中から、単に部分的な形態の類似だけを安易にさがし求める、という仕方をつづけて行く限り、実りある成果を期待することは無理であった。殊に秦漢帝国およびそれ以降の中央集権的国家体制とそれをささえる複雑な社会構成は、単に、そのような概念の安易な適用によって、そこに点在する豪族的大土地所有者の隷属民の性格規定を行うことだけでは、解釈のつかない、さまざまな困難な問題を内蔵していたのである。そのような困難な問題に直面して、理論的には、等しく生産力と生産関係の弁証法的発展の立場に立ちながらも、そこに継起する奴隷制・封建制のとる具体的形態は、それぞれの民族史においては必ずしも一様ではない、という理論的反省が生れてくる。奴隷制或は封建制の、アジア的形態が、ここで問題として提起されてくるわけである。

秦漢帝国以後唐末までを、奴隷制のアジア的形態として理解しようとする試みは、今日日本の学界における有力な見解である。そこでは、専制的国家権力が直接人民の一人一人を把握する個別的・人身的支配が基本的体制なのであって、この国家権力と一般の土地保有農民との間に見られる支配、被支配の関係は、徭役・租税等によって媒介される生産関係と見るべきである、とする見解が立てられている。そしてそのような生産関係は徭役を基本とするものであり、そこでは私的土地所有が実現していないと見る見解から、個別的人身的支配にもとづく一種の奴隷制と解するのである。他方、この国家と一般人民との間の基本的関係にあらわれる租税・徭役等の収奪関係を、国家的土地所有にもとづく封建的地代と解し、封建制のアジア的形態と見る見解が一方にある。この両見解は、究極には、均田法的土地所有関係をどのように理解すべきか、ということによって分れてくるのではあるが、いずれも専制的君主権力による直接的な人民支配という、秦漢帝国以降の制度的な基本構造に視点をおいて、それを単なる政治的支配の制度とは見ず、それ自体を生産関係と見、唐以前と以後とのこの基本的な生産関係の歴史的性格の相違により、時代区分を行おうとする点においては、同一である。これは、史的唯物論の普遍的な段階概念の形態的類似を部分的に求めて、単に民間の所謂豪族地主の隷属民が奴隷であるか農奴であるかのみを争い定めようとする公式的議論にくらべれば、方法的にも一見すぐれているように思われる。しかしながら、このような解釈は、果して停滞論的視野を克服したことを意味するであろうか。

そこで問題とされている、奴隷制或は封建制の「アジア的形態」は、史的唯物論にもとづく普遍的な発展法則を図式化することなく、民族史のとる特殊的具体的形態の中で検証しようとする苦心のあらわれであるが、しかし、そこで「アジア的」ということばでとらえられている中国の特性は、中国史の展開を内面からささえる主体的要因としてとらえられているのではない。それは、ヨーロッパ史から概念的に構成された発展過程を「正常」とする視角からとらえられている。そこでいう「アジア的特性」とは、中国の外側に典型として設定された正常な発展過程を阻止し変形する条件としてとらえられているといってよい。国家的土地所有とか、専制君主権力による個別的人身的支配とか、いうのはそれである。素材的には、従来あきらかにされてきた税制・徭役制・兵制等の制度史的な外郭機構を、そのまま生産関係におきかえて、「正常的」発展過程のとる典型との形態的相違を「アジア的」特性として把握した一種の類型的把握である。そのような制度を現実に動かしささえているところの下部の社会的構造の主体的追求から、問題が構成されているのではない。

「アジア的」性格のそのような類型的把握の視角は、その意味では、所謂「東洋的専制主義」の概念のよって立つ視角と共通のものである。ウィットフォーゲルの研究、あの大規模な治水灌漑を決定的要因とするかれの所謂東洋的社会の理論は、学説史的にいえば、マルクスの所謂アジア的生産様式を歴史発展の継起的段階としてではなしに、西洋的社会発展とは類型的に異なる東洋的社会の特殊な生産様式として解釈し、検証しようとするものであった。そして、そのような生産様式の特殊化の契機として、生産力の自然的基礎、すなわち水の問題をとり上げることによって、東洋的専制主義を成立せしめる経済的基礎とそこから帰結する東洋的社会の停滞性を明らかにしようとした、ことは周知のところである。今までも、たびたび別の機会に触れてきたように、かれのこのような東洋的社会の類型的把握の底には、比較の規準を西欧的価値規準におくことによって東洋をとらえる、あの十八世紀後半以降の西欧学者に伝統的な東洋社会観が、なお根強く作用している。それは近代西欧思想の自己意識の過程につくられた産物であって、そこではすでに中国自体の内面からではなしに、外側の西欧的価値規準から「自由」に対して「専制」が、「発展」に対して「停滞」が東洋的社会を特徴づけるものとして、対比的に観念されている。氏の近著においてもこの視角は一貫し、そこで強調されるのは、「水利社会」の国家権力の強力な全体主義とその下での民間の諸権利の弱さであり、西欧的「自由」の尺度で、外側からその非自由さを測定することが、その類型化の基調をなしている。そこで観念されている「発展」ということは、そのような西欧的市民社会の価値の実現過程に外ならないのであって、従って、そのような西欧的価値に規準をおいて、外側からそれとの比較において中国社会を類型的に把握する限り、中国の歴史を動かして行く主体的な契機を中国社会自体の中から見出す道が閉ざされることになるのは当然であって、そこに停滞性論が帰結されるわけであり、従ってまた、そのような停滞を打破る契機は西欧的勢力の外部からの影響によってのみはじめて与えられるという発展外因論も、同一視角から生れてくるわけである。その意味で停滞論を克服する道は、何よりも先ず中国史の主体的理解のための内面的視角の確立でなければならない。

その意味では、さきの、奴隷制或は封建制のアジア的形態を中国史の中に求めようとする試みは、その意図にも拘らず、停滞論的視野を克服したとはいい難い。そこでいう「アジア的」という概念は制度史研究の成果を上述のように外在的視角からする東洋的専制主義の概念でもって外側から類型的に把握するところに成立したものであるからである。従ってそのような視野の枠内において、奴隷制・封建制と時期を劃しても、それは中国史の制度史上の外郭機構の示す形態上の時期的相違を、典型的概念との比較によって類型的に把握するにとどまるものであって、そのような制度をささえ動かしている下部の社会的諸関連の主体的追求がきわめて不十分なのであるから、そこで劃された諸時期間の移行過程の解明は説得力を持たない。総じて、今日、奴隷制・封建制の概念をもってする中国史の時代区分が諸説まちまちであり、十分な説得力をもって統一的見解に達していないのは、一つには、上述のような中国史の内側からする主体的理解のための内面的視角が確立されていないから、といってもよい。それならば、そのような内面的視角の確立とは、どのような探究を意味するのであろうか。

## 三

秦漢帝国の基本構造を専制君主による個別的人身的な人民支配の体制にあるとし、それをば特殊な奴隷制の形態として解釈し主張してきた、西嶋定生氏は、最近大著『中国古代帝国の形成と構造』を著わして、二十等爵制、殊には民爵の内面的解釈を通じて、その研究視角に大きな転換を示した。秦漢帝国の基本構造が、皇帝の全人民に対する個別的直接的支配の関係にあるとすることは、西嶋氏の新研究においても、前提となる。氏の新しく提出している問題は、この皇帝と人民との支配・被支配の関係を、従来のように、単にむきだしの力の関係によって結びつけられたものとして、そこに既成の階級的対立関係の概念をあてて解釈するのではなくして、そのような支配関係を成立せしめる固有な場、すなわち、両者の間に内在する固有な秩序関係を、先ず当時の伝統的観念に即して明らかにしようとしたことである。そのことを解く手がかりとして、氏は、漢代の一般庶民が、無籍の流民や賤民・奴婢をのぞいて、すべて一様に天子から爵を与えられているという制度的事実に注目し、単に貴族や高級官僚のみではなく、一般庶民にいたるまで、等級の差こそあれ、すべて有爵者であるというこの事実から、爵制のもつ伝統的性格に即して、爵を通じて結ばれる天子と人民との内面的結合関係の意味、そこに設定される両者の間の秩序構造を、内在的に明らかにしようとしたのである。氏の解釈によると、この漢代二十等爵制は、周代の五等爵を継承する伝統的性格のものである。ただ後者にあっては爵制は、支配諸氏族を天子を中心とした秩序構造に編成するためのもので、一般の民はそれに関与することはなく、ただ族制的秩序が彼等を規制していた。戦国以降、支配氏族の側においても被支配氏族の側においても族制的規制が解体し、そこに個別化された家父長制的農民家族が析出されてくる。この族制的秩序の解体から個別化された一般庶民を、新たに、天子を中心とした拡大された秩序構造の中に包摂し編成する媒介の役割を果すのが、秦漢の二十等爵制である。そして、当時、一般の民の聚居する現実の生活の場である里は、族制的秩序の解体により、すでに異姓雑居の地縁社会となっており、里の自律的秩序は弱化或は喪失していたが、老幼を問わず一律に級数累積という独特な賜爵方法をもつ民爵制は、老と高爵、幼と低爵という結果をもたらし、そこに弱化し潜在化していた里における歯の秩序を、他律的に顕在化し強化する機能を果した。このように皇帝による一般人民に対する爵の授与は、一般人民の現実の生活の場においては、里の秩序形成の役割をはたすのであるが、それは同時に個々の人民を皇帝に結びつける爵的身分秩序によって裏付けられているのであって、爵制によって形成される里の秩序は、同時に国家的秩序そのものである。旧く周代においては、天子と諸侯、諸侯と卿・大夫・士の、氏族貴族相互間の礼的秩序であった爵制的秩序が、秦漢帝国においては一般庶民にまで拡充されたということは、そこにおける皇帝の人民支配が、伝統的価値体系の援用の上にはじめて、その正当性を獲得することを意味するのである。爵の伝統的観念によれば、天子も亦爵称の一つなのである。天子は爵制的秩序を超えた存在なのではなく、その秩序構造の中心に位するその一員なのである。そのような爵の伝統的観念は、天子は天命をうけて民生を図る責任者であって、その限りで人民統治の正当性を与えられ、天子の行動が恣意的にこの正当的支配の枠外に出るときは天命を喪うとされる、あの徳治主義的な政治理念にもとづく伝統的皇帝観と対応する。爵制的秩序とは、このような天子を中心として一般人民にいたるまですべてのものを単一集団内の身分的秩序構造の成員として位置づけ、そこではその相互の間に爵の観念を媒介として連帯的意識が結成されることが理念とされていたのである。秦漢帝国の皇帝権力の全人民に対する所謂個別的人身的支配の体制は、このような伝統的性格をもった爵制的秩序の場において実現され、正当化される。従って、そのような皇帝と人民との関係を示す爵制的秩序構造の伝統的性格の中には、皇帝による人身的所有とか奴隷制的支配とかいう観念は含まれていず、また国家的土地所有が、皇帝と人民とを結びつける媒介となっているのではない。

皇帝と人民とは、爵制的秩序構造の成員として位置付けられており、人民に課される人頭税（賦）や田租は、そのような爵制的秩序構造の成員として当然負担すべき義務としての伝統的性格をもち、その収奪はそのような伝統的性格によって正当性を得ていたのであり、それはまさしく人民に対する民爵賜与と対応するものであった、天子を父とし、人民を赤子とする家族国家の理念も、爵制的秩序の中に歯の秩序であった族的秩序が擬制的に導入されていることの表現でもある、という。

以上のように、西嶋氏は、秦漢帝国の基本構造を皇帝の全人民に対する個別的支配にあると考え、この基本的関係である皇帝と人民との関係を、従来のように、中国の外側でつくられた既成の普遍的概念で規定するのではなくして、それ自体に賦与されている固有な意味関連を、爵制という特殊具体的制度の伝統的性格の追求によって、内在的に明らかにしようとしたことは、主体的理解のための内面的視野の確立のこころみとしても、きわめて重要な着眼として高く評価しなければならない。

このように氏は、そこで設定された皇帝と人民との関係の意味の解釈において、所謂「東洋的専制主義」の概念の適用を拒否し、その概念の示すような君主と人民との関係の在り方は、爵制的秩序構造の理念においては、正当性を獲得し得ないとする。そしてさらに注目すべきことは、そのような爵制的秩序の理念を、単に理念としてだけでなく、それに現実的基盤を与えるために、人民の現実の生活の場である里の秩序を爵制との関連において追求しようとした点である。ここに、国家秩序と里共同体との関係が正面からとり上げられているのである。このきわめて重要な、そして困難な問題を正面からとり上げた点については、敬服の念をいだくものであるが、しかし、その問題追求の視角とその方向へ推論をかさねる史料解釈については、若干の疑問をいだかざるを得ない。氏の研究の貢献に対する積極的評価はまた別に記することにして、今、疑問とすることだけをここに記すと、それは第一に氏の中心的論点、すなわち、里の秩序が爵制によって他律的に規制されたものとする解釈についてである。氏が「東洋的専制主義」の概念援用を拒否しながら、里共同体の把握においては、その自律的秩序機能の喪失を前提として想定し、賜爵を通じての国家権力による他律的な秩序形成（しかも族制的秩序の擬制としての歯位秩序の復活強化）と解したのは、官製里共同体の一方的な国家隷属を主張するのと同一結果をもたらし、動きのとれない構造論におち入ることとなった。その点においては、氏が拒否したはずの、あの「東洋的専制主義」概念における共同体の位置付けを更に展開した形と、結果において類似したことになるのではなかろうか。

民爵授与の方法から知られるように、爵は民の貧富にかかわりなく一律に一級ずつ全人民に与えられるものである。同一の爵位をもつ民であっても、その社会的実体は実にさまざまである。郷曲に武断する土豪も、一夫五口の小農民も、爵位の上からは何等差別をうけない。里における現実の秩序が爵の上下によって規定されたという事実を示す適確な史料は、西嶋氏も提示していないし、私もまた知らない。氏の研究にも示されているように、現実の国家秩序の担い手である官僚組織においては、すでに現実の官秩と爵位とは対応しなくなっているのである。民爵と同じ級数累加の方法をとって授与される五百石以下の吏爵の場合には、殊にそれがはなはだしい。ひとり一般庶民の場合のみ、爵位と現実の秩序とが対応すると解するのは、何故であろうか。さまざまな史料を駆使して、その方向にきわめて鋭利且つ論理的に推論を構成して行く西嶋氏の視角に、個別的人身的支配を強調しそれをアジア的な総体的奴隷制の展開形態と解したかつての西嶋氏の残映を、私はそこに彷彿としてみとめざるを得ない。氏は、里の秩序が爵によって他律的に規制される前提として、族的秩序の解体による里の自律的秩序の喪失を挙げる。たしかに秦漢時代の里には異姓雑居が多く見られるが、その故をもって自律的秩序の喪失と解することはできない。族制的秩序の解体過程において、分解された個々の家々が相あつまって、それに代る又それを補強する新しい秩序が自律的に形成されてくる点に、実は重要な問題がひそんでいるのである。漢代の父老的土豪、また一般に豪族と呼ばれている大小さまざまの土着勢力の維持する秩序は、すなわちそれである。例えば、多くの避難民からなる田疇の移住聚落の事例を見ても、何等国家的規制をうけることなくして、そこに程なく自律的秩序が形成されてくることより見ても、族制的秩序の解体により異姓が入り交る聚居形態にうつったからといって、自律的秩序を喪失したという前提はなり立ち難いと思う。

このような土豪・豪族の存在を、もちろん西嶋氏は否定するのではない。ただ氏は、これらの維持する自律的秩序を、爵制的秩序の理念の実現をはばむもの、それを乱すもの、理念的原則に変貌を加える変則として正当には位置づけず、その研究の最後において、原則的な爵制的秩序が十分に実現されたのは、新たに民を他処より徙して新設した新邑、すなわち過去の族制的秩序から切断された秦漢時代の新設の県においてであるとして、地域的相違の問題をもってこれを解決しようとする。国家権力に対する自律的秩序の強弱の問題についての地域別的研究の必要は私もかつて提唱したところで、地域的相違の問題は十分考慮に価する問題ではあるが、それはあくまで自律的秩序の強弱との関係においてであって、その機能喪失を前提とするものではない。例えば、徙民により新邑を新設した場合でも、最初に徙されてきた人々相互の間には、老少さまざまの年齢の相違はあっても、その後、賜爵の機会をいくら重ねても爵位上の等級の差は生じないのであって、爵位と歯位とが対応する関係が成立するのは、その子・孫の代においてであり、そのような長い年月の間には、実際の社会的経済的関係にもとづく何らかの自律的秩序が強弱の差はあれ形成されてくるであろう。さきの土豪・豪族の問題も、決して前代の遺制として秦漢帝国に残留しているものだけではなく、秦漢時代の社会経済的条件の中から自生的に発生して来たものも多いのである。里の自律的秩序の喪失という、氏の立論の大前提は、その意味でも、地域的差の問題のみに解消できない性質のものであろう。本質的な問題は、氏の爵制的秩序の解釈自体の中にひそんでいるのではないだろうか。

即位その他の国家の慶事毎に、全人民に対して爵一級を与えるという民爵賜与の方法は、それが度重なって行けば、結果としては、西嶋氏が俊敏にも指摘したように、民爵授与の機会に接することの多い者ほど、すなわち年長者であればあるほど、爵級が重ねられて行き、数学的には歯位と爵位とが対応して行くことになり、里における歯の秩序を国家の爵をもって顕在化し強化するという氏の論理が生れてくるのであるが、そもそも漢の高祖が漢の社稷を立て民に爵一級を賜わったときから、そのような結果をあらかじめ予想して、すなわち歯位と爵位との適応関係の成立をあらかじめ意図して、級数をもってする民爵授与の方法を定めたのではあるまい。納粟授爵や軍功爵や爵の売買等のそれをみだす要因を除外して考えれば、国家の慶事毎に級数をもって累加する民爵授与の方法は、たまたま結果として、やがて歯位と爵位との合致をもたらすことになるというのは、西嶋氏自身のすぐれた発見であり、級数累加の方法をもってする国家の民爵授与の意図自体の中には、賜爵による歯の秩序確立＝里の秩序形成の意図までは含まれてはいなかったのではなかろうか。もしも含まれていたのだとすると、五百石以下の吏爵の場合も、民爵と同じく級数累加の授与の方法がとられていることが、何の意図にもとづくのか、説明がつかなくなる。五百石の吏から斗食の佐史にいたるまで、等しく同一級数の爵が累加的に授与されるということは、郡国の府廷における彼等吏の間にもやはり爵位と歯位との合致を結果としてはもたらすであろうが、それはすでに官職の体系とは乖離して何程の意味ももたないことは、ここでことわるまでもないことであろう。それ故、氏は、賜爵による里の秩序形成のために、里における自律的秩序機能の喪失を前提とする。そのような前提それ自体が、実は、最も検討を要する問題であろう。

皇帝と人民との内面的結合関係を爵制のもつ伝統的性格によって内在的に理解しようとした西嶋氏の試みは、その着眼においてきわめてすぐれたものであった。天子より一般庶民にいたるまですべてのものがこの爵制的身分秩序構造の成員として位置付けられるとする、氏の解釈は、正しく、皇帝の人民支配が実現される場としての、天下的秩序の理念に沿うたものであった。しかし、氏は、これを単に理念としてのみではなく、さらにすすんで、民爵授与の級数累加の特異な方法を居延簡の中からさがし求め、それが結果において歯位の秩序と合致することを発見し、それによって、民の現実の生活の場としての里の秩序が規制されると解して、爵制的秩序のもつ現実性を里の秩序形成機能に求めようとされた。この点は、まことに、氏の鋭いしかも幾何学的ともいえるきわめて論理的な構想力を如実に示している点で、凡庸な制度史家のくわだて及ぶところではないのであるが、しかし、私は、その点に、氏の論理的構想力の行きすぎがあるのではないかと思う。爵制的秩序に現実性を与えるために、それと里の秩序との適応関係をあまりにも完整な形で追いすぎたのである。その結果、最後に現実の生きた社会の自律的秩序の複雑多様な実体にぶつかり、それの処置に困って、それを爵制的秩序の理念原則をみだす変則的なものとして、地域的相違の問題に解消させ、爵制的秩序実現の場を、新設の秦漢的県に限定せざるを得なくなったものと思われる。しかしそこでも問題が残ることは前述の通りである。そしてそのような行きすぎを犯させたものは、国家権力が民間の一切を一方的に律するという西嶋氏になお根強く残る制度史的デスポティズム論的視野ではなかろうか。

里の自律的秩序機能喪失の前提の下に、賜爵を通じての国家権力による他律的秩序形成という構想によって落入らざるを得なくなった、動きのとれない構造論を脱却する道は、何より先ず、里の自律的秩序機能喪失という大前提の再検討の外にはない。そして、そこに形成されくる大小さまざまの土豪・豪族の維持する自律的秩序を、国家的秩序を乱す変則的なものとして単に対立的に位置づけるのではなく、それを予定し、それを制度的機構の中に包摂して行くものとしての現実の国家秩序をそれとして問題としなくてはならないのであろう。そこでは、爵制的秩序論では疎外された、民間の土豪・豪族を現実の国家秩序の中にどう位置づけるか、ということが、改めて問題となってくる。すべてを国家権力による他律的形成と解する視野においてでなく、そこに内包される特殊具体的な自律的秩序に視点をおくとき、はじめて、主体的理解が可能になってくるのではなかろうか。

## 四

昨年、浜口重国氏は「漢唐の間の家人という言葉について」という論文[1]を発表し、そこにおいて注目すべき発言をなしている。

氏は、漢唐の間の文献に見える「家人」ということばが、どのような意味で使われているかを検討し、殊に漢代文献において、一般庶民のことを「家人」ということばで呼んでいるのに、官吏のことは「家人」とは呼んでいないことに注目し、次のような見解を提示している。すなわち、庶民を家人と言うに至ったのは、天子は天下を一家とし民はその家のものであるとする考え方と大いに関係があるもので、勿論君主の側から言ったことばであり、私家において同居親乃至近親者及び家の奴婢を併せて家人と言った呼び方の極大になったものであるが、万民が漢家の家人だという考え方からすれば当然庶民のみならず、官吏或はその母胎となった士族も包含されてよい筈であるのに、しかし実際は彼等は天子の家人から除外されている。これは単なる言葉の意味だけの問題として片付けるわけには行かない。何故なればこの明瞭な事実に立って判断すれば、漢の天子が己が家人として直接的に支配し得たのは、一般庶民層のみであって、官吏の母胎をなした士族は、天子から官職爵位を賜わり俸禄をうけても、天子の家人ではなく、むしろそれぞれ独立した家の主であり、威権や物質力に天地の差はあっても、基本的には漢家と区別はなく、いわば主客の関係に置かれた、ということが、自然に理解されてくるからである。言い換えれば、漢の君権は、普通考えられている程強大無比な構造を持っていなかったのであって、そうであればこそ、漢の政治は地方の有力者との協力の形態をとらざるを得なかったのである、君主が現実に持ち得た威権の大小と、君権の基礎構造とは一応別個のものである、と考えねばならない、というのがその論旨である。

私もかつて、戦国官僚制の成立の問題を考察したとき、[2]そこに成立する君主と官僚との関係は、主客の関係と同一性格のものであることを論証したのであるが、その場合、考察の中心を郎官におき、それが漢代官僚機構においても、中枢的存在として存続して行くことを指摘するにとどまった。しかし、その郎官は、漢代においては、孝廉察挙の制が確立してくると、多く郡県の掾史出身者がこれに任ずることになるわけで、しかも郡県の掾史は多く土着の豪族が之に任ずることを想起すると、私の考えていたことは、この浜口氏の見解によって一つの支柱を与えられてくるのである。

浜口氏は、すでに戦前において、漢代の地方官の本籍地の問題を考究し、[3]天子の任命にかかる郡県の長官（太守・令・長）及び次官（丞・尉）はその本籍地の郡県に任用されることは回避させられるが、その下の課長級の掾史は、その郡県の出身者が任用され、その任命権は郡県の長官がにぎることを明らかにされ、漢の地方政治は、天子が派遣した他郡出身の郡県の長官次官級のもの三、四名と、当該郡県の出身者で材幹徳望あるものとして任用された功曹以下の課長級のものとが協力してやって行くという形態をとっており、これを隋唐に比べると、専制政治だといっても、未だ緩やかな統治機構にあった、[4]という見解を発表されていた。私は、浜口氏が明らかにした郡県統治の在り方をより具体的にするため、これら功曹以下の郡県の掾史が多く同姓的結合と主客結合とにもとづいてその地方に大小の規制力をもともっている土着の土豪・豪族層であることを例証し、[5]そのような漢代郡県制の実態を、その生成過程を通じて明らかにするため、郡県制の成立過程を従来の通説とは別の角度から、すなわちそれをささえる社会的条件との関連において、春秋時代にまでさかのぼって追求した。[6]そして郡県制成立の過程において、それに抵抗する土着の族的秩序の根深い伝統を指摘し、そのような族的秩序の解体後も分解された個々の家々は新たな結合方式のもとにむすび合って新たな形の土着勢力を生み出し、それが郡県制的支配にどのような形で包摂され、また郡県制的支配の実態をどのように規制して行くか、という問題の一端の解明に着手したのであった(7)。

そのような私の関心は、秦漢帝国の基本構造を皇帝の全人民に対する個別的人身的支配にあるという見解を強調する余り、制度史研究の明らかにした外郭的機構の表面的解釈を墨守して、その機構のかげにかくされている自律的な民間秩序を追求する困難な課題に立向うことなく、族制的秩序の解体をもって共同体の解体と見る一般の見解に対して、大きな疑問をもつことから発していたのであった。さきの西嶋氏の爵制的秩序に関する研究は、皇帝の全人民に対する個別的人身的支配の体制を、外側から既成の東洋的専制主義の概念で律することを排し、固有な伝統的意味をもつ爵によってむすびつけられる皇帝と人民との秩序構造を内在的に解明しようとされた点に、多大な敬意と共感をささげるものではあるが、ただ、その場合、族制的秩序の解体をもって里の自律的秩序機能の喪失(共同体の解体)と解し、賜爵による里の秩序形成を、国家権力によって他律的に遺制としての歯の秩序(族制的秩序)を復活させるものと解する点に、依然として納得できない多くの疑問を感じたことは前述の通りである。国家権力による他律的な遺制の復活ではなくして、郡県制的外郭機構によって表面的には覆われているが、そのかげにひそんで却ってそれを内面からささえ、規定している、新たに再組織された自律的な(共同体的)秩序を引出し、それを秦漢帝国の歴史展開をささえる主体的要因として位置づけ解明する道はないであろうか、そのような主体的理解のための内面的視角の確立は、どのようにして可能であろうか、ということが、私の最も切実な関心事であったのである。そのためには共同体を教義的に固定した形態で問題とし、その規準で史料をさがし求めて解釈することは東洋的専制主義の概念構成の視角と同一視角におち入り、動きのとれない構造論から脱却できなくなるであろう。共同体を形態的に里にのみ固定して考えるのは正しくはないであろう。それは、一応土地を私有し、戸に分解している、当時の民に対して大小さまざまな社会的規制力を与え、しかもそれが何らかの共通な課題の共有によってささえられている力の組織として考えるべきであろう。それは、国家権力以外にもあったのである。私のいう自律的秩序とはそれであって、それはさまざまな形態をとる。所謂土豪・豪族のもつ社会的規制力もその一つであろう。彼等が郡県の掾史に任ぜられることによって、その自律的秩序は、地方統治の外郭機構のかげにかくれるが、実は、それは破壊されるのではなくして、郡県制的外郭機構のかげにかくれることによって、内面からそれをささえ動かす主体要因として作用し、一方においては、個別的人身的支配に協力してその実現をはかり、他方においては、それによって、その自律的秩序の温存強化の結果をもたらしたのではないか、ということは、他の機会にも提言したところである。[8]その点を具体的に実証して行くことは、今後の私の課題であり、漢代郡県制の地域別的考察に着手したのは、そのような意図からなのではあるが、今ここで、断片的に二、三の事例を附加して、私の提示したい問題の所在のみを明らかにしておきたい。

（1）『山梨大学学芸学部研究報告』第一一号、一九六〇。
（2）本書第二篇第一章「戦国官僚制の一性格」。
（3）浜口重国「漢代における地方官の任用と本籍地との関係」『歴史学研究』一〇一、一九四二。
（4）浜口重国「隋の天下統一と君権の強化」『日本諸学振興委員会研究報告』特輯四号「歴史学」一九四二。
（5）本書第一篇第一章「漢代における民間秩序の構造と任俠的習俗」。
（6）本書第三篇第二章「先秦時代の封建と郡県」。
（7）本書第三篇第五章「漢代郡県制の地域別的考察」。
（8）四六頁註2。

後漢末の巴郡太守張納碑（隷釈巻五所録）の碑陰には、巴郡の掾史七十二人の姓名が、それぞれの本籍県名と官職名とを附して刻されている。行丞事従掾位一人、主薄・主記掾・録事掾・上計掾各々一人、議曹掾五人、文学主事掾一人、従掾位四人、尉曹掾・金曹掾・漕曹掾・法曹掾・集曹掾・兵曹掾・比曹掾・功曹史・文学掾各々一人、待事掾六人、文学主事史一人、奏曹史二人、戸曹史三人、戸令史一人、献曹史一人、辞曹史二人、賊曹史四人、右賊曹史一人、決曹史一人、右金曹史・左金曹史・左倉曹史・右漕曹史・法曹史・右集曹史・右兵曹史・比曹史各々一人、中部督郵・南部督郵各々一人、監市掾一人、中部案獄一人、府後督盗賊一人、文学史一人、守属八人がそれである。

従来官僚機構の研究は、郎吏以上の高級官僚のそれにかぎられ、地方の民政の実際に最も関係の深い郡県の掾史以下の下部官僚機構は、漢書百官表にも記載がなく、その詳細は知られていなかった。しかし、それはきわめて厖大な組織をもつものであって、例えば、後漢の河南尹の員吏は掾史以下九百余人を擁するといわれ（続志劉注引漢官）、東漢の当初会稽郡の掾史は五百人以上の多きに達していたと報じられている（後漢書陸続伝）。厳耕望は最近この厖大な組織をもつ地方統治機構について[1]、その機構的側面を明らかにした。それによると、郡県の下部官僚機構は、太守・丞の下に地方行政の実際に当るその地方出身の多くの掾史がおかれるわけであるが、それらの掾史のうち、その職権から見てその地位最高のものは功曹・五官掾・主簿・督郵等である。そのうち功曹は諸曹を統轄して、後述するように郡統治の実権を握るもので、その統轄下に戸曹・時曹・田曹・比曹・水曹等の民政に当る諸曹、倉曹・金曹・市掾等の財政を掌る諸曹、集曹・漕曹・法曹等の交通駅亭に関する諸曹、兵曹・司馬・塞曹・尉曹等の兵政をつかさどる諸曹、更には治安に任ずる賊曹、司法を掌る辞曹・決曹、教育に任ずる文学等の諸部門がおかれ、それらの各曹には長として掾がおかれ、これを補佐するものとして史がおかれ、これら掾史の下に守属がおかれる。五官掾は定掌なきようでさだかではないが、その地位は功曹につぐもので郡の右職であり、さらに秘書兼庶務課長ともいうべき主簿があって、その系統に文書をつかさどる主記室掾史・録事掾史・奏曹掾史・門下掾史があり、太守の侍従・警衛にあたる門下督盗賊・門下賊曹や、謀議に参ずる議曹（門下議曹）、太守の私家財政を掌る少府もこの系列におかれる。さらに郡の下の諸属県には、県の令長の下に、より小規模ではあるこれとほぼ同じような掾史の下部官僚機構がそれぞれおかれる。

さて冒頭に例示した、巴郡太守張納碑陰に刻された巴郡の掾史の職名は、その全貌をつくすものではないが、他の碑陰にくらべて比較的詳細である。そこで問題となるのは、これら七十三人の巴郡の掾史以下の下部官僚の社会層である。都合のよいことには、華陽国志巻一の巴志に、巴郡の各県についてそこにおける大姓が記されている。それと、上記碑陰の七十三人の掾史の姓名を、それに附記されている出身県名別に対照していくと、その大半が、華陽国志記載の巴郡の大姓と一致する。ただ、残念なことには、碑陰記載の掾史の姓名のうち、重要な諸曹の掾の十四人の姓名が闕けて不明であるので、残りの五十九人の掾史守属の姓名だけが検証できるのであるが、この五十九人の姓名のうち三十六人の姓は、それぞれの出身県の大姓として華陽国志に記されている。ことに碑陰に明確に刻されている上層の掾の姓は、殆んど全部華陽国志記載の大姓の姓と一致しているから、碑陰でその姓名が闕けている十四人の掾も、その一致度は高いと推定すると、この比率はもっと高くなるのであろう。宋書恩倖伝に漢代のことをのべて「郡県の掾史並に豪家より出づ」と記されていることは後述の史料と参照しても大体信じてよい。ところでここに注意すべきもう一つの事実がある。例えば碑陰に記す巴郡の掾史のうち、属県の宕渠県出身者を見ると李姓が多い。議曹掾の李思、従掾位の李竝、戸曹史の李含、守属の李平、さらには益州従事になった李元等がすなわちそれである。宕渠県の李氏は、華陽国志巻一二益梁寧三州先漢以来士女目録によると、後漢に桂陽太守李温を出しているから、宕渠の大姓であろう。このことは郡県の掾史がその地方の土着の豪族であるばかりでなく、同一豪姓から多くの掾史を出しているということを推定させる。郡の掾史の場合は、その出身地は多くの属県に分散するから、その関係は明瞭にはつかみにくいが、県の掾史の場合は、その出身地はその県だけに集中されるから、この関係はより明瞭に知られる。酸棗令劉熊碑（隷釈巻五）の碑陰には、この県出身の県の故の掾史、故の郡の掾史、さらには、この県出身者で嘗て他県の令になったことのある者、その他この県の処士・好学、合計百八十人の姓名が刻されている。その中、処士・好学をのぞくと、嘗て郡県の役人であった者は七十九人であるが、この七十九人の中、五十四人は十姓で占められている。例えば、酸棗の蘇氏は、県の功曹四人を出している外に、郡の督郵一人、郡の曹史一人、華県の令一人、守東昏県令一人を出している。その他碑陰に刻されている処士、好学を加えれば、蘇氏は処士五名、好学二名が挙げられており、計十五名がそれぞれ出銭している。最も多いのは李氏で、郡県の役人十三名を出し、その外処士四名、好学八名、計二十五名である。また、繁陽令楊君碑（隷釈巻九）の碑陰には、繁陽県の県人で、県の掾史だった者、処士・故民合計百三十四人の姓名が刻されているが、その中七十一人が十姓で占められている。その中最も多いのが申氏で十二名の県の掾史を出している。繁陽県の馮氏は、前漢宣帝のとき弘農太守となった馮揚以降代々二千石を出した名族であるが、後漢に入ると馮勤は郡に仕えて功曹となり、この碑陰には、その一族の中から県の掾史四名を出している。

このように見てくると、郡県の掾史は、土着の土豪・豪族によって占められているばかりでなく、同一の豪姓から多くの掾史を出している関係も明らかになってくる。ここで豪姓とか豪族とかいっても、それはすでに明らかにされているように、経済的にはそれぞれ独立した戸が、同姓の故をもって、その中の有力な戸を中心に、社会的に連帯して一つの土着勢力を形成し、それによって彼等の間に雑居する異姓の単戸に社会的規制力をおよぼして一つの自律的秩序を形成するもので、その社会的規制力の及ぶ範囲は大小さまざまである。里が異姓雑居だとはいっても、その里が多くの異姓を雑えていてもその中に比較的まとまった数の同姓の戸があれば、その中の信望ある有力なものが、その背景の上に里中の雑居異姓に対しても指導力をもち得るわけで、父老的土豪の実体はそのような背景をもつものが多かったであろうと考えられる。この場合でもそうだが、同姓的連帯とか自律的秩序とかいっても、そこで社会的連帯をとりむすぶ同姓の戸は、経済的にはそれぞれ貧富の程度は同じではなく、富戸もあれば貧戸もあるわけで、掾史を出している戸は、必ずしもその中の富裕な大戸とはかぎらない。家貧にして傭耕し、のち県廷に給事して掾史になったものもいるのである。ただその場合でも同姓的結合を背景にもち、しかもその能力が宗人の認めるところとなって、その支持の上に掾史に任ぜられるのである。韓信のように、家貧にして行なければ吏に推択されることはできないのである。同族といっても、そこに富裕な戸もあれば貧戸もあるわけであるから、その結合関係には有力な戸を中心とする一種の家父長制的な支配関係を内包する。ましてやその社会的規制力をうける異姓の単戸をうちにふくむ場合は尚更である。それが形成する自律的秩序はそのような上下の関係を一つの軸とするものである。しかしながら、それを内面からささえているのは集団成員の支持であって、いかに富裕な戸と雖も、郷族をかえりみない者は、郷族の譏りをうけて、その結合の中心的存在とはなり得ないことは、朱暉の例にも見られる通りである。里の父老のもつ指導力も同一の構造に立つことは、あらためていうまでもないことであるが、郡県の掾史任用の場合にも、このような構造をもつ自律的秩序がその基盤となるのである。

酸棗県や繁陽県の場合のように、県の掾史の大半が十姓内外の豪姓（といってもさして大きなものではない）によって占められていたということは、上述のような構造の規制力をもってそれぞれ大小さまざまな自律的秩序を形成している十個内外の土着勢力の基盤を媒介として県の地方統治が行われていることを意味する。そしてこれら土豪の一族のものを郡県の掾史に任用するのは、制度上は郡の太守であるが、実際にその任命権をにぎっているのは、郡の掾史中最高の職権をもつ功曹である。

功曹は郡吏進退の実権をにぎり、諸曹を統轄する掾史中の最も権力ある職であることは、さきにものべたところであるが、郡の太守は、その地方統治の実権を功曹に委ねることの多かったことは、南陽郡の太守成瑨と功曹岑晊、汝南郡の太守宗資と功曹范滂との著名な関係（後漢書党錮伝序）の外にも多く事例があってこれを知ることができる。それ故、南朝劉宋のとき劉湛が「今世の宰相何ぞ難きや、此の政当に我が南陽郡の漢世の功曹のみ」といって、漢代の郡における功曹の地位と職掌を、南朝の宰相の地位に比していることは、若干の誇張があるにしても、故なしとしない。功曹には土着の土豪の有力なものが任ぜられることは文献中にも明証がある。前漢末、「郡の著姓であった」郭昌は「財産数百万」をもち、「郡に仕えて功曹となり」（後漢書皇后紀上）、寇恂は上谷郡昌平県の人で「世々著姓で、郡の功曹となり」（後漢書本伝）、後漢の豪族馬援の族孫馬棱は、「建初中、郡に仕えて功曹となり」（後漢書馬援伝）、魏郡繁陽県の名族馮勤も郡の功曹となり（後漢書本伝）、南陽の富裕な豪族樊宏の族孫樊準も郡の功曹に任じている（後漢書樊宏伝）等々、一々例を挙げるまでもない。このような土着の豪族である功曹が、郡中の大小さまざまの土豪・豪族の一族中の者から掾史を任用し、その昇進黜退の権をにぎっているのであるが、その際彼の掾史任用は所謂郷論によって規制される。例えば、宦官唐衡がその権力を利用して、汝南郡太守宗資に圧力をかけて、郡中の李頌という人物を、郡の掾史に任用することを請託したとき、郡の功曹范滂は、李頌が「郷曲の棄つる所」の評判の悪い人物であるので、その人を任用することを承知せず、太守も遂にそれをあきらめた（後漢書党錮伝）という事例、また、同じく、当時中央の権力者である宦官侯覧が、潁川郡の太守高倫に、郡中の某を郡の文学掾に任用することを請託したとき、郡の功曹であった陳寔は、その人物の非なるを知ったが、これを拒否すれば太守高倫に災のかかることおそれ、敢えて自己の責任においてこれを任用して、郷論の非難を甘受した、という事例（後漢書陳寔伝）からも知られるように、功曹の掾史任用の規準となるのは、郷里の輿論である。汝南の月旦評で名高い許劭も郡の功曹であったのであるが、彼の人物評価にも郷論が大きなささえになっていたのであろう。すでに古くから郡県の吏任用の規準が郷里の輿論にあることは、例えば韓信は「家貧にして行なきため、推択されて吏となるを得ず」（漢書韓信伝）とあることからも知られるのであるが、「杜篤は少にして博学であったが、少節を修めなかった」ため「郷里の廃する所となり、美陽に客居した」（後漢書文苑伝・第五倫伝）とか、前述の李頒が「郷曲の棄つる所となった」という事例からも、そこに郷里の輿論の一種の共同体的規制があることが知られる。そういう郷里の輿論は、文献には「郷里之語」「郷里之号」として風謠の形式をとって表現されているが、そのような郷里の輿論は上述のような郷里の自律的秩序の中から生れてくるものである。そういう郷里の輿論の直接の形成者は、郷党の自律的秩序の維持者、すなわち指導者層ではあろうが、彼等自体が上述のように郷族一般の支持の上になり立っている一面もあることを考えると、その輿論のもつ固有な共同体的性格を否定することは出来ない。私はかつて民間における自律的秩序の法的表現として「約」の問題をとり上げ、[2] 移住聚落の長である田疇の制定した「約」を分析して、それは田疇の成員に対する規制力を客観化する命令的性格のものであるが、それが現実に成員に対して拘束力をもったのは、成員の田疇に対する心情的支持があって内面からそれをささえていたからだ、ということを明らかにした。集団の長に対する成員のそのような心情支持が生れてくるのは、谷川氏[3]が正しく指摘したように、集団の長と成員とが、その間に上下の支配関係を含みながらも、具体的現実的課題を共有し、しかもその共有する集団の課題を集団の長が十分に果たす能力があるという期待と信頼を成員がもつからに外ならない。集団の長の定めた「約」は、現実にはそのような上下の支配関係の秩序化の表現ではあるが、それが「約」という形式をとるという基盤は上下関係そのものにはない。「約」の成立する基盤は、集団の長と成員とが具体的・現実的課題を共有しているという集団のもつ共同体的側面においてである。従って集団の長自身が自ら定めた「約」を破る程にその権力を恣意的に行使し、その恣意的に強化された上下関係が集団の共有する課題を破壊する場合には、成員の心情的支持を失うわけで、集団はその長をすてて新たに長を擁立することになる。所謂易姓革命の基本型は民間の共同体のミクロの世界にも内在しているのであって、そのことは郷里の父老的土豪の維持する自律的秩序の場合にも同一構造をとるものと考えられる。そして前述の郷論のもつ共同体的性格とは、このような構造をもつ土豪の自律的秩序の一つの反映であろう。

さて、以上の断片的考察によって、郡県の地方統治の下部官僚機構の外皮に覆われている実際の社会関係を、その外皮をやぶいて、かいま見たのであるが、郡県の府廷は、上述のような構造をもつ自律的秩序を維持する大小さまざまな土着勢力の連合の上になっているといっても過言ではない。そして彼等のもつ土着の規制力を内面からささえる上述のような郷論的共同体的性格は、国家、権力の個別的人身的支配の現実化において、彼等の認める国家的支配の正当性を超える恣意的暴政をチェックする役割を果したのである。それ故、宦官等による郷論を無視した地方官の任命や掾史の任用によって恣意的暴政が現実化したとき、郷論の支持のもと敢然とそれにたたかい党錮事件のきっかけをつくったのは、范滂・張倹・岑晊等の功曹・督郵の職にある掾史たちであった。また、彼等の保持する自律的秩序を無視して、強権をもってそれが破砕をあせる地方官はかつて明らかにしたように[4]、これら下部官僚の族党の強い抵抗に遭うこととなる。また政道よろしきを得ずして国家権力が乱脈におち入った場合には、彼等郡県の掾史は、その温存強化した自律的勢力をひきいて、国家権力に対抗する叛乱集団の組織幹部に転化するのである。王莽の末年、下江新市の兵の起るや、衆数百人を羽山に聚めて挙兵した南陽郡冠軍県の県掾賈復をはじめとして、劉秀の挙兵のときに、賓客党与を率えて、劉秀の軍に赴いたものに南陽・潁川の郡県の掾史がすこぶる多かったことは、かつて指摘したところである[5]。

郡県のあの厖大な下部官僚組織は、単に官僚機構として制度史的側面からのみ見るべきではない。それを内面からささえ動かしているのは、土着の大小さまざまの土豪層の維持する自律的秩序の固有な構造なのであって、そこで重要なのは、官職の体系や官秩の次序なのではなく、その点から見れば郡の地方統治の実権者である功曹すら、他の掾史と同じく官秩はわずか百石の卒史なのである。このような土着勢力との関連からする郡県の掾史による地方統治の実態の究明は、文献の面ではこの下部官僚組織の下にかくされている土着の自律的秩序の構造をより具体的に明らかにする上で、またそれと相互関連をもつ国家秩序の独自のあり方を明らかにする上で、今後追求さるべき重要な課題となる。

（1）厳耕望「漢代地方行政制度」『歴史語言研究所集刊』第二五本、一九五四。
（2）本書第一篇第四章「戦国秦漢時代における集団の「約」について」。
（3）谷川道雄「一東洋史研究者における現実と学問」『新しい歴史学のために』六八号、一九六一。
（4）本書第三篇第五章「漢代郡県制の地域的考察」。
（5）本書第一篇第一章。

## 六

以上において、私は浜口氏の指摘から、問題を展開させて来たのであるが、実は、そのような指摘は、すでに端緒的な形においては顧炎武によってなされていたのである。

日知録巻八掾属の項に、「古文苑、王廷寿桐柏廟碑人名に注して、掾属は皆郡人なりと謂う。漢世用人の法を攷す可し。今、之を漢碑に攷するに、皆然り。独り此廟のみならざるなり。蓋し其時惟《ただ》守相のみ朝廷より命ぜらるるも、曹掾より以下は本郡の人に非ざるはなし。故に能く一方の人情を知りて、之が為めに利を興し害を除く、其の之を辟用する者は即ち守相より出づ、後代の官の一命以上皆吏部によるに似ず、……隋氏選を革むるに及びて尽く他郡の人を用う」とあることは、周知のところであろう。

しかし、私たちにとって重要なことは、顧炎武が単に史実考証としてこの関係を指摘したということではなくて、どのような問題関心から、この事実をとり上げたかということである。顧炎武は明末清初の動乱の中に生きて、そこで明の滅亡をもたらしたさまざまの制度上の欠陥と弊害を身をもって痛感したのであるが、その際彼が痛感した最大なことの一つは、民生の保全の任にあたるべき郡県の地方官が、各地に蜂起する流賊や、侵入して来た満州族の侵攻の前に、何ら抵抗を示すことなく、また死守することなく四散し、彼等をして無人の境に入るが如く跳梁をほしいまにさせ、却って身をていして抵抗をこころみたのは土着の人士たちであったという事実である。「今の州県は、官に定守なく、民に定奉なく、是を以て常に盗賊戎翟の禍ありて、一州に至れば則ち一州破れ、一県に至れば一県残《やぶ》る」(郡県論四、亭林文集巻一)といい、また、「予嘗て山東・河北を歴覧せしに、兵興りしより以来、州県の能く残破に至らざる者は、多く之を豪家大姓の力に得て、尽くは其の長吏に恃まず」(亭林文集巻五裴村記)といっている通りである。そのような際彼ら州県の長官をして「死を効《いた》して去ること勿きの守あらしめ、合従締交の拒あらしめる」ことができなかったのは、政治組織の欠陥によると、彼は考えたのであった。すなわち、今日の制度上の弊害の最も大なるものは、権力がすべて天子一人に集中しすぎたことであって、「四海の内を尽して我が郡県となして猶足らず」、そこで民治にあたるべき州県の地方官をすべて疑って権力を分与せず、これを監察するために監司を設け、またその上に督撫を設け、このようにすれば「守令も其の民を残害し得ない」と思い込み、このために守令はただ過失なく早く任期を終えて他に転任することだけを考え、民のために利を興す、などということは全く考えなくなる、ということには気付かなかったからだ、と顧炎武はいうのである(郡県論一)。「天下の尤も急なる者は、守令親民之官なるに、今日の尤も権無き者は、守令に過ぐるものなし。守令権なくして、民の疾苦、上に聞せず、安んぞ其の太平を致して国命を延ぶるを得んや。……夫れ辟官・涖政・理財・治軍は、郡県の四権なり。而るに今皆以て之を専らにするを得ず。……是を以て涖事を言うも事権は郡県に在らず、興利を言うも、利権は郡県に在らず、治兵を言うも、兵権は郡県に在らず、尚、何を以て復其の富国裕民之道を論ぜんや」（日知録巻九守令）といい、また「今日に至りては、……守令の任ずるに足らざるや、多く之に監司を設け、監司の又任ずるに足らざるや、重ねて之に牧伯を立て、尊を積み重を累ねて、以て其の上に居き、下に其の職を与分する者なし。公廉勤幹の吏と雖も、猶以て治を為す能わず、況んや之を非人に託するにおいておや」（日知録巻八郷亭之職）といっているのも、みなその意味である。

この欠陥をのぞくためには、親民の官である県の「令長の秩を尊くし、之に生財治人の権を与え、監司の任を罷《や》め、世官の奨を設け、辟属の法を行わ」なければならない（郡県論一）。すなわち何よりも先ず県令には「必ず千里以内の其の風土に習うの人を任用し」これを世襲の官として土着化せしめ、またその下部官僚には、県邑土着の人を、県令自身が任用できるようにしなければいけない（郡県論二）。人々がその家をおもい、その子を私愛するのは、不変の人情であって、それと同じように、県令をして、その県の土地人民を自分の土地、自分の一族子孫と同じように考えさせるように制度を変えなければいけない。「天下の人、各々其の家を懐い、各々其の子を私するは、其れ常情である。天子の為め、百姓の為めにする心は、必ず其の自らの為めにするに如かない。……聖人は因って之を用い、天下の私を用いて、以て一人の公を成して、天下が治まるのである。夫れ県令をして其の百里の地を私し得せしめるならば、則ち県の人民は、皆其の子姓（一族子孫）であり、県の土地は皆其の田疇である。……子姓であれば、則ち必ず之を愛して傷つくるなく、田疇であれば、則ち必ず之を治して棄てることはない。……一旦不虞の変があっても、必ず、劉淵・石勒・王仙芝・黄巣の輩が千里を横行すること無人の境に入るが如きあのような状態にはならない。ここに於てはじめて、死を効《いた》して去ることなきの守が有り、合従締交の拒が有ることになる。これは天子の為めにでなく、其の私の為めなのだが、其の私の為めにすることが、天子の為めにする所以なのである。故に天下の私は、天子の公なのである」(郡県論五)というのはそれである。

封建が変じて郡県になったのは、権力が下に集中しすぎて分裂をきたし封建の弊がきわまったからで、それは歴史の必然である。今や権力が上に集中しすぎて郡県の弊きわまり将に変ぜんとしているのであるが、それは昔の封建にかえることではなく、封建の意を郡県の中に寓することである。末端の県に一種の自治体的要素を加味して、県令を世官として土着勢力と一体化させることが、すなわちそれである、と顧炎武はいうのである。封建が何故に郡県に変ったのか、という歴史の必然を知れば郡県も弊がきわまれば、また将に変ぜんとすることを知るのであるが、変らないのは民生の保全という目的であり、天子たる者は民生保全の責任者である、ということである。民生の保全のために制度が立てられ、その制度がやがて極端にはしって民生の保全に弊害を生んでくると、その弊のきわまるところ、その制度は変ぜざるを得なくなるのが歴史の必然だ、と彼は考える、

「民の為めに之が君を立つ、故に爵を班つの意は、天子と公・侯・伯・子・男と一也、絶世の貴に非ず。耕に代りて之に禄を賦つ、故に禄を班つの意は、君・卿・大夫・士と庶人の官に在る者とは一也、事すること無きの食に非ざる也、是の故に天子一位の義を知れば則ち敢て民の上に肆にして自ら尊しとせず、禄以て耕に代るの義を知らば、則ち敢て厚く民より取りて以て自ら奉ずることをなさず」(日知録巻七周室班爵禄)という。顧炎武も爵制の理解において孟子や白虎通の、天子も爵称の一つだという、天子一位の説に従う。爵制のこのような伝統的意味からみちびかれるのは、当然天子専制ではなく、すなわち独治ではなく、衆治である。「人君の天下に於けるや、独治する能わざる也」(日知録巻六愛百姓故刑罰中)ともいい、「所謂天子なる者は、天子の大権を執る者也、其の大権を執るとは奈何ぞ、天下の権を以て之を天下の人に寄して、而して権は乃ち天子に帰す。公卿大夫より百里の宰に至るまで、一命の官も、

天子の権を分ちて以て各々其の事を治せざるはなく、而して天子の権は乃ち益々尊し」（日知録巻九守令）ともいっている。しかるに今は、「万機の広、固より一人の能く操する所に非ざる」のに、天下一切の権を尽く上に収めすぎて、上述のように、天子は人々を疑い、天子の権を人臣に分寄せず、守令親民の官の上に数々のそれを制肘監司する官を累層的にかさねて行ったため、守令は権なく、ただ恂々として過失をとがめられることを恐れて、無事転任を願い、積極的に民生保全につくすということは、考えられなくなった。彼は、身をもって、明末の地方政治の制度上の欠陥を痛感するのである。そして、そこから、前述のような、県令の権を重くして之を世官とし、県邑土着の人士を任用し、それを一種の土着勢力と一体化することによって、封建の意を郡県の中に寓することを説くのであるが、このような見解を彼がいだくにいたったのは、彼の現実の体験と不可分にむすびつく彼の歴史研究から、自国の歴史の展開をささえる主体的要因として、土着的諸勢力、殊には彼の所謂「氏族」「宗族」のもつ土着的組織力と規制力を高く評価していたからに外ならない。彼は、裴村記でつぎのようにいっている。

「嗚呼、治道愈々下りてより、国に彊宗なし。彊宗なく、是を以て国を立つるなし。国を立つるなく、是を以て内潰外畔して、卒に亡に至る。然らば則ち宗法の存する、人紀を扶け、国勢を張る所以に非ざるか。余、聞喜県の裴村に至り、晋公の祠に拝す。其の苗裔を問うに、尚一二百人、耒を釈てて陪拝する者有り、出でて官道の旁に至り唐時の碑の其の譜牒世系を載せるのを読み、隴に登りて望めば、十里之内邱墓相連なり、其の名字官爵の攷す可き者、尚百数人なり。……汾陰の薛（氏）は河に憑りて石虎・苻堅割拠の際に自ら保して、未嘗て一たびも朝に仕えず、猗氏の樊・王は義兵を挙げて以て高歓の衆に抗す、此れ三代の法猶存するに非ずして、其の人の賢なる者又之を率えて以て家を保し宗を亢《おお》うの道、胡んぞ以て能く久しくして衰えざること是の如きや。……予嘗て山東・河北を歴覧せしに、兵興りしより以来、州県の能く残破に至らざる者は、多く之を豪家大姓の力に得て、尽くは其の長吏に恃まず。……

周官『太宰、九両を以て邦国の民を繋ぐ、五に曰く宗、族を以て民を得』と。……夫れ封建の治を復すること能わず。而して士大夫の勢に藉りて以て其の国を立てんと欲する者は、其れ氏族を重んずることに在るか。其れ氏族を重んずることに在るか」と（亭林文集巻五裴村記）。

また日知録巻二二社の項では「今日人情を相与にするものは、惟年《ただ》・社・郷・宗の四者のみ、四者を除却すれば、すなわち窅然として其の天下を喪う」ともいっている。（社については、彼がかつて復社の同人であり、それが明末清初の満州族の侵入支配に対する彼をふくめての当時の士大夫の抵抗運動の一つの母胎となったこと、また両漢風俗論等における彼の党錮の流に対する積極的評価等を想起せよ）。

以上のような、自国の歴史をささえる主体的要因としての、彼の所謂「氏族」「宗族」の土着的組織力に対する歴史的評価が、県令を世官として土着化せしめることによって、県民をその一族子孫と同視させ、その自愛の常情に藉りて、民生保全と外敵抵抗の実を上げしめようとする、彼の「封建の意を郡県に寓する」立論にも重要なささえとなっていることは明らかであるが、この様な見解をいだく彼にとっては、漢代の地方統治機構は、きわめて重要な関心の対象となったのは当然である。彼が、前述の日知録巻八掾属の項で、漢代の郡においては掾史以下の下部官吏は本郡の土着の人を用い、しかもそれは郡の太守の自辟によることを発見し、それが民生保全にきわめて有効適切な制度として高く評価していることは、単なる事実考証としてではなく、それは、以上のような意味における主体的理解による内面的視野からささえられている史実の発見と解釈であったのである。それは、そこに附記されている、唐の魏元同の長文の上疏と併せよめば、尚一層はっきりするであろう。同様のことは同じく巻八の郷亭之職の項における三老の職制に対する高い評価、また巻九の漢令長の項において「漢時の令長は、太守に於いて属吏を称すると雖も、然れども往々能く自ら其の意を行い、上官の奪う所とならず」として、茂陵県令蕭育や舒県令陶謙の事例を例証として

「漢時の長吏の能く自ら樹立する」ことを発見し強調したのも、上述のような主体的内面的視野においてである。

彼のそのような内面的視野からする主体的歴史解釈によれば、君主専制（彼のことばによれば君主独治）ということは、官僚系列、殊に地方官から自ら裁量する一切の権力を奪って天子に集中することで、官僚群は天子の全くの手段と化し、そのことは同時に民間の土着勢力のもつ組織力・規制力と官僚体系の末端との断絶を意味し、その断絶の上にいかに官僚体系を整備していってもまた整備すればするほど、結果においては官による人民の十分な把握を不可能にすることとなる。そのような君主独治は隋唐を経て宋においてあらわれ、明末においてはすでにその弊害はまさにきわまろうとしているという。これに対し、官による人民の十分な把握を実現するためには、民間の土着勢力のもつ組織力と規制力を官僚体系の末端、すなわち地方官僚機構の中にとり入れることが必要で、地方官に自己裁量の余地を残し（天子の権を分与し）、これが理想的な天子一位の衆治で、漢代の制は、ややそれに近いと解する。等しく郡県制ではあるが、この場合は封建の遺風がのこっているからであるという。したがって、今日、日本の学界で問題となっている、秦漢帝国の皇帝の全人民に対する所謂個別的人身的把捉の体制が現実化し貫徹するためには、彼の主体的な歴史理解によれば、民間の土着勢力のもつ組織力と規制力の媒介が必要で、それを国家が利用して、これを地方官僚の末端機構の中に組み入れることが不可欠の前提条件となり、またそれなくしてその人民の十分な把握は不可能だということになる。

顧炎武のこのような内面的視野からする主体的歴史理解は、彼を規定する歴史的諸条件について又別に慎重な考慮が必要であるが、私たちにとっても、無視し得ない視角を提供してくれるものである。私がここで問題にしたのは、彼の上述のような内面的視野に立つ歴史理解の視角であって、その個々の史実解釈や論策についての検討は、又別の問題である。例えば、彼が自国の歴史の展開をささえる主体的要因として重視した、彼の所謂「氏族」の如きは、今日の社会史的水準において十分に検討しなければならないのは勿論である。それは先秦時代の氏族制とは性格を異にするものであることはことわるまでもない。また彼の士大夫としての階級的立場から軽視されたそのもつ組織力と規制力を内面から規定しそれとの矛盾を内包する上述のような独自な共同体的側面こそ私たちにとっては重要なのであり、それをより具体的に分析して行くためには、分解された個々の家々の同姓的結合の面のみでなく、それとむすびつく異姓結合の方式、所謂主客結合の方式を従来一般にそれのとる形態として解されたものよりも広い意味に拡大して、さまざまな形態をとる異姓結合の従属方式の分析に耐える鋭利な武器にまできたえて行かなければならない。重要な問題は、具体的には大小さまざまな形態をとる土着勢力の部分的に組織する自律的秩序の上述のような構造、そこにおける上述のような上下の支配関係と、それをささえまたそれとの矛盾を内包する共同体的側面との具体的関連のあり方、そしてそのような構造をもつ自律的秩序がさらに上の国家権力や国家秩序をどのような独自な仕方で内面からささえまたそれと矛盾する契機を内包するかを主体的に追求し、その両者の相互関連の仕方の時代的相違を明らかにして行くことであろう。停滞論克服の道は、そのような内面的視野に立って、中国の歴史の展開をささえる主体的要因を定立し、それの機能する諸側面の時代的相違を明らかにすることからはじまるのであろう。顧炎武をここに引合いに出したのはそのような私たちの追求に、改めて顧るべき重要な示唆を与える一例としてにすぎない。

（『一橋論叢』四七ノ三。一九六二・一・二〇稿）

# 第一篇　戦国秦漢社会の構造とその性格

## 第一章　漢代における民間秩序の構造と任侠的習俗

### 一　問題の提示

漢代の国家機構、殊にはその地方統治機構については、従来きわめてすぐれた諸研究が、それを明らかにしている。しかしながら、そこで明らかにされたことは、主として法制的な外郭的機構の詳細であって、いわばそれは定められた規則の示す生活の骨格にほかならない。現実には、そのような骨格の中で、具体的な生活が、それぞれ固有の目的・動機、固有な生活感情をもっていとなまれる。それはしばしば規則的な機構と相反する動機、それと衝突矛盾する情念によってささえられ、その間にきわめて複雑なそして固有な現実の生活形態を成立させているのである。このような具体的な目的・動機や生活感情に現われる行為者の心的態度こそ、生活の外郭的機構にはじめて生きた血と肉とを与えているものであって、このような具体的生活のいわば不可量的な要素こそ、時代なり民族なりの固有の性格をいろづけているのである。あらかじめ概念的に構成された生活関連の図式に応じて、構成要素的事実だけをえらび出しあつめる、あの普遍的概念による把握をもってしても、この複雑な現実生活の核心には近づきがたい。どのようにすれば、そのような具体的生活のいわば不可量的要素をば、すでに明らかにされた生活の外郭的機構との適応関係において、とらえることができるであろうか。このような方法的疑問に対して、一つの問題のいとぐちとなる材料を暗示してくれるものに、史記游俠列伝がある。

周知のように、司馬遷は、太史公自序において「人を戹に救い、人の贍《た》らざるを振《すく》う、仁は采《と》るあり。信を既《うしな》わず、言に倍《そむ》かず、義は取るあり。游俠列伝第六十四を作る」といい、游俠列伝を序して、「今、游俠、その行、正義に軌《したが》わずと雖も、しかれどもその言は必ず信、その行は必ず果、已に諾して必ず誠なり、その軀を愛《おし》まずして士の阨困に赴き、既已《すで》に存亡死生す。……蓋しまた多とするに足る」とのべ、然諾を重んじて、身の危険をかえりみず、人の窮境を救う游俠の倫理と行動とを高く評価して、朱家・劇孟・郭解の徒のために伝を立てたのである。しかるに、この史記游俠列伝は、後漢の班固によって、「游俠を序せば、則ち処士を退けて姦雄をすすめる」ものとして非難され（漢書司馬遷伝賛）、漢書游俠列伝は、史記より朱家・劇孟・郭解の伝を採りながら、その序文はこれをすて、別に新たな序文を附して「匹夫の細をもって殺生の権を窃む」罪人としてこれを記しているのである。また後漢の荀悦も游俠の徒をば游説・游行の徒と共に三游と称し、「この三者は乱の由りて生ずる所なり、道を傷い徳を害し、法を敗り世を惑わす」とのべている（前漢紀巻一〇）。すでにはやくから、韓非子においては、游俠の徒は法を乱し国をむしばむ虫として、五蠹の一に挙げられ、姦偽無益の六民の一に挙げられていたのである。すなわち一方においては、游俠は、いわば民間秩序の維持者として高く評価されながら、他方においては国家秩序をみだすものとして、非難されているのである。亡命罪人をかくまい、法禁をおかして人のために仇を報ずる游俠の倫理と行動とは、あきらかに国家秩序と相抵触するにもかかわらず、游俠郭解が関中にうつると「関中の賢豪、知ると知らざるとなく、その声を聞いて争って驩を郭解に交えた」といわれるほどの民間の輿望をになっていたということは、何を意味するのであろうか。司馬遷が、游俠の行動が法網を犯すのを認めながら、あえてかれらのために伝を立て、いわば外郭的な秩序機構の外に、いや、むしろそれをこえて、「黄金百金を得るよりも、季布の一諾を得るにしかず」という当時の諺が示すような任俠的秩序への民間人の信頼を承認したということは、何を示唆するのであろうか。私たちは、ここで司馬遷・班固の歴史叙述の態度の比較を問題にしているのではない。私たちにとって重要なことは、そのような個人的観点の相違ではなくて、むしろ、そのような重要な点で見解の対立を生ぜしめるような社会的実体が存在するという事実なのである。私たちは、游俠という同一の対象をめぐって示される、ほぼ同時代人の以上のような二つの異なった理解の対立を通して、外郭的に固定化された秩序機構の中においてそれと矛盾衝突しながらもしかも現実の秩序形成に何らかの意味で作用している固有な因子の存在を暗示させられるのである。私たちは、このような問題の暗示にもとづいて、まず游俠を一つの手がかりとして、漢代の民間秩序の現実の動きを、その外郭をなす公権的秩序との関連において、とらえる試みをはじめてみることにする。そして、そのためには、まず「游俠」に対する一切の価値評価と固定観念からはなれて、むしろゾチオローギッシュに、所謂「游俠」と呼ばれているものの社会的機能、そしてそのような機能的関連のとる社会的諸形態の一々をあとづけて行くことが必要となる。問題はおのずから、ほぼ同じ重さをもって、公権的末端機構のゾチオローギッシュな究明とも相関連してくる。私たちはあたかもこの両者の複雑な交渉の中から生れてくる現実秩序の固有な構造を問題とするものであるからにほかならない。

## 二　戦国時代における新たな人的結合関係の性格

まず、私たちはより広い視野から所謂游俠の勢力のもとづく社会的関係を考えて見なければならない。

第一に注意しなければならないことは、司馬遷が游俠列伝においてほめたたえた游俠の倫理、すなわち、あの然諾を重んじ身をもって人の窮を救う所謂游俠の精神というものは、それを機能的にみる場合、一つのきわめて重要な社会関係をささえる精神的紐帯を意味するものである、ということである。すなわち朱家・劇孟・郭解らの布衣の游俠が、民間においてもつ隠然たる勢力は、一に、人のために仇を報じ、その庇護をもとめて集まる亡命罪人らを身をもってかくまい、「客」として養う、所謂任俠の精神によってむすばれる、強固なそして広範な人的結合関係にある。魯の朱家は「蔵活するところの豪士百をもって数え、その余の庸人は勝《あ》げていうべからざる」（史記游俠列伝）ほどの多数の客を養い、「関より以東、頸を延べて交りを願わざる者なき」（史記游俠列伝）ほどの広い範囲にわたって私交をむすんでいるのであって、そこにおのずから客を養い客と結ぶところの人的結合関係の掌握が生れてくるわけであり、朱家のもつ隠然たる地方的勢力は、そのようないわば人的結合関係の掌握の上に立つものと考えなければならない。呉楚七国の乱に征討に赴いた漢室の将軍周亜夫が洛陽の豪俠劇孟を味方に獲得したとき、「一敵国を得たるが如し」とよろこんだという挿話（史記游俠列伝）は、劇孟の個人としての力量に対する評価というよりは、むしろ劇孟がその下に掌握する人的結合のひろがりの大きさと、その上に立つ劇孟のもつ地方的勢力の強大さを暗示するものにほかならない。劇孟の母が死去したとき、「遠方より喪を送るもの蓋し千乗なり」といわれ、また、軹の豪俠郭解が茂陵にうつされたとき、「諸公の送るもの千余万」銭といわれるのも（史記游俠列伝）実数のほどは知り得ないにしても、その間の事情を推測させるに足りる。殺人の罪により官の追捕をうけた郭解をば、臨晋の関よりいだし太原へのがした籍少公は、後、吏の究問にあって、郭解の逃亡先のもれるのをおそれて自殺して口を絶ったという挿話（史記游俠列伝）や、また豪俠季心は任俠をもって「気関中を蓋い」、「方数千里の士皆争いて之がために死す」というような叙述（史記季布欒布列伝）は、これら豪俠の掌握する人的結合の関係が、いかに強固なものであるかということを推測させるのに十分であろう。このように、司馬遷が游俠列伝において称讃した游俠の倫理というものは、これを機能的に見ると、実はそれは一つの勢力形成としての人的結合関係をささえるいわば精神的紐帯の役割をはたすものであり、当時の豪俠の地方的勢力はこの人的結合関係の上になり立っているものであるとすると、問題はまったく新しい意味と重要性とをもって、より詳細な論証と分析とを必要とすることになる。問題のこのような新しい相貌、豪俠のもつ地方的勢力の内部構成と性格、それの演ずる社会的役割等については、しかしながら、史記游俠列伝の提出する材料はきわめて限られている。私たちは、いまや游俠列伝からはなれて広く諸他の文献史料から、より広い問題視野の下に、問題を追求して行かなければならない。

さて、以上のような問題との関連において、誰もが類似の社会関係として想起するのは、あの「食客数千人を養う」ことをもって著名な、戦国の四公子の政治的勢力の構成であろう。かれらはみな貴族卿相の身にありながら、士にへりくだって争って数千人にもおよぶ多数の食客門下を養う任俠をもって名高く、このような人的結合にもとづく多大な勢力は「公子賢にして客多きをもって、諸侯敢えてこれに兵を加えざる」(史記魏公子列伝)ほどであったのである。かれらの掌握するこの人的結合関係、すなわちその客集団はどのような社会的性格のものとして理解すべきであろうか。そのことの理解のためには、まず、主家と、これら食客門下とを結びつける紐帯の性格を明らかにすることが必要となる。そしてそのことはこれら四公子に食客門下として養われる、「士」と一般的に呼ばれる人々の社会的性格を明らかにすることからはじめられなければならない。

さて戦国の四公子にみられるこの士を養う の風は、文献の上ではすでに春秋中期以降から、その先蹤を見出すことができる。例えば、斉の桓公の死後、多くの公子が位を争ったなかで、そのなかの一人である公子商人(後の懿公)は自己の勢力拡大のため「家財を尽して」「多くの士を聚め」、家財がつきると更に公室の財物を掌る有司から借りて、士を養ったという記事が左伝(文公一四年)にみえているし、また晋の世族欒氏滅亡の因をつくった欒懐子(盈)は「施を好みて士多くこれに帰し」、その多くの士を養うことによって隠然たる勢力をなしたために、同じく晋の有力世族范氏は「その士多きを畏れて」、ついに欒氏の党を国外に追放し、のち国内に帰った欒氏は、その養う士をひきいて内乱を起して滅ぼされる経過が、同じく左伝(襄公二一年)に記されている。左氏会箋は、清の魏禧の言を引いて「三代より以来、死士を養うの衆き者は未だ有らず。その風は欒懐子より始る。四公子より開かるとなすは非なり」とさえいっている。さらには、のちに斉の国をうばった田氏が、すでに春秋の末期において国内に人望をあつめ、公室をしのぐ勢力をなしていたことは、左伝(昭公三年)にみえる、晏嬰と叔向との有名な対話のなかにかたられているが、韓非子はそれに附加して、田成子が自らの用を節して、厚く士を養った挿話を記しているし(外儲説上)、史記もまた、田成子の賓客舎人について記しているのである(田敬仲完世家)。春秋時代の士は、所謂卿大夫士と連称されるように、「封建」による貴族的氏族社会の最下層をしめる武士階級を意味し、「公は貢を食み、大夫は邑を食み、士は田を食み、庶人は力を食む」(国語晋語四)といわれるように、卿大夫から田を与えられて、卿大夫に家臣として仕える、「封建」的階級秩序のなかに固定した位置をしめているものであるが、上記の諸例は、そのような固定した秩序がくずれかけてきて、主を失い、封田をもたない浮動的な士の現出をまず物語るものであり、そのような浮動的な士をあつめてみずからの私属として養うことによって、勢力の強大化をはかろうとする、世族の新しい勢力形成の様式がそこに示されていると考えられる。すなわち、それは、従来宗族的秩序ともいうべき血縁的紐帯によってささえられた卿大夫の世族勢力が、そのような血縁的紐帯のもつ力の限界がようやく明瞭に表面化されてくる春秋中期以降の新しい政治状勢に当面して、このような限界をこえてより強大な勢力を養う、また養わねばならないという時代的要請の生んだ、新しい勢力関係と考えなければならない。このような貴族的氏族社会の分解過程のなかから放出されてくる浮動的な士の階層は、この傾向がさらに促進されてくる春秋末から戦国にかけてのあの大きな社会的変革によって、従来の秩序からはみでてきた、その出処のきわめて多元的な游民層と合流し、きわめて複雑で包括的な、そしてみずからは生業をもたないという意味で共通な、新しい游民層を現出してくるのであって、戦国時代に士と一般に呼ばれているものは、このような游民層をその母胎とするものであることに留意しなければならない。(1)「欒・郤・胥・原・狐・續・慶・伯(等の貴族)は降りて皁隷に在る」(左伝昭公三年)ばかりでなく、「敵に克つ者は、士は田十万、庶人工商は遂《めしかか》えられ、人臣隷圉は免ぜられる」(左伝哀公二年)という春秋末期の社会的大変革は、従来の世襲的貴族制の崩壊と下層民の擡頭を通じて、一切の門地の背景をもたない新しい游民層をうんでいったのである。このような「産業工商に力《つと》めざる」游民層の発生と、みずからの経済的地盤をもたないその寄食者的性格とは、自己の氏族的勢力の外延に多くの士を養うことによって新たな人的結合関係を集積して行こうとする戦国の諸侯貴族の新たな勢力形成をますます一般化して行くことになる。すなわちかれら游民はみずからのもつ個人的材能のみをたよりに、何らかの有力者に寄食しなければならないわけであって、その知識分子は文学游説の士として、武行俠勇を誇る活動分子は任俠好勇の士として、それぞれ新しい勢力関係のなかに吸収されていったのである。前述の戦国の四公子の食客門下数千人という客集団の性格は、まず以上のような大きな歴史的意味をもつ系譜のなかで考えてみなければならないとすると、問題の一面は少くとも明瞭となる。そのような新たな支配関係、新たな人的結合関係をむすびつける紐帯の性格は、何よりもまず、以上のような游民層の発生とその社会的生態によって規定されてくるからである。

戦国における游民層の生態を問題とする場合、まず何人も指摘するのは、「(孔墨の死後)従属いよいよ衆く、弟子いよいよさかんに、天下に充満し」(呂氏春秋仲春紀当染)、墨子は「弟子禽滑釐等三百人」(墨子公輸)、孟子は「後車数十乗、従者数百人」(孟子滕文公下)、田駢は「貲養千鍾、徒百人」(戦国策斉策)といわれるような、民間における聚徒講学の風の盛行であろうが、私たちの問題との関連において、これとならんで、いや、それにもまして注目しなければならないのは、民間における任侠好勇の風の蔓延である。これは戦国においては車戦の廃止による戦術の変化によって、すでに一般庶民が戦闘の主力となったためであるという説もあるが、(2) その理由はともかく、任侠好勇の風はすでに民間に根づよく、春秋時代の下級武士にみられる曹沫(3)・提弥明(4)・翳桑の餓人霊輒(5)・督戎(6)らの死をもって主に報ずる侠士の風は、戦国に入ると、死剣をもって慷慨義に赴く任侠好勇の風となって、抱関撃柝、屠狗椎埋の下層民にまでおよんでいたことに注意しなければならない。それならば、任侠の風とは戦国時代において具体的にどのような行為関係を意味していたのであろうか。私たちはここで、これからの問題の展開に必要な限りにおいて、任侠の同時代的語義を明瞭にしておく必要がある。徐灝の説文解字注箋によると、侠の語義は、「侠は、古は但夾に為《つく》る、持の字なり。戦国之世、任侠之風盛行して、乃ち其義を別つ。之を任侠と謂うは、気力を挟負して、事に任ずるを以て自ら雄たる也」とある。すなわち、侠は夾であって、語の義は「持つ」という意味だけであり、それが、戦国に入って任侠の風が盛んになってから、気と力とを持ちにならうという意味を、もってきたのであるとする。(7) これは一解にすぎないから、戦国において実際に侠という語がどのような内容をふくめて用いられていたかという用例に即して、侠の同時代的意味内容を考えてみなければならない。その用例を示しているものに韓非子の「五蠹」「顕学」の二篇がある。韓非子は、この五蠹篇において「儒は文を以て法を乱し、侠は武を以て禁を犯す、而るに人主これを兼ね礼す」といい、その「侠」の具体的内容は、次のような「廉貞之行」にあるとし、「今兄弟侵さるれば、必ず攻めるは廉也。知友辱めを被れば、仇に随うは貞也」といっている。またこのような廉貞の行をなす侠者を、さらに「帯剣者」という語で表現し、かれらは「徒属を聚め、節操を立て、以て其名を顕わし、五官の禁を犯す」と記している。顕学篇には、「国平かなれば儒・侠を養う」といい、その侠は「自好之士」、「家闘之勇」であり、「節を立て名を参《た》て、操を執りて侵されず、怨言耳にすぎれば、必ず之に随うに剣を以てす、世主必ず従いて之を礼す」と記している。「世主必ず従いて之を礼す」とは具体的には、五蠹篇の「羣俠、私剣を以て養わる」と相応ずる。さて、一方の「任」の語義について見ると、任とは説文によれば保であり、段注は保の本義は抱であるとし、そこからでてきた「保挙」という熟字の「保」のもつ意味がすなわち「任」の意味だとする。[8] 徐箋も同じく、大雅生民の「是任、是負」の毛伝に「任は猶抱也」とあり、抱と保とは音義相通ずるところから、任に「任受」「保任」の義がでてきたとする。このように任とは、他人を保証する、他人を責任をもって引受ける、という対人関係の保証の意味であり、さらに、周礼の「五家為比、使之相保」の鄭注に「保は猶任也」とあり、また同じく周礼の「孝友睦婣任恤」の鄭注に「任とは、友道に信なる也」とあり、史記季布欒布列伝の「為気任俠」の孟康の注に「交通に信なるを任と曰う」とあるのは、「任」のもつこのような意味を示すものである。そして、戦国末において、最も明瞭に「任」のこのような用例を示すものは、墨子の経上に見える「任とは、士己を損じて、為す所を益する也」という文と、韓非子六反篇の「賊を活《い》かし姦を匿《かくま》うは、死に当るの民なり、而《しか》るに世之を尊んで任誉之士と曰う」という記述である。墨経に見える「任」とは、自分の利害を無視して人のために尽すことであり、さらに、経説上において、「任とは身の悪《い》む所を為して、人の急とする所を成す」と説明しているように、自分を犠牲にしても人の急を救うという、墨子兼愛説の究極の倫理行動を意味するものであるが、このような「任」の用例を通じて、その「任」の一般的な意味と相関連しながら、しかも戦国の世相を反映してそれが固有な色彩をおびてきたこと、すなわち、前述の「俠」の意味する同一の社会的実体にかかわるものであることに私たちは気づいてくる。このことをさらに証するのは、韓非子六反篇の「賊を活《い》かし姦を匿《かくま》うは、死に当るの民なり、而《しか》るに世之を尊んで任誉之士と曰う」という記述である。庇護を求めてたよってきた亡命罪人を責任をもってかくまうこと、これが「任」なのである。「任誉之士」の「誉」を盧文弨（韓非子校正、羣書拾補初篇）は

「俠」の誤りでないかと疑い、太田方（韓非子翼毳）は「任俠名誉之士」と解する。いずれにせよ、「任」は戦国末においては「俠」と相関連する意味を含むものとして用いられていたことを、以上の諸例から指摘しなければならない。すなわち戦国において理解されていた俠とは、民間にあって私剣武勇をもって郷曲に威を立て、みずから私交を結び徒党をあつめ、宗族知友を侵す者があれば、剣をもってこれに報ずる、いわば州里の雄であり、しかもその私交をむすんでは常に節操を立てるが故に、法禁を犯すにもかかわらず声望をあつめていた者であり、任とは、そのような私交をむすぶに信なることであり、一旦交りをむすべば、責任をもって他を引受け、自己の利害生死を無視しても交友知人の急を救い、身をもって亡命罪人をかくまうことであったのである。そして、韓非子は、戦国の世相のいちじるしい傾向として、勤労なくまた戦功なくして世にもてはやされる游民の盛行を指摘し、その最たる者が儒と俠であるとして、かれの主張たる君権の統一強化をさまたげる毒蠹としてこれを論難したのである。このかれの同時代的観察は、同時に戦国時代の民間における好勇任俠の風の盛行とその習俗化とを何よりも証していることになる。孟子に見える北宮黝・孟施舎、呂氏春秋に見える斉の好勇者や北郭騒等の挿話は、このような気風の民間における蔓延をさらに傍証するものともいうことができる。これらの好勇任俠者は、みずからの生業をもたない游民的性格の故に、より有力なる者のもとに相あつまり寄食する。「羣俠私剣を以て養われる」わけであって、戦国の卿相貴族にもまた、これら布衣の游俠をみずからの勢力の爪牙として重用し、かれらに対し「礼を卑くし幣を厚くし、心を傾けて之と交りを結ぶ」同じく任俠を好む気風が、根づよく浸透していたのである。厳仲子は韓の重臣の身をもって屠者の俠士聶政と交りをむすび[9]、孟嘗君は斉の卿相の身にあって、「天下の任俠姦人を招致し、薛中に入れること六万余家」（史記孟嘗君列伝）であり、信陵君もまた魏の公子の身をもって、抱関の徒侯嬴・屠中の游俠朱亥・博徒毛公・売醬家薛公と交りをむすんでいるのである[10]。所謂戦国の四公子の養う食客門下数千人とは、このような游俠がその大半をしめたものと考えてよい。もちろん、そこにはあの諸侯の賓客となるような文学游説の士もいたことではあろう。しかしながら戦国における文学游説の士の間にも、このような任俠好勇の気風は、いわば当時の社会一般のジッテとして根深くおよんでいたのであって、例えば、孔子の弟子子路は「性鄙にして勇力を好み、志伉直なり、雄鶏を冠し猳豚を佩し、孔子を陵暴した」(史記仲尼弟子列伝)卞の俠士であったのであり、かれがのち衛の蒯聵の乱に主の孔悝を死をもって救おうとしたその気概や、(11)「色撓まず目逃《たじろ》がず、行曲なれば則ち臧獲《ぬひ》をも違《さ》け、行直なれば則ち諸侯をも怒る」漆雕の儒(韓非子顕学)は俠士の風に通ずるものがある。「子張は魯の鄙家なり、顔涿聚は梁父の大盗なり、孔子に学べり。段干木は晋国の大駔なり、子夏に学べり。高何・県子石は斉国の暴者なり、郷曲に指され、子墨子に学べり。索盧参は東方の鉅狡なり、禽猾黎に学べり」という呂氏春秋(孟夏紀尊師)の記述もその間の事情を推測させるに足りるであろう。さらには「墨子の服役者百八十人、皆火に赴き刃を踏んで死すとも踵をめぐらさず」(淮南子泰族訓)といわれ、また墨家の鉅子孟勝は、楚の陽城君とむすんだ約束を守れなかったために死をもって然諾を重んずることを示し、弟子もまたこれに殉じて「死する者百八十人」という挿話(12)も、墨子学団における鉅子と弟子との関係が、まったく游俠のそれを想わしめるものである。

このように考えてくると、春秋末期から戦国時代にかけて生じてきた、あの戦国の四公子の客集団にその典型をみる、新たな勢力形成の関係、そのような新たな人的結合関係の性格、またそれを規定する主客をむすびつける紐帯の性格は、ほぼ明らかになってくる。みずからの経済的地盤をもたない游民の寄食者的性格は、当然そこに主家に対する経済的隷属関係をともなってくることはいうまでもない。これは自明の前提である。かれら戦国の四公子は、広い封邑をもつ大土地所有者であり、そこからあがる収益でもってこれら賓客門下舎人を養ったわけであって、そこに寄食するそれらの游民はそれぞれの才能器量によって、車客・魚客・菜客というような等級を異にする待遇をうけ、(13)平時においては、客とはいってもほとんど舎人と同様な主家の雑用を給することは、孟嘗君列伝の馮驩の例が示すとおりである。さらにかれらは、公権からの賦課もまぬかれたらしく、[14] 主家の権勢と財力の保護のもとにそのパトリアルカールな支配関係に隷属する、いわば私属であったことは、いうまでもない。しかしながら、このような経済的隷属の意味する普遍的な側面の内面にはそれだけでは説明のつかない、固有な、その意味で非合理的な心的態度ともいうべきものが、いわばジッテとして、この主客をむすびつける紐帯に大きく作用していることに、私たちは前述の説明からすでに気づいてきたはずである。それは、任侠の気風に示されるあの固有な心的傾向、然諾を重んじ死をもって報いるあの固有な色彩をもった一種の対人的信義関係のジッテである。このいわば任侠的紐帯ともいうべきものが、主家のパトリアルカールな支配関係の内面をささえるのである。そこではきわめて具体的な人格的《パーソナル》要因が大きく作用する。その任侠的な具体的なパーソナルな要因の故に、「亡人有罪者も皆孟嘗君に帰した」のであり、「士これをもって方千里より争って信陵君に帰した」のであり、またその故にそのなかから、侯嬴・朱亥のごとく、あるいは斉の豪侠田横の客のごとく、死をもって主家に報ずるというきわめて強固な人的結合関係を示す積極面が、具体的人格を中心とするパトリアルカールな支配関係の内面に生れてくるのである。平原君が「色を愛し士を賤しむ」の風を示すと、賓客舎人の大半が飄然としてそのもとを立去ったという挿話は、この人的結合関係が単に経済的利害関係からだけでは説明のつかないことを示すものである。もちろんこのような養客結客の任侠の気風が、いわばジッテとして社会的にステレオティーペン化され、形式的に習俗化されている当時の現実においては、必ずしも強度の具体的人格要因がなくても、利害関係の相結びつくその限りにおいて、そのような人的結合関係は、つねに何らかの有力者を中心に、習俗の枠内で維持されて行く。したがってそのような現実においては、前述の経済的要因、主家のもつ財力と権勢とが作用する面が強く、「斉王、孟嘗君を廃してより諸客皆去る」(史記孟嘗君列伝)ごとく、「富貴なれば士多く、貧賤なれば友寡く」なる客の離合集散が、主家の権勢財力の消長とその軌を一にする事例は、戦国奏漢を通じてきわめて多くみるところである。しかしこの二つの相異なった契機は別々に存在するのではない。いいかえれば、そのような利害関係にもとづく食客門下の離合集散は、より確実な庇護を求めようとする游民の動きの表われであり、それは万人が安んじて依拠し得るような客観的秩序の欠如を物語る戦国以降の固有な社会的条件から発するのである。そのような条件のもとにおいては具体的な人と人とのつながりを求める以外には自己を守る秩序はない。郷曲の豪俠が剣を帯びて節を立て、もって徒党をあつめるのも、権門の貴族が貴賤をとわず争ってこれら游俠を養うのも、いずれも自己の族的結合の外延にパトリアルカールな人的結合関係をひろげて行くことによって、自衛的な強者の秩序を形成しようとするものであって、任俠の気節とは、このような現実の関係のなかから生れてきた積極的な秩序規範にほかならない。現実の個々の勢力関係の内部においては、前述のごとくその人的結合の関係が必ずしも固定的でなく、経済的な利害関係の介在によって流動的な面をもてばもつほど、任俠の気節はひろく社会一般の秩序規範として、その生活感情にかけて高く評価されてくるわけであって、そのような秩序規範を高度に保持実践する任俠の士が、長者として[(15)]世にたたえられて、そのエピソードが美談として史籍に残される所以なのである。

（1）戦国の士の源流について解放奴隷を力説するものに、郭沫若『十批判書』（一九五〇）所収、第一論文「古代研究的自我批判」がある。これは周代を奴隷制社会として規定する氏の論法からする当然の帰結である。
（2）斉思和「戦国制度考」『燕京学報』第二四期（一九三八）参照。
（3）史記刺客列伝。
（4）（5）左伝宣公二年。
（6）左伝襄公二三年。
（7）なお説文段注には「俠、俜也、荀悦曰『立気斉、作威福、結私交、以立彊於世者、謂之游俠』、如淳曰『相与信為任、同

是非為俠、所謂権行州里、力折公侯者也』、或曰『任気力也、俠甹也』。按、俠之言夾也、夾者持也、経伝多仮俠為夾、凡夾皆用俠」とあり、荀悦・如淳等の後漢以後の学者の注を引いて語義を解している。

(8) 説文段注には「任、保也、按上文云保養也、此云任保也、二篆不相属者、保之本義、尚書所謂保抱、任之訓保、則保引伸之義、如今言保挙是也、周礼五家為比使之相保、注云保猶任也、又孝友睦婣任恤、注云任信於友道也」とある。

(9) 史記刺客列伝。

(10) 史記魏公子列伝。

(11) 左伝哀公一五年。

(12) 呂氏春秋離俗覧上徳篇、なお、墨子教団の性格については、本書第一篇第三章「墨俠」を参照。

(13) 史記孟嘗君列伝には客舎に伝舎・幸舎・代舎の上中下三等の区別があり、伝舎の客は出入に乗車を与えられ、幸舎の客は食に魚があることが記されているが、戦国策斉策には同じことを門下之車客、門下之魚客という表現でその差別を示している。また太平御覧四〇五所引の列女伝には「孟嘗君食客三千人、厨有三列、上客食肉、中客食魚、下客食菜、斉市中有乞食人馮煖、経冬無袴面有飢色、願得上厨」とある。

(14) 韓非子詭使篇「悉租税、専民力、所以備難充倉府也、而士卒之逃事、伏匿附託有威之門、以避徭賦、而上不得者万数」。同五蠹篇「家困而上弗論、則窮矣。窮危之所在也、民安得勿避、故事私門而完解舎、解舎完則遠戦」。なおこの五蠹篇の解舎の解釈については、若干問題がある。太田方(韓非子翼毳)は「解舎、謂免徭役也、管子五輔篇云『上必寛裕而有解舎』」と解しているが、洪頤煊(読書叢録巻一四)は「頤煊案、管子五輔篇『上弥残苛而無解舎、下愈覆鷙而不聴従』、商子懇令篇『高其解舎』、解舎、即今之廨舎、呉子治兵篇『馬疲人倦而不解舎』、説文『卸、舎車解馬也、謂所卸止之地』、其音義並同」としている。しかし洪頤煊のように、解舎を廨舎と解すると、この五蠹篇の「事私門而完解舎、解舎完則遠戦」という句の意味は、十分には通じない。孫蜀丞(管子集校所引)は管子五輔篇の「上必寛裕而有解舎」の解舎を解して、周官の弛舎と同義であるとして下のようにいっている。「解舎、既周官之弛舎、小宰『治其施舎』、注『施舎、不給役者』、郷師注『施舎、謂応復免不給繇役』、釈文引周官小宰『施舎』作『弛舎』、阮元云、凡経云施舎字、注皆読『施』為『弛』、此注不言読為、蓋経本作弛字」。解舎を周礼小宰・郷師の条に見える弛舎(施舎はもと弛舎に作ったとする阮元の説は正しい)と同義とする孫蜀丞の解釈は卓説である。説文によれば「弛、弓解也」とあり、段注は「引申為凡懈廃之称」としているように、弛と解とは同義であり、舎は、周礼地官郷大夫の条の鄭司農の注に「舎者、謂有復除、舎不収役事也」とある舎の意味と同じである。解舎が弛舎（施舎）と同義であるとすると、周礼小宰・郷師の鄭注にそれぞれ「施舎、不給役者」「施舎、謂応復免不給繇役」とあるように、徭役免除の意味となり、太田方（韓非子翼毳）の解釈はその根拠を得たこととなり、前引の韓非子五蠹篇・管子五輔篇の文章の意味も、よく通ずることとなる。なお施舎については、平中苓次「漢代の復除と周礼の施舎」『立命館文学』第一三八号（一九五六）を参照。

（15）任俠的気節の高度の保持者を、すくなくとも戦国末から漢にかけては、長者と呼んでいたことは、史記における用例より明らかである。貝塚茂樹「漢高祖」『古代の精神』（一九四七）を参照。

## 三　秦漢の際における游俠の活躍——劉邦集団の分析

さて以上の考察で、戦国の四公子の客集団の性格はほぼ明らかとなったと思う。そこからはつぎのことが明らかになった。すなわち、それは、私たちが冒頭において提起した、朱家・劇孟・郭解らの閭巷の游俠のもつ社会的勢力と、等しく固有な意味をもった人的結合の関係の上にたち、等しく任俠の気風という同一の規範意識にささえられているというその意味において、同一性格の社会的形成体なのであって、一は、それが貴族・卿相を中心に形成されたところから、戦国六国の実際政治を左右するほどの政治的勢力として発動し、一は、閭巷の布衣の豪俠を中心に形成されたところから、隠然たる民間の地方的勢力として発現したにすぎない、ということである。いいかえれば、以上のような養客結客の意味する固有な人的結合の関係は、単に貴族・卿相の権力者を中心に形成されたばかりでなく、むしろ戦国末から漢にかけて、一般民間社会のジッテとして、それぞれの規模において、豪俠・土豪を中心にして、地方的群小勢力の組織原理として作用し、郷曲における強者の秩序形成の原理となっていたと考えるべきである、ということである。王船山（読通鑑論巻三）はいう、「游侠の興るや、上、民を養う能わずして、游侠これを養えばなり。秦、王侯を滅ぼし、貨殖をすすめ、民たちまち王侯の主を失いて帰するところなく、富みて豪なる者は起ちてこれを邀《むか》え、而して侠ついに天下に横《ほしいまま》なり」と。ただ、「儒墨皆排擯して載せざるため、秦より以前は匹夫の侠は湮滅して見《あらわ》れざる」（史記游侠列伝）にすぎないのである。しかしながら、秦漢の際という新しい政治的局面に入るにおよんで、これら豪侠の地方的勢力は、きわめて重要な政治史的役割をになって登場してくる。秦末の苛政に抗して諸処に蜂起した所謂群雄の軍事的勢力は、その当初の社会的性格において、韓非子いうところの、剣を帯びて節をたて徒属をあつめる、郷曲の豪侠のそれと同一性格の、あの固有な人的つながりの関係をその基底にもつものであったのである。趙の地に、故《もと》の趙王の一族趙歇を擁して起った、北方の雄張耳は、もと若かりしとき、前述の戦国の四公子の一人魏の信陵君の客としてその門下に游んだ大梁の游侠である。のち亡命して外黄の地に身を寄せ、その地の富豪の女をめとってその財力の援助の下に「千里の客を致し」、多数の客を養うことによって、外黄の地に隠然たる一地方的勢力をもつ豪侠の名をほしいままにし、やがて陳渉・呉広の農民一揆に端を発する秦漢の際の混乱に乗じて、趙の地に渡り、趙の諸県の群小勢力と相結ぶことによって、そこに、軍事的一大勢力を形成していったのである。「其の賓客廝役は天下の俊傑に非ざるなく」「趙人の、張耳・陳余の耳目となる者の多かった」こと、さらには張耳の客、貫高・趙午等六十余人がよく然諾を立て、権力に屈せず、その子張敖の窮境を死をもって救った有名な挿話は(1)、張耳の趙における勢力が、前述の任侠的人的結合関係にその基礎をおくことを物語るものである。斉の地に王を称して自立した、田氏の一族、田儋・田栄・田横もまた狄の豪侠で、その任侠の気節をもって「能く士を得」、田横の客五百人は「田横の義を慕い」、のち、漢に仕えることを肯ぜず、田横の死に殉じて自剄した高節は有名である(2)。楚の地に、故《もと》の楚王の後を擁して起った、亡命貴族項梁・項羽の一大勢力も、項梁が殺人の罪を犯して呉に亡命中、多くの賓客・子弟をあつめ、「ひそかに死士を養うこと九十人」[3]、「呉中の賢士大夫皆項梁の下に出る」（史記項羽本紀）ほどの地方的勢力をきずきあげたのが、その最初の出発点であったのである。そして、沛に起った漢の高祖劉邦の勢力集団も、その社会的性格において、その例外ではない。劉邦集団の性格については、西嶋定生氏のすぐれた考察がある。[4]氏は中涓・舎人等の劉邦挙兵のときの游民の初従の官名の字義的解釈から、家内奴隷制にもとづく支配関係として、それを把えた。劉邦の下に属したこれら游民が所謂「擬制家族的」な隷属関係にあったという氏の把握は正しい。しかし、そのようなパトリアルカールな隷属関係を家内奴隷制という普遍的な概念で一義的にとらえる前に、そのような関係の内面に立入って、挙兵以前からの劉邦と個々の游民との具体的関係を追求して行くとき、そのような隷属関係を内面でささえる固有なジッテ、あの任侠的習俗が、そこでも同じく作用していたことに、私たちは気づいてくるのである。劉邦集団の生成伸長の過程を中心として、少し詳しく漢帝国の成立過程に演じた、これら豪侠の地方的勢力の歴史的役割を明らかにしてみよう。

劉邦の若年のときの行状を示すものとして、高祖本紀に「仁にして、人を愛し、施を喜《この》み、意、豁如也、常に大度ありて、家人の生産作業を事せず」とあり、また、劉邦が帝業を成就したとき、若年の頃を回想して、その父に向い「始め大人（劉邦の父）常に臣（劉邦）を以て、無頼にして産業を治め能わずとなした」といっている。またかれは若年のとき、しばしば罪を犯して、郷里を出游し諸処に寄食して歩いたことは、楚元王世家にも、韓信盧綰列伝にもその記載がみえる。これらの記事は、劉邦が、若年のとき生業につかない無頼の游民であったことを示すものであるが、その游民の性格をさらに明確に規定しているのは、劉邦が若年のとき、前述の外黄の游侠張耳のもとに客となって游んだという、張耳陳余列伝の記事である。また、「県豪王陵に兄事した」とも陳丞相世家には記されている。県豪とは、沛県の豪侠と解して間違でない。「王陵は人と為り、文少く、任気あり」（史記陳丞相世家）という王陵の性格から、それは明らかであるからである。劉邦が若年のとき游んだ、このような游侠の社会のなかに、さきの「仁にして人を愛し施を喜《この》んだ」というかれの性格をおいて考えてみると、任侠の気に富んだ若年の線の太い一游侠の姿を、そこから思いうかべることが容易である。しかしながら、このことのみでは、秦漢の際に沛に起った劉邦の軍事的な兵団勢力の形成を説明するには十分ではない。游侠のもつ社会的勢力が、一つの軍事的勢力に化するためにはなお若干の空隙がうめられなければならない。そしてそのことと関連して、まず注意しなければならないことは、このような游侠の社会に游んだ劉邦が、ほどなく、泗水の亭長となったということである。亭には、周知のようにいくつかの里を統轄する、主として治安維持のための警察機関がおかれ、それは秦漢を通じての地方統治機構の最末端にある機関である。亭長とはその機関の長であり、「盗賊の求捕を主《つかさど》り」、武器を携えて聚落の治安の任にあたる武吏である。(5) このような職務を有する亭長に、郷曲に武断する游侠が任ぜられるということは、地方秩序の性格を理解する上にきわめて重要なことといわなければならない。単に劉邦の場合のみではない。前後漢書に記されている事例をひろいあげてみても、亭長の職にあたる者には、徒属をあつめて郷曲に威を立てる好勇軽侠者流が多いことは、次節で論証する通りである。かれらはそれぞれ任侠的な人的つながりにもとづいて徒属をくみ、公権の最末端機構にむすびつくことによって、威をはったのであるが、亭長劉邦もその例にもれない。劉邦はさらに郡県の掾以下の下級役人と相結ぶことによって、沛県の掾史の間にその人的つながりをひろげて行く。劉邦が亭長となる以前から、しばしば游侠劉邦の犯した罪を「吏事をもって護り」、また亭長となってからも常にこれをたすけた、沛県の主吏掾(功曹掾)蕭何、また沛県の獄掾として蕭何とともに豪吏の名をうたわれた曹参、沛の馭者として亭長劉邦と交りをむすび、のち県吏となっては、劉邦の罪を身をもってすくった夏侯嬰、或はまた沛県の獄吏として劉邦と結んでいた任敖らは、ここで列挙するまでもなく周知であり、かれが、沛県の豪吏の間に私交をむすび、そこでいわば一種の「顔」をきかせていたことは、

「廷中の吏を狎侮する」その所行からも推測される。そして他方においてかれは在所の軽侠無頼の徒とむすび、これを徒属に従えて小さな勢力を形成していったのである。そのことを証するのは、樊噲と劉邦との関係である。樊噲は沛の屠者である。屠狗を業とする者には、軽侠無頼の民の多いことは、前述の信陵君の客となった屠者朱亥や、侠士聶政が「屠をもって事となした」ことや、また刺客荊軻が毎日燕の市中の屠者と交っていたこと（史記刺客列伝）などからも明らかなように、屠中はこのような軽侠無頼の徒の巣窟であった。また史記高祖本紀には「少年・豪吏の、蕭・曹・樊噲等の如きもの」という記述がある。そこでいう豪吏とは蕭何・曹参をさし、少年とは樊噲をさすことはいうまでもない。注意すべきことは、史記・漢書の用途からみると、「少年」という用語は、常に徒党をくんで姦をなし、変に応じて事を起す、いわば年少の軽侠無頼の徒をさして用いられている、ということである。少しく用例をひいてみよう。

史記貨殖列伝に「其の閭巷の少年に在りては、攻剽椎埋し、人を却し、姦を作《な》し、冢を掘り、幣を鋳、任侠幷兼、交りに借して仇を報じ、幽隠を篡逐し、法禁を避けず、死地に走《おもむ》くこと鶩の如きは、其の実は皆財用の為めのみ」とある。また、漢書尹賞伝には「長安中、姦猾浸《ようや》く多し。閭里の少年羣輩、吏を殺し、賕を受けて仇を報ず」とあり、そこでいう少年とは年少の血気さかんな無頼軽侠の徒であることはいうまでもない。

それ故かれらは豪侠のまわりにあつまる。

「少年、其（郭解の）行を慕い、亦輒ち為めに仇を報じて知らしめざる也」「邑中の少年及び傍近の県の賢豪の、夜半に（郭解の）門を過ぎるもの常に十余車」（史記游侠列伝）。「朱博は……客・少年を好み、……伉侠にして交りを好む。仇怨を報ぜんと欲する者には、剣を解いて、以て之を帯びしむ」（漢書朱博伝）。

またそれ故、人々はかれらの手を借りて仇を報ずる。

「郡吏に其（陽球）の母を辱しめし者有り、陽球は少年数十人と結び、吏を殺して其家を滅ぼす」（後漢書陽球伝）

「琅邪の海曲に呂母という者有り。子県吏と為り、小罪を犯す。県宰之を殺す。呂母、県宰を怨み、密かに客を聚めて、以て仇を報ぜんことを規す。……少年許諾し、其の中の勇士自ら猛虎と号し、相聚りて数百人を得、……県宰を執えて、……之を斬り、其の首を以て、子の冢に祭る」（後漢書劉盆子伝・東観漢記呂母伝）

したがって、秦末のような混乱の際には、かれらは所在に暴動を起す。

「東陽の少年、其の令を殺し、相聚ること数千人」（史記項羽本紀）。「今、范陽の少年、亦方《まさ》に其の令を殺し、自ら城を以て君を距《こば》まんとす」（史記張耳陳余列伝）

或は、豪俠の下にあつまって徒属をくむのである。

「張良下邳に居して任俠を為す……陳渉等兵を起す。張良も亦少年百余人を聚む」（史記留侯世家）。「陳平……、家は乃ち負郭の窮巷にあり。……然れども門外には多く長者の車轍あり。……陳渉の起つや、……陳平少年を従えて、往いて、魏王咎に事う」（史記陳丞相世家）

このようにみてくると前述の「少年・豪吏の蕭・曹・樊噲等の如きもの」という用例における少年も、そのような好勇無頼の軽俠をさすことはおのずから明らかであろう。韓信に喧嘩をふきかけて胯をくぐらせたならず者も「淮陰の屠中の少年」（史記淮陰侯列伝）であったのである。

このように樊噲は好勇無頼の年少の軽俠と考えてよいのであるが、かれは「高祖と共に芒碭の山沢の間にかくる」と漢書の本伝に記されている。そのことは、劉邦が亭長として罪人を酈山の徒役に送る途中、かれら罪人を許して解き放ち、自分もまた罪をおそれて亡命し、芒碭の山沢のなかにかくれ、そのとき「徒中の壮士従うことを願う者十余人」という漢書高帝紀の記載と相応ずる。もっとも、そのことを聞いて「沛中の子弟、多く附かんことを欲し」、やがて、「劉季の衆は已に数百人」に至ったというから、樊噲は、最初の「徒中の壮士十余人」のなかにいたのか、或はあとから、参加したのか、明瞭ではないが、前述のような年少の軽侠樊噲と游侠亭長劉邦との関係から推して、劉邦の徒属として従っていた者の社会的性格、かれらと劉邦との関係もおおよそ推測するに難くはない。「薄曲を織り、常に人の為めに喪事には簫を吹く」周勃も、蕭何・曹参・夏侯嬰と共に、「皆(沛)公之旧也」(荀悦、前漢紀巻一)とあるから、劉邦の挙兵以前から交っていたものであることは疑いない。このように劉邦が無頼の游民集団の首魁となって、おそらくは群盗類似の行為をして山沢の間に出没していたときに、陳勝・呉広の農民一揆の勃発に呼応して、前述の沛県の豪吏蕭何・曹参は、かねてから結んでいるこの亡命中の劉邦の勢力と連絡してこれを呼びよせ、沛の県令を殺して、劉邦を立てて、県令としたのである(6)。ここにおいて数百人の劉邦の游民集団は以前より結んでいた沛の県吏仲間をそのなかに吸収し、さらに沛の父老の支持のもとに県令のもつ公権的支配力の末端を壟断することによって、次第により強固な軍事的・経済的基礎を有する一個の軍事的勢力となって行くのであるが、この膨脹した軍事的勢力の中軸をなす組織幹部は、以前の劉邦と相結びまたかれに帰属していた仲間徒属であって、かれらと劉邦との関係はその本質において変らない。ただ亡命亭長であり游民の首魁であった劉邦が、この挙兵によって沛公を称したように、これらの者にも戦国以来の貴族権門の私属の職名であった中涓・舎人等の職名(7)をまね与えて、その新たに獲得した権勢を誇示したまでである。

この劉邦集団の生成の過程は、それと前後して諸処に蜂起した豪侠勢力の軍事勢力化の過程とまったく同一である。地方豪侠の勢力は、前述のごとく、一種の人的つながりの掌握によるもので、その勢力の規模も、またその経済的基礎もおのずから限度がある。それが他に対抗し得るような多くの兵力を擁する軍事的集団に拡大するためには、必ず郡県の守・令の保持する公権的支配力を奪取するか、或はより確実な基礎を有する軍事勢力と結んでその下に属するかによってはじめて可能となる。そしてその際、これら民間の豪侠が郡県の掾史以下の下級役人と相結んでいることが一般である、ということは特に注意されなければならない。これら掾史以下の郡県の吏は、秦漢の制においては、土着の土地の者が任用され、かれらのうち、土地の豪侠游民と相結んで威勢をはるものが「豪吏」と称せられるものである。賓客・子弟をあつめて呉中に豪を称せられた前述の項梁の勢力が、精兵八千を擁する軍事的勢力に成長したのは、会稽郡の仮守殷通をば殺してその印綬を奪い、前より「知るところの豪吏」を従えて、呉中の兵を掌握したからである。前述の斉の豪侠田儋の一族は、狄県の県令を殺し、その「豪吏・子弟」を収めて、自立して斉王を号し、狄の兵を発して斉の地を定めたのである。東陽県の豪吏陳嬰は、県内の好勇無頼の「少年」の間に信望が高く、かれらは県令を殺して陳嬰を立てて長としたために、陳嬰は「これに従う者二万人」の兵力を擁する一軍事勢力を掌握したのである。罪を犯して驪山の徒役に送られた黥布は、そこにおける多くの無頼の徒およびその首魁と交りを結び、それらの仲間を引きつれて江湖の間に逃亡し、羣盗となって徒属を養い、一勢力をきずきあげたのであるが、それが一つの結集した軍事的勢力となったのは、番陽の県令呉芮の援助によってである。このように軍事的勢力と化した豪侠の勢力は互により大なる強者と相結び合うことによって、それぞれ膨脹をつづける。陳嬰・黥布は項梁とむすぶことによって、その傘下に属し、劉邦もまた項梁にむすびつくことによって、その勢力の温存拡大をはかる。やがて項梁の死後、劉邦は楚の懐王から碭郡の長(郡守)の地位を与えられ、その碭の郡兵を率い、さらに陳勝・項梁の散卒を収めて秦都咸陽の攻略に向うのである。その間、さらに「任侠をなして、少年数百人を集める」韓の亡命貴族張良を、碭においては、「繒を販《ひさ》ぐ」灌嬰を、昌邑においては、「相集る少年百余人……諸侯の散卒千余人を得たる」群盗の首魁彭越(史記魏豹彭越列伝)を、陳留においては、「家貧にして、衣食の業をなすなき」游士酈食其[8]を、また岐においては「少年を集め東西人を略して数千人を得たる」酈商(史記樊酈滕灌列伝)を、さらには、陽武においては、亡命の秦吏張蒼を、それぞれ重要な組織分子として吸収しつつ、その軍事的勢力を強大化していったのである。

このように考えてくると、秦漢の際に諸処に蜂起した群雄の社会的性格とその勢力拡大の経過はほぼ明らかとなる。その外面的な生活形態をば固定した観点からみれば、それらは種々様々である。趙王張耳のごときは富裕な游俠出身であり、項梁・項羽・張良は六国の亡命貴族であり、田横は戦国以来の名門の豪族であり、陳嬰は郡県の豪吏であり、黥布・彭越のごときは群盗の首魁である。しかしながらそのような外面的相違にもかかわらず、かれらの勢力の出発点は、いわば無頼の游民群を徒属としてその下にあつめ、その人的結合の掌握の上にたつ、パトリアルカールな人的支配関係をその内容とするものであることにおいては同一である。そしてこのような同一性格の人的結合を可能ならしめるものが、前述の任俠好勇の社会的ジッテであり、戦国以来伝統化された強者の秩序形成の原理でもあったのである。しかしながら秦漢の際というはげしい政治的動乱の局面においては、さきにみた戦国の四公子の客集団の場合にもまして、それら勢力集団の結合の紐帯は、より大なる強者と結ぶことによって自己勢力の温存拡大をはかろうとする利害打算によってささえられる。あの「刎頸の交り」といわれたほどの任俠的紐帯によってむすばれた張耳・陳余の関係も、それぞれの勢力が二者択一のはげしい死活の局面に当面するにおよんで相離反して行くのである。「貧にして行なく、常に人に従いて寄食し」ていた游民韓信は、項羽の集団に身を託し、そこでおのれの大をなすこと能わずとさとるや、身を脱して劉邦のもとにおもむき、そこで最高幹部の一人に重用されて、斉の地に一大軍事勢力をきずきあげると、再び去就の動揺を示すのである。「家は負郭の窮巷にあり」ながらも、「門外に長者の車轍の多かった」陽武の豪俠陳平は、はじめ「少年」を従えて魏王咎に従ったが、献策の用いられないのを知ると、身を脱して項羽のもとにはしり、やがてまた逃亡して劉邦の軍団におもむく。前述の黥布もまた、項羽の勢力漸く劉邦に圧せられるにおよんで、劉邦の陣営にはしるのである。しかしながら、このような諸豪俠の離合集散の底に、なお前述の具体的なパーソナルな要素がかれらをひきつける結合の紐帯として働いている面を見逃すことはできない。楚の懐王が秦都攻略のために、項羽をおいて劉邦をえらんで派遣したのは、劉邦が項羽の慓悍猾賊なるに比して、「寛大な長者」であるという側近老将の一致した推薦によるのだと史記高祖本紀に記されている。長者という語はすでに貝塚氏が指摘しているように、少くとも史記の用例においては、任侠的規範意識の高度の保持者、所謂豪俠の意味をふくめて用いられている。[9]劉邦が年少のときより、魏の信陵君を敬慕し、天子になってからもたびたび大梁の信陵君の祠をまつったこと、貫高等の張耳の諸客や、田横の諸客等のおのれに対する反逆行為にもかかわらず、かれらのもつ高度の任俠の気節を絶讃したことなどは、劉邦のそのような性向を物語るものである。韓信・張良・陳平・酈食其らのすすめる項羽攻略の計策進言が、劉邦・項羽の人物比較論を通じて、劉邦の長者性と項羽の狭量な性格とを指摘し、項羽の掌握する人的結合関係の脆弱性をつくことをすすめる点において、いずれも同工異曲な類型性を示すことも、その間の事情を推測させるに足りる。もちろん、私は、劉邦・項羽両軍団の勝敗の因を、両者の人物比較にもとめようとするものでは毛頭ない。それはまったく別個の問題である。ここで指摘したいことは、ただ劉邦が沛公から漢王へとその勢力を拡大し、その勢力をささえる経済的基礎も沛の小邑から漢中の地へと拡大化して行くその過程を通じて、その勢力集団の性格は、その当時の任俠的習俗のなかから形成されたパトリアルカールな集団的性格は、依然としてその本質においては変らなかったこと、またその意味において劉邦個人のもつ前述のようなパーソナルな要因が、その人的結合の掌握の上に大きく作用していた、ということを力説したにすぎない。戦国の四公子にみられるような衒気をもたない、より現実的、より野性的な劉邦のとらわれざる性格も、当時の社会一般におけるあの任俠的習俗の外にあったものではなく、それによって特有な限定をうけていたことは、史記の叙述の随所から明瞭に観取されるところである。

しかしながら、劉邦集団のこのような性格も、やがて劉邦が天下を平定し、高祖として漢帝国を樹立するにおよんで徐々に変貌して行く。あの任俠的習俗の紐帯によって結ばれ、その意味において劉邦の掌握下に隷属していた諸游民は、それぞれ封邑を与えられ、列侯に封ぜられることによって、劉邦集団の性格は、パトリアルカールな支配形態からパトリモニアールな支配形態へと移行して行く。そして、そのような、集団内部の経済的分立から生じてくる人的結合関係の弛緩化をふせぐために、何よりもまず、劉邦一族の支配権の強化が、すなわち「封建」諸侯勢力の限定削減とならんで直轄支配地の拡大とその直轄地支配のための新しい直属の官僚群の任用とが強力に遂行され、あの郡県制と称するパトリモニアールな官僚行政組織を整備して行く。これらの新しい官僚群を劉氏の直属下に組織化するものは、もはやすでにあの任俠的習俗の紐帯そのものではない。それはあの韓非子にみられるような、そして秦の公権的機構によって現実化されたような、一切のものを強力唯一の専制君権の下に統御する法術的紐帯である[10]。このことは、劉氏集団が、秦以来の伝統的な公権的機構の上にのりうつって行くことを意味する。劉氏個々人のもつパーソナルな力よりもむしろ天子の位に伝統的に付与されてきた世襲カリスマ的権威が、他の一切の世俗的権力を超越するものとして、また一切の権力の源泉として、観念されて行くのである[11]。それならば、あの劉邦游民集団の母胎をなしたような豪俠の地方的勢力、依然民間に根深い任俠的習俗は、かくして確立された漢室の国家権力の支配下において、その公権的統治機構とどのように相交渉して行くのであろうか。周知のように、さきに指摘した戦国游民の一方の群であった文学游説の士の系列は、戦国以降徐々に、漢代に入ると殊に武帝以降全面的に、官僚として公権的機構のなかに吸収されて行き、永く中国の国家社会体制に固有な刻印を与えて行くことになる。それならば、戦国游民の他の一方の群であった好勇任俠の士の系列は、この確立された公権的機構との関連においてどのような固有な刻印を中国の社会体制に与えていったのであろうか。時代を漢代にかぎってそのような問題を追求して行くことにしよう。

（1）史記張耳陳余列伝。
（2）史記田儋列伝。
（3）太平御覧八三五引楚漢春秋曰「項梁陰養生士（死）九十人、参木者、所与計謀者也、木佯疾於室中、鋳大銭、以具甲兵」（洪遵泉志、生士作死士）。太平御覧三八六引楚漢春秋曰「項梁嘗陰養士、最高者多力抜樹以撃地」。
（4）西嶋定生「中国古代帝国成立の一考察—漢の高祖とその功臣」『歴史学研究』一四一、一九四九。
（5）漢官儀に「民長二十三為正……年五十六老衰、乃得免為民就田、応合選為亭長」とあるが、実際に亭長となった者についてみると、むしろ壮年の好勇任俠の者が多い。次節参照。
（6）銭大昕『廿二史考異』巻八、項籍伝注「春秋之世、楚県令皆僭称公、楚漢之際、官名多沿楚制、故漢王起沛称沛公、楚有蕭公・薛公・郯公・留公・柘公、漢有勝公・戚公、皆県令之称」。
（7）中涓・舎人の職制とその性格については、本書第二篇第一章「戦国官僚制の一性格」を参照。
（8）太平御覧三四二引楚漢春秋曰「上過陳留、酈生求見、使者入通、公方洗足、問何如人、曰『状類大儒』、上曰『吾方以天下為事、未暇見大儒也』。使者出告。酈生瞋目按剣入言『高陽酒徒、非儒者也』」。酈生が従来いわれるような単なる儒者ではなく、俠士的風格をもつものであることを示している。
（9）貝塚茂樹「漢高祖」『古代の精神』。
（10）任俠的紐帯と法術的紐帯との関係については、本書第二篇第一章「戦国官僚制の一性格」を参照。
（11）この推移の過程については、本書第二篇第二章「漢代における国家秩序の構造と官僚」を参照。

## 四　漢代における民間秩序の構造と国家秩序との関係

さきに、私たちが韓非子を通じてみた戦国の「俠」とは、あの剣を帯びて徒属をむすび、節操をたて、親戚知友が辱しめをこうむれば必ず仇を報いるところのものであったが、このような俠者のむれは、漢代に入ってからもその跡をたたない。いや、むしろ史料がきわめて豊富になってくる結果、漢代に入るとかれらは、さらにさまざまな生活形態を示しながら、きわめて重要な、そしてゾチオローギッシュには同一な機能を、その固有な意味における民間秩序の維持にはたしていることに気づいてくる。このことは何を意味しているのであろうか。

私たちはさきに戦国における好勇任俠の風の盛行をば、そこに万人が安んじてたより得るような秩序がないために人々はみずから人と人とのつながりを求めて徒属をくみ、或は有力者とむすび、もって自営的な強者の個別的秩序を形成しなければならなかったその時代的要請にもとづくものであると考えた。しかるに、漢代に入ってもなお民間における好勇任俠の風は跡を絶たないばかりでなく、きわめて盛んであるとすると、あの漢室の樹立した公権的秩序維持の機構、あの郡県の太守・令長より郷亭の吏に至る地方統治機構は、そもそも民間秩序の維持とどのように相関連してくるのであろうか。まず私たちはそこにいう民間秩序とはどのような性格のものかをあらためて考えてみなければならない。その問題を、まず漢代にきわめて盛んであるところの私闘復讐の日常性的性格を通じて考えてみよう。実際私たちは、民間における復讐行為が法によって禁ぜられているのにもかかわらず、あまりにもひんぱんに史籍にのせられているのには一驚するほどである。牧野巽氏[1]が指摘されているように、このような私闘復讐の原因は、単に親子兄弟が殺害されたためというような場合にかぎるのではない。人から些細のことで辱しめをうけた場合、それも自分が侮辱をうけた場合だけでなく、親戚知友の誰かが辱しめをうけ、或は傷害をこうむった場合にも、怨を結び仇を報ずる事例は、漢代を通じて枚挙にいとまがないほど多い。それは単に、豪族や士大夫の間にみられるばかりでなくて、同一の郷の内部の一般庶民の間にも、仇怨相結んで殺傷をこととすることが多く[2]、さらには法を犯して郡県の役人に捕えられ誅せられたものの親戚子弟がその役人個人を仇として傷害する事例がきわめて多いのである[3]。漢代社会におけるこのような私闘復讐のいわば日常性的性格は、一々の事例をここで列挙しなくても、後漢初の名儒桓譚が光武帝に上疏して「今、人民が相互に殺傷しあって、法に伏した後も、子孫が互に仇敵として相報じ、一家を滅するに至ること多く、しかも世俗ではこれを豪健なりとして称讃しているので、怯弱なものも勉めてこれを行っている。これは人民に自治を許すようなもので法律なきにひとしい」(4)といっていることや、前漢の鮑宣(5)が「民に七死あり」として、その一つに「怨讐相残」を挙げていることなどでも明らかであろう。

さて、このような私闘復讐をおこなう場合、「客を将《ひき》いて」或は「客と結んで仇を報ず」というほとんど常套語的用例が示すように、単身でこれをおこなうよりも、むしろ多くの場合は、当事者の一族の者のほかにその結び或は養うところの客を加えた一団によって遂行されるのが一般である。かかる場合の「客」(6)とは、朱雲が「軽俠と通じ客に借りて仇を報じ」(漢書朱雲伝)、陽球が、「少年数十人と結んで怨を報じ」(後漢書陽球伝)、蘇不韋が「尽く家財を以て剣客を募り」仇を報じた(後漢書蘇章伝)ように、その多くは軽俠の徒である。このような場合に、何よりもまず、剣につよくしかも身の危険をおそれずに人の急に赴く游俠がもとめられるわけであって、かれらは、平生の交游の故をもって、またはその目的のために交結をもとめられて、人のために徒党をくんで私闘復讐に参加するのが常態であった。任俠好勇の習俗は依然としてさかんであったのである。それ故に権門豪族の財力ゆたかなものは、常にこれら游俠と結び、或は客としてこれを養って、その勢力の爪牙とするのが常であったことは戦国の四公子の場合と変りはない。王侯権門の豪族が多数の客を養う風習は、全漢を通じてあとをたたない。それは、単に呉王濞・淮南王長・魏其侯・武安侯の如き周知の前漢初の事例のみにはとどまらず、例えば、前漢の王氏五侯・後漢の竇氏・馬氏の如き著名な外戚豪族の例をとっても、みな多数の客を養ったことはこれも周知のことである。それら客のなかには游俠の徒も多かったことは、王氏五侯の一たる紅陽侯立の父子は「軽俠と交通し、亡命を蔵匿し」(漢書酷吏尹賞伝)、王氏の一族王林卿は「軽俠と通じて京師を傾け、のち法に坐して免ぜられれば、賓客愈盛ん」であり(漢書何並伝)、また竇憲の客の一人徐齮は、「賨氏の悍士刺客は城中に満ちている」と語り（後漢書周栄伝）、馬防兄弟は「軽狡無行の客と要結し、縦《ほしいまま》にして誨うるなし」（後漢書楊終伝）、と記されていることより明らかであろう。これら京師の権門貴戚ばかりでなく、地方の土豪もまた游俠を招き客として養い、自衛兼攻撃のための勢力形成に資していたのであって、例えば潁川の大豪戴子高は「家富み施を給するを好み、俠気を尚ぶ、食客常に三四百人」といわれている（後漢書逸民戴良伝）。漢代の所謂地方土豪の実体は、単にその族的結合と大土地所有にもとづくのみでなく、その一族の外延に多数の游俠剣客を客としてあつめ、地方官吏も手をふれることのできないほどの勢力をもって郷曲に武断していたことは、ここで詳述するまでもなくすでに明らかである。[7]「潁川の大姓原氏・褚氏は、宗族横恣にして、賓客犯して盗賊となり、前の二千石は禽制する能わず」といわれ（漢書趙広漢伝）、また「むしろ二千石に負《そむ》くとも豪大家に負くことなけん」と人々に恐れられた涿郡の土豪「西高氏・東高氏の賓客も放《ほしいまま》に盗賊となり、発《あらわ》るれば輒ち高氏に入り、吏敢えて追わず」といわれる（漢書酷吏厳延年伝）。これらの姦をなす「賓客」が軽俠の徒であることは、例えば「田畝は方国に連《つら》なり、勢力は守令に侔《ひと》しい」豪人は、「財賂自ら営みて法を犯しても坐せず、刺客死士これがために命を投ず」という仲長統の昌言の記載（後漢書仲長統伝引）や、「斥地は封君の土に侔《ひと》しく、苞苴《わいろ》を行いて以て執政を乱し、剣客を養って以て黔首を威《おど》し、専ら不辜を殺して市に死すの子なしと号す」という崔寔の政論（通典巻一引）の一般的観察を例証に引くまでもなく明らかであろう。そしてかれら土豪・豪族は、このような勢力をもって単にかれらの隷属民に対してばかりでなく、周辺の一般の民の上にも、大きな社会的規制力を及ぼしていたのである。[8]このような土豪・豪族は、かかる軽俠を多数客として養うことをもって、例えば「高密の孫氏は素《もと》豪俠なり、人客数々《しばしば》法を犯し、賊、孫氏に入れば吏執うる能わず」（三国魏志王脩伝）、と記されるように、豪俠とも呼ばれ、またその不法暴威によって「豪猾」[9]とも記されるが、その社会的実体は全く同一であることはいうまでもない。史記游俠列伝中の魯の朱家も、家僮数十人を買って田におくことが季布欒布列伝に見えているから、かれもまた土豪的な大土地所有者と考えてよい。かかる豪民のなかに都会地の豪商ももとより含めて考えてよいので、漢書貨殖列伝中の長安の豪商王孫卿は「財を以て士を養い、雄桀と交り」、また「長安の宿豪大猾、東市の賈万・城西の万章・箭商の張禁・酒商の趙放等はみな邪を通じ党を結び、姦軌を扶養し」(漢書王尊伝)、かれらはまた漢書游侠伝にも「仇怨を報じて刺客を養う」と記されている「豪侠」であり、都会の軽侠少年のむらがりあつまるところであった。

これら軽侠の徒は、みずから生業をもたない游民であるところから、以上の諸例が示すように、権門・土豪に寄食して、主家に隷属し、いわば主家の私兵的役割をはたすことが多いのであるが、しかしながら、前述のように私闘復讐が日常化されている現実においては、これら軽侠は、必ずしも特定の権門・土豪のパトリアルカールな支配関係のなかに吸収されなくても、随時人にやとわれ、みずから報酬をうけて人のために仇を報じ、或は剽攻・掘冢・鋳銭等の不法行為によって、衣食をみたすことができるのであって、これら無頼の軽侠少年のむれは殊に都会地に多く、その事例もまたきわめて多い。そして、これら軽侠少年のむれのなかからその気節器量によってかれらの信望をうけ、その人的結合を掌握する首魁が生れてくるわけであって、これもまた豪侠と称せられる。そのような布衣の豪侠は、みずからはさしたる財力をもたなくても、かれらの勢力と結ぶことにより多大な便宜をうける諸家からの贈遺謝礼によって十分な経済的基礎を獲得することもできる。史記游侠列伝中の郭解は、かかる軽侠少年出身の豪侠であり、「家貧にして訾に中《あた》らざりし」にもかかわらず、多数の亡命罪人を養うことができたのは、そのことによる、と考えられる。郭解が茂陵に徙されるとき諸公の贈った送別の金が千余万銭であったという。これは殷富な大郡の太守が官に死したとき郡が贈った賻銭に匹敵する。[10] 漢代の中家の産は十万銭[11]である。武帝のときの全国富豪の標準資産額が三百万銭[12]である。游侠郭解のうける贈遺のいかに多いかを示すと同時に、必ずしもかれは司馬遷のいうごとく「廉潔退譲」とはかぎらず、いかにかれの生活が富人と結ばれているかを示すものである。それがさらに職業化し極端化して行くと、潜夫論述赦篇に記されるような、あきらかに秘密結社的な暗殺団を想わせる、あの「会任の家」[13]のようなものもでてくる。すなわちそこでは軽俠刺客をあつめて暗殺団を組織し、人よりは莫大な謝礼をうけて刺客を派遣し、その刺客にも厚く報酬を与え、他方、顕官・役人には多大な賄賂を贈って法禁をのがれるのである。漢書酷吏尹賞伝[14]にみられる、抽籤によってそれぞれ役割を定め、求めに応じて謝礼をうけて役人を暗殺する軽俠少年の団体も、それに近いものを想わせる。いずれも、游俠の一変型と考えてよい。もとより郭解のような豪俠になると、交りに借して人のために仇を報ずるばかりでなく、他家の仇讐関係のなかに入って中人として和解をとりもつ重要な役割も果しているのであって、それによって豪俠のもつ積極的な一面、かれらのもつパーソナルな力の大きさを知ると同時に、それが他県のことに関すると身をしりぞいてその他県の豪俠に功をゆずるところから推測すると、これら游俠には一定の縄張りがあったことがわかる。このことは逆にいえば、各地の豪俠の間に横の人的つながりの存在を証するものであり、しかもそれは、「楚の豪俠田仲が魯の豪俠朱家に父事した」(史記游俠列伝)ように、その連結にも父子兄弟の上下の倫が適用されたことは注意してよい。「任俠、梁楚の間に聞えた」鄭当時が、千里の遠きに旅をするのにも食糧を用意しなかったといわれること(史記汲鄭列伝)は、やはりこのような各地の豪俠との連結網の掌握を物語るものであろう。

さらに注意すべきことは、これら游俠と巫術的民間信仰との関係である。後漢時代に入ると両者の密接な関係はことに顕著にみられてくる。かれら游俠は、巫術的民間信仰の結社組織を武装し、それが所謂妖賊とよばれる叛乱の母胎となることは、次章でくわしく考察するところである。

さて、以上において、私たちは、任俠的機能のとるさまざまな社会的形態、社会のあらゆる階層にまつわりつくことによって、外面的には異なった形態を示しながら、ゾチオローギッシュには同一の機能をはたして行く、游俠の諸形態を明らかにしてきたのであるが、それでは、当時の民間における秩序とは、そもそもどのようなものであったのであろうか。上に見てきたような、郷曲に武断する豪族・土豪の勢力とその人的構成、殊に、そこでは法禁にもかかわらずかれらを主体とする私闘復讐が日常性をもっていること、しかもそれは同じ郷人の間にもおこなわれること、そして一般の世論がそのような直接行動を当然のこととして是認していること、さらにこれらの私闘行為は、一族や隷属民のほかに常にそれの結び養う軽俠的客集団が一団となって遂行すること、これらのことを綜合して考えると、当時の民間秩序というものは、個々の家々を超えた、しかも、個々の家々を一様に律する、客観的—非人格的な秩序ではなく、またその意味では、西欧的センスにおけるコムミュニティ的性格のものではないということは明らかである。秩序と名づくべきものがあるとすれば、それは具体的人間、或は具体的家の族的結合が中心となって、それの外延に具体的な人的関係をひろげて行くことによって維持されるきわめて個別的具体的な性格のものと考えざるを得ない。そしてその場合、任俠の習俗とは、このような人的つながりによって個々の家々を外延の世界にむすびつけるところのものであり、游俠は、その相結ぶ家にとってはたよるべき秩序維持者となり、相結ばざる他家にとっては、おそるべき秩序破壊者となるという、きわめて重要な機能を演ずる者であったのである。それならば、後世称讃するところの、あの漢代の公権的地方統治機構、郡県の丞・尉以上は中央からこれを任命し、掾以下の吏および郷亭の吏は、その地元の材幹徳望ある者を選んでこれに任じ、もって公権と民間秩序とのたくみな融合をはかったといわれる(15)、あの郡県郷官の制は、実際の運営において、前述のような民間秩序の特異な構造とどのような形で結びついているのであろうか。私たちはここで、さきにことさらに除いておいた、游俠のとる、さらにもう一つの重要な社会形態、すなわち、公権の末端機構にまつわる游俠の機能について考えてみなければならない。

地方豪侠と公権力との関係を問題にする場合、誰しもが指摘するのは、あの酷吏列伝にみられるような、有能敏腕な地方官僚による豪侠・土豪誅滅の治績であろう。しかしながら、この酷吏列伝の記述をもって、公権的な地方統治機構が、全面的に民間の豪侠・土豪と対立するものと考えることは、事態の真相に遠いといわなければならない。それは、単にこのような公権力による地方豪侠・土豪の誅滅は、特に史籍に記せられるような少数の敏腕な地方官によって敢行されたにとどまり、大多数の地方官はむしろ豪侠・土豪の横暴にただ手をこまねいていたにすぎない、というような解釈[16]を支持する意味においてのみではない。たしかに、豪侠は、その地方に根深く有する勢力によってばかりでなく、さらに中央の高官と結ぶことによって、郡県の太守・令長の権力の浸透をはばむことは一般にみられるところである。例えば、長安の大侠杜稚季が、衛尉淳于長・大鴻臚蕭育らと結ぶことによって、京兆尹孫宝の追及をまぬかれ（漢書孫宝伝）、また豪侠李子春も、趙王良と相結んでいたため、懐県令趙熹の誅をまぬかれたのである（後漢書趙熹伝）。しかしながら、豪侠・土豪の誅滅で名をはせた少数の敏腕の地方官の場合と雖も、その誅滅の方法をつぶさにみるとき、公権の末端機構におけるかれらの職務運営が、私たちがさきにみた民間秩序の固有な構造に制約されていることをみのがすことはできない。例えば、酷吏王温舒は広平郡の都尉となったとき、「郡中の豪敢を選び吏に任ずること十余人、以て爪牙となし、皆其の陰重罪を把えて[17]」、豪姦の家を告発せしめ、もってその治績を挙げたのである。張守節の史記正義は「豪敢」をば「郡中の豪強にして敢えて威を行う人」と解している。すなわち王温舒は郡中の豪侠・土豪の一部のものを郡吏に任用し、かれらのかくしている日頃の罪状をにぎることによって、自分の意のままになる手下となし、もって郡中の他の豪侠・土豪の罪状を告発せしめたのであって、これは、公権が郡中の相仇する豪侠・土豪の一方と結んで他を誅滅することを意味する。潁川の太守趙広漢も、全く同様な方法を用いて、ことさらに郡中の土豪を反目させ仇讐関係を生ぜしめ、これに乗じて治績を挙げたのである（漢書趙広漢伝）。酷吏列伝中に、「猾民、吏を佐《たす》けて治を為す」といい、或は、「豪悪の吏、用を為す」と記されている諸例は、みな同様な関係を示すものである。このことは、公権の地方統治機構の維持する秩序も、前述の民間秩序の個別的具体的な性格を超えたものではなく、また公権力も、その末端を担う具体的個別的土着勢力を通じて発動されることを示すものである。以上の諸例は、少数の有能辣腕な地方官が民間の豪俠・土豪と結びこれを郡県の吏に任用することによって、これをみずからの手先とした例であるが、これからもわかるように、人民と直接接触する郡県の掾以下の吏、および郷亭の下級役人には郷曲に武断する地元の豪俠・土豪の子弟が任用される場合が多く、そして一般にはむしろ、これら豪吏がその地元の勢力を利用して威を振っていたのである。京兆の掾であった杜建は、「素《もと》豪俠にして賓客姦利をなし」(漢書趙広漢伝)、また会稽の「剡県の吏の斯従は軽俠にして、姦をなし」、これを誅しようとした県長は、主簿から「斯従は県の大族であり、この山越の地方の民はみな斯従に従っているのだから、今日これを治しても明日にも寇が至るであろう」と諫められた(三国志呉志賀斉伝)と記されている。また荊州の某郡の主簿劉節は「旧族豪俠にして、賓客千余家、出でては盗賊となり、入りては吏治を乱す」(三国志魏志司馬芝伝)という。漢書游俠列伝中の豪俠万章は、京兆尹の門下督となり、樓護・陳遵もまた京兆の吏であった。琅邪郡の太守朱博は「常に属県をして、おのおの其の豪傑を用いて以て大吏と為さしめた」(漢書朱博伝)という。また王莽の末年、「下江新市の兵起るや、衆数百人を羽山に聚めて自ら将軍を号した」賈復も県掾であったし(後漢書賈復伝)、賈復と同じように、南陽の豪族劉秀の挙兵のときに、賓客党与を率いて劉秀の軍に赴いたものに、南陽・穎川の郡県の吏がすこぶる多かった。雲台二十八将のうち、後述の呉漢・臧宮・傅俊のほかに、馮異は穎川の郡掾であり、祭遵は穎川の県吏であり、馬成は南陽の県吏、堅鐔は穎川の郡県吏、王覇は穎川の獄吏であったのである。漢代においては、前述のごとく郡県の掾以下の吏には地元の有力者が推挙せられるといわれているが、その有力者とはどのような性格のものであるかは、以上の所論でおのずから明らかであろう。郷亭の吏についてもほぼ同様な関係がみられる。前後漢書の示すごく僅少な事例をひろいあげてみても、例えば、最末端の里の治安維持の任にあたる亭長には、好勇游俠者の流が多い。秦末泗水の亭長となった劉邦が游俠出身であることは、すでに明らかにした。「少《わか》かりしとき、椎埋姦をなした」王温舒も亭長であったし（史記酷吏列伝）、「客・少年を好み……任俠にして交りを好んだ」朱博も亭長から功曹になり（漢書朱博伝）、「賓客、法を犯せしをもって、乃ち亡命して漁陽に至り、至る所の豪傑と交り結んだ」呉漢も亭長であったし（後漢書呉漢伝）、「賓客を率いて下江の兵中に入った」臧宮も亭長であって、のち游徼となり（後漢書臧宮伝）、「賓客十余人と共に北して」劉秀の軍に赴いた傅俊も亭長であった（後漢書傅俊伝）。任俠の風ある、司馬遷の友人任安も年少のとき武功の亭長から三老になったのであるし（史記田叔列伝褚先生補）、また秦末ではあるが、韓信が無頼の一游民として寄食していたのも、南昌の亭長のもとであった（史記淮陰侯列伝）。「党与を率いて」劉秀の兵団に従った任光は、郷の嗇夫から郡県の吏になったものであるし（後漢書任光伝）、「豪傑にして（郷里の人を）役使したために雲陵に徙された」黄覇も年少のとき游徼であった（漢書黄覇伝）。さらにはまた民間の土豪・豪俠は、これら郡県の下級役人と結びこれを手先としていたことも多かったのであって、例えば豪俠郭解が、他人に恩恵を与えるために、県の尉吏に依嘱して、人民に毎年一ヶ月課される公の徭役を特にその知人のために免除させてやった（史記游俠列伝）、ということや、陂田千余頃をもって数千家を役使する豪民寧成が、「任俠を為し、吏の長短を持し、……その民を使うや威は郡守より重く」（史記酷吏列伝）、また「陽翟の軽俠で……多く賓客を畜《やしな》い、気力をもって閭里を漁食していた」趙季・趙款は、同じく「吏の長短を持して郡中に従横たり」（漢書何並伝）しことなどは、そのことを物語るものである。このように、公権の地方統治機構の末端が、多く地元の土豪・豪俠によってしめられるのが一般であり、また、郡県の吏が多く民間の土豪・豪俠とつながりその手先になることもあるとすると、実際の運営において公権の維持する秩序がどのような性格のものであるか、おのずから明らかであろう。公権力は、民間の土豪・豪侠の土着勢力を利用することによってその浸透をはかったのである。このことは逆にいえば、「酷吏殴殺」「冤陥亡辜」が民の七死の中に数えられる一方、「材賂自ら営み、法を犯しても坐せざる」豪人の横暴がつたえられ、また当時民間に盛行する私闘復讐のなかで郡県の吏を仇としてこれを殺害する事例がきわめて多いということより察せられるように、公権が、公権それ自体としてではなく、常にそれをその機構の末端において担う具体的人間の性向行状に即して発動し、その意味では、それは、あの個別的具体的な民間の豪侠・土豪の諸勢力を利用してその浸透をはかると同時に、それによって制約される一面ももっていたのである。極端に図式的にいえば、それは、仇讐関係にある土豪と土豪とに対して次元を異にした超越的立場をとるのではなくして、そのいずれか一方と結んでは他を圧する底の同じく個別的具体的な、しかしきわめて強大な勢力として発現する傾向をもったのである。

　さて、以上のように任侠的習俗は社会の各階層にまつわりついて、きわめて固有な民間秩序の性格を規定し、そのような意味での豪侠・土豪は、それぞれの個別的な強者の秩序を形成しながら、民間に相並んで蟠居していたのである。そして、中央の統制力がゆるむと、かれらは再び蜂起する。王莽末、南陽に起った後漢の光武帝は、豪族の子弟で、「遊侠闘雞走馬を喜《たのし》み」[18]「亡命を蔵し、罪人を匿《かくま》う」[19]ところの人であった。後漢末、冀州に起った袁紹[20]は権門豪族の子弟で「豪侠であり」「游侠をこのみ」、游侠張邈[21]・侠士何顒らはそのわかいときより、相結んだ仲であった。魏の曹操[22]も、また少にして「任侠放蕩」であり、かれに従った李通[23]・臧覇[24]・許褚[25]・典韋[26]らの魏将は、郷曲に威をはる豪侠であった。劉備[27]は「豪侠と交結し、年少争いてこれに附す」民間の游民であり、呉の孫堅は「軽狡なる」[28]県の豪吏出身であり、孫権[29]も亦「侠を好み、士を養う」人であり、孫氏に従った、魯粛[30]・甘寧[31]・淩操[32]らの呉将もまた民間の游侠であった。三国分立の混乱の際に、かれらのもとに相結び相はなれる游侠のむれの活躍は、依然として跡をたたない。

もちろん、秦漢の際から後漢末にいたる歴史的展開の間には形態的にみれば、多くの社会経済的変貌と発展とをへており、これら三国の群雄の軍事的勢力の構成には、劉邦集団の場合とは異なった新しい諸要素も介入している。しかし、それにもかかわらず、これら変貌発展の諸相の内面において、常にそれに作用している一つの基調として、依然として変らない任俠的習俗の根深い機能を、私たちは看過し得ない。その一面を強調するという意味において、ヒストーリッシュというよりもむしろゾチオローギッシュな考察が本稿の限られた視野であったのである。

以上において、游俠についての私のゾチオローギッシュな考察は、ほぼ尽きたようである。そして、ここまで考えてくると、冒頭において、問題のいとぐちとして取上げた、史記游俠列伝への疑問も、おのずから解けてくることになる。司馬遷が、そこにおいて賞讃した、朱家・郭解の倫理行動、あの「その言必ず信、その行必ず果、已に諾すれば必ず誠あり、その軀を愛《お》しまずして、士の阨困に赴く」ところの游俠の倫理と行動とが、前述のような当時の民間秩序の特異な構造のなかでどのような社会的意味をもつかは、すでに明らかであろう。それは、具体的な人と人とをむすぶ規範であった。しかし、そのような規範意識のささえる秩序とは、具体的な人的関係のつながりのおよぶ範囲内での秩序であったにすぎない。そしてあたかもそれが当時の民間社会における唯一のたよるべき秩序であったのである。それは、具体的な個々の家々が、その一族を中心にして、その外延に具体的な人的関係をひろげて行くきわめて個別的な秩序の世界であった。そして現実にはこのような個別的秩序の群小世界が無数に併存し、それらの群小の秩序の世界のそれぞれの中心をなすものが土豪・豪俠・豪族であったのである。所謂「父老」[33]的土豪の維持する秩序もまたその例外ではない。そしてこのような個別的秩序の群小世界の外においては、すなわち、それぞれの群小世界相互の間においては、強食弱肉の力の関係が事を左右していたのである。すなわち、そこにおいては、あの私闘復讐の盛行が示すように人々は守るべき秩序規範をもたず、力をもってのぞみ、力をもってみずからの世界を守ったのである。そして、これら群小世界にとって、力の関係が事を左右するその外の世界において、最も強大な力をもってそれら群小の個別的秩序をおびやかすものが、すなわち公権の末端機構を担う郡県の吏であったのである。朱家・郭解らの豪侠も、そのような群小世界の一つの中心であり、司馬遷の称讃するかれらの倫理と行動とは、かれらの相結び、またかれらの掌握する人的関係を維持し拡大する機能を果したのであり、それを越えた外部の世界に対しては、或はかれらの秩序世界をおびやかす外界の力に対しては、暴力をもってのぞんだことは、いうまでもない。豪侠といい、豪猾というも、その社会的実体はまったく同じであることは、すでに明らかにした通りである。宗人三百家にも及ぶ済南の士豪瞯氏は、史記游侠列伝中に豪侠として敍せられる一方、酷吏列伝においては「豪猾」と記される。郭解もまた、その外の世界から見れば、「豪暴の徒」と何ら異なるところがない。「睚眦をもって人を殺し、その罪大逆無道に当る」ものであったのである。「黄金百金を得るよりは、季布の一諾を得るに如くはない」という諺の示すように、游侠は、その相結ぶ世界にとって、たよるべき秩序維持者であると同時に、その相結ばざる外の世界にとっては恐るべき秩序破壊者であったのである。司馬遷は、個人倫理の価値観点からこの同一の社会的実体の相異なった両面を個別のものとしてとらえ、その一面をとりあげて游侠列伝を立てたのであった。それは個人関係の倫理のもつ当然の制約、それを維持する現実秩序の個別的具体的性格に起因するものなのである。そのような具体的個別的な個人関係を超えた、その意味では抽象的なまた客観的な世界の規範と秩序とは、司馬遷の周囲には存しなかったためにほかならない。そして、そのような現実秩序の個別的具体的な性格が変らないかぎり、任侠の習俗と游侠の活躍とはその跡をたたない。前漢書以後、正史が游侠列伝を立てないのは、游侠の活動の衰退を意味するのではなく、歴史記述の視点が一方的に固定したからにほかならないのである。

（1）　牧野巽「漢代に於ける復讐」『支那家族研究』（一九四〇）所収。

（2）例えば、後漢書魏朗伝「魏朗兄為郷人所殺、朗白日操刃、報讎於県中」、後漢書郅惲伝「惲友人董子張者、父先為郷人所害、及子張病将終、……惲即起将客遮仇人、取其頭以示子張」。

（3）代表的な例を、一つだけ挙げれば、後漢書安城孝侯賜伝注引司馬彪続漢書「王莽時諸劉抑廃、為郡県所侵、蔡陽国釜亭候長、酔詢更始父子張、子張怒、刺殺亭長、後十余歳、亭長子報殺更始弟騫、賜兄顕欲為報怨、賓客転劫人発覚、州郡殺顕獄中、賜与顕子信結客陳政等九人、燔焼殺亭長妻子四人」。郡県の吏を仇として復讐する事例は一々枚挙にいとまがない程多い。

（4）後漢書桓譚伝「桓譚因上疏、陳時政所宜曰『……今人相殺傷、雖已伏法、而私結怨讎、子孫相報、後忿深前、至於滅戸殄業、而俗称豪健、故雖有怯弱、猶勉而行之、此為聴人自理、而無復法禁者也、今宜申明旧令、若已伏官誅、而私相傷殺者、雖一身逃亡、皆徙家属於辺、其相傷者、加常二等、不得雇山贖罪、如此則仇怨自解、盗賊息矣』」。

（5）漢書鮑宣伝「其後上書諫曰『……凡民有七亡、七亡尚可、又有七死、酷吏殴殺一死也、治獄深刻二死也、冤陥亡辜三死也、盗賊横発四死也、怨讐相残五死也、歳悪飢餓六死也、時気疾疫七死也……』」。

（6）漢代文献に見える豪族・土豪に依附する「客」は、もとより、このような軽俠の徒に限るものではない。「客」ということばは、その家にとって本来家族員ではない外来者がその家に寄食し、或は依附する者の総称で、その実体は多様である。また学問知識をもって主家のブレーンとなる高級の客もあれば、本稿で主として問題とする私兵的性格の軽俠の客もある。また生産労働をもって主家に隷属する傭および小作人も客ということばで表現される。（例えば後漢書桓栄伝、呉祐伝の「客傭」、太平御覧五〇八引の皇甫謐高士伝の「客作」、また、「佃客」「客戸」ということばは、晋書にみえる。なお、この「客」の多様な形態については、浜口重国「唐の部曲・客女と前代の衣食客」『山梨大学学芸学部紀要』第一を参照）。しかしながら、漢代文献にもっとも多く見えるものは、豪族・土豪の爪牙としての、いわば私兵的性格をもった「客」であって、それは本稿で明らかにしたように、軽俠の徒が多い。もっとも、生産労働をもって主家に隷属する傭客や佃客も、その関係が永続化する場合には、その家父長制的な経済的隷属関係の内面に、保護被保護の関係を通じて、主家に対する一種の心情的結合関係も成立し、主家の私闘復讐の際にはかれらも一緒に参加し、非常の際にはかれらも私兵的役割を演じたものと考えてよい。

（7）宇都宮清吉「漢代の家と豪族」『漢代社会経済史研究』（一九五五）所収。

（8）従来、土豪・豪族は、大土地所有とその族的結合の面が重視され、かれらの及ぼす規制力は、族人や、その土地を仮作する小作人その他の隷属民に対してのみ考えられているようであるが、かれらはそれ以外の周辺の一般の民に対しても、さまざまの社会的規制力を及ぼしていたことは、特に注意すべきである。そのことは、本文に引用した諸史料からも推察されるが、後漢書夏馥伝の次の記述は、そのことをより明瞭に示している。「夏馥、……少為書生、言行質直、同県高氏・蔡氏、並皆富殖、郡人畏而事之、唯馥比門不与交通、由是為豪姓所仇」。

（9）史記酷吏列伝「済南瞯氏宗人三百余家、豪猾、二千石莫能制」。又、史記魏其武安侯列伝「灌夫……好任俠已然諾、諸所与交通、無非豪桀大猾、家累数千万、食客日数十百人、陂池田園、宗族賓客為権利、横於潁川」。

（10）漢書游俠原渉伝「渉父哀帝時為南陽太守、天下殷富、大郡二千石死官、賦斂送葬、皆千万以上」。

（11）西田保「漢の中家の産について」『加藤繁博士還暦紀念東洋史集説』（一九四一）所収。

（12）漢書武帝紀元朔二年「徙郡国豪傑及訾三百万以上于茂陵」。

（13）潜夫論述赦「洛陽至有主諧合殺人者、謂之会任之家、受人十万、謝客数千、又重饋部吏、吏与通姦、利入深重、幡党盤牙。請至貴威寵臣、説聴於上、謁行於下、是故雖厳令尹、終不能破攘断絶」。

（14）漢書酷吏尹賞伝「長安中姦猾浸多、閭里少年群輩、殺吏受賕報仇、相与探丸為弾、得赤丸者斫武吏、得黒者斫文吏、白者主治喪、城中薄暮、塵起剽劫行者、死傷横道、枹鼓不絶」。

（15）浜口重国「漢代に於ける地方官の任用と本籍地との関係」『歴史学研究』第一二巻第七号、一九四二。

（16）例えば、労榦「論漢代的游俠」『国立台湾大学文史哲学報』第一期、一九五〇。

（17）史記酷吏王温舒伝「択郡中豪敢、任吏十余人、以為爪牙」。但し漢書には「択郡中豪敢往吏十余人」となっているが、顔師古の注は「豪傑而性果敢一往無所顧者以為吏」と解し、意味はほぼ同じに解しているが、漢書の「往」は「任」の誤りであろう。

（18）東観漢記巻一、帝紀一「帝……高才好学、然亦喜游俠闘鶏走馬、且知閭里姦邪」。

（19）後漢書酷吏董宣伝「文叔為白衣時、蔵亡匿死、吏不敢至門」。

（20）後漢書許召伝「同郡袁公族豪俠」、三国魏志袁紹伝注引英雄記「袁紹……又好游俠、与張孟章（邈）・何伯求（顒）・呉子卿・許子遠（攸）・伍徳瑜（瓊）等、皆為奔走之友」。

（21）三国志魏志張邈伝「張邈……少以俠聞」。

(22) 三国志魏志武帝紀「太祖少機警有権数、而任俠放蕩、不治行業」。
(23) 三国志魏志李通伝「李通……以俠聞於江・汝之間、与其郡人陳恭共起兵於朗陵、衆多帰之」。
(24) 三国志魏志臧覇伝「太守大怒令収覇父戒詣府、時送者百余人、覇年十八将客数十人、径於費西山中要奪之、送者莫敢動、因与父俱亡命東海、由是以勇壮聞」。
(25) 三国志魏志許褚伝「許褚……長八尺余、腰大十囲、容貌雄毅、勇力絶人、漢末、聚少年及宗族数千家、共堅壁以禦寇、……太祖徇淮汝、褚以衆帰太祖、……諸従褚俠客、皆為虎士」。
(26) 三国志魏志典韋伝「典韋……形貌魁梧、旅力過人、有志節任俠」。
(27) 三国志蜀志先主伝「先主(劉備)不甚楽読書、喜狗馬音楽……好交結豪俠、年少争附之」。
(28) 三国志呉志孫破虜呉夫人伝「孫破虜呉夫人呉主権母也、……孫堅聞其才貌、欲娶之、呉氏親戚嫌堅軽狡、将拒焉」。
(29) 三国志呉志孫権伝注引江表伝「孫堅為下邳丞時、権生、方頤大口、目有精光、堅異之、以為有貴象、及堅亡、策起事江東、権常随従、性度弘朗、仁而多断、好俠養士、始有知名侔於父兄矣」。
(30) 三国志呉志魯粛伝「魯粛……家富於財、性好施与、爾時天下已乱、粛不治家事、大散財貨、摽売田地、以賑窮弊、結士為務、甚得郷邑歓心、……乃攜老弱、将軽俠少年百余人、南到居巣、就周瑜、瑜之東渡、因与同行」。
(31) 三国志呉志甘寧伝「甘寧……少有気力、好游俠、招合軽薄少年、為之渠帥、羣聚相随、挾持弓弩、負毦帯鈴、民聞鈴聲、即知是寧」。
(32) 三国志呉志淩統伝「父操軽俠、有胆気、孫策初興、毎従征伐」。
(33) 里の秩序を維持する者として「父老」と呼ばれるものがある。礼経は、その秩序を年齢によるものとし、父老に率いられる里民を「子弟」ということばで表現する。そこでは血縁的輩行が擬制されているのであるが、しかし父老の維持する秩序は、現実には必ずしも年齢のみによるのではなく、それを内面からささえているものは、子弟の父老に対する人的信頼関係であり、そこには人的信頼にもとづく心情的結合がみられる。その意味では、里の秩序は父老を中心とする一種の人的関係によって維持されている、といってよく、外形的には一見異なるようであるが、その意味では、所謂土豪・豪俠の維持する秩序と、その社会的性格においては異質のものではない。このことは父老の社会的実体を究明すれば、より接近してくるであろう。任安が壮年にして小邑の三老となったこと(史記田叔列伝褚先生補)、父老ということばが豪傑ということばと連称されていること(史記高祖本紀)などを想起せよ。なお父老については、本篇第四章「戦国秦漢時代における集団の「約」について」第三節参照。

(『一橋論叢』二六ノ五。一九五一・九稿)
(一九五九・三・三〇補)

附記　本稿発表(一九五一)後、畏友守屋美都雄氏より、さきに宮崎市定氏に「游侠について」(『歴史と地理』第三四巻第四・五号)という研究があることを教えられた。本稿の起草にあたって、先学のこのすぐれた研究を利用できなかったことを残念に思うと同時に、先学に礼を失した私の怠慢は責められなければならない。

# 第二章　漢代における巫と俠

## 一　問題の提示

後漢末の張角の黄巾賊については、すでに先学のすぐれた研究(1)が多くのことを明らかにしている。それらの研究は、主として道教の成立という宗教史的観点から、太平道と五斗米道とが分析の対象となっているようである。しかし、張角の黄巾賊を、中国のその後の歴史に絶えることなくみられる教匪・教門の一つの歴史的形態とみるとき、いいかえれば、教義の相違をはなれて、総じて中国の民間宗教のとる一つの特徴的な社会的形態としてみるとき、いわば社会史的関心から、そこにはなお解かなければならない若干の問題を残しているようである。そして、そのような問題関心からするときに、まず問われなければならない問題は、そのような民間信仰のとる社会的形態が、漢代の一般的社会構造とどのように関係するか、という問題である。このような大きな問題に対処するには、張角について与えられている史料はあまりにも制限されており、知り得ることはきわめて限られている。したがってここでは、そのような問題に入るための準備として、個別的な張角の問題からは一応はなれて、総じて漢代における巫祝のとる社会的形態について、一、二の問題を、気づいたままに、提示してみることにする。張角の太平道には、病人をして叩頭思過せしめる特殊な教法がみられるにしても、太平清領書には「多く巫覡の雑語」をまじえていた(後漢書襄楷伝)、と記されているように、その性格の基本は、符水をもって病を療する巫覡の術であったことは、すでに明らかにされているところであるからである。[2] まず、以上のような問題関心から、主として漢代一般における巫祝のとる社会形態を考えてみることにする。

　さて、漢代の民間信仰として、民衆の間に根深い基盤をもっていたものは、まず巫術である。巫術は多端であるが、要するにシャーマニズムで、神を下し、或は鬼神に委託して、病を癒し、禍福をさずけ、吉凶を予告し、その術をもって民衆の要求をみたしつつ、かれらの上に大きな力をふるっていたことは、一々事例をあげるまでもないであろう。私は、ここでは、そのような巫術の個々の具体的内容や宗教史系譜については、詳しくは触れることはできないが、少くとも一般民衆の実際的要求に適合するものとして、巫術と密接な関係をもっていたものは、療病と、禍福を予言する卜占であったろう。「巫彭は医を作り、巫咸は筮を作れり」(呂氏春秋審分覧勿躬)、といわれているように、古くから巫は医と卜筮とに関係をもっていたのであるが、またそれ故に民衆の実生活に深い根をはっていたのであるが、そのことは、漢代においても変らない。「巫医」ということばは後述するようにしばしば漢代文献にみえるところであるし、費長房は「能く衆病を医療し、百鬼を鞭笞し、社公を駆使する」(後漢書方術伝)ものであり、「善く巫術を為す」徐登は「其の術をもって病を療した」(後漢書方術伝)ものであった。「符水をもって呪説し、以て病を療した」張角(後漢書皇甫嵩伝)や、「病者の為めに祈禱して」病を癒した張魯の五斗米道(魏志張魯伝引典略)のことは、あらためていうまでもない。療病とならんで巫術と関係の深かったのは卜占である。「鄭に神巫あり、季咸と曰う、人の死生存亡禍福寿夭を知れり、期するに歳月旬日を以てすること神の如し」と荘子応帝王篇にあり、また韓非子外儲説右上には「薄疑の家巫に蔡姫と云う者あり」とあって、またそのあとに「卜者蔡姫」と記されているが、漢代においても、例えば「鬼神に依託して愚民を詐怖する」巫祝の盛んであった「会稽の俗は、淫祀多く、卜筮を好む」(後漢書第五倫伝)とあり、「越巫は雞を以て卜す」(史記封禅書)とあり、太平御覧七三五所引の淮南子の高誘注には「巫は占骨の法を能くす」とあり、すこしおくれては、幽明録(太平御覧七三五引)に「太元年中、臨海に巫の李と云うもの有り、卜相を能くし、水符を作りて病を治す」とある。卜の技術は不明であるが、鬼神に託して、吉凶禍福を告げる巫の事例は、一々挙げるまでもなかろう。すでに業態としては卜師と巫とが分れている場合においても、「夫れ卜者は……擅《みだ》りに禍災を言い、以て人の心を傷け、鬼神に矯言《かこつけい》いて、以て人の財を尽す」という賈誼の言(史記日者列伝)に明らかなように、卜師も巫とならんでその言を鬼神に託することによって民衆の心に深い根をおろしていたのである。「術数を好んだ」許楊が、のち「巫医となって它界に逃匿した」(後漢書方術伝上)ことも、その間の事情を察知せしめる。巫術はその他、祝鬼・厭詛・占夢等々、種々な機能をもつが、ここは、巫術の具体的内容やその宗教史的系譜を詳論する場所ではない。ただ、後述するところとの関係において巫術が、一般民衆の実生活に深い根をおろしているそのプラクティカルな面を、一、二準備的にのべたにすぎない。したがって、私はここで巫を問題とする場合にも、狭い意味での厳密な巫の内容的規定は一応さけ、広く、以上のような鬼神に託する術をもって民衆の生活の内面に働きかける者、さらには所謂巫ではないが、卜数師や方士をも相関連してのべることにする。また「女に在るを巫と曰い、男に在るを覡と曰う」という国語楚語の記事や、それをとった説文の巫覡の性別についての解釈は、その起源の問題は別として、すでに古くから否定されており、男女ともに巫ということばが用いられ、男巫が相当多く存したことは、(3) ここでことわるまでもなかろう。

(1) 例えば福井康順「道教成立以前の二三の問題」『東洋思想研究』第一、一九三七。大淵忍爾「太平道の発生と五斗米道」『加藤繁博士還暦記念東洋史集説』(一九四一)所収。酒井忠夫「道教史上より見たる三張の性格」『支那仏教史学』一ノ四、一九三七。
(2) 大淵前掲論文。津田左右吉「神仙思想に関する二三の考察」『満鮮地理歴史報告』第一〇、一九二四。
(3) 狩野直喜「支那上代の巫・巫咸に就いて」「説巫補遺」「続説巫補遺」『支那学文藪』(一九二七)所収。

## 二　巫祝と游侠との関係

さて、このような巫術をもって、民衆の生活に大きな力をふるっていた漢代の巫祝は、どのような社会形態をとっていたのであろうか。すでに漢代においては、民間の巫祝は、殷周時代の昔とは異なって、少くとも士大夫の側からは社会的に賤しい地位の者として、考えられていたようである。このことは「高鳳は年老いても志を執りて倦まず、名声著聞であったので、太守は連《しきり》に召請した。(高鳳は)免《まぬか》れざることを恐れ、自ら『本《もと》巫家なり、吏たるに応《あた》らず』と言って」辞退したという東観漢記(太平御覧七三四引)の記載からも知られるが、すでに漢以前においても「今の世卜筮禱祠を上《とうと》ぶ、故に疾病愈々来る。……巫医・毒薬をもって、逐除して之を治めんとする。故に古の人これを賤しむ也、其の末を為せば也」と呂氏春秋季春紀尽数篇に記されている。卜者その他の方士も社会的に一般には低い地位にあったようで、「夫れ卜筮者は世俗の賤しみ簡《ないがしろ》にする所なり」と賈誼の言(史記日者列伝)にあり、「風角星算六日七分を善くし、望気占候吉凶を能くして、常に卜を売って自ら奉じた」郎宗は、のち、博士の官に徴せらるるや、「占験をもって見《あらわ》るるを恥じて」遁げ去ったこと(後漢書郎顗伝)などからも推察される。このことは、王莽の摂政のとき、酒泉の都尉に任じた汝南の許楊が、王莽の簒位するにおよんで、「姓名を変じて巫医となり、它界に逃匿した」(後漢書方術伝上)ことや、「老子経を治め、恬静にして、官に進むことを求めなかった」安丘望之が成帝に召されても辞して会うことを肯ぜず、「自ら損じて民間に巫医となりて」(太平御覧五〇八引高士伝)身をかくしたことや、宦官の暴政下にあった後漢末、范丹は侍御史に任ぜられることをきらって、梁・沛の間に身をのがれ「徒行弊服して市に卜を売った」(太平御覧七二五引謝承後漢書、及び後漢書独行伝)ことや、ほぼ同じ頃、姜肱は、太中大夫の官に聘せられたとき、いつわって病気と称して辞し、ひそかにのがれて、「青州の界中に逃伏して卜を売って」(太平御覧七二五引謝承後漢書)身をくらませたことなどの事例とも相関連して考えなければならない。すなわち、これらの諸事例は政治的圧迫から世をのがれたり、また官界の乱脈暴政をきらって仕官することを欲しない者が、権力者の追及をのがれて、巫者となり卜者となって民間に身をかくすことを示しているのであるが、巫者や卜者の業が、そのような国家権力の追及をのがれて、所在をくらますための手段として選ばれるということは、一面では、これらのものが社会的に賤しいものとして考えられていたことを旁証することにもなる。同時にまた国家権力から身をかくして巫となり卜となるこれらの諸事例は、社会的に賤しい地位にありながら、後述するように巫医卜筮者が民衆の生活に深い根をおろし、かれらの上に大きな影響力をふるっていたこととあわせ考えると、巫祝の徒は、いわば士大夫の国家理念や国家秩序の枠外、すなわち国家権力の組織の把握し得ない、いわば社会の裏側においてきわめて大きな力と生活領域をもっていたものと考えられる。もっとも、王莽のときの貢法に「工匠・医巫・卜祝と他の方技のもの、商販・賈人の肆列・里区・謁舎に坐するものは、皆、各々自ら為すところを其の在所の県官に占《とうろく》し、其の本を除き其の利を計りて、之を十一分してその一を以て貢と為《せ》よ」(漢書食貨志下)とある。平中苓次氏は、その精緻な研究(1)において、周官に準拠するこの王莽の法令を観念的な一時的なものとする従来の通説を廃して、税率や税種は異なるにせよ、市井の商販・賈人はいうまでもなく工匠・医巫・卜祝その他の方技をなす者にも、すでに前漢の時代において、市籍に登録して市租を納める義務が課されていたことを指摘された。制度的規定としては、閭巷の巫祝卜筮者と雖も国家権力の把握下にあることを明示した平中氏の指摘は貴重である。しかし、私がここで問題とするのは、そのような制度的関連ではない。規則の外郭的な機構が、それと矛盾しながら生きて動く現実の生活のなかでどのように作用するかという、その具体的面である。私はさきに漢代の游侠についての考察(2)において、游侠の活躍する場として、制度上の国家秩序と矛盾しながら、しかもそれと不可分の関係において重複するそのような民間における具体固有な生活領域を明らかにしたのであるが、そのことは漢代における巫祝の盛行についてもいえるのではなかろうか。この想定は、やがて次第に明らかになって行くであろう。

　そのことを明らかにするためには、まず、一般的にいってどのような人々が巫祝となり、どのような社会層の人々が巫術を学んだのであろうか、という問題がまず解かれなければならない。第一に考えられることは世襲である。史記封禅書に「高祖が長安に梁巫・晋巫・荊巫等の女巫を置いた」という条下の集解の注に、文穎の説として、「范氏は世々晋に仕えた、故に祠祝に晋巫あり。范会の支庶が秦に留って劉氏となった、故に秦巫あり。劉氏は魏が大梁に都するに随った、故に梁巫あり。後豊に徙る。豊は荊に属す、故に荊巫あり」と引用されているのは、それ自体が事実か否かは別として、漢代においても世襲の巫のあったことを推論せしめる。つぎには、同じく史記の封禅書に、游水の発根の言として「上郡に巫有り、病みて鬼神これに下る」とあるように、後世の所謂巫病という、特異な精神状態の経験をもつものもあったであろう。抱朴子内編巻二論仙に「或は云う、鬼を見る者は、男に在りては覡と為し、女に在りては巫と為す。当に自然を須《ま》つべく、学びて得可きに非ずと」とあるように、先天的な異常精神者もあったであろう。このことはすでに先学の指摘しているところである(3)。しかしながら、従来注意されていないことで、ここで特に注意しなければならないことは、漢代における巫祝や巫術をなす者には多くの弟子をもっている場合が多いということである。弟子がある以上、世襲や、先天的素質のほかに、当然伝授が考えられなければならず、当時の巫術の盛行を考える場合、この伝授によって巫術を学んで巫祝となる者がきわめて多かったであろうことも、当然予想されるところである。それならば、当時、どのような人々が好んで巫祝の弟子となり、巫術を学んで、民間の巫祝となったのであろうか。塩鉄論巻六散不足篇にあるつぎの記載は、その点について、きわめて重要な資料を提示するものとして、注目しなければならない。それは当時の世俗についてのつぎのような記述である。

「世俗偽を飾り、詐を行いて、民の巫祝となり、以て釐謝をとる。堅額健舌、或は以て業を成して富を致す。故に事を憚る人は本を釈てて相学ぶ。是を以て街巷に巫有り、閭里に祝有り」

巫祝が民のために巫術をおこない、その代償として謝礼をとることは、漢代一般にみられるところで、そのため民財をつくすの弊の多かったことは、風俗通義巻九怪神篇にも「巫祝は賦斂して謝を受く、民はその口を畏れ、祟《たた》るを懼れて、敢えて拒逆せず、是を以て財は鬼神に尽き、産は祭に匱《とぼ》し」とある通りであるが、なにぶんにも、「医薬をすてて更に往きて神に事《つか》う。故に死亡するに至りても巫のために欺誤されたことを自ら知らず。乃ち反って巫に事《つか》えることの晩きを恨む。これ細民を熒惑することの甚しき者也」（潜夫論巻三浮侈篇）という状態であったから、巫祝を業とする者の「富を致す」のは当然であったのであろう。同様のことを葛洪は少しおくれてよりはっきりといっている。「俗の謂う所は、率《おおむ》ね皆妖偽にして転《うたた》相誑惑し、久しうして弥《いよいよ》甚し。既に病を療するの術を修むる能わず。又其大なる迷を返すこと能わず。薬石の救いを務めずして、惟《ただ》祝祭の謬りを専にし、祈禱已むことなく、卜に問うて倦まず。巫祝の小人妄りに禍祟《わざわいたたり》を説き、疾病の危急なることは唯聞かざる所にして、聞けば輒ち修為して、損費訾《はか》られず。富室は其財儲を竭《つく》し、貧人は倍息《たかきりそく》を仮挙《かりいだ》し、田宅を割裂《さ》きて、以て尽くるに訖《いた》り、篋櫃《はこびつ》を倒装《さかしまに》するも余ること無し。或は偶《たまたま》自《おのず》から差《い》ゆること有れば、便ち神の賜を受くと謂い、如其《もしそれ》死亡すれば、便ち鬼に赦されずと謂う。幸にして誤り活くとも、財産窮罄《きわまりつ》きて、遂に復、飢寒凍餓して死す。……或は什物は祭祀の費耗に尽き、穀帛は貧濁の師巫に淪《しず》む。……愚民の蔽わるることも、乃ち此に至れるかな」(抱朴子内篇巻九道意)と。前引塩鉄論のいうところは、このように巫祝はその偽詐をもって民から財をまきあげるきわめてもうかる商売だから、「事を憚る人は本を釈《す》てて相学ぶ。是を以て街巷に巫有り、閭里に祝有り」というのである。それならば、利をもとめて、好んで本《もと》をすて、巫術を相学ぶ「事を憚る人」とは、どのような人々なのであろうか。

「事」とはここでは、ほねおり、しごとの意味である。荀子儒效篇の「王公之を好めば、則ち法を乱し、百姓之を好めば、則ち事を乱す」の楊倞の注に「事とは作業を謂う」とあり、論語顔淵篇の「事を先にし、得るを後にす」の孔注に「先ず事に労して、然る後報を得る」とある。したがって、礼記曲礼上に「大夫七十にして事を致す」とあれば、疏にいうように「事を致すとは、職を君に致す」という意味であり、荀子儒効篇に「工匠の子は事を継がざるものなし」とあれば、職業の意味での仕事という意味になる。また、漢書高帝紀に「七大夫以下は皆其身及び戸を復し、事せしめる勿れ」とあれば、如淳の注のように「事すとは役使するを謂う」という意味であり、漢書宣帝紀の「流民の還帰する者には公田を仮し、種食を貸し、且つ算事すること勿れ」の顔師古の注に「算賦を出し、徭役を給することなし」と解することとなる。要するに、「事」とは職業の意味における日々の生業をふくめて、身を労して作業することとすべてをいい表わす語である。「憚る」は、説文にいうまでもなく、「忌み難しとする」意であるから、「事を憚る人」とは言葉の意味だけをいえば、「ほねおり仕事をきらっておっくうがる怠け者」ということになろう。いわば、生業を事せざる無頼の游民である。単に言葉の意味だけでなく、当時の文献において、「事を憚る人」が、一般にどのような生態をもつものとして観念され、表現されていたか、ということをたずねてみると、問題はよりはっきりしてくる。荀子修身篇に「偷儒にして事を憚り、廉恥なくして飲食を嗜まば、則ち悪少者と謂うべし。加うるに惕悍にして順ならず、険賊にして弟ならずば、則ち不祥少者と云うべし。刑戮に陥ると雖も可也」とあり、楊倞の注に

「偷儒にして事を憚るとは、皆儒弱怠惰にして労苦を畏れる人也」とあり、また「韓侍郎云う、惕は蕩と同じ、放蕩兇悍を謂う也」とある。王先謙はその集解において「不祥少とは、上の悪少を承けて言う。少年にして不祥なる者を云う」と解している。悪少者とは、悪少年である。「事を憚る人」は、そこでは軽俠無頼の徒に相近いものとして、観念されているといってよい。呂氏春秋孟冬紀安死篇には「君の不令の民、父の不孝の子、兄の不悌の弟は……耕稼采薪の労を憚り、人事《しごと》に官《ほねお》ることを肯ぜずして、美衣侈食の楽を祈《もと》め、智巧窮屈《きわめつく》して、以て為すなし。是に於いてか、羣多之徒を聚め、深山広沢林藪を以て、朴撃遏奪す。又名丘大墓の葬すること厚き者を視れば……以て微《ひそか》に之を抇《あば》き、日夜休まず、必ず利するところを得て、相与に之を分つ」とある。深山広沢林藪に朴撃遏奪するのは羣盗であり、墓をあばいて宝物をぬすむことは、軽俠悪少年の日常なすところの姦事である。[4] そのような者が、そこでは、君には不令の、父には不孝の、兄には不悌の、「事を憚る」徒として、考えられている。わかいとき、郷里を出游して游俠の生活をおくった劉邦は「家人の生産作業を事せず」、それ故、父から「無頼」の徒と見做され（史記高祖本紀）、また「微《いやし》き時、事を辟けて、時々賓客と巨嫂に過《よぎ》りて食す」（史記楚元王世家）、と史記に記されている。荀悦はまた、「国に四民あり、各々其業を修む、四民の業によらざる者を姦民と謂う」（前漢紀巻一〇、孝武皇帝紀）といい、游俠・游説・游行の三游はこの姦民から生ずることを論じている。このように考えてくると、前引の塩鉄論の所謂「事を憚る人」とは、具体的には、生業をきらう無頼の游民であって、そのような人々が利を求めて、巫祝の弟子となり、巫術を学んで、民を惑わす風が盛んであった、[5] というのが、前引の塩鉄論の述べる主旨であったのである。

すこしおくれて三国呉の頃であるが、李寛という者がいて、「能く呪水をもって病を治め頗る愈ゆ、是において遠近翕然として……之を呼びて李八百となす。……是において役を避くるの吏民の、李寛に依りて弟子となる者、恒に千人に近し」と抱朴子内篇巻九道意篇に記されていること、および晋書周札伝に、「鬼道をもって病を療し」「李八百と号する」李脱なる者が居て、「時人多く之に信事したが」、その「弟子の李弘が徒を灊山に養い、『讖に応じて当に王たるべし』と云った」とあることも、あわせ考うべきことであろう。

さて、このように、生業をきらって或は生業からあぶれて公的秩序から逸脱したいわば無頼の游民が、或は巫祝の下にあつまってその弟子となってあやしげな巫術を学び、或はみずから、閭里街巷の巫祝となって民をあざむく風が盛んであるとすると、巫術をおこなう者のとる社会的形態はそれによっておのずから規定されてくる。第一に考えられることは、同じく生業をきらい或は生業につけずに、公権的秩序から逸脱した游民の生態としての軽侠の徒の横行を伝える前引の諸事例を考え合わせるとき、これら巫祝の軽侠無頼の徒との接触がなされやすかったのではないか、ということである。抱朴子内篇巻九道意篇に、「淫祀妖邪は礼律の禁ずるところなり。しかれども凡夫は終に悟らすべからず……さきに張角・柳根・王歆・李申の徒あり、或は千歳と称し、小術に仮託し、……黎庶《もろもろのたみ》を誑眩《たぶらか》し、群愚を糾合し、……遂に以て姦党を招集し、逆乱を称合《となえあわ》し、久しからずして自ら其辜《つみ》に伏せしも、或は良人を残滅するに至り、或は百姓を欺誘し、以て財利を規《はか》り、銭帛山積して、富は王公を踰え、縦肆奢淫なり、……刺客死士は其が為に用を致し、威は邦君を傾け、勢は有司を凌ぎ、亡命逋逃も因りて窟藪となす」と記されている。張角とはいうまでもなく「符水呪説、以て病を療した」太平道の張角であり、柳根とは、後漢書方術伝下や捜神記巻一にみえる「能く人をして鬼を見せしめ」「百姓を誣惑し」「妖をなすを以て」潁川太守史祈に戮された劉根のことであろう。その巫術をもって民衆の上に大きな勢力をもった張角や劉根などの巫術者の場合にも、「刺客死士はそれが為に用を致し、亡命逋逃も因りて窟藪となし」ていたという、この抱朴子の示す史料は、巫術をなす者が、そのような軽侠無頼の徒と人的結合関係をもって、或はかれらを爪牙として用い、或はかれらをかくまっていたことを示すものであって、ともに民衆の生活に深い根をもちながら、ともに国家秩序の側からみればいわば裏側の社会で活躍する、両者の密接な結合関係を示すものとして考えてよかろう。なにぶん、このような民間の事情を示す史料がかぎられているため、具体的関係は、文献史料の多くなる後代ほど明瞭ではないが、例えば唐代のことではあるが、「粛宗が王嶼を以て相となし、鬼神之事を尚《とうと》び、女巫を分遣して山川を遍禱せしむ。巫者の少年の盛服して伝に乗りて行く有り。中使之に随う。至る所の地において、金帛を誅求して後に積載し、悪少年数十輩と与に州県の間を横行す。黄州に至る。左震、刺史たり。(左)震、駅に至るに門局啓《ひら》かず。(左)震乃ち鏁を壊ちて入り、巫者を曳きて之を階下に斬り、悪少年も皆死す」という唐国史補(巻之上)の記事は、巫者に軽俠無頼の悪少年が多数つきしたがっていた例を明示するものであって、この場合は巫者が民より金帛を誅求する際に、軽俠の徒が大きな役割を演じていたものと考えられる。このことと、上記抱朴子の「刺客死士それが為に用を致し、亡命逋逃も因りて窟藪となす」という史料とをあわせ考えると、漢代についても同じようなことがあったと考えることは、必ずしも根拠のない想像とはいえまい。

このような巫祝卜相者と軽俠の徒との結びつきの一つのあり方について、有力な示唆を与えるのが、漢書酷吏尹賞伝の記事である。そこでは「長安中、姦猾浸《ようや》く多し。閭里の少年群輩は吏を殺し、賕《まいない》を受けて仇を報ず。相与に丸を探りて、赤丸を得たる者は武吏を斫《き》り、黒(丸)を得たる者は文吏を斫《き》り、白(丸を得たる)者は喪を治することを主《つかさど》る。城中、薄暮となると、塵起りて、行者を剽劫す。死傷道に横たわり、枹鼓絶えざる」状態であったので、尹賞は長安の令に選任されるや、

「長安中の軽薄少年悪子、市籍なくして商販・作務をなすもの、と、鮮衣凶服して鎧扞を被り刀兵を持する者を雑挙して、悉く之を籍記して数百人を得たり。(尹)賞は一朝長安の吏を会して、車数百両をもって、分行して収捕せしめ、皆劾して以て群盗を通行飲食せしめしものと為した」

と記されている。ここで問題となるのは、この報酬をうけて殺人を業とする軽俠の徒の秘密結社を検挙した際に「市

籍なくして商販・作務をなすもの」がそのなかに挙げられているという事実である。「作務をなすもの」とは具体的には何を指しているのだろうか。言葉の意味だけをいえば、「作」も「務」も「しごと」である。「市籍なくして商販・作務をなすもの」とあるから、ここでの「作務をなすもの」とは、「商販以外の業務を営むもので、しかも市籍に登録すべきにもかかわらず登録していないもの」をさしていることは明らかである。平中苓次氏は、この「作務をなすもの」を前引の王莽の貢法の史料との関連において、「工匠・医巫・卜祝その他の方技をなす者」と解し、これによって、王莽の貢法以前においても、かれらにも市籍に登録して市租を納める義務が課されていたことを明らかにした(6)。事実漢代の市には、卜肆が存在していたことは史記日者列伝・漢書王吉伝序にも明らかであり(7)、また薬を売る方技者の肆も存在していたことは後漢書方術費長房伝にも明記されているのであって、これらの事例は平中氏の解釈をさらに旁証するものである。「作務をなす者」をこのように解することが許されるとすると、ここに引用した尹賞伝の記事は私たちの問題にきわめて重要な意味をもってくる。尹賞が「市籍なくして商販・作務をなすもの」を検挙したのは、かれらが市籍登録をなしていないというその理由だけによるのではない。依頼人から報酬を受けて暗殺を業とする軽俠の秘密結社を一網打尽に捕捉するために、「長安中の軽薄少年悪子、市籍なくして商販・作務(工匠・医巫・卜祝その他の方技)をなすもの、鮮衣凶服して鎧扞を被り刀兵《ぶき》を持する者」等のあやしきものをしらみつぶしにさがしらべて逮捕したのである。すなわち、かれらはすべてこの秘密結社になんらかの関係ある容疑者としてにらまれたから検挙されたのである。尹賞がかれらを告発するのに、「群盗を通行飲食せしめた」という罪をもってした、と記されていることからもそのことは明らかである。「通行飲食」とは、具体的にどのような不法行為を意味したのであろうか(8)。この点を追求すると、この游俠の暗殺団的秘密結社と医巫・卜祝・その他の方技をなす巫祝との関係が明らかになる。

漢書酷吏咸宣伝には、武帝の末年、諸方に羣盗がおこったので、武帝は、光禄大夫范昆等を遣わして兵を発して羣盗を討たしめ、同時に「法を以て通行飲食を誅した」とある。漢書元后伝によると、魏郡に羣盗がおこったとき、武帝は羣盗の党与および吏の畏懦逗留して当に坐すべき者を逐捕せしめ、その逐捕のために派遣された御史暴勝之等は「二千石は奏して殺し、千石以下及び通行飲食の坐して連及する者を誅した」とある。また後漢書陳寵伝には、「臣窃かに見るに、元年以来、盗賊連発し、亭を攻めて劫掠し、傷殺するところ多し。夫れ穿窬禁ぜざれば、則ち彊盗を致し、彊盗断ぜざれば、則ち攻盗と為る。攻盗羣を成さば、必ず大姦を生ぜん。故に亡逃の科は憲令の急とするところ、通行飲食に至りては、罪、大辟に致す。しかるに頃者以来、以て憂と為すもの莫し」と記されている。以上の諸例よりみれば、「通行飲食」ということは、盗賊を何らかの意味で幇助する不法行為であることが察せられる。上引の後漢書陳寵伝の条の唐の章懐太子の注に「通行飲食とは、猶、今律に『過致資給は与《とも》に同罪なり』と云うがごとし。飲は音蔭、食は音寺」とある。そこにいう今律とは、唐律であることはことわるまでもない。唐律疏議をみると、「過致資給」のことは、第二八捕亡門に記されている。「情を知りて罪人を蔵匿し、若《も》しくは、過致資給して隠避することを得せしめる者は、各々罪人の罪一等を減ず」とある唐律の規定がそれである。章懐太子の注に引用されている唐律には罪人に過致資給した者は罪人と同罪とあり、唐律疏議の律文には過致資給の罪は、罪人よりも罪一等を減ずるとあって、その所罰の軽重は一致しないが、漢律の「通行飲食」は、唐律の「過致資給」に相類するという章懐太子の注は私たちの問題にとって貴重である。疏議は律文の「過致資給」をつぎのごとく注釈する。疏議に曰く「過致資給とは、道途を指授して、険処を送過し、其の運致を助け、併せて衣糧を資給して、凶人をして他所に潜隠せしめることとなり」と。唐律のこの「過致資給」にあたるものが漢律では「通行飲食」であるとすると、その意味するところはきわめて明瞭となる。すなわち、「通行飲食」の「通行」とは、罪人の逃亡をたすけて、通じ行かしめること、すなわち過《よぎ》り致《おく》ることであり、「飲食」とは、注に「飲は音蔭、食は音寺」とあるから「飲物をもって人に飲ませ」「食物をもって人に与える」意味で、罪人に食糧を資給して、もって他所へ潜隠せしめる、いわば罪人の逃亡を帮助する行為であったのである。問題をもとにもどそう。私たちの問題とする前引の漢書尹賞伝によると、長安の令となった尹賞は、軽侠の徒よりなる暗殺団的秘密結社を一網打尽に捕えるために、「市籍なくして商販・作務（工匠・医巫・卜祝その他の方技）をなすもの」をも含めて逮捕し、「羣盗を通行飲食せしめた」という罪で告発したのである。そこでいう「通行飲食」の意味は、すでに明らかにしたところである。ここで検挙された、市籍なき医巫・卜祝・その他の方技をなす多くの巫祝は、長安中の他の悪少年とともに、軽侠の徒よりなる暗殺団の逃亡をたすけて、これをみちびきおくり、これに食糧を資給して、他所に潜伏せしめた、という罪をもって告発されたのである。そのような容疑でかれらが検挙されたということは、かれら市籍なき巫祝の多くが、当時の下情に通じている有能な地方官から、無頼の游侠の徒と平常から密接な関係をもつ不逞の徒としてにらまれていたことを示すものでもある。この尹賞伝の史料は、巫祝・卜相者と游侠の徒とのむすびつきの一つの具体例を示すものであるが、それと同時に、そこには、検挙された長安中の悪少年や市籍なくして商販・作務（工匠・医巫・卜祝その他の方技）をなすものが数百人もいたと記されているのであるから、市籍に登録していない、いいかえれば、官の把握外にある医巫・卜祝が長安の市中にだけでもかなり多くいたことを示す点でも興味深い。

そのような関係のあり方とは異なるが、巫術や卜数をおこなう者と豪侠とのまた別の結び付きを示すものとしては、「卜相工明星歴をなす」王昌が、「奇数をこのみ、趙魏の間に任侠をなし、多く豪猾と通ずる」劉林と親しい交りを結び、趙国の大豪李育・張参らと通謀して、前漢末に兵を挙げた事例（後漢書王昌伝）や、後漢末、多くの徒衆をあつめて兵を挙げた北方の雄公孫瓚が、士大夫の子弟を圧迫して、無頼の「庸児」を多く重用し、「故《もと》の卜数師の劉緯台、販繒の李移子、売人の楽何当の三人と兄弟の誓を定め、自ら号して伯となし、三人を仲・叔・季となした」（三国志魏志公孫瓚伝注引英雄記）という事例や、斉の城陽景王の淫祠の巫が赤眉の游民集団内で大きな影響力をもっていたこと（後漢書劉盆子伝）などは、卜数師や巫師と游俠者流との結び付きの一つのあり方を示すものであろう。曹植の弁道論（三国志魏志華佗伝注引）に、甘始・左慈・郤倹等の方術をなす者を招致して魏国に集めたのは「斯人の徒が、姦宄に接して、以て衆を欺き、妖慝を行い、以て民を惑わすのを恐れたからである」といっているのも、これらの方術者が、民間において姦宄と結びつくことを恐れたからであって、そこでいう姦宄には、国家権力の側から見れば姦邪をなすと考えられている游俠の徒をふくめて解しても大過あるまい。曹操が、後漢末、斉南の相国であったとき、その管下の十余県の長吏が貴戚に阿附して、賊汚狼藉はなはだしかったので、奏して、そのうちの八人を免職し、また「淫祀を禁断したので、姦宄逃竄し、郡界粛然たり」（三国志魏志武帝紀）とあり、また同じことを魏書（三国志魏志武帝紀注引）には「長吏貪饕を受取り、貴勢に依倚す、……太祖（曹操）至り咸《みな》挙げて免ぜしを聞き、小大震怖し、姦宄遁逃して他郡に竄入す」とあるからである。

　後漢のはじめに、「妖巫維汜の弟子の単臣・傅鎮等が復妖言して相聚り、原武城に入り、吏人を劫して自ら将軍を称した」（後漢書臧宮伝）ことがあり、また「初め巻の人維汜、訞言して神を称す、弟子数百人有り、坐して誅に伏す。後其の弟子李広等、汜は神化して死せずと宣言して、以て百姓を誑惑し、遂に共に徒党を聚会して皖城を攻没し、皖侯劉閔を殺して自ら南嶽太師と称す」と後漢書馬援伝に記されているが、妖巫維汜の弟子と称する単臣・傅鎮・李広とは、どのような人々であったのであろうか。かれらの聚めた徒党とは、どのような社会的性格のものであったのだろうか。後漢末の「鉅鹿の張角は、専ら大賢良師と称し、黄老の道を奉事して、弟子を畜養す。跪拝首過せしめ、符水をもって呪説して、以て病を療す。病者頗る愈え、百姓之に信向す。張角、因りて弟子八人を遣わして、四方に使せしめ、善道を以て天下を教化し、転相誑惑す。十余年間に、衆徒数十万、郡国を連結す」(後漢書皇甫嵩伝)とあるが、そこにいう張角の弟子とはどのような人々が弟子となったのであろうか。「事を憚る」無頼の游民の、相聚って弟子となり巫術を学ぶ者も相当多かったのではなかろうか。張角・柳根・王歆・李申の徒には、「刺客死士が其のために用を致し、亡命逋逃も因りて窟藪となす」という前引抱朴子の記載を考え合わせると、「三十六方を置く、方は猶将軍の号のごときもの也、大方は万余人、小方は六七千、各々渠帥を立つ」(後漢書皇甫嵩伝)という太平道の信者集団の組織にも、一般民衆の内面の心をつかむ宗教的要因とならんで、少くともその組織幹部の間には、游侠の任侠的組織原理が入り交っていたのではなかろうか。

(1) 平中苓次「漢代の営業税と占租に就いて」『立命館文学』八六、一九五二。
(2) 本書第一篇第一章「漢代における民間秩序の構造と任俠的習俗」参照。
(3) 孫晋泰「支那の巫に就いて」『民俗学』二ノ四。
(4) 本書第一篇第一章参照。
(5) なお、今日の朝鮮巫俗の研究においても、成巫の動機として、世襲によるもの、および、巫病その他の精神的霊感によるものの外に、游惰放逸なる者が労働をきらって専ら経済的利益を求めて巫となる者がきわめて多く、しかもこの種の巫には男性が絶対多数をしめていることが、示されている。『朝鮮総督府調査資料』第三六輯「朝鮮の巫覡」(一九三二)、および、赤松智城・秋葉隆共著『朝鮮巫俗の研究』下巻(一九三八)参照。
(6) 平中氏前掲論文参照。なお、周寿昌(漢書注校補巻五〇)は、「作務、作業工技之流」としているが、平中氏の解をとる。もっとも、「諸工技之家、説吉凶之占」(論衡巻二三四諱)とあるように、また「方今占射事之工、拠正術数」(論衡巻二六実知)とあるように、工技には方技の意も含められているから、両者の解は矛盾するものではない。このことについては、陳槃「戦国秦漢間方士考論」『歴史語言研究所集刊』第一七本(一九四八)参照。
(7) 宇都宮清吉「西漢の首都長安」『漢代社会経済史研究』(一九五五)参照。
(8) なお、「通行飲食」については、沈家本「漢律摭遺」巻二(『沈寄簃先生遺書』甲編)参照。

## 三　巫祝の社会的勢力と国家秩序との関係

以上のべてきたところにおいて、とぼしい史料のなかから、民間における巫術者と軽俠無頼の徒とのむすびつきについて、推論をかさねてきたのであるが、そしてそれらのものは、国家秩序の側からすれば、いわば裏側の社会において、大きな力を民衆の間にもつものであるといったが、それならば、それは、構造的にどのような形をとるものであろうか。既存の国家秩序や社会構造と、それらは、どのような形で、相関係しているのであろうか、という問題が残る。そのことについて、まず重要なヒントを与えてくれるのは、史記滑稽列伝の褚先生補にある、あの有名な「河伯のために婦を娶る」の記事である。そこでは「鄴の三老・廷掾が常歳百姓に賦斂し、其の銭を収取して数百万を得、其の二三十万を用《も》って河伯のために婦を娶り、祝巫と共に其の余銭を分けて持帰る」と記されている。この記事は、周知のように、洪水の害をさけるために、女巫が毎年民家の好女をえらんでこれを河伯の婦として河中に送り、その費用として民から多額の金銭を徴収する鄴の風俗を禁じた、鄴の令西門豹の治績に関するものであるが、そこで注意すべきことは、この民を惑わす女巫に、協力者として三老・廷掾が大きな役割をはたしていることであって、河伯のために婦を娶る費用にかこつけて民から徴収した金銭を、三老・廷掾と巫とが山分けにしているということである。西門豹は、この弊俗を破るために、まず巫とその弟子を河中に投じ、ついで三老をも河中に投じ、さらに「廷掾と豪長者」を河中に投じようとした、と記されているから、三老・廷掾の外に豪長者も、巫とむすび合って、民を惑わすことに協力していたものと考えてよい。漢代の制から推すと、三老は、「能く衆を帥いる」郷里の徳望家を、地方行政に協力せしめる意図をもっておかれた郷官である。そのような所謂徳望家の社会的実体は、南陽の豪族樊重が県三老に任ぜられていることからも明らかなように、地元の信望ある士豪・豪族である。国家は、かれらのもつ士着勢力を公認して、郷三老・県三老に任じ、かれらの日頃里民に対してもつ大きな指導力を利用して、国家権力の円滑な浸透をはかったのである。この史記滑稽列伝補先生補にみえる鄴の三老をもって、漢制の示す郷官としての三老が、すでに戦国時代からおかれていたと考えるか、或は、この記述には、漢代の事情が相当反映していると考えるべきか、にわかにさだめ難いが、いずれにしても、巫が三老・廷掾・豪長者とむすびついていることを示すこの記事は、私たちの問題にとって貴重である。そこにいう廷掾は、県の行政機構の末端を担う下級官吏であり、かれらも土着の有力者であり、またこのような土地出身の下級官吏と民間の豪長者との関係や、かれらの形成する固有な社会秩序の構造と公権的秩序との接合の仕方については、前章でくわしく分析したところである。ここでは、巫祝は、そのような地方行政の末端機構や、それと固有な形で接合する民間の豪長者（土豪・豪侠）の社会組織と密着することによって、民衆に作用する力を強化しているわけである。

さて、戦国時代にみられるこのような関係を、漢代においても推察せしめる諸事例はとぼしくはない。「会稽の俗は淫祀多く、卜筮を好み、民常に牛を以て神を祭り」、巫祝の民を惑わす風が甚だしく、「前後の郡将も敢えて禁ずること莫し」とは、後漢書第五倫伝の伝えるところであるが、前引の風俗通義に「第五倫、官に至り、先ず之を禁絶す。掾吏皆諫む。……遂に書を属県に移し、……部吏を督課し、罪罰を張設し、犯せば、尉以下も坐し、鬼神に依託して愚民を恐怖せしむるものは、皆按じて之を論ず[1]」とあるところをみると、地方役人も、鬼神に依託して愚民をあざむくことに協力していたようである。「掾吏皆諫む」と記されていることは、このことと関連して考えられるところであり、その土地出身の下級官吏には、一般の民と同じく、巫祝の言を信じおそれるものが多かったことを示すものである。城陽景王祠をまつる風は青州諸郡にはなはだ盛んで、そこの巫が赤眉の賊に参加していたことは、すでに述べたところであるが、その淫祠の盛んな有様を魏書（三国志魏志巻一注引）は「賈人或は二千石の輿服・導従を仮り、倡楽を作《な》し、奢侈日に甚だしく、民は貧窮に坐すれども、歴世の長吏、敢えて禁絶する者無し」と記して、いわば町の顔役である富商がその淫祀に主催者的役割を演じていることを明示し、またその上を僭するおこないも歴代の地方官は禁止することができなかったと語っている。同じことを風俗通義巻九の城陽景王祠の条には「五つの二千石の車を造飾し、商人次第して之を為《もち》い、服を立て綬を帯び、官属を備え置き、烹殺謳歌し、紛籍すること連日、転相誑曜す、神明有りと言い、其れ譴問すれば禍福立ちどころに応ず、歴載弥久しきも、之を匡糾するもの莫し」と記し、また「国中に城陽景王の祠あり、吏人、祠を奉ず」と後漢書琅邪孝王京伝にも記されている。以上のような地方官の淫祠弾圧は、民間における巫祝そのものの存在や、巫祝の職業的いとなみそれ自身を国家が法によって禁じていることを意味するものではなくて、[2]巫祝が民を惑わしてさまざまな法にふれる行為を教唆したり、これらの淫祠に附随して治安に害になるような不法行為がはびこることを禁じているものなのであるが、これらの事例は、逆にいえば、巫祝や淫祀は民を惑わして法禁を犯させる強い教唆力をもっていたことを意味し、そして「歴世の長吏の敢えて禁絶する者無し」と記されているように、一般的にいって地方長官の大部分が、そのような巫祝や淫祀にむすびつきやすいさまざまな不法行為を禁絶し得なかったことを示している。それは一つには前述のように、地方官、殊にはその土地出身の下級官吏は、一般民衆と同じく、鬼神を信じ巫祝の言に惑わされるものが多かったからであろう。そのことについて抱朴子（内篇道意）も「その由る所を原《たず》ぬれば……民に臨むの官長は、その神慮あらんことを疑い、これを禁ずれば或は禍祟を要《もと》めんことを恐れ、……左右の小人も並びに之を阻《はば》む可からずという者衆き」故であったとしている。

　このように巫祝は、その巫術をもって、国家権力の末端機構をまひさせ、国家権力の浸透を阻害していたことは、そこに軽俠無頼の徒と接触する広い領域を残し、またその故にこそ「亡命逋逃の窟藪ともなり」得たのであろう。そのような、国家権力の十分に浸透し得ない領域をみずからに保留しながら、巫術者は病を療し吉凶を授けることによって、現実の国家秩序のなかではみたされない一般民衆のきわめてプラクティカルな日常生活の要求をみたし、鬼神を信ずることのあつい民衆の内面まで把握する力をもっていたのである。この巫術者のもつ民衆に対する根深い内面的作用力を、組織化し、武装するものが游俠であった。そしてこの両者のむすびつきを可能にし、両者のフルな活躍を可能にする場が、平時においてもつねに巫術者に残されている前述の国家権力の十分に滲透し得ない領域であったのである。しかしかれらの活躍が制度的規定としての国家秩序をみだすものではあっても、かれらの平時における行動と機能とは、必ずしも既存の社会秩序と対立する反社会的なものであったのではない。むしろ、前述のような活動の場において、かれらの力が生長して行く過程を考えるためには、それが一般民衆の鬼神信仰にその基礎をおくと同じく、既存の社会勢力ともむすびつき、それと協同して行く関係もまた重視されなければならないのである。前引の史記滑稽列伝にみえた巫祝と三老や民間の「豪長者」とのむすびつきの関係や、城陽景王祠における巫祝と、その淫祠の主催者的役割を演ずる町の顔役たる「賈人」(豪商)とのむすびつきの関係等は、民間における有力者のもつ社会関係や社会的勢力が、巫祝の民衆に対して及ぼす作用力とむすびつくことによって、相互にそれぞれの力をさらに強化し合う具体例を示すものである。またこのことは、前節において指摘した巫祝と游俠との関係を、別の面から明らかにすることにもなろう。何故なれば、当時の民間における豪長者や富裕な商人のもつ社会的勢力にも、またそれに依附する游俠の徒が多くの役割を演じているからである(3)。

以上で私は、巫術者と游俠とが接触する一つの契機のみを指摘しただけである。それらは、漢帝国の政治権力をもってしても十分に把握し得ない、固有な社会構造のなかにおいて、次第に大きく生長して行く力であった。そしてやがては漢の政治権力をおびやかすほどの力にまで至ることは、張角の黄巾の乱にも示される通りであるが、もちろん、私が、ここで指摘した一つの契機だけでは、とうていそのような大きな力の秘密を解きあかすことは出来ない。そのためには、後漢末の政治上、社会経済上の特有の歴史的条件や、一般の民衆や土地をはなれた流民をあれだけ広範に吸収し、組織化するものとしての、在来の巫術以上のなんらかの新しい宗教的要素や教義上の性格が、十分に解明されなければならないし、[4]また、これだけの民衆や流民を反政府的叛乱に参加させ得たものとして、讖緯の思想の作用も究明されなければならない。[5]ただ、私は、それらの特殊な歴史的諸要素や諸条件のかかわる基底に、上来のべてきたような関係が、総じて巫術的民間信仰のとる社会形態として底流していたのではないか、ということを申しのべたまでである。もっとも、その具体的関係は史料の制約からして十分には明らかでない。その具体的関係の詳細は、或は国家権力の衰退と分立とにより、このいわば裏側の社会関係がより前面に出てくる両晋南北朝時代の史料をまたなければならないのかも知れない。

（1）現行本風俗通義には「犯、尉以下坐祀、依託鬼神、恐怖愚民、皆按論之」とあるが、盧文弨の「風俗通義校正」（『羣書拾補初篇』所収）には「祀は疑うらくは衍ならん」とあるので、その読み方に従った。

（2）このような地方官の淫祠弾圧は、民間における巫祝や巫術そのものを国家が法によって禁じていたことを意味するのではない。例えばさきの第五倫の、淫祠禁絶の際に、法律の禁ずるところとして第五倫が挙げているのは、「律、不得屠殺少歯」という漢律の規定である（風俗通義巻九怪神）。その淫祀に牛を殺して犠牲に供すること、牛を祠にささげない者は病気になり牛の鳴声を出して死ぬといって、巫祝が愚民をおどかし惑わすことが法に触れたのである。それ故「其巫祝有依託鬼神、詐怖愚民、皆案論之、有妄屠牛者、吏輒行罰」（後漢書第五倫伝）と記されているのである。農民の必需な生産手段である牛を民がみだりに屠殺することは官の禁ずるところであり、その事例は他にも多く見出される。巫祝そのものの営みが禁じられているのではなく、巫祝が官の禁ずる行為をしたり、または民を惑わし教唆して不法行為をさせることが、いけないのである。城陽景王祠についても、応劭が営陵の令となってこれを禁じた際に、「自今聴歳再祀、備物而已、不得殺牛、遠迎他倡、賦会宗落、造設紛華、方廉察之明、為身計而復僭失、罰与上同」（風俗通義巻九怪神）と命じている。城陽景王祠をまつることはいいのである。ただそのまつりに、牛を殺して農をさまたげ、地方官の車馬服装導従をまねて僭奢の行為をしたり、またそのために一般の民より金を徴発したりすることがいけないと禁じられたのである。そのような治安を害することをしなければ、年二回だけの祀はゆるすといっているのである。なお、狩野直喜氏の前掲論文（一二二頁註3）においても、歴朝の法律に師巫の邪術を禁ずる項目があるとして、その例に清律を引用し、「しかし決して師巫其物の存在を禁じたのではなく、唯それが愚民を煽惑し、貨財を詐取し、また多人数を集めて治安を害する事をする場合を規定したにすぎない。若しそれが真面目に自ら巫術を信じ、一定の謝礼を収めて人の為めに病気を治するのであれば、法律の問うところではない。すなわちこの種類の人は、其の地位は極めて卑しいものではあるが、公然其職業を営み、下層民の尊信を受けていたのである」といっている。このことは漢代についてもいいえる。

（3）　本書第一篇第一章参照。

（4）　この点について福井康順氏は前掲論文（一二一頁註1）において、仏教の影響との関係においてすぐれた考察を示している。

（5）　讖緯については、最近、陳槃が集刊に多くの研究を発表しているが、この点については、陳槃「秦漢間之所謂符応論略」『集刊』第一六本（一九四八）参照。なお前引の陳槃の「戦国秦漢間方士考論」『集刊』第一七本は興味ある論文であるが、専ら貴族・王侯の間を游行した所謂方術の士が考察の対象となっており、民間における巫祝については触れられていない。

（三上次男・栗原朋信編『中国古代史の諸問題』東京大学出版会。一九五四・四・二九稿）

（一九五九・三・三〇補）

# 第三章　墨　侠

## 一　問題の提示

梁啓超が『墨子学案』において、別墨のなかに游侠を挙げてより以来、墨家の鉅子集団の特有な社会的性格と游侠のそれとの類似を根拠とすることによって、或は、墨家は侠士より出たものであると説き、或は、墨家は後に墨弁と墨侠との両派に分れたと説く人々が多くなった。そして、そのような論者は、みな、墨子の思想をもって、あの春秋戦国の転換期において民衆の立場にたって貴族の世襲権力や貴族文化を反撃する革新思想と解する点において、軌を一にしている。そしてそのような理解の仕方は、現在においても、なお、有力な通説として、一般にうけ入れられているようである。さきの馮友蘭の「原儒墨」(1)を挙げるまでもなく、最近の杜守素・侯外廬・紀玄氷等の『中国思想通史』第一巻(一九四九)をみれば、そのことは明らかであろう。ところで、墨子思想のなかには必ずしも通説のとくように、貴族に反対して民衆の側にたつものとは解釈できない論点が多々ある。梁啓超は墨子礼讃の辞をつらねたさきの『墨子学案』ののちに、『先秦政治思想史』を著わし、そこにおいてすでに、前者と矛盾して、墨子尚同篇における専制的思想傾向を法家思想につながるものとして指摘しているし、郭沫若も、二十年以前の旧作「周易時代的社会生活」(2)において、天志・明鬼両篇における呪術的鬼神崇拝をとりあげて、墨子を思想の進展に逆行する「当時にあっての完全な反革命派」と断じている。このような墨子解釈の方向をさらに発展させて、墨子をもって春秋戦国の転換期における専制的「反動思想」として、その見解を詳論したのが、周知のように、郭沫若の近作「墨子的思想」[3]であり、「孔・墨批判」[4]であった。そこにおいてかれは墨家と游俠との関係については、「近時の学者は殆んど一般的に任俠が墨家から出たとみとめる傾向があるが、これはあまり正確ではない」といい、「俠は武を以て法を犯し、権威を軽視して弱者に同情し、下比して上同しないものであって、精神上、墨家とは正反対のものである」といって、通説を反駁している。

たしかに、孔・墨両思想の意識構造を思想史的問題規準から比較整理すれば、墨子の思想のなかには、孔子に比して人間の自主性を天の意志の下に否定する非合理的傾向と、それの政治思想への反映としての君権の強化をはかる専制主義的傾向を多く含んでいることは否定できない。すでにわが国でも板野長八氏[5]は、天命に対する人間の自主性の自覚という思想史的問題規準から、すぐれて精密且つ透徹した分析をもって孔墨両思想を比較検討し、孔子の場合には、天命のもとに宗族を主体とする不完全な形ではあるが人間の一定の自主性の自覚がみられるに反し、墨子の場合には、人間に対する天や鬼神の威力を遮る何物もなく、天や鬼神の意志のもとにはいかなる意味でも独自性を有するものの存在が認められないことを明らかにし、そのような人間自主性否定の思想は、奴隷の集積の上にたつ天子専制体制を容認する政治思想と相表裏する関係にあることを指摘している。郭氏も、表現はやや粗雑であり、分析は必ずしも精密ではないが、墨子を民衆の側にたつ革命思想家としてとらえようとする所謂通説の感覚の甘さをするどく反駁し、墨子思想のなかから、もっぱら君権の強化をはかる専制主義的政治思想としての面を強調した。そして、それはその限りでは正しいといえよう。それならば、郭氏のいうように、墨子の思想は游俠の精神と相反するという理由をもって、墨は俠なりとする従来の見解はまったく否定されなければならないのだろうか。或はもし俠は墨より出たとする社会史的論拠が否定し得ないとすれば、最近強調される上述のような墨子の専制主義的政治思想の面と、それはどのように関係するのだろうか。いずれの側においても、私は、思想と社会との関連を問うその処理の仕方に、何か混乱があるように感じられる。まず最初に、侠は墨より出たとする従来の見解の検討からはじめていってみよう。通説が侠と考えるところのものの社会的実体を、当時の歴史の流れのなかにおいて、まずしっかりとたしかめることが、墨子の思想とその社会的基盤との関連を問うためには、必要な準備操作となってくるからである。問題は当然、鉅子集団の社会的性格の吟味からはじまることとなる。

(1) 『清華学報』第一〇巻第二期所載、のち、馮友蘭『中国哲学史補』(一九三六)に収められている。
(2) 郭沫若『中国古代社会研究』第四篇(一九三〇)参照。
(3) 郭沫若『青銅時代』(一九五二年版)所収。
(4) 郭沫若『十批判書』(一九五〇年版)所収。なお、野原四郎・佐藤武敏・上原淳道訳『中国古代の思想家たち 上』(一九五三)参照。
(5) 板野長八「墨子の非命説」『史学雑誌』五八の二、一九四九。

## 二 墨者集団の社会史的性格

墨は侠であるとする従来の見解の主要な論拠は、周知のように、鉅子集団の性格が游侠のそれとの類似を思わせる呂氏春秋その他の記事である。墨家の鉅子孟勝が、楚の陽城君とむすんだ約束がはたせなかったため、死をもって然諾を重んずることを示し、弟子もまたみずからすすんで孟勝の節に殉じて「死する者百八十人」、という挿話(呂氏春秋離俗覧上徳)や、「墨子の役に服する者百八十人、皆火に赴き刃を踏み死すとも踵《くびす》を還《めぐ》らさざらしむ可し、化の致す所なり」という淮南子泰族訓の記事等が、それである。これらの史料の示す墨子と弟子との関係が游俠のそれに類似するものであることは、ほぼ異論のないところであろうが、今しばらく、諸他の史料を附加しながらこの点についてさらに検討と考察を加えていってみよう。

論者はいうかも知れない。それらの史料の示す関係は、必ずしも墨子学団にのみみられる固有の関係ではなく、儒のなかにも、例えば、「性鄙にして勇力を好んだ」子路や、「色撓まず目逃《たじろ》がず、行曲なれば臧獲《どれい》をも違《さ》け、行直なれば諸侯をも怒る」漆雕の儒（韓非子顕学）や、梁父の大盗で孔子に学んだ顔涿聚や、晋国の大駔で子夏に学んだ段干木（呂氏春秋孟夏紀尊師）等の任俠者流がいるのであると。しかしこのような事例は、孔子の弟子や門下のなかにもそういう任俠者もまじっているということを示すだけであって、前記の墨子学団の性格を暗示する呂氏春秋その他の史料の意味するところとはやや異なるようである。第一に、そこでは、学団の師であり長である鉅子自身が、死をもって然諾を重んずることが「墨者の義を行う所以である」といっているのである（呂氏春秋離俗覧上徳）。それは「游俠は其の言は必ず信なり、其の行は必ず果なり、已に諾して誠あり、其の軀を愛《おし》まずして、士の阨困に赴き、既已《すで》に存亡死生す」（史記游俠列伝）という游俠の気節に相類似する。一方、儒の師孔子は「言は必ず信あらんとし、行必ず果ならんとするは、硜々然として小人也」（論語子路）といっているのである。「父母存すれば、友に許すに死をもってせず」（礼記曲礼）で、親親が言信行果より重いのである。鉅子孟勝が死をもって然諾の重んずべきことを示したのに殉じて、その弟子百八十人が皆みずからすすんで自殺したことは、例えば秦漢の際の豪俠田横の客五百人が「田横の義を慕い」田横の死に殉じて自刎したこと（史記田儋列伝）と相類似するが、孔子の学団の場合には、「道行われずんば桴《いかだ》にのりて海に浮ばむ、我に従わん者はそれ由（子路）か」（論語公冶長）で、師に殉ずる者としては子路だけが期待されているにすぎない。そのような子路の「性鄙にして勇力を好み、志伉直なる」性行は、孔子は愛してはいたが、そのような性行を無条件で容認していたのではなく、「由や、勇を好むこと我に過ぎたり、(しかれども)材を取るところなからん」という批判が示すように、孔子はより高いそして広い内面の生活から、弟子をみちびいていたのである。墨子の命ずるところ、その弟子「百八十人は皆火に赴き刃を踏み死すとも踵を還《めぐ》らさざらしむる」墨子学団の特異な性格は、それとはだいぶ趣を異にするといわなければならない。それは、漢初の豪俠季心が「任俠をなし、方千里の士皆争って之が為めに死し」(史記季布欒布列伝)、同じく豪俠袁盎が隴西の都尉になったとき、「その士卒を仁愛し、士卒皆為めに死せんことを争う」(史記袁盎鼂錯列伝)という事例や、豪俠孟舒が雲中の太守となったとき、戦にのぞむ士卒が、孟舒の命をまたずに、「子が父のためにするが如く、弟が兄のためにするが如く」孟舒のために死を争った(史記田叔列伝)という挿話の示す人的結合の関係に似ている。そのような関係を可能にしているのは季心や袁盎や孟舒らの任俠的なパーソナルな力であると同時に、注意しなければならないことは、それらの事例においては、そのようなパーソナルな力の現実的効果が武や勇の面で発動していることである。墨家の鉅子集団の場合においても、類似の関係があったのではなかろうか。弟子をしてみな「火に赴き刃を踏み死すとも踵を還《めぐ》らさざらしむる」ことができたということは、墨子の「化の致す所」であろうが、また一方現実に弟子たちを率いて火に赴き刃を踏むこともあったのではなかろうか。それは必ずしも比喩的な表現ではなさそうである。それは墨子の非攻説に矛盾するようではあるが、墨子が楚に赴いて、宋を攻めようとする楚の企図を止めるように説得して、「臣の弟子禽滑釐等三百人が已に臣の守圉之器を持して宋の城上に在りて楚の寇を待つ」といっている有名な挿話(墨子公輸)は、墨子の集団が、守禦のためではあっても守城の武器をもって、戦闘に参加する用意のあったことを示すものであって、単に弟子をあつめて非攻を説き守禦の法を教える学団であるばかりでなく、同時に必要な場合には実際に守城する戦闘集団に転化するものであったと考えられる。さきに挙げた鉅子孟勝の例も、陽城君から国を守ることを託されたのであって、守城を委託されたのに

「力禁ずる能わず」して、楚の軍のために国を没収されてしまったため、陽城君に対し死してその然諾を重んずることを示したのである。弟子百八十人が鉅子孟勝の節に殉じたことからみても、鉅子集団は単に学団であるばかりでなく、同時に諸侯の依頼召聘をうけて、守禦を教え、時には守圉の武器をもって防禦戦にあたる実力集団でもあったのであろう。墨子魯問篇に、「魯人に、子墨子に因りて其の子を学ばしめた者有り。その子戦いて死す、其の父、子墨子を譲《せ》む」とある。何故に墨子を責めたのであろうか。それは、その弟子が戦いに参加したことについて墨子に責任があるからであろう。墨子が弟子たちを率いて或は弟子たちが墨子の教えにしたがって防禦の戦いにあたったことを意味するのではなかろうか。「備城門」以下の守城の兵技に関する諸篇が墨子の言として収められていることも、このことと関連して考えなければならない。もちろん、これらの諸篇は戦国末以降の墨家後学の手になるものであって、その内容については多くの附加もあろうが、そのことは墨子集団が守禦の術をよくしたそのこと自体を否定するものではない(1)。このように考えてくると、「墨子之門に勇士多く、孔子之門に道徳多し」という新語(思務第一二)のことばも、また「高何・県子石は斉国の暴者なり、郷曲に指され、子墨子に学べり。索盧参は東方の鉅狡なり、禽猾黎に学べり」という呂氏春秋(孟夏紀尊師)の記事も、固有具体な意味をこめて理解されてくる。

鉅子を中心とする墨者集団が、実戦においても一体となって行動する守禦集団であったということと関連して考えなければならないことは、墨者集団の規律がきわめて厳格であったということである。呂氏春秋孟春紀去私篇に記されている「墨者之法」はそのことを示している。それによると、墨者の鉅子の腹䵍というものが秦におり、その子が殺人の罪を犯したとき、秦の恵王は鉅子腹䵍の子の故をもって、特にこれを赦そうとしたが、腹䵍はこれをことわり、「墨者の法に曰く『人を殺す者は死《ころ》され、人を傷ける者は刑せられる』と、……王これがために賜《いつく》しみて吏をして誅せざらしむと雖も、腹䵍は墨者の法を行わざるべからず」といって、遂に墨者の法にしたがって自分の子を殺した、という挿話が記されている。この挿話は、墨者集団の秩序が単に鉅子と弟子との間の任俠的な心情的結合関係によってささえられているばかりでなく、それを犯せば罰せられる墨者の法という簡略ではあるが厳格な規律によって統制されていること、そしてまた、この厳格な規律をもって集団全体を統制する者が鉅子であることを示している。戦国時代の諸国の軍団において、士卒をして死を楽しませることが将たる者の徳であることがしばしば記されていると同時に、それらの兵団にはみな厳格な「軍約」があって、これを犯すものは罰せられるきびしい絶対服従の規律によって、統制されていたことは、別章で詳述するところである。(2) 戦国時代の諸国の兵団におけるばかりでなく、さらに注意しなければならないことは、民間の游俠者流の集団においても、それが叛乱その他のために戦闘集団に転化する場合には、上述の墨者集団の法と同じような規律がみられる、という事実である。例えば、王莽の末年、琅邪におこった赤眉の叛乱集団は、その徒党がようやく多くなるにおよんで、「乃ち相与に約を為《つく》り、人を殺す者は死《ころ》され、人を傷ける者は創を償う」という規律を設けて、その集団の内部統制を強化したのである（後漢書劉盆子伝）。秦末、沛におこった劉邦の游民集団が、やがて関中に攻め入ったとき、関中の諸県の父老・豪傑を召して、「人を殺すものは死《ころ》され、人を傷けるもの、及び盗むものは、罪に抵《いた》す」という法三章を約したのも、その法は、おそらくは、もとは、劉邦集団の内部規律のためのものであった集団の法を、諸制度のととのわぬ暫時の間、そのまま関中の諸県に適用したものであろう。

墨者集団における社会関係を問題にする場合、単に鉅子と弟子との間の、あの「火に赴き刃を踏んで死すとも踵を還《めぐ》らさざる」いわば任俠的な人的結合関係に注目するだけではなく、その集団の秩序は同時にまた刑罰による強制を伴なう集団の法によってもささえられる他の一面をも、注意しなければならない。前者の任俠的な人的結合関係は、鉅子の「化のいたすところ」であり、いわば人格を媒介とする信頼と献身にもとづく、心情的結合である。それに反し、法による統制は、それを犯せば刑罰をもってする強制的関係である。この一見相反する二つの要因が、どのように結びついているのか、という点に、墨者集団の社会関係を解く第一の鍵があるのであり、第二の鍵は、そのような墨者集団にみられる特異な社会関係を、それに前後する当時の歴史の動きの中でどう位置づけ、どう性格づけるか、という点にある。第一の点に関しては、単に墨者集団に限らず、ひろく戦国秦漢時代における集団の類似の社会関係を分析した次章において、くわしく考察する予定であるから、ここでは省略する。従来の見解が、この点を分析することなく、ただ単に、上述のような鉅子と弟子との任侠的な人的結合関係にのみ注目し、しかもそれを秦漢以降の游侠との平板な類似関係においてのみとらえようとしたところに、問題の十分な理解が得られなかったわけが、ひそんでいたのである。鉅子と弟子との間の上述のような信頼と献身の関係の一面だけをとり上げるにしても、もしも、それを、秦漢以降の游侠との関係においてばかりでなく、墨子集団の以前の時代の社会関係にも、類似の人的結合関係が見られなかったかどうか、見られるとすれば、それはどのような歴史的意味をもつものであったかを検討すれば、また新たな問題視野が開けてくるのである。

任侠的結合の関係が、戦国の四公子からはじまると一般にいわれているが、それは、かつて私も指摘したように、より以前から見られる一連の社会関係の系列のなかで考えられなければならない。斉の公子商人は「家財を尽して」「多くの士を聚め」(左伝文公一四年)、晋の世族欒盈は「施を好みて士多く之に帰した」(左伝襄公二一年)と記されているように、すでに春秋中期に入ると、諸国の公的秩序である宗法的紐帯は現実の力を失って、卿大夫のみずから強大たらんとするものは、勇力ある下級武士を多く養って親愛厚遇し、それぞれ「党」をたてる風が盛んとなり、一方また内乱その他によって主を失い、零落した下級武士は、みずからの勇力武技によって主を求めて家臣となり、或は託されて刺客となる風が盛んとなり、またはかれら同志が相結んで、左伝の所謂「盗」となって横行する傾向もまた多くみられてくるようになった。このようにしてむすばれた武士と主との関係は、すでに血縁や氏族の紐帯にもとづくものではなかった。欒盈とむすぶ勇士のなかには、知起や中行喜のような有力世族の末族の人々や、羊舌虎のような叔向の異母弟にあたる人々もおり、かれらはすでに宗族の枠を破って、個々人として人的結合関係をむすんでいるのである(左伝襄公二一年)。欒盈が晋の国政をにぎる范宣子のために国外に放逐されるや、羊舌虎以下の十人の党友は殺され、知起らの四人は斉に亡命し、そのほか欒盈が諸国に亡命して斉より曲沃に入るときにもなお多くの士がつきしたがって欒盈のために死地に赴いているのであって(左伝襄公二三年)、その人的結合関係の強固なことが知られる。それは、欒盈が「施を好んで士多く之に帰した」からであって、その関係は、「業を舎《す》て厚く之を遇した」故に「諸侯の賓客や亡人の罪ある者も皆孟嘗君に帰した」(史記孟嘗君列伝)というあの戦国の四公子の主客の関係とほぼ相類似したものと考えてよかろう。このような、宗法的秩序の枠をやぶって生れてくる新しいそしてかたい人的結合関係は、単に私門にのみ見られるのではなく、公室についても見られるところである。斉の荘公は、旧来の世襲貴族の権力を抑圧して、みずからの権力基盤を強化するために、多くの勇力多能な下級武士を養ってこれを親愛厚遇し、戦闘に出陣の際にも、旧来の世族が担当すべき重要なポストにこれらの下級武士を多く起用していることは、左伝襄公二三年の記事及びその杜預の註の示すところであるが、そのような荘公の私属ともいうべき武士のなかには、単に斉人ばかりでなく、例えば州綽のような他国から斉に亡命してきた勇士もまじっているのであって(左伝襄公二一年)、しかもこの州綽は、のちに荘公が貴族の反撥にあい遂に斉の有力世族崔氏のために弑されたとき、他の武士たちと一諸に荘公の死に殉じているのである(左伝襄公二五年)。荘公の親愛し厚遇したこれら武士は、荘公が弑されると、州綽のように或は節に殉じて死し、或は盧蒲癸や王何のように他国に亡命し、機をみて荘公の仇を討とうとして死地に赴くなど、そこには強い人的結合関係がみられる。このような新しい主従関係が、宗法的秩序を信奉する晏嬰のような当時の賢臣から、公義にもとづくものではなくて、「私暱」として非難される(左伝襄公二五年)のは、当時の公的秩序たる礼的身分秩序を破る、いわば、個人と個人との新しい人的結合関係であるからである。このような新しい人的結合の関係は、みな与えられた宗法的身分秩序による保証だけでは、みずからの安全もまた自分の一族の安定をも期待し得ない現実の要請のなかから生れてくるものであって、みずから強化し、みずからを守るためにむすばれた関係なのであるが、そのなかから「士は己を知る者のために死し、女は己を悦ぶ者のために容《かた》づくる」(史記刺客列伝)という予譲のことばが示すような下級武士の心情がおのずから生れてくるのである。そしてそのような関係はさきに挙げた例のほかにも左伝のなかに豊富に見出すことができるのであって、例えば、晋の霊公とその依託を守り死をもって節をたてた力士鉏麑(左伝宣公二年)、趙盾とその家臣提弥明(左伝宣公二年)、趙鞅とその家臣董安于等にみられる死をもって主をまもる主従関係(左伝定公一三・一四年)、楚の白公と死士石乞との関係(左伝哀公一六年)、さらには魯の曹沫、呉の専諸らの刺客の事例(史記刺客列伝)等みなそれである。

以上の諸例にみられる特有な人的結合の関係は、いわば暴虎馮河の下級武士の、与えられた恩義のためには死をもって報じ、人からうけた依託は死をもって果す、という「言信にして行果なる」実行力と素朴な生活感情によってささえられているものであるが、前述のように宗法的秩序を根幹とする公的秩序とか、全体的秩序とかを問題にする後世の儒者からは、「私家の為めに力を尽し其の豢養の恩を貪る、大義に明らかならず」、「身を以て難に死するも、忠臣之列に与るを得ず」(3)といわれるように、必ずしも是認されない。それはまったく主従の約をむすんだ個人と個人との間だけの関係であり、なんらかの意味で、託し、託される人と人との間だけの行動的な関係であって、それがそれ以外の人々に対してどのような影響を与えるかというような全体的秩序への考慮とか思弁とかとはまったく関係がないからである。盗跖の徒と雖も盗跖の義を称するのと同じ関係にあるわけであって、ただ自分を豢養し自分に恩義を与えてくれる人に対しては他の一切を犠牲にしても力を尽すという率直な生活感情から生れてくる行動規範であって、それは思想や学問によって教えられた観念的倫理から生れてきたものではない。それ故、孔子のような、「学んでは思い、思うては学ぶ」ことによって礼的世界を道徳的自覚によって内面化し、その基礎の上に宗法的全体秩序を考えようとする学者からは、「勇にして礼なければ即ち乱、直にして礼なければ即ち絞」(論語泰伯)であり、「勇を好んで学を好まざれば其の蔽や乱、剛を好んで学を好まざれば其の蔽や狂」(陽貨)であり、「言必ず信、行必ず果なるは、硜々然として小人なる也」(子路)と批判される性格のものであったのである。このような勇と、言信行果な気とにささえられた上述のような春秋中期以降の新しい主従・党友の関係にみられるかたい人的結合の関係は、その社会的性格においては、死をもって然諾をまもった墨者の鉅子孟勝の陽城君に対する関係や、墨子の命ずるところ「火に赴き刃を踏んで死すとも踵を還《めぐ》らさざる」弟子たちの師に対する関係に相通ずるものであることは明らかであり、またそれはくだって秦漢以降の所謂游侠の社会関係にも相通ずるものであることは、かつて指摘したところである。

淮南子巻二一要略に「墨子は儒者の学を学び、孔子の術を受く。以為《おもえ》らく、その礼煩懮にして侻ならず、厚葬は財を靡《ついや》し民を貧しくし、(久)服は生を傷け事を害すと。故に周道に背き夏政を用う」とある。孔子から直接教えをうけたのではないが、墨子が最初儒者の学を学んだことは先学も一致してみとめているところである。問題は、最初儒学をうけた墨子がどのような生活感情から、またどのような社会基盤の上にたって、儒教のなかに反駁を感じ、みずからの教えをたてたのであろうかという点にある。いいかえれば、孔子の教えが、どのような社会層の人々に移っていったときに、墨子のような思想に転化するのか、という問題ともいえる。論者は、孔子の教えが貴族の間にひろまって形式化して行く傾向に対して墨子は庶民の立場からこれを攻撃し、庶民の立場にたってこれを改造したものであると説く。しかし、墨子のたつ社会基盤を、階級的な意味で貴族に対立するものとしての庶民において、その立場から貴族・王侯に反対するものと解すると、冒頭に記したような、墨子思想にふくまれている専制主義的政治思想と矛盾することになる。上来、私は墨者学団における鉅子と弟子との人的関係とその集団の社会的性格を、庶民というような歴史的社会的に無限定な基盤においてではなく、春秋時代の中頃から新しい歴史的意味をもって顕著にあらわれてくる下級武士とそれを養う主との間の新しい主従関係や党友の関係に相類似するものであることを明らかにしてきたのであるが、(4) そのことをさらに説得力あるものとするためには、そのような社会基盤との関連において、墨子の思想が果して矛盾なく理解できるかどうかということを改めて検討しなければならなくなってくる。逆にいえば墨子の思想をそのような社会層の意識構造を取入れたものとして矛盾なく解釈できるかどうかという問題である。そのことは同時に、さきに指摘した墨者集団の社会関係に見られる、二つの一見相反する要因、すなわち、任侠的な人的結合関係と、法による強制的統制とが、どのようにむすびついているか、ということを、墨子の思想を媒介とすることによって、検討することでもある。

（1）　この点について問題がある。朱希祖「墨子備城門以下二十篇係漢人偽書説」(『古史弁』第四冊)は孫次舟「墨子備城門以下数篇之真偽問題」(『古史弁』第六冊)で批判されているようにそれらの諸篇を漢代の偽作とする根拠はきわめて薄弱である。それらの諸篇に出てくる官職名が漢代の官名であるからという根拠は孫次舟も否定し得ないようであるが、それらはすでに戦国時代の諸国の官職名にあるものが多く、それのみをもって漢代の偽作とするが如きは一時の史料批判流行の波にのった亜流であろうか。しかし備城門以下の兵技の諸篇が戦国末の墨子後学の手になったものであることは殆んど異論がないであろうが、そのような著作年代の問題と、墨子が兵技を講じたかどうかということとは別問題である。ただ墨子の兵技家としての挿話が孟子・荀子にはなく、韓非子・呂氏春秋になってはじめて出てくることから、公輸篇その他の兵技家として墨子の挿話をのせる諸篇は戦国末以降の後学の手になるものであり、そのことから戦国末になってから墨家の中からはじめて兵技家が出てきたという見解(大塚伴鹿『墨子の研究』一九四三)があるが、私はとらない。公輸篇その他の諸篇が墨子後学の手になることは認めるにしても、そこにのっている兵技家としての墨子の伝承を否定することは早計である。孟子・荀子に兵技家としての挿話がのっていないということは、論述の性質によるのであって、そこで墨子のことが記されているのは、専ら墨子が儒家の説を批判攻撃したその点についての儒家側からの論駁との関連においてであって、すなわち、それは主として礼の擁護を中心とするものであって、その関連においてのみ墨子のことが問題となっているのであるから、兵技家としての墨子のことが記されていないことは当然ともいえる。荀子と韓非子との年代の差はわずかであり(しかも兵技家としての墨子のことを記しているのは韓非子の自筆或はそれにもっとも近いと考えられている外儲説左上である)、その間に忽然として墨家から兵技家が出たとすることは、納得し難い。呂氏春秋にある鉅子孟勝が楚の陽城君の城を守って節に死した挿話は、陽城君が呉起を攻めた史実と、関連しており、年代的には墨子の卒後あまり年代がたっていないと考えられる。このことからしても、備城門以下の兵技の諸篇にしるされるそのままの形においてではないにしても、墨子のときすでになんらかの形での守城の法が説かれていたと考えなければならない。

附記、本稿発表後、備城門以下の兵技巧書は、漢代の偽作ではなく、墨者集団は守禦集団であったことを考証した渡辺卓氏の秀作「墨家の兵技巧書について」(『東京支那学報』三、一九五七)が最近発表された。参照されたい。

(2)　本書第一篇第四章「戦国秦漢時代における集団の「約」について」。

(3)　顧棟高『春秋大事表』巻四九。

(4)　ことわっておくが、私は、このことをもって、墨子という具体的個人が下級武士の出身であったというのではない。墨者集団の社会関係と、春秋中期以降の下級武士の習俗的規範・生活感情との類似を指摘したのは、そのような習俗的規範と生活感情が戦国時代の社会にもつたわり、その社会的基盤と墨子思想との適応関係を明らかにすることによって、思想と社会との関連のあり方の理解を深めようとしたにすぎない。現実の墨者集団は、守禦の術をもって防戦に参加する実力集団でもあると考えられるから、そこには知識分子や多くの武勇者の外に、当然守禦の器を作製する技術者や工人も所属していたものと考えられる。私の問題としたのは、それらの集団員につたわる習俗的規範や生活感情の系譜である。

## 三　兼愛と尚同

まず墨子の根本思想といわれる兼愛の思想から考えて行こう。墨子の兼愛はしばしば孔子の仁と対比される。孔子も墨子も、与えられた現実の世界はほぼ同じである。子が父を殺し、臣が君を殺し、旧来の秩序が崩壊しかけて乱賊やむことのない世界のなかに立って、どうすれば人と人とをむすぶ関係に新しい秩序と規範をもたらすことができるか、という問題である。そのような世界のなかで、人と人とをむすぶ新しい道徳として、孔子は仁をとき、仁の基礎に孝悌をおいた。それは、旧来の宗法的秩序ともいうべき礼を、道徳的自覚による内面化によって立てなおすことであり、父と子との関係に人倫の基礎をおくことによって、すべての人間関係を、礼の示す身分親疏の差をもって秩序づけることであった。したがってその現実的基盤は宗族であり、その根底は父子という血縁自然の関係のなかにおかれたのである。これに対し、墨子は、人と人とをむすぶ道徳として、孔子の所謂礼的秩序の差等にかかわりなく、人々が差別なく兼ね愛し交々相利する兼愛を説いた。それならば、墨子のそのような兼愛はどのような現実的基盤に基礎がおかれていたのであろうか。この墨子の兼愛の無差別性を表面的にとらえて、学者はこれを平等愛の思想と解する。それは丁度孔子の仁を人道主義的愛の思想と解すると同じように、思想のもつ抽象面を無限定に普遍化した表面的解釈にすぎない。どのような道徳思想も、思想それ自体としての伝統的課題をもつものであると同時に、それは歴史的現実のなかに根をはるなんらかの具体固有な社会関係を基盤とし、そのような現実的社会基盤のなかに生きて動く習俗としての規範を、より高い思想の次元で吸収し、それを内面化し抽象化し普遍化して変身して行く一面をもつものである。それならば、そのような現実の基盤は、差別なく人を愛利することを説く墨子の兼愛思想の場合、どのような具体固有な社会関係のなかにそれは求められるであろうか。馮友蘭[1]は、墨家兼愛の説は俠士の集団としての墨子の学団内の相互扶助の道徳を理論化したものであるという、示唆に富む指摘を与えている。しかし、この指摘だけでは、尚同篇その他に顕著にみられる専制主義的政治思想と、兼愛の思想とをどう矛盾なく関連させて理解することができるかという冒頭に提起した問題を解決することはできない。問題をこの点にしぼって、考察をつづけて行こう。

まず第一に、いうまでもないことだが、兼愛交相利之法は、「天下之利を興す所以であり」「聖王之法・天下之治道」であり、為政者に対して説かれた政治思想である。それは、墨子の弟子たちが、衛に仕官した高石子や（耕柱）、項子牛に仕えた勝綽のように（魯問）、諸侯貴族に遊説していることからも、明らかである。兼愛篇の文章をみても、「国と国との相攻め、家と家との相簒い、人と人との相賊い、君臣恵忠ならず、父子慈孝ならず、兄弟和調せざるは、則ち天下之害也」で、この天下の害をのぞくのが兼愛なのであるから、そこで問題となっているのは、士以上の治者階級の人々の道徳が中心である。「苟しくも君之を説《よろこ》ぶときは、則ち士衆能く之をなす」のであって、兼愛がおこなわれないのは「特《ただ》上以て政と為さず、士以て行と為さざるが故なり」（兼愛中）と説かれているように、治者階級が兼愛を実践することがまずそこでは要請されていたのである。そのような卿大夫士の社会の旧来の秩序規範は前述のように孔子の所謂礼で、孝悌を第一義とする宗族を構成単位として、宗族と宗族との間は身分の差をもって、宗族の内部は親疎の差をもって、相犯すことのないように秩序づけられたのであった。墨子の差別なく愛利することを説く兼愛は、このような差等をもってする礼的秩序が現実の統制力を失いかけて、その非現実性を露呈せざるを得ない、そのような現実面からの要請に発するものであることをまず第一に考えなければならない。「夫れ人を愛する者は人必ず従って之を愛し、人を利する者は人必ず従って之を利す。人を悪む者は人必ず従って之を悪み、人を害するものは人必ず従って之を害す」(兼愛中)とあるように、親疎の差なく人を愛し、人に利益を与えることが、已れを守り已れに利する所以であると説かれているからである。孔子の説く宗族を単位とする礼的秩序は、現実の世界ではすでに、「大国は小国を攻め、大家は小家を攻め、強は弱を劫し、衆は寡を暴する」(兼愛下)「別愛」の世界と化していたのであって、「別」に易《か》えるに「兼」をもってし、「人之家の為めにすること其の家の為めにするが如く」「其の友の身の為めにすること其の身の為めにするが若《ごと》く、其の友の親の為めにすること其の親の為めにするが若《ごと》く」(兼愛下)、「父兄と君を見ること其の身の若《ごと》く、弟子と臣を視ること其の身の若《ごと》く」(兼愛上)、礼的秩序の親疎の差にかかわりなくこもごも兼愛することが天下の利を興す所以だと説くその底には、すでに礼的秩序による宗族の封鎖性を許さなくなっている現実の要請に迫られているのであろう。自分の親に対する場合でも、他人の親に対する場合でも、その愛に差がないとすると、それは孝道に反するのではないか、という設問に対して、墨子は「我先ず人の親を愛利するに従事して然る後に人我に報ずるに吾が親を愛利するを以てするか、そもそも我先ず人の親を悪賊するに従事して然る後に人我に報ずるに吾が親を愛利するを以てするか、即ち必ず我先ず人の親を愛利するに従事して然る後に人我に報ずるに吾が親を愛利するを以てせん」(兼愛下)といっている。人の親を愛利すれば、必ずその人も吾が親を愛利してくれるから、孝とは矛盾しない、というのである。それは孝悌にもとづく宗族を否定するのではない。むしろ、現実の世界においてすでに非現実性を露呈している礼的秩序による保証のみでは、宗族の安定と防禦さえもはかれなくなっている、その現実の世界が問題なのである。みずからの家を守るためには、礼的秩序の示す親疎の差や身分の差にかかわりなく、人を兼ね愛利し、人的結合の関係をひろげて行かなければならない、そのような現実の世界の要請を、まず、兼愛の思想の背後に考えなければならないのであろう。孟子は「墨氏は兼愛す、是れ父を無《な》みする也、父を無《な》みし君を無《な》みするは是れ禽獣也」(滕文公下)といい、荀子は「墨子は斉に見ることあるも畸に見ることなし」(天論)といっていることも、節葬・非楽等の説とともに、墨子の兼愛に、礼的秩序に反する傾向がひそんでいることを感得しているからに外ならない。

それならば兼愛の実行しやすい理由として「夫れ人を愛する者は人必ず従って之を愛し、人を利する者は人必ず従って之を利す」ることを挙げる、このきわめて現実主義的な感覚は、当時におけるどのような固有具体の習俗規範や生活感情によって裏づけられているのであろうか。墨子は「兼君」と「別君」、「兼士」と「別士」とを対照的に挙げ、兼ね愛する兼君は「必ず万民の身を先にしてその身の為めにすることを後にし」、兼ね愛する兼士は「必ず其の友の身の為めにすること其の身の為めにするが若《ごと》く、其の友の親の為めにすること其の親の為めにするが若《ごと》く」、共に其の民や其の友が「飢えれば則ち之に食せしめ、寒《こご》えれば則ち之に衣《き》せしめ、疾病には之を侍養し、死喪には之を埋葬する」ものであった。それ故、「天下愚夫愚婦と無く必ず兼君に従うを是とし」、「天下愚夫愚婦と無く必ず兼之有《とも》に寄することを是とした」(兼愛下)と記している。その墨子のいう兼君・兼士に相通ずる、具体的な君・士は、当時の歴史的現実において存在するとすれば、どのような固有具体の限定の下においてあり得たのだろうか。「夫れ田成氏は甚だ斉の民を得たり、其の民に於けるや……私に斗斛区釜を大にして以て出貸し、斗斛区釜を小にして以て之を収む。一牛は殺せば(みずからは)一豆《さら》の肉を取るのみにて、余は以て士に食せしむ。終歳の布帛は二制を取るのみにて、余は士に衣《き》せしむ。……斉嘗て大いに飢ゆ。道旁に餓死する者勝げて数う可からず。父子相牽いて田成氏に趨く者生きざるを聞かず。故に周秦之民、相与に歌って曰く『謳乎《ああ》……其れ往いて田成子に帰せんか』と」(韓非子外儲説右上、尚、史記田敬仲完世家・左伝昭公三年・同一〇年参照)という有名な晏嬰の言に伝えられる田氏は少くともその士と民に対する限り、墨子の所謂兼君に通ずるものではないだろうか。そして、「公聚は朽蠹して三老は凍餒す」るも民を顧みない公室は、墨子の所謂別君にあたるものではなかろうか。孟嘗君は「(みずからの)業を舎《す》てて厚く(客を)遇し……貴賤となく一に文（孟嘗君）と等しくし、……文使をして其（客）の親戚《ふぼ》を存問献遺せしめた」ので、「亡人有罪者も皆孟嘗君に帰し」、「故を以て天下之士を傾く」と史記孟嘗君列伝は記している。墨子の所謂兼士に通ずるものではないだろうか。そしてこの戦国時代の孟嘗君の事例は、前節でのべたようにすでに春秋時代において、「家財を尽して」「多くの士を聚めた」齊の公子商人や、「施を好みて士多く之に帰した」晋の世族欒盈や、さらには多くの勇力ある士を親愛して世襲貴族の特権の圧迫をはかった斉の荘公等にまでさかのぼってみられる新しい主従・党友の関係の展開のなかの一事例にすぎない。それは、旧来の宗法的秩序だけでは家の安定と防禦をさえはかれなくなってきた当時の現実の中から生れてきた新しい社会関係であった。かれらはすでに弱化した宗法的紐帯にのみたよるだけではなく、人民や下級武士の心情をきわめて現実的な仕方でしっかりとつかむことによって、みずから積極的に身を労して人心の帰趨をはかり、或は多くの勇力の士とかたく結ぶことによって、旧勢力に対してみずからの権力基盤をきずきあげようとする、きわめて実行力にとむ人たちであった。そのような傾向は、公室・私門の差なく等しくみられることは、前節でくわしくのべたところである。公室は強大化する私門に対抗して、私門は公室や他の多くの相ならぶ私門に対抗してみずからの権力基礎を強化するというその実際的目的のために、公的秩序たる宗法的身分秩序の枠を破って、それぞれが自己の族的結合の外延に勇力多能な下級武士を多数養い、わが身と等しくこれを愛利厚遇したのであった。

　このような主の親愛に応ずるのが、それら下級武士の主に対する献身であり、それは「臣《われ》、范・中行氏に事《つか》う。范・中行氏皆衆人として我を遇す。我、故に衆人として之に報ゆ。智伯に至りて国士として我を遇す。我、故に国士として之に報ゆ」（史記刺客列伝）という予譲のことばの示す、主に仕える武士たちの心情に通ずるものであって、それは「何ぞ仁義を知らん、[2]已れがその利を饗《う》くる者を徳ありとなす」という鄙人の言（史記游俠列伝）に示される素朴な生活感情のなかからおのずから生れてくる規範意識と相通ずるものである。それは学問や思想から教えられたものではない。愛利をうけたからではあるが、いやそれだからこそ、その人を徳ありとするのであって、そこにはすでに利害打算を超えて、その人の徳を慕うパーソナルな結合関係が入りこんでいるのである。それは具体的な人と人とがむすびつく以外にはなんらの秩序の保証のない現実のきびしい社会にすむ人々のもつ生活感情から生れてくる習俗的規範である。このような新しい主従・党友の関係をささえる規範意識と生活感情が民間に移行すると秦漢以降の所謂游侠の任侠的習俗となり、また「火に赴き刃を踏み死すとも踵を還《めぐ》らさざらしむる」墨子と弟子との関係をささえるものも、それと同一性格のものであったことは、すでに述べたところである。いずれの場合においても、そのような人的結合の関係は、封鎖的な宗族を超えて人と人とを、或は家と家とをむすぶ現実社会における唯一の具体的紐帯であったのである。

「人を愛する者は人必ず従って之を愛し、人を利する者は人必ず従って之を利す」という、きわめてプラクティカルな観点から、礼的秩序の差等を排して相愛利することを説いた墨子の兼愛説を裏づけているなんらかの習俗的規範をさがしもとめて、私たちは、宗法的な所謂「封建制度」の動揺のなかから生れてきた上述のような新しい主従・党友の関係をささえている生活感情に行きあたった。それは前述のように、なんらかの全体秩序を観念するような道徳的内容をもつものではない。それは現実のきびしい生活のなかから生れてきた具体的な人と人との間の習俗規範であり、自分に恩義を与えてくれる人に対しては他の一切を犠牲にしても力を尽すという、いわば直接的なあの「言信行果」なる行動規範でもあった。この新しい具体固有の社会関係をささえている現実の生活感情と習俗規範の基盤の上にたって、儒家の仁の思想をそのような現実的水準で解釈し変形して、それを全体秩序をささえるすべての人間関係の道徳にまで普遍化し抽象化すると、墨子の兼愛説になるのではなかろうか。少くとも、上述の新しい具体固有の社会関係を生ぜしめた現実の要請と、墨子をして兼愛を提唱せしめた現実の要請との間には共通の何物かがあるのではなかろうか。

誤解をさけるために附言すれば、これらの新しい主従・党友の関係の上に形成された個々の具体的な勢力集団の現実における対外的な排他的政治行動を墨子が是認したということを、私はいっているのではない。これらの個々の具体的な勢力集団は、旧来の勢力に対抗して、或はそれらを抑圧しようとして、みずからの強大化をはかる新興勢力であって、左伝ではこれらは「党」として非難されているように、なんらかの形で全体の秩序を観念する論者からは、当然既存の秩序をみだす者として論難される。墨子においても、その意図する尚同の全体秩序のなかでは、「若し苟しくも義同じからざれば党有り」(尚同下)で、党の存在は許されない。さきにあげた田氏も、斉の公的秩序にさからう一つの新興勢力で、それの公室に対するその現実の関係は、非儒篇(後期墨家の手になると考えられる)の指摘をまつまでもなく、なんらかの全体秩序を考える者からは当然非難される。ただその場合そのような個々の勢力が他と争うその現実の関係では、全体秩序の観念図からは兼愛に反するものとして指摘されるが、その個々の新興勢力の内部においては、すでにそれをささえるものとして、血縁にもとづくのではない、墨子の所謂相愛利することによってむすばれる新しい結合関係が生じていることを私は指摘しているのであって、この新しい具体的関係を生ぜしめた現実の要請と、墨子をして兼愛を提唱せしめた現実的要請との間には共通な何物かがあるのではないか、ということを私はいっているのである。そのような具体固有な社会関係とそれをささえる習俗的規範や生活感情を抽象化し、すべての人間関係にまで普遍化すると墨子の兼愛説になるのではないだろうか、というのはその意味である。墨子のいう人を兼ね愛利するということは、必ず具体的個人を愛利することであって、抽象的人間を対象とするものではない。しかもそれは、自己となんらかの関係に入ってくる特定の具体的個人が愛利の対象となり得るのである。愛利によって具体的個人をいくらつないでいっても、そこにはおのずから限界があり、現実においてはそれは「党」という形態をとる所以である。したがって、現実にはそのような具体的限定をとらざるを得ない「党」内の人的関係の道徳を、すべての人間関係の道徳にまでおしひろげることによって全体的秩序を考えようとするところに兼愛説の抽象性があり、その線を思想としておしすすめて行くと、「無窮は兼を害せず」(経下)という墨子後学の詭弁が生れてくるのである。したがって、兼愛説のそのような抽象性をカバーし、それの実効性を確保するためには、別に権威と根拠を他に求めなければならなかったのである。それが、法による賞罰をもってする兼愛の強制であり、さらには呪術的崇拝の対象としての天鬼の意志に、その究極の根拠がおかれたのである。

すなわち、すでに兼愛篇において「苟しくも上にこれ(兼愛)を説《よろこ》ぶものあり、これを勧むるに賞誉をもってし、これを威《おど》すに刑罰をもってせば、我おもえらく、人の兼ねて相愛し交々相利するに就くにおけるや、これを譬うるに、猶、火の上に就き、水の下に就くがごとき也」(兼愛下)と説かれているように、天子を頂点とする政治秩序のなかで、賞罰によって兼愛を万人に強制しようとしたのである。しかも、それは天鬼の意に順うことであり、そのような賞罰による兼愛の強制は、天志によって権威づけられていたのである。かくして実現されるのが、墨子の考える尚同一義の全体的政治秩序の世界である。「天下の義を一同する」ことによって実現されるこの尚同一義の世界において、一人一義、十人十義の世を排して、天子が天下之義を一同するということは、天子が天の意に順って天下の人を兼ね愛し、国君・郷長・里長・民はそれぞれ上にしたがって兼愛を実行することであったのである。そしてこのようにそれぞれ上にしたがって兼愛をおこなわせるために、家君・国君・天子はそれぞれ上に尚同して発憲布令して、法による賞誉刑罰をもって、兼愛を強制すべきことを、墨子は説くのである。「然らば胡《いずく》んぞ嘗《こころ》みに家人をして其の身の義を総べて、以て家君に尚同せしめざるか。試みに家君を用《も》って其の家に発憲布令して曰く『若し家を愛利する者を見れば、必ず以て告げよ。若し家を悪賊する者を見れば、亦必ず以て告げよ。若し家を愛利するを見て以て告げれば、亦猶、家を愛利する者のごとし。上得て且《まさ》に之を賞せんとす。衆聞かば、則ち之を誉めん。若し家を悪賊するを見て以て告げざれば、亦猶、家を悪賊する者のごとし。上得て且《まさ》に之を罰せんとす。衆聞かば則ち之を非とせん』と。是を以て若《こ》の家の人を遍《あまね》くし、皆其の長上の賞誉を得て、其の毀罰を避けんと欲す。……家必ず治まらん。然らば、若《こ》の家の治まる所以の者を計るに、何ぞや。唯、尚同一義を以て政を為すが故也。家既に治まる。国の道此のみに尽きるか。則ち未だし。国の家数たるや甚だ多し。此れ皆其の家を是として人の家を非とす。是を以て厚ければ乱あり、薄ければ争あり。故に又家君をして其の家の義を総べて以て国君に尚同せしめ、国君も亦為めに国の衆に発憲布令して曰く『若し国を愛利する者を見れば、必ず以て告げよ。若し国を悪賊する者を見れば、亦必ず以て告げよ。若し国を愛利するを見て以て告げれば、亦猶、国を愛利する者のごとし。上得て且に賞せんとす。衆聞かば則ち之を誉めん。若し国を悪賊するを見て以て告げざるは、亦猶、国を悪賊する者のごとし。上得て且に罰せんとす。衆聞かば則ち之を非とせん』と。是を以て若《こ》の国人を偏ねくし、皆其の長上の賞誉を得て、其の毀罰を避けんと欲す。……国必ず治まらん。然らば、若《こ》の国の治まる所以のものを計るに、何ぞや。唯、能く尚同一義を以て政を為すが故也。国すでに治まる。天下の道此のみに尽きるか。則ち未だし。天下の国数たるや甚だ多し。此れ皆其の国を是として、人の国を非とす。是を以て厚ければ戦あり、薄ければ争あり。故に又国君をして其の国の義を選《す》べて、以て天子に尚同せしむ。天子亦為めに天下の衆に発憲布令して曰く『若し天下を愛利する者を見れば、必ず以て告げよ。若し天下を悪賊する者を見れば、亦必ず以て告げよ。若し天下を愛利するを見て以て告げれば、亦猶、天下を愛利する者のごとし。上得れば則ち之を賞し、衆聞かば則ち之を誉めん。若し天下を悪賊するを見て以て告げざれば、亦猶、天下を悪賊する者のごとし。上得て且に罰せんとす。衆聞かば則ち之を非とせん』と。是を以て天下の人を偏ねくし、皆其の長上の賞誉を得て、其の毀罰を避けんと欲す。……天下必ず治まらん。然らば、天下の治まる所以の者を計るに、何ぞや。唯、能く尚同一義を以て政を為すが故也。天下すでに治まる。天子は又天下の義を総べて以て天に尚同す」（尚同下）と。このように観念された政治的全体秩序の世界としての尚同一義の世界は、各人は家君に、家君は国君に、国君は天子に、天子は天に、それぞれ、賞罰による強制の裏づけをもって、義を一にして尚同するのであるから、それは、板野氏の指摘するように(3)、すべての人が君長に対して自主性を喪失した、いわば天子専制の政治的世界でもある。しかも、そのような賞罰による兼愛の強制は、天意にしたがうものとされ、いわば呪術的信仰の対象としての鬼神と同一性格の天鬼によって権威づけられていたのである(4)。

前述のごとく、墨子は兼愛を説く場合に、一方においては、人を愛利すれば、人も自分を愛利してくれるから、という報酬的効果を予期する打算的関心に説得の基礎をおいた。そこでは、人を兼愛することは、おのれの利を計らんがためである。他方においては、上からの賞罰をもって兼愛の奨励を説いた。そこでは人間の道徳行為も賞罰によって律せられるのである。この二つのことは、墨子の思想のなかでは矛盾なくむすびつく。そのことを政治秩序の頂点である天子にあてはめれば、兼愛をもって天下の治道とすることは、天子は前述の兼君のようにみずから身を労して天下の民を愛利しなければならないが、それは天下のすべての民からの愛利を期待するため、すなわち天子の利のため、君権の強化のためである。それは天下のすべての人をして自己を無にして天子に尚同させるためにである。おのれの利のために、すなわち人から愛利されることを期待して、そのために人を愛利するという意識構造は、さらにその効果を確保するためには、賞罰をもって人に強制しておのれを愛利させるという意識構造に相通ずる。墨子は、天下のすべての人に賞罰をもって強制しておのれを無にして天子に尚同させることによって、尚同一義の世界を実現しようとしたのである。天子と民との間には仲介的存在のなんらの特権も許さない一方的な天子専制の政治秩序の世界が同時に兼愛の世界として観念されている所以である。この墨子の意識構造、すなわち、限定された社会関係のなかにおいてのみ具体性をもつ兼愛を、すべての人間関係の道徳にまでおしひろめるために、賞罰をもって強制し、天子専制の政治秩序の確立をはかろうとする、この兼愛と尚同とが相矛盾しない墨子の意識構造は、こんどは逆に私たちが最初に考えた兼愛説の現実的裏づけとしてのあの固有具体の社会関係の性格の理解の上に大きな示唆を与えてくれることになる。上述のように、墨子のとく兼愛には、春秋中期頃から顕著な形で表われてくるあの新しい主従・党友の関係をささえる生活感情や行動規範と相通ずるものがあった。兼愛説が、おのれを守り人から愛利を求めるために、人を愛利することを説いたように、当時の新興の勢力もみずからの権力基盤を強化するその目的のために、多く武勇の士を養い、わが身と等しくかれらを親愛厚遇して士の献身を期待したのであった。そしてそのような人的結合関係をささえるものが、おのれが恩とする主に対しては死力をつくすこれら下級武士の行動規範であり、それがのちの民間の游侠的規範としてつたわって行くことは前述の通りである。しかし、この新しい主従・主客の関係により権力の強化をはかる当時の新興勢力もその行動目標を次第に明確化し、その勢力を次第に拡大強化して行くにつれ、その権力強化のために、単にパーソナルな献身に期待するだけではなしに、法による賞罰によってその拡大された人的関係の結合を強化する方向に向うことは、当時の現実の動きの示すところである。それは次第にすべてを君権の強化のために資そうとする専制主義的方向に向う戦国諸国の歴史の動きにつながるものであり、新しい官僚制的国家体制の形成につながる動きであった。墨子思想において、天子専制の尚同一義の世界が、同時に兼愛の世界として観念され、兼愛と尚同が矛盾なくむすびついているのと同じように、わが身と等しく士を仁愛することによって士の献身を期待する新興君主の新しい主従関係は、同時に、法の賞罰による支配関係をそれ自体のなかに内在していたのである(5)。

多くの学者は、俠は墨家から出たというが、そうではない。むしろ、春秋中期以降の下級武士の習俗的規範と生活感情の基盤の上に立って、儒教から出発しながらそれを変形しつつ、天下の治道を説いたのが、墨子の思想なのであろう。そして、それは、思想として抽象化されて行くと、思想としては、上述のようにやがて法家思想にも接近して行くことになる。また、墨子の思想の現実的基盤を支えていた新しい人間関係の習俗的規範は、一方においては、やがて戦国官僚制形成の社会的基盤にもつながり[6]、他方においては、所謂民間における任俠的習俗となって、鬼神信仰とともに、のちのちまで中国の民衆の生活秩序のなかに生きて行くことになる[7]。この一見相矛盾する法的要因と任俠的要因とが、実は相矛盾しない形で、当時の具体固有なあの新しい社会関係の中に併存内在するその関連を、墨子の意識構造を媒介としながら、たしかめようとしたのが、そもそもの本稿の動機であった。この二つの要因の具体的関連の詳細は、次章および第二篇第一章において詳述される予定である。

（1）馮友蘭前掲論文。

（2）史記游俠列伝「鄙人有言曰、何知仁義、已饗其利者為有徳」の已の解釈について、司馬貞の索隠には「已、音以、饗、音享、受也、言已受其利則為有徳、何知必仁義也」と解しているが、張文虎は舒藝室随筆巻四において、「案已当作己、己猶身也、謂身受其人之利、即其人為仁義矣、索隠音已為以、非」としている。従うべきであろう。

（3）板野前掲論文参照。

（4）墨子の前述のような賞罰による兼愛の強制は、天意に順《したが》うものとされ、天志篇上に「当天意、而不可不順、順天意者、兼相愛交相利、必得賞、反天意者、別相悪交相賊、必得罰」と説かれるように、究極には天意によって権威づけられているということも、私たちの問題と無縁ではない。そこでいう天は、兼愛するものを賞し、悪賊するものを罰するばかりでなく、天志篇中に「天子為善、天能賞之、天子為暴、天能罰之、天子有疾病禍祟、必斎戒沐浴、潔為酒醴粢盛、以祭天鬼、則天能除去之」とあるように、人がそれを祭祀祈禱することによって、福を求め禍を除くことができる、と信じられているところの、すなわち呪術的信仰の対象としての鬼神と同一性格の天鬼でもあったからである。そのことは、明鬼篇下に「今若使天下之人、偕信鬼神之能賞賢而罰暴也、則天下豈乱哉」と説いているように、人々が互に悪賊して天下が乱れるのは、鬼神の誅を信じないからであるという、鬼神の誅に藉りて道徳を説く、明鬼篇の論旨ともそれは関連してくるからである。そのことは、等しく鬼神の存在はみとめながら「鬼神は敬して、これを遠ざけた」孔子のより啓蒙的な教えにくらべると、そこに、墨子の教えが、主として、鬼神信仰のなお根深い当時の社会層にむかって説かれ、その習俗的信仰を利用して、その説得力を強化していることが知られる。このことは、墨子思想の社会的基盤をなす、前述の新しい人的結合関係の習俗的規範を担う社会層が鬼神信仰と無縁ではない戦国時代の実状とも対応し、そのような習俗的規範がやがて民間に移行して游侠的習俗規範として一般化されて行く場合、そのような游侠の生態と鬼神信仰とのむすびつきを考える上にも、このことは大きな示唆を与えてくれるのである。この最後の点について本書第一篇第四章「戦国秦漢時代における集団の「約」について」参照。

（5）本書第一篇第四章、第二篇第一章「戦国官僚制の一性格」を参照。

（6）同上。

（7）本書第一篇第一章「漢代における民間秩序の構造と任侠的習俗」、同第二章「漢代における巫と侠」を参照。

（『一橋論叢』三二ノ四。一九五四・八・一四稿）

（一九五九・三・三〇補）

# 第四章　戦国秦漢時代における集団の「約」について

## 一　問題の提示

私はかつて春秋時代の転換期以降新たに生じた人的結合関係を指摘し、それが一つの習俗として戦国秦漢以降の社会の各層の内面的結合紐帯として大きく作用したその諸関係を明らかにした。任俠的習俗にもとづく人的結合関係とよんだのはすなわちそれである。[1] そしてその際、秦末民間から起った漢の高祖の劉邦集団に言及し、その初期の集団結合をささえている内面的紐帯も、この任俠的人的結合関係であることを指摘しておいた。どのような社会集団についてもそれを分析の対象とする場合、二つの要因が等しい重さで考察されなければならない。その一はその集団の支配関係のとる組織とその制度、いわば集団の長の権力意志の形式的表現であるその外郭的制度の問題であり、その二は、そのような支配関係を内面からささえる心情的結合紐帯の社会的性格の問題である。何故ならばどのような社会集団においても、それが永続する秩序の力をもつものである限り、単にむきだしの力の関係だけで維持されるものではなく、一方においてはそのような力の関係による支配があると同時に、他方においては集団員が集団長に対してもつ内面的支持や帰依、すなわち長を長として肯定してその支配に服従する集団員の内面的心情にもとづく結合があって、その支配の秩序はささえられ、強化されているからである。殊に劉邦集団の場合のように、その結成の当初において土地所有というような物的基盤をなんら媒介としないで成立した民間集団の場合には、この前記の第二の要因は、第一の要因である集団の長のもつ支配力を内面からささえ強化し、それに固有な力と具体的内容を与えるものとして、特に重要な意味をもつものである。当時、劉邦集団の分析については、このうちの第一の側面から、すなわち初従のとき集団員に与えられた中涓・舎人等の職名のもつ制度的関連から、劉邦集団の支配関係の性格を追求し、それを家内奴隷制として規定した西嶋氏の創見にとむ研究(2)があったのであるが、私は、そのような職名よりもむしろそれを与えられた個々の具体的人間と劉邦との日常の具体的関係を追求することによって、かれらを劉邦にかたく結びつけているものは、かれらの間に挙兵以前からみられる当時の所謂任俠的習俗にもとづくパーソナルな結合関係であることを明らかにした。換言すれば、劉邦集団におけるパトリアルカールな支配関係を否定したのではなく、そのような支配関係をささえている固有な内面的結合紐帯を追求したのであった。そのわけは、劉邦集団の支配関係の一面をするどく抽出した西嶋氏の分析に敬意をいだきながらも、それをささえる内面的関係を捨象してその一面のみの普遍的な概念化をもって全体を規定することは、却って当該支配関係のもつ固有な力とそれをささえる主体的な力を見失うことになるのではないかと恐れたからである。しかしながら、当時私は以上のような意味における任俠的結合関係の社会的機能を追求するのが専らの関心事であって、そのような機能の作用する歴史的場と枠の問題、具体的にいえば、そのような任俠的結合によって内面からささえられ、強化されるところの支配関係の面については、さらに根本的には、それがどのような形でささえられ強化されるかという前記の第一と第二の要因のむすびつきの具体的な構造関連については、深く考えることがなかった。したがって、前記の研究における私の任俠的結合関係の指摘が、その相互信頼にもとづく人的結合関係の一面を強調するあまり、劉邦集団における支配関係を軽視するか、或は否定する形において理解されたとすれば、西嶋氏の研究が一面の強調にすぎると同じ意味合いにおいて、私の研究もまた一面の強調にすぎるものとしての非難を甘受しなければならない。その後発表された守屋氏の西嶋氏への批判[3]も所謂豪族と劉邦集団とを区別する点において新たな貢献を加えたものであったが、任侠的習俗にもとづく人的結合関係の把握の仕方において、前記のような一面的強調の危険を多分にもつものであった。現実の生きた集団の分析に際して、それぞれ異なった問題視角からその集団のもつ一面をそれぞれ抽出し概念化することは、歴史研究の欠くべからざる手続きであり、手段である。しかしそれはあくまでも歴史把握のための手段であって、その一面をもって直ちに当該集団の構造関連の全体におきかえることは、いずれの面についても、避けなければならない。その結論をいそぐ前に、私たちには、そこで抽出されたその一面が、当該集団の全体関連の中で――さらにはそれに前後する歴史的展開の大きな流れのなかで――機能するその歴史的役割と歴史的意味、いいかえればその一面が他の諸面と関連するその関連の仕方を、全体関連のなかで追求する重要な仕事が残されているのである。したがって私にとって残されている問題の第一は、さきに指摘した任侠的習俗にもとづく固有な心情的結合が、劉邦集団における支配関係を、どのような構造関連のもとで、内面からささえ強化する役割を果したかという問題を明確にすることである。そのためには、任侠的人的結合とは一応概念的には対立するいわば強制的な支配要因をまず抽出し、概念的には一応別個なこの両面が、事実関係としては同一の社会関係のなかに矛盾なく化体して生きて動く、そのような具体的構造関連を明らかにしなければならない。

　そのような残された問題に接近する一つの手がかりとして、私は、一応劉邦集団からはなれて、当時の集団における「約」・「約束」の性格について、ここで考えて見たいと思う。

（１）　本書第一篇第一章「漢代における民間秩序の構造と任侠的習俗」。
（２）　西嶋定生「中国古代帝国成立の一考察」『歴史学研究』一四一、一九四九。

（3）　守屋美都雄「漢の高祖集団の性格について⑴⑵」『歴史学研究』一五八・一五九、一九五二。

## 二　「約」・「約束」とその法的強制力

戦国秦漢の文献記述に、しばしば集団の「約」・「約束」なるものが記されている。例えば、前漢末の赤眉集団に関して後漢書劉盆子伝につぎのような記載がある。

「初め樊崇等、困窮を以て寇を為し、攻城徇地の計無し。衆既に寝《ようや》く盛んなり。乃ち相与に約を為《つく》る。人を殺す者は死《ころ》され、人を傷くる者は創を償うと。言辞を以て約束を為《つく》り、文書・旌旗・部曲・号令無し。其の中、最も尊き者は三老と号し、次は従事、次は卒吏、汎く相称えて臣人と曰う」

有名な文であるが、さしあたって、私たちに直接関心の対象となるのは「相与に約を為《つく》る」とか「言辞を以て約束を為《つく》り、文書・旌旗・部曲・号令無し」という語句である。そこにおける「約」・「約束」とはどのような社会的性格のものであろうか。やがて明らかとなるように、そこにおける「約束」なることばは、今日私たちの日常語の「約束」とは若干異なる性格のものをさしているようである。烏合の游民よりなる赤眉集団は整然たる戦闘集団としての組織をもたなかった、という文意の下に、「言辞を以て約束を為り」という句が解されなければならないのであるから、文書・旌旗・部曲・号令のととのった正規の戦闘集団の場合には単に言辞をもってする「約束」ではなく、それとは別個のよりととのった法式にもとづく正規な「約束」があったことを予想せしめる。それならば、本来の戦闘集団における「約束」とはどのようなものであろうか。私たちは春秋末期以降、戦闘集団の記述において、「約」・「約束」なる語がしばしば見えることに注意しなければならない。

史記司馬穰苴列伝によると、斉の軍隊が燕に敗れたので、斉の景公は新たに穰苴を将軍に任じたとき、穰苴はまず軍に至り、軍を行《めぐ》り兵を勒して「約束を申明す」とある。これは新たに将軍に任ぜられた者が、軍隊に対して「約束」なるものを宣言することがあったことを示している。孫子が呉王闔廬に兵法をもってまみえ、宮中の婦人をもって兵法の実演をおこなう有名な挿話（史記孫子呉起列伝）にも、婦人たちに坐作進退疾徐の節をさだめた軍法を教え、それを実演させるに際して、「約束既に布き、乃ち鈇鉞を設けて、即ち三令五申す」と記されている。そこにおける「約束」の内容は、坐作進退疾徐の節をさだめた軍法であることは、その文中より推定されるが、軍隊の演習の際にも、まず軍法ともいうべき「約束」を申令することがならわしであったことが知られる。さらに注意すべきことは、「約束」を「鈇鉞を設けて、三令五申した」ことであって、それはこの「約束」が刑罰をもって一方的に遵守することを強要されるものであることが同時に知られる。それは、婦人たちが孫子のさだめた「約束」の通りに行動しなかったので、「約束明らかならず申令熟せざるは、将の罪なり。既已《すで》に明らかにして法の如くならざるは、吏士の罪なり」といって、王の寵姫である左右の隊長を斬った、という叙述の示す通りである。史記律書には「呉、孫武を用う。軍約を申明し、賞罰は必ず信なり。卒《つい》に諸侯に伯となり、邦土を兼列す。三代之誥誓に及ばずとは雖も、然れども身寵せられて君貴く、当世に顕揚す」と記されているところから見て、私たちの今まで問題にしてきた戦闘集団の「約束」とは「軍約」であり、それは性格上、誥や誓に相類するものであることが知られる。周礼夏官大司馬の「中冬に大閲を教う」の条に、「群吏、誓を陳前に聴き、牲を斬り以て左右して陳に徇《とな》えて曰く『命を用いざる者は之を斬る』と」とあり、鄭玄はこれに注するに礼記月令の「季秋、天子乃ち田猟を教え、五戎を習わしむ、司徒扑を搢《さしはさ》んで北面して以て誓う」という文をもってし、この月令の文の「誓う」の鄭注には「衆に誓うに軍法を以てす」とある。同じく周礼夏官大司馬の「中春に振旅を教う」の条に、田猟をおこなって兵戦を習う際にやはり「民に誓う」とあり、鄭玄は「誓うに田法を犯すの罰を以てす」とそれに注し、その誓の内容として「車を干《おか》す無《な》かれ、後より射ること無かれ……」等のことを挙げている。賈疏ではこれを漢の田律であるとし、孫詒譲は司馬法の逸文であろうという黄以周の説に賛成しているが、いずれにせよ、周礼の記す、田猟をもって戦を習う際になされる誓は、有司が軍法・田法を士卒に宣言し、刑罰を予知させてその遵守を強制することであったのである。周礼秋官士師の職の条に、「五戒を以て刑罰を先後し、罪を民に麗《ほどこ》さしむることなかれ、一に曰く誓、之を軍旅に用う。二に曰く誥、之を会同に用う。三に曰く禁、諸《これ》を田役に用う。四に曰く糾、諸を国中に用う。五に曰く憲、諸を都鄙に用う」とある。「五禁之法を掌る」士師は法をあらかじめ民に戒勅して、法を知らずして民が罪におちいることのないようにしなければならないのであるが、軍旅の場合におけるそのような戒勅が誓である、というのである。周礼の以上の誓や鄭玄の注は戦国以降の事情も反映していると考えられるが、その厳密な規定はここでは問題ではない。また誓の意味する関係は以上の事例の意味する関係に尽きるのではない[1]。ただここでは、周礼の記する軍旅・田猟の際になされる上記の誓が、少くとも、前記史記の記する、司馬穰苴が「兵を勒して約束を申明し」、また孫子が「鈇鉞を設けて約束を三令五申する」その行為と、その行為の性質と意味において、相類するものであることを確認すること、いいかえれば、周礼の前記のような誓の記載を通じて、史記の記する司馬穰苴や孫子の「約束を申明する」という行為の性格と意味とをより明確に理解できればよいのである。説文には「誓とは約束なり」とあり、釈名(釈言語)には「誓とは制なり、以て拘制するなり」とあるように、誓うとは約束することであり、約束するとは拘制する、すなわち、拘束、束縛の意なのである。もともと「約」とは、説文を挙げるまでもなく「纏束なり」で、「しばる」意であり、外面からしばり拘束する意である。論語雍也の「約するに礼を以てす」の約である。したがって個人と個人との間において、或は集団と集団との間で、一方が他を約する場合は、一方が他のなんらかの行動を制約することであり、対等の独立者間の約であれば、今日の私たちの日常語の約束契約の意味に近づくこともあるが、前記のような軍事集団の「約束」のように、軍団の長が士卒を「約」する場合には士卒になんらかの行為を命令し或は禁止する一方的な拘束の意味ともなるのであって、その制約し約束するところの内容からいえば、前述のように軍法・軍律をさすことともなるのである。その場合、注意すべきことは、前記の孫子が「約束明らかならず、申令熟せざるは、将の罪なり、既に明らかにして法の如くならざるは、吏士の罪なり」といっているように、その「約束」は明確であることを要し、将が士卒の衆に対してその「約束」を三令五申して士卒に熟知させることによって法的強制力を獲得するのであるが、その三令五申はあくまで一方的宣言である。「約束明らかならざる」ことが、軍団の長の罪として非難され、「約束明らかなる」ことが、長のメリットとして挙げられている事例は、漢代にも多く見える。馮奉世が、羌の叛乱鎮圧のために赴いてその前衛が破られたとき、「……今乃ち敵より畔《はな》るの名有り、大は中国の羞と為す。昔《さき》より閑習《なれ》ざるの故を以てなるか。恩厚未だ洽《あま》ねからず信約明らかならざるを以てなればなり」と元帝から責められている（漢書馮奉世伝）。顔師古は「将軍の恩恵未だ士卒に洽ねからず、又其の約誓を明らかにして下にある者をして信ぜしむる能わざるを言う」と注している。また戦闘集団ではないが、韓延寿の太守としてのメリットとして、「下吏を接待するに、恩施甚だ厚く、約誓明らかなり」（漢書韓延寿伝）ということが挙げられており、耿秉は「軍行には常に自ら甲を被りて前に在り、……要誓を明らかにし、……士卒皆楽しんで為めに死す」（後漢書耿秉伝）とある。「要」と「約」とは相通用し、「要誓」と「約誓」とは同じ意味である。[2] このように戦闘集団の長の定め発する約束は明らかでなければならず、これを三令五申して士卒に熟知させなければならないのであるが、それにしても三令五申という一方的宣言によって、全員を約するきびしい法的強制力をもつことになるのである。文選東京賦の李善注に引かれている尹文子の佚文に、「将に戦わんとするや、有司誥誓を読み、三令五申す。既に畢って然る後に敵に即《つ》く」とあるのもこのことを示している。そのような約束を文書に記したものを有司が読んで、一般の士卒に三令五申することによって、その法的強制力を獲得することになるのであろう。冒頭に記した赤眉集団の約束が、「言辞を以て約束を為《つく》り、文書無し」とあるのは、或はこのような正規の軍団のしきたりをふまなかったことを指すものではないかと思う。

以上のように、戦国時代の戦闘集団の「約」・「約束」は、具体的には軍法・軍律をさすものであって、それは刑罰をもって士卒にその遵守を強制するきびしい性格のものであり、さらにそれは三令五申することによって一方的に法的強制力を獲得するものであることが、ほぼ明らかになったと思うが、私たちは、それを確認するさらに多くの例証を他にももっている。例えば、漢の文帝が、匈奴の侵攻をふせぐために細柳に陣していた将軍周亜夫の軍を慰労するために、周亜夫の陣に赴いたとき、天子の軍騎が馳せて軍門に入ろうとするや、軍門を守る士吏が、「将軍約せり、軍中は駆馳することを得ずと」といって、天子の車を徐行させたという挿話が、漢書周勃伝にあるが、この「軍中は駆馳するを得ず」という約は、史記司馬穰苴列伝においては、斉の景公の使者が馳せて軍中に入ったので罰せられた際の記述に、これを犯せば斬に当する「軍法」として記されている。斉の即墨が燕の大軍にかこまれ、即墨の大夫以下おもだった者が戦死したので、城中の者が田単を推して将軍となしたとき、田単は「約束を出す毎に必ず神師を称す」と史記田単列伝に記されている。この約束も軍令・軍法であることは明らかであり、それは、自分の出す命令に権威をもたせ城中の人を信服させるために、神師の教えによる命令だといったのである。趙の名将李牧が代の鴈門において匈奴に備えていたとき、戦士に「約を為《つく》りて曰く『匈奴即《も》し入りて盗するあらば急《いそ》ぎ入りて収保せよ。敢えて虜を捕うる者有らば斬せん』と」とあり、匈奴が侵入してきても塞の内に立籠り、敢えて戦わなかったので、趙王は怒って李牧をやめさせて他の者を将軍としたところが、連戦連敗の結果となったため、趙王は再び李牧を将軍たらしめ、李牧は軍に至り「故の約の如く」した、という挿話が史記廉頗藺相如列伝にあるが、この将軍李牧の約はいわば軍令である。このように戦闘集団の「約」・「約束」はきびしい刑罰をもって遵守を強制する軍法・軍令であり、しかもそれは一方的に三令五申することによって法的強制力をもつものであり、その意味でこの「約束」を発する軍団の長は、軍中の何人と雖もおのれの命に服従せしめる強い支配力をもつものであるということができる。後漢末の大将軍何進は「皇威を総べ、兵要を握る」（後漢書何進伝）と記されており、また三国魏の司馬懿があなどるべからざる勢力をもっている有様が、「今懿……賢能を擢用し、……民を恤むを以て先となし、父子兄弟並びに兵要を握り……」（三国志魏志王凌伝注引漢晋春秋）と記されているが、「兵要」とは「兵約」の意味である。「要」と「約」とは当時の文献においては相通用して用いられている。「約束」は、「要束」とも記され、「約誓」は「要誓」とも記される例はきわめて多い。「兵約」を握ることは、軍団員を絶対服従せしめる支配力をもつこととなるのである。羌胡の鎮圧にあたった「度遼将軍馬続は……辺を典ること日久しく、兵要に深暁す」（後漢書南匈奴伝）とあり、後漢末、冀州の衆を擁して起兵した「袁紹は虚勢を好み、兵要を知らず」（三国志魏志郭嘉伝注引傅子）と記されている。この「兵要」も「兵約」・「軍約」・「軍法」と同義であることは、ことわるまでもない。

　このように、戦国秦漢時代における戦闘集団には、当時の文献で「約束」或は「兵要」ということばで表現された軍約・軍法があり、それは軍団の長から軍団員に一方的に申令され、明示されることによって、きびしい法的強制力をもつものであり、このような軍約によって軍団の秩序が維持されたものであることは、以上によって明らかになったと思う。そして、そのような法的拘束力をもった軍約は、以上の例証の示す、国の軍隊にのみ見られるばかりではなく、不完全の形においてであれ、例えば、赤眉集団におけるような、民間の武装集団においても、「約束」のあったことは、前述の通りである。そこでは、その徒党がようやく多くなるにおよんで、「人を殺す者は死《ころ》され、人を傷ける者は創を償う」という「約」がつくられ、刑罰をもって、集団秩序の内部統制がはかられているのである。そしてまた、秦末民間から起った劉邦集団においても、その例外ではない。

劉邦集団の結合紐帯について、さきにものべたように、私はかつてそれは任侠的人的結合関係であることを規定したのであったが、この劉邦の戦闘集団にも、そのような信頼と献身にもとづく心情的結合とは一見概念的には対立する、きびしい法的強制力をもって集団員を絶対服従せしめるこの集団長の「約束」があったようである。未だ関中に入らない以前、劉邦が南陽を攻めているとき、客として従った張蒼が「法に坐して斬に当り」、将に斬られんとした、と史記張丞相列伝に記されている。このことは関中に入って王とならない前の初期の劉邦の集団において、客と雖も犯せば斬に当るきびしい軍法があったことを示すものであり、そこになんらかの「約束」があったことを想定させる。そのことと関連して想起されるのは、劉邦集団が関中に攻め入ったとき、関中の父老・豪傑を召して、「人を殺すものは死《ころ》され、人を傷けるもの、及び盗むものは、罪に抵《いた》す」という法三章を「約」した、という有名なはなしである（史記高祖本紀）。この関中の諸県に劉邦が「約」した簡単な法は、実は、もともとは、劉邦集団の内部規律のための集団の「約」であったものを、法令制度のととのわぬ暫時の間、関中の諸県にそのまま適用したものではないか、と考えられるのである。それは、同じく、游民よりなる叛乱集団である赤眉集団においても、前述のように、「人を殺す者は死《ころ》され、人を傷ける者は創を償う」という類似の内容をもった集団の「約」がつくられているからである。劉邦集団の任侠的結合紐帯を、対等性をも含む主客結合の関係の面で強調するあまり、そこにおける家父長制的規制をも否定しようとすることは、一面の強調にすぎるといわなければならない。「大信は約さず」（礼記学記）ということばが暗示するように、相互の人格的信頼によって内面から結びつく任侠的な心情的結合と、外から法その他の強制力をもって人々をしばる「約」的拘束とは、概念的にいえば一応、人的結合の別個の範疇に属するといってよい。問題の核心は、この集団の結合紐帯としての、相互信頼にもとづくパーソナルな任侠的結合関係と、刑罰をもってその結合を強制する「約」的支配関係とが、現実の歴史的場において、またどのような構造関連において、同一の社会関係の中に矛盾なく化体しているかという点にある。本稿の主題も、その点をときほぐすことにあるのであるが、今しばらく、「約」的強制の一面について、考察をつづけて行くことにする。

劉邦集団のもつこの「約」的強制の一面は、その集団が膨張し、その支配領域が拡大して行くにつれて、次第に強化されて行くようである。

劉邦が関中に入って王となり、さらには項羽を倒して天下を統一したのちにおいては、集団の法のみでなくその支配領域を統治するための法も、また「約」・「約束」ということばで表現されているのも、「約」ということばのもつ意味関連を理解する上で注意しておかなければならない。劉邦が関中に入って諸県の父老・豪傑を召して、法三章を約したことは、前に述べたところであるが、そのことを漢書刑法志では「法三章を約す」とあり、潜夫論（巻五断訟）には「三章之約を制す」と記されていることも、注意しておくべきである。劉邦が関中を平げ、関中より出て東して楚を撃ったとき、蕭何は「関中を守り、太子に侍して櫟陽を治し、法令約束を為《つく》り、宗廟・社稷・宮室・県邑を立つ。……戸口を計り、転漕し軍に給す」（史記蕭相国世家）と記されている。荀悦の前漢紀には、このところが「蕭何、関中を守り、櫟陽宮を治し、約束を定め、転漕して軍に給し、専ら関中の事に任ず」とある。漢書刑法志によれば、高祖が三章の法を約したのち、それだけでは姦を禦ぐには足らないので、蕭何が秦法を攈摭して律九章を作ったとある。蕭何が律令を正式に制定したのはおそらく漢の統一後であろうが、軍馬の徴発、租税の徴収等を定める戸・興・廏の事律三篇は、楚漢戦線へ関中より兵力軍資を補充した蕭何の必要とした所であるから、その少なくとも原型は、このとき制定されたのであろうという見解[3]が今日大体認められている。もしそうだとすると、史記の記す「蕭何は関中を守り法令約束を為る」という記事、また荀悦の前漢紀の「蕭何関中を守り約束を定む」という記事は、すぐそのあとにつづく「戸口を計し転漕して軍に給す」という記述と考えあわせると、事律三篇の制定を意味するものではなかろうか。さらにはまた、曹参が蕭何の没後、そのあとをついで漢の相国となったとき、「(曹)参、(蕭)何に代りて漢の相国となる。事を挙げて変更するところ無し、一に蕭何の約束に遵《したが》う」(史記曹相国世家)とあるが、この「約束」も具体的には蕭何の制定した律令を指しているのであり、曹参はそれをそのままうけついで、なんら変更することがなかった、という意味であることは、その文のあとに、曹参のそのような消極的態度を恵帝が責めたとき、曹参は答えて「高帝蕭何と天下を定む、法令既に明らかなり。今陛下垂拱し、(曹)参等職を守り、遵《したが》いて失うなし。亦可ならずや」といっているところからも明らかであろう。また「張湯が方《まさ》に律令を更定するを以て廷尉となるや、(汲)黯はしばしば(張)湯を上の前に於いて質責して曰く『……何んぞ乃ち高皇帝の約束を取りて、之を紛更することを為すか、公此を以て種無けん』と」と史記汲鄭列伝に記されているが、そこでいう「高皇帝の約束」とは高祖の定めた律令を指していることは明らかである。[4] 張湯がもろもろの律令を更定したことは他に酷吏列伝にも見え、そのような「律令を更定」することをもって武帝に寵用された張湯に対する汲黯の反感を示す文であるからである。「約束」ということばが、このように国の法令をさして用いられるということと関連して、戦国のとき、商鞅の法令を公子虔が犯して劓の刑に処せられたとき、「約を犯す」と記されていることも(史記商君列伝)、「約」の用法として注意すべきことと思う。

以上のようなその支配する人民を対象とする法としてではなく、漢家の相続その他に関する、いわば漢家の「約」も同様な法的拘束力をもつものである。景帝が弟の梁王との酒宴の席で、「千秋万歳の後、(梁)王に伝えん」といったのに対し、竇嬰が「漢法之約は、子・適孫に伝う。今帝何を以て弟に伝え、擅りに高帝の約を乱すを得んや」といったという話が、史記梁孝王世家褚先生補に伝えられている。またこの竇嬰の言は、漢書竇嬰伝には「天下は高祖の天下なり、父子相伝は漢の約也、上何を以て梁王に伝えるを得んや」とある。また竇太后が王皇后の兄の王信を侯とすべきことを景帝にすすめたとき、周亜夫の言に「高皇帝約せり、劉氏に非ずして王たるを得ず。功有るに非ずして侯たるを得ず。約の如くならざれば、天下共に之を撃てと。今(王)信は皇后の兄と雖も功無し。之を侯とするは約に非ざる也」とある(史記絳侯周勃世家)。この「劉氏に非ずして王たる者は天下共に之を撃て」という高祖の約は、呂氏が諸呂を王としようとしたときに、最初王陵によって語られている有名な約(史記呂后本紀・漢書王陵伝)で、その後、後漢に至るまで、しばしば引用される約であるが(後漢書劉盆子伝・左雄伝)、この漢家の約も、一種の規範力をもつものとして、のちのちまで伝えられているのである。

一般の民間の豪家にも「約」があったことは、史記貨殖列伝の伝える任公の家約や、曹の邴氏の家約が示す通りである。「田畜の出《いだ》す所に非ざれば衣食せず、公事畢らざれば則ち身酒を飲み肉を食うを得ず」という任公の家約や、「俛《ふ》して拾うあれ、仰いで取るあれ」というような邴氏の家約は、法ではないが、やはり家の者がみなしたがうべき規範としての強制力をもった、いわば家父長制的規制の一面を示すものであろう。これら豪家に使役される奴隷に対しても、かれら奴隷のしたがうべき「約」が主人によって定められていることは、王褒の僮約が、誇張された形においてではあるが、示している通りである(5)。

当時の社会集団の一つの重要な基本である聚落において、このような秩序維持のための規定としての「約」があったかどうか、またあるとすればそれは誰によって定められ、どのような性格の権威によってささえられたかということは、文献史料の面からは、必ずしも明らかではない。しかし、そのような関係を類推させる若干の史料は残されている。例えば、後漢末、戦乱をさけて徐無山に入った田疇のもとにやがて多くの人々が移住してきて、五千家におよぶ一都邑がそこにでき上ることになったのであるが、この新しく形成された移住聚落の秩序維持のために、田疇は

「乃ち約束を為《つく》りて、殺傷犯盗諍訟之法を相《えら》び、法重き者は死に至り、其の次は罪に抵ること二十余条、又制して婚姻嫁娶之礼を為《つく》り、学校講授之業を興挙す」(三国志魏志田疇伝)というのがその一つの史料である。一般的にいって新しい移住聚落のとる諸関係は、その移住民たちの故地の旧聚落の諸関係をなんらかの意味で反映している場合が多い。田疇のさだめた「約束」のように、刑法・礼法を完備した形においてではないにしろ、漢代の一般の聚落においても里民がなんらかの協同の行動を要請される場合には、聚落の指導的地位にある人々によってなんらかの約がさだめられるという慣習があったのではなかろうか。このような意味での聚落の明文化された「約束」については、史料の性質上、地方官が村人のために定めた事例が伝えられているにすぎない。王景が廬江の太守となったときに、百姓に犂耕を教え灌漑をおこして荒地を開墾させ、「石に銘して誓を刻み、民をして常禁を知らしめ、又蚕織を訓令して、為めに法制を作り、皆郷亭に著わした」(後漢書王景伝)。そこでいう石に銘刻した誓とは約であり、民の常に守るべきおきてを知らしめるものであるが、その約の内容は、例えば宋以降に知られる郷約のような、道徳的な礼法を主たる内容とするものではなく、よりプラクティカルな農耕に関する集団的規定ではなかったかと考えられる。それは、従来牛耕を知らなかった民に犂耕を教え、芍陂の稲田を興修して蕪廃の地を灌漑したという叙述につづいて「誓を刻して民に常禁を知らしめた」とあり、「又蚕織を訓令して、為めに法制を作る」とつづいているからである。犂耕の法は、里中の農民の若干の共同耕作を前提とするものであり、また牛の貸借利用等の必要から、(6)そこになんらかの集団的規定が必要であろう。水田灌漑についても、水を陂からそれぞれの田へ引くのであるから、そこにやはり水争いを防ぐために、なんらかの集団的規定が当然要請されてくる。このような新しい農法導入にもとづくプラクティカルな農耕上の必要のために、王景は農民のためにそのような約を定めたのであろうと思う。水利灌漑の共同利用については、すでに明瞭に「約」がつくられた事例を私たちは前漢書にもっている。南陽太守召信臣が、民のために溝瀆を開いて灌漑をおこしたことは有名であるが、その際かれは、民のために「均水の約束を作り、石に刻んで田畔に立て、以て分争を防いだ」（漢書循吏召信臣伝）のであった。これらの事例はみな地方官が農民のために約をさだめたものとして記述されてあるが、漢代においては、すでにこのような地方官によるさかんな陂池の興修とならんで、地方豪族の手によっても灌漑用水のための陂が築造されているのであって、(7) それを共同利用する隷属農民或はその他の農民に対して、豪族によっても同様に、水利利用のための「約」が定められて、かれらの農民支配の体制を強化したであろうことは、当然推測されてよい。また前記の犂耕法の奨励教授にしても、史料の文面では太守王景が「教うるに犂耕を用《も》ってす」とあるが、地方官によるこのような農法の教授奨励は、例えば漢書食貨志にみえる代田法の奨励についてみると、二千石より令長・三老・力田・里の父老という機構を通じてなされているのであり、したがって、この場合でも実際に農民に接触して犂耕普及に指導的役割を果したのは、三老・力田・里の父老であろう。したがって、また、水利や農耕についての「約」が地方官によって定められたと史料の文面で記されてはいても、そのような「約」を定める際にその土地の三老や父老が大きな役割をもってあずかっていること、殊には、そのような「約」が権威をもって農民に遵守されるその底には、単に地方官の権力だけではなく、それに協動するものとして、三老や里の父老の平常農民に対してもっている指導力や規制力が大きくはたらいていることは、当然考えられるところである。私たちに与えられている史料の性質上、かれらの里民に対する規制力が明文化された「約」として残されている事例は見当らないが、類似の関係がその底にあったであろうことは、以上の諸例から想定されるのである。そして戦乱その他の非常の場合において、平時の水利や農耕の必要よりする協同的行為よりもより積極的に統一的行動が要請される自衛体制の強化の場合にあっては、そのような関係が、全面に出てくるわけであって、そのよい例が前述の田疇の「約束」である。それは事例としては、むしろ、例えば王莽の末年、南陽の豪族で三老であった樊重の子、宏が「宗家親族と営塹を作りて自ら守り、老弱これに帰する者千余家」にのぼった（後漢書樊宏伝）とある事例に近い。このような事例は王莽末年には他にも多く見られるが、そのような場合にも当然なんらかの約が定められているものと予想される。田疇の「約束」の社会的性格と父老との関係については、のちにくわしく分析するであろう。

さて、以上により、戦国時代から漢末にかけて、国には天子の約があり、軍には軍約があり、家には家約があり、民間の社会的集団や武力集団にもそれぞれ約があって、強制力をもった法的規範として、それぞれの集団の秩序維持のための機能を果すものであることを見てきたのであるが、問題は、そのような「約」・「約束」が、どのような性格の権威によってささえられて、それぞれの集団内部において現実の強制力と効力をもっているのであろうか、という点にある。それは同時に、そのような「約」・「約束」がそれぞれの集団の内部において権威と強制力を現実にもつためには、どのような社会関係が内側からそれをささえているのか、という問題とも関連する。国の軍隊の軍約や地方官の定める「約」の場合には、それが強制力をもつのは、公的権力が背後にあるからだということで形式的には一応の説明がつきそうである。しかし、さきに水利や農耕について地方官が定めたとされる約にふれたとき、その約が強制力をもって個々の農民に遵守されるその底には、地方官の公的権力だけではなく、それに協力するものとして、三老や父老の里民に対する土着の指導力や規制力が大きく作用しているのではないか、ということを指摘しておいた。国の軍隊の軍約の場合はどうであろうか。それが強制力をもって士卒に遵守されるためには、単に将軍のもつ公的権力だけでなく、それを内側からささえる何らかの固有の社会関係を必要としなかったであろうか。もし、この点が明らかになれば、何ら公的権力をバックとしない劉邦集団その他の民間の戦闘集団の約に示される集団長のもつ強い強制力が、どのような社会関係によってささえられているのかという問題を解きほぐす一つの手がかりが与えられることになる。

（１）軍旅における「誓」は、賞罰をもって士卒を拘束強制する命令であるが、同時にそれは、その賞罰の確実さを神の呪術的拘束力にかけて保証することによって、その命令の絶対性を強化する関係をそれ自体に含むものであることに注意しなければならない。殊に個人と個人との関係の場における「誓」は、左伝にしばしば見えるように、みずからの約言に背くときは「河の如く有らん」（例えば文公一三年伝の秦伯の誓、僖公二四年伝の公子重耳の誓、宣公一七年伝の郤克の誓等）、また「日の如く有らん」（襄公一八年伝の州綽の誓、同二三年伝の范宣子の誓等）という誓詞の常套語の示すごとく、神の呪術的力との関係によって自己（誓者）をも拘束する「誓」が一般である。そこでは、人を約する者がその約の信を神に対して「ちかう」関係に通ずる。漢の高祖の封爵の誓も、白馬の盟の形式をとる故に、この関係がきわめてはっきりと表われており、宣言される臣下にとってはその天子の誓は命であるが、天子の誓の信を、神に対してちかうものであることは、栗原朋信「封爵の誓について」（『社会経済史学』一七ノ六、一九五一）の明らかにしたところである。なお、盟については後段の第四節参照。

（２）漢代文献では、「要」の字と「約」の字はきわめてしばしば相通じて用いられている。史記高祖本紀に「待諸侯至而定約束耳」とあるが、そのくだりは漢書高帝紀では「定要束耳」と記されており、漢書礼楽志の房中歌にある「治本約」の顔師古の注に「約読為要」とある。論語憲問の「久要不忘平生之言」の孔注に「久要旧約也」とあり、文選阮籍詠懐詩李善注引の論語には「久約不忘平生之言」とある。

（３）小川茂樹「漢律略考」『桑原博士還暦記念東洋史論叢』（一九三一）所収。

（４）史記汲鄭列伝のこの「高皇帝の約束」は、史記呂后本紀・漢書王陵伝・同周勃伝・後漢書劉盆子伝・同左雄伝に見える「高祖の約」、すなわち「劉氏に非ずして王たる者は天下共に之を撃て」という有名なあの「高祖の約」と一見同一のものではないか、と誤解されやすいが、汲鄭列伝の文章の前後の関係から考えて、その誤りであることは明瞭である。

（５）王褒の僮約については、宇都宮清吉「僮約研究」『漢代社会経済史研究』（一九五五）参照。

（６）天野元之助「中国農業の展開」『アジア研究』１、一九五四、牧野巽「漢代における犂耕法進歩の意味するもの」『東西学術研究所論叢』一〇（一九五三）参照。

（７）西嶋定生「火耕水耨について」『和田博士還暦記念東洋史論叢』（一九五一）参照。

## 三　「約」・「約束」と任侠的習俗との関係

このような問題をとく一つの重要なヒントは史記廉頗藺相如列伝に記されている趙括の「約束」についての挿話である。趙括は趙の名将趙奢の子である。かれは少時より兵法を学び、兵事を語っては天下に能く当る者なしと自負していた。たまたま趙の名将廉頗は秦と戦い、防禦戦法をとり、出て戦わず、ために趙王の不満を買い、趙王は廉頗をしりぞけて趙括を将たらしめた。「趙括既に廉頗に代り、悉く約束を更《か》え、軍吏を易置し」て敵にあたった。みずからの自負する軍法軍律に改めて、旧来の軍吏を更迭して、敵にあたったのであるが、たちまちにして敵に敗れ、「士卒離心し、四十余日にして軍餓う」とある。趙括の新しい軍法・軍律は実効をともなわなかったのである。ところで、趙括の母は、趙括が将軍に命ぜられて出陣せんとするとき、その不適任なることを趙王に上書し、その理由としてつぎのごとくいっている。「始め、妾、其父（趙括の父趙奢）に事《つか》う。時に将たり。身《み》ずから飯飲を奉じて食を進む所の者十を以て数え、友とする所の者は百を以て数う。大王及び宗室の賞賜する所のものは尽く以て軍吏士大夫に与う。命を受くるの日には家事を問わざりき。（然るに）今、（趙）括は一旦将と為り、東向して朝するも、軍吏の敢えて之を仰視する者無し。王の賜う所の金帛は、帰りて家に蔵《おさ》む。而して日に便利の田宅の買う可き者を視れば、之を買う。王以て其父に（比して）如何《いかん》となす。父子心を異にするなり。願わくば王（趙括）を遣《や》ること勿れ」と。そして、もしこの自分の言を聞き入れずに、王が趙括を将軍として出陣させるならば、かれが重大な失敗をしても自分の責任ではないから、罪に連座することは御免蒙りたい、と趙括の母はつけ加えていうのである。趙括の母の以上の言は、趙括を将軍に任じても、かれには、かれをささえるべき人的結合関係を掌握する能力がないことを明示しているのである。

いかに将軍が軍法に通暁していても、それが実戦において所期の効力を発揮するためには、そのような将軍の発する命令や規律を内面からささえる人々のかたい心情的結合がまた不可欠の要因であることを、この趙括の母の言は示している。趙括は、趙王より将軍に命ぜられたのであるから、形式的には、趙軍の指揮者としての必要且つ十分な権力は与えられているのである。それにもかかわらず、その集団の統率とその結合力強化のためには、そのような権力のほかに、それを内面からささえる重要な人的関係がそれとならんで同時にまた不可欠の条件として要請されていることを、以上の挿話は明瞭に示している。このような関係を示唆する事例は戦国時代の軍事集団の場合には、一々例を挙げるまでもなく非常に多い。さきに挙げたすぐれた兵法家としての司馬穰苴は、約に背いた王の寵臣荘賈をただちに斬って、三軍の士を振慄させたきびしい軍律の命令者であるが、同時にまたかれは、「士卒の次舎・井竈・飲食より、疾を問い医薬する（に至るまで）身みずから之を拊循す、悉く将軍の資粮を取りて士卒に享す、身は士卒と粮食を平分し、最も其の羸弱なる者に比す。三日にして後、兵を勒するに、病者も皆行かんことを求め、争い奮いて出でて之が為に戦に赴く」（史記司馬穰苴列伝）という文の示すような配慮をなしているのである。「軍に臨みて約束すれば則ち其の親を忘れ、枹鼓を援《と》るの急なれば、其の身を忘るべし」というような一族一身の犠牲を強要する軍団長のきびしい軍法・軍律が権威をもって遵守されるためには、刑罰による強制とならんで、それを内面からささえる士卒の長に対する心情的結合紐帯が不可欠の要因であることを、当時の名将は十分に知りつくしていたのである。孫子とならんで兵法家をもって名高い呉起、秦の商鞅の変法とならび称せられるほどのあの楚における変法をきびしく遂行した呉起も、魏の将となったとき「士卒の最も下なる者と衣食を同じうす。臥するに席を設けず、行くに騎乗せず、親《みずか》ら糧を裹《つつ》み羸《にな》い、士卒と労苦を分つ。卒に疽を病む者有り、（呉）起為めに之を吮《す》う」（史記孫子呉起列伝）とあり、これを聞いたその兵卒の母は「この子の父もかつて呉起の軍に従軍し疽を病んだとき、将軍呉起はその疽を吮《す》い、その恩義に感じてこの子の父は戦いに踵を旋《めぐ》らさずして遂に敵に死した。呉起は今またこの子の疽を吮《す》う、妾、その死所を知らず」といって哭した、というはなはだうがった挿話が伝えられている。この呉起が士卒の疽を吮《す》う話は、きわめて象徴的な挿話であるが、そこで象徴されているような呉起の士卒に対する態度こそ、「三軍に将として士卒をして死を楽しませる」ところの、将としての「徳」であり、また「術」でもあるのである。(1) そのような呉起の行為を、おのれに与えられた恩義として受取り、そこに知己の主を感じとって、その主の命じ約するところ「踵を旋らさずして遂に敵に死した」士卒にとっては、そのような主の行為は「徳」なのであるが、主の側からいえば、力による強制だけでは得られない人々の積極的な献身をどうすれば確保できるかという支配者の現実的要請が、人々の生活感情の洞察を通じて、生んでくるところの、それは、生活の知慧なのである。それは、人々をしたがえ、人々を支配する者のおのずから体得してくるところの「術」ともいえる。そのような生活の知慧が歴史の経験のなかに集積していって、社会的習俗となり、習俗的規範となり、それが、人々の主に対する心情的結合を可能ならしめるものとして作用し、そこから生ずる人々の献身を、支配力の内面をささえ強化する主体的力として結集せしめる作用を果して行くところに、実は、私たちにとって重要な問題があったのである。そのような関係は漢代に入って、漢初の豪俠季心が「任俠をなし、方数千里の士皆争って之が為めに死し」(史記季布欒布列伝)、また豪俠袁盎が隴西の都尉になったとき「その士卒を仁愛し、士卒皆為めに死せんことを争い」(史記袁盎鼂錯列伝)、さらにはまた豪俠孟舒が雲中の太守となって匈奴に備えたとき、戦にのぞむ士卒が孟舒の命をまたずに「子が父のためにするが如く、弟が兄のためにするが如く」孟舒のために死を争った(史記田叔列伝)、という挿話の示す人的結合関係に相通ずる。さらにさかのぼっていえば、亡人有罪者や、狗盗鶏鳴の徒を客としてまねき、みずからへり下ってかれらを厚遇した戦国の四公子の挿話の示す人的結合関係とも相通ずるのである。この四公子の客集団は、もちろんそれ自体としては、ただちに戦闘集団を意味しない。

したがって、それは種々な点において、前記諸将の軍事集団の場合とは異なる関係ももっている。しかしながら、そこに結ばれる人的結合関係についてのみいえば、それが一方においては「士は己を知る者のために死し、女は己を悦ぶ者のために容《かたち》づくる」という予譲のことば（史記刺客列伝）の示すような士の心情によってささえられているという点において、また他方においては、そのような心情的結合が、身をへりくだって貴賤の別なくこれら士や卒を親愛厚遇する主の恩恵的行為に応ずるものであり、そしてそれが主の支配力を強化する方向において作用している点においては同じである。戦国の四公子の場合にみられる主客の関係は、相互信頼にもとづく対等の関係である、と陶希聖以来解する向きが多い。しかしながら、問題は、いわば私属たる客を一見対等のごとく厚遇するその点にあるのであって、そこから生ずるかたい心情的結合が機能する場は、主のパトリアルカールな支配関係という大きな枠の外ではない。かれら四公子が貴賤の別なく多くの客を養ったのは、みずからの権力の基礎を強化するためであることは、ことわるまでもないからである。このような主客の関係の機能する場や枠を無視し、ただその関係だけを描出してとり上げることは危険であるといわなければならない。

私はさきに第一章・第三章で漢代において民間に盛行する任俠的習俗は、春秋戦国時代の武士たちの間の規範意識と生活感情が、民間に移行して習俗化したものであることをのべた。前記の戦国時代の諸戦闘集団においても、のちに任俠的人的結合関係として民間に展開するものと同じ性格のパーソナルな心情的結合が、集団長の強い支配力や命令権を内面からささえ、その支配力を強化する方向において作用していることを、私たちは見てきたのである。それらの趙奢や司馬穰苴や呉起の軍団の場合にあっては、いずれも戦国諸王の軍団であり、みな王から将軍に任ぜられたのであって、かれらが定め発する「約」の強制力の基礎は、形式的には、かれらを将軍に任じた王の公的権力によって与えられていたのである。しかし、その場合でさえも、その「約」が現実に強制力をもって軍団員に遵守されるためにはそれだけでは十分ではなかったのである。それと同時にその内面には上述のようなパーソナルな心情的結合があって、軍団長の強制力をささえ強化していたのである。このことは、このような公的権力をバックとしない劉邦集団やその他の民間の集団の場合、しかも大土地所有というような物的基礎をもたないそれらの游民集団の場合に、その集団の約のもつ強制力、そこに示される集団長の強い支配力は何によってささえられ、どこから生れてくるのであろうか、ということを考える上に、重要な暗示を与えてくれる。

この問題にただちに入るまえに、同じく公的権力をバックとしない、また既存の物的基盤からはなれた、前記の田疇の移住聚落の[3]「約束」がどのような社会関係にもとづいてその強制力を獲得しているかを分析しておくことは、私たちの考察に有用である。田疇は右北平郡の無終の県人で撃剣を善くし、幽州の牧劉虞のために「自ら家客と年少の勇壮の慕従者二十騎を選んで」長安に使し、未だ帰らざる内に劉虞が公孫瓚に殺されたため、「君の仇報ぜずんば、吾以て世に立つべからず」とちかい、「宗族およびその他の附従数百人を率いて、徐無山中に入った」いわば任侠の豪族である。かれが山中に移って一大聚落を形成する状況はつぎのように記されている。

「遂に徐無山中に入る。深険平敞の地に営して居し、躬ら耕して父母を養う。百姓之に帰し、数年間にして五千余家に至る。(田)疇其の父老に謂って曰く『諸君、疇を以て不肖とせずして、遠来相就く。衆きこと都邑を成すも、相統一すること莫きは、久安之道に非ざるを恐る。願わくば其の賢長者を推択して以て之が主と為せ』と。皆『善し』と曰い、同じく僉《みな》(田)疇を推す。疇曰く『今来りて此に在るは苟《かりそめ》に安んずるのみにあらず。将に大事を図り怨を復し恥を雪《そそ》がんとするなり。窃に未だ其の志を得ざるを恐る。而るに軽薄之徒自ら相侵侮し、快を一時に偸《ぬす》み、深計遠慮なし。疇に愚計有り。願わくば諸君と与に之を施さん。可ならんや』と。皆『可』と曰う。疇乃ち約束を為《つく》りて殺傷犯盗諍訟之法を相《えら》び、法重き者は死に至り、其次は罪に抵る二十余条。又制して婚姻嫁娶之礼を為《つく》り、学校講授之業を興挙して、其の衆に班行す。衆皆之を便として、道に遺を拾わざるに至る」
私たちの問題との関連においてこの史料が示す重要な素材はつぎの三点である。第一は、田疇は父老たちに推されてこの徐無山中に新たに形成された集団――というよりは聚落――の長となったということ、第二は、この集団の長となるや、田疇は刑法・礼法を内容とする「約束」を父老たちの支持と承認のもとにつくったこと、第三には、この「約束」は、「道に遺を拾う者がなくなる」ほどの拘束力と教化力とをもって、権威あるものとして全員に遵守されたこと、の三点である。まずそこでいう父老とはどのようなものであろうか。

田疇の故主劉虞は、幽州の牧として黄巾の賊にあらされたこの燕趙の地に恩徳を施し、この地方の人士から慕われていた人であり、この劉虞を殺してその権力を奪った公孫瓚は、「その寵愛する所の類は多く商販庸児で」、「州里の善士の名の其の右に在る者は必ず法を以て之を害し」(後漢書公孫瓚伝)、また旱蝗の害がつづいて民相食むも、「百姓を恤まず」とも記されている。田疇は、この公孫瓚に殺された故主劉虞のために仇を報ずることを目的として、難をのがれて徐無山中に入ったのである。最初田疇が率いてきた「宗族およびその他の附従数百人」というのは、田疇が直接掌握するところの勢力の人的構成である。それは「家属及び宗人三百余家」とも記され、徐無山に入る前に、その故地である無終の県邑において地方豪族としての田疇が掌握していた宗族およびかれに依附していた家客・少年その他の隷属民よりなる人的結合関係が、その大土地所有その他の物的基礎をはなれて徐無山中に移住したのちにも、そのまま生きて作用して、田疇の勢力の直接の人的基盤を形成したのである。ところがその後、百姓これに帰し、数年間にして五千余家に至ったので、田疇は、其の父老に謂って曰く『諸君、疇を以て不肖とせずして遠来相就く、衆きこと都邑をなす、……願わくば其の賢長者を推して以て之が主と為せ』と記されているのであるから、そこにいう父老というのは、最初田疇が率いてきた宗族・附従者のうちのものではないことは明らかで、その後集まってきた人々の頭立った人々であることが知られる。漢代文献に出てくる父老の用例からみると、父老とは一般的にいって里の人々の信望の上に立って、里の人々を統領する里の有力者である。(4) したがって「父老」ということばの下には、かれに信頼をよせ、かれに統領される人々の小集団を予想してよい。それはしばしば「子弟」ということばで表現される。しかし現実には必ずしも父老と子弟との間には同姓的血縁関係を予想しなくてもよい。田疇はその父老を呼んで「諸君」といっているのであるから、徐無山中に田疇を慕って集まってきた五千家にのぼる人々の形成した邑のなかには、数人か十数人か或はそれ以上の複数の父老がいたのであり、逆にいえば、五千家にもおよぶ大聚落はいくつかの小集団にわかれてそれぞれが父老によって統領されていたことを意味する。漢代の古い既存の都邑聚落は、城郭にかこまれ、その中が民居であるいくつかの里に分けられているのが一般であった。(5) そしてその里には、里民を率いる父老がいた。田疇の故郷である無終の県邑も、水経注(巻一四鮑丘水注)によれば春秋時代以来の古い邑であるから、同様な構成をもっていたであろう。田疇はそこでは宗人三百余家にもおよぶ名望ある豪族として、かれのすむ里以外の同じ城中のいくつかの里の父老たちの上にも大きな影響力をおよぼしていたものと考えられる。田疇がその宗族・附従数百人をひきつれて無終より徐無山に移住してきたのち、戦乱をさけかれを慕って子弟を率いて集まってきた父老たちについてまず考えられるのは、かれの影響下にあった無終城中の里の父老たちであるが、それだけではない。無終の戸数は不明だが、続漢書郡国志によると右北平郡には、無終をふくめて四城(四つの都邑)あり、その総戸数が九千余戸と記されているから、徐無山中に形成された五千戸におよぶ新移住聚落の方が、田疇の故地無終の戸数よりは多いのではないかと思われるからである。公孫瓚の圧迫をさけて、無終以外の地からも、田疇の保護をもとめて集まってきた群小の父老的土豪も多かったであろう。また邢顒(6)のように単身できたものもあろうが、むしろ多くの場合、小集団を率いて移住してきた者が多かったのではないかと思われる。後漢末の戦乱の際に避難移住する者にはそのような形態をとる事例が多いからである。したがって徐無山中に移ってきてからも一族附従者がそれぞれ一つの小集団をなして定住する形態をとったと考えられる。いずれにせよかれら父老はみな田疇を慕って集まってきたものであり、劉虞を徳とし公孫瓚を憎む点において心を同じうして、「田疇を以て不肖とせずして遠来相就いて」きた者であるから、そのことと田疇の任侠的性格とを考えあわせると、かれら父老と田疇との間の心情上の結びつきは当然予想されるが、これらの頭立った父老たちの下にあるいくつかの小集団と小集団の人々の相互の間には、何分にも多数の人数であるから、「軽薄の徒の自ら相侵侮し」、殺傷・犯罪・諍訟のことも多かったのであろう。私たちの問題にとって特に注意しなければならないことは、田疇が、このような性格の父老に推されて全聚落の長となり、これら父老の支持と承認のもとに、全移住民を規制する刑法・礼法を主内容とする「約束」を制定し、それが全員によって遵守されたということである。田疇の定めた約が強制力をもって五千戸におよぶ全員によって遵守されたのは、このような性格の父老たちの支持と、その支持をささえる、父老たちの田疇に対する心情的結びつきがあったからである。かれら父老は田疇を長として推し、長の定める「約」を承認することによって、同時に全集団員と共に、その約に絶対服従しなければならない。それが「約」なのである。そしてその「約」をささえるものが田疇と父老たちとの間の人的な信義の関係である。五千戸におよぶ全集団員にも、もとよりなんらかの形での田疇に対する心情的傾斜があるのであろうが、より具体的には直接かれらの上に立つ父老たちが田疇を長として推すそのパーソナルな田疇への心情的むすびつきの基礎の上に、田疇の全員に対する支配力が生れてくることを、以上の事例はしめしているのである。そしてその田疇と、父老たちすなわち集団幹部との心情的結びつきは、かれらが田疇を長と推すことによって、そしてまた「約」を媒介として、新たに田疇の統一的支配力を支持し強化する方向において機能することになる。この田疇の集団は単なる移住聚落ではなくて、「将に大事を図り怨を復し恥を雪《そそ》がん」とする戦闘集団的性格をもつものであることを注意しておかなくてはならない。もっとも田疇が父老たちに推されたについてはなんらの基盤がなかったのではない。かれは名望ある地方豪族であり、その物的基盤をはなれて徐無山中に移住したのちにおいても、かれの宗人三百余家と家客・少年が、かれの勢力のかわらざる中核的な人的基盤をなしていたのである。しかしかれの定めた「約」がそれ以外の五千戸にもおよぶ全移住者に権威をもって遵守されたその権威の基礎は、かれのこの直接掌握する数百人の人的基盤にあるよりはむしろ、かれが上述のような性格の父老たちの支持を得たからであり、その支持をささえる心情的むすびつきが、かれと父老たちとの間にあったからである。ところで、その勢力の中核にこのような同族的結合の豪族的構成をとらないのが、私たちが最後に問題にする劉邦集団の場合であったのである。

さて、ここまで考えてきて、再び劉邦集団に考察をもどして見よう。劉邦集団の場合には、その集団結成の際における「約束」の制定については、前述のような明確な史料は残されていない。しかし、上述のように、関中に入る以前の初期集団において、客と雖も犯せば斬に処せられる軍法があったことは、明記されているのであるから、その挙兵の際にも軍律・軍法ともいうべきなんらかの「約」が制定されたことは想定してよいと思う。周知のように、挙兵以前の劉邦は游俠上りの亭長であり、また亭長に甘んぜずして、徒衆少年数百人を率いて芒碭の山沢の間に小勢力をもっていた小游民集団の首領であり、蕭何・曹参らの沛の豪吏とは、前から任俠的習俗にもとづく人的むすびつきはあったが、挙兵以前は別にそこに統属関係はなかったと考えてよい。この劉邦が挙兵の際、沛公に推されたのは、周知のように沛の父老たちや蕭何・曹参などの沛の豪吏の推挙によってである(7)(史記高祖本紀)。劉邦は、集団の長に推されると、これら父老・豪吏の支持と承認のもとに、これら幹部をふくめて全集団員を拘束支配する「約」を制したと考えられる。いいかえれば、かれら父老・豪吏は、劉邦を長に推し、長の制する「約」を支持承認することによって、同時にかれらのもとにある全集団員とともに、その約——すなわち劉邦の命——に絶対服従することになるのであろう。これによって、父老たちの率いる数千人の沛の子弟たちは、劉邦集団にくみ入れられ、集団幹部である蕭何・曹参・樊噲らの豪吏・少年の統率下にうつされて、戦闘要員となって行くのである(史記高祖本紀)。そして重要なことは、この挙兵以前から、游俠劉邦と、諸豪吏・少年たちとの間にむすばれていた任俠的習俗にもとづくパーソナルな信頼関係が、この「約」に絶対服従する信義の関係として、いいかえれば、全集団員を統御する劉邦の支配力を内面からささえ強化する紐帯として、新たなそしてより重要な機能を発揮して行くことになるのである。劉邦集団の場合においても、かれらの支配力の根源は、かれとパーソナルな人的結合関係にある集団幹部をかれがしっかりと掌握していることにあるのではなかろうか。

さきに挙げた田疇の事例と、ほぼ同じ事例としては、それより少しおくれて晋に入って、庾袞が「同族及び庶姓を率いて」禹山に難をさけ、諸群士に推されて長となるや、「人の主を立つるのは其の命に従うを貴ぶ也」といって、自衛体制強化のための「約」を制したことが晋書庾袞伝に記されている。この庾袞の言の示すように、人々が特定人を推して主に立てるのは、その主の命にしたがうためなのであって、主に推した以上、何人もその主の命にしたがわなければならない、というのは推された主の側からする要請である。庾袞がことさらこのような要請をのべて、約を制したのは、主に推しながら、必ずしも主の命にしたがわぬ事態が現実にあるためにほかならない。主に推す者と主に推される者との間に、そのもつ勢力の差の少ない、庾袞や田疇や劉邦のような難民や游民の集団の場合には殊にそうである。例えば、秦漢の際の項羽は項梁とともに懐王を主に推しながら、やがてのちになると、「懐王は吾家の項梁の立つる所のみ、功伐有るに非ず、何をもって約を主《つかさど》るを得んや」といって、懐王の「約」に負き(史記高祖本紀)、やがて懐王を殺害するのである。人に推されて主になったから人を支配する力をもつというのは、事柄の形式である。劉邦が沛の父老・豪吏に推されて沛公となったから、劉邦はその全集団を統御する支配力をもつに至った、という説明の仕方だけでは、事柄の外面に触れるにすぎない。問題の核心は、そのような形式が、現実に生きて動くためには、どのような固有な社会関係が内面からそれをささえているのかという点にある。同じ問題の繰返しになるが、問題をより明確にするために、より広い歴史的展開のなかで、別の面からもう一度この問題を考えて見よう。

（1）「徳」と「術」との関係については、本書第二篇第一章「戦国官僚制の一性格」において詳述した。
（2）陶希聖「西漢的客」『食貨半月刊』五巻一期、一九三七。
（3）なお、この田疇の事例については、那波利貞「塢主攷」『東亜人文学報』二ノ四（一九四三）もふれている。
（4）宇都宮清吉「漢代における家と豪族」『漢代社会経済史研究』（一九五五）、守屋美都雄「父老」『東洋史研究』一四ノ一・二（一九五五）参照。
（5）宮崎市定「中国における聚落形体の変遷について」『大谷史学』六（一九五七）参照。
（6）三国志魏志邢顒伝「邢顒字子昴、河間鄚人也、……易姓字、適右北平、従田疇、游積五年」。
（7）本書第一篇第一章「漢代における民間秩序の構造と任侠的習俗」参照。

## 四　戦国秦漢時代の「約」の歴史的性格

西晋の庾袞が、推されて主となって、約を制する際にいった「人の主を立つるは、其の命に従うを貴ぶ也」という言辞と、ほぼ同じ意味のことばが、それよりはるか昔の春秋時代に、晋の悼公によってかたられている。当時、晋では、郤・欒・中行氏等の世族の強大化がいちじるしく、かれら（欒・中行氏）をおさえようとした厲公を弑して、襄公の曽孫で十四歳の周子を、京師から迎えてこれを悼公として擁立したのであるが、その際、周子（悼公）は、これら諸大夫に対して「抑々《そもそも》人の君を求めるは、命を出さしめんとすれば也、立てて従わずんば将《はた》安《いず》くに君を用いん。二三子我を用いるも今日、否《しから》ざるも亦今日、共して君に従うは、神の福する所也」といい、「（君に従うは）群臣の願也、唯命是れ聴かざらんや」と答える諸大夫と「盟して」のち国に入った、と伝えられている（左伝成公一八年）。かたられていることばの表面的意味は、西晋の庚袞の言と相似たものがあるが、そのような主の要請をささえる内実の社会関係には、両者の間に大きな歴史的推移の開きを私たちは見るのである。晋の悼公は、現実に実権をにぎる強大な世族たちの臣従を確保するために、「盟」という形式を用いた。それは信を約する形式ではあるが、それは約の拘束力を神明の力によって強め保証しようとする、呪術的力に対する宗教的信仰を前提とする。そこでは人に対する信ではなく、神に対する信が、その約の拘束力を保証するのである。そこでは、壇をきずき、牲をほふって血を歃り、約に背かざることが、神に盟われるのである。それは当時においては、異姓と異姓とを結びつけるきわめて重要な結合の方式であった。魯では、陪臣あがりの陽虎が、魯国の国政を左右する僭主的地位にのぼると、自己の政治的権力を支持させるために、公および三桓氏と周社に盟い、国人と亳社に盟っている（左伝定公六年）。単に諸国の会盟においてばかりでなく、国内の相争う諸大夫の臣従を確保するために、以上のような「盟」の形式がとられていることは、春秋諸伝のなかに枚挙にいとまのないほど多い。しかしながら、そこにおける盟は、内に分裂対立の契機をふくむ諸勢力を、神明の力を保証とすることによって、外側から結びつけようとするのが一般であって、この国内における諸勢力の分裂抗争が無秩序なまでにはげしくなって行く春秋中期以降の現実の動きにあっては、このような約の拘束力を保証するものとしての「盟」の形式は、次第にそれだけではその現実的効果を失って行くといってよい。「誓盟信ならず、質を置き符を剖くとも猶約束する能わず」というのが現実になってくるのである。神の前に歃血し、約に背かざることを神に盟っても、神罰は必ずしも違約者に下らない。現実のはげしい動きを前にしては、そのような鬼神信仰は、それだけでは次第に人々を拘束する力を失って行くのが、春秋中期以降の現実だといってよい。人々を「約束」

し、人をおのれにむすびつけるその拘束力を強化するためには、そのような神明の制裁力にただたよるだけではなく、より確実な保証を内に求めなければならない。それは鬼神に対する信のみではなくて、人それ自体の信の獲得でなければならない。「徳すなわち競わざるに、盟を尋ねるも何ぞなさん」という季文子の言(左伝成公九年)や、「徳なければ何を以て盟を主《つかさど》らんや」という郤缺の言(左伝文公七年)に示される「盟」への批判、或は、「季路をして我を要(約)せしめば、吾盟うこと無けん」という小邾射の言(左伝哀公一四年)は、そこにはなんらかの形で内面よりむすびつく人間関係の契機をもたない、ただ強者が弱者に強要する当時の「盟」の盛行に対する、強い抗議を示している。このような動きは、選ばれた知識分子においては、やがて鬼神のもつ呪術的拘束力に対する懐疑へと発展し、やがて展開される人間道徳の自覚の上に立つ新しい思想的展開へつながるのであるが、鬼神信仰がなおのちのちまでも根強く残る一般の社会層においても、新しい人間関係によって内面から結びつくかたい人的結合関係が生れてくるのであって、そこでは、鬼神のもつ呪術的拘束力は、この新しい人的結合関係と併存し、それに基礎づけられて、はじめてそれを補強する作用をなすものとして、習俗化されるにすぎなくなる。このような動きについては、私は、前に、墨子の思想の社会的基盤を論じた際に、関説するところがあった(1)。そして、そのような新しい人的結合関係は、春秋中期以降の下級武士の自然素朴な生活感情と生活倫理から生れてきたことも、そこで明らかにした通りである。

衛の献公は世族孫氏・寗氏に逐われて国外に出奔し、十二年の亡命生活ののち、甯喜の手びきによって衛に帰り位に復し、有力世族の支持を確保しようとして、かれらと「盟う」ことを求めるのであるが、かれらは盟しても献公の詐多くして信頼し難いことを知っているので、盟を辞退して肯じない者が多い。その一人である公子鱄(子鮮)は、献公から盟を求められ、辞退することばとして、つぎのごとくいいのがれをしている。「夫れ羈縶を負い鈇鑕を執りて、君に従いて東西南北するは、則ち臣僕庶孽の事也、若し夫れ言を約して信をなすが如きは、則ち臣僕庶孽の敢えて与かる所に非ざる也」と（公羊伝襄公二七年）。何休の注によれば「縶は馬絆」である。「鈇鑕を執りて君に従う」ということばも必死を示す套語である。君のおもむくところどこまでもつき従い、君の命には死をもって従うのは、臣僕庶孽の当然なすべきことであるから、改めて盟して信を約する必要はない、というのが公子鱄の遁辞なのである。これは献公から求められた盟をのがれようとする公子鱄の遁辞であって、そこに語られている関係がそのまま献公と公子鱄との実際の関係を示すものではないことはいうまでもない。しかしながら、この羈紲を負いて君に従う臣僕庶孽の下級の士の家臣層のなかから、実は、外側から盟の形式をもって無理にしばらなくても、内側から心情的に主にかたくむすびつく人的結合関係が、当時、生れつつあった歴史的現実に私たちは注意しなければならない。それは、社会の上層部における諸侯と卿大夫との間の公的関係においてではなく、卿大夫とその家臣私属たる下級武士との間の私的な主従関係に顕著にみられる新しい人的結合関係である。それはすでに、「少《わか》いときより士をこのんだ」晋の公子重耳が亡命して諸国を流浪した十七年もの間、「羈紲を負いて、君（重耳）に従い」、重耳と辛苦を共にした従士たちの主に対する心情的むすびつきにも見られるが、より顕著には、前記の「家財を尽して、多くの士を聚めた」斉の公子商人や、「施を好んで士多く之に帰した」晋の世族欒盈のにぎる主従関係にみられ、欒盈が范宣子のために国外に放逐され、諸国に亡命して斉より曲沃に入るときにも、なお多くの士がつきしたがって欒盈のために死地に赴いているのである。晋の趙盾とその家臣提弥明、趙鞅とその家臣董安于、さらには斉の荘公とその私属の勇士たちなどにみられる死をもって主をまもるかたい主従関係、或は楚の白公と死士石乞との関係等、春秋中期以降に入ると、さらに多くの同一性格の人的結合関係を私たちは見出すのである。以上の諸例に見られる下級武士の主に対する関係は、当時の上層社会における君主と世族との間のみだれにみだれた関係とはいちじるしく対照的である。かれら武士たちを主君にむすびつけているものは、すでに従来の宗法的秩序が示すような血縁や氏族の紐帯ではない。また盟約による鬼神に対するおそれのみではない。それは「士は己を知る者のために死し、女は己を悦ぶ者のために容《かたち》づくる」という予譲のことばが示すような、きわめてパーソナルな人間関係にもとづいた新しい歴史的意味をもった心情的結合である。

かれら武士が主君に臣事する場合、当時の文献では「質を委ねる」という特有な表現をとる。(2) 註釈者は、質とは贄であり、雉であり、「質を委ねる」ことをもって、其の君のために必ず節に死するの義を示すものであるという。(3) そのような理解の仕方が正しいとすれば、臣従の際になされる「質を委ねる」という習俗は、それによってみずからの行動を拘束する呪術的意味を、もともとは含むものであったろう。しかし、そのような拘束的意味をもった習俗だけから上述のような主従の心情的結合が当然結果されると簡単には説明できない。春秋末期、晋の予譲は、范氏・中行氏にも、また智伯にも「質を委ねて」臣事したのであるが、ただ智伯に対してのみあの有名な復讎の物語が示すような、臣節を尽して死地に赴いているのである。何故に智伯のためにのみ身をすてて仇を報じようとし、范氏・中行氏のためには仇を報ずることをなさないのかという質問に対して、予譲は「臣、范・中行氏に事う。范・中行氏は皆衆人として我を遇す。我、故に衆人として之に報ゆ。智伯に至りて国士として我を遇す。我、故に国士として之に報ゆ」(史記刺客列伝)と答えている。同じことを呂氏春秋は予譲の言としてつぎのごとく記している。「范・中行氏は我が寒《ここ》えても我に衣せず、我が餓えても我に食せず、而して時に我をして千人と其の養を共にせしむ。是れ衆人として我を畜《やしな》う也。夫れ衆人として我を畜う者には我も亦衆人として之に事う。智氏に至りては則ち然らず。出づれば則ち我を乗せるに車を以てし、入れば則ち我を足らしむるに養を以てし、衆人広く朝して必ず礼を吾所に加う。是れ国士として我を畜う也。夫れ国士として我を畜う者には、我も亦国士として之に事う」(季冬紀不侵)と。予譲を智伯にかたくむすびつけているものの内奥にはこのような生きた人間関係が強い力をもって作用しているのである。そしてそれは、与えられた恩義には死をもって報ずるという武士たちの自然素朴な生活感情と生活倫理がその底にあってこれをささえているのである。それは従来の氏族的紐帯や、鬼神の拘束力のみを媒介とする盟的結合紐帯だけでは、すでに支配の秩序が維持できなくなった春秋中期以降の社会のなかから生れてくる、新しい人間関係にもとづく秩序原理の萌芽といってよい。しかしこのような主に対する武士の心情的結合は、決して主君がおのれのもとに集まる多くの下層の士を臣として拘束する諸形式――「約」的強制――に矛盾するものではない。むしろ、そのような支配の形式を内面からささえ強化するものとしてこのような心情的結合が作用するのであって、そのために上来あげてきた春秋中期以降の新興勢力は従来の身分秩序をやぶって、それぞれが直接勇力多能な下層の士を多数養い、争ってわが身と等しくこれを愛利厚遇したのである。それは、これら下層の武士たちの心情をきわめて現実的な仕方でしっかりとつかむことによって、みずからの権力基盤をより確実な基礎の上にきずかんがためである。したがって、そのような新興勢力が次第に拡大して一つの独立の政治的勢力となって行くにつれて、その人的結合の関係を法と術とをもって拘束する支配の形式の一面が強化されて行くことは、戦国期諸国の中央集権的官僚制度の整備の動きがこれを物語っている通りである。(4) そしてまたそのような政治的統一の動きとならんで、上述のような下層の士の心情的献身に期待することによって自己の勢力的基盤を強化しようとする動きは、戦国期に入っても特に私門においてはますますさかんで、身をへりくだって貴賤となく数千の客を厚遇するあの有名な戦国の四公子の事例に顕著な主客の結合形式をうみ、また、このような人的結合関係とそれをささえる心情が民間に移行して、秦漢時代の任俠的習俗となったことはくりかえしのべたところである。(5)「游俠の本は武毅に生ず、久要(旧約)を撓《みだ》さず、平生の言を忘れず、危を見ては命を授け、以て時難を救い、同類を済う」(前漢紀武帝紀)という、久要とは旧約の意である。また「布衣の交にも猶誓に信たるを務めて水火を踏み、知己に感じて肝胆を披《ひら》き、声名を徇えて節義を立てるもの有り」(三国志魏志杜畿伝)ともいわれる。

この「旧約を撓《みだ》さず危を見て命をさずけ」「誓に信たるに務めて水火を蹈む」ところの民間の任俠的習俗の基盤の上に集団が形成され、主長が推され、そこに全集団員を拘束支配する「約」がさだめられると、その習俗にみられるかたい人的結合関係は、主長の部下を約する法的拘束を内面からささえ強化する作用を果すものとして、重要な社会的意味をもつことになる。約を守り誓に信たることは任俠的習俗に本質的にそなわる特性であるからである。それは、「約」の拘束力を神明の力によって保証しようとする「盟」の形式が、ただそれだけでは、他をおのれにつなぎとめる現実的効果を失いかけてきた春秋中期以降のはげしい現実の動きのなかから生れてきた、新しい歴史的意味をもった前述のような人間関係の系列の中で理解されなければならない性格のものであろう。

もちろん、そのような盟の形式は、それ以降なくなったというのではない。それは形式化して民間に後々まで伝わって行くのである。またそれをささえる鬼神信仰も、その後も根強く民衆の間に残って行くのである。例えば、戦国時代に斉の即墨が燕の大軍に囲まれたとき、田単は城中より推されて将軍となったのであるが、田単が「約束を出す毎に必ず神師を称した」と伝えられていることは前述の通りである。それは、飛鳥が悉く城中に舞い下った異常事象にかこつけて、神が来り下って我に教うといい、城中の人のなかに必ず神の化神がいるといって、一人の兵士を神人にしたという挿話につづく話である。要するに、初めて衆のなかから長にえらばれた田単が、自分の出す「約束」(軍令)を権威あるものとして士卒に遵守させるために、いつも、神の教えによる「約束」であるといってこれを宣布したということであって、みずからの発する「約束」のもつ拘束力を強化するために、そこでは士卒の間に根強い鬼神信仰が利用されているのである。秦末陳勝の挙兵の場合においても、戍卒のなかから立った陳勝は、みずからの権威を基礎づけるために士卒の鬼神信仰を利用して、叢祠のなかで狐鳴し、またみずから将軍となるや、「壇をつくりて盟って」いる。劉邦の場合においても、挙兵の際、黄帝・蚩尤を祭って、鼓に釁《ちぬ》り、また挙兵の際の「約」ではないが、天下を平げて、皇帝となった後においても、周勃・王陵・陳平らの劉邦集団幹部出身の大臣と「血を吮って盟って」「劉氏に非ずして王たらば、天下共に之を撃て」という「約」をさだめた、と伝えられている（史記呂后本紀・漢書王陵伝）。そしてこの約は「高祖之約」として漢書周勃伝をはじめ後漢書劉盆子伝・左雄伝等に後々まで規範力をもつものとして引き合いに出されていることはすでにのべたところである。すでに皇帝として強大な国家権力を保持している高祖が、このような禁令を出す場合に、何故に制詔法令の形によらないで、劉邦集団幹部出身の大臣との「盟」の形をとったのであるか、[6] なお追求すべき問題があるのであるが、この「約」の内容が、人民統治のための規定に関するものではなく、いわば漢家の約であることから見ても、その約をさだめる手続のなかに、いわば形式的に初期劉邦集団時代の遺風が、或はそれ以前の時代からの伝統的習俗が残されているのではないかと思われる。しかしながら、そのような習俗化された盟の形式や、民間に根強く残る鬼神信仰は、すでにただそれだけでは、人々をつなぎ結び、或は集団を組織化する力をもつものではなかった。そのような民間集団形成の中核には前述のような新しい人的結合関係としての任侠的習俗から生れるかたい心情的結合が作用しているのが一般であって、盟の形式や鬼神信仰はそれを補強する作用をなすのである。この問題は、殊に、民間信仰のとる社会的形態としての所謂「教匪」的集団形成の場合に、私たちの当面の問題とは異なった問題関連において重要な意味をもってくるものであるが、その場合においてすら、少くともその中核においては任侠的習俗のもつ組織原理が大きく作用していることは、さきに明かにしたところである。[7]

　以上、私たちは戦国秦漢時代の「約」・「約束」の社会的分析を通して、劉邦集団にみられる任侠的習俗にもとづく人的結合関係は、同集団における支配関係と矛盾するものではなく、むしろそれを内面からささえ強化する機能を果すものであるというその具体的構造関連を追求してきた。それならばそのような任侠的な心情的結合によって内面からささえ強化されるというその支配関係は、劉邦集団の場合、どのような歴史的性格のものとして規定すべきであろうか。そのためには「約」の内容の問題、すなわち本稿の冒頭にのべた集団分析の第一の側面、いわばその集団のとる制度的外郭機構の分析にうつらなければならない。それについては西嶋氏の鋭利な研究があったが、さらに新たな視角から劉邦集団のとる制度的外郭機構が、純制度史的に戦国時代の王侯・私家の支配機構との対比において、しかも、そのような戦国時代の王侯・私家の支配機構が、秦漢帝国の中央集権的官僚制度の形成という過程のなかにおいてどのような役割を演じ、どのような形においてそのなかにくみ込まれていったかを制度史的に厳密に分析しなければならない問題が残されている。その上で、劉邦集団の制度的機構とそれをささえる内面的関係が、どのような形で漢帝国の官僚制度のなかにもちこまれ、または変質化されたかという問題が解かるべきである。この問題は、単に劉邦集団の性格の問題に関するばかりでなく、戦国秦漢の国家権力およびその官僚制の性格をとく一つの重要な手がかりとなる。この問題については第二篇にゆずる。(8)

（1）　本書第一篇第三章「墨俠」第三節註四参照。

（2）　当時の士が主に仕えて臣従することを「質を委ねる」という特有な表現を以て記されていることは、一々列挙するまでもなく多い。例えば、晋の公子重耳の従士については左伝僖公二三年、鼓子の臣夙沙釐については国語晋語九、予譲については史記刺客列伝、蘇秦については史記蘇秦列伝、張儀については史記屈原列伝、呉起については呂氏春秋審分覧執一を参照。また弟子が師に仕える場合にも「質を委ねる」というこの表現が用いられている。例えば史記仲尼弟子列伝の子路の場合の事例を参照。

（3）　白虎通巻下文質編に「臣見君所以有贄何、贄者質也、質己之誠、致己之悃愊也」とある。又、同じく「士以雉為贄者、取其不可誘之以食、摂之以威、必死不可生畜、士行威守節死義、不当移転也」とある。

（4）　この点については、本書第二篇第一章「戦国官僚制の一性格」で詳しく触れた。

（5）　本書第一篇第一章「漢代における民間秩序の構造と任俠的習俗」参照。

（6）なおこの外、盟の形式をとっているものに封爵の誓における白馬之盟がある。栗原朋信前掲論文参照。
（7）本書第一篇第二章「漢代における巫と俠」参照。
（8）本書第二篇第一章「戦国官僚制の一性格」、第二篇第二章「漢代における国家秩序の構造と官僚」参照。

（東方学会編『東方学論集』第三。一九五五・四・二六稿）
（一九五九・三・三〇補）

# 第五章　商鞅変法の一問題

## 一

秦漢帝国の歴史的性格を、その形成期にまでさかのぼって追求しようとする場合、その解明を最も切実に要請されている重要問題は、商鞅の変法の提示している諸問題である。それは単に、旧来の氏族制的秩序にもとづく邑制国家の組織の崩壊の後をうけて新たに形成される集権的な統一支配の端緒的形態を明示するものであるばかりでなく、この転換期に前面に露呈されて来る社会経済上の諸問題が、どの様な形で、新しい国家権力の支配体制の中に包摂されて行くか、或は包摂して行こうとするかと云う点で重要な史料を提供しているからである。従って、この商鞅の変法に示される、土地制度、社会組織、政治組織等々の改革は、それぞれが、相互に関連をもつものとして、広い視野において統一的視点から把握されなければならず、又それと同時にそれぞれの改革が、それに先行し、それにつづく歴史的展開の中で、どの様な歴史的性格をもつものとして理解されねばならぬかと云う、歴史的把握も同時に要請される問題であって、問題の重要性と史料の制約とは、従来の数多くの研究の貢献にも拘らず、尚多くの問題を残しているのである。この商鞅の変法中、土地制度に関する問題については、その研究史の上から云って、最も水準の高い業績を生んでおり、殊に、近年相ついで発表された木村正雄氏(1)、平中苓次氏(2)の研究は土地制度を中心にしながら、変法についての前記の様な統一的理解と歴史的把握に接近しようとする新しい問題を提示するものとして、特に注目されなければならない。最近、守屋美都雄氏[3]も亦、商鞅変法におけるこの土地制度の改革について、研究史的展望を行い、それら従来の研究を批判しつつ、今後発展さるべき残された問題点を整理された。私が、ここでとり上げようとするのは、その様な阡陌制度に関する問題ではない。それは、従来比較的ふれられなかった、変法中にふくまれる社会制度の微細な問題についてであるが、それは、阡陌制についての従来のすぐれた研究に対する若干の疑問から誘発された問題である。先ず守屋氏の驥尾に附して、私自身の疑問を提出することから問題を展開して行ってみよう。

商鞅の変法中、社会制度の改革(もちろん政治改革や土地改革とも相関連するものであるが)に関する重要な問題の一つとして、従来の身分秩序の廃棄と戦功による新たな身分秩序の樹立とが挙げられる。軍功なき者は、宗室と雖も爵秩をもつことを許さず、富者と雖も亦芬華し得ずと言う規定は、従来の氏族貴族の特権を破砕して、君権の集中的強化をはかるものであり、一般の庶民と雖も、軍功あればその功績の程度に従ってそれぞれの爵をうけて、土地と特権とを与えられると言う規定は、当時漸く氏族的秩序から分出され始めて来ていた民間における一般農民の広範な層を、新たに国家構成の成員すなわち編戸の民として、一方的に君権の支配体制の中にくみ込み、彼等の積極的献身を強制することによって一般人民のこの広範な層の上に、新しい国家権力の確立をはかるものであった。従って、そこに新たに形成される身分秩序すなわち、専ら軍功により与えられた爵秩の高下によって、それに帰属せしめられる田宅、臣妾、衣服が厳格に等級づけられると言うこの新たな身分秩序の樹立は、何より先ず、君権の強化を支えるためのものでなければならない。先ずこの観点から、爵の高下により帰属せしめられる、田宅、臣妾の性格が厳密に再検討されねばならない。

(1)　木村正雄「「阡陌」について」『史潮』一二ノ二、一九四三。

（2）平中苓次「秦代土地制度の一考察」『立命館文学』七九、一九五一。
（3）守屋美都雄「阡陌制度に関する諸研究について」三上次男・栗原朋信編『中国古代史の諸問題』（一九五四）所収。

## 二

史記商君列伝に見える「尊卑の爵秩の等級を明らかにするに各々差次を以てし、田宅・臣妾・衣服を名ずるに家次を以てす」と言う変法令の一条をとり上げて、「夫々一定の序列を定めて爵位の高下の身分を明らかにし、夫々一定の家格（家長の爵位の高下の階級）に基いて、田宅・臣妾・衣服をその名儀（身分）に帰属せしめる」と解し、その規定の中の爵の、高下にもとづく田宅の帰属の具体的関係を、商君書境内篇にある「能く甲首一を得るものは、爵一級を賞し、田一頃を益し、宅九畝（五畝の誤りか）を益す」の記述をもって、又、臣妾の帰属を、荀子議兵篇の「秦人は、天下の民をして、利を上に要《もと》むる所以のものを、闘いにあらざれば由る無からしむ。阨《やく》にして之を用い、得《かち》て而る後之を功とす。功賞相長、五甲首にして五家を隷せしむ」と言う史料をもって解釈されようとしたのは、平中苓次氏[1]であった。平中氏はこの「五甲首にして五家を隷せしむ」と言う記述と、「甲首一を得るものは爵一級を賞し田一頃を益す」と言う史料とを結びつけて、商君書によれば、戦闘において敵の甲首五つを得れば爵五級を与えられ、田五百畝、宅地二十五畝を支給される計算となるから、之に伴って五家を隷属せしめるものと解し、有爵者に支給される土地は、すでに五家が耕作している土地を爵に付随する采地として給与されたものであって、従って有爵者は、これらの土地を自己の知行地として取得し、之を耕作する五家を自己の隷農＝臣妾として隷属せしめたのであると解釈し、その意味では、別に新しい制度ではなく、従前から、諸侯がその卿・大夫・士に行って来たものであって、商鞅の変法は、それを一般庶民にまでひろげたものであり、それによって人民相互間に私的大土地所有制の発生が促された、と解釈された。この平中氏の爵制的土地所有の解釈は、まことに卓抜な見解と言わなければならない。しかしながら、この氏のするどい着眼は、次の点において、一つの問題に当面することになる。商鞅の変法によって創設された爵制的土地所有が、もしも、氏の理解された如く、隷農支配にもとづく知行地であって、春秋時代における卿・大夫・士等の土地領有関係と、その性格において変りがないのであるとすると、商鞅変法の意味は何処に求められるべきなのであろうか。それは、単に従来貴族にのみ許されていた関係が、戦功を基準として一般庶民にまでひろげられた、と言う点で、大きな意味をもつものであろうが、しかし、戦功ある庶民に、従前の卿・大夫等の貴族と同一性格の知行地所有を許すと言うことは、依然として人民支配権の分散を公認することを意味することであって人民の直接支配の上に君権の強化を意図する商鞅の意図に副うものであろうか。平中氏の言う知行地と言うことばは尚明確な概念規定を欠くが、少くとも、荀子議兵篇の「五甲首にして五家を隷せしむ」と言う五家を氏の如く隷農と解する限り、爵により土地を給与された有爵者は、その土地を所有するばかりでなく、その土地にすみその土地を耕作する農民を支配する権利を与えられた、と言う意味に、氏が解していると理解しなければならない。商鞅の規定した爵制を、それ以前から存する爵制との連続において理解しようとされる平中氏の見解は、誠にするどく、且つ又今後更に発展さるべき正しい問題設定を用意する卓見である。まさに観念としての爵は、周以降、秦漢を通じて一貫して変りなく存続し、その受爵の対象を貴族から庶民へと拡大して行くことは、庶民をも天子の一家の中に包摂して行こうとする意識の表明であって、この爵の意味観念の不変的連続の上に立たないと、秦漢時代の民爵のもつ人民把握の手段としての現実政策的意味は理解し難いことになると、私自身も考えているものであるが[2]、ただ問題は、この爵に附随する特権の具体的内容が、果して変らなかったかどうかと言う問題である。爵に帰属せしめられる土地所有の性格がもしも平中氏の解する様に前述の様な意味における知行地として、商鞅変法の以前のそれと変らなかったとすれば、上記の様な問題を残すことになる。この様な疑問は、すでに守屋氏[3]によっても提示されたものであった。「五甲首にして五家を隷せしむ」の五家を、隷農として従属せしめたと解するための旁証として、この史料の記述に先行する「功賞相長」と言う句を平中氏は、漢書刑法志の如淳の註の読み方に従って、「功の賞は相《たがい》に長たり」と読み、「軍功の爵賞として、人民相互間に君長たらしめる」と解したのであったが、守屋氏は「功と賞とは相《たが》いに長ず」と読むべきであって、「功が大きければ賞も亦多い」と言う意味に解すべきではないかと言う意見を提示し、爵制的土地所有を知行地と解する見解に対する同氏の疑問の一つの支えとしようとされた。ただ守屋氏のこの正しい疑問も、その論文の性質上、疑問の提示だけに止まり、それ以上の積極的展開を見ないで今日に至っている。私の本稿における中心問題は、守屋氏のこの疑問提示をうけついで、それならば、この荀子議兵篇、漢書刑法志にみえる「五甲首にして五家を隷せしむ」と言う記述の意味する具体的関係をどの様に解すべきか、と言う点にある。漢書刑法志の服虔の註は、「能く甲を著けたる者五人の首を得たる者には、五家を隷役することを得せしむ」と解し、如淳の註は「五家を役隷するとは、相《たがい》に君長となることとなり」と解している。この有爵者に役隷される五家をば、有爵者に与えられた土地の隷農として提示した平中氏の研究をうけついで、その残された問題をさらに発展させるためには、この役隷せしめられる五家を、それならば、どの様なものとして理解すべきか、と言うことが、先ず再検討されなければならなくなって来るのである。

（1）平中氏前掲論文。

（2）西嶋定生氏は、この様な観念としての爵のもつ意味関連について示唆にとむ問題を提示している。

（3）守屋氏前掲論文。

# 三

以上の様な問題関連で、私がここで提示しようとするのは、もちろん一つの仮説である。史料の制約と問題の重要性からして、今日の研究段階においては、尚各方面からいくつかの仮説が提示されてよいと思う。その意味で、私見を提示して大方の教示を得たいと思う次第である。さて、荀子議兵篇、漢書刑法志等の「敵の甲首五つを得た者は、その賞として、五家を役隷することを得せしめる」と言う記述は、爵に帰属せしめられる何等かの人的支配関係を示すものであるが、その様な爵に帰属せしめられる何等かの人的支配関係を明示する史料を他に求めると、商君書境内篇にも一つある。それは、甲首一級を得たものは、爵一級を与えられ、田宅を与えられた外、庶子一人を役することが出来ると言う規定である。詳しくは次の通りである。

「能得爵(甲)首一者、賞爵一級、益田一頃、益宅九畝、一(衍)除庶子一人、乃得人(入)兵官之吏」「其有爵者、乞無爵者以為庶子、級乞一人、其無役事也、其庶子役其大夫月六日、其役事随而養」

そこでは、有爵者が、無爵者を「庶子」と為して役使することを、許され、しかも、爵一級につき一人と言う様にその人数が限定されていることが明示されている。ここで言う「庶子」とは何であろうか。この「庶子」の問題は、以上の問題との関連では、従来深く追求されたこともなかった様であるし、又、深くとり上げられていない様である。私は最近、これとは全く別の問題関連から、すなわち、戦国官僚制の問題を解明する際に、「庶子」の問題に比較的くわしく触れたことがあった。[1]「庶子」一般の問題について詳しくはそれに譲るとして、今当面する問題の解明に必要な限り、一応「庶子」についてくりかえし述べておかなければならない。

商君書境内篇の上引の記述に出て来る「庶子」は、適子、庶子の庶子ではない。商君書において、有爵者は「庶子」を任命して之を役使することが出来る、と記されている、この「庶子」は、漢代の爵制における二十級の爵である列侯に家臣としておかれている「庶子」にその名残りをとどめている、その「庶子」である。商鞅の爵制においては、爵一級から、土地を与えられているが　その爵制的土地給与は漢代爵制においては最上級の爵たる列侯にのみその名残りをとどめているのと同じ様に、商鞅の爵制において爵一級から許されていた「庶子」の召用使役が、漢代爵制においては列侯爵にのみその名残りをとどめているのであろう。漢書百官公卿表上の爵制の記述のところの徹侯の条に、「或は列侯と曰う、食む所の国の令長を改めて相と名づく、又家丞、門大夫、庶子有り」とあり、続漢書百官志には、「列侯、……国毎《ごと》に相一人を置く……其家臣に家丞、庶子を置く、各一人」とあり、その本注に、「侍侯を主《つかさど》り、家事を理せしむ」とある。侯国の相が、郡県の令長とその地位職掌が同じで中央の命令系統に属し、列侯の臣下の列に入らないのに対し、家丞、庶子は、列侯の家臣、私臣である。[2] ところで、この様な家臣、家吏の職としての「庶子」は、文献の上では、すでに戦国時代に多く見ることが出来る。又、周礼にも、この「庶子」は多く記されている。周礼天官宮伯の条に「宮伯、王宮の士・庶子を掌る」とあり、その条の鄭司農の注に「庶子とは宿衛之官也」とあり、又夏官大司馬の条の「王は士・庶子を弔労す」の鄭注に、「庶子とは卿大夫之子弟の軍に従う者也」とあり、又地官稿人の条の「士・庶子を饗す」の鄭注に「士・庶子とは卿大夫の子弟の王宮に宿衛する者也」とある。周礼においては、卿大夫の子弟の王宮に宿衛して天子を侍衛するところの者を庶子と呼んでいる。この「庶子」の庶は明らかに適庶の庶ではない。周礼においては、卿大夫の子弟は、適庶の別なく国子と呼ばれ、国子の中、適子は門子と言い、別に小宗伯の掌るところである。そしてこの国子の中で選ばれて宮中に宿衛し、侍御守圉を給するのが庶子であり、それは、適庶の庶とは関係がない。このことは、兪正燮がくわしく考証しているところであり、[3] 孫詒譲も、周礼正義で敷衍しているところである。尚、上引の周礼の各条において、庶子を士と連ねて、士庶子と言うのは、已命、未命の別を示す意味で、卿大夫の子弟のすでに命ぜられて爵をもつ者が士であり、庶子は未命の子弟であって、共に内は天子の宿衛にあたり、外は巡守に従い、歳時には饗あり、死傷には弔労あり、職任すでに親しく、恩礼尤も備わる近従の家臣の職であったのである。この周礼に記されている「庶子」が、史実としていつ頃の制度を反映しているのかが問題であるが、私達は戦国時代の諸国の君主の宿衛侍従にあたるものとして、「庶子」と言う職名を当時の文献に多く見出すのであり、しかも、それは、戦国諸国の君主の侍従の家臣としてばかりでなく、当時の貴族や高官の私門における侍従の私臣の職名としても、「庶子」と言う語が多く用いられているのを見るのである。戦国諸国の君主の家臣としての「庶子」の例は、刺客荊軻が秦王に見えんとしたとき、「千金之資物を持って、厚く秦王の寵臣中庶子蒙嘉に遺り」とりつぎをたのんだことは有名な話であり（史記刺客列伝）、名医扁鵲が虢国を過り、虢の宮門に至って、病死した虢の太子を生かそうとしたとき、扁鵲を虢の君主にとりついだのは、虢の君主に近侍する中庶子であり（史記扁鵲倉公列伝）、楚の荘王にも近従の家臣として中庶子があり（新序雑事篇二）、又、趙国には、重臣高官の子弟を庶子として王宮の宿衛にあたらせることのあったことは、趙の左師触龍の挿話（史記趙世家、戦国策趙策）からも知られる。又当時の貴族、高官の私門にも侍従の家臣としての「庶子」のあったことは、例えば、秦国の相で文信侯であった呂不韋には甘羅と言う年少の侍従の少庶子があり（戦国策秦策、史記樗里子甘茂列伝）、商鞅も秦に入る前に「魏の相公叔痤に事えて中庶子となり」（史記商君列伝）、その外、商（宋国）の太宰が少庶子をしてひそかに市に行かしめて市吏の勤務状況をさぐらしめたと言う挿話が韓非子内儲説上にあり、又魏の県令であった下皮にも近侍の家臣としての少庶子があり（韓非子内儲説上）、同じく韓非子内儲説下には魏の済陽君の少庶子が、主に敬愛せられんことを謀る挿話が載せられており、又戦国策韓策には、韓の太子の中庶子が、太子に公叔嬰を撃つ献策を行っている挿話が記されている。

この様な事例は、戦国時代の諸国の君主にのみならず、太子や、貴族や、高官等の私門においても近従の家臣があり、それが「庶子」と言う職名をもって呼ばれていたことを明示するものである。このことと関連して、更に注意すべきことは、当時の貴族、高官には、この「庶子」とならんで、類似の性格をもつ家臣の職として、「舎人」と呼ばれるものがあったことである。この庶子と舎人との関係についても、前記の戦国官僚制に関する私の別稿[4]においてくわしく述べておいたから、ここでは深くふれることを省略するが、結論だけをくりかえし述べれば、前引の史記商君列伝の「商鞅、……魏の相公叔痤に事えて中庶子と為る」の条に中井積徳が注して、「中庶子は舎人の稍〻貴き者也」(史記会注考証引)と言い、又資治通鑑の胡三省の注に「戦国以来、大夫の家に、中庶子、舎人あり」と言っている様に、庶子と舎人とは、言わば同一範疇の、私門の家臣、私臣であって、庶子と舎人とには主君に対する親近の度合において若干の相違があり、殊に中庶子は、「中」の字が意味する様に、最も主君の側近にあって諸事を給事する者であったのである。これら戦国時代の貴族、高官の私門における家臣としての庶子、舎人が、秦漢の官制において法制化されて、太子の官属としての太子中庶子、太子庶子、太子舎人としてその名をとどめていること[5](漢旧儀、漢書百官公卿表)は、庶子と舎人との関係を知る上に重要な手がかりとなるのであるが、そのことは前記別稿において、くわしく分析しておいた通りである。

　以上の様に、庶子とは、戦国時代における諸国の君主、及び、貴族、高官の近従の家臣であって、内にあっては主君の側近に侍して給事宿衛をなし、外に出ては主君につきしたがって侍衛するところの私属であった。私達の当面の問題である、前引の商君書境内篇の記述は、従って、有爵者は無爵の民を庶子となして、すなわち私属の家臣として之を役使することが出来ると言う規定であって、その人数は爵一級につき一人と限定されているが、その様な限定内ではあるが、貴族、高官の外に、有爵者も、私属としての庶子をもつことが出来た、と言うことを私達に明示する、それは、重要な史料であったのである。それならば、この規定は、私達の問題にとって、どの様な意味をもつものであろうか。

　商君書境内篇の規定には、前引の様に、この庶子について、二ヶ所で触れている。一は、「能く甲首一を得る者は、爵一級を賞し、田一頃を益し、宅九畝を益し、庶子一人を除す」と言う条と、一は冒頭の「其有爵者、乞無爵者以為庶子、級乞一人、其無役事也、其庶子役其大夫月六日、其役事随而養」と言う条である。「庶子一人を除す」とある前条の句は、後の条の「無爵者に乞して以て庶子となす。級ごとに一人に乞す」と言う句と対応する。この「乞無爵者以為庶子」の乞を「乞《こ》う」と読むと十分意味が通じない。朱師轍の商君書解詁定本は、この「乞」を「餼」と読むべきであるとした。(6) 蓋し、これは卓見である。乞は、説文段注によれば、气の省字であり、広雅釈詁三によれば、气には「求む」と言う意味と、「与う」と言う意味と、二義ある。左伝昭公一六年の鄭の先君桓公と商人との盟誓中の一句の「匄奪すること有る毋《な》けん」の孔頴達の疏に「匄は乞であって、匄・乞、共に、取ると与えるとの二義があり、入声に読めば取るの意味であり、去声に読めば与えるの意味である」と記されている。漢書朱買臣伝に、「朱買臣が会稽の上計の吏に随って、長安に至り、闕に詣りて上書したが、書久しく報せず、待詔公車となり、糧用乏しく」困却しているとき、「上計吏卒、更《かわるがわ》る之に乞匄す」とあるが、この「乞匄す」とは、「与え贈る」の意味である。この様に气・乞に「与える」の意味があるのは、乞の本字である气が氣と通用して用いられているからである。氣は「客に饋《おく》る芻米であり」(説文解字)、「氣」の後出の字が餼であり、同音同義である(説文解字段注、説文通訓定声)。国語周語の「廩人、餼を献ず」の韋注に、「生《なまなる》を餼と言う、禾米なり」とあり、左伝桓公六年の「斉人、餼を饋《おく》る」とある様に、餼は、氣と同義で、人に饋《おく》る米であるが、同時に又、小爾雅広言に、「餼は饋なり」とあり、左伝桓公一〇年に「斉人、諸侯に餼す」(説文所引の同条には、「斉人氣諸侯」に作る)とある様に、餼は、芻米を饋《おく》ると言う動詞の意味にも用いられている。礼記王制の「此の四者天民の窮して告ぐるところ無き者也、皆常餼有り」の鄭注に「餼は稟なり」とあり、礼記中庸に、「日に省み、月に試み、既稟《き》、事に称《かな》うは、百工を勧むる所以なり」とある鄭注に「既は読んで餼と為す、餼稟とは、稍食（稟食）なり」とある様に、稟給される食糧も、又食糧を稟給することも、餼と言うことばで表現されるのである。以上で、乞、气、氣、餼は同音で、その間に相通ずる義のあることは明らかとなったが、問題を前引の商君書境内篇にもどすと、そこの「有爵者は無爵者に乞して、以て庶子と為す」と言う句の「乞」は、明らかに、朱師徹の指摘する様に、「餼」と同音同義に読むべきであって、「餼」すなわち芻米を与え給する意味に、従って前引の一句は、「有爵者は無爵者に食糧（禄米）を稟給して、私属の家臣となす」と言う意味であることが、明瞭となるのである。

左伝昭公元年に、楚の公子干が晋に来り仕えたとき、同じく、晋に来り仕えた秦の公子と均しく、禄として「百人之餼」を与えられた、と記されている。「子干、晋に奔る、……叔向、秦の公子と食を同じくせしむ、皆、百人之餼なり」と言う記述がそれである。杜預はこの「百人之餼」を注して、「百人とは一卒也、其の禄、百人を足らす也」と言い、孔疏は更に之に注して「禄、百人を足らすとは、田を与えて税を取り、以て食を供すこと、百人の餼と為すに足るを請う也」とある。この孔頴達の解は、餼の上述の様な意味から言って、正しいと思う。すなわち、楚の公子干は晋に来り仕えたとき、晋から禄田を与えられたのであるが、その禄田の大きさは、そこから取れる税米の量が百人の一族の家衆に俸として稟給し得るに足る程度の面積の田であることを、「百人之餼」と言うことばで表現しているのである。晋から、百人分の禄米を、直接、稟俸として、公子干に与えられたと言うのではない。晋から与えられたものは田であって、この田からあがる税米が、百人を養うに足る、と言うのである。このことは、この同じことを、国語晋語八では、晋は、来り仕えた楚の公子干に、秦の公子と均しく、「一卒之田」を与えた、と記されていること(7)

からも明らかである。一卒とは百人であり、従ってこの「一卒之田」と、左伝前引の「百人之餼」とが同一の関係を表現していることは明らかなのであるから、一卒之田とは、そこからあがる税米で百人に稟給し得るに足る、すなわち百人を養うに足る面積の田と言うことになる。ところで、百人を一卒と言う単位で表現するのは、言うまでもなく、軍隊編制上の当時の慣行である。前引の晋語八において、韓宣子が、晋に来り仕えた楚の公子干と秦の公子との禄を、叔向に問うたとき、叔向は「大国の卿は一旅の田、上大夫は一卒之田なり。夫れ二公子は上大夫也、皆一卒にて可なり」と答えている。又同じく晋語八において、叔向の言として「昔、欒武子は一卒之田無し」と記されている。一卒は百人、一旅は五百人の、それぞれ軍隊編成上の単位を意味する、と解する杜預や韋昭の注は、言うまでもなく、周礼夏官叙や、司馬法にもとづくものである。周礼や司馬法の記載が、春秋時代の諸国の軍制の実状をどの程度反映しているものであるかは、厳密に検討されなくてはならぬ問題を残しているが、少くとも卒や旅が、その人員の実数はともかくとして、軍制上の単位であったことは、左伝や国語の記載から推して疑いを入れない。一卒の田、一旅の田と言うのは、もともとは、その田からあがる税米でもって、一卒(百人)、一旅(五百人)の兵力を養い得る田であると同時に、戦闘の際には、その田の保有者たる卿又は大夫は、一卒の兵力を、或は一旅の兵力を、賦として、[8] その国の主君に提供することを、すなわち、自らその兵力を率いて戦闘に参加することを義務付けられた田であったのである。春秋中期以前においては、諸国の君主が、その卿・大夫達に土地と民の支配権を授与し、その代りに、軍事義務として賦を課していたのである。彼等はその授与された土地の経済的基盤の上に族長として一族を養い、当時の文献で士と表現される族人中の男子をもって軍団を構成し、これをもってその田土と耕作者である民とを支配すると共に、事あれば、その旅人によって構成される軍団をひきいて国全体の軍隊に参加する義務を、賦として課されていたのである。「鄢陵の戦に、欒、范、其の族を以《ひきい》て公行を夾《はさ》む」(左伝成公一六年)、とあり、邲の戦に「楚の熊負羈、知罃を囚《とら》う。知荘子、其の族を以て之《ひきい》を反《かえ》す」（左伝宣公一二年）とあり、「郤子、斉を伐たんことを請う、晋侯許さず、其私属を以てせんことを請う（杜注、私属とは家衆也）。又許さず」（左伝宣公一七年）とある諸例は、皆その例であるが、欒、范、知、郤等の晋の有力世族は、皆その一族家衆よりなる軍隊をひきいて、有事の際には国君の戦闘に参加することを、明示している。前引の晋語八に「昔、欒武子は一卒之田なし」とあるのは、昔、欒氏は、一卒（百人）の兵力を構成するだけの一族家衆をもたなかったし、又それだけの兵力を養うだけの面積の田ももたなかった、と言うことである。

したがって、自己の勢力の拡大強化をはかる各世族は、先ず自己の田土の拡張を意図することになり、一方においては、開墾により、一方においては、世族間の田土の争奪により、次第に有力世族の手中に土地と民とが集積されて行くことになるが、それと同時に、有力世族はその拡大された土地と民との豊かな経済的基盤の上に、更にその掌握する兵力を強化せんがために、単に一族の族人のみではなく、異姓の有能、勇力の士を、自らの私属家臣として、多くあつめ養う傾向が盛んになって来る。「欒懐子、施を好み、士多く之に帰せり、范宣子、其の士の多きを畏る」（左伝襄公二一年）、「叔虎（羊舌氏）美にして勇力有り、欒懐子之を嬖せり」「州綽、邢蒯は……欒氏之勇（士）なり」（襄公二一年）等の記述は、皆、その様な関係を明示するものである。そして、自らの家に、多くの非血縁者を私属家臣として包摂して、その勢力を拡大して行く傾向は、時代を追うて盛んとなり、その様な私属家臣が、戦国時代に入ると、庶子、舎人、客等の名称をもって表われて来、そしてそれが、戦国官僚制の重要な母体となることは、別稿でくわしく論証したところである。[9]

ところで、これら私属家臣が、庶子、舎人、客等の名称をもって現われて来る戦国時代に入ると、彼等を私属家臣として隷属せしめる戦国貴族の権力構造が、すでに重要な変化をうけていることに、注意しなければならない。それは、この様な、土地と民（耕作者）とを支配し、その経済的基盤の上に、一族家衆によって構成される兵力を擁するこれら有力世族の強大化を抑えて、君権の集中強化をはかろうとする国君の動きが、それと並んで一方では積極的に展開され始めたからである。この様な諸国の君主の権力集中策は、春秋中期から見られ、先ず、直轄地の拡大と、その直轄地における兵力の増強をもって始まる。そして、この君主直轄の兵力の増強は、管子小匡篇に端的に示される様な、従来、軍隊の構成員ではなかった鄙における民の集団を分解して、什伍の組織による邑制の再編成を通じて軍制の中に組み入れることによって開始されたのであろう。(10) 魯の「丘甲を作り」、鄭の「丘賦を作る」の一連の政策は、この様な邑制の再編成との関連において、尚厳密に分析しなければならない重要な問題を残している。この様な直轄地の拡大と、農民の直接支配にもとづく兵力増強によって、国君は、その権力の基盤を拡大強化し、有力世族のもつ兵権とその土地と民とに対する支配権とを奪いとって、これを統一的な国家権力の中に吸収し、彼等をも一部は民として、一部は自己の官僚として、組織して行くのが、春秋末から戦国へかけての動きであったと言ってよい。商鞅の変法も、この様な国君の権力集中の時代の流れに沿うところの、秦でとられた具体的な権力集中策であることは、ことわるまでもないところである。

周知の様に、商鞅はその第一次の変法令において、「民の二男以上有りて、分異せざる者は、其賦を倍にす」と定め、従来の族的聚居を禁じて、強制的に単家族に分解し、それら分解された単家族を什伍の組織に編成して、国家権力の直接支配の下においた。そして、孝公一二年に、都を咸陽に移すと、その周辺の小都郷邑を、直轄地としての県に編成して、土地区劃を行い、同じく「民の父子兄弟の室を同じくし内息する者を禁と為さしめ」、単家族への強制的分解を行っている。このことは、人民相互の間における何等かの族長的支配を破砕して、すべての民を単家族の形態にバラバラに分解し、かく分解された個々の家を、国家権力が直接之を把握しようとする意図の表れである。個々の家は、国家権力に直接隷属する外には、他の如何なる者にも隷属することは原則としては許されない。「四境の内、丈夫女子は、皆上に名あり、生者は著《しる》し死者は削らる」(商君書境内)で、すべての民は、戸籍に登録されて、編戸の民として、国家権力によって直接把握されねばならなかったのであって、人民相互間において、何等かの支配関係の成立することは、原則として許されないのである。ただしかし、戦功によって爵を与えられた有爵の民だけは、その限りではなかった。彼等は、国家権力のきびしい制約の下において、限られた形においてではあるが、無爵の民を役使することが許されたのである。それが、「有爵者は、無爵者に乞(食糧を支給)して、以て庶子となす、級ごとに一人を乞《やしな》う。其の事(軍事)に役(従軍)するなきときは、其の庶子は大夫に役せられること月に六日、其の事に役するときは、随いて養わる」と云う商子境内篇の規定の意味するところであった。自己の一族を中心として非血縁者をも私属家臣として養った、春秋中期より末期にかけての世族に比較すると、商鞅の変法令に規定された有爵者の人的支配の特権は、きわめて制限されたものであった。私属家臣としての庶子は、爵一級につき一人である。しかも、戦闘に従軍するとき以外の平時においては、月に六日間しか私属として役使出来ないのである。土地と同じくこの様な私属家臣も、爵の等級によって、その所有の限度が定められていたのである。「尊卑の爵秩の等級を明らかにすること各々差次を以てし、田宅・臣妾・衣服を名ずること、家次を以てす」と云う規定が、そのことを明示している。臣妾には、奴婢ばかりでなく、以上の様な私属としての庶子も含めて理解すべきであろう。この様に、原則として、人民相互間の人的支配、隷属の関係は許されず、ただ有爵の民にのみ特権として無爵の民を役使することが許され、そして、その様な有爵者の無爵者支配は、すくなくとも、今日私達に残されている史料の面では、上述の庶子役使の規定しか見当らないとすると、荀子議兵篇にある「五甲首にして五家を隷せしむ」と云う規定は、上記の庶子役使の規定と何等かの関係があるのではないだろうか。

前述の如く平中氏は、この「五甲首にして五家を隷せしむ」の五家をば、有爵者に賜与された土地に附随する農家であり、従ってそれは有爵者に隷属する隷農と解された。しかし、有爵者が土地のみならず農民までも全面的に支配する権利をもつと云うことは、商鞅の変法の一般的精神から見て、再考の余地のあること、すでに前述の通りである。この五家が有爵者の土地を耕する農民であるとする平中氏の見解は正しいとしても、問題はその隷属の仕方の具体的関係である。制度的関連においては、その土地はあくまで有爵者に俸として与えられた食邑的性格のものであると解する方が、その後の爵制的土地所有——例えば漢代における列侯爵の土地所有——の性格から見ても妥当である様に思われる。それならば、「五家を隷せしむ」の隷とはどの様な役隷の具体的関係を意味しているのであろうか。漢代の列侯爵においては、列侯はその領内の農民に対する全面的支配権は与えられてはいない。ただきわめて厳重な国家権力の制約の下に、わずかに限られた形で、その領内の農民を使役することが許されていたにとどまる。「国人を使役すること律を超えた」ため罰せられた諸侯の事例は多く記録にのこされている。(11) 国家の法律により、諸侯の農民役使はその人数と期間について一定量の限度が定められていたのであろう。ところで、当面の問題である商君書境内篇の庶子の規定にもどって考えて見ると、庶子は、平時においてはその大夫（有爵者）に役使されること月に六日と、その庶子役使にも法定の限度が規定されている。この様に考えて来ると、この庶子は、有爵者の所有土地内の農民或はその子弟からとられたのではないかと云う推定が生れて来るのである。すなわち、有爵者はその土地の無爵の民に乞（食糧を支給）して庶子とすることが許される。庶子とは、前述の如く、もともとは君主や貴族の侍衛の家臣を意味するものであるから、その本務は有爵者の従卒随身として戦役に従うことにある。「其の事（軍事）に役するときは、随いて養わる」と云う規定は、それに応ずる。しかし「其の事（軍事）に役する無きときは、其の庶子其の大夫（有爵者）に役せられること月に六日」と云う前文が示す様に、平時には平常の農に復し、ただ月に六日間だけ有爵者の家事その他に役使されるのである。ごく狭い面積の土地しか賜与されない下級の爵の保有者の場合には、高級の爵の場合には分化している、領民の一定限度内の役使と、家臣としての庶子の恒常的召用とが、上述の様な未分化の形で、その土地内の無爵の農民に課されていたのではなかろうか。そして、荀子議兵篇の「五甲首にして五家を隷せしむ」の役隷の具体的内容は、この商君書境内篇の庶子役使のことではないだろうか。もしそうだとすると、有爵者のこの五家に対する支配は、国家権力により厳重に制約されていたと考えねばならない。

この様な推定が許されるとすると、この有爵者の新たな特権内容の示す社会構成は、その後の歴史発展の理解にとって、きわめて重要な示唆を与えることになる。前述の如く、春秋時代の特権的世族は、その一族家衆を兵力として組織し統率する兵権をもち、又その一族を養う田を耕作する民を集団的に隷民として隷属させていた。この世族のもつ兵権と民の支配権とが、統一的な国家権力に吸収されて行くのが、春秋末期から戦国にかけての動きである。この兵権と民の支配権を奪われた世族は、次第に分解して或は官僚として、或は一般の民に転落して、新しい国家権力の下に直接支配されて行くのであるが、その国家権力の支配下にあって尚彼等の有力な者は、縮小弱化されたその族的結合の代りに、或はそれを補強するために、多くの非血縁者を自己の家の私属としてあつめ養い、この新たな人的結合関係を掌握することによって、その弱化する権力基盤を補おうとする。これは従来の彼等のもつ権力構造とは異った新しい社会関係の展開を意味する。この新しい人的結合関係は、全く新たな性格の私的権力をささえ補強するものとして作用し、それによって彼等はその土地と農民との私的支配を温存することとさえ可能となって来る。その様な人民相互の間に新たに形成されて来る二重の意味での人的支配関係を原則として禁止し、ただ戦功によって爵を与えられた民にのみ、爵の等級に従って国家権力の厳重な制約の下に特権としてそれを許したのが、これまで私達の問題にして来た商君書境内篇の庶子の規定の意味するところではないだろうか。それは「尊卑の爵秩の等級を明らかにするに各々差次を以てし、田宅・臣妾・衣服を名ずるに家次を以てす」と云う商鞅変法の基本的精神とも相通じ、戦功による新たな身分秩序の創出の一翼をになうものであった。しかしながら、その様な制約はあくまで制度的な関連においてである。郡県制による国家権力の直接的な人民把握が強化されて来るにつれて、「士卒の事《(役)》を逃れ、有威の門に伏匿附託し、以て傜役を避ける者」（韓非子詭使）も多くなって来るのである。彼等の或者は、有爵者の定められた庶子の外の、類似の性格をもつ賓客舎人となって、有爵者や貴族の掌握する私的な人的結合関係の中に吸収されて行くのであるが、彼等のより下層の困窮せる者は、生産者として有爵者その他の有威の私門に役使される関係に入ってゆくのである。農家の子弟が役を避けて有爵者の傭となり、[12] 或は農家の子弟で「家貧しく以て之に妻《めあ》わす無く、傭となりて未だ反らざる者」（韓非子外儲説右下）が多くなって行くことなども、このことと関連して考えねばならない。春秋時代の世族に隷属していた民の集団は、戦国以降、国家と云うより大きな共同体の中に分解吸収されて耕戦の民として直接国家権力の掌握するところとなった。その意味では、国家対農民と云う基本的な生産関係が、大きな枠としては商鞅の変法以降うち立てられたのである。しかしながら、その様な基本的関係の内部において、現実に個々の民を制約し強制する新たな私的な関係が、それと重複しながら、その下部に、従前とは異った複雑な相貌をもって次第に形成されて来るのである。その実体の究明こそ今後の課題なのであるが、本稿はその問題追求のいとぐちを求めて、商君書境内篇の庶子の規定の解釈について一つの仮説を提示したにすぎない。[13]

（1）本書第二篇第一章「戦国官僚制の一性格」。
（2）布目潮渢「前漢侯国考」『東洋史研究』一三ノ五（一九五五）参照。
（3）兪正燮『癸巳類稿』巻三「周官庶子義」。
（4）註1論文。
（5）同上。
（6）一九五五年五月、法制史学会において、守屋氏は、「商君書境内篇について」と云う題目で報告を行い、朱師轍、陣啓天等の注釈校訂を参考としながら、あの錯簡の多い境内篇の校訂をこころみられた。そこでは、爵制の等級の復原に主たる関心がおかれ、拙稿でとりあつかっている問題にはふれられなかったが、私はこの守屋氏の報告から問題の暗示を与えられた。又、朱師轍の商君書解詁定本及び陣啓天の商君書校釈は平中苓次氏の厚意により借覧することが出来た。

（7）国語晋語八、秦后子来仕、其軍千乗、楚公子干来仕、其車五乗、叔向為太傅、実賦祿、韓宣子問二公子之祿焉、対曰大国之卿一旅之田、上大夫一卒之田、夫二公子者上大夫也、皆一卒可也。

（8）賦については、松本光雄「中国古代社会に於ける分邑と宗と賦について」『山梨大学学芸学部研究報告』四（一九五三）参照。

（9）註1論文。

（10）岡崎文夫「参国伍鄙の制に就いて」『羽田博士頌寿記念東洋史論叢』（一九五〇）、松本光雄「中国古代の邑と民・人との関係」『山梨大学学芸学部研究報告』三（一九五二）参照。

（11）漢書高恵高后文功臣表に、信武侯靳亭「孝文後三年、坐事国人過律免」とあり、同じく功臣表に東茅侯劉告「孝文十六年、坐事国人過員免」とあるのはその例である。尚、前漢列侯の爵制的土地所有については、布目前掲論文参照。

（12）商鞅の系統を引く法家思想の著述の中には、人民相互の間で私に傭をとることが、農を害するものとして禁じられている。例えば、呂氏春秋士容論上農に「農不上聞、不敢私籍於庸、為害於時也」とあり、商君書墾命篇にも「無得取庸、則大夫家長不建繕、愛子不惰食、惰民不窳、而庸民無所於食、是必農」とある。又同じく墾命篇に、「均出余子之使令、以世使之、又高其解舎、令有甬、官食槩、不可以辟役、而大官不可必得也、則余子不游事人、則必農、農則草必墾矣」とある。この最後の文は難解な文であるが、陣啓天の校釈を参考にして読むと、農家の余子を皆等しく官府の徭役に役使せしめる必要のため、官は役使される余子に食糧を稟給すれば、彼等が役を避けて大官その他の私門に傭となるのをふせぐことが出来ると云う意味である。これらの記述は、戦国時代に農家の子弟が多く有爵者その他の私門の傭となって役使される関係の多かったであろうことを推察せしめる。この様な游傭を禁じてその労働力をことごとく国家が掌握しなければならないと云うこの思想は、漢代に入って、戸籍に登録していない民を傭として役使したために罰せられた胡孰侯胥行の事例（漢書王子侯表）とも関係させて考うべきであろう。

（13）商君書境内篇が、商鞅の変法の実際をどの程度まで伝えているかは、その爵制の問題と関連して別に又考えなければならない問題であるが、それは著作年代の問題とは一応別である。ここでは、境内篇の記述する規定を、孝公以降の秦国の中央集権化の全過程の中でとられた統一政策の一環として理解すると云う、幅をもった解釈をとり得るだけである。本稿で利用した庶子の史料の信拠性の問題についてのみ云えば、それは、商鞅変法の諸他の史料の示す諸関係とそれが矛盾なく符合するかどうかによって検証さるべき外はない。本稿は、その様な検証のための一つの試みでも同時にあるのであって、その意味でもあくまで一つの仮説の提示なのである。

（『野村兼太郎博士還暦記念論文集　封建制と資本制』有斐閣。一九五五・一〇・二〇稿）

# 第二篇　官僚制の成立とその社会的性格

## 第一章　戦国官僚制の一性格

### 一　問題の提示

私は、かつて、「任俠的習俗にもとづく人的結合関係」という概念を提示することによって、漢代社会の構造を明らかにしようとしたことがあった。(1) それは、春秋末期から現われてくる新しい人的結合関係としての歴史的性格をになうものであり、氏族的秩序の崩壊のなかから分出されてくる個々の家父長制的家々の周辺に、個々の人々を再び結びつけ組織化する新しい人的結合関係であり、いわば新たに生れてくる民間秩序を内面からささえ、その性格を規定する重要な結合紐帯として理解されたものであった。そこで私が呼んだ「任俠的人的結合関係」というものの内実の意味は、所謂「游俠」とよばれる特定の社会層にみられる特殊に限定された関係を意味するものではない。あたかも、そのような当時の特定の社会層にみられる関係と社会的に同一性格の、あの養客結客の習俗とそこから発する固有な心情的結合関係とが、当時の社会のあらゆる階層にまつわりついて、それぞれの社会集団における人的結合の紐帯として、きわめて重要な機能を果していることを、私は問題としてとり上げたのであった。

ところで、このような新しい民間秩序が、氏族制的秩序の崩壊の過程のなかから生れてくるのと時を同じうして、政治機構の領域においては、あの法と術とをもってする新しい集権的官僚制国家が形成されつつあったことは、周知のところである。それは氏族的邑制国家に代る集権的な所謂郡県制的国家秩序の誕生ともいうことができる新しい政治秩序であった。

問題は、氏族制的秩序の崩壊のなかから生れてくるこの二つの新しい秩序、すなわち、上述のような新しい人的結合関係によって民間に形成されてくる社会集団の秩序と、他方においては、法と術とによって上から形成されてくる新しい国家組織とが、その性格において、どのように相関連するかという点にある。それは全く相対立する別種の性格のものなのであるか、或は、この両者はなんらかの面において相共通する時代的性格をもつものであろうか。そこには、それぞれの秩序のいずれか一方のみをきりはなして、概念的に典型化する従来の仕方では理解することのできない重要な問題が残されているのである。

この問題はつぎの問題とも相関連してくる。私は前篇第一章・第四章において秦末民間からおこった劉邦集団に言及し、その集団のパトリアルカールな支配秩序を内面からささえているものも、上記のような任俠的習俗にもとづく人的結合関係であることを明らかにした。そのような内面的な人的結合関係によってささえられている劉邦集団の外面的支配機構は、沛公としての劉邦の統率のもとに、中涓や舎人等の職名の示す職階秩序である。この職制は戦国期諸国の貴族・高官等の私門における家臣のそれであって、游俠出身の亡命亭長劉邦が推されて沛公となるや、以前から相結んでいた仲間徒属を部署するために、戦国以来の貴族・官僚の私門における職制をまねてとったところのものである。興味あることは、戦国時代の私門における中涓・舎人は、職制としては、貴族の側近の家臣なのではあるが、その内面においてかれらを主人にむすびつけている関係は、単に劉邦集団におけるばかりでなく、すでに戦国貴族の私門においても、主客の関係とも相似た、きわめてパーソナルな人的結合関係によってささえられ、いわば任侠的結合紐帯に通ずる性格のものであったという事実である。ここからその性格の理解について見解の相違が生じてくるのである。西嶋氏は、この中涓・舎人の職制の意味する制度的面からこれを家内奴隷制と解することによって、劉邦集団の性格を規定し、(2)守屋氏は、そこに見られるパーソナルな人的結合関係を、職制の枠からはずして強調することによって、家父長制的規制をも否定しようとされた。(3)

問題はまさに、同一の社会関係のなかに、研究者の問題視角の如何によっては、そのような相対立する見解の抽出を許すような一見異なった要因が実は矛盾することなく一体化していることにあるのである。この関係をどう統一的に把握するかということが、本稿の究極の目的であるが、(4)そのことは同時にまた、劉邦集団の性格との関連において今日なお残されている問題を解くための重要な鍵となる。そしてまた、劉邦集団と漢帝国との関連を、問題として正しく提出するためには、両者の直接的関連を性急にたずねる前に、劉邦集団をうけついだ漢帝国の性格の問題を、集権的官僚制国家の形成期である戦国時代にまで問題をさかのぼらせて、本稿の冒頭にかかげたような形で問題を提出することが、不可欠の手続として、要請されてくるのである。

以上のような幅をもって冒頭の問題に接近するために、まず、劉邦集団の職制としてとられ、またもともとは戦国貴族の私属の職制であった中涓・舎人の制度が、春秋末から秦漢帝国に至る官僚制度の形成の過程のなかにおいて、どのような役割を演じ、またどのようにそこにくみこまれていったかを、純制度史的に、たずねることからはじめて行こう。この問題の追求にあたって従来あまり注意されていないつぎの事実がきわめて重要なヒントを与えてくれる。それは、沛公のもとに中涓・舎人の職名を与えられた初従の人々のうち、劉邦が関中に入って漢王となると同時に、「郎」または「郎吏」関係の官職にきりかえられた者が比較的多いという事実である。(5)このことは何を意味するのであろうか。「郎」すなわち郎中・中郎等の「郎吏」関係の官職は、いうまでもなく、秦漢帝国の官僚制度においては、後述するように、きわめて重要な中核的意味をもった官職であり、すでに戦国期諸国においても見られるところである。上述の事実は、戦国時代の貴族・高官の私属の職制である中涓・舎人は、その職掌において、戦国期諸国や秦漢帝国の官制における「郎」に相当するものであることを意味するのであろうか。或は、より根本的には、秦漢帝国の官僚制度の重要なカナメである「郎」は、戦国時代の貴族・大官の側近の私臣である舎人・中涓から、社会学的な系譜からいえば、発展していったものであることを、それは意味するのであろうか。問題をより具体的にたどって行くためには、まず考察の出発点として、漢帝国の官僚制度において「郎」のしめる重要な地位について概略的にのべておかなければならない。漢代の「郎」については、厳耕望の研究(6)が詳細な資料を提供しており、今それに加えるところはない。私たちの問題追求の出発点として必要な限りにおいて、最初にまずごく概略的にそれを整理しておこう。

（1）本書第一篇第一章「漢代における民間秩序の構造と任侠的習俗」参照。
（2）西嶋定生「中国古代帝国成立の一考察」『歴史学研究』一四一、一九四九。
（3）守屋美都雄「漢の高祖集団の性格について」『歴史学研究』一五八・一五九、一九五二。
（4）この問題については、本書第一篇第四章「戦国秦漢時代における集団の「約」について」が一応の解明をおこなっている。本稿はその続篇である。併せ参照されれば幸甚である。
（5）漢書高恵高后文功臣表および本伝によると、沛公の下に中涓または中涓騎として初従した者11人のうち、関中に入って漢王の下に郎吏に補せられた者の明確なもの4人、騎将3人、虎賁令1人、連敖1人、将軍1人、騎都尉1人。沛公の下に、舎人として初従した者24人のうち、関中に入って漢王の下に郎吏に補せられた者9人、都尉3人、騎将2人、刺客将1人、連敖1人、周隊率1人、左司馬2人、二隊1人、不明4人。
（6）厳耕望「秦漢郎吏制度考」『中央研究院歴史語言研究所集刊』第二三本上、一九五一。

## 二　漢代の郎

周知のように漢代における官吏登用制の主要な途径は郎選である。父兄の任によると、訾選によると、或は孝廉等の選挙によるとを問わず、まず「郎」に任ぜられ、郎を経て郡県の長官その他の高級官僚に補せられるのが一般であった。漢代における中央政府の高官や地方の郡国の守相の大多数は、郎官出身であるといってよい。この「郎」になるのには、任子の制と、訾選と、それから孝廉その他の選挙との三途があったことは、ここでことわるまでもなく周知のことである。漢初では、任子の制が盛んであったが、武帝のときに孝廉等の選挙の制が制度化され、それが一般化されるにしたがい、官吏登用が一部階級に固定化せず、民間から絶えず新しい優秀分子が供給される道がひらかれたことになり、これが官僚制度の硬直化をふせぐ結果となった、ということも、一般に説かれているところである。しかしながら、漢帝国の官僚制度の性格を問題とする場合に、より重要なことは、「郎」そのものの性格、すなわち、「郎」に任ぜられてから高級官僚に補せられるというその郎吏の制度そのものにある。任子の制より孝廉等の選挙の制度化が、漢代官僚制に大きな変革をもたらしたとはいっても、それは郎選という大前提の枠内においての話である。それならば「郎」とはどのような性格のものであろうか。

「郎」とは、字義からいえば「廊」であり、漢書東方朔伝の顔師古注にも「郎とは堂下の周屋なり」とあるように、郎吏の「郎」は、その居り場処を示す意味から用いられ、それが官職名となったものと思われる。要するに、宮中の廊に侍して禁衛にあたる近従の臣が郎である。漢書百官公卿表には「郎は門戸を守ることを掌り、出《いで》ては車騎に充つ」とあり、続漢書百官志には「凡そ郎官は、皆更《かわるがわ》る執戟に直《あた》り、諸殿門を守衛することを主《つかさど》る」とあるように、郎の職は総じていえば、宮中にあって天子の近辺の宿衛にあたることにあったのである。しかし、そのような総括的な職掌の内部において、漢代においてはすでに、いくつかの職掌にさらに分化していたことは、百官表に議郎・中郎・侍郎・郎中の別があったことからもうかがわれ、私たちの問題に直接関係のある中郎と郎中の別についていえば、中郎は郎中よりも秩禄が高く、かつ中郎の「中」の意味よりしても、郎中よりも中郎の方がより天子に親近する職であって、そして侍郎は、武帝以前には文献に見えないところよりしても、この中郎よりさらに分化したもので、専ら側近に給事する職となったものと思う。侍郎は右中郎将の統属下にあり、謁者が左中郎将の統属下におかれる（太平御覧二四一引漢旧儀）。中郎の直属上官は五官・左・右の中郎将であり、その統属下にそれぞれ、五官中郎・左中郎・右中郎に分かれている（漢書百官公卿表）。これに対し、郎中は、専ら禁衛にあたるもので、車御をつかさどる車郎と、戸衛をつかさどる戸郎と、内は侍衛にあたり出ては征伐にしたがう禁衛軍としての騎郎とに分かれ、それぞれ、郎中車将・郎中戸将・郎中騎将に統率されるもので（漢書百官公卿表）、これは、やがて期門・羽林の禁衛軍に分化して行く性格のものであったのである。以上のすべての郎吏関係の最高の長官が郎中令（光禄勲）であることは、ことわるまでもない。

ところでここでさらに注意しなければならないことは、総じて宮中の宿衛を要務とするこれら諸郎は、西漢においては同時に諸他の九卿の諸署に給事することがきわめて一般であったということである。殊にそれは、少府関係の諸署において顕著である。例えば、尚書は小府に属する一署であり、西漢においては、そこに令と丞が正職としておかれたのみであるが、そのもとでの仕事は、光禄勲所轄の「郎」によって給されている場合が多い。張安世は「父の任を以て郎と為り、書を善くするを用《も》って尚書に給事し」（漢書張湯伝）、また後漢の当初においても馮勤は「除せられて郎中と為り、尚書に給事す」（後漢書馮勤伝）とあるのは、その顕著な例である。ところが後漢に入って制度が整備されてくると、少府に直属するものとしての尚書侍郎三十六人四百石という一つの定まった官制が続漢書百官志に出てくる。続漢書百官志注引の蔡質の漢儀(漢官典儀)には、「尚書郎は初め三署より台(尚書)に詣り試せられ、初めて台に上ると守尚書郎中を称し、歳満つると尚書郎を称し、三年にして(尚書)侍郎を称す」とある。これはつぎのことを意味する。すなわち前漢においては、天子の宿衛を要務とする光禄勲所轄の三署の郎が同時にまた小府所属の尚書署に給事し、事実関係として尚書の仕事もおこなうことがあったのであるが、そのような未分化の郎の職能が、東漢に入ると次第に制度化されてきて、尚書に給事する光禄郎は、光禄勲の所轄からはなれて、小府所轄の尚書郎という定まった官職として定職化されてきたことを意味する。同様なことは、黄門郎についてもいえる。西漢にはすでに禁門黄闥の内に給事する者に「黄門郎」の称があった。漢書匈奴伝下に「黄門郎揚雄」とあり、また漢書五行志中之下に「黄門侍郎」とあるからである。しかし、漢書百官公卿表には、黄門郎或は黄門侍郎の官職名はない。揚雄本伝の賛には「除せられて郎と為り、黄門に給事す」とある。したがって、そこでいう黄門郎、或は黄門侍郎は、西漢においては、小府所属の黄門署の令丞の下にある定まった官職ではなくして、光禄郎が、同時にまた郎をもって黄門署に給事する職掌未分化の関係を示すものであろう。そのような関係は、揚雄ばかりでなく、例えば、劉向は「復拝して郎中と為り、黄門に給事し」(漢書劉向伝)、孔光の子放は「侍郎と為り、黄門に給事し」(漢書孔光伝)、卓茂は「挙げられて侍郎と為り、黄門に給事し」、後漢の当初においてもその次子崇は「中郎と為り、黄門に給事す」(後漢書卓茂伝)とあるように、その例は多い。このような郎の職をもって黄門に給事する関係を「給事黄門」と称したのであり、また「黄門郎」と簡称したのである。ところが東漢に入ると、この郎の未分化の給事関係が分化し、黄門侍郎という実職が光禄勲からはなれて、少府所属の黄門令のもとに定まった官職として定型化してくる。すなわち、小府に属する官職として、「黄門侍郎、六百石、本注に曰く、員無し、左右に侍従し、中に給事し、中外を関し通ずることを掌る。諸王の朝見するに及んでは、殿中において王を引いて坐に就かしむ」(続漢書百官志)とある。以上の諸例は、宮中の宿衛を要務とする郎が、同時に宮中の諸署に給事し、その給事関係がやがて分化し制度化されて、小府の諸署所轄の定まった官職となって独立して行く関係を示している。その他少府関係でいえば、続漢書百官志の尚符璽郎中という官職も、郎をもって少府所属の符節令署に給事していた関係が、定職化したものであろう。そのような光禄郎の給事関係は単に宮中に最も関係の深い小府所轄の諸署において見られるばかりでなく、その他の内閣諸卿の官署についても見られる。今は一々例証を挙げることを省略するが、例えば、太平御覧二三五引の応劭の漢官儀によれば、太常所属の太史令署に望郎という官職があるが、これも郎をもって給事していた関係が太常所轄の下に定職化したものであろうし、また続漢書百官志にある、大鴻臚所轄の大行令の下にある治礼郎という官職も、みな同様な演化過程を経た産物であろう。

以上の考察により、漢代の郎について、私たちはつぎの二つの注意すべき事実にぶつかる。第一に、郎は、宮闈に宿衛し同時にまた宮中の諸署に多く給事する侍従左右の宮官であり、それは外朝や郡国の行政諸官署の官僚とは一応性格を異にする天子近従の家臣である。しかしまた同時に、そのような行政官僚も、その顕位につく高級官僚の大多数は、この家臣的性格をもった「郎」の出身者によって補任せられるというところに、漢代、殊に西漢官僚制の見のがすべからざる重要な性格がある。厳耕望の計算によると、郎から直接どのような官職に遷任せられるかというと、文献・碑文にあらわれた限りについていえば、その最も多いのは県令長・郡国長吏等の地方高級官僚であって、これが全体のほぼ三分の一をしめ、つぎに多いのが、中大夫や謁者等の、すなわち郎よりはより高秩の光禄関係の諸官と、尚書・黄門関係のきわめて相類似した宮中の近署の諸官である。そしてそこから、さらに中央の行政官に遷任されて行くものがきわめて多い。第二に注意されなければならないことは、漢代においてすら、中都の諸官署の官職には、以上のような宮官・家臣的性格をもった郎による給事関係からの演化過程が見られるということである。すでに挙例したように、宮官たる郎が、その職掌未分化の状態において、或は尚書署に給事し、或は黄門署に給事し、或は太史令署に給事し、或は大行令署に給事していた関係が、次第に官制が整備されてくるにしたがい、その関係が制度化され、それぞれの官署の長官の下に尚書侍郎、或は黄門侍郎、或は望郎、治暦郎、或は治礼郎という官職が定型化され、光禄勲の領下の郎から分化して行くことはすでに見てきたところであるが、宿衛という郎本来の職掌も、武帝以後になるとそこから分化して、また羽林・期門の禁衛軍の奪うところとなり、郎は次第に給事より冗散へと転化し、実質的には専ら官吏候補者のプールに転化して行くのである。このような郎の給事関係から、諸官署の官職が演化してくる過程は、漢代においては、宮中に関係の深い諸官署について明瞭にうかがわれるのであるが、このことは、その他の中都の諸官署の官職も、もともとは、宮官(家臣)より演化してきたものではないかという、きわめて重要な推察を私たちに許すのである。

以上は、漢代の郎吏について厳耕望が提示した史料と解釈とを、私たちの問題の出発点とするのに必要なその限りにおいて吟味しつつ、整理して得たところの帰結である。それはどのような意味において私たちの問題追求の出発点となるのであろうか。それは、すでにことわるまでもなく明らかであろう。漢代、殊に西漢における官僚制の中核的源泉をなす「郎」は、その実質において宮官であり、近従の家臣であり、主要な高級行政官僚は、このような性格の郎から遷任されるものであること、および西漢においても、なお中都の諸官署の官職はこの宮官より演化してきた形跡が読みとれるということである。このことは、戦国時代における官僚制度の形成とその性格を追求しようとする私たちの問題にとって、きわめて重要な暗示と出発点とを提供してくれる。

## 三　郎と庶子・舎人・中涓との関係

戦国時代において、私たちが漢代において見たような「郎」はどのような形をとって存在していたのであろうか。漢初の郎制が秦のそれをうけついだものであることは、殆んど疑いをいれない。秦の二世皇帝のとき、「誅を大臣及び諸公子に行い、罪過をもって少近の官に連逮し、三郎立つを得る者なし」（史記秦始皇帝本紀）とある三郎とは、中郎・郎中・外郎であろうし、またこの記事は、三郎には重臣の子弟が多く立てられる任子制を暗示している。漢初、叔孫通が長楽宮にはじめて礼を制したとき、「殿下に郎中は陛を俠《はさ》んで」ならんだ（史記劉敬叔孫通列伝）とあるが、秦の始皇帝がまだ秦王であったとき、荊軻が秦の宮殿に至り、秦王にまみえたときにもすでに、「諸郎中は兵を執りて皆殿下に陳す」（史記刺客列伝）とあるから、それは秦の王国の制をうけついだものであることは明らかであろう。戦国期の諸国においても、秦をはじめ、三晋・斉・楚にすでに「郎中」のあったことは、戦国策、殊には韓非子に多く「郎中」という語が見えることより明らかであるが、その具体的関係は必ずしも明らかではない。戦国時代の郎の具体的在り方を解く上に、重要な暗示を与えてくれるのは、当時の文献にもしばしば出てくる「中庶子」「庶子」の制である。

周礼天官宮伯に「宮伯は王宮の士庶子を掌る」とある条の、鄭司農の注に「庶子とは宿衛之官也」とあり、地官稿人の条の「士庶子を饗す」の鄭注に「士庶子とは卿大夫の子弟の王宮に宿衛する者也」とあり、また夏官大司馬の条の「王、士庶子を弔労す」の鄭注に、「庶子とは卿大夫の子弟の軍に従う者也」とある。周礼においては、卿大夫の子弟の王宮に宿衛して天子を侍衛するところの者を、庶子とよんでいる。この士庶子の庶は、嫡庶の別の支庶ではない。周礼においては、卿大夫の子弟は、嫡庶の別なく国子と呼ばれ、この国子は師氏の教えるところであり、保氏の養うところであり、また諸子の掌るところである。国子のうち、嫡子は門子といい、小宗伯の掌るところのものである。そしてこの国子のなかで選ばれて宮中に宿衛し、侍御守圉を給するものが庶子である。このことは兪正燮[1]も指摘し、孫詒讓も周礼正義でくわしく考証しているところである。周礼において、庶子のことが言及されているのは、前記の外は、天官酒正・外饔、夏官司士・大僕・掌固・都司馬、秋官掌胥・掌客等に見られるが、総じていえば、庶子を士と連文して士庶子というのは、已命未命の別を示す意味で、卿大夫の子弟のすでに命ぜられて爵をもつ者が士であり、庶子は未命の子弟であって、内は天子の宿衛にあたり、外は巡守にしたがい、歳時には饗有り、死傷には弔労あり、職任すでに親しく、恩礼もっとも備わる近従の家臣の職であったのである。

ところで、この周礼に記されている「庶子」が、史実としていつ頃の制度を反映しているのかが問題であるが、私たちは戦国時代の諸国の君主の宿衛侍従にあたるものとして、「庶子」という職名を当時の文献に多く見出すのである。しかもそれは戦国時代の諸国の君主の侍従の家臣についてばかりでなく、当時の貴族その他高官の私門にもこれを見るのである。墨子尚賢上篇に「遠鄙郊外の臣、門庭の庶子、国中の衆、四鄙の萌人に逮《およ》ぶまで、之を聞きて皆競って義をなす」とある。そこに郊外の臣と対称されている門庭の庶子とは、宮中に侍衛する近臣であることは、孫詒讓の閒詁が解している通りである。秦の始皇帝の初期、未だ帝を称しなかった前のときであるが、燕の太子丹より遣わされた刺客荊軻は、秦に赴いて秦王にまみえんがため、「千金の資幣物を持して、厚く秦王の寵臣中庶子蒙嘉に遺《おく》り」、とりつぎをたのんだ（史記刺客列伝）。戦国の秦には、王に近侍する宮官として「中庶子」という職があったことは、これでも明らかである。蒙氏は秦においては昭王・荘襄王に仕えた将軍蒙驁以来の名門で、蒙驁の子蒙武、武の子蒙恬・蒙毅、みな秦の重臣として重きをなしている。始皇帝は「甚だ蒙氏を尊寵し、信任して之を賢とす」と史記蒙恬列伝に記されているが、中庶子蒙嘉もおそらくはこの蒙氏の一族で、重臣の子弟で中庶子として近侍したものであろう。なお、新序雑事篇三においては、これを「中庶子蒙恬」に作っているが、これは誤りであろう。史記扁鵲倉公列伝によると、扁鵲が虢国をよぎり、虢の宮門に至って、病死した虢の太子を生かさんとしたときに、扁鵲を虢の君主にとりついだのは中庶子である。この記事も、春秋末期の虢の君主の近侍の職として、中庶子という職があったことを示している。新序雑事篇二によると、楚の荘王が、自分を諫めた士慶なる者を賢とし、これを令尹に任じて相の印綬をさずけたとき、「中庶子、之を聞いて跪いて泣いて曰く『臣は衣冠を尚《つかさど》り、郎に御《(侍)》すること十三年、前にあっては豪矢となり、後にあっては藩蔽となる。(しかるに)王は士慶に相の印を賜いて臣に賜わらず、臣死するに将に日有らんとす』と」と記されている。これは戦国時代の事情を反映している挿話で、ここにおいても中庶子は、明瞭に王の側近にあって事を給し侍衛する近臣であるが、さらに注意すべきことは、中庶子も「郎に侍する」ものであることである。ここにいう「郎」はいうまでもなく「廊」である。さきに私たちは秦漢の郎中・中郎等の郎官の職名は、郎すなわち廊からきたことばであるといった。また西漢においてすらも、郎の職掌は未分化で、単に宿衛にあたるばかりでなく、君主側近の諸事を給することが多かったのであるから、戦国時代の郎はより一層未分化で、廊に侍して宿衛のほかさまざまの側近の用事を供するものの総称ではなかったかと考えられる。このように解すると、以上あげてきた中庶子は、郎と同類の、或は郎のなかに包摂されるところのものということができる。趙国の老臣で左師の職にあった触龍という者が、太后にまみえて「老臣の賤息《むすこ》の舒祺は最も少《わか》く、不肖なり、而して臣衰う、窃に之を憐愛す。願わくば黒衣(衛士の服)の欠に補し、以て王宮を衛るを得んことを、昧死して以聞す」と願っている(史記趙世家)。触龍は自分の末子の年十五歳なる舒祺を王宮の侍衛の士に加えんことを願っているのであるが、これは周令の所謂「庶子」の典型的な実例であるし、また漢の制からいえば「郎」にあたるものである。戦国時代の庶子の職と西漢の郎の職とはその職能において、ほぼ同じものということができる。

ところで、中庶子は、上例のように戦国諸国の君主の側近の家臣として文献に出てくるばかりでなく、貴族・高官の私門においても見られる。戦国の説客で一時秦の恵王の左丞相となった甘茂の孫にあたる甘羅は、「年十二歳で秦の相文信侯呂不韋に事《つか》えた」と史記樗里子甘茂列伝に記されているが、戦国策秦策によると、甘羅は「少庶子」として呂不韋に仕えたと記されている。商鞅も、秦に入る前に「魏の相公叔痤に事えて中庶子と為る」と史記商君列伝に記されている。公叔痤は魏の恵王に対して「痤の中庶子公孫鞅は年少なりと雖も奇才有り」といって魏王に推薦したが、聞かれなかったので、商鞅は秦に入ったという話はあまりにも有名である。これらの諸例は、戦国の秦や魏の丞相の侍臣として、中庶子・小庶子という職があったこと、およびそこにおける庶子は、必ずしも家臣の子弟が任ぜられるのではなく、広く他処よりも、求められることを示している。韓非子内儲説上には、商（宋）の太宰が、少庶子をしてひそかに市に行かせて市吏の勤務状況をさぐらしめた、という話がのっており、また同じ内儲説上に、魏の臣卜皮が県令となったとき、その御史が汚穢にして愛妾があったので、卜皮は少庶子をして御史の愛妾を伴り愛せしめ、もって御史の陰情をさぐらしめたという話ものっている。いずれもそこでは「少庶子」は高官の私門の侍臣である。また内儲説下には、魏の済陽君の少庶子が、主に親愛せられんことを謀る挿話があり、戦国策韓策には、韓の太子の中庶子が、太子に公叔嬰を撃つ策を進言している挿話がのせられてあり、高官ばかりでなく、太子にも中庶子という近従の家臣のあったことを示している。商君書境内篇[2]には、「四境之内、丈夫女子は、皆上に名（籍）有りて、生者は著し、死者は削らる。其の爵有る者は、爵なき者を乞《めしかか》（匃）[3]えて以て庶子となす、級ごとに一人を乞《めしかか》う」とあり、また、「能く甲首一を得る者は、爵一級を賞し、田一頃を益し、宅九畝を益し、庶子一人を除す」とある。この場合は、庶子は、戦功により爵を与えられた者が特権として持つことを許される私属の従士（家臣）のごときものであるが、主として、有爵者に私属としてしたがって戦闘に従役することが要務であったようである。「其の爵ある者は爵なき者を乞《めしかか》(餼)えて以て庶子となす。……其の事に役するなきや、其の庶子、其の大夫に役せられること月に六日、其の事に役するや、随って之を養う」とあるからである。

以上の諸例は、戦国時代の諸国において、君主に中庶子・少庶子という側近の家臣があり、侍衛その他の側近の給事にあたったと同じように、国内の太子・貴族・高官・有爵者の私門にも、ほぼ同様な職能をもつ中庶子・少庶子・庶子という近従の私臣があったことを示すものである。ところで、私たちは、戦国時代の貴族・高官の私門には、舎人・中涓と称せられる、おなじく近従の私臣のあったことを知っているのであるが、それは上述の庶子とどのような関係にあったものであろうか。前引の商君列伝において、商鞅が魏の丞相公叔痤の中庶子となったと記されている条に、中井積徳は注して、「中庶子は舎人の稍《やや》貴き者也」といい(史記会注考証引)、また資治通鑑巻二の胡三省の注には、「戦国以来大夫の家に中庶子あり舎人あり」といっている。そこでは、中庶子と舎人は、いわば同一範疇の、貴族・高官の私臣であり、その性格は相類したものと解されている。ただ中井積徳は、中庶子は舎人よりもやや貴き者といっている。それは、主君に親近する度合の相違によってそういうのであろう。この関係を解く重要な手がかりは、つぎの事実によって与えられる。戦国期諸国の王の近従の家臣としての中庶子・庶子の職は、秦漢の帝国の官制の整備にともない郎官の制のなかに吸収されて、漢書百官公卿表にはその名称をとどめていないが、貴族の近従の家臣としての庶子・舎人は、秦漢の漢制のなかには太子の官属としてその名をとどめている。漢書百官公卿表には、太子の官属に太子庶子・太子舎人の職名が明記されている。漢旧儀によると「(太子)中庶子五人、職は侍中の如し、秩は六百石。(太子)庶子、秩は比四百石、中郎の如し、員無し」とある。また続漢書百官志の太子舎人の本注には、「二百石、更《かわるがわ》る宿衛に直《あた》る、三署の郎中の如し」とある。漢書百官公卿表には太子庶子のみしか記されていないが、漢旧儀には、中庶子・庶子の別があることになっている。それによると太子庶子の職は中郎のようなものだが、中庶子はより太子に親近する格の高いもので、丁度侍中に相当するものだというのである。侍中は西漢の官制においては本官でなく加官である。そして郎官をもって特に侍中を加えられている者も多い。(4) それに対して太子舎人は少しく格が低く、交代に宿衛にあたることを本務とするもので、それは三署の郎中に相当するものだというのである。太子の官属としての中庶子・庶子・舎人は、天子側近の官に比定していえば、ほぼ郎関係の官にあたり、この三者の差は、侍中・中郎・郎中の差に相当するということを以上の記載は示している。もちろん、それは、戦国期の諸国の太子・貴族・高官等の私門の家臣の職としての庶子・舎人が、秦漢官制のなかにもちこまれて、太子庶子・太子舎人として官制化された場合についていわれ得ることで、それがそのまま戦国時代の私門の家臣としての庶子・舎人の生態をそのまま反映しているものではなく、それはより整理され、より制度化されたすがたであろう。戦国の私門の舎人が宿衛のみをその職掌としたものではないことは、あたかも秦漢の郎中が宿衛のほかに、なお宮中の諸署に給事することよりもうかがわれるように、かれら戦国の舎人も主家の諸他の要務にたずさわっていたことは前述の通りである。しかし、上記の太子庶子・太子舎人についての記載は、太子の庶子・舎人が、天子側近の家臣についていえば郎官に相当するものであること、および同じ郎官に相当するものでありながら、庶子と舎人との間には、主人に対する親近の程度において、中郎と郎中との差に相当するがごときものがあったということは、戦国時代の私門の家臣として庶子と舎人との関係を知る上に、重要な教示を与えるものといわなければならない。

さて、以上のことは、今までふれなかった中涓の問題にも関係してくる。私たちは戦国時代において、君主側近の侍臣の一として中涓・涓人という職名のあったこと、そして中涓は漢の初期にも見られることは、西嶋・守屋両氏の論文以来すでに周知のところである。史記万石君列伝には、漢王劉邦は「石奮を以て中涓と為し、書謁を受けしむ」

とあり、陳平が漢王に帰属したとき、この中涓の石奮がかれを漢王にとりついだ話は、有名である。如淳は、中涓を「書謁を通じ出入の命を主《つかさど》る」と注している。ところで前記の中庶子も、さきに挙げた戦国時代の実例について見ると、秦王の中庶子蒙嘉は荊軻を秦王にとりつぎ、虢国の中庶子は扁鵲を君主にとりつぎて謁せしめている。いずれも謁を通じ出入の命をつかさどる者であろう。それ故、兪正燮は、これらの事例に見える中庶子を「蓋し謁を典《つかさど》る者ならん」と解している。[5] このように考えると、中涓と中庶子とは共に相似た職ということができる。中涓は漢書百官公卿表にはないが、漢儀注(史記高祖功臣侯者年表集解引)には「天子に中涓あり黄門の如し、皆中者也」とある。黄門とは前述のように少府の一署であり、西漢には郎をもって黄門に給事するものが多く、それが黄門侍郎となって宮門の出入の命をつかさどり、諸王朝見の際には諸王を案内して座につかしめたことは、前述の通りである。東漢に入ると黄門関係ばかりでなく少府の諸署一般について宦官の任用が非常に広範になったから、漢儀注のような解釈を生んだのであろう。漢書陳勝伝には、陳勝の涓人呂進のことがあり、応劭は注して「涓人とは謁者の如し」といっている。謁者は秦以来の官で、漢書百官公卿表では賓贊受事をつかさどるもので郎中令の領下にあり、西漢では郎をもって給事する関係がみとめられることは、前記厳耕望も挙証したところである。中涓が、黄門のごとしと解され、或は謁者のごとしと注されるのも、中涓が謁を通ずるを職とするところからきたのであろう。そしてそのような職掌は、戦国期の諸国においては中庶子もこれにあたり、秦漢の官制では、謁者・黄門等がこれにあたり、両者共、郎をもって給事する関係が見られるとすると、中涓もまた中庶子とその職掌において相類似したものであり、広義の郎概念のなかに包摂することができるのである。中涓が舎人よりは主君により親近の職であることは、賈誼の言[6]よりも知られるところであって、中涓と舎人との関係は、これまた中庶子と舎人との関係に対応する。沈欽韓がいうように、中涓・涓人の職が文献に出てくるのは楚に多いから、或は、十分の断定はできないが、楚関係の職名から出たのかも知れない。

顔師古は一方では「中涓は親近の臣、謁者・舎人の類の如し」と注して応劭の解をとりながら、他方では「中に居りて掃絜を主《つかさど》る」といっているのは、単に涓の字義にとらわれてそこから推したものであって、別に他の根拠はない。より秦漢に近い応劭・如淳の解をとるべきであろう。

以上において、私たちは、戦国時代の貴族・高官の私門の家臣としての庶子・中涓・舎人は、その職掌とその性格からいって、これを秦漢の官制における天子側近の家臣に比定すると、郎官に相当するものであることを明らかにしてきたのである。丁度天子に対する親近の差により、郎官にも中郎・郎中の別があるように、中庶子および中涓と、舎人との間には主君との親近の関係において若干の程度の差はあるが、いずれも制度上はそれは私門の、すなわち家の私属の職制である。郎官が、官僚とはいっても、もっぱら天子の家の、いわば近習の家臣であって、民と土地を支配する国政に従事するいわば外朝の官僚とは一応別個の職掌体系に属するものであることを考えると、郎官と中涓・舎人の以上のような対応関係は、何よりもまず、制度的には、中涓・舎人が、貴族・高官の私門の、家父長制的規制下にある私属の職制であることは、否定しようもない。ただ、そのことをもって一義的にこれを家内奴隷制と規定してしまうと、問題はそこで行きづまるのである。君主や私門のいわば家父長制的規制下にあるこの私属の職制である郎官や舎人に、当時のどのような社会層の人々が充当されていったか、という点に、実は重要な問題があるのである。それは奴隷ではなかった。氏族制的秩序の崩壊の過程から個々に放出されてくるいわば下層の士の、しかしなんらかの材能を自負する新興の士の階層が、同じく氏族的秩序の崩壊のなかから自己を拡大化してくる家父長制的集団のなかに吸収されて、新しい秩序を形成して行くところに、戦国時代の重要な歴史的性格があったのである。これら下層の新興の士のになう生活習俗と生活倫理とが、新たな家父長制的支配意志のもとにもちこまれ組織化されて行くところに、等しく家父長制的規制とはいっても、きわめて特異なそして多様な現実の支配関係が展開されて行くのである。

官僚制という新たな政治組織も、また私のいう任俠的人的結合関係のもたらす新たな民間秩序も、そのような共通の母胎から生れてくる関係にほかならない。

（1）　兪正燮「周官庶子義」『癸巳類稿』巻三。

（2）　「商君書境内篇」の本文批判については、守屋美都雄「漢代爵制の源流として見たる商鞅爵制の研究」『東方学報』(京都)第二七冊(一九五七)参照。

（3）　商君書巻五境内篇「四境之内、丈夫女子、皆有名於上、(生)者著、死者削、其有爵者乞無爵者、以為庶子、級乞一人、其無役事也、其庶子役其大夫月六日、其役事也、随而養之」の文中の「其有爵者乞無爵者、以為庶子、級乞一人」の「乞」についてのくわしい解説考証は、本書第一篇第五章「商鞅変法の一問題」を参照されたい。朱師轍(商君書解詁定本)は、この「乞」は「餼」と読むべきであるとした。蓋し卓説である。「乞」は説文段注によれば、「气」の省字であり、広雅釈詁三によれば「气」には「求む」という意味と「与う」という意味と二義ある。左伝昭公一六年の鄭の先君桓公と商人との盟約中の一句の「毋或匄奪」の杜注に「匄、古害反、又姑末反、乞也」とあり、孔穎達の疏に「乞之与乞一字也、取則入声、与則去声也、此匄亦有取与、此伝言匄謂取也」とあり、「乞」には「取る」と「与える」との二義があるとしている。气・乞に「与える」の意味のあるのは「乞」の本字である「气」が「氣」と通用して用いられていることと関係がある。「氣」は「客に饋《おく》る芻米」(説文解字)であり、「氣」の後出の字が「餼」であり、左伝桓公六年に「斉人饋餼」とあるように、「餼」は「氣」と同義で人に饋《おく》る米の意味であるが、同時にまた小爾雅広言に「餼、饋也」とあるように、また左伝桓公一〇年に「斉人餼諸侯」(説文所引の同条には「斉人氣諸侯」に作る)とあるように、「餼」は、芻米を饋《おく》るという動詞としても用いられる。礼記王制の鄭注に「餼、稟也」とあり、礼記中庸の鄭注に「餼稟、稍食也」とあるように、稟給される食糧も、また食糧を稟給することも、「餼」ということばで表現されるのである。以上で乞・气・氣・餼は同音でその間に相通ずる義のあることが明らかとなったが、問題を前引の商君書境内篇にもどすと、そこの「有爵者乞無爵者、以為庶子」の「乞」は、明らかに朱師轍の指摘するように「餼」と同音同義に読むべきで、「有爵者は食糧(禄米)を無爵者に稟給して、私属の家臣となす」という意味である。左伝昭公元年に、楚の公子干が晋に来り仕えたとき、禄として「百人之餼」を与えられたという用語法も、あわせ考うべきである。このことについては本書第一篇第五章「商鞅変法の一問題」を参照されたい。なお、漢代爵制において、列侯にはその家臣として庶子ありという漢書百官公卿表・続漢書百官志の規定は、商君書境内篇のこの「有爵者、乞無爵者、以為庶子」の規定までさかのぼるのである。

（4）漢旧儀に「侍中、無員、或列侯・将軍・衛尉・光禄大夫・侍郎為之」とある。郎官関係では、ほかに中郎将をもって侍中となる者も比較的多い。なお侍中については労榦「論漢代的内朝与外朝」『歴史語言研究所集刊』第一三本（一九四八）参照。

（5）「周官庶子義」『癸巳類稿』巻三。

（6）漢書賈誼伝「天下殽乱、高皇帝与諸公併起、非有仄室之埶以予席之也、諸公幸者迺為中涓、其次廑得舎人」。

## 四　戦国官僚制の人的基盤

すでに春秋の中期頃から世族の強大な権力に対抗して君権の強化をはかろうとする君主たちは、その側近に有能多力な侍衛の家臣を多くあつめ、これを重要な官職に登用することによって、世族権力を抑えようとする傾向が顕著にあらわれてくる。公と卿大夫士の宗法的階級秩序を重んずる左伝の叙述においては、このような新しい役割をになってくる側近侍衛の家臣は、しばしば君主の嬖臣として記されている。晋においては、郤氏・欒氏・中行氏等の強大な世族権力を抑えようとした厲公は、「外嬖多し」と記され、このような嬖臣として挙げられている胥童・夷陽五・長魚矯らはこの強大世族に圧迫されている同じく貴族（大夫）の子弟である。厲公は胥童・夷陽五らに兵をさずけて郤氏を誅滅させ、さらに欒氏・中行氏を朝に劫せしめ、胥童をもって卿たらしめるのである（左伝成公一七年）。厲公のこのようなこころみは、強大世族の逆襲にあってついえ、厲公は欒氏・中行氏の執えるところとなるのであるが、このような君権の強化をはかろうとする君主たちの萌芽的こころみは、諸他の国においてもあとをたたない。斉では崔氏・慶氏等の有力世族の専横をおさえて君権の強化をはかろうとした荘公の例は、別章でたびたび指摘したところである。荘公があつめ養った側近の侍衛の家臣には、すでに国内の士のみではなく、他国より亡命してきた勇力の士もまじっている。荘公がついに崔氏のために弑されたとき、荘公に殉じて死んだ勇士の一人州綽は、もと晋の欒氏の党で、晋より亡命してきた勇力の士である（左伝襄公二三・二五年）。荘公は衛との戦いに、世族の旧臣をしりぞけて、家臣たるこれら勇力の士を重要なポストに登用しているのである。荘公によって養われ厚遇されたこれらの勇力の士が、左伝では外嬖と記され、私暱と解されていることは、当時の宗法的政治社会の秩序を破るものであるからであるが、そのような君主の私臣こそが、やがてほどなくあらわれてくる新しい政治組織、すなわち君主の手足としての官僚体制を生む重要な人的基盤として、新しい歴史的使命をになってくるのである。

上述のこのような関係、すなわち従来の身分秩序にかかわりなく、有力多能の士を多くあつめてみずからの手足とする傾向は、さらに公室においてばかりでなく、当時の有力貴族の私門においても見られる。斉の荘公を弑した有力世族崔氏とともに実権をにぎった世族慶氏が亡命の勇力の士を多くあつめて侍衛の家臣としたことは、かれらをして「寝戈を執りて」側近に侍衛させたことより明らかであろう（左伝哀公二八年）。やがて戦国時代の強国として、晋より分立する趙国の基礎をつくった、晋の世族趙簡子は、「門下左右の客千人」と記され（説苑巻八尊賢）、斉の君権を簒奪して戦国諸侯の一となる斉の田氏にはきわめて多くの「賓客・舎人」が養われていたという（史記田敬仲完世家）。これら趙氏や田氏の多くの賓客・舎人は、やがて趙氏・田氏がそれぞれ政権をうばって一国の君主として独立したとき、それぞれの官僚として重要なポストを与えられて行くことは、当然の推移であろう。それは、冒頭に記した劉邦集団の場合において、劉邦が沛公として起ったとき、客・中涓・舎人として部署された人々が、劉邦が漢王となりさらに帝位につくと、かれらはそれぞれ官僚として丞相以下のポストを与えられて行くことと、少くとも制度的関連では、同一の関係にあるということができよう。

戦国時代に入るとこのような関係は、官僚制の形成という歴史的課題と密接不可分の関係において、より一層、顕著にあらわれてくる。諸国の君主は自己の手足としての官僚制の強化充実のため、ますます多くの有能の士を家臣としてあつめることにつとめ、また貴族・高官の私門においても多くの舎人をあつめ、これを客と等しく厚遇する風がさかんになってくる。もとより戦国期諸国の官僚のすべてが、君主の側近の家臣としての郎や庶子から充当されたのではないことは、後述の通りである。しかし、秦漢の制から推しても、この君主に親近の家臣としての郎、或は庶子が、戦国官僚制の重要な人的源泉をなすものであることは看過してはならない。この戦国の郎や庶子は、二つの途から補充される。一つは、貴族・高官である父兄の任(保証)によって、その子弟が君主側近の家臣となる途であって、秦漢の任子制にその遺制をのこしているものがそれである。趙の老臣触龍の子舒祺の前述の例や、戦国末秦王の中庶子蒙嘉の例などはそれである。第二の途は、君主の信任する重臣の推薦と保証(任)によって、仕官を求める有能の士が、君主に近接する機会を与えられる場合である。諸国の君主が、争って有能の士をあつめるという場合には、この第二の途によることが多いことに注意しなければならない。戦国末期の秦において、楚の人李斯は、「今万乗方《まさ》に争う時にして、游者事を主《つかさど》る……。これ布衣馳鶩の時にして、游説者の秋也」といって、師荀卿に辞し、西して秦王を説かんとして、秦に至るのであるが、秦で仕官する実際の過程を見ると、まず秦の丞相呂不韋の舎人となり、呂不韋の任(保証)によって、秦王の郎となり、秦王と近接する機会を与えられ、やがてその献策がみとめられて長史となり、客卿となり、廷尉となり、始皇帝が帝位につくや丞相となるに至るのである(史記李斯列伝)。楚の春申君の門下の客朱英は、春申君の任によって、楚王の郎となることを求めている(史記春申君列伝)。この朱英の要求は、当時の重臣の私門の客、舎人は、その主の任によって、王の郎となるものが多くあったことを推察せしめる。当時みずからの才能にたよって、君主に仕えて官僚となろうとする者はまず君主の信頼する重臣の門下の客・舎人となり、その重臣の推薦と保証（任）によって、君主に近侍する機会が与えられることを願ったのである。「諸客の宦（仕官）を求めて嫪毒の舎人となる者千余人」（史記呂不韋列伝）という記述は、このことを明瞭にものがたる。范雎は「魏王に事えんと欲したが、家貧しく以てみずから資する無く、乃ち先ず魏の中大夫須賈に事えた」（史記范雎蔡沢列伝）。おそらく須賈の舎人または庶子になったのであろう。戦国期の諸国においても、君主に近侍する郎その他の親任の家臣が、その拡大して行く直轄領統治のための官僚に補せられて行くことは一般であると考えてよいので、いや官僚それ自身が君主の家臣的性格をもつものであり、官僚は家臣の拡大であるのである。すでに春秋末、趙簡子の家臣董安于は、趙氏の所領の上地の守に任ぜられ（韓非子内儲説上）、秦の昭王の謁者王稽は河東の守に補せられ（史記范雎蔡沢列伝）、同じく秦の武王の侍衛の力臣任鄙は昭王のとき漢中の守に補せられている（史記白起王翦列伝）のである。このような関係は、貴族が新しく領地を封邑として与えられる場合、その領地の管理のために舎人が派遣されるのと同じ関係にあるのであって、例えば、「趙王は孟嘗君を封ずるに武城を以てす。孟嘗君は舎人を択び、以て武城の吏と為し、之を遣わす」（戦国策趙策）とあるがごとくである。

もちろん、さきにのべたごとく戦国の官僚のことごとくが君主の郎または庶子から補任されたのではない。趙の宦者令繆賢の舎人藺相如が、繆賢の推薦によって趙王の使として秦におもむき、その功により趙の上大夫となり、秦の相呂不韋の少庶子甘羅が、呂不韋の推薦によって趙に使し、その功により秦の上卿を拝したように、必ずしも郎をへないでより高位の官を与えられる例も多い。秦漢の場合とは異なって、いくつかの国が相ならんで存し、互に覇を争う戦国の現実においては、またみずからの材能を自負し、知己の主を得なければみずから去って他国におもむく有能な諸士の遊説往来する戦国の現実においては、材能ある士を自国内にとどめてその献身を期待するためには、高位高禄をもってこれを厚遇しなければならない場合も多い。殊に戦国の秦や燕のような辺疆の後進国においては、その例が多い。しかし、そのような場合においても、必ず王の信任する家臣或は重臣の推薦と保証（任）によってはじめて王に親近し得るのであって、戦国官僚の家臣的性格を破る例外ではない。商鞅は、秦の孝公の宦者景監の推薦により（史記商君列伝）、甘茂は秦の王族樗里子の推挙により（史記樗里子甘茂列伝）、范雎は秦の昭王の謁者王稽の任挙により（史記范雎蔡沢列伝）、魏の鄴の太守西門豹、中山の太守李克は、魏の文侯の重臣翟璜の推薦により（史記魏世家）、それぞれ官僚としての地位についているのである。

## 五　戦国官僚制における「徳」的要因と「術」的要因

以上は、全く制度の外面的考察により、戦国貴族の私門における中涓・舍人が、戦国諸王の家臣の場合に比定すれば、「廊に侍する」近臣に相当り、この郎吏が、戦国以来の官僚制の形成の重要な母胎をなすものであることを明らかにした。しかし、それはあくまでも制度上の外郭的機構に関してである。問題はまさに、そのような両者の制度的類似が、それをささえる内面的関係を含めて考えた場合、どのような性格のものとして統一的に理解できるか、ということにある。しばしばのべてきたように、この戦国貴族の私門における舍人と主人との関係はきわめて特異な内面的関係によってささえられていることは、すでに周知のところである、孟嘗君・信陵君・平原君等の戦国貴族が多くの舍人を門下にあつめ、これを客と等しく遇する態度は史上に有名である。少くともこれらの諸公子の舍人に関する限り、そこでは一見客と本質的にはさして相違のない性格のものとして理解されることは守屋氏も私も指摘したところである。そこでは、私属である賓客・舍人に対し、身をへりくだって厚くこれを遇し、身分の如何をとわず、亡人有罪者と雖も、庇護を求めてきたものは、これを賓客・舍人として厚く養う特異な関係が習俗化している。このような習俗のなかから、主人の厚遇に報ゆる賓客・舎人の主に対するかたい心情的結びつきと、主に対する献身が生れ、そのような関係が民間に移行すると、所謂任俠的習俗となって、それにもとづくかたい人的結合関係は、秦漢の民間社会の特異な構造をささえる重要な役割を演じたことは、前篇の諸章で指摘した通りである。一方、時を同じくして形成されてくる戦国の官僚体制、そこにおける君主と郎吏その他の官僚とを結びつけるものは、その本質において、法術的紐帯と理解されている。そこにおける秩序は、君主の一方的支配の秩序であるとされている。もし、それぞれについて、以上のような理解が正しいとすると、貴族・高官の私門における主人と賓客・舎人とをむすびつける内面的紐帯と、君主と郎吏その他の官僚とを結びつける紐帯とは、その性格において、全く異なったものとして理解されなければならなくなる。劉邦とその中涓・舎人との関係が、天子と官僚との関係に展開して行くその道が、それでは、断絶してたどれないことになってくる。たしかにその両者の間には、なんらかの意味で区別されなければならない重要な問題があり、その展開の過程のなかに、重要な変化と発展とが加わったことは否定してはいけない。[2]しかしながらそのような展開と発展は、その両者がそれぞれの内になんらかの共通の要因をもつことによってはじめて可能なのであり、そこに内在する共通の要因の展開発展の過程として理解されないと、社会学的類型化はできても、歴史的理解とはならない。それならば、この両者の内にもともと内在する共通の要因とはどのような性格のものであったろうか。

まず第一に注意しなければならないことは、上述の戦国の四公子の場合にみられる、私財をつくして多くの士をあつめ、貴賤を問わずかれらを賓客・舎人として養い、わが身と等しくこれを厚遇するこの習俗は、従来の宗法的秩序から放出されてくる多量の下層の士をみずからの門下に吸収して、弱化しつつある従来の血縁的紐帯のみからは期待し得ない、新たなそしてより広範な人的結合関係を確保することによって、みずからの家父長制的勢力の人的基盤を強化しようとする、そのような歴史的現実の要請のなかから生れてきたものである、ということである。賓客・舎人と主人との関係が対等なのではなく、家父長制的支配下の私属である舎人をわが身と等しく厚遇するところに、重要な問題がひそんでいるのである。このように士を厚遇する孟嘗君を、韓非子は「人臣の勢を以て、人主の術を仮りる者也」(外儲説右上)といっている。この韓非子の言は、以上のような私たちの問題を解く上に重要な暗示を与えてくれる。この韓非子の言の意味するところをさぐることによって、問題を一歩すすめていってみよう。まず、問題の重要な手がかりとなるのは、そこでいう「人主の術」である。

韓非子のいう、人主の「術」とは君主の臣下を制する「術」である。二柄篇では「明主の導《よ》りて其の臣を制する所の者は二柄のみ。二柄とは刑・徳なり。何をか刑・徳と謂う。曰く、殺戮これを刑と謂い、慶賞これを徳と謂う」といっている。韓非子においては、「徳」は君が臣を制するものとしての恩賞である。「上は爵禄を請いてこれを群臣に行い、下は斗斛を大にして百姓に施した」斉の田氏も、二柄篇においては、「徳を用《も》って」臣民を制する者として例挙されている。韓非子のきわめて合理化された思想の世界においては、士を厚遇しこれに恩恵を与える孟嘗君は、そのような「術」としての「徳」をもって士を制する者として理解されているようである。「人臣の勢を以て、人主の術を仮りる者也」というのはその意味であろう。それは、現実に生きて動く人と人との関係をあまりにも合理化した解釈のようである。その意味で、韓非子の所謂慶賞としての徳と、儒家の所謂徳治の徳とは、それを基礎づける思想体系においては全く異なったものである。しかしながら、それぞれの思想体系のなかで或は合理化され、或は内面化された「徳」からはなれて、徳ということばそれ自体が、当時の一般の生活感情のなかで、どのような行為関連を表現しているものであるかを考えて行くと、韓非子の所謂「術」としての「徳」と、儒家の所謂徳治の「徳」とのそれぞれ異なった思想体系をささえる現実的基盤は、実は同一の歴史的現実の世界のなかにあることに私たちは気づいてくるのである。このことは、私たちの上来の問題に重要な解決の鍵を与えてくれることになる。まず、例を戦国より秦末の史記列伝の叙事文にとって、そのような思想的粉飾をもたない「徳」の用法をみていってみよう。それはきわめて具体的な人と人との関係における恩恵の授受を意味することばとして、用いられているのである。燕の昭王が「先人嘗て蘇氏に徳有り」(史記蘇秦列伝)といっているのは、燕の先王が蘇秦を厚遇して恩恵を与えたその具体的恩恵のことをいっているので、先王の徳性一般をいっているのではない。范雎が困窮のなかから出奔して秦におもむき、丞相の地位についたとき、「一飯之徳にも必ず償い、睚眦の怨にも必ず報じた」(史記范雎蔡沢列伝)という一飯之徳とは、いうまでもなく范雎が困窮のとき人から受けたきわめて具体的な恩恵である。それは、蘇秦が富貴になるにおよんで「諸々の嘗て徳せられた所に徧ねく報ず」(蘇秦列伝)と記される「所嘗見徳者」の徳の用法、また嘗て斉に賃傭していた欒布が燕の相になるや、「嘗て徳有る者には厚く報い、怨有る者には必ず法を以て之を滅ぼす」(史記季布欒布列伝)とある「嘗有徳者」の徳の用法とまた同じである。貴賤の別なく数千の賓客・舎人をあつめ厚遇した信陵君に対して、「夫れ人の公子に徳有るは、公子忘れる可からず。公子の人に徳有るは、公子の忘れんことを願う」といった信陵君の客の言(史記魏公子列伝)にある「人有徳於公子」「公子有徳於人」の徳も、他人が公子に与えた具体的な恩恵、公子が人に与えた具体的な恩恵であることはことわるまでもない。張耳の子趙王張敖に高祖が無礼の言動があったとき、貫高その他の張敖の家臣が怒って高祖を殺害しようとしたとき、張敖は貫高らをいさめて「先人(張耳)国を亡《うしな》って、高祖に頼り、国復することを得、徳子孫に流る」といったその徳も、また高祖の恩をわすれないこの張敖の態度をば貫高が「王は長者也、徳に倍《そむ》かず」といったその徳も、高祖が張氏に与えた具体的恩恵のことであることは自明である(史記張耳陳余列伝)。張蒼が客として劉邦にしたがい、法に坐して斬に処せられようとしたとき、王陵にたすけられたので、「王陵を徳とし、……常に王陵に父事す」(史記張丞相列伝)とある「徳王陵」の徳も、王陵から受けた具体的な恩恵に関するものであるし、任敖が嘗て劉邦の妻呂氏をたすけたので、任敖は「旧徳を以て（高祖に）用いられた」（史記張丞相列伝）と記されている、その徳も、任敖の徳性という意味ではなく、かれが呂氏に恩恵を与えたその具体的行為である。平原君が秦によって邯鄲にかこまれ、士卒困窮して苦戦におち入ったとき、「今君……家に有《たも》つ所を尽く散じて、以て士を饗すれば、士其れ危苦の時に方《あた》る（がゆえに）、徳し易き耳」と平原君に進言した李同の言（史記平原君虞卿列伝）にある「易徳耳」の徳の用法も、その李同の言にしたがったので平原君は敢死之士三千人を得たという挿話との関連において、私たちは特に注意しなければならない。それ故、儒家の所謂徳とは仁義の道なのであるが、「何ぞ仁義を知らん、已れ其の利を饗《う》くる者を徳有りと為す」という鄙人の言（史記游侠列伝）が出てくるのである。したがって、所謂有徳の君子のみでなく、閭巷の游侠の具体的な任侠的行為、すなわち、亡命者をかくまい人々をたすけるその具体的な恩恵的行為も、徳ということばで表現されていることは当然である。游侠郭解が「徳を以て怨みに報ず」（史記游侠列伝）というその「徳」はいうまでもなく具体的な恩恵を与える行為である。また游侠郭解が出入するとき、人々はみな敬し憚ってこれを避けるのが通例であったが、一人箕踞して避けぬ者がいたので、郭解はこれは「吾が徳修まらざる也」といって、わざわざ役人にたのんでその者の徭役を免除してやった。そのためその男は肉袒して罪を謝し、郭解に心服するに至り、また少年これを聞いていよいよ郭解の行を慕うにいたった、という有名な話がある。そこで郭解が「徳を修める」ということは、そのような具体的な恩恵を人に施す行為を媒介としてである。

説文によれば、「徳とは、外、人に得せしめ、内、己に得する也」とあり、朱駿声は、この「外、人に得せしめる」とは恩徳の徳であり、「内、己に得する」とは道徳の徳であるといい、得を内外に分けて説いている（説文通訓定声）。そこでは、恩徳を施す外に表われた行為と、その人に恩徳を施す行為を内からささえるものを心に自得することとを分けて説明している。それにしても、釈名釈言語に「徳とは得也、事の宜を得する也」とあるように、事すなわち行動と「徳」は離れ得ないものであり、潘任（説文粋言疏証）もいっているように、徳とはあくまで具体的な行動に表われたものであり、またそれを媒介としたものであって、ただ一室に静座して体得するような、単なる心のはたらきをいうのではない。人に恩恵を施すその具体的行為を内からささえるその心性に重きをおいて、その心性を道徳思想の次元で位置づけ価値づけることが儒家の仕事であったのであろう。

以上のように、戦国より漢初に至る史記列伝の叙事文のなかから、思想的粉飾に比較的かかわりのない「徳」の用法を通じて、「徳」がどのようなものとして当時の一般の人々の生活感情のなかに生き、かつ作用していたか、を見ると、「徳」はきわめて具体的行為に即した恩恵の授受を意味し、そしてさらに重要なことは、そのような「徳」的行為は、徳を施した人と施された人との間に心情上のむすびつきを生むものとして作用しているということである。したがって上記の諸例からも明らかなように、そのような徳が、支配の場で機能すると、人々の心服を確保し、人々に対する支配を内面からささえ強化するものとして作用している。そのような徳の作用は、すでに春秋以前の氏族制的社会の内部においても、その支配秩序の維持の上に意味をもつものであったが、殊に氏族制の崩壊とともに多くの下層の士がそこからばらばらに放出されてくる春秋以降の社会においては、それは前述のように新しい歴史的意味をもってくるのである。前述の「何ぞ仁義を知らん、已れ其の利を嚮くる者を徳有りと為す」という鄙人の言が示すように、恩恵を受けたからではあるが、利を受けたからではあるが、いやそれだからこそ、利を与えてくれた人を徳有りとするのであって、少くとも徳をうけた人の側においては、すでに利害打算を超えて、自分に徳ある人を慕うパーソナルな結合関係が入り込んでくるのである。それは、具体的な人と人とがむすびつく以外にはなんらの秩序の保証もない当時の現実のきびしい社会にすむ下層の士や庶民のもつ生活感情から生れてくる習俗的規範である。そしてこのような新興の士や一般庶民の自然素朴な生活感情の洞察の上に、かれらに多くの徳を施して、その献身を期待するのが、孟嘗君その他の新興の主である。そこでは「徳」は、人々の生活感情の洞察の上に、力による強制だけでは確保し得ない人々の献身をどうすれば確保し得るかという、現実の要請から生れてくる支配者の生活の知慧ともいえる。このような形で現実の場において作用する具体的な「徳」を、儒家においては内面的に醇化し、それを内面的な心性とむすびつけて道徳の次元において価値づけるのであるが、その場合でも、それは為政者の、政治的支配階級の政治道徳としての枠内においてであるという儒家のもつ限定は、以上のような具体的な「徳」の作用する現実の歴史的場と無関係なのではない。また以上のような現実における徳の作用を、極端に合理化し、現実の具体的な徳の作用が生む上述のような非合理的な心情的結合をも捨象して、もっぱら利で人をつる支配者の術として、君主の意志としての法の裏付けとして、観念の世界で合理化したのが、韓非子の所謂恩賞としての徳なのであろう。儒家の徳治も、法家の恩賞も、そのよって立つ現実の場は、実は同じなのである。[3]したがって、儒家の思想においては徳は、そのような為政者の恩恵的行為をささえる内面的心性に重きをおいて、現実の行為関連から抽象され、人性の自覚にもとづく道徳として醇化されてくるために、徳治は、人臣を制するものとしての法術とは原理的に対立するものとして概念化されるが、しかしながら、「徳」が、すなわち人に恩恵を施すということが、支配関係を内面からささえ強化するものとして作用する生きた現実の場にあっては、そしてまた「徳」的行為が、往々支配意志の表われとして、具体的結合関係をもたらす生きた現実の場においては、現実に機能する徳は必ずしも法術の機能と矛盾しないで、同一の支配関係のなかに化体して機能して行くのである。私たちは、思想の次元においてではなく現実の行為関連に即して、そのようなものとしての「徳」の機能を見誤らないようにしなければならない。

このように考えてくると、客を厚遇する孟嘗君は「人臣の勢を以て、人主の術を仮りる者也」という、前引の韓非子のきわめて合理的な解釈も、それに応ずる現実の基礎をもっているのである。孟嘗君があの数多くの賓客・舎人に対して身をへりくだって厚く遇するあの「徳」的行為のなかには、士の献身を期待する支配意志が、韓非子の所謂術のごとくに合理化された形においてではないが、素朴な形での「術」的要因としてその当初から内在していることは、史記の叙述を見ても否定すべくもない。そのような厚遇それ自体が、当初においては士をしたがえるための習俗的マナーであったとさえいってよいのである。ところで、そのような習俗のもとにみられる、知己の主に対する士の献身は、士の自然素朴な生活感情にささえられて、主客のかたい人的結合関係として発現し、いわば士の習俗的規範としてその後の社会にまで大きな意味をもちつづけるのではあるが、もとより、そのような規範意識の現実的効果をすべての士の現実の場における行動に求めることは不可能である。孟嘗君の厚遇をもってしても、利による賓客・舎人の離合集散は避け得られないことは、史記の叙述の示す通りである。したがって、そのような人的結合関係によってささえられている集団がより大規模になり、或は、その存立にかけて他の集団と相争わねばならない独立した政治集団なり軍事集団に転化して行くと、その賓客・舎人をより確実に掌握するために、当初の心情的人的結合関係を可能にした主人の「徳」的行為それ自体に内在する「術」的要因は、さらに種々な形をとって発展して行くことになるのである。

当時生成しつつあった新しい政治秩序としての官僚体制は、内は、なお残存する貴族勢力に対し、外は、相ならぶ同種の政治的軍事的勢力に対抗するために、君権の強化をはかろうとする歴史的要請から生れてきたものであって、諸国の君主は有能の士を家臣群のなかにきそってあつめ、かれらをばみずからの手足としての官僚としてしっかりと支配掌握する現実的必要のもとにおかれた。そのような官僚統御のための支配形式を「法と術」とをもって説くのが韓非子である。賓客・舎人を厚く遇することによって、そこから生ずるパーソナルな結合関係と士の献身を期待する孟嘗君らの「徳」的行為は、漸く形をととのえてきた戦国官僚制の統御の術をもっとも合理化して説く韓非子の理解においては、そこにおける非合理性が捨象されて、利を求める人性に因って、厚賞をもって臣下の功を誘う、はっきりとした「術」としての「徳」に合理化されて行くのである。

人主の支配意志としての「法」と「徳」との関係については、民間の社会集団における支配秩序の具体的分析を媒介として前々章(4)において明らかにしようとこころみた。ここでは、いましばらく韓非子の所謂「術」を媒介として、戦国官僚制の実態の一端にふれて、本稿の冒頭にかかげた問題に答えたいと思う。

（1）守屋氏前掲論文参照。
（2）本書第二篇第二章「漢代における国家秩序の構造と官僚」参照。
（3）この関係を思想の次元において、思想の構造としてあざやかに分析したものに、西順蔵「天下・国家・家の思想」『大倉山論叢』二(一九五三)がある。
（4）本書第一篇第四章「戦国秦漢時代における集団の「約」について」参照。

## 六　官僚統御の術としての韓非子の所謂「質」

韓非子は高級官僚を制御する術として、つぎの三節を挙げている(八経篇)。

「其の位至りて任大なる者は、三節を以て之を持す。曰く質、曰く鎮、曰く固。親戚妻子《ふぼ》は質也。爵禄厚くして必なるは鎮也。参伍責怒(1)は固也。賢者は質に止り、貪饕は鎮に化し、姦邪は固に窮す」

これは韓非子の所謂術の最も精緻な部分であろう。韓非子の所謂術とは、官民をして君主の意志(すなわち法)に順応して君主のために死力をつくさしめるところのものであった。それは表面にはっきりあらわれるような形で、君主がそのために新たな制度を設けたり法令を発布したりすることではなく、君主が人臣の性情をしっかり洞察することによって、人に因りて人を制し、物に因りて物を治めることであって、あるがままの物や人に因りながら、それらの人や物が君主のためにつくさざるを得なくなるような形で、人や物を相互に規制し、牽制し合わせるところの君主の術であった。したがって、法が万人に熟知されなければならないものであるに反し、術は君主の胸中にひそめて公表すべからざるものであったのである。韓非子の術は申不害より伝わったものといわれている。しかしながら、申不害や殊に韓非子のきわめて合理的な思想構造のなかで定型化された術そのままの形ではないが、そのような君主の「術」的要求にもとづく様々な方策は、当時のはげしい現実の要請のなかから、人の主たる者の生活の知慧として、素朴な形においてではあるが、おのずから生れてきたものであろう。

さて、高官を制御する術として、韓非子は上引のように、質・鎮・固の三節を挙げている。「親戚《ふぼ》妻子は質也」とあるから、「質」とは人質の質である。「爵禄厚くして必なるは鎮也」とあるから、そこでいう「鎮」とは二柄篇でいっている韓非子の術としての徳の作用である。第三の「固」は、「参伍責怒」で、韓非子の術の最も代表的なものとして人々のいう参伍の術である。

官僚を制御するためにその父母妻子を人質としてとるということは、単に韓非子の思想上の着想に止まったものであったか、或は当時の現実においてそのようなことが実際におこなわれていたのであろうか。同じような思想は管子(2)にも見られるが、より具体的にその事例を示しているのは、墨子襍守篇・号令篇である。「城守司馬以上の父母昆弟妻子は質として主の所に在る有りて、乃ち以て堅く署を守る可し」、また「父母昆弟妻子の葆宮の中に在る者有れば、乃ち侍吏と為るを得、諸吏必ず質有りて、乃ち事に任ずるを得」と襍守篇にある。号令篇にも質と葆宮・質宮の事例(3)は多く出てくる。葆宮は人質を収容しておく宮中の特別の部屋である。漢書百官公卿表によれば、少府の属官に「居室」があり、武帝のとき「居室」は「保宮」と名を改めたと記されている。漢書灌夫伝には、武安侯田蚡は「灌夫を劾す、坐を罵りて不敬なりと、居室に繫ぐ」とあり、また漢書蘇武伝によると、李陵が匈奴に降ったので、漢は「老母を保宮に繫いだ」と記されている。漢代においては、保宮（居室）は少府に属する宮中の獄名である。三国に入ると質任の制度との関連で、「保官」という名が、官僚・将軍等の子弟を質として収容する場所として出てくる。[4]楊聯陞は、この墨子の記事をば、葆宮という用語が出てくることより、漢代人の筆になるものであろうといっている。[5]備城門以下の墨子の諸篇が漢代の作になるものだということは、すでに前から中国の二、三の学者のいうところであるが、私はその根拠に若干の異議があることは、かつて言及したことがあった。[6]もとより墨子自身の筆になるものではなく、墨家後学の手になるものであろうが、そこになんらかの形で戦国末期の実状を反映していると考えられる根拠があるからであった。楊聯陞は、この墨子の襍守・号令の諸篇を漢代の作と断定する際に、戦国時代における同種の制度の存在について十分な検索をなしていない。前引の韓非子八経篇の史料も利用していない。八経篇自体も韓非子自身の手になるものではないようであるが、比較的早期の韓非子後学の手になったものとされている。[7]私は、それだけでは戦国時代の史実とは断定できない上記の韓非子や墨子の記事を媒介としながら、それに相応ずる具体的関係が当時存在していたか、存在していたとすれば、それは戦国官僚制の性格をとり上げる私たちの問題にとってどのような意味をもつものであるか、しばらく諸他の史料をさぐることによって明らかにしておかなければならない。結論から先にいえば、墨子襍守篇によって戦国の官僚の父母妻子が一般的に質として君主の宮中に収容されたと考えることは、誤りである。それは特殊の場合、特殊の必要の生じた場合に限定して理解さるべきである。その意味は、やがて明らかになるであろう。

韓非子が官僚を制御する術として、父母妻子を質とすることを説いたのは、制度としての三国時代の質任のごときものを説いているのではない。それは、あくまで官僚制御の術としてであって、術とは君主の胸中に秘めて公表すべからざるものであるからである（難三）。すなわち、表面上は人質としての明確な形をとらないが、またそれとしては臣下に気づかれないような形においてではあるが、必要な場合にはただちにそれが人質としての効果をもつような形で、官僚を制する術なのである。その意味で、具体的にはそれは、郭沫若(8)が解したように、その官僚の父母妻子を優遇し、またはその子弟を側近に侍せしめ、或は結婚政策等によって、常に父母妻子のことを顧慮せざるを得ないような形において、官僚の背叛を制する術なのである。このような意味で、韓非子の言を読むと、私たちはそれに相応ずるような具体的関係を当時の現実の場においても見出すことができるのである。

　戦国の遊説の士甘茂は、秦に游び、秦の恵王に厚遇されて左丞相の地位を与えられた。当時秦は、諸国の有能の士を多くまねきあつめて、これを厚遇し、かれらに客卿或は丞相の地位を与え、秦国の発展に多く寄与せしめたことは周知のところである。このように秦が諸方の士を多くあつめて厚遇したことは、丁度戦国期諸国の貴族・高官が多くの士を集め、賓客・舎人としてこれを厚遇したことと相対応する関係にあることは、人々のよく知るところである。このように一介の士から左丞相の地位まで与えられて、秦王に厚遇信任された甘茂は、魏を伐つために遠征しているとき、国許の重臣の讒言を知って、斉に逃げるのであるが、丁度斉において斉王の使として秦に赴こうとする蘇代に会って、蘇代に「君方《まさ》に秦に使して路に当る、（甘）茂の妻子在り、願わくば君余光を以て之を振《すく》え」とたのんでいるのである。そして蘇代の尽力によって「秦は因って甘茂の家を復し以て斉に市《う》る」と史記樗里子甘茂列伝に記されている。これによれば甘茂が斉にのがれると同時に甘茂の妻子は人質として秦の宮中に抑留されたのである。もともとから、すなわち甘茂が仕官するときに、妻子が秦の宮中に収容されたのではなかろう。それは士を厚遇する道ではない。しかしながら、一方では甘茂を厚遇しながら、他方では必要な場合にはその妻子を人質として収容できるようななんらかの関係におくだけの配慮を恵王はなしていたのである。秦の恵王が甘茂を厚遇したのは甘茂の才能をみとめてこれに死力をつくさせるためである。そしてそのような厚遇は同時にその妻子を監視できるような関係におくことによって、甘茂の離反を防ごうとする配慮と矛盾なく両立し得るのである。このような推定はつぎの事情を考えるとより一層確認されてくる。秦末叛乱をおこして楚王となった陳勝は、豪俠をあつめて配下に部署し、そのなかの武臣・張耳らを趙の地に派遣して、その地をしたがえさせた。武臣・張耳は趙の地に至ると、武臣は趙王を称し、張耳はその丞相となって、陳勝より自立した。陳勝はこれを聞いて怒って、「武臣等の家室を捕え繫ぎ、これを誅せんと欲した」が、柱国の蔡賜の諫言によって誅することを止め、「武臣等の家属を宮中に徙し繫ぎ、張耳の子張敖を成都君となした」（史記陳渉世家）。陳勝のこの武臣・張耳の自立に対してとった処置も、戦国以来のやり方にならったものであろう。この事例も、武臣や張耳の家族を当初から人質として宮中においたのではないことは明瞭であるが、背叛のきざしがあるときには、ただちにその家族を宮中につなぎ得るような関係のなかにその家族たちをおいたことは、これによっても推定される。それと同時に、張耳の子張敖を成都君に封じたことは、張耳の子を優遇することによって、張耳を牽制し、事実上の人質としての効果をもたしめたことは、殊に注意しておかなければならない。武臣・張耳が趙に自立すると、その部下のもとの燕の上谷の卒史であった韓広を派遣して、燕の地を伐たしめた。燕の貴族や豪俠は、韓広を立てて燕王とし、自立をすすめる。そのとき韓広は、「広の母は趙に在り、不可なり」といっている（史記陳渉世家）。韓広はもと燕の卒史であったのに、母は燕にいるのではなく、趙王の監視下に趙にいるのである。これも、上記の諸例から考えて、離叛のきざしがあれば、ただちにその家族を宮中につなぎ得るように、その家族はなんらかの厚遇を与えられて、趙王の監視のとどくところにおかれたのであろう。

戦国諸王が有能の士をきそってまねきあつめ、これを厚遇したことはさきにのべた。そしてそれは秦において最も盛んであったことは周知のところである。そしてそのように諸国の士が秦に厚遇されて重要な官僚としての地位につく場合、往々理解されているように直接任官されるのではなく、必ずそれは、王の信頼する重臣・近臣の推薦と保証によって官位を与えられることは、さきに指摘した通りである。所謂任挙である。甘茂は王族樗里子の推薦によってであるし、范雎は謁者王稽の推薦によってであるし、甘羅・李斯は丞相呂不韋の推薦によってである。かれらは、そのような王の親任する重臣の推薦によって、破格の厚遇をうけたのであるが、その厚遇の裏側には同時に、「秦之法、人を任じて任ずる所善からざる者は各々其罪を以て之を罪す」(史記范雎蔡沢列伝)という保証がついているのである。人を推薦した者は、その推薦されて仕官した者のために、事実上、質となる関係にあることも、以上の関連で注意しておかなければならない。

さて、以上の諸事例の示すところから考えてくると、つぎの問題に私たちはぶつかる。私たちは、さきに戦国諸王の侍衛給事の臣である郎や庶子には、漢代における郎官と同様に、貴族・重臣の子弟が父兄の任によって除せられる制があったことを指摘しておいた。漢代の郎選における任子の制を、往々人は封建の遺制であると説く。たしかに戦国期においても前述のようにそのような事例は見られるし、また春秋時代においても晋の公族・余子・公行の制(左伝宣公二年)からも察せられるように、国内貴族の子弟が君主側近の侍衛給事にあたることは、よほど以前からつづいている制度なのであろう。しかしながら、外面上の制度そのものにはかわりはないが、その制度は、戦国期に入って新しい官僚制の形成過程においては、前述のように、それが君主信任の家臣の故をもって、官僚供給の一つの重要な人的源泉となると同時に、それは、その父兄たる貴族・高官を制御する君主の術として利用されたのではなかろうか。すなわち、貴族・高官は、その子弟を君主の側近にさし出すことによって、その子弟は、その父兄たる貴族・高官を制御する事実上の人質としての効果を、君主にとってももつことになったのではなかろうか。たしかに、国家権力の安定した漢代においては、任子の制は高級官吏の特権である。制度としては、前述のように、それはよほど以前からおこなわれていたのであろう。そしてそのように高官・貴族の子弟を君主の側近に侍せしめることは、君主の恩恵でもあり、信任の証であり、また高官・貴族にとっては一種の特権でもあるのである。そのような制度的外面では、それは戦国時代においても変らない。ただ戦国のあのはげしい時代においては、この恩恵的制度の外面の裏には、そのような貴族・高官の子弟の優遇の裏には、逆に、君主はその侍子たちを側近に掌握することによって、いつでもその父兄である貴族・高官に背叛のきざしがあればただちにその子弟たちを監禁し誅殺し得るような、事実上人質のはたす役割と同様なそれを、この任子の制度に兼ねもたすことができたのではなかろうか。これは、韓非子の所謂「術」の意味するところのものである。法は万人に熟知せられることを必須の条件とするのとは反対に、術は君主の胸中にのみ秘められて公表すべからざるものであるからである。従来のあるがままの物に因りて物を制し、人に因りて人を制するものであるからである。それは制度の外面だけをたずねても把えられない、戦国官僚制のもつきびしい一性格である。趙の孝成王の元年、斉は、趙の孝成王の先王恵文王の末子長安君を質子として要求する。太后は己れの実子である最愛の長安君を質子として斉におくることをどうしても肯じない。そこで老臣の触龍は、十五才になる自分の末子をさし出して王宮侍衛の士とすることを太后に願う。これは、触龍も手ばなしたくない末子を王宮侍衛の士にさしだすのだから、太后も愛子長安君を国のために質子として斉におくれという意味を暗に諷しているのである。そこでは、老臣触龍が愛子を郎として王の側近に送ることと、太后が愛子長安君を質子として斉におくることとが、対応関係において述べられている。それは、老いたる親にとって最愛の末子を手ばなすという悲しみが同じだということ以上に、郎と質子との親にとって意味するところの共通性を、この文中より読みとることは読みすぎであろうか。秦の末年、二世皇帝は趙高の進言を入れて、「誅を大臣及び諸公子に行い、罪過を以て少近の官に連逮す。三郎立つを得る者なし」（史記秦始皇本紀）とある。三郎は、中郎・郎中・外郎である。かれらには大臣その他高官の子弟が多い。大臣の罪は、ただちに少近の官たるその子弟の郎におよぶのである。この事実は、大臣の子弟を郎として側近に掌握しておくことが、大臣の行動を牽制する役割を果たす場合のあることを、推定せしめるに十分である。

以上のような推定が許されてくると、私のかねがねいだいていた疑問が、ここで解けてくるのである。劉邦集団は、少くともその集団の幹部の構成においては、劉邦を中心として、所謂任侠的習俗にもとづく人的結合関係によってささえられているものであった。劉邦が沛公に推されて、日頃相結んでいたかれの仲間徒属を中涓・舎人等の職に部署して集団を結成したとき、以前からのかれらの人的結合関係は、集団の長としての劉邦の支配意志を内面からささえ強化するものとして作用したことは、すでに明らかにしたところである(9)。ところで、劉邦が漢王となり関中を領し、関を出でて項羽との戦に東の地に転戦することになると、劉邦の最も信頼する最高幹部の蕭何は丞相として関中の地にとどまり、関中支配の全権をゆだねられて、食糧と兵力とを調達して、東に項羽と戦う劉邦に補給する重要な任にあたることになる。そのとき漢王はしばしば使を関中に派遣して、丞相蕭何をねぎらうのであるが、鮑生なる者が、蕭何に対して、戦場にある漢王がしばしば使をつかわして君をねぎらうのは、すでに関中の実権をにぎっている君の心を疑うからである。その疑いをとくためには、「君の子孫昆弟の能く兵に勝《た》える者を悉く軍所に詣らしむるに若くはなし。上必ず益々君を信ぜん」と忠告する。そこで蕭何はその忠告通りに、子孫昆弟を劉邦の軍所に送ったところが、漢王は非常によろこんだという有名な話が史記蕭相国世家にある。劉邦の軍所に送られた蕭何の子弟(おそらく劉邦側近の侍衛の士としてであろう)は、劉邦にとっては蕭何を制御し得る事実上の人質としての効果をもつからこそ、劉邦は安心し、またよろこんだのである。この挿話の示す劉邦の蕭何に対するきびしい支配意志を、任侠的習俗にもとづくあのパーソナルな心情的結合関係と、どうすれば矛盾なく説明することができるかということが、劉邦集団と漢帝国とのつながりの問題との関連において、私にはかねがね残された問題であった。任侠的人的結合関係と支配関係とを、それぞれ相反する関係として社会学的に概念化し類型化するだけでは、この問題は解けない。一旦概念化され典型化されたそのような関係が、現実の歴史的場においてどう機能するかという、現実の作用関連を、歴史的に限定された歴史的現実の場において、たずねられなければならなかったのである。集団の秩序をささえるものとしての任侠的習俗にもとづく人的結合関係の機能する場は、当時の歴史的現実の場においてはパトリアルカールな支配関係の内面においてであって、それはそのような支配関係を内面からささえ強化するものとして作用するものであったのである。それは、単に力による強制と圧迫だけでは把握することのできない、個々の集団員のエネルギーを、自発的・主体的に集団の長の下に結集して行く固有な作用を果すものであったが、それはあくまで集団の長の支配意志を前提とし、それを内面からささえるものであること、およびそのような関係がおかれている現実の場の展開につれて、集団の長の支配意志は、種々な形をとって自己を展開して行くことは、冗長も顧みず、今まで長々と述べてきたところである。儒家の徳治と、法家の術としての恩賞が、観念としては全く異なった理論構成をうちに含むものでありながら、それをささえる現実的基盤としてはパトリアルカールな支配の場を共通にすると同じように、そのような支配秩序は、民間の社会集団の場合においても、形成の過程にある官僚体制の秩序の場合にあっても、生きた現実に即していえば、「徳」と「術」と「法」[10]とは、それぞれのプロトタイプにおいて混然として相分離しない形で同一の関係のなかに化体しているのである。ただ民間集団の場合には「徳」的要因の比重が重く、それがパーソナルな任侠的習俗として展開して行くのに対し、国家秩序の側においては官僚制の形成がすすむにつれて、「法術」的要因は益々強く展開されていって、「パーソナル」な要因は法術的「機構」の優位の底に沈み、「徳」的要因は全くの術としての「慶賞」に退化して行くのであるが、その両者の性格上の差は、共通の時代的性格の枠内における差にすぎないのである。この両者の差は、同一の実体の自己展開の過程なのであって、その意味では、沛公劉邦集団がたどった道は、春秋末からはじまる官僚制的集権国家の生長の過程の縮図ともいえるのである。沛公が漢王となり、さらに皇帝へと進むにつれて、その集団幹部は中涓・舎人より、郎官に、さらには漢帝国の高級官僚に進んで行く経路は、またかれらを劉邦にむすびつけている内面的紐帯が「徳」的要因から「術」的要因に比重を移して行くその過程は、氏族制的秩序のなかから突出してくる家父長制的政治集団から官僚制を整備した家産国家へと展開する春秋末から秦帝国に至る、その歴史の大きな流れのなかで、矛盾なく理解さるべきなのである。戦国官僚制の展開は秦帝国において一応の帰結を見る。そこにおける「徳」的要因の比重を失した極端な退化を粉飾するために、やがて漢に入ると徳治の教説が観念の形態で教えとして官民の内面に植えつけられて行くことになる。それは一般の生活感情になお根深い「徳」的要因の現実的作用に対応するための国家秩序の粉飾ではあるが、それは漢代官僚制の問題である。

（1）　通行本には「参伍貴帑」に作っている。王先慎はその韓非子集解において、「貴帑、当作責怒、形近而誤、下立道曰『行参以謀多、揆伍以責失、行参必折、揆五必怒』、即其義」と註している。集解の説にしたがった。

（2）　管子巻一六、小問篇「桓公曰『守戦、遠見有患、夫民不必死、則不可与出乎守戦之難、不必信、則不可恃而外知、夫恃不死之民、而求以守戦、恃不信之人、而求以外知、此兵之三闇也、使民必死必信若何』。管子対曰『明三本』。公曰『何謂三本』。管子対曰『三本者、一曰固、二曰尊、三曰質』。公曰『何謂也』。管子対曰『故国父母墳墓之所在、固也、田宅爵禄、尊也、妻子、質也、三者備、然後大其威、厲其意、則民必死而不我欺也』」。

（3）　墨子巻一四備水篇には「先養材士、為異舎、食亣父母妻子、以為質」とある。同巻一五号令篇には「勇士父母親戚妻子、皆時(賜)酒肉、必敬之舎之、必近太守。守楼臨質宮而善周、必密塗楼、令下無見上、上見下、下無知上有人無人」とあり、また「収粟米布帛銭金、……皆為平直其賈、……事已皆各以其賈倍償之、又用其賈貴賤多少、賜爵、……而欲以受賜賞爵禄、若贖出親戚所知罪人者、以令許之、其受構賞者、令葆宮見、以与其親」とあり、また「葆宮之牆、必三重牆之垣、守者皆累瓦、釜牆上」とある等、葆宮の用例は多い。

（4）　三国志魏志巻三明帝紀注引魏略によると、部曲四千家を率いて魏に帰服し、のち、新城太守に任ぜられた蜀の豪族孟達に、魏の文帝は書を与えて、「今者海内清定、万里一統、三垂無風塵之警、中夏無狗吠之虞、以是弛罔闊禁、与世無疑、保官空虚、初無資任、卿来相就、当明孤意、慎勿令家人繽紛道路、以親駭疏也」といっている。この文中の「保官」については、李慈銘（三国志札記、越縵堂読史札記所収）は「保宮」に作るべきだとして、「保官当作保宮、漢書百官公卿表、少府属官有居室、武帝更為保宮、蘇武伝曰、老母繫保宮」といっている。また、この文中の「初無資任」の資は質に作るべきで、資任は質任である。三国志弁誤（闕名撰）巻上は、この点を注して「資当作質、魏制、部曲将及外州長吏、並納質任、有家口応従坐者、収繫保官、時帝特欲撫慰初附、故為此華言耳」といっている。正解というべきである。なお、三国志巻三の巻末に附せられている考証には、ほぼこれと同じ意味の注が、何焯曰として引用されているが、義門読書記の三国志の条には、この註解は見当らない。なお質任については、何茲全「質任解」、楊中一「質任解」（共に食貨第一巻八期、一九三五）。**Yang Lien-sheng : Hostage in Chinese History,** *Harvard Journal of Asiatic Studies.* vol. XV. 3-4 1952. 浜口重国「晋書武帝紀に見える部曲将・部曲督と質任」『東洋学報』二七ノ三、一九四〇、川勝義雄「曹操軍団の構成について」京大人文科学研究所『創立二十五周年記念論文集』（一九五四）等参照。

（5）**Yang Lien-sheng : Hostage in Chinese History,** HJAS. vol. XV. 3-4.

（6）本書第一篇第三章「墨侠」第二節註1参照。

（7）木村英一『法家思想の研究』（一九四四）参照。

（8）郭沫若は『十批判書』韓非子的批判の章において、八経篇のこの記事に言及し、「親戚妻子は質也」の句をもって、両種の解釈が可能であるとし、一は、その親戚妻子を厚礼して、事実上の人質とならしめ、臣下をして顧慮すること有らしめて叛背し能わざるようにすることであり、二は、臣下と婚を結んで親戚と為り、その妻に子を生ましめて一条の血肉の紐帯をつくることだといっている。この解釈をささえる具体的史料を挙げてはいないが、韓非子の「術」の意味するところを鋭くつかんだ解釈というべきであろう。

（9）本書第一篇第四章「戦国秦漢時代における集団の「約」について」参照。

（10）民間集団の「法」については、「約」の問題との関連で述べた。本書第一篇第四章参照。

（『社会経済史学』第二一巻第三号。一九五五・八・二稿）

（一九五九・三・三〇補）

# 第二章　漢代における国家秩序の構造と官僚

## 一　問題の提示

私は、さきに漢代の社会秩序の構造を考察するにあたって、「游俠」を一つの手がかりとすることによってそれを明らかにした。(1)そこで私がとりあげた「游俠」的習俗とは、一つの固定した特殊な社会層に限定されたものとしてではなかった。当時所謂「游俠」と呼ばれているものの習俗的規範、すなわちあの養客結客の任俠的習俗は、単に一つの特殊な社会層のみに固有なものではなくして、いわば当時一般の生活感情のなかに根強く基礎をおきながら、社会のあらゆる階層にまつわりついて、それぞれの社会集団における人的結合の紐帯として、きわめて重要な機能を果していることに注意したのであった。春秋戦国時代の社会経済的変革過程より放出されてくる無産無頼の游民層においても、或はその過程のなかに巨富をたくわえて行く土地所有者、商工業者の諸層においても、さらにはそのような豪族層を地盤とする官僚層においても、養客結客の任俠の気風は、いわば一つの習俗としてそれぞれの社会層の内部に、或はそれら諸階層相互の間に人的結合の関係を可能ならしめ、それぞれの私的な自衛的勢力形成に大きな作用を果してきたのである。それは、その外面においてとる家父長制的な支配隷属の関係と矛盾することなく、むしろその支配関係を内面からささえる、きわめてパーソナルな対人的信義関係であり、そこに形成される人的結合関係は主家のもつ権力や財力に対する全面的隷属というよりは、むしろ、そのような物理的力だけでは説明のつかない具体的な人格的要因が相互に大きく作用するところの性格のものであった。そして、漢帝国を樹立した劉邦の勢力も、その社会的性格においては、その例外たり得ず、ひとしく、そのような任侠的習俗の基盤の上に形成された人的結合をその母胎とするものであったことは、さきに論証したところであった。

しかしながら、劉邦集団のこのような社会的性格から、ただちに漢王朝の国家権力のアンシュタルト的性格をみちびき出すことは、もとよりできない。あの広範な領域にすむ人民を直接、個別的人頭的に支配するためには、漢王朝は、すでに秦の専制的統一帝国においてほぼ形をととのえられたあのちみつな官僚制的行政機構の踏襲を必要としたのであって、全国のすみずみにまで行きわたるこの尨大な官僚組織の完全な統御の上に、漢王朝の強大な国家権力は、維持され得たのである。もっとも、この官僚制とても、その形成の過程にある戦国時代の祖型にまでさかのぼって考えれば、すでに前章でのべたように(2)、所謂任侠的習俗を生んだ人的結合関係の祖型と同一の、あの春秋末期以降の新しい家父長制的社会関係から発展分岐していったものであって、両者はその社会的性格において異質的なものではない。しかし、そのような家父長制的人的結合関係が、君主を中心とする官僚制として制度化されて行くにつれて、君主個人のもつパーソナルな人格的要因は、君主の座に伝統的に附与される世襲カリスマ的権威に定型化して行き、法術的原理の全面的展開とともに、君主と官僚とのむすびつきは、法術的制度のもとに機構化されてくることになる。そこでは、民間に移行して習俗化された所謂任侠的結合関係にドミナントな具体的なあのパーソナルな要因が捨象されて、専ら刑名参同・信賞必罰の法術をもって官僚を唯一最高の権威としての天子の一方的統御の下におく、専制的権力支配の制度的体系として、官僚制は機構化されるにいたる。漢王朝が秦から踏襲した官僚組織は、そのような法術的統御の原理をもってはじめて十分な運営をはかり得る制度的機構であったのである。ところで、劉邦が秦を倒して漢王朝を樹立するにおよんで、任侠的習俗によるパーソナルな人的結合関係によって劉邦に結びついていた諸游民は、このような機構化された官僚制の制度的体系の中にそれぞれ高い官職を与えられてはめこまれて行くのである。

問題は、この唯一の専制者より発するこの一方的権力支配の制度的体系と、社会のあらゆる階層の生活感情に根強いパーソナルな人的結合のジッテとが、具体的に、漢王朝の官僚組織の運営のなかで、どのような関係で結びついているのか、という点にある。事実、現実においては、そのような一方的支配の機構的体系の内部においての官僚群の現実の動きは、必ずしも制度の意図するそのままの形で動くのではない。官僚制の制度的体系のもつ一方的支配の関係は、個々の官職を担う具体的個人の生活感情、生活習俗との一見相矛盾する相互関係を通じて、官僚組織全体の動きに複雑なそして固有な性格を賦与して行くのである。漢代の国家秩序の構造は、単に外面的に定められた制度機構についてのみでなく、あたかもこのような関係を内面的にさぐることによって、はじめて明らかにせられるのであろう。問題は大きく、当然多面的な考察を必要とする。ここでは、ただ、そのような問題を漢代官僚の生態の一小局面にかぎって考察してみることにする。

（1）　本書第一篇第一章「漢代における民間秩序の構造と任侠的習俗」参照。
（2）　本書第二篇第一章「戦国官僚制の一性格」参照。

## 二　武帝の酷吏登用と御史制度の変遷――史記酷吏列伝の制度史的解釈

前漢武帝の時代は、その国家権力が最も強大に発動された時代である。その相つぐ外征の一事をとってみても、それに要する莫大な兵力と財力とは、強大な中央集権的な専制権力によって、その支配する人民から、可能なかぎりでの財と労働とを徴発することによって確保せられる性格のものであり、その目的のためには、全国のすみずみまで行きわたる官僚組織をまったく天子の意のままに統御することが、何よりもまず第一の前提とならなければならない。そこでは、官僚組織が唯一の絶対権力者である天子の一方的権力体系としてフルに動き得た一つの範例が示されている、と考えてよかろう。私たちはそれがどのようにして可能であったかをまず考えてみなければならない。あたかも、司馬遷は、このような、武帝の一方的権力意志のままに仮借なく職務を遂行する官僚群をば、酷吏列伝の名のもとに叙述した。まずそこから、問題のいとぐちをひろいあげて行くことにする。

周知のごとく、酷吏列伝には郅都以下十一人の法を治すること刻深な官僚が記述されている。そしてその十一人のうち、郅都・寧成・周陽由の三人は、景帝につかえ、或は景帝より武帝初期にかけてつかえたものであるが、他の九人はすべて武帝時代の官僚であることは、これまた周知のところである。そして、この武帝時代の九人が法を治すること刻深であった、というその法とは、「前主の是とするところは著して律となし、後主の是とするところは疏して令となし、時に当るを是となす、何ぞ古にこれ法《のっと》らんや」という杜周の言のごとく、唯一の専制者たる天子の権力意志そのものであって、かれらを通じて共通なことは、上の意、罪せんと欲するところは罪し、上の意、釈さんと欲するところは釈すところの、まったく天子の意のままになる手足として、他の一切の関係を顧慮することなく、惨酷果敢にその職務を遂行した点にある。このような酷吏列伝の叙述から、その叙述の表面の対象をなすこれら官僚の単なる個人的性格の問題を超えて、冒頭に提起したような問題のいとぐちを見出そうとする場合、まず第一にこれら武帝時代の九人の酷吏のうち義縦をのぞく八人がすべて、御史出身であったという重要な事実に注意をむけたいと思う。それならばそのことは、何を意味しているのであろうか。

御史の制度史的研究として桜井氏の詳細な研究があり[1]、今それに加えるものはあまりない。ここでは、私たちの考察の出発点として必要な限りにおいて、桜井氏の研究を整理し、若干の史料をつけ加えることによって、まず御史制度の説明を一応しておくことが必要となる。

御史という職は、すでに戦国のときよりみられるが、秦の始皇帝のときにきわめて重要な役割をになうようになり、それが漢代にうけつがれたと考えてよい。秦においては、御史は天子の側近に侍する臣であった、ということは今日すでにほぼ明らかである。史記李斯列伝に「趙高は其客十余輩をして詐りて御史・謁者・侍中たらしめ、かわるがわる往きて李斯を覆訊せしむ」とあるように、御史が謁者・侍中と同列に並び称せられていることは、そのことをさらに証するものであろうし、しかもそれは、「張蒼は秦の時御史と為り、柱下の方書を主《つかさど》る」(史記張丞相列伝)とあるように、殿中に侍して文書をつかさどるところのものであった。そして史記秦始皇本紀三五年の条や蒙恬列伝に記されているように、御史は天子の使として宮中の外に出使する場合もあったが、さらに重要なことは、あの各郡におかれた監御史の制度が示すように、それに官僚監察の任が与えられたことである。監御史と郡太守との関係の詳細については尚不明な点もあるが、このことは、あの全国にひろまる郡県制度の地方官僚機構をば、天子直属の御史を各郡に配置することによって監察せしめ、その老大な官僚機構をば、常に天子の統御下におこうとする、秦の周到な専制政治体制を意味するものであろう。漢の高祖の即位当初、叔孫通が朝儀を制定し、「御史執法、儀の如くならざる者を挙げた」(史記劉敬叔孫通列伝)ことは、それは秦制をまねたものであろうから、秦の御史が、中央においても諸官の不法を取締ったことを暗示するものである。この御史の制度は漢に入ってうけつがれ、さらに発展する。ただ、漢における御史については、若干の説明が必要である。

衛宏の漢旧儀(太平御覧巻二二七引)によれば、「御史員四十五人、皆六百石、其の十五人は絳を衣《き》て、殿中に給事し、侍御史と為る。……余の三十人は寺に留り、百官の事を理する也」(3)とあり、また漢書百官公卿表によれば、「御史大夫、秦官、位は上卿。銀印青綬、丞相を副《たす》くることを掌る。両丞有り。一は中丞と曰う。殿中の蘭台にあり、図籍秘書を掌り、外は部刺史を督し、内は侍御史員十五人を領す。公卿の奏事を受け、挙劾按章す」と記されている。すなわち、これらの記載によれば、御史全体の長官は副丞相たる御史大夫である。御史は全体で四十五人おり、そのうちの十五人は侍御史となって宮中に給事する。侍御史の直接の長は御史中丞である。御史中丞はこれら侍御史を率いて、宮中の文書をつかさどり、また公卿の上奏をうけ、中央の諸官を監察して糾劾をおこなう。そしてまた御史中丞は、そのほかに地方官の監察に任ずる刺史をも統率する。そして残りの三十人の御史は、宮中に入らずに御史大夫の府にとどまってその事務をたすける。すなわち秦の御史は、これによれば、漢の侍御史となってうけつがれ、監御史は漢初にしばらく廃止されたが、若干の相違をもって武帝の時に刺史として再現されたと考えてよい。

しかし、この漢旧儀の記載は、若干の訂正と注釈とを要する。まず第一に、史記本文においては、侍御史という名称が出てくるのは扁鵲倉公列伝のあやしげな一例をのぞいては見あたらず、[2]すべて御史である。そして史記に出てくる御史には、当然侍御史に相当すべきものが、かなり多く含まれている。このことから、漢旧儀に記されているような侍御史としからざる御史との区別は、武帝末年以後に生じたものであって、侍御史という名称がなくても、それ以前から御史は殿中にいてのちの侍御史と同様な職務もおこなっていた、とする桜井氏の推定は、私たちにとって重要である。若干の史料を附加しつつ、私たちの当面の問題に必要な限りにおいて、そのことを確かめて行こう。

趙堯は史記高祖功臣侯者年表には「漢五年を以て御史となる」と記されているが、史記張丞相列伝には「趙堯、符璽御史となる。……高祖に侍す」とあるから、そこでいう御史は明らかに侍御史に相当するものである。漢旧儀に[3]よれば、十五人の侍御史のうち、「二人は尚璽持(治)書をもって給事す」とあるから、侍御史のうちに、「璽を尚《つかさ》どる」役目を課されるものがいるわけで、符璽御史とはそれにあたるものであろう。史記魏其武安侯列伝に武帝が御史をして魏其侯竇嬰の虚偽の申立てを簿責せしめたと記されているが、天子に近侍して挙劾按章するのは侍御史の役目であり、また実際に類似の糾察をおこなった侍御史の例は、後述のように昭帝以降数多く漢書に記されているところからみて、その御史も侍御史に相当するものであると考えられる。また、史記三王世家に「大司馬臣去病昧死再拝し皇帝陛下に上疏す、……三月乙亥、御史臣光守尚書令、未央宮に奏す」と記されている。すなわちそれは、大司馬霍去病が諸皇子封建のことを上疏したとき、御史の光という者が尚書令を兼ねて、その上奏文を武帝にとりついだことを記しているのであるが、尚書は、周知の如く宮中に近侍して文書のことをつかさどる内官であるから、尚書令を兼ねる御史も、当然、宮中に侍する侍御史であるべきはずである。また平準書に出てくる、天子が郡国に派遣して緡銭を治せしめた御史も、後述するように、その職務からみて侍御史にあたるものであることは、加藤繁氏の「平準書訳註」にも指摘されている通りである。史記酷吏列伝に張湯は御史となったと記されているが、漢書張湯伝には、それが侍御史と記されている。しかし漢書とても、必ずしも、御史と侍御史とを明瞭に使い分けているのではないのであって、例えば漢書武五子伝に、江充が巫蠱の獄を治したとき、「江充、既に上意を知り、宮中に蠱気ありと白言し、宮に入り省中に至り、御座を壊ち、地を掘る、上、按道侯韓説・御史章贛・黄門蘇文等をして、江充を助けしむ、江充遂に太子の宮に至り、蠱を掘りて桐木人を得たり」と記されている。宮中に出入し得る御史は侍御史であろう。黄門もまた宮中に給事するところの内官である。ただ漢書では、昭帝以後になると同様な職務をおこなうものとして、侍御史と明記される例が多く出てくる。例えば、成帝が侍御史をして諫太夫劉輔を収縛し(漢書劉輔伝)、また侍御史をして谷永をとらえしめんとし(漢書谷永伝)、また侍御史を遣わして息夫躬をとらえて獄につないだ(漢書息夫躬伝)等々その例は多い。このようなことから考えると、漢旧儀の示すような、侍御史が明確に御史のなかから区別されたのは武帝以後ではないか、という桜井氏の見解もうなずかれるのであるが、私たちにとって重要なことは、むしろ、史記において御史と記されているものには、漢書百官公卿表・漢旧儀の所謂侍御史に相当するものが多く含まれているということである。

さて私たちの直接の問題の対象である、酷吏列伝中の趙禹・張湯・王温舒・尹斉・楊僕・減宣・杜周の七人は、皆、史記において御史出身の官僚として記されている。趙禹は御史から太中大夫をへて、中尉・少府・廷尉と進んで九卿の位に列し、張湯は、御史から太中大夫をへて、廷尉・御史大夫の高位をきわめ、王温舒は、御史から広平都尉・河内大守と地方官を歴任して、中尉・廷尉・少府・右内史と九卿に列して京師治安の高職に任じ、尹斉は、御史より関都尉・中尉・淮陽都尉を歴任し、楊僕は御史より主爵都尉となり、減宣は御史より御史中丞をへて左内史となり、杜周もまた、御史より御史中丞をへて、廷尉・執金吾・御史大夫の高位をきわめている。そのうち、張湯が所謂侍御史であったことは、漢書より明らかであるし、減宣・杜周は御史中丞になっているのであるから、宮中に近侍して監察の任にあたっていたことは、いうまでもない。王温舒は「御史と為り、盗賊を督す、殺傷甚だ多し」と記され、尹斉は「御史に至る、……盗賊を督せしめられ、斬伐する所貴戚を避けず」と記され、楊僕は「御史と為る、盗賊を関東に督せしめらる」と記されている。これらはみな御史出使の例である。御史が、外に出使したことはすでに秦のときより見られ、それが監御史として常置せしめられるに至ったことは前述のごとくであるが、漢代に入ってからも監御史は廃止されたが、御史出使の例は多くみられるのであって、漢旧儀(北堂書鈔巻六二引)に「恵帝三年、相国奏す、御史を遣わして三輔の郡を監せしめよ」とあり、また前引の史記平準書に「乃ち御史・廷尉正監を遣わし、曹を分ちて往かしめ、すなわち郡国の緡銭を治せしむ」とある。このように外に出使して督励監察をおこなうところの御史の職務は、御史より侍御史がはっきりと区別されて、侍御史という名称が用いられるようになると、侍御史のおこなうところとして記されることは、前述の通りであるが、さらに応劭の漢官儀(通典巻二四注引)に、「侍御史は出でて州郡の賦税・運漕・軍糧を督す」とあることよりも明らかであろう。またその特別な事例としては、漢書百官公卿表に「侍御史に繡衣直指あり、出でて姦猾を討し、大獄を治す、武帝の制する所なり、常置せず」とあるのや、漢書王訢伝に「武帝末、軍旅しばしば発し、郡国の盗賊羣起す、繡衣御史暴勝之、斧を持して、盗賊を逐捕す」とあるのを挙げることもできよう。以上のことより史記酷吏列伝中の御史も、侍御史と同じ職務をおこなっていたものと解するのが至当と考える。

ここでなお注意しなければならないのは、御史大夫と御史・御史中丞との関係である。前述のごとく御史は、秦以来宮中に侍する臣である。殿中において文書をつかさどり、奏事をうけ、またその親近の故をもって天子の耳目として官僚監察の権をも与えられているのである。漢においてはそれが侍御史となって、その伝統をうけついでいることは上来述べてきた通りである。しかるにその長官たる御史大夫は、宮中に近侍する側近の臣ではない。それは副丞相として外朝において国家行政の万機を助理する最高閣僚の一人である。しかし、最近労榦(4)によって考釈された居延漢簡に、そのことに関し注意すべき史料がある。

元康五年二月癸丑朔癸亥、御史大夫吉下丞相相、承書従事下当用者、如詔書。(七四)一〇・三三。

これは宣帝のときの詔書の下行の辞の残簡である。御史大夫吉とは丙吉であり、丞相相とは魏相であることは、漢書百官公卿表から知ることができる。漢代における詔書は三つの部分からなっている。まず最初に上奏文があり、それを天子が裁可した詔書の本文がそれにつづき、最後にそれを内外の官署にくだす下行の辞がつく。史籍には多く詔書本文だけが記されて、その他の部分は删略されているのが一般であるが、ただ孔廟置百石卒史碑(隷釈巻一所載)や史記三王世家に詔書全文の書式が残されているので、私たちはそれを知ることができるのである。ここに引用した詔書下行の辞の残簡によれば、天子の詔書の下附はまず御史大夫から丞相に下されることが示されている。同類の残簡は他にもある。

／□大夫広明下丞相、承書従事下当用者、如詔書、書到言／
／□郡大守・諸侯相、承書従事下当用者、如詔書、……（二一六）六五・一八。

漢書百官公卿表の元平元年に「九月戊戌、左馮翊田広明、御史大夫と為る」とあるから、ここの広明とは昭帝の元光元年から宣帝の本始二年まで御史大夫であった田広明である。このような詔書下行の次序は、すでに王国維(5)によって考証されているごとく、史記・漢書によっても確証される。漢書高帝紀に、十一年二月に発せられた詔書は「御史大夫昌（周昌）が相国に下し、相国酇侯（蕭何）が諸侯王に下し、御史中執法が郡守に下した」とあるし、史記三王世家に、武帝のとき諸皇子封建に関する詔書発布の次第が、上奏・裁可・下行の順をふんで、ほとんど法式そのままに再現されているが、そこの詔書下行の辞にも「御史大夫湯（張湯）が丞相に下し、丞相が中二千石・二千石・郡太守・諸侯の相に下す」と記されている(6)。すなわち天子の詔書の下附は御史大夫がこれをつかさどるのであって、まず御史大夫から丞相にくだし、丞相から百官にこれを下附するものであることが、以上によって明らかである。労榦(7)はこのことからつぎのような推定をくだす。すなわちこのように御史大夫が詔書の下附をつかさどったということは、後漢に入ると、無極山碑（隷釈巻三所載）に刻されている光和四年八月の詔書(8)が示しているように、天子に近侍する内官である尚書が権力を増大してくるにつれ、詔書が尚書をへて下附されるようなことが生じてくることからも察せられるのであるが、御史大夫がもともとは、殿中にあって文書図籍をつかさどる御史の直接の長として天子の側近にあったであろう時の痕跡をなお存しているものであり、それが、次第に宮中よりはなれて、少くとも前漢においては、外朝において国政を議する副丞相たる地位をしめるに至ったのであろうと。そのような労榦の推定が正しいとするならば、御史大夫が次第に宮中より外朝の副丞相的地位にうつっていったにもかかわらず、その下僚である御史中丞が御史（侍御史）を率いて依然として宮中にあったのは、天子が官僚監察の重要な職権を直接自己の側近にとどめておくことによって、それを自己の手中ににぎる必要からであろう。地方官僚の監察に任ずる刺史をば御史大夫に直属せしめずに、宮中に近侍する御史中丞の統率下においたことからも、そのことは推察される。したがって御史大夫とその下僚たる御史中丞との関係は、次第に形式的なそれに化して行く傾向にある。官僚監察の実権は宮中にある御史中丞に集中され、その長官たる御史大夫は外朝において行政官たる色彩を増して行く。そしてその傾向は、後漢に入って、御史大夫は司空として三公の一となり、御史中丞は名実共に、御史大夫から分離して御史台の長官になって少府に属せしめられるにおよんで、完全に制度化されるにいたるのである。さきに引用した漢旧儀の記載、すなわち御史のうち十五人は侍御史として宮中に入って御史中丞に領せられ、残りの三十人は、御史大夫の府にとどまるという記載は、それ故、以上のような御史大夫と御史中丞の実質的（制度的ではない）分離が相当明確化した後の状況を示しているわけであって、そのときはすでに御史大夫の府にとどまる三十人の御史は監察にはほとんど関係のないものと考えてよい。この御史大夫と御史中丞の職務上の実質的分離を、桜井氏は武帝末期と推定するのであるが、そのことは同時に、武帝時代はまさにそのような実質的分離の傾向が次第に強化されて行く時代と考えられるのである。監察に従事する御史は、長官としては御史大夫につかえながら、実質的には次第に御史中丞の統領下にうつって行く時代が、武帝の時代であったのである。

以上で、御史の制度について我々の論述に必要な限りの説明をなし得たことと思う。形式上の漢代における官僚組織は、丞相・御史大夫を頂点としてこれに九卿が加わって中央政府を構成し、郡県の太守・令長以下の地方官僚もまた丞相の総覧下にあるわけであるが、天子は御史中丞を殿中において、これに官僚監察の強大な権力を与え、中央官僚に対しては御史（侍御史）を統率して糾察をおこなわしめ、地方官僚に対しては刺史を督して監察をおこなわしめたのである。御史の制度とは、このような全官僚機構の監察統御をば、天子が自己の手中ににぎらんとする専制的権力体系の中核を意味するものであったのである。それならば酷吏列伝中の七人が、ことごとく御史出身であったということは何を意味するのであろうか。

私たちはまずこの七人が、酷吏列伝に明記されているように、みな名門高官の子弟ではない、地位の低い地方下級吏員、所謂刀筆の吏から抜擢されて御史の地位についたものであることに注意しなければならない。武帝はあのたびかさなる四囲の異民族に対する遠征を遂行する必要上、国内の財力を徹底的に国庫に吸い上げるために、かずかずの画期的な国内政策を仮借することなく断行したことは周知のところである。このような方策を強行することは、後述のごとく、従前の官僚の伝統的にいだく生活感情とは相反するものであり、そこから生じる消極的抵抗を強権をもっておさえるためには、武帝は、なんら他に勢力的基盤をもたない、ただひたすら天子の意のままに動くことによってのみ、みずからの地位の昇進をはかり得る卑賤にして有能な刀筆の吏を手足として身辺に登用し、それに官僚糾察の仮借なき権力を与えることが必要であったのである。そして、さらにかれらのうちの有能な者をえらんで、或は、重要な地方の地方官に、或は中尉・内史のごとき京師の警察・治安に任ずる長官に、或は、廷尉・御史大夫のごとき中央政府の枢要な地位に配置して行くことによって、天子の専制的権力を一方的に支持し強化するまったくの手足としての新官僚をば、全官僚組織の中枢たらしめていったのである。

漢代においては、そしてまたそれ以後の中国においても、パトリモニアールな官僚制度がやがて固定化していった場合、官僚全体が共通な権利を意識する権利団体としてシュタントを形成して天子に対抗するということは絶えてみられない。しかしながら、天子と官僚との関係は、実質的には必ずしも制度の意図する通りに、天子の一方的な恣意のみによって一貫されているのではない。実際に官僚組織を動かす一方のバネは、官僚自体の内面の具体的な生活感情のなかにもひそんでいるのであって、それが一つの伝統となる場合、官僚層それ自体のなかに、天子の一方的権力意志の自動的浸透をはばむなんらかの実質的社会関係（それは決して制度として客観化されることはないのであるが）が形成されてくるのであって、天子がこれに対抗して自己の専制権力の浸透を積極的にはかるためには、常に特別な意志と方策とを必要としたのである。私たちは酷吏列伝をとらえることによって、これを武帝時代についてみてきたのである。それならば、そのような官僚層のなかに形成されてくる実質的関係とは、どのようなものであろうか。漢代の国家権力の限界をさぐる鍵の一つは、この点にもひそめられているわけであって、またこのことの理解なくしては、私たちの前述の考察の意味も十分に明らかにならない。まず武帝時代について、ついで武帝以後について、そのような関係をたずねてみることが必要となる。

（1）桜井芳郎「御史制度の形成」『東洋学報』二三ノ二・三、一九三六。
（2）ただし、史記でも、三王世家の褚先生の補筆になる昭帝時代の叙述には、侍御史という用例が一つある。
（3）漢旧儀（太平御覧二二七引）「御史員四十五人、皆六百石、其十五人衣絳、給事殿中、為侍御史、宿廬在石渠門外、二人尚璽持書給事、二人侍前、中丞一人領、余三十人留寺、理百官事也。」
（4）労榦『居延漢簡考釈』考証之部巻一、一九四四。
（5）王国維『流沙墜簡』「屯戍叢残考釈」「簿書類」三参照。
（6）史記三王世家にみえる詔書下行の辞に「六年四月戊寅朔癸卯、御史大夫湯下丞相、丞相下中二千石、二千石下郡太守・諸侯相。丞書従事下当用者、如律令」とあるが、「二千石」の次の「下」の字は労榦の考証のごとく、衍文とすべきである。居延簡（二九）一〇・三〇にも「二月丁卯、丞相相下車騎将軍・将軍・中二千石・二千石・郡太守・諸侯相、丞書従事下当用者、如詔書」とある。また敦煌漢簡にも「四月庚子、丞（相）吉下中〻二〻千石郡太守諸侯相、承書従事下当用者」とあるが、「中」と「二」との下の重複を示す小さな「〻」の字は「二」と「千」と「石」との下に記さるべきなのを誤って上につけたのであって、「四月庚子、丞（相）吉下中二千石・二千石・郡太守・諸侯相、承書従事下当用者」と読むべきである。なお、労榦『居延漢簡考釈』巻一参照。また、上引の史記三王世家の「丞書従事下当用者」の「丞」の字は「承」の誤りであることは、本文に引用した、居延簡(七四)一〇・三三、(二六)六五・一八、上引の居延簡(一九)一〇・三〇、および敦煌簡からも明らかである。瀧川亀太郎氏はその『史記会注考証』の史記三王世家の条において、「古鈔本、丞作承」と注記しているが、古鈔本が正しいのである。

(7) 労榦「両漢刺史制度考」『国立中央研究院歴史語言研究所集刊』第一一本、一九四二。そこの第二章における尚書と御史との類似的発展過程についての労榦の着想は、示唆に富むものがある。君主側近の私用を給する家臣が次第にそこからはなれて特定の官職を形成するように成長して行く発展の過程はパトリモニアール・ビュロクラシーに共通にみられる一般的傾向であるが、その顕著な例は秦漢の郎官についてみることができる。そのことの詳しい考察は、本書第二篇第一章「戦国官僚制の一性格」を参照。

(8) 隷釈巻三所収の無極山碑に刻されている光和四年八月の詔書の下行の辞に「光和四年八月辛酉朔十七日丁丑、尚書令忠下、光和四年八月辛酉朔十七日丁丑太常耽丞敏下常山相(闕)従事下承(闕)用者、如詔書」とあり、ここでは詔書は、尚書令から太常に下されている。

## 三　漢初官僚の任侠的習俗と酷吏との対立——汲鄭列伝の社会史的解釈

さて、武帝の以上のような刀筆の小吏出身の酷吏の重用政策が、従来の伝統的観念につながる旧官僚の間にどのような反応をひきおこしたかは、史記汲鄭列伝に司馬遷の感情をもこめて見事に叙述されている。そこではすでに武帝の初期の時代から九卿に列していた顕官たる汲黯・鄭当時が、あとより登用されしかも急速に上位に昇進して権力をふるう小吏出身の公孫弘・張湯に対してもつはげしい反感が、表面の叙述の主題をなしていることは周知の通りである。そこではこれら酷吏は「徒らに詐を懐き智を飾り、以て人主におもねりて容を取る、しかして刀筆の吏は専ら文を深くして巧《たくみ》に詆《そし》り、人を罪に陥れてその真に反《か》えるを得ざらしめ、勝を以て功となす」、「天下の（人々）は謂《おもえ》り、刀筆の吏はもって公卿と為すべからずと、果して然り」と、汲黯の口をかりて酷評されている。それにもかかわらず「上愈ゝ公孫弘・張湯を貴び」、汲黯・鄭当時等の旧官僚は時勢の動きにとり残されて没落して行くのであるが、それならばこのようなかれら旧官僚の反感をささえているものは何であろうか。私たちは、それを個人的感情の対立としてではなしに、私たちの当面の問題である広い一般的社会関係のなかで理解しようとする場合、それは何を意味するのであろうか。

まず私たちは「汲黯は黄老の言を学ぶ。……游侠を好みて気節に任ず。内行脩絜にして直諫を好み、数々《しばしば》主の顔色を犯す。常に傅柏・袁盎の人となりを慕う。灌夫・鄭当時及び宗正劉弃と善し。亦数々直諫するをもって、久しく位に居るを得ず」という汲鄭列伝の記述と、「鄭荘（当時）は任侠をもって自ら喜び、声は梁・楚の間に聞ゆ。……黄老の言を好み、その長者を慕うこと、見せられざるを恐るるが如し」という相類する同列伝の記述とに注意したいと思う。汲黯・鄭当時の両人が当時九卿に列する顕官でありながら、ともに任侠をこのみ、黄老の[1]言をこのんだということについて注意しなければならないことは、そのような傾向が、この両人の個人のものではなくして、漢初創業の功臣以来の伝統的生活感情であったということである。游侠亭長劉邦とともに結んで兵を挙げた曹参は、劉邦が高祖の位につくと、斉国の相に任ぜられ、のち、蕭何の後をうけて恵帝のとき相国の任についたのであるが、かれは「善く黄老の言を治める」蓋公を師とし、「その治要は黄老の術を用いた」ことは周知のことであろう（史記曹相国世家）。また陽武の侠で同じく劉邦に従った創業の功臣陳平は、恵帝の時より文帝の時にかけて丞相の任にあったものであるが、「黄帝老子之術を治めた」と記されているし（漢書陳平伝）、趙王張敖の客として任侠の気節をもって名高い田叔は、高祖末年より文帝初期にかけて漢中郡の太守に任じ、景帝のとき魯国の相となったのであるが、同じく「剣を喜《この》み、黄老の術を学ぶ」と明記されている(史記田叔列伝)。文帝のとき廷尉をもって九卿の位にあった張釈之は、任俠の士袁盎と親しく、王生にしたがって黄老の言を治め(史記張釈之馮唐列伝)、また文帝治下においては竇太后をはじめとして黄老の言が朝野に盛行したことは、周知のところであろう。任俠の習俗はそれにも増して、漢初以来朝野に盛行している。任俠的習俗のきずなによって劉邦と結ばれた諸游民は、それぞれ恵帝より文帝にかけて、創業の功臣として、丞相あるいはその他の重臣として枢要な官職をしめている。曹参・王陵・陳平・周勃・灌嬰・張蒼・申屠嘉らがそれである。単に中央の朝廷においてばかりでなく、郡国の守・相となって地方統治の任にあった者にも、所謂任俠の士が多い。恵帝から文帝にかけての漢初の郡国の守相は、史籍にその氏名行状の記載のあるのは少いのであるが、例えば、厳耕望の両漢太守刺史表にその氏名がのせられている景帝以前の地方官は、その行状が判明し得る限り、大半は所謂任俠の士である。呂后のとき楚国の相であった陳嬰はもと東陽県の豪吏で、秦漢の際に、軽俠少年の間に信望が高く、かれらを率いて兵を挙げた人であり(史記項羽本紀・高祖功臣侯者年表)、高祖の末年より文帝時にかけて漢中の太守であった前述の田叔、同じく雲中の太守であった孟舒は、ともに張敖の客として任俠の気節をもって有名であり(史記田叔列伝・張耳陳余列伝)、文帝の時、河東郡の太守であった季布は「気任俠をなし、楚に名のあった」人であり、同じく燕国の相に任じた欒布は彭越とかたく結んだ任俠の気節をもってこれまた著名である(史記季布欒布列伝)。汲黯が常にその人となりを慕ったという袁盎は、文帝のとき呉国の相に任じ、景帝のとき楚国の相となったが、かれもまた游俠をこのむところの人であった。すなわち雒陽の游俠劇孟はかれと親しく相結ぶ仲であったし(史記袁盎鼂錯列伝)、「任俠をなし」「気関中を蓋っていた」季心が罪を犯して亡命し袁盎のところにかくまわれたことからも、それは明らかであろう(史記季布欒布列伝)。そしてこの季心に弟分として結んでいた灌夫が「任俠を好んだ」ことは著名であるが、彼もまた景帝のとき代国の相になっているのである。そして、この灌夫と相結び、また袁盎と親しい竇嬰もまた

「任侠を好む」士で、文帝のとき呉の相となり、武帝初期に丞相の地位についているのである（史記魏其武安侯列伝・外戚世家）。（但し竇嬰に至るとすでに儒教の洗礼をうけている）。このようにみてくると、游侠をよろこび、黄老の言をこのむ汲黯・鄭当時の生活感情は、彼ら個人に特有なものではなく、漢初以来の官僚を通じて見られる伝統的気風と考えてよい。

それならば、そのような伝統的生活感情は実際政治の面で具体的にどのような形であらわれたのであろうか。まず第一に注意すべきことは、このような民間における一般的習俗や生活感情に根ざした気風と生活態度は、あの法令をことさらに苛酷に適用してみずからの治績を示そうとする所謂酷吏と、その当初から相反発するものであった、ということである。任侠的習俗のもとに劉邦と結ばれた前述の曹参は蕭何の後をうけて漢の相国となったとき「郡国の吏の文辞に木訥にして重厚なる長者を択んで、即ち召し除して丞相の史となす、吏の文を言うこと刻深にして声名を務めんと欲する者は輒ち之を斥《しりぞ》け去る」と記されている（史記曹相国世家）。漢初の用例で長者とは、任侠的規範意識に厚くみだりに人の信義を裏切らない、またその故に輿望のある人をさすことは、第一篇第一章でのべた通りである。任侠の気節をもって有名な前述の孟舒が天下の長者と呼ばれたことは、その一例である。この曹参の下僚選任の方針とまったく同様な傾向は、張釈之の文帝に対する諫言のなかにもみられる。すなわち、文帝が上林苑の虎圏で上林の尉に禽獣管理のための簿書につき十余問を下問し、上林の尉はその下問に答えられなかったところ、その下役の吏員である嗇夫が横合いから口を出してその下問に悉く答え、自分の有能さを示そうとした。文帝はこの嗇夫をその有能の故をもって、かれらの長官である上林の令に抜擢しようとしたとき、文帝に近侍していた張釈之が文帝に諫言してつぎのような意味のことをいっている。「秦はこのような文書法令に練達している刀筆の吏を重用したがために、官吏は先をきそって法令規則の末節にこだわり、それを苛酷に適用して功を争い、その弊害の赴くところ、法令文書のみ具わって、惻隠の実がなくなり、遂に秦は亡びるにいたった。今、陛下はこの嗇夫を口弁に達者なるの故をもって長官に抜擢するならば、天下の役人はみなこれにならい、惻隠の実がなくなるであろう。丞相周勃の如き口弁に拙なる者こそ長者というべきであって、官吏の範としなければならない」と（史記張釈之馮唐列伝）。周知のごとく周勃は挙兵以前から劉邦と相結んだ游民出身の創業の功臣であり、人となり「木彊敦厚」であり、文帝のとき丞相の任にあったものである。汲黯が「刀筆の吏は公卿に任ずべからず」といって酷吏張湯を面罵したことは、このような漢初からの官僚層に根づよい一般的生活感情の伝統につながるものと理解すべきである。以上のような傾向は、おのずから実際政治上の職務遂行にも反映してくる。曹参は斉国の相であったとき「治要は黄老の術を用いて」、「治道は清静を貴び、而して民おのずから治る」という方針にしたがい、ために「斉に相たること九年、斉国安集し、大いに賢相を称せられ」、またその部下の官吏に対しては、「人の細過有れば専ら掩匿し、之を覆蓋す、府中事なし」（史記曹相国世家）とも記されている。このような曹参の実際政治に対する態度は、汲黯のそれとまったく同様である。汲黯は東海郡の太守となるや「官を治し民を理《おさ》めるに清静を好む、丞吏を択びて之に任じ、その治は大指を責めるのみにして苛小ならず、黯多く病んで閨閤内に臥して出でざるも、歳余にして東海大いに治まり、之を称す」（史記汲鄭列伝）。ここで共通にいわれている「治道は清静を貴び、而して民おのずから治る」ということは、具体的には、民間秩序はそれとして尊重し、みだりに法の末節をきびしくしてこれをみださないこと、そして部下の官吏に対してもこれを保護親愛し、之に信頼して一切をまかせて、みずからはただ統治の大綱のみを示すことであろう。他方からいえばその実際政治は高祖創業の際に定められた法律制度、すなわち秦の法令制度に明るい蕭何や張蒼をして制定せしめた法令制度の大綱をばただ職として守り、みずからは何らそれ以上の積極的意志を実際政治に働かせることをしなかったことをいうのであろう。このような実際政治の態度と類似な関係は、前述の所謂任俠の士が地方官として統治にあたったときにもみられる。雲中の太守孟舒は匈奴の侵攻にあったとき、長年の戦争で士卒の疲弊しているのを知って兵を発するにしのびず、その職務の遂行をおこたっていたのに、かれらはみずからすすんで丁度子が父のために死すがごとく、弟が兄のために死すがごとく、太守孟舒のために死を争ったという有名な挿話(史記田叔列伝)が記されており、また隴西の都尉袁盎は「その士卒を仁愛し、士卒みな為めに死せんことを争う」(史記袁盎鼂錯列伝)とも記されている。このかれらの行動は、官職の体系の示す支配統御の関係の面で部下の吏民に接しているよりも、あの具体的な人と人とを結ぶ個人関係の秩序規範たる任侠の精神をもって部下に接しているわけであって、そこではかれらのパーソナルな要因が大きく作用しているのである。したがって、このような地方官は、その実際政治の上述のような態度の故に、部下領民の間に声望があったのであって、燕国の相欒布については「燕斉の間みな欒布のために社を立つ、欒公社と曰う」(史記季布欒布列伝)と記され、魯国の相田叔が死すると、魯の人々は「百金をもって祠《まつ》る」(史記田叔列伝)と記されている。曹参が賢相をもって称され、汲黯が東海郡の治を称されたのと同様な関係を示すものである。丞相周勃に対し、文帝から国政の実状について詳細な下問があったとき、周勃は下僚まかせで何の答もできなかったにもかかわらず長者と称せられたという挿話(史記陳丞相世家)も同様な関係を示すものであろう。このようなかれらのその部下に対する態度に示される実際政治の態度は、かれらの身につけているあの人と人とを結ぶ任侠的秩序規範のあらわれとも解せられるのであるが、そのようなかれらの秩序規範は上に対してはつぎのようなより積極的な形であらわれる。前述のごとく任侠的習俗のなかで劉邦と相結んできた游民出身の創業の功臣は、恵帝より文帝の時代にかけて丞相或は九卿として天子をまもりつかえてきたのであるが、かれらの恵帝・文帝に対する関係はカリスマ的存在としての天子に対するよりも、任侠的紐帯によってむすばれたかれらの劉邦個人に対するパーソナルな信義の関係が劉邦の子としての恵帝・文帝に対して発動する傾向がつよい。かれらは、実際政治にあたっては刀筆の吏をしりぞけ、前述のごとき無為の政治を旨とするのではあるが、かれらの劉邦に対するパーソナルな任侠的規範意識は高祖の定めた法令制度の大綱はあくまでこれを権威として墨守するという形をとってあらわれてくるのである。ただみずからはそれに加えて積極的意欲を実際政治の面では働かせないまでである。したがって天子がそれを改定してより積極的な政策をとろうとする場合、かれらの任侠的意識は積極的に天子に対する諫言となって抵抗することになる。曹参が恵帝の丞相であったとき、恵帝がかれの無為清静な政治方針を責めたとき「高帝と蕭何と天下を定む、法令すでに明らかなり、今陛下垂拱し、曹参等職を守る、遵《したが》いて失うなし、亦可ならずや」と答えている(史記曹相国世家)。文帝のとき「諸々の法令を更《あらた》め定め」、また多くの改革策を進言した賈誼をば、文帝が公卿の位に抜擢しようとしたとき、丞相周勃・大尉灌嬰等の重臣は皆こぞって「諸事を紛乱するもの」として文帝に諫言したので、文帝はそれにはばまれて、ついに賈誼を長沙に左遷せざるを得なかった(漢書賈誼伝)。また文帝が嬖臣鄧通を寵愛したとき、丞相申屠嘉は文帝に諫言し、鄧通に対して「夫れ朝廷は高皇帝の朝廷なり、鄧通は小臣、殿上に戯れ大不敬なり、斬に当る」といっている(史記張丞相列伝)。呂后が諸呂を封ぜんとしたとき高祖の方針に反するとして、これに反対したのは丞相王陵であり、呂氏の乱を討って政を劉氏に返したのは陳平・周勃・灌嬰の功であることは、ここで改めていうまでもない。そこではすでに高祖を権威とする伝統主義が打ちたてられているのである。

これら創業の功臣のごとくに直接に高祖個人とパーソナルな関係をもたない者であっても、かれらと生活感情を同じくする官僚の間にあってはこの高祖を権威とする伝統主義をかたく守ることが、かれらの任侠的秩序規範の一つとなってくるのである。そのようなパーソナルな秩序規範をむしろ無視して、強権によって一切を唯一者の一方的権力体系の下におこうとする法術を学んだ酷吏鼂錯が、景帝の寵を得て御史大夫の地位につき、漢室強化のためにかずかずの法令の改定と積極的な改革策を断行するにおよんで、申屠嘉・袁盎・竇嬰らのはげしい反感を誘発し、鼂錯の諸王領地削減政策が一因となって呉楚七国の乱が起ったとき、ついに袁盎の諫言によって景帝は鼂錯を斬に処さなければならなかったことは、周知の通りである。袁盎はその景帝への進言において、「高帝、子弟を王として各々分地を有《たも》たしむ、今賊臣鼂錯ほしいままに諸侯を適過し、之が地を削奪す、故に反を以て名となし、西して共に鼂錯を誅せんとす」という呉楚側の言分を、引用是認して、鼂錯を非難し、「方今の計は独り鼂錯を斬って、使を発して呉楚七国を赦し、其の故《もと》の削地を復すれば、則ち兵刃に血ぬることなくして倶に罷むべし」（史記呉王濞列伝）といっている。史記袁盎鼂錯列伝に記される両人の個人的不和の関係は、実は、漢初よりの重臣官僚に伝統的なあの任侠的生活感情、すなわち一方においてはそのような生活感情から発する高祖を権威とする伝統主義的規範意識と、他方においてはそこから発する所謂酷吏への反感の伝統との一般的関連のなかで考えられなければならないのであろう。武帝にいたって、酷吏張湯が武帝の寵を得て、かずかずの高祖以来の律令を改定したとき、「何ぞ高皇帝の約束《おきて》を取りて之を紛更することをなすか、公これを以て種なけん」と武帝の面前で張湯をののしった汲黯の言葉は、まったく以上と同様である。ただ以前との相違はさきには酷吏が任侠的重臣官僚の反感のために身をほろぼしたのに反し、武帝の時には酷吏の圧倒的勢力の前に旧来の任侠的重臣は力を失って行くだけの相違である。

さて、以上、私たちは武帝以前の官僚層について、かれらをその内面において動かしている、その生活感情と生活習俗についてみてきた。それは、所謂黄老の術と任侠の民間習俗とが相互に規定し合うものであって、実際政治の面においては、民間秩序をそれとして尊重し、下僚に対してはこれを保護信任する、消極的な無為の政治となってあらわれ、上に対しては、高祖個人に対するパーソナルな任侠的規範意識が、高祖の定めた法令制度をただ墨守するという、高祖を権威とする伝統主義的規範意識としてうけつがれて、そのような規範意識に反する天子の革新政策には身をもって直諫するという、牢固たる伝統主義が前述の消極無為の政治的態度とむすびついて、かれら官僚の間に根を据えてきたのをみた。それは、袁盎が「数々《しばしば》直諫するをもって久しく(宮)中に居るを得ず」と記され、汲黯が「直諫を好みて、数々《しばしば》主の顔色を犯す」と記されていることが示す通り、いわば積極的意志をもって消極的政治が求められたのである。漢書百官公卿表が示す通り、漢代の官職体系は大体において秦のそれをうけついだものである。それはパトリモニアールな専制君主権力を維持し強化するための組織であったのである。しかしながら、そのような官職をしめる官僚の生活感情と生活習俗とが、以上のごとくであり、そこに牢固たる伝統主義が支配するにいたると、天子が従来の伝統をやぶってなんらかの積極政策をとろうとする場合、その官職体系は天子の手足とならず、却って天子の意志を阻止する作用をもつことになってくる。漢室のおかれている事態は、景帝の頃より漸く急迫し、内は諸王国独立化の傾向が顕著となり、外は匈奴の侵攻がきざしはじめ、重臣・官僚のそのような生活感情のみをもってしては、対処し得ない状態に入ってきたのである。そのような官僚層に根づよい伝統的生活感情を爆砕して、何よりもまず天子の独裁的君権の強化がはかられなければならなかったのである。そのような処置は景帝のときから徐々にとられつつあったが、それを徹底的におこなったのが武帝である。武帝がそのためにとった政策は、従来の官僚の伝統的生活感情が蔑視・排撃するところの所謂酷吏―刀筆の吏をばみずからの意のままに動く手足として側近の重職に登用し、強権をもって全官僚組織の制御権を手中に握ることであったことは、第一節でみてきた通りである。そしてこれと関連して武帝のとったより重要な政策は、いうまでもなく、天子の専制権力を理論的に基礎づけるための新しい官僚イデオロギーの昂揚のための文教政策、すなわち儒教の採用である。前漢儒教の主流をなす公羊学は武帝の苛酷な法術政治と独裁君権を徳治の教説をもって粉飾し正当化する理論として奨励され、爾後、儒教が次第に官僚の生活倫理として次第に支配的地位をしめて行くことは周知のところである。

しかしそれにもかかわらず、任俠的習俗はなお根強く官僚の生活感情のなかにのこって、天子の一方的権力支配の制度的体系としての官僚制の内面に、従来とは異なった形においてではあるが、作用しつづける。それが武帝以後の官僚組織の現実の動きをどのように規定したか、ごく大ざっぱにたどってみよう。

（1）そこでいう漢初の黄老の言とは、必ずしも、今日私たちに伝えられている老子の学説をそのままさすとのみ解すべきではない。史記楽毅列伝には、「楽巨公、善く黄帝老子の言を修む」とあり、その太史公曰に、黄老の言の学統が記されている。それによると、黄老の学は河上丈人より出ずるとされ、「河上丈人は安期生に教え、安期生は毛翕公に教え、毛翕公は楽瑕公に教え、楽瑕公は楽巨公に教え、楽巨公は蓋公に教え、蓋公は斉の高密・膠西において教えて、曹相国の師となる」と記されている。蓋公が漢初、曹参に黄老の言を教えたということは、さきにも挙げたところであるが、その蓋公の師の学統のなかに安期生が挙げられていることに注意しなければならない。安期生は、史記封禅書では蓬来の僊者と伝えられ、武帝に怪迂の術を説く李少君らの方士たちの尊崇する神僊的人物である。安期生が斉人に黄帝の言を授けたというはなしも、武帝に神僊術を説いた方士公孫卿の言のなかに伝えられており、また封禅書に見える公孫卿や、汾陰の巫の錦らの、鬼神のことをいう当時の方士はみな黄帝を信仰の対象に立てているのである。このように考えると、漢初のいわゆる黄老の言には、老子に託された「恬淡養性」の思想とむすびついて、黄帝に託された神僊術的俗信もいりまじっていたのではなかろうか。黄帝信仰が当時民間に盛行していたことは、司馬遷が諸国を旅行したとき、各地で黄帝のことをいう者が多かった（史記五帝本紀太史公曰）ということからも察せられ、また、高祖劉邦自身も、游民を率いて沛に兵を挙げたとき、黄帝を祠っているのである（史記高祖本紀）。游俠出身の無学の漢初創業の功臣の間に黄老の言が盛行したということは、身を挺して兵火の間を戦いつづけてきたかれらが功なりとげたのち、秦の苛政と戦乱にあきて、休息を欲し、清虚無為もって恬淡養性を旨とする黄老の言にひかれたこともあろうが、黄老の言にいりまじる上述のような俗信的民間性と、同じく民間的な、任俠的習俗のなかから生い立ったかれらの生活感情との間に何らかの親近性があったのではなかろうか。いずれにせよ、漢初官僚の多くが、黄老の言をこのみ、任俠をよろこんだということは、かれら官僚の内面に、その生活感情と生活習俗において、民間人と特に区別されるような、官僚自体に固有な生活感情が、いまだ形成されていなかったことを示すものであろう。なお、黄老の学と神僊術との関係については、津田左右吉「神僊思想に関する二三の考察」『満鮮地理歴史研究報告』第一〇（一九二四）、陳槃「戦国秦漢方士考論」『国立中央研究院歴史語言研究所集刊』第一七本（一九四八）参照。なお游俠と黄老学との親近性については、労榦「論漢代的游俠」『国立台湾大学文史哲学報』第一期（一九五〇）も別の面から指摘している。

## 四　武帝以降の官僚制における党派の発生——内朝と外朝

武帝のとき強化された天子の官僚に対する一方的権力関係は、武帝の歿後より以前とは異なった様相のもとに崩れはじめる。それは昭帝のときの霍光による摂政に端を発し、それにともなう内朝の外朝に対する優位がその傾向を激化したのである。周知のごとく、武帝はその歿前、幼主昭帝の政をたすけるために、側近の侍中霍光をはじめ金日磾・上官桀に遺詔して、霍光を大司馬大将軍、金日磾を車騎将軍、上官桀を左将軍に任じて、昭帝の政をたすけしめたのである。武帝の時の将軍はただ兵を領して出征したのみであって、国政に参与することはなかった。しかるに霍光は大司馬大将軍をもって「尚書の事を領し」（漢書昭帝紀）、一族および幕僚を侍中・給事中等の天子近侍の職を兼ねしめ、摂政をもって、内朝において国政を壟断することとなったのである。ここにおいて丞相・御史大夫以下をもって構成される制度上の中央政府は外朝として単なる事務執行機関と化し、国政の実権は内朝に移ることとなったのである[1]。そしてそれとともに、侍中・給事中・尚書等の天子近侍の臣が国政に直接干与するようになり、殊に尚書の勢力増大はいちじるしく、「尚書は百官の本」（漢書石顕伝）といわれるように、尚書を領することが実際の政権を握るためには必要なことになってくるのである。このように中央における政治機構が、実質的な政府たる内朝と、形式上の（実際には単なる行政執行機関と化した）政府としての外朝とに二分したということは、全官僚機構の統制に一貫性を欠くこととなり、漢室の国家権力の消長に重大な影響をおよぼして行くことになる。すなわち、漢初以来、国政の大綱は、丞相・御史大夫以下九卿を加えた廷議によって議され、それが天子の裁可を経て丞相から郡国の守相に伝達され、そこに組織としての一貫性をもっていたのであるが、今や、国政の実権を握る者が、摂政として、天子と丞相との間に、絶大な権力をもって介在し、天子近侍の内臣をその腹心として支配下におくことによって宮中に支配的勢力を確立して、宮中に一個の実質的政府を形成することになると、天子は、官僚組織全体から浮いた名目上の存在となる。そして当然、このような摂政の内朝における専権を打破するために、天子はやがて自己の君権をささえ強化する新たな人的基礎の形成を積極的に意図し、また外朝の官僚のなかから内朝に対する反抗勢力が擡頭してくると、それぞれが「党」を形成して相結び相争うこととなり、全官僚組織は唯一の権力源泉たる天子の一貫した統御のもとに、その機能を発揮するということが不可能となる。まず昭帝についで立った宣帝は、この霍光の専権に対抗するために、従来の権門勢家とはまったくかかわりをもたない卑しい身分のものを側近に登用して、自分の意のままに動く手足の養成にとりかかる。そのために選ばれたのが、卑賤なる出の外戚許氏・史氏と宦官である。宣帝は帝位につくや、外戚許氏・史氏の子弟を侍中に登用してこれを手足として、霍光の死後その一族がなお維持する優勢な権力を次第に切りくずし、霍氏一族の独占していた内朝の枢要な諸内官の地位にかれらを配置して行く。また一方、臣下よりの奏請を天子にとりつぐ、いわば天子の耳目ともいうべき尚書の職を霍氏が領して離さないため、宦官である中書令に一時的にこれをつかさどらせたのであるが、これがやがて重用される機縁となったのである(漢書霍光伝)。このようにして宣帝は次第に霍氏の勢力を排除し、さらにまた霍氏の専横に反感をいだく外朝官僚をその統御下において、内朝・外朝の政権を手中ににぎり、再び天子独裁の一方的権力体系を樹立したのであるが、宣帝の死後、元帝にいたると、宣帝がその手足とした外戚・宦官が再び内朝を支配するほどの強大な権力にまで成長する。すなわち、宣帝はその歿前、側近の寵臣外戚史高を大司馬車騎将軍として尚書の事を領せしめ、元帝の政をたすけしめたのであるが、元帝はなんら外部の党と関係のない宦官石顕らを信任してこれに政をゆだねる。やがて石顕は中書令となり、大司馬史高と結んで次第に内朝における実権をにぎり、中書僕射牢梁・少府五鹿充宗・御史中丞伊嘉と「党友を結び」、尚書を支配して内朝における政権を独占する。すでに官職の体系はその本来の機能を失い、中央・地方の官僚はこれと結び、或はこれに反抗するいくつかの党にわかれて相争う。ついで立った成帝は外戚王氏を側近に登用して、石顕の党をおさえたが、やがて王氏一族は相ついで内朝を支配し、その権力は再び天子をして名目的存在たらしめ、その専横の権力は、途中若干の消長はあるが、やがて王莽の帝位簒奪につづくわけである。

以上のような状況のもとにあっては、天子の一方的権力体系であるべき官僚組織は、天子に直接には結びつかないことになる。全官僚組織を天子に直結せしむべき本来の役割をもつあの御史による監察の制度は、分立して相争う有力な党のいずれかに制せられて、その機能を減退するか、或は相互に相糾察し合うことに役立つ結果となるのが一般である。例えば、御史中丞陳咸は、宦者石顕の党を劾奏しながら、おのれの党友朱雲の罪をかくまい（漢書朱雲伝）、却って石顕の党のために罪せられ、また御史中丞伊嘉は石顕の党友となり（漢書石顕伝）、侍御史某は、大司馬大将軍霍光の意にそむいた劉徳をばことさらに誹謗劾奏して霍光の意に沿うことにつとめ（漢書楚元王伝）、また侍御史厳延年は霍光の専横を劾奏したが、宣帝は、霍氏の勢をはばかってこれを納れることができなかったのである（漢書酷吏厳延年伝）。武帝の末年、巫蠱之獄のためにその近親のものまでも信頼できなくなった武帝が、「皇太子・三公以下、旁州郡を統せざるところなき」絶大な権力を与えて天子に直属せしめた司隷校尉の職権も、元帝のとき、司隷校尉諸葛豊が外戚許章とその賓客の罪を劾奏したために、「節を持して」貴戚大臣を監察する大権をうばわれ、さらに成帝元延四年には廃止され、ただ哀帝のとき単に司隷として復活したが、それは三輔近辺を督する刺史同様なものとなってしまったのである。(2) このように誅賞が一元的な権威からおこなわれないかぎり、官僚はその官職の定める一方的体系をみだして、それぞれ権力者に依付してみずからの安全をはからなければならないのは当然であり、ここに「天子孤立して、官僚党をなす」傾向が漸くいちじるしくなってくる。「党」「党友」「党親」という語が漢書において宣・元帝以後の記載から顕著にめだってくるのは、このような傾向を示すものであろう。そしてこのような政治状勢の変化のもとにおいて、あの養客結客の任俠の習俗は、官僚相互間において、所謂党友形成に大きな役割を演じ、武帝以前とは異なった形で、国家権力の一元的支配体系をみだす作用をうけもってくることになる。大司馬車騎将軍史高の「挙する所は私門の賓客、乳母の子弟にすぎず」(漢書匡衡伝)と記されている。石顕と「交結するところのものは石顕を以て官(吏)となり」(漢書石顕伝)、石顕はまた長安の豪俠万章と相結んでいたことは周知のところであろう(漢書游俠伝)。御史中丞陳咸は朱博・蕭育・朱雲らと党を結び、石顕の党の専横に反抗して、却って罪せられたことは周知のところであるが、その党友朱博は「客・少年を好み、伉俠にして交りをこのむ」(漢書朱博伝)ところの任俠の士であり、陳咸が罪せられて獄にあるとき、身代りとなって笞刑をうけて、陳咸の死罪を免れしめた俠気は有名である。また、のち陳咸が大将軍王鳳の幕府の長史となるや、その党友朱博・蕭育を推薦し、三人がたがいにすすめ合って高官にいたっているのである。のち、朱博は郡守より九卿にすすみ、「賓客門にみち、仕宦せんと欲する者は之を薦挙し、仇怨を報ぜんと欲する者には剣を解いて之を帯びさせ」、その任俠の気風をもって士大夫の間に大きな勢力をきずいていった(漢書朱博伝)。また、かれは鉅鹿太守孫閎・少府陳咸とともに、客を養い亡命をかくまう任俠をもって名高い紅陽侯王立と結んで、その党友となり、陳咸は、少府を免ぜられたのち、紅陽侯王立によって方正に挙げられて、光禄大夫給事中という内朝の枢要な職に任ぜられ、共に王立の腹心となっている(漢書翟方進伝)。蕭育もまた、茂陵の令のとき、考課に際し、最も成績の悪かった漆県の令郭舜をかばい、そのため右扶風の後曹に責問されるや「蕭育は杜陵の男子、何ぞ曹に詣らんや」といって官を辞した俠気の人であり、のち大鴻臚を守し、当時の嬖臣淳于長と結んでその党友となり(漢書蕭育伝)、また覇陵の大俠杜穉季と交りを結び、ために京兆尹孫宝は杜穉季をとらえることをはばかったと、漢書孫宝伝に記されている。淳于長が、翟方進に劾奏されて罪せられたとき、その党友として官を免ぜられたものは、京兆尹孫宝・右扶風蕭育をはじめ刺史・二千石二十人以上と記されている（漢書翟方進伝）。朱雲もまた「少時、軽侠と通じ、……勇をこのんで、数々法を犯した」人である。王氏五侯の党については詳述する必要がないほど著名であろう。「王氏方に盛んにし賓客門に満ち」、五侯兄弟は「士を好んで賢を養い、財を傾けて施予し」たと記されている（漢書元后伝）。そして漢書游侠列伝中の楼護は谷永とともに五侯の上客であり、王氏が士を好んでこれを養ったことは、大司馬衛将軍成都侯王商が侠士楼護をその閭巷に訪ねんとした一例からでも明らかである（漢書游侠楼護伝）。また王氏がそれらの客を官吏に薦挙して党翼としたことは「郡国の守・相・刺史、皆その門より出づ」（元后伝）と記されていることからも知られ、任侠の士楼護もまた平阿侯王譚により方正に挙げられて諫大夫となり、擢んでられて天水郡の太守となり、免ぜられてのち、また推薦されて広漢郡の太守となっているのである。武帝以来官吏登用の常道として制度化された、孝廉・茂才・賢良方正等の選挙の制も、この官僚間に根強い養客結客の任侠的習俗と結びついて、公卿列侯の党翼をひろめるに役立ちはじめたことは、以上の挙例からでも明らかであろう。東漢に入っていちじるしく前面にでてくる、あの任侠的習俗の一つの表現である「門生故吏」の依付関係が、選挙請託とむすびついて、やがて党錮の禍をもたらし、東漢王朝の死命を制するにいたる経過は周知のことであるが、それは決して東漢に固有な現象でなく、西漢の、宣帝・元帝以後からすでに徐々にはじまっていることに注意しなければならない。

さきにのべたごとく、漢代における官僚組織は、制度的関連としては、あくまで唯一の専制権力者としての天子の一方的支配の体系である。しかし官僚組織のそのような制度的体系は、現実においては、必ずしも制度の意図するそのままの形で自動的に動くのではない。実際に官僚組織をその現実の姿において動かしている他方のバネは、官僚自体の生活感情や生活習俗のなかにもひそんでいるのであって、この二つの要因の複雑な相互作用のなかから、天子と官僚との実質的関係、官僚組織の現実の動きが規定されてくるのであり、またそこに国家権力の一つの限界も示されてくるのである。私たちは、そのような官僚の内面にひそむ生活感情をば、任侠的習俗という限られた一つの窓からのぞくことによって、以上のような問題の一端にふれてみようとこころみたのである。もちろん、私が選んだ窓は決して問題の全貌をうかがい知り得るごときものではない。殊に、武帝以降、選挙の制度が官吏登用の常道として固定化してくるにつれ、前述のごとく儒教が官僚層の一般的生活倫理を規定してくると同時に、官僚層が次第に豪族の子弟に限られてくる傾向を強化してくるのであって、問題の全貌を明らかにするためには、かれらの生活感情を規定している他のいろいろな要因――その生活感情をささえる経済的基礎の構造をも含めて――のなかに深く立入って行かなければならない。それらはすべて残された問題である。ただしかし、等しく春秋時代末期以降の新しい家父長制的社会関係から出発して、一方は君主を中心とする官僚制として発展し、君主個人のもつパーソナルな人格的要因にもとづく家臣的結合から、それを超えて、君主の座に附与される世襲カリスマ的権威の絶対化の下に法術的原理の全面的強化によって天子の一方的権力支配の体系として機構化され、アンシュタルト的制度へと発展したこの官僚組織が、その現実の動きにおいては、なお、他方の、その祖型を同じくし、そして民間に移行して習俗化したパーソナルな人的結合関係によって、なお規定されるというこの関係は、第一篇第一章において詳述した官僚組織の末端機構と民間秩序との固有なむすびつきの仕方と同じく、特に注意しておかなければならない。それは制度に反する例外的な関係、または、制度に基本的に対立する矛盾的現象として理解さるべきではなく、実はそのような淵源と性格をもつ漢代官僚制それ自体――いかに制度的に整備されていっても――に内在する、或る意味では不可避的な随伴現象であったからである。

（1）　内朝と外朝との関係については、王毓銓の“An Outline of the Central Government of the Former Han Dynasty”, *HJAS*. vol. 12, 1-2, 1949 に要を得た考察があり、また、労榦「論漢代的内朝与外朝」『国立中央研究院歴史語言研究所集刊』第一三本（一九四八）は、内朝の諸官の史料提供に詳しい。

（2）　漢書諸葛豊伝参照。なお顧頡剛「両漢州制考」『慶祝蔡元培先生六十五歳論文集』下冊（一九三五）参照。

（『一橋論叢』二八ノ四。一九五二・八稿）

（一九五九・三・三〇補）

# 第三章　後漢党錮事件の史評について

## 一

後漢末におこった党錮事件は、単に党派の争いではなく、当時の政治権力をにぎっていた宦官勢力による政治の紊乱と腐敗に対して、清流官僚・太学生が当時の知識階級の全国的輿論の支持のもとに、きびしい批判と粛正とをおこなおうとした一種の政治改革運動であるところに、その積極的な意味がある、と解する近時の見解がある。(1) そのような知識階級の輿論すなわち「清議」は、宦官勢力による選挙請託の横行によって、まきおこされたのであった。漢代の官吏登用の法である郷挙里選は、各地方の徳行ある者を、郷党の輿論にもとづいて地方官が選び、これを中央に推挙する制度であって、これは、徳ある者を賢とし、賢者をあげ用いることを説く儒教思想の制度化であった。ところが宦官勢力が中央において権力をにぎるに及んで、地方官に圧力をかけて、自己の一族や、それと結託する地方土豪の無学無能な子弟を推挙させ、自己の勢力を官界に扶植することをはかることがさかんになると、ここに郷党の輿論は無視され、選挙腐敗が一般化することになる。このような傾向に対して憤激する郷党の知識階級は、彼らの奉ずる儒教的価値規準から、あらためて「正当」な人物評価を行い、たがいに標榜し合って、その輿論によって、宦官勢力の腐敗政治を批判する。所謂「清議」がここに起ることになる。このような「清議」による人物批評は、単に郷党の人物についてのみ行われることにはとどまらなかった。当時中央の太学には、三万余の学徒が全国の各地から集り、また各地方には多くの学者がいて、私塾を開き、それぞれ、数百・数千の門下生を集めていた。かれら学徒は、良師を求めて、各地を遊学する風がさかんで、そこに師弟関係や交友関係を通じて、個々の郷党を越えた、知識階級の広い輿論形成の場が用意されていたのである。これら太学生の領袖である郭泰・符融等は、最も人物鑑識にすぐれていたという。彼らは各地をめぐり、各地の知識階級の名士と交結し、それぞれの郷党の人材を採掘したばかりでなく、彼らの人物評価は、中央・地方の政治の衝にあたる高官たちにも及んだ。人物批評の形における政治批判が、太学生を中心とする知識階級の間にきわめてさかんになるのである。そのような人物評価について彼らの形成する輿論は、すでに官界において無視することのできない力をもつにいたった。彼らの貶議をおそれて、彼らの門をたずねて交りを求める高官たちも多くあったという。彼らが、その人物批評を通じての現実政治批判において、最も支持し称讃するところの一群の人士は、宦官勢力の暴政下にあって、それに抗し反発する清節ある所謂清流官僚である。清流官僚の領袖は陳蕃・李膺である。彼らは、太学生をはじめとする知識階級の輿論の支持のもとに、多くの抗直な人材を登用して、宦官勢力の粛正に向い、或は宦官の一族の不法行為を摘発し、或はそれと結ぶ地方の群小勢力を誅滅することを開始する。このような清流官僚の実力をもってする粛正運動とそれをバックする太学生をはじめとする知識階級の広範な政治批判の輿論は、権力をにぎる宦官勢力の挑発を結果し、ここに清流勢力に対する弾圧が開始される。最初の弾圧は主として清流官僚勢力に対してなされたが、やがて弾圧の手は、太学生にもおよび、彼らは党をむすんで朝廷を誹謗し風俗を攘乱する党人として、獄につながれることになる。所謂党錮である。この党錮事件とほぼ時を同じくして、東の方から大規模な農民反乱が起ってくる。弾圧を逃れた知識階級の余党がこの農民反乱に合流することを恐れた宦官勢力は、党人追及の手をゆるめて、党人の禁を解くのではあるが、時すでに、後漢王朝は崩壊寸前に迫られていたのである。

このように近時解される党錮事件の所謂清流勢力対濁流勢力の争いは、当時の国家社会の全体構造の中で、どのようなものとして理解すべきであろうか。

一つは両勢力のそれぞれにおいて、根幹となり実際上の力をもつものは豪族であると見て、この両勢力の対立を、宦官豪族と官僚豪族との政権掌握をめぐる争いと解する見解がある。(2) そこでいう豪族という概念はきわめてあいまいであるが、当時の宦官は、多く侯に封ぜられており、例えば単超は二万戸、徐璜・具瑗は、各一万五千戸、左悺・唐衡は、各一万三千戸の封を食み、養子襲爵も許され、またその一族姻戚は所謂選挙請託によって州の刺史や郡国の守相の地位を占めるものが多く、またこれに阿附する群小の地方豪族も多かったから、宦官勢力の中核を一種の豪族と見られないことはない。しかしながら、宦官がそのような権力をもつにいたったのは、彼らが豪族であったからではない。それは君寵によって与えられたものであり、君寵をぬきにすれば、彼らは何の力もない近従の微官にすぎない。他方、その意味で彼らの勢力の基幹をその豪族性に求めて、それを説明しようとすることは誤りとしなければならない。清流勢力の中核をなすものが豪族であるとすることは、必ずしも不当ではない。清流官僚の領袖李膺は潁川の豪族であり、彼れ自身多くの門生故吏をもつばかりではなく、その師である荀淑も又潁川の名族で、多数の門生を擁する潁川士大夫の巨頭であり、また、荀淑とならんで潁川の知識階級の帰慕するところであった郡の大姓鍾皓は李膺と姻戚関係にあった。さらに李膺は、太学の游士の領袖で各地の知識階級と広い交友関係をもち高い声望をもっていた郭泰・符融等と堅い交結をむすんでいたのであって、彼の勢力の背景には潁川の豪族集団ばかりでなく、門生故吏やその交友関係によって、全国的規模にひろがる知識階級の人的結合の支持があったのである。清流の個々の人士がすべて豪族であったのでは決してないが、豪族の勢力というものを、単に同族的結合や大土地所有によるばかりでなく、それに依附する広い人的結合関係に基礎をおくものと考えるならば、清流勢力の人的構成を、広い意味での豪族的社会関係に求めることは、必ずしも不当ではない。「李膺等は、太学の游士を養い、諸郡の生徒と交結し、更相《たがいに》駆馳して、共に郷党を為し、朝廷を誹訕し、風俗を疑乱す」ということばは、宦官勢力が李膺等の清流勢力を非難した誣告のことばではあるが、その勢力の人的基盤については、そのように見られても止むを得ない実際の関係があったのである。さきに私は清流官僚には知識階級の全国的規模の輿論の支持があったといったが、その輿論形成の基礎にはそのような人的関係が作用していたのである。しかしながら、清流勢力の構造をこのように社会史的に分析して行っても、党錮事件のもつ意味は必ずしも明らかにならない。清流勢力の中核がそのような豪族的社会関係をとるものではあっても、それが宦官勢力に反発する一つの力に結集したのは、豪族としての共通の利害関係からではない。問題を豪族ということに局限すれば、宦官勢力に結託する多くの地方豪族もいたのである。清流の人士が地方豪族の門から出ることが多かったにしても、彼らを宦官勢力に反発する一つの勢力に結集したのは、清議であり、彼らは官僚あるいは官僚志望者として、儒教的国家理念を奉ずる知識階級であったからである。ここに、党錮事件は、単なる豪族間の党派の争いではなく、儒教的価値規準による当時の知識階級の主体的な政治批判運動である、という冒頭に記したような解釈がおこってくるのである。儒教は、前漢武帝のとき公認されて官僚の指導理念となったが、それが広く普及したのは、後漢に入ってからである。殊に順帝のとき太学が修起され、質帝のときは太学生は三万余人に増加し、大将軍以下六百石にいたる官僚に令してことごとくその子をつかわして、太学に学ばしめた。この外、地方の各地にも私人の学舎が多く開かれたことは前述の通りである。彼らの学ぶ儒教の教えによれば、漢の政治秩序は、天人相関の理論によって基礎づけられ、天子一尊のもと、有徳なる賢者が官僚としてその徳治をたすける体制として観念されていた。君主の大権は当然天子以外の者によって左右されてはならず、為政者たる官僚は、郷党の声望ある賢者が任ぜられなければならなかった。それは、漢の国家権力を正当化する理論であったのであるが、それが現実の紊乱した政治の在り方に向けられるとき、現実の権力者に対して、するどい批判の刃となって作用する。清議は、当時の知識階級のこのような指導理論から発したのであり、清流官僚・太学生をはじめとする当時の知識階級を、政治を紊乱する宦官勢力に反発する、一つの清流勢力に結集せしめたのは、このような清議である、というのである。この解釈は、党錮事件における清流勢力を、その指導理念にかけて理解しようとするすぐれて主体的な解釈であるが、当時の知識階級の現実の動きを、やや理念化してとらえたきらいがある。当時の知識階級の動きは、実は決して一様ではないのである。宦官勢力に反発する所謂清流官僚を支持し、かれらとむすんで時政を議議する、太学生をはじめとする当時の知識階級の外に、同じく儒教的教養をもって、それとは別個な行動をとる、そしてそのような太学生の動きにはむしろ批判的な、一群の知識階級もいたのである。徐穉・姜肱・袁閎・魏桓・申屠蟠等の逸民的風格をもった人士がそれである。彼らはみな郷党に声望ある篤行の士であるが、清流官僚の領袖陳蕃の徴召にも応じない。かれらは、たびたびの徴召にも辞して、終身仕えないという逸民的生活態度を固く持することによって、宦官勢力に対しては勿論のこと、これを議議する一般の知識階級の風潮にも、批判的な態度を暗黙の中に示している。このような彼らの行動様式は、上述のような清流勢力の理念化的解釈からは、説明されない。清流勢力の指導理念とされる儒教的価値秩序の中には、このような生活態度による暗黙の政治批判も、然るべき場所を与えられているのである。しかもかれらは、そのような生活態度によって、宦官勢力と抗争する所謂清流勢力の行動に対しても批判的姿勢をとっているのである。彼らは、どのような意味において、当時一般の清議の風潮に批判的であったのだろうか。何故に、かれらは清流官僚の巨頭陳蕃の徴召にも応じなかったのであろうか。このことが明らかになれば、清流勢力のもつ一つの側面を知ることができるし、また党錮事件における清流対濁流の抗争を当時の国家社会の全構造の中で位置付ける一つの視点が暗示されることにもなるのではないかとも考えられる。ところで問題は、事実より意味の問題とかかわるのであるが、そのことを明らかにするに十分な程、彼らの言動はくわしくは史料にのこされてはいない。後漢書の彼らについての記述はきわめて類型的であるといってよい。そこで、きわめて廻り道になるのであるが、彼らの行動を肯定し、しかも自身彼らと同じような逸民的傾向をもった後世の人士の、党錮事件に対する史評を、先ずとり上げて検討してみよう。

（1）川勝義雄「シナ中世貴族政治の成立について」『史林』三三ノ四、一九五〇。宇都宮清吉、書評「楊聯陞『東漢的豪族』」『東方学報』（京都）九、一九三八。

（2）楊聯陞「東漢的豪族」『清華学報』一一―四、一九三六。

## 二

資治通鑑巻五三、後漢質帝本初元年の「夏四月庚辰、郡国に令して明経を挙げ太学に詣《いた》らしめ、大将軍より以下、皆子を遣はして業を受けしむ。……是より遊学増々盛んにして三万余生に至る」の条に、胡三省は注してつぎのごとく云っている。「此れ鄧后朝に臨みしときの故智なり。梁后踵ぎて之を行えるのみ。遊学増々盛んなるも、亦名を干《もと》め利を蹈《ふ》むの徒なり、何んぞ尚《とうと》ぶに足らんや。或は問うて曰く『太学の諸生三万人、漢末互に相標榜す、清議此においてか出づ。子《あなた》は尽く以て名を干《もと》め利を蹈《ふ》むの徒と為す、可ならんか』。答えて曰く『積水淵を成し、蛟龍生ず。其の間に其の人なしと謂うは不可なり、然れども互に相標榜する者は、実は名を干《もと》め利を蹈《ふ》むの徒の為す所也』。『李膺の諸人を禍いする者は、太学諸生に非ず、諸生は其の節を立てるを見て、従いて標榜し、以て清流を重んずるのみ』。

『然らず。則ち郭泰・仇香も亦太学に游ぶ、（郭）泰は且（仇）香を拝して之を師とせんと欲す。（郭）泰は八顧の首と為るも、（仇）香は曾つて標榜の列に預らず。豈清議は尚ぶに足らざんか、抑《そもそ》も（仇）香の隠徳は名とし能うこと無きか』。

胡三省は宋末元初の人であるが、その履歴は殆んど伝わっていない。宋史にも伝はない。その著述も多く伝わらず、伝わっているのは通鑑の注と釈文弁誤のみである。これとても音訓の学であるとして、あまり注意されなかったのであるが、清朝考証学がさかんになるに及んで、この胡三省の通鑑の注は地理の考証にきわめてすぐれているとして、世に称せられるにいたった。しかし、胡三省の注のすぐれているのは、単にその地理の考証においてのみではない。南宋末の朋党の争いと政治の腐敗の下に生き、宋朝の覆滅と蒙古の占領支配下における人々のさまざまな動きを目のあたりに見て、そのきびしい生活の体験と心情をもって、通鑑を読み、注をつくったのである。そこには、したがって、過去のさまざまな歴史的事件やそこにおける人々の動きについて、その現実的体験からの感慨と洞察にとむすぐれた史評が、きわめて簡潔な形で、多くのべられているのである。最近陳垣はその『通鑑胡注表微』において、このような胡注の、従来無視せられていた一面に注目し、胡三省がどのような意図のもとに、またどのような用意をもって、通鑑に注したのかを、彼の簡潔な注の中から引き出そうとした。すなわち、陳垣は、胡三省が注した通鑑の個々の記事と、何らかの意味で類似する宋末元初の史実を捜集し、胡三省が見聞したであろう同時代の諸事件の中に、彼の通鑑の注をおいて、彼の注の意図するところを、彼の歴史解釈の現実的基盤から推定しようとしたのである。それは、いわば胡注の疏の形をとるきわめて簡潔な記述ではあるが、そこには歴史理解のきわめて暗示にとむ視点が提示されている。そして、陳垣自身が、日本軍の北京占領下の、暗黒の世情の下において、通鑑胡注をひもとき、はじめて胡三省の心情を体得した、といっていることも、興味深い。陳垣の仕事は、いわば胡注の疏の形をとるものであり、胡三省の注した通鑑の記事の解釈を目的としたものではなく、いわば微言大義的に、胡注の意図するところを明らかにしようとするものであるが、そこには歴史理解のきわめて暗示にとむ視点が提示されている。今、こころみに、胡注や陳垣の「疏」に提示されている史評的視点を媒介として、後漢末の知識階級の動きを当時の事に即して検証して行ってみよう。

後漢の質帝のとき、太学の学生は三万余人の多きに達した、という通鑑の記事を注して、胡三省は、彼等の多くは名を求め利を踏むの徒であるから尚ぶに足りないといい、これらの太学生が中心になって清議をなしたのではないかという反問に対して、郭泰も仇香も太学に遊んで、しかも郭泰は仇香を拝して師となしたが、太学生の人物評価の番付には、郭泰は八顧の筆頭にのせられているのに、仇香は番付にものせられていない。かれらの清議が大したものではないのか、それとも仇香の隠徳は彼らにとって標榜する意味がないのか、と答えて、彼らの清議の動機・人物評価の規準について大きな疑問を出している。胡三省のこの史評が、何を意味するか、先ず後漢時代の史実について検討してみよう。

仇香（一名仇覧）と郭泰とのことは、後漢書循吏仇覧伝にくわしくのっている有名な話である。仇香は陳留郡考城県の人で、少《わか》いときより学問をまなび、学は三経に通じたが、きわめて地味で寡黙な人物で、なれなれしく人と交ることを好まないため、知名の士の後援がなく、ために年四十になるまで郷党でも無名であった。四十歳になってやっと亭長の職にえらばれると、里民に生業をすすめ、農事おわると、その子弟に学をすすめ、貧困者には賑恤し、率先躬行して、教化につとめた。この徳を以て人を化する彼の治績が漸く郷邑に称されるに至ったので、県令の王渙は、彼を召して秘書課長ともいうべき主簿に任じた。王渙は仇香の人物に感じ「今の太学は長裾を曳いて名誉を飛ばし、彼ほどの人物はいない」と考えて、彼を太学につかわした。仇香は太学に入ると、同郡の符融が、そこでは高名であり、部屋もならび合っていて、賓客がいつも符融の室に満ちていたが、仇香は彼をたずねることもせず、別に話しかけもしなかった。符融は、仇香のそのような態度を見て、心ひそかに珍らしい人物と思い、仇香に話しかけてつぎのようにいった。「先生《あなた》と郡壌を同じくし、房牖を鄰りにす。今京師は英雄四集し、志士交結の秋なり。経学に務むると雖も、之を守ること何ぞ固きか」と。そこで仇香は色を正して「天子が太学を修設せしは、豈但《ただ》に人をして其の中に游談せしめんがためなりや」といい、高揖して去った。符融は後、そのことを同じく太学の名士である郭泰につげた。郭泰はそれを聞いて符融とともに仇香の部屋に行って謁し、牀をくだって拝し、「君は郭泰の友に非ず、郭泰の師なり」といった。仇香は太学で学を畢えると仕官を求めず郷里に帰り、また州郡から徴召されても、みな辞して仕えなかった。

以上が大体、後漢書の仇香伝や海内先賢伝の記すところである。これにより、当時の太学は、英雄四集し、志士交結の地であり、太学生は長裾を曳き名誉を飛ばし、経学よりも游談が盛んで、太学の名士の室にはつねに賓客にみちていたことを知ることができる。太学は一条の仕官のための道である。公府の辟召にあずかるためには名声を挙げなければならない。ここに名士に交りを求め、さかんに游談し、交結・游談によってその才能を示さなければならない。当時の太学の名士符融・郭泰は、清流官僚の巨頭李膺の門徒である。李膺伝に「是時、朝廷日に乱れ、綱紀穨阤し、（李）膺独り風裁を持し、以て声名自ら高し、士の其容接を被る者有り、名づけて登龍門と為す」と記されているように、当時の仕官を求める人々のすべて想望し樊登するところの龍門であった。当時の太学生は、直接李膺に接することは容易ではない。かれらは李膺の門徒であり、且つ人物鑑識に定評のある名士である、符融・郭泰に交友を求めて、その室にみち、政治批判を高談し、それぞれその才能を示そうとしたのである。胡三省が、「名を干めて利を蹈むの徒だ」といったのは、これらのことをさすのであろうか。

太学生のさかんな交結・游談は一種の風潮となった。游談の対象は、人物批評であり、政治批判であり、「清談ここにおいてか出ず」である。彼らは互に標榜しあって、天下の英俊三十五人をえらび、その格付けを行った。三君・八俊・八顧・八及・八廚がすなわちそれである。それは、政府の任命とは別個に、彼ら自身の価値規準による人物推薦を意味し、事実上政権をにぎる宦官勢力に対する、痛烈な政治批判を意味するものであった。この太学生自身の価値規準による人物番付の中に、郭泰は八顧の筆頭に挙げられている。顧とは能く徳を以て人を引く者をいう。しかるに、郭泰が拝して師とした仇香は、この番付のいずれにも列せられていない。太学生の清議は尚ぶに足りないと、胡三省はいうのである。しかし、その論法で行けば、仇香は四十歳になるまで、郷党の輿論でも問題にされなかったのであるから、郷党の清議もまた尚ぶにたりないことになる。名と実とがすでにはなれていたのであろうか。このことを検討するためには、清議そのものの社会的構造にふれなければならない。

清議は、宦官勢力の選挙紊乱に反撥する知識階級の、人物評価の形式をとった輿論であり、それは選挙本来の趣旨にもとづく儒家的価値規準を建前とすることから、宦官勢力の私利結託による選挙請託に対すれば、公論でもあった。それは郷党郡国より生じて、京師・太学にまでいたった。しかしこのような公論をささえる社会的基盤はどのような構造をとったか。范曄はその後漢書党錮列伝の序において、太学の清議の形成過程をつぎのようにのべている。

「初め桓帝、蠡吾侯たりしとき、学を甘陵の周福より受く。帝位に即くに及んで、周福を擢んでて尚書となした。時に同郡の河南尹房植は当朝に名あり。郷人之が謡を為りて曰く『天下の規矩たり房伯武、師に因り印を獲たり周仲進』と、二家の賓客、互に相譏揣し、遂に各々朋徒を樹て、漸く尤隙を為す。是れ由り甘陵に南北部あり。党人の議、これより始まる。後、汝南太守宗資、功曹范滂に任じ、南陽太守成瑨も亦功曹岑晊に委ぬ、二郡又謡を為りて曰く『汝南太守は范孟博、南陽の宗資は画諾を主る。南陽太守は岑公孝、弘農の成瑨は但《ただ》坐して嘯く』と。此れに因り、流言転入す。太学の諸生三万人、郭林宗・賈偉節、その冠と為す。並びに李膺・陳蕃・王暢と更《こもごも》相褒重す。学中の語に曰く『天下の模楷李元礼、強禦を畏れざるは陳仲挙、天下の俊秀は王叔茂』と」。

ここで注意すべきことは、すでに指摘されているごとく、太学の清議、すなわち郭泰等を領袖とする太学生の人物評価は、風謡の形式をとって表現されつたえられて行くということであり、それは、甘陵やその他の郷党の輿論が風謡をもって表現されているのと全く同じ関係にある、ということである。甘陵郡の名士周福と房植とについての所謂郷党の輿論が、風謡の形をとってそれぞれの家の賓客の間から起り、かれらの賓客によってささえられ、それが互に主家を標榜して他を譏り合って、やがて甘陵郡は南北の両部にわかれて朋党を形成するに至った、ということは、所謂郷党の輿論というものが、現実にはどのような社会関係の上につくられて行くか、ということを私たちに示すものである。天下の名士李膺・陳蕃等についての太学の輿論も、全く同じ関係にあることを前述の范曄の序は示しているわけであって、太学生の領袖郭泰・符融は、李膺のいわば門徒・賓客である。それらは輿論といい、公論といっても、それをささえる中核的な社会基盤は当時の固有な社会関係によって規制されていたのであり、郷党の輿論は、当時における郷党の社会構造それ自体によって規制されていたのである。

すでに後漢に入ると、郷邑の秩序は豪族によって維持されていたといってよい。もっとも豪族といっても大小さまざまであるが、それは嘗て明らかにしたごとく単にその同族的結合によるだけでなく、それに依附する多数の賓客よりなる人的結合関係によって、一般の邑人の上にも大きな規制力をもっていたのである。「陳留郡圉県の高氏・蔡氏は並びに皆富殖で、郡人畏れて之に事えたが、夏馥は門を比《なら》べていても、彼らと交通しなかったので、豪姓の仇する所となった」というようなことは、そのような関係を示すものである。殊に単なる土豪ではなく、郷党の名士といわれる学識ある家には、多くの門徒・門生がこれに依附するわけで、所謂郷党の輿論というものは、そのようなサークルの中から作られる場合が多かったのである。潁川の荀爽の兄弟八人について、「荀氏の八龍、慈明無双」という風謡が潁川につたえられたが（後漢書荀爽伝）、荀爽の父荀淑は潁川の名族で博学な学者であり、多くの賓客知友と門徒・門生とをもっていたのであって、荀爽兄弟についてのそのような風謡の生れた基盤は、もちろん荀爽兄弟の才能徳行にもよるが、それは荀氏のもつ広い人的諸関係の中から生れ、またささえられていたものと考えられる。したがって、いかに学識徳行にすぐれていても、これらの背景をもたない単微な貧士は、これら郷党の輿論を左右する名士にみとめられることが、先ず必要であったのである。上述の仇香が、年四十になるまで郷党で認められず、四十になってやっと県の小吏である亭長の職についたということは、彼が寡黙で終身なれなれしく人と交わることを好まなかったということにも一つの理由があるのである。潁川の陳寔が、仇香と同じく単微の出身で亭長の職にあったが、彼がやがて潁川の名士になったのには、同郡の名族で門徒千余人を擁する鍾皓との交友関係があずかって力のあったことは、周知のところである（後漢書陳寔伝）。ここに郷党においても、京師の太学においても、交結と游談がさかんに行われ、門生・故吏の関係が、重要な社会的意味をもってくることになる所以がある。ところで、太学生や郡国の諸生の交会・游談の盛行は、それによって、より名のある名士に自己を認めてもらい、それぞれのサークルにおいて自己の名声を高めようとするところから起ってくる現象であるが、そこにおける人物評価の規準は、いうまでもなく名教的な徳目である。孝とか徳とかいうことが、そのような交際場裡における人物評価の規準となり、そしてそれによって郷党の名声を博し、また察挙にもあずかれるということになると、そのような徳目は、本来もつその現実的意味をはなれて、名目化し、外在化して行く、そしてはなはだしい場合には、許武や趙宣、或は晋文経や黄子艾のような、作為をもってまでして、虚名をもとめる矯偽の士も出てくるのである。このような当時の知識階級の所謂「浮華・交会」の風潮に対しては、すでに当時の知識階級自体の中からきびしい批判が出ている。耿介として俗に同ぜず終生官につかえなかった王符の『潛夫論』の「交際」・「実貢」の諸篇や、徐幹の『中論』の「譴交」・「考偽」の諸篇には、当時の太学の風潮にてらしても、あたるところの批判が多くあるのである。太学における前述の仇香の言動とその後の彼の生涯における生活態度は、そのような当時の一般の風潮に対する抗議として、理解してよいのであろう。それは、当時の知識階級の「浮華・交会」的風潮にみられる儒教的価値規準の名目化と外在化の一般現象に対して、真にその価値規準をもって自己を律する者のとらざるを得ない態度であったのであろう。

価値規準の名目化と外在化の一般的現象は、しかしながら、一方においては、それが価値規準として信奉される限り、それを媒介として成立する人的関係においては、それが特定の人物に託されて、その人物に対するいわば盲目的崇拝と追随を生むことになる。所謂名声の起るのは、そのような一般的現象を基盤とするものであり、風謡の起るのも、そこからである。郭泰が、李膺と同舟して河を渡ったとき、それを送った衆賓は、これをみて神仙となした、というのは、そのような現象の表れである。その意味で、価値規準のもつ批判力は、それが名目化され、外在化すればする程、対内的にはにぶって、それを信奉する党派的勢力を形成せしめるのではあるが、逆に対外的には、その名目の固定的信奉の故に、その名目を以て他を批判する形において、一層きびしく発動されるのである。太学生の清議とその「浮華・交会」的一般的風潮は、自己をきびしく律する一部の知識人からは、名を求める徒として上述のような批判をうけたのではあるが、彼らの価値規準の名目を蹂躙する宦官勢力の専横に対しては、激昂的な批判力として作用したのである。その意味で、太学における清議は、それが党派的形態をとるものではあれ、儒教的価値規準からする政治批判運動としての意味をもっていたのである。

しかしながら、問題をもとにもどして、胡三省が、太学生を「名を干め利を蹈むの徒」と非難したのは、単に、以上のような彼らの「浮華・交会」的現象をさしているだけではなさそうなのである。

（1）風謡については、侯外廬・趙起彬・杜国庠・邱漢生『中国思想通史』第二巻（一九五七）第一〇章第三節「漢末的風謡題目与清議」参照。

## 三

胡三省が、通鑑の注において、後漢の太学生の上述のような動きを、「名を干め利を蹈むの徒」と解したその意味を忖度するために、最近陳垣は、その『通鑑胡注表微』において、胡三省がその生時見聞したであろう、南宋末期の太学生の動きを、癸辛雑識後集より引用して、次の如くいっている。

「癸辛雑識後集に言う『南宋の時、三学（太学・武学・宗学）の横、一時の権相、史嵩之・丁大全の如きと雖も、亦之を如何ともするなし。賈似道が相となるに至って、其の力を以て勝つべからざるを度り、遂に術を以て籠絡し、毎《つね》に其の恩数を重ね、其饋給を豊かにし、学田を増撥し、種々厚きを加う。是に於て諸生其の利を啖いて其の威を畏れ、（賈）似道の罪を目撃すと雖も、噤して一語も発せず。賈（似道）が君に要《もと》めて国を去らんとするに及び、則ち上書して賛美し、意を極めて挽き留め、今日は師相と曰い、明日は元老と曰い、今日は周公と曰い、明日は魏公と曰い、一人の敢えて少しくも其の非を指すものなし。直ちに魯港潰師之後に至り、始めて其の罪を声す』。嗚呼、此れ身之（胡三省）の謂ら所の『名を干《もと》め利を蹈むの徒』也」と。

南宋末の太学においては、朋党の余波をうけて、当時の権力者に対する、種々な政治批判がたえず行われ、太学生はしばしば集団をなして上書し、時の宰相が権力をもってこれを抑えても、抑えきれない程の力をもつにいたっていた。そこで賈似道が宰相の地位につくと、太学生の饋給を豊かにしたり、学田を増加したりして、恩を施すことによって、太学生の自己に対する批判を封じようとし、太学生もまたそれによって賈似道を支持するにいたり、彼が時々辞職願いを出すと、争って引きとめて、或は周公といい、或は魏公といって賛辞をおしまなかった、と上引の癸辛雑識後集はつたえている。このような当時の太学生の動きをおそらく見聞していたであろう胡三省は、通鑑の記す後漢末期の太学生の動きの中に、何かの意味でそれと類似するものを直観し、「名を干め利を蹈むの徒」と解したのであろうと、陳垣はいうのである。後漢末と南宋末とでは、そこに区別しなければならない、さまざまな歴史的条件の相違はある。しかし、後漢末の太学生の動きの中に、そのような類推を許すような何らかの史実があったであろうか。

後漢末の太学生が標榜し支持した三君・八俊・八顧・八及・八廚のうち、その最高の三君の筆頭として彼らの称讃を拍したのは、「天下の忠誠、竇游平」と彼らによって讃美された竇武である。竇武はその女が桓帝の後宮に入り、やがて皇后となったことによって、顕位をさずけられた外戚である。桓帝が崩ずると、竇太后は朝にのぞんで、父竇武と禁中の策を定め、竇武は大将軍として、陳蕃を領袖とする清流官僚を重用して、宦官勢力の排除につとめるのである。ところが、この竇武はかねてから「両宮の賞賜を得ては、悉く太学の諸生に散じ与う」と後漢書竇武列伝に記されている。南宋末の権相賈似道が、恩術をもって太学生を籠絡したこととは意味は異なるが、しかし、胡三省や陳垣の上記の解釈が、もしも、竇武と太学生とのこのような関係をふんまえて立てられているのだとすると、竇武は、太学生たちのもつ無視し得ない輿論形成力を利用することによって、その宦官勢力弾圧政策を遂行しようとしたのだ、という解釈が成り立って来る。というのは、竇武の宦官排斥は、清流官僚や太学生の宦官勢力批判が、儒教的価値規準からする所謂清議にもとづくものであるのに対し、一応それとは別個な、宮中における固有な関係としての外戚と宦官との根深い対立抗争に主として起因しているのである。竇武の前に同じく外戚で大将軍となった梁冀は、順帝の末期から桓帝の始めにかけて権力をふるったが、宮中においてかれに対立する宦官勢力のために誅せられた。順帝の前の安帝のときにも、安帝の崩後、閻大后が朝にのぞむと、外戚閻顕兄弟が力を得たが、これも宦官勢力と対立して誅された。安帝のはじめ、鄧太后が朝政にのぞむと、外戚鄧隲が大将軍となったが、かれの権力掌握を阻止しようとする宦官勢力の圧力によって自殺しなければならなかった。さらには、その前の和帝のとき、外戚大将軍竇憲は、宦官鄭衆の謀によって誅された。このように宮中における外戚と宦官との争いはきわめて根深いのである。そしてそれは、すでに前漢武帝の没後から始まる内朝と外朝との分離(1)に起因する、中央政界の根深い問題であったのである。太学生がその清議において、最高の地位を与えて賛美する竇武について、宮中における外戚と宦官との固有の関係から彼のおかれている地位を、すこしく歴史的に明らかにしておかなければならない。

前漢武帝はその没前、幼主昭帝の政をたすけるため、その信任する侍中霍光を大司馬大将軍に命じ、幼主昭帝の後見たらしめる。武帝のときの将軍はただ兵を領して出征したのみで、国政に参与することはなかったが、霍光は大司馬大将軍をもって尚書の事を領し、その一族・幕僚をば、侍中・給事中等の天子近侍の内官を兼ねさせ、幼主昭帝の摂政の名のもとに、宮中、すなわち内朝において国政を壟断することとなった。漢初以来、国政の大綱は、丞相・御史大夫以下の三公・九卿をもって構成される中央政府において議せられ、それが天子の裁可を経て、中央政府から郡国の守相に伝達され、そこに天子を頂点とした官僚制度が、組織としての一貫性をもっていたのであるが、この制度上の中央政府の外に、宮中において天子の摂政としての大将軍が、天子近侍の諸臣を自己の統率下において、実際の国政の決定権をにぎることになると、制度上の中央政府は、外朝として単なる事務執行機関と化し、国政の実権は所謂内朝にうつることになる。そして、それとともに、尚書・侍中等の本来天子近侍の職である内官が、大将軍の統率の下に、国政に直接干与することになり、殊に尚書の勢力はいちじるしく、次第に、実質的には内朝の政務の中心となる。このように、中央における政治機構が、実質的な政府である内朝と、制度上の（しかし実際には単なる行政執行機関と化した）政府としての外朝とに二分した、ということは、全官僚機構の統制に一貫性を欠く結果をもたらし、また官僚層自体のなかに党派の争いを開く端緒ともなった。すなわち、国政の実権をにぎる者が、執政として、幼少な天子と丞相との間に絶大な権力をもって介在し、天子近侍の内臣をその腹心として掌握下におくことによって宮中に一個の実質的政府を形成することになると、天子は官僚組織全体から浮いた名目的存在となる。そして当然、幼少な天子がやがて成長して自己の地位を自覚してくると、天子を疎外していた執政の専権に対して反撥を感じ、それに対抗しそれを打破するために、自己の君権をささえる新たな人的基盤の形成を意図することになる。ここに、天子の信任を得て登場するのが外戚と宦官である。まず昭帝についで立った宣帝は、内朝における霍光一族の専権に対抗するために、従来の権門とかかわりをもたない外戚の許氏・史氏の一族を登用して、内朝の諸内官に配置し、霍光一族の勢力をきりくずして行き、また霍氏の専権に反感をいだく外朝官僚をその統御下において、再び天子独裁の一方的権力体系を樹立したのであるが、宣帝の死後、元帝にいたると、宣帝がその手足とした外戚が再び内朝を支配するほどの強力な権力にまで成長する。すなわち、宣帝はその没前、その信任する外戚史氏を大司馬車騎将軍として尚書の事を領せしめ、元帝の政をたすけさせたのであるが、この外戚史氏がさきの霍光と同じように内朝において政権をにぎるに及んで、元帝はこれを阻止するために、一族の勢力をもたない卑賤な宦官石顕に政をゆだねる。宦者石顕は次第に内朝における実権をにぎり、中書僕射牢梁・少府五鹿充宗・御史中丞伊嘉等と党友を再び、尚書を支配して、内朝における勢力を確立する。すでに官職の体系はその一元的統制を失い、中央・地方の官僚はこれと結び、或はこれに反撥するいくつかの党にわかれ、官僚体系における党派の形成は、その端緒的形態をとる。ついで立った成帝は、この強大化した宦官石顕の勢力を抑えるために、外戚王氏を重用し大司馬大将軍として政をゆだねる。王氏一族は相ついで内朝を支配して、実質的な政権担当者となり、その権力は再び天子を名目的存在たらしめ、やがてその専横の権力は、王莽の帝位簒奪につづくのである。

このように中央政治機構における実質的政府である内朝の優位と、内朝における政権掌握者として外戚と宦官とは、すでに前漢中期以降、その端緒的形態をとって現われていたのであるが、後漢に入ると、それはより露骨な形をとって前面に出てくる。それは章帝以降、天子が必ず幼主であり、ために母后が朝に臨んで幼主を擁立し、母后がその権を久しくするためには、自己の一族である外戚に権力を与えて、自己をささえる支柱としなければならなかった、という事情による。章帝が死ぬと、これをつぐ和帝が幼少なため、竇太后が朝に臨み、兄の竇憲を大将軍となし、内朝の政権をゆだねたのも、そのためであるし、和帝が死ぬと、鄧太后は、生後僅かに百余日の殤帝を立てて、自ら朝にのぞみ、兄の鄧隲を車騎将軍に任じ、翌年殤帝が死ぬと、鄧太后は、兄の鄧隲とともに策を立てて、十三歳の安帝を迎立して、つづいて朝にのぞみ、鄧隲をさらに大将軍に任じたのも、そのためである。一々の挙例を略すが、同様に、順帝が死ぬと、梁皇后が太后として朝に臨み、兄の大将軍梁冀は太后とともに幼主を迎立して専権をほしいままにし、幼主質帝が自己の意に従わないことをもって之を鴆殺して、十三歳の桓帝を立てて、その専権をほしいままにした。私達の問題とする竇武も、桓帝の皇后の竇后の父で、その故をもって、特に城門校尉を拝して槐里侯に任ぜられ、梁冀のような専横な行為は見られないが、桓帝が死んで、竇后が太后として朝にのぞむと、嗣子がないので、太后は兄竇武とはかって、十二歳の霊帝を他より迎立して、竇武を大将軍として、政権をゆだねたのである。

ところで、章帝以降、幼帝が多いということは、実は、太后が朝に臨んで、その一族の外戚と共にその政権を永く維持するために、ことさらに幼弱なるものを、外藩の諸王の子弟から選んで迎立する場合が多かったからで、その殆んどが太后の子ではない。したがって、幼帝が成長すると、内朝における外戚の専権に対し反感をいだいてくるのは当然であって、その際、天子が頼りとするのは、天子に近侍する宦官である。宦官が天子に直結することをもって、その権力を次第に増大し、内朝において外戚と対立する勢力をもつことになる。そして、或は天子の暗黙の内意の下に、或は天子に誣告して、外戚を誅殺して、その権力を奪う。上記の章帝以降、内朝における実際の政権の保持者であった外戚の末路は、その殆んどが、宦官の誅殺によるのは、そのような事情によるのであり、そして、その功によっては宦官は侯に封ぜられて、益々その権力を増大して行くのである。章帝以降の内朝の歴史は、実際の政権の掌握をめぐっての外戚と宦官とのはげしい争いの歴史であるといってよい。彼らは、それぞれその勢力を外朝や地方の官僚組織の中に扶植するために、圧力を外朝の官僚や地方官にかけて選挙請託を行い、郷党の輿論を無視して、自己の一族や、それに結託する地方豪族の子弟を、官僚層の中に送りこみ、所謂選挙腐敗を一般化し、ここに郷党の輿論にもとづく、清議をまきおこすことになったことは、すでにさきにのべてきたところである。

さて順帝の永建六年(一三一)太学を修起し、質帝の本初元年(一四六)梁太后と外戚梁冀の執政下において、太学生は、三万余人の多きに達するにいたった。梁冀の専横に対しても、すでに太学生の上書による批判がなされていたが、桓帝の延熹二年(一五七)、外戚梁冀が、その専横に反撥する桓帝の内意をうけた宦官の単超・左悺・徐璜・具瑗・唐衡によって誅殺されるにおよんで、その功により万戸の侯に封ぜられた宦官の勢力は強大となり、私利によって政権を左右し、その選挙請託はさかんとなり、その一族・支党による選挙紊乱は、一般化してきた。太学における清議は澎湃として起り、宦官勢力に対する政治批判は、儒教的価値規準からする人物評価の形をとって、知識階級の間にきわめてさかんとなった。このとき竇后の父竇武は外戚として特に侯に封ぜられると(一六五)、両宮の賞賜を得て、これを悉く散じて太学生に与えた、という。太学生の間に澎湃としておこった宦官勢力批判の輿論をたくみに利用して、内朝における宦官勢力に対抗する外戚としての自己の地位を強化しようとするものではないか。ほどなく桓帝が死ぬと(一六八)、竇后は太后として朝に臨み、父竇武と禁中に策を定め、外藩の十二歳の解瀆亭侯宏を選んで、迎立して霊帝とし、竇武は大将軍として政権をにぎることとなる。これは、外戚が自己の政権掌握を永からしめんとする常套手段である。そして一方、清流官僚の領袖陳蕃を太傅に任じ、清流勢力の力を利用して、さらに積極的に宦官勢力の弾圧を行わしめようとする。太学生は、その利用されていることを知らずにか、竇武を称賛し、その清議の標榜する三君の筆頭に竇武を列して、「天下の忠誠、竇遊平」と賛美し、游談、交会に奔走する。彼らの人物評価の儒教的価値規準は、やはり名目化し、外在化した、というべきであろう。外戚は本来、徳行、功績の故をもってでなく、ただ太后の外家の故に顕位を与えられたものである。しかも、太后と禁中に策を定めて天子定立の専権をぬすみ、自己の政権維持の私利のために、ことさらに幼弱な外藩の王侯の子弟を迎立することは、天子をして名目的存在たらしめて、これを利用するものに外ならない。竇武はその人物の具体的性格如何の問題を超えて、少くとも天子一尊の儒教的価値規準からは、そのように批判さるべき存在なのである。涿郡の儒者盧植の竇武に対する諫言は、このような立場からなされているのである(後漢書盧植伝)。そして、また、このような竇武に対する儒教的価値規準からする批判は、同時に宦官勢力の竇武攻撃に名目を与えることとなるのである。竇武に対してばかりでなく内朝における外戚に対する宦官の反撃は、従来もそのような大義名分の名目をかりて行われてきたのである。太学生が、自ら激して、竇武を清流の筆頭において、宦官勢力の批判に奔走することは、自ら火中の栗を拾うが如き言動といわなくてはならない。それは、彼らの排斥する宦官勢力にすすんで反撃の名目を与えることであったのであり、自らの清議を、宮中に欝積する泥沼のような外戚対宦官の政権争いの中に、すすんで投げ入れることでもあったのである。そして、程なく、竇武・陳蕃に対する宦官勢力の反撃はそのような名目をかり、霊帝を擁して実行され、竇武・陳蕃は誅せられ、その禍は太学生にまで及んで、あの徹底的弾圧、すなわち第二次党錮がなされたのである。

儒教的価値規準を単に名目としてでなく、内在的にそれをもって自己をきびしく律する一部の知識階級が、太学生の清議に批判的であったのは、単に、その「浮華・交会」の風潮に対してだけではないのではなかろうか。太学生の清議における儒教的価値規準の名目化と外在化が、やがて竇武と結ぶような価値規準における自己撞着をもたらす契機を内包していることに、気付いていたからではなかろうか。それ故、かれらは、当時の知識階級の一般的風潮である「浮華・交会」に加わらず、一切の察挙を辞して仕えず、自ら隠れ居したのは、そのような政界と輿論のあり方に対して抗議する残された一条の道であったからではなかったろうか。桓帝の時、安陽の人魏桓が、しばしば辟召されても、仕えず、郷人がこれをすすめても行かず、恬然として、「其れ禄を干《もと》め、進を求めるのは、其の志を行う所以也、（しかれども）、今後宮千数、其れ損ず可きか、廏馬万匹、其れ減ず可きか、左右悉く権豪、其れ去る可きか、桓《わたし》をして生きて行き死して帰らしむも、諸子において何か有らんや」と云って、遂に身を隠して出なかったのは、そのような意図からであろう。嘗て太学に游び終身仕えなかった申屠蟠が、太学生の「浮華・交会」の風を歎じて、「昔戦国の世、処士横議し、列国の王、篲を擁して先駆す。卒に阬儒焼書の禍有り、今の謂か」といい、迹を梁碭の間に絶ったのも、上述のような意図からであろう。仇香が太学において符融を批判し、業を終えても終身仕えなかったのも、同様な意図からであろう。そして、胡三省が、通鑑の注において、後漢の太学生を、名を求め利を踏むの徒と解したのも、また陳垣が、南宋三学の横と賈似道の術策とを例証として、胡注の意図を引き出したのも、同様な立場からする批判ではなかったろうか。すでに言及する紙数が残されていないが、王船山もその『読通鑑論』において、申屠蟠・魏桓の態度を「本を知る」ものとし、陳蕃が竇武に託したことを、「託する所に非ざること明らかなること甚だしい」ものに託したとして、これを批判している。

それならば、後漢末期の上述のような一部の知識階級の逸民的な批判的態度をささえる社会的基盤はどこにあったのであろうか。それは名教的天下的秩序と現実の国家・社会との乖離を媒介として追求さるべき問題であろうが、今日まだその問題に及ぶ十分な用意がない。今はただ、陳垣の『通鑑胡注表微』を偶目して、中国史学界の元老に、今日なお脈々として伝わる中国史学の批判的精神の伝統を感じ、その立場に身をおいて、党錮事件の構造を私なりに整理してみたまでである。

（1）前漢における内朝と外朝の分離については、本書第二篇第二章「漢代における国家秩序の構造と官僚」を参照。

（『一橋論叢』四四ノ六。一九六〇・四稿）

# 第三篇　古代専制主義の成立とその経済的基盤

## 第一章　先秦時代の山林藪沢と秦の公田

### 一　問題の提示

ここで公田というのは、いうまでもなく、君主の家産としての所有にかかわる土地所有である。郡県制のもとに支配する民の土地とは一応別個に、君主自身が直接私有する土地である。そのような意味での公田は、漢代において、殊には武帝期以後においては重要な財政的意味をもつものであったが、さらに三国から六朝時代に入って、郡県制的把握がゆるむにしたがい、この意味での公田は、新しい歴史的条件のもとに、専制君主権力の経済的基盤として、きわめて重要な意味をもってくることになる。曹魏の屯田制（殊にはその民屯田）や、西晋の課田制は、すなわちそのような公田経営の特殊な形態ということができる。それならば、専制君主権力の形成期である戦国、殊に秦において、そのような意味での公田が存在したであろうか。もし存在したとすれば、それは、秦の専制君主権力の形成に、どのような意味と役割をもつものであったろうか。

本稿の主題は、その点をさぐることにあるのであるが、戦国期史料のもつ極端な制約性のため、ただちに、問題の核心に飛びこむよりも、若干の媒介物をその間において、迂回的に迫る方が、有効である。その意味で、本稿論述の手続きにおいては、ただちに、秦の公田の問題に入る前に、その前提の問題として、戦国期専制君主権力の形成をささえるその経済的基盤一般の問題に視野を拡げ、その上で、次第にその一つとしての公田の問題に焦点をしぼって行くことが、方法としては、適当であろうと思う。

さて、周知のように、春秋中期以前のいわゆる邑制国家においては、諸侯の権力は同族貴族より制約される面が多く、それが次第に同族貴族を圧して君主一人の絶対的な専制権力を確立して行く過程が戦国期の諸国において展開されてくるわけであるが、そのような新しい専制君主権力形成のためには、必ずや、それを可能ならしめる経済的基盤が同時に形成されていなければならない。そのような専制君主の経済的基盤形成の過程を解明するために、従来はもっぱら、郡県制、殊には県の問題が討究されてきたのであった。それは、民とその耕する土地とに対する君主の直接支配の体制の確立と拡大としてとりあげられてきたのである。そして、このような意味における県的体制の確立は、秦においては、孝公一二年に咸陽に都をうつして、おそらくは畿内の、小都郷邑聚を集めて県となし、令丞を置くこと、凡そ三一県、田を為《おさ》め、阡陌を開き、賦税を平かにした、商鞅の劃期的な施策のなかにもとめられたのである。それは、民を農業労働力として、また同時に兵力として、すなわち耕戦の民として、君主が直接把握する体制であり、この基盤の上に、秦の専制権力はみずからを強化して行き、内は国内貴族勢力を次第に圧倒し、外はその支配領域を拡大していったのであって、その意味では、この郡県制的体制による民と土地との把握は、秦の専制権力をささえる基本ではある。しかしながら、戦国期の専制君主権力をささえる経済的基盤は、それのみではなかったようである。郡県よりあがる賦税収入の外に、それとならんで重要な他の経済的基盤を、専制君主権力は、そのささえとしてもっていたのではないか、という疑問をいだかせる史料を、私たちは多く与えられているのである。例えば、専制君主権力がほぼその完き姿をととのえる漢代国家権力の経済的基盤の構成について見てみよう。そこでは、専制君主権力をささえる経済的基盤は、郡県制的農民把握による賦税収入がそのすべてではなかった。いやむしろ、郡県よりあがる田租・算賦は、その全財政収入のほぼ半ば、或はそれ以下をしめるにすぎない。このことは、漢代の財政収入を、国家財政収入と帝室財政収入に区別し、その構成を明らかにした加藤繁氏の古典的研究[1]によって、すでに明示されているところである。加藤氏は、大司農の所管に属し、主として、その支出が官吏の俸禄・軍事費その他の国用にむけられる財政収入を、国家財政収入となづけ、これに対し、少府、および水衡都尉の所管に属し、主として君主個人としてのいわば私的生活のための財政収入を、帝室財政収入と名づけ、その構成を明らかにした。その場合、私たちにとって重要なことは、第一には、この国家財政収入の大宗が、田租と算賦であり、帝室財政の収入の項目が、山沢園池の税(山林藪沢・江海陂湖・園池の税)・市井の税・口賦・苑囿の収入・公田の収入・および献物・酎金であることであり、第二には、このいわば公的な国家財政収入と君主のいわば私的な帝室財政収入とはその総額においてほぼ相等しいということである。桓譚の新論(太平御覧六二七引)に「漢定[2]りて以来、百姓の賦斂、一歳に四十余万万と為す。吏俸その半を用い、余の二十万万は都内に蔵して禁銭と為す。少府領する所の園地作務之八十三万万は、以て宮室の供養・諸賞賜に給す」とあり、また漢書巻八六王嘉伝に「孝元皇帝、大業を奉承し、温恭にして少欲、都内銭四十万万、水衡銭二十五万万、少府銭十八万万」とあることは、少府・水衡の領するところの帝室財政収入(山沢園池市井の税・苑囿公田の収入及び酎金等)が、田租・算賦等を大宗とする国家財政収入に比して、全財政収入のなかで意外に大きな部分をしめていたことを明示している。この数字は、もちろん、なお検討を要する若干の問題を含んでいる。例えば、新論によると、少府の収入は八十三億であるのに、王嘉伝では少府銭は十八億にすぎない。この数字の異同をどう解釈するか。新論の「少府所領園池作務之八十三万万」は或は「少府所領園池作務之入十三万万」の誤写ではないかという疑問もでる。「八」と「入」とは字形相近いからである。そう解すると新論では少府収入が十三億で、王嘉伝の少府銭十八億と大差ないことになる。しかしかりにそう解釈しても、王嘉伝によれば少府銭十八億の外に水衡銭二十五億があり、帝室財政収入は合計四十三億となって、郡県の農民よりあがる田租・算賦等の国家財政収入、四十億とほぼ相等しいことになる。また王嘉伝の数字はもとよりであるが、新論の数字も、武帝以後の数字であろうと考えられる。(3) もし、そうだとすると、巨大な塩鉄の収入は、少府の手よりすでに大司農の所管に移されている事情も考慮に入れなければならない。もっとも、武帝以後は、少府には、塩鉄の収入が入らなくなった代りに、口賦の新設や、武帝時における公田の激増があるから、一がいに、武帝以前には、武帝以後よりも、少府所轄の帝室財政収入の全財政収入の中にしめる割合がより大きかった、とはいえないが、少くとも、武帝以前の漢の財政においても、山沢園池の税（武帝以前には塩鉄の税はここに含められる）・市井の税や、苑囿・公田の収入は、その総計においては、郡県の一般人民よりあがる田租・算賦の収入に比して、まさるとも劣らない重要性をもっていたと考えなければならない。このように、漢代の専制君主権力の経済的基盤としては、山沢・市井・公田・苑囿等が重要な意味をもっていたのであるが、そのような君主権力の経済的基盤の構成とその性格は、果して漢代に入ってはじめて、また突如として形成されたものであろうか。それらは、専制君主権力の形成期である戦国期においても、すでにその萌芽的形態において、形成過程にある専制君主権力の経済的基盤として重要な意味をもっていたのではなかろうか。

本稿における私の究極の問題は、秦の専制君主権力の経済的基盤としての公田のもつ意味と役割を、それにつづく諸時代の性格との関連において、追求することにある。しかし、すでに述べたような理由から、秦の公田の問題にただちに入る前に、まず、それをも含めた、戦国期専制君主権力の経済的基盤の構成を、上述の漢代のそれを一つの手がかりとして、ひろくさぐることからはじめることにする。それならば、戦国期の専制君主権力の経済的基盤としては、郡県よりあがる賦税の外に、どのようなものがあったのであろうか。

（1）加藤繁「漢代に於ける国家財政と帝室財政との区別並に帝室財政一斑」『支那経済史考証』上巻（一九五二）所収。

（2）文選巻三六、永明九年策秀才文李善注所引桓子新論には「漢宣以来百姓賦銭……」とある。また困学紀聞巻一二所引桓譚新論には「漢百姓賦斂……」とある。

（3）例えば吉田虎雄『両漢租税の研究』（一九四二）二三九―二四〇頁参照。なおまた、太平御覧六二七所引の桓譚新論に「漢定以来……」とあるが、註2のごとく文選所引の新論には「漢宣以来……」とあることも一つの推論の傍証ともなる。

## 二　戦国時代における賦税収入のもつ限界

韓非子難篇二につぎのような一節がある(1)。

「李克、中山を治む。苦陘の令、計を上《たてま》つる。入多し。李克曰く『言語の弁なる、之を聴くもの説《よろこ》べども、義に度《はか》らざるものは、之を窕言と謂う。山林沢谷の利無くして、入多き者は、之を窕貨と云う。君子は窕言を聴かず、窕貨を受けず。子姑《しば》らく免ぜん』と」

文選巻六の魏都賦の劉注に李克書なるものが引用されており、そこに「李克の書に曰く『言語の弁なる、之を聡（聴）くもの説《よろこ》べども、義に度《はか》らざる者は、之を謬言と謂う』」とある。このことから見ると、前引の韓非子難二に伝えられている李克の説話は、魏の文侯の相李克の言動を記したであろう李克書なるものにもとづくものであろう。李克書は今日佚して伝えられていないが、漢書芸文志に、李克七篇とあるのがそれであろう。なお、この李克七篇は儒家として漢志に挙げられており、漢志にはほかに法家として李子三十二篇が挙げられている。このことは、李克と李悝とを別人とする論拠の一つとされていたが、銭穆(2)の指摘するように、漢書芸文志には法家に商君二十九篇があり、兵家にもまた公孫鞅二十七篇とあるように、部を分ちて別出する例もあることであって、李克と李悝とを二人とする証はならない。ここでは、李克すなわち李悝とする今日の一般的見解、殊には近時の銭穆の詳細な考証の示す見解にしたがいたいと思う。さて前引の韓非子難篇二に伝えられている李克の言のうち、私たちにとって重要な意味をもつのは、「山林沢谷の利なくして、入多き者は、窕貨と云う」というその李克の言である。「窕」とは、左伝昭公二一年の「小者不窕」の杜注に「窕とは、細にして満たざるなり」とあり、呂氏春秋仲夏紀適音篇高誘注には「窕とは満密ならざる也」とある。また、前引の文選魏都賦の劉注所引の李克書には、「窕言」が「膠言」に作られている。広雅巻二釈詁によれば、「膠は欺也」とあり、方言巻三には「膠は詐なり」とある。これらのことから、孫詒譲は、札迻巻七韓非子の条において、この文を注して、「蓋し、窕とは、本《もと》空虚にして充満せざるの言と為す、之を引申して、凡そ虚仮不実なる者を通じて窕と謂う。窕言とは虚言にして信じて以て実と為す可からざるもの、下文の窕貨とは、虚貨にして恃んで以て富と為す可からざるもの也。旧注、釈して苟且と為す、蓋し読んで佻愉の字と為せしならん。義において未だ切ならず」と解している。李克が中山の太守であったとき、その属県の苦陘の県令が上計した。その上計の報告によると、苦陘県の賦税収入がきわめて多かった。それに対して、李克は「山林沢谷の利なくして入多き者は、之を窕貨と云う」といって、苦陘の令を叱責しその職を免じたのである。いかに賦税収入の増大をはかっても、もしそこに山林沢谷の利がないならば、それは虚貨であって、恃んでもって富とすることはできないというのである。この魏の李克の言の意味するところは、同一の史料から出たと思われるつぎのような史記の佚文(太平御覧一六一引)を知ることによって、より明瞭となる。その史記佚文には、

「李克、中山の相と為る。苦陘之吏、計を上《たてま》つる。入、前より多し。(李)克曰く『苦陘には上は山林之饒なく、下は藪沢牛馬之息無し、而るに入は前より多し、是吾民を擾乱する也』と。是に於て之を免ず」

とある。そこでは、山林藪沢よりの収入がないのに、賦税収入の増大をはかることは、農民に苛重な賦税負担を課することであって、それは、結果においては「吾民を擾乱する」こととなるから、なすべきではない、ということが明瞭に語られている。李克の論理においては、民を擾乱する結果となるような苛重な負担を農民に課することによって得られた賦税収入の増大は、いかにそれが多額であっても、それは、農民の再生産のための最低生活水準を破壊するものであって、結局は農民の逃亡や擾乱を結果するだけであるから、そのような賦税収入の増大は、「窕貨」であり、「虚貨」であって、恃んでもって永続性ある財政収入とはなすことはできない、というのである。そこでは、農民より収奪する賦税収入の限界が、はっきりと自覚されている。[3] そして、そのような農民よりの賦税収入の限界を補う財政収入源として、山林藪沢の利が、そこではすでに明瞭に予定されているのである。いいかえれば、そこでは、専制君主の経済基盤として、郡県制下の農民よりの賦税収入とならんで、山林藪沢の利が重要な意味をもつことが、明確に指摘されているのである。この李克が、前述のように李悝と同一人物であるとすると、かれは、魏における変法の推進者であり、魏における専制君主権力の確立のためにかれの果した役割は、秦における商鞅のそれに比せられる。かれが他方において、漢書食貨志に記されているように地力を尽すの教を説いて、[4] 畝当り生産額の増加をはかり、賦税増収の一助としたことも、またかれが平糴法をおこなって、農家経済の保護にあたったことも、以上のべてきたところと同じ要求から発したものと考えられるのである。そこには、共通して、農民労働力の直接把握にもとづく余剰生産物の収奪には、一定の限界のあることの自覚があり、この限界をこえることなく、すなわち、農民の経済生活の、少くともその再生産のために必要な最低水準を破壊することなく、しかも、拡大する国家活動のために、財政収入の増大をはからなければならないという、専制君主権力確立のための要請が、ここでも、課せられていたのである。そのために、一方においては、賦税収入源としての農家経済の保護(平糴法)と、国家的指導のもとにおける農民生産力の増進策（尽地力の教）がとられ、他方においては、より積極的に、かかる農民からの収奪の外に、それとは別個に、有力な収入源（山林沢谷の利）の確保がはかられなければならなかったのである。前引の李克の言は、このような自覚的要求から発する、かれの一連の政策の重要な一環を示すもの、といわなければならない。

以上において私たちは、漢書芸文志に挙げられている李克書七篇の佚文と推定される、韓非子難篇二所載の李克の言を通じて、戦国魏の専制君主権力の確立のための経済的基盤として、郡県制的支配にもとづく農民よりの賦税収入とならんで、それとは別個に、山林藪沢の利が重要な意味をもつことを、知ることができた。それならば、そこでいう山林藪沢の利は、現実の歴史のなかにおいては、どのような意味と形態において、実際に、戦国期専制君主権力確立のための経済的基盤となったのであろうか。

その問いに答える前に、この魏の李克の言の提出している問題との関連において、私たちにとっては看過し得ない重要な発言が、秦においてもなされていることに、注意しておかなければならない。それは、同じく郡県制下の農民よりの賦税収奪のもつ限界をはっきりと自覚することから出発しながら、専制君主権力の経済的基盤を、山沢の利とは一応別個の方式によって補強しようとする献策が、秦においてなされていることである。そのような献策は、商君書徠民篇のなかに端的に示されている。

商君書徠民篇は、商君書におさめられている諸篇のうち、その著作年代が比較的異論なく推定できるものの一つである。そこには、商鞅の死後に生起した歴史的事件が言及されているため、その著作年代が比較的推定しやすい関係にあったからである。そのことは、すでに馬繍以来指摘されていたのであるが、近くは銭穆[5]、容肇祖等[6]の考証があり、殊に容肇祖は、徠民篇は秦の昭王の晩年の頃に著わされたものであることを、詳細に考証した。この容肇祖の研究は今日ほぼ認められており[7]、また私自身としても特に疑義を提出するところもないので、徠民篇の製作年代に関しては、秦の昭王晩年の頃の作とするこの容氏の説を一応の前提として、私たちの考察をつづけて行くことにする。

さて、徠民篇の説く眼目はこうである。今、秦の地は広く民は寡く、山林藪沢も十分開発されてはいない。しかるに一方、敵国である三晋は地は狭くして民衆く、土地なき民も多い。ところで、今、「秦の患《うれ》うる所は、兵を興して伐てば則ち国家貧しく、安居して農すれば則ち敵休息することを得る」ことである。すなわち、秦の兵力は耕戦の民からなるものであるが故に、戦いをつづければ、農耕のための労働力は減退して、国家の賦税収入は貧しくなり、民をして農耕に専念させれば、兵力は減退し、敵に休息の機会を与えることになる。「此れ王の両《ふた》つながら（ともには）成す能わざる所である」。この秦の当面している困難を解決するためには、三晋の土地なき民を誘致して、「陵陂丘隰」「草茅之地」を開墾させ、「その田宅を利して、之を復すること三世」とし、この三晋より誘致した「新民をして本（農業）を作《な》さしめ」て、「秦これを得て粟となし」、「故《もと》の秦民をして兵を事せしめて、新民をして芻食を給せしめる」ことにすれば、それだけ敵国の民を損減して、それを自国の不足する農業労働力にふりむけて、賦税収入の減退を補うことができる、というのである。要するに、連年の三晋との戦いに、農民が兵力として戦闘に徴発される結果生ずる農業労働力の激減を補う対策として、三晋の土地なき民を招来して、その新民をして、陵陂丘隰の藪沢草茅の地を開墾させ、兵役徭役を免除して、もっぱら農耕にあたらせ、その生産する粟をおさめて秦の経済的基盤の強化をはかろうとするのが、その論策の眼目である。私たちは、この徠民篇の述べる献策のなかから、二つの重要な問題を看取することができる。その一つは、商鞅により実施された郡県制的農民把握の体制が秦の専制君主権力の経済的基盤としてもつ意味の限界に対する明確な自覚である。すでにのべたように、孝公一二年の咸陽遷都ののち、商鞅は、畿内の小都郷邑聚を集めて県となし、令丞を置くこと、凡そ三一県、田を為《おさ》め、阡陌を開き、賦税を平かにした。それは、民を農業労働力として、また同時に兵力として、すなわち耕戦の民として、直接君主が把握する体制であった。そしてこの基盤の上に、秦の専制権力はみずからを強化して行き、内は国内貴族勢力を圧し、外はその支配領域を拡大していったのである。その意味では、前述のように、この郡県制的農民把握は、秦の専制権力をささえる基本である。しかしながら、専制権力をささえる経済的基盤は、それのみでは十分でなかったのである。そこには、それ自体にこえるべからざる限界が内在していたのである。徠民篇は、そのような限界の自覚から出発する。「夫れ秦の患うる所は、兵を興して伐てば則ち国家貧しく、安居して農すれば則ち敵休息するを得、此れ王の両つともには成す能わざる所なり」という言は、そのことを端的に物語っている。すなわち、人民を耕戦の民として直接把握するこの秦の郡県制的体制は、その戦闘遂行が次第に頻繁となり大規模になるにしたがって、それが専制君主の経済的基盤としてもつ意味は、その限界を明瞭に露呈してくるのである。不断の戦争の遂行という戦国の時代的課題のもとにおいて、農民を士卒として大量に兵力化することは、不可避的に農業労働力の低減をもたらすわけであり、それを持続的に強行すれば、農民の最低生活水準の破壊と租税収入の低落を結果することになるわけである。したがって、不断の対外戦争の遂行を課せられている当時の客観的状況のもとにおいては、この耕と戦とは二律背反的性格をもって現象しやすく、人民を耕戦の民として直接把握するこの郡県制的人民把握の方式には、それ自体に、もともと、こえるべからざる限界が内在していたのであった。徠民篇は、四世の間相つづく三晋との戦いにおいて漸く露呈されてきたこの郡県制的人民把握の内在的限界を、自覚的に取りあげて、専制的君主権力の経済的基盤を、それとは別の方式をそれに加えることによって、補強しようとする献策であった。すなわち、他処より新民を移してきて、兵役を免除し、藪沢草茅の地の開墾耕作にもっぱら従事させて、その生産する粟をもって、専制君主権力の経済基盤を補強しようとしたのであった。そしてそのことが、徠民篇が私たちに提示する第二の問題である。このような献策をささえる基本的考え方は、商君書算地篇にも見える。そこでは、「地広くして民少き者は地其民に勝つなり、……地其民に勝つ者は徠を事す」

とある。徠は、来であり、至である。朱師徹は、その商君書解詁定本の註において、「流亡を招至する」ことだと解している。この「徠を事す」とは流亡を招至して開墾耕作に従事させることであろう。これと相関連する墾令篇においても、「辟淫游惰之民」や、土地なくして他家の庸となって使役される「庸民」の存在が多く指摘されており、民の游庸を禁じて、これら游民・庸民を開墾に従事させることの急務が説かれている。すでに当時においては、耕戦の民として、郡県制下に把握されている自営農民のほかに、このような游庸の民もまた多く分化していたのであって、前引算地篇の「徠を事す」ということのなかには、流亡や或はこのような游庸の民を藪沢草茅の地に徙して開墾耕作に従事させることも、当然含められていると考えなければならない。徠民篇においては、この招致する土地なき民を、特に三晋の民とすることによって、そこに戦略的意味をもたせている。三晋の土地なき民を、田宅給与と兵役免除とをもって誘致すれば、戦わずして三晋の民を奪うことになると同時に、秦にとっては上述のような意味での農業労働力の獲得をもたらすことになり、所謂「反行両登の計」となるというのである。しかし、私たちにとって重要なことは、その三晋に対する戦略的意味の表面にあるのではなく、それを戦略として成立せしめ得る基本的問題への着眼、すなわち、郡県制下に耕戦の民として把握されている従来の民のほかに、いわば徙民政策(国外からであろうと国内からであろうと)によって、兵役にあずからないで開墾耕作にもっぱら従事する「新民」を導入設定すること、そしてそのことが、秦の専制君主権力の経済的基盤の補強のために不可欠の対策であるというその提言の意味するところが、私たちにとって、重要なのである。それならば、そのような提言は秦において実施されたのであろうか。徠民篇に示されている献策が、そのままの形においてではないにしても、少くともその提言の基本的意図が、秦の現実政治の過程において、実施されたとすれば、それはどのような具体的形態においてであったろうか。

以上において、私たちは、李克書の佚文と、商君書徠民篇とを通じて、魏においても、秦においても、郡県制的農民把握よりする賦税収入が専制君主の経済的基盤としてもつその限界が自覚されており、それをさらに補強するものとして、それぞれ別途の方策が論ぜられていることを見てきた。そして魏においては、従来の農民よりの賦税収入のほかに、山沢の利が問題となり、秦においては、徠民による「陵陂丘隰」のいわば藪沢草茅の地の開墾がその補強策として論議されていることを知ったのである。いずれの場合においても、専制君主権力の経済的基盤として、新たに、従来民の占有にかかわらなかったいわば無主の山林藪沢が——そこからの産物にせよ、或はそれの開墾による耕地化にせよ——着目されている、ということは、ここで改めて注意されなければならない。したがって、李克の言や商君書徠民篇の献策が、現実にどのような形態をとって、魏や秦において実現されたのであろうか、というさきの提問の解答を求めて行くためには、手続きとして、まず山林藪沢それ自体が、戦国期専制権力の確立に、どのような役割を果したのかということを、具体的にたどってみなければならない。私たちの究極の問題である秦の公田の問題も、実は、そのような視野から追求して行くことの方が、その正しい問題の位置づけに適切なのである。

（1）　通行本韓非子難二には「李兌治中山、苦陘令上計、而入多、李兌曰『語言辨聴之説、不度於義、謂之窕言、無山林沢谷之利、而入多者、謂之窕貨、君子不聴窕言、不受窕貨、子姑免矣』」とある。孫詒譲（札迻巻七）は、蒲阪円（増読韓非子）を引いて「蒲阪云『李兌合作李克、其治中山已見左下、語言下文作言語、辨辯通、聴合作聡、魏都賦注引李克書、曰言語辯聡之説、而不度於義者、謂之膠言』。案蒲阪円、抛劉逵引李克書、校正此文、郅塙」といっている。文選劉注引の李克書にしたがって、「李兌」を「李克」の誤りとなし、「語言」を「言語」に訂正することは、従うべきであるが、「聴」を「聡」に作るべしとするのは、王先慎（韓非子集解）が「聴字不誤、文選注作聡、形近而誤、玩下文自知」と指摘しているがごとく、従いがたい。旧本は多く「語言辨聴之説」の六字を、連読しているが、この六字を連読すると「聴」の字が不可解となるので、蒲阪円・孫詒譲は、文選注引李克書によって「聡」に改むべしとしたのであろうが、この「語言辨聴之説」の六字の読法については、顧広圻（韓非子識誤）が「語言辨、句絶、説読為悦」となしている方がすぐれている。なお、この点については陳啓天（韓非子校釈）・陳奇猷（韓非子集釈）も顧広圻の読法を是としている。

（2）銭穆『先秦諸子繫年考弁』巻二「魏文侯礼賢攷」一九三五。

（3）この史記佚文や韓非子難篇の李克の言の意味するところは、同一系統の史料にもとづくと思われるつぎのような魏の文侯の説話にも明瞭に示されている。すなわち文献通考巻一田賦考に「魏文侯時、租賦増倍於常、或有賀者、文侯曰『今戸口不加、而租賦歳倍、此由課多也、……夫貪其賦税不愛人、是虞人反裘而負薪也、徒惜其毛、而不知皮尽、毛無所傅』」とあり、新序雑事篇二にも「魏文侯出遊、見路人反裘而負芻、文侯曰『胡為反裘而負芻』、対曰『臣愛其毛』、文侯曰『若不知其裏尽而毛無所植』、明年東陽上計、銭十倍、大夫畢賀、文侯曰『此所以賀我者、譬無異夫彼路人反裘而負芻也、将愛其毛、不知其裏尽毛無所植也、今吾田地不加広、士民不加衆、而銭十倍、必取士大夫也、吾聞之、下不安者、上不可居也、此非所以賀我』」（太平御覧六二七所引新序による）とある。

（4）李悝の尽地力の教と平糴法については、佐藤武敏「戦国時代農民の経済生活上、中」『人文研究』五ノ一〇（一九五四）、六ノ九（一九五五）参照。

（5）銭穆、前掲書巻三「商鞅攷」参照。

（6）容肇祖「商君書考証」『燕京学報』第二一期、一九三七。

（7）例えば、木村英一『法家思想の研究』（一九四四）の第三章第二節商鞅の条における商君書徠民篇の成立年代の考証は、前記容肇祖の見解にしたがっている。

## 三　殷周時代の山林藪沢

塩鉄論巻二刺権篇に大夫の言としてつぎのようなことばが記されている。

「大夫曰く『今夫れ越の具区・楚の雲夢・宋の鉅野・斉の孟諸は、国を有《たも》つの富にして、覇王の資也、人君統べて之を守れば則ち強く、禁ぜずば則ち亡ぶ。斉はその腸胃を以て人に予《あた》え、家強くして制せられず、枝大にして幹を折る。巨海の富を専らにし魚塩の利を擅《ほしいまま》にするを以て也。勢は以て衆を使うに足り、恩は以て下を卹《めぐ》むに足る。是を以て斉国内は倍《そむ》いて外は附き、権は臣に移り、政は家に墜《お》ち、公室卑しくして田宗強し』」

文中の越の具区・楚の雲夢・宋の鉅野・斉の孟諸は、いずれもいうまでもなく、古来著名な藪沢である。爾雅釈地には十藪として、魯の大野・晋の大陸・秦の楊陓・宋の孟諸・楚の雲夢・呉越の具区・斉の海隅・燕の昭余祁・鄭の圃田・周の焦穫が記されており、淮南子巻四墜形訓には九藪として、越の具区・楚の雲夢・秦の陽紆・晋の大陸・鄭の圃田・宋の孟諸・斉の海隅・趙の鉅鹿・燕の昭余があげられており、また周礼夏官職方氏にも九州の沢藪として、具区・雲夢・圃田・望諸・大野・弦蒲・貕養・楊紆・昭余祁があげられている。淮南子の九藪、爾雅の十藪、さらには周礼の九州の沢藪としてあげられている地名に関しては、それぞれの間に若干の異同があり、またそれらについては古来多くの専家の考証があるが、ここではそのような地名考証が問題なのではない。このようないわば無主の藪沢が、「国を有《たも》つの富にして、覇王の資であり」「人君が統べて之を守れば強く、禁ぜずば亡ぶ」という大夫の議論、斉の田氏が臣下でありながら強大を致してついに君権を奪うに至ったことも、このことに関係があるというその議論の立て方が、ここでは私たちにとって問題なのである。そこでは藪沢が戦国期における覇王の、すなわち新しい専制君主の、重要な経済的基盤を提供するものであることが、暗示されている。そのことを実証して行くことが、私たちのこれからの第一の仕事となるのであるが、その前に、この山林藪沢は、覇王出現以前の、所謂邑制国家の時代には、それとどのような関係にあったのであろうか、ということを一応たずねておかなければならない。そのことについては、明確なことは、与えられた史料からは知ることはできないのであるが、ただここでは私たちの問題の出発に必要な限りにおいての前提的仮説として若干の推測をこころみておくにとどめる。

左伝隠公五年に、魯公が済水のほとりの棠というところへ行き、「魚を矢《い》よう」[1]としたとき、これを諫めた臧僖伯の言として、つぎのようなことばが、伝えられている。

「凡そ物以て大事を講ずるに足らず、其の材以て器用に備うるに足らざれば、則ち君は挙せざるなり。君は将に民を軌物に納れんとする者也。故に事を講じて以て軌に度《はか》り、……材を取りて以て物を章にす。……故に春蒐・夏苗・秋獮・冬狩、皆農隙において以て事を講ずる也。……鳥獣の肉、俎に登らず、皮革・歯牙・骨角・毛羽、器に登らずんば、則ち公射せざるは、古之制也、若し夫れ、山林川沢之実・器用之資は、皁隷之事・官司之守なり、君の及ぶところに非ざる也」

この臧僖伯の言については、最近では陳槃[2]の考釈があるが、それに補足的解釈をつけ加えて私たちの問題に近づいていってみよう。

先ずそこでは、古の制として、「凡そ物以て大事を講ずるに足らず、其の材以て器用に備えるに足らざれば、則ち君は挙せざるなり」とあり、その「大事を講ずる」具体例として「春蒐・夏苗・秋獮・冬狩」のことが記され、「其の材以て器用に備うる」の説明として、「鳥獣之肉、俎に登らず、皮革・歯牙・骨角・毛羽、器に登らずんば、則ち公之を射ざるは古之制也」とのべられており、この「古之制」をうけて、「若し夫れ、山林川沢之実・器用之資は、皁隷之事・官司之守にして、君の及ぶところに非ざる也」といって、君が、「棠に魚を矢《い》る」ことを諫めているのである。問題の第一点は、そこで述べられている、「古の制」と最後の「若し夫れ」以下の一句とが、内容的にどう関係するかにある。まずそこでいう古の制の具体的内容の検討からはじめよう、そこでは古の制として、つぎの意味のことが、語られているのである。

すなわち、古は、君が山川藪沢の地に出御するのは、「国の大事」、すなわち祀と戎、を習うことに関係がある場合のみであり、またそこで獲られる材が、「器用に備えるに足る」、すなわち、宗廟の器にささげられたり、或は軍器の材料に役立つものである場合のみであり、そうでない場合は、君みずからこれを挙行することはしない。春蒐・夏苗・秋獮・冬狩の四時の田猟こそ、すなわち、そのような国の大事を習うところのものであり、そこで獲られた鳥獣は、その肉は、宗廟の祭りに供えられ、その皮革・歯牙・骨角・毛羽は兵器の材料となるものであって、そのような国用に役立たない鳥獣は、公はこれを射ない、というのである。この臧僖伯の言のかたる古の制は、どの程度、古い昔の実状をつたえているのであろうか。

まず第一に、山林藪沢が、古の邑制国家にとってもつ意味の第一は、それが、君主の田猟の場所としてであった、ということは、相当古くから認めてよい。すでに卜辞、殊に帝乙・帝辛期の卜辞には田猟を卜う記録が相当多数刻されており、殷末、殷の諸王が好んで田猟に日を送ったことは、尚書無逸篇にも記されているところであって、良き田猟の場所をその近旁に控えることは、古代の都邑においては欠くべからざる要素であった。郭沫若以来、最近では白川・陳夢家両氏の研究においても、卜辞に見える猟場の多くは、今の河内沁陽附近と推定されているが(3)、爾雅十藪の一である大陸はあたかもその近辺にあったのである。小雅車攻の詩に「東に甫艸有り、駕して言《われ》行きて狩す」とあるのは、周代の事情を語っているものと考えてよかろう。そこでいう「甫艸」とは、鄭箋・集伝が解しているように、圃田沢のことであるとすると、それは、爾雅の十藪の一つで、周代には東都洛陽の畿内にあり、春秋時代に入ると鄭に、戦国時代には魏に属して、猟場・苑囿として重要な意味をもってくることは後述の通りである。つぎに田猟が、古くから国の大事である祀と戎に密接な関係をもつものであったことも、十分の根拠がある。礼記王制にも、桓公四年の公羊伝・穀梁伝にも、四時の田猟は「一は乾豆の為めにし、二は賓客の為めにし、三は君の庖に充つるが為めにす」と記されているように、田猟の獲物はまず祭祀に供えるためであって、このような田狩と祭祀との関係は、すでに殷代から認められることは、陳槃(4)が卜辞その他を史料として最も強調して実証しているところである。後代の春秋時代においても、左伝襄公三〇年の記載によると、鄭の公子「豊巻が将に祭らんとして、田《かり》せんことを請う」たところ、子産は「君（が祭を行うとき）のみ、（田猟を行ってその獲物である野獣すなわち）鮮を用うるのであって、（君以外の）衆（臣）は（家畜を屠して）給するだけでよい」といって、田猟を許さなかった、という話があるが、これも祭祀と田猟との関係の古の制を伝えているものであろう。そして田猟が同時にまた戎事を習うものであったことは、これまた古くから認めてよかろう。周礼夏官大司馬の条は、そのことを詳細に規定しているが、その細節は別としてそこに述べられている大綱は、小雅車攻や吉日の詩によって旁証できるからである。

春秋以前の国は、邑であり、その始源的な形態にまでさかのぼって考えれば、それは祭祀と戎事を共同にする氏族制的な共同体である。そのような邑の共同の祭りである宗廟の祭りと共同の行事である戎事にとって田猟が重要な意味をもつものであるとすると、田猟のための山林藪沢の利用は、始源的には、この氏族制的な邑共同体のなんらかの規制下においてなされたものと考えざるを得ない。このことをさらに強く示唆することは、そのような田猟によって捕獲された山林藪沢の禽獣は、田猟に参加した邑人にとって自由な処分が許されていないということである。周礼夏官大司馬の条によれば、田猟の獲物は、「大獣は之を公とし、小獣は之を私す」と記されている。「大獣は之を公とす」とは、天官獣人の先鄭注によれば「之を虞中に輸する」ことであって、大獣はみな、公《きみ》の役人である山沢を掌る虞人に引渡さねばならず、ただ小獣のみが、それを捕獲した者の自由にまかされるというのである。この周礼の記事は、それだけでは信拠し難いが、それとほぼ同じことが、より確実な史料に記されている。豳風七月の詩に、「二之日、其れ同じうし、載《すなは》ち武功を纘《つ》ぐ、言《われ》、其豵を私にし、豜を公に献ず」とある。これは、君とともに田猟にしたがって武事を習うことをうたったものであるが、ここでもその獲物のうち、豵（一歳の豕）は私し、豜（三歳の豕）は公に献ずと記されている。「公」とは、春秋初期までの用例からすると、氏族制的邑共同体の中核をなす族の長である。豳風の詩は、春秋時代の魯詩だとする近時の異説[5]があるが、それを認めた上でも、この七月の詩の記事を周礼の記事とあわせ考えると、そのなかにやはり相当古い慣行を伝えていることを推測させる。そして、さらには、この同じことをさらに具体的にしるした、「蒐狩に因りて以て武事を習用するは、礼の大なる者也。……面傷は献ぜず、不成禽《おさないえもの》は献ぜず、禽は多しと雖も、天子は三十を取り、其の余は士衆に与えて以て射を射宮に習わしむ。射して中《あた》れば、田《かり》に禽を得ざりしものも則ち禽を得、田《かり》に禽を得しものも射に中らざれば則ち禽を得ず」とある穀梁伝昭公八年の記事（小雅車攻の毛伝もほぼ同じ）も、多分に儀礼化され虚飾されたのちのものであるが、そのなかから前記詩経にみられたと同じような、田猟の獲物の分配についての全体的規制の名残りを、私たちに推測させるのである。それは、田猟が、氏族制的邑共同体の行事としておこなわれた古い慣行と相応じて、その獲物の分配についての古い共同体的規制を反映しているものではなかろうか。「大獣は之を公とし、小獣は之を私す」とか、「豵は私し、豜は公に献ず」とかいう以上のような慣行と関連させて考えて見ると、前引左伝の「鳥獣の肉、俎に登らず、皮革・歯牙・骨角・毛羽、器に登らざれば、則ち公射せざるは古之制也」という臧僖伯の言は必ずしも空虚な言ではなく、田猟で射た大獣は、公《きみ》に引渡されて、宗廟の祭りの供物や、軍器の材として、共同体の用に供せられたことを、意味するのではなかろうか。

私たちに与えられた以上の史料は、「古の制」としての「礼」である。しかし、そのような古礼のなかから、儀礼化されない以前の古い慣行の名残りをうかがうことは許されてよいであろう。前述のように、春秋時代以前の国の始源的形態は邑であり、邑は、祭祀と軍事を共同にする氏族制的共同体であった。邑はその周辺にその支配する民と耕地とをもち、そのさらに外辺には未開の山林藪沢がつらなっていたのであろう。その山林藪沢は、邑の氏族制的共同体にとっては、田猟の場所として重要な意味をもつものであったこと、そして田猟は、共同体結合の基本である祭祀と軍事と密接な関係をもつ共同体の行事であり、このことのために、氏族制的邑共同体の長は、諸氏族成員を引きつれて田猟をおこなって兵事を習ったこと、そしてその獲物である山林藪沢の禽獣は、それを射た成員の勝手に処分し得ないものであって、その大獣はまず共同体の祭祀の供物と軍器の材料にあてられ、その用に役立たない小獣が各人に分配されること等々の慣行は、邑の近辺の山林藪沢の田猟のための利用は始源的には邑の氏族共同体の規制下におかれ、諸氏族成員の個別的占有は許されていなかったことを私たちに推測させるのである。そして、そのような共同体のもつ規制権を現実に代表していたのが、その氏族共同体の長（すなわち公《きみ》）であり、この族長の把握する規制権のもとに、山林藪沢の共同体的利用が、まず前述のような意味での田猟の形においてなされたのであろう。

以上において、左伝隠公五年の臧僖伯の諫言にのべられている「古の制」を、私たちの問題関心から検討したのであるが、その「古の制」のあとにつづいて臧僖伯がのべている「若し夫れ山林川沢之実・器用之資は、皁隷之事・官司之守なり」という最後の一句は、その前にのべられている「古の制」とどう内容的に関係するのであろうか。

田猟は、すでに殷末周初においては、しばしば、そのような祭祀のためのみではなく、それを逸脱して、君主の遊楽のためにもおこなわれていたらしい。すでに尚書無逸にも「周公曰く、嗚呼、今より継ぎ、嗣王、其れ、観に、逸に、遊に、田に、淫する無《なか》れ」とのべられている。このような、共同体の祭祀をわすれて、逸楽のために、しばしば田猟がおこなわれる風が生じてくるその反省として、共同体にとって田猟のもつもともとの意味が強調され、儀礼化されてくることになったのではなかろうか。前引左伝の臧僖伯の諫言も、そのような要求から伝えられている古礼を規準として、隠公の行動を批判したものであろう。ところでこのような田猟の「意味」の強調と固定化は、「春蒐・夏苗・秋獮・冬狩」というがごとき四時の限られた形においてその儀礼化と形式化をもたらすのであるが、それにともなって、田猟による以外の平時の山林藪沢の利用が、別の形で、すくなくとも周代においては、前面にあらわれてくる。国語魯語上によると、魯の宣公が泗水の淵に網をおろして漁せんとしたとき、それを諫めた里革の言として、つぎのことが記されている。「古は、大寒降《しりぞ》きて土蟄発すれば、水虞ここにおいてか罛罶《あみやな》を講《(構)》じて名魚を取り、川禽を登せて之を寝廟に嘗し、諸《これ》を国(人)に行うは、宣気を助くる也。鳥獣孕み水虫成れば、獣虞ここにおいてか罝羅《あみ》を禁じ、魚鼈を矠《さ》して以て夏犒(槁)を為《つく》るは、生阜を助くる也。鳥獣成りて水虫孕めば、水虞ここにおいてか罜罜《こあみ》を禁じ、罜䍡《おとしあな》を設け、以て廟・庖に実《あ》つるは、功用を畜う也」と。そこでは、山林川沢には、その保護管理とその利用統制をつかさどる官司である虞がおかれ、虞は、山沢の利用についての季節的禁発をつかさどり、禁がとければまず山沢の生物をとって、国の宗廟の祭に供え、さらに君主の食料に供し、しかるのち国人の利用採獲を許した、と記されている。宗廟にささげる鳥獣魚の肉は、単に君主の田猟によるのみではないのである。前引左伝の「若し夫れ山林川沢之実・器用之資は、皁隷之事・官司之守なり」という一句は、儀礼化された田猟以外のこのような平時の山林川沢の利用についての慣行をいっているのであろう。(6) そこでいう官司とは、いうまでもなく、魯語にいう水虞・獣虞であり、皁隷とは、この虞に下属する賤役であろう。周礼地官の山虞の条に「大山は中士四人、下士八人、府二人、史四人、胥八人、徒八十人」とあるが、その徒にあたるものではなかろうか。少くとも前引左伝・国語の記載によれば、儀礼化された四時の田猟以外には、君主みずから出遊しなくても、山林藪沢に、それを管理する常設の官がおかれ、祭祀の供物その他の邑の需要に山沢の生物を提供しているのであるが、そこでも、山林藪沢は、邑の役人である虞の管理下において邑人の利用が許されていた、とされている。戦国時代の儒家文献においても、周制では、山林藪沢は、一人の排他的専取は許さない、君と民との共に利用すべきものとされ、その利用については季節的制限にしたがわなければならない、とされている。それは一々引用するまでもなく、周知のことであるが、例えば、荀子王制篇には、「田野は什一、関市は幾《しら》ぶれども征せず、山林沢梁は時を以て禁発すれども税せず、……是れ王者の法也」「汙池・淵沼・川沢は其の時禁を謹しむ。故に魚鼈優多にして百姓余用有る也。斬伐養長はその時を失わず、故に山林は、童《はだかにな》らずして、百姓余材有る也、是れ聖王の用也」とあり、そして「火憲を脩め、山林・藪沢・草木・魚鼈・百索(素)を養い、時を以て禁発し、国家をして用を足し、財物屈《つ》さざらしむるは、虞師の事也」とあるように、山林藪沢の利用について設けられた種々の季節的制限を執行し、その資源の保護管理にあたる官として虞師という職が、ここでも挙げられている。類似の記載は、孟子・礼記・呂氏春秋等にも多く見られるが、ここに例をとった、荀子に見られる山林藪沢の利用についての規定は、それだけでは古の制度をそのまま示すものとして受取ることは危険であるかも知れない。それは、理想としての王者の法、聖王の用であって、問題はむしろ、そのような理想を以て孟子や荀子が批判しなければならなかった戦国の現実にある。「山林沢梁は、時を以て禁発すれども税せず、……是れ王者の法也」という荀子の言は、後述するように、すでに山林藪沢を自己の家産として領有し、その利用者からは、税をとりたてる戦国覇者の専制君主権力に対する批判として発言されたものであるが、ただその故のみをもって、そこでいう王者の法が、全くの空虚の言であり、なんらかの意味でも、古い時代の慣行を反映していない、とはいえないのである。そこでは前引魯語の記載と相符合して、山林藪沢の利用について季節的制限がのべられており、それをつかさどるものとしての虞師のことが記されている。この虞師は、周礼によれば、山沢の管理をおこなうと同時に、田猟の際には、前述のようにその猟場の整備誘導や獲物の処置をつかさどるものでもあった。前述の田猟による山林藪沢の利用にみられる共同体的規制を想起する場合、この同じ虞師のつかさどるとされる、山沢利用についての季節的制限の礼制的規定は、そのままの形でおこなわれたものではないとしても、田猟以外の平時における山林藪沢の利用についても、氏族制的邑のなんらかの形における共同体的規制の慣行を反映しているものではなかろうか。そのような虞師の役目は、周礼では、司徒の属官としての、山虞・林衡・川衡・沢虞のつかさどるものとして詳細に記されているのであるが、実はそれを裏づけるような史料を、私たちは西周金文から与えられているのである。西周後期の懿王時代の器とされている「免簠」に

「隹三月既生霸乙卯、王、周に在り。免に命じて司土(徒)と作《な》し、奠還の林と虞と牧とを司《つかさど》らしむ」

とある。奠還とは、郭沫若(7)は地域を示すことばであろうとし、還は特に苑と読むべしとしており、楊樹達(8)は奠還林は鄭(京兆の鄭県の鄭)の咸林であろうとしているが、いずれにせよ両者も指摘しているように、司徒が林・虞・牧をつかさどっていることを示すこの金文は、周礼の司徒の属官に林衡・山虞・沢虞・牧人等などがあることと全く符合し、周礼の示す官職が、個別的には、周代の実状を示すものをも含んでいることを示している。(9) 同じく西周後期の同毀(10)にも

「隹十又二月初吉丁丑、王、宗周に在り。大廟に格《いた》る。……王命ず『同よ、呉大父を左右《たすけ》て、場・林・虞・牧を司《つかさど》れよ。……』」

とある。同という人物が周王から命ぜられて、場・林・虞・牧をつかさどることを、この金文は示している。林・虞・牧が、前述のように、周礼地官司徒の属官としての林衡・山虞(或は沢虞)・牧人と符合するのと同じく、ここの場も、周礼の司徒の属官である場人に符合するのである。また、林については、同時代の免毀(11)に、

「隹十又二月初吉、王、周に在り。昧爽、王、大廟に格《いた》る。王、作冊尹に書を授け、免に冊命せしめて曰く『汝に命じて周師を世《つ》がしめ、林を司《つかさど》らしむ。……』」

とある。以上の金文は、西周後期の懿王時代に、宗周の畿内の山林藪沢を管理するため、司徒の下に、林・虞・牧というような役職がおかれていたことを示すものであって、前述のように、それが周礼地官の司徒の属官に林衡・山虞・沢虞・牧人等がおかれていたことと符合するところから、その職掌の内容も、基本的にはほぼ相似た性質のものと考えてよかろう。ところで宗周のような大邑において、その周辺にある山林藪沢を管理するために、林・虞・牧等の役人がおかれていたのみではなく、西周時代の群小の邑においても、同様な関係が見られるのである。西周後期の

厲王時代の器とされる散氏盤は、矢《そく》という邑と散という邑との間に土地の分割譲与のことがあり、その分割された土地の境界を新たに正すために、境界の実測、界標の設置の委曲を記している点で著名であるが、その境界の実測にあたった矢の邑の役人が銘文に列記されているそのなかに、豆人虞丂・彔貞・原人虞艿等の記載が見える。王国維[12]は、虞・彔ともに官職名であるとし、彔は麓で（説文では麓の古文は禁である）、左伝昭公二〇年の「山林の木は衡鹿これを守る」の鹿と同じ意味で、虞と同じく、山林を管理する官職名である、とした。晋語九に、晋の苑囿を管理する官に、麓という官名が記されていることも、その傍証として、つけ加えてここに挙げておこう。境界実測にあたった矢の邑の役人として列記されている前引の銘文は、したがって、虞の職をつかさどる豆人の丂という名の人、彔の職をつかさどる貞という名の人、また虞の職をつかさどる原人の艿という名の人が、西周後期の矢の邑にはいたことを物語るものである。東周時代の秦の刻石とされる石鼓文は、狩猟のことを詠じた韻文を刻している。ただその年代について、郭沫若[13]は秦の襄公のときとし、馬叙倫[14]は秦の文公のときとし、最近では唐国香[15]がよりくだって秦の霊公のときのものとし、なお多くの問題をのこしているが、いずれにせよ、東周時代の秦の刻石と考えられるこの石鼓文にも、虞人[16]と読むべき字句が、狩猟との関係で出ていることも、ここに附記しておこう。

西周時代の邑共同体においては、その耕地の外辺には未開の山林藪沢草茅の地がつらなっていたのであろう。散氏盤の銘文の記するところによっても、矢の邑が散の邑に与えた眉の田の境界には、大沽とか辺柳とかいう沢藪の一部を思わせるような地域が記されていることからも、そのことは推測されるのである。邑にすむ氏族貴族とその支配する鄙の民と耕地との具体的関係は、井田制の解釈の問題とも関連して、未だ不明な点をのこしてはいるが、邑そのものが、祭祀と軍事とを共にする氏族制的共同体を形成していることに相応じて、その支配する耕地と民に対する関係も、邑の氏族貴族の共同体が、全体としてそれの支配権・所有権をもつものであって、やがて共同体の構成員が分邑・分族によって個々に采地としてそれらの土地や民を占有利用してはいっても、それは本邑の「宗」的規制下におかれていたことは、近時の研究[17]の明らかにしているところである。そして、この氏族制的邑共同体のもつ古い規制権を具体的に代表し把握していたのが、その共同体の中核をなす族の長であり、それは宗周の大邑においては周の王であり、それに服属する諸邑についていえば、所謂諸侯であったのである。この邑の耕地のさらに外辺につらなる山林藪沢は、祭祀にささげる犠牲や一般の食肉に供する禽獣魚鼈の府であり、また軍器の重要資材たる皮革・角羽、または建築用木材や薪材その他の供給地として、邑の氏族にとっては重要な経済的意味をもつものであった。それは、耕地とは異なって氏族成員の個別的占有支配は許されず、氏族制的邑共同体の長の把握するなんらかの規制権のもとに諸氏族成員の利用がなされていたのである。前記の左伝・周礼に記されている田猟の礼制や、孟子・荀子・魯語等に記されている山林藪沢の利用についての季節的制限の規定は、それがそのままの形で実際におこなわれたかどうかは別として、古い昔からつたわる氏族共同体の慣習をなんらかの形で反映しているものと考えてよいであろう。そして、そのような山林藪沢の利用についての古い共同体的規制権の把握者としての公《きみ》、或は諸侯は、そのようななんらかの規制をおこなうために、山林藪沢の実際の管理にあたる者をおいたのであって、それが前引金文の示す、虞や林や彔の始源的形態であったのであろう。

さて、以上のような氏族制的共同体としての邑（すなわち国）は、次第に分邑・分族によりその統轄する都邑をひろめ、またその強力なものは、武力により次第に近隣の群小の他邑を服属せしめながら、その支配を拡大して行くことになるのであるが、その過程において、邑は、その氏族制的共同体としての内部構成と性格とを次第に変貌させて行くことになる。そしてそのような変貌は、つぎの二つの相競合する形をとって端的に示されてくるのである。すなわち、その一つは氏族制的共同体の中核たる長が、従来その一身に代表していた共同体的諸規制権をば自己の家父長制的領有権に転化して専取し、共同体の諸他の成員に比して格段の経済的・政治的支配権を確立して行く過程であり、その二は、それと並行し競合しながら、従来共同体的規制下において、采邑の形で土地と民との占有支配を許されていた卿大夫等の共同体成員も、次第に、その共同体的規制をはねのけて、その土地と民との占有利用を同じく自己の家父長制的領有に転化して行く過程である。この相競合する二つの過程、殊にその第一の過程は、その端緒的形態においては、すでに以前より、例えば西周中期の宗周にはある程度見られるが、この両過程が相競合しながら明確に展開されて行くのは、春秋時代に入ってからの東方の封国においてである。左伝の示す春秋諸国の歴史的展開は、それぞれの国において相異なるニュアンスをもちながらも、この二つの過程の相拮抗し合う展開を示すものであったといってよい。それは、氏族制的邑共同体解体の過程であり、邑制国家崩壊の過程にほかならない。この第一の過程がやがてその第二の過程を克服して、その一方的展開が成功裡になしとげられた国々では、所謂氏族的邑制国家の崩壊は戦国のあの専制的領域国家の確立へとつながり、その第二の過程が第一のそれよりも優勢に進行する国々においては、春秋戦国の転換期において分裂と滅亡につながって行くわけである。このような邑制国家の変貌の過程において、従来、祭祀と軍事とを共同にする邑制的共同体の規制下において族人の利用も許されていた山林藪沢は、次第にその共同体の長たる君主個人の家産として排他的に専取されて行き、専制君主権力形成のための重要な経済的基盤に転化して行くのである。そして、そのような過程が失敗に帰した国々においては、山林藪沢は、卿大夫等の共同体成員の分立化の傾向に相応じて、それぞれの家父長制的領有下に分有占取されて行き、戦国期に入って、分裂と滅亡につながって行くのである。本節冒頭に引用した塩鉄論刺権篇の、「今夫れ越の具区・楚の雲夢・宋の鉅野・斉の孟諸は、国を有《たも》つの富にして、覇王の資也、人君統べて之を守れば則ち強く、禁ぜずば則ち亡ぶ」という大夫の言は、そのような過程を端的に指摘しているものと考えてよい。

それならば、春秋時代から戦国にかけて専制君主権力成立の重要な経済的基盤として、山林藪沢がどのような形で、その新しい歴史的役割を果していったか。以下この点に問題をしぼって具体的に考えてみたい。

（1）　隠公五年の春秋経には、「公矢魚于棠」とあり、左伝はそれを「公将如棠観魚者」と記している。左伝が「観魚者」と記していることにもとづいて、杜預は経文の「矢魚」の「矢」を「陳《つらぬ》」と訓じ、捕魚者を陳列してこれを観るの意味に解している。この杜預の解に対して、経文の「矢魚」の矢には陳の意味はないとして、これは「射魚」と読むべきだとする見解が、すでに葉夢得・朱熹・王応麟等により主張されていたが、最近、陳槃はその研究『左氏春秋義例弁』巻七（『国立中央研究院歴史語言研究所専刊』一九四七）において、古くより捕魚の法として射魚の慣行があることを明らかにし、天子親漁のことのあったことを論証した。

（2）　陳槃『左氏春秋義例弁』巻七。

（3）　郭沫若『卜辞通纂』序、一九三三。陳夢家『殷虚卜辞綜述』第八章方国地理（『考古学専刊甲種』第二号）、一九五六。白川静「召方考」『甲骨金文学論叢』第二集、一九五五。なお、本篇第二章「先秦時代の封建と郡県」第三節を参照。

（4）　陳槃「古社会田狩与祭祀之関係」『歴史語言研究所集刊』第二一本第一分、一九五四。

（5）　徐中舒「豳風説」『歴史語言研究所集刊』第六本第四分、一九三六。なお、白川静氏はその最近の研究「詩経に見える農事詩（下）」『立命館文学』一三九（一九五六）において、豳風七月の詩は陝西邠州の豳の地をうたったものとする旧説にしたがうべきであるとし、その時代もほぼ西周のものとする見解をとっている。

（6）　杜預の注や孔穎達の疏は、この「山林川沢之実、器用之資、皁隷之事、官司之守」を解して、同じく山林川沢の実でも、宗廟に供する鳥獣の肉や軍器の材となる皮革・歯牙・骨角・毛羽は、君主みずから田猟をおこなって、これを射るのであるが、その他の雑猥な山林川沢の実は、別に官をおいてこれが管理採取のことにあたらせており、君みずからおこなうことではない、という意味に理解している。しかし、この解釈は、本文に引用した魯語の里革の言とも矛盾し、とるべきではない。陳槃は、古くは君主みずからおこなう親田・親漁の慣行はあったが、すくなくとも周代には、それが儀礼化されて、天子みずから山林川沢に出御することがなくなり、祭祀のための天子の射は、「天子将に祭らんとするや先ず射を沢（宮）に習う」（礼記射儀）或は「学宮に射す」（静殷）る射儀によって故事を奉行するのみとなり、その代りに山林藪沢には官司をおいてその管理採取にあたらせることになった、と解して、その論証をおこなっている。この陳槃の論旨はその大筋においてはしたがうことができるが、ただ天子の親田・親漁における射が、儀礼としての射儀に退化するとするその見解が、漁猟より農耕に経済生活が進化した結果とする素朴な進化論にささえられている点に難点がある。君主の田猟が儀礼化されてはいっても、それが全くの射儀に退化してしまったとするのは疑問である、小雅車攻や吉日の詩を通説の如く周の宣王の頃のことをうたったものとすると、すでに儀礼化されてはいても、天子親田のことは周代にも見られ、また春秋諸侯がみずから田猟をおこなうことは数多く見られるのである。ただ、そのような君主親田は儀礼化された形においてのみ認められ、山沢の平時の利用は、山虞・沢虞等の官司の管理下にまかされていたため、魯の隠公のように儀礼のさだめに反してもっぱら遊楽のために漁をおこなおうとした場合には、それは「官司之守、皁隷之事であって、君の及ぶ所には非ざる也」というような臧僖伯の諫言に遭うことになったのであろう。

(7) 郭沫若『両周金文辞大系攷釈』一九三五、九〇葉、免簠、「隹三月既生霸乙卯、王在周、命免乍𤔲土《(司徒)》、𤔲奠還歔《(林)》𡭊《(虞)》罘牧、……」。

(8) 楊樹達『積微居金文説』(『考古学専刊甲種』第一号(一九五二)巻四、免簠の条参照。

(9) 郭沫若「周官質疑」『金文叢攷』三(一九三二)および木村正雄「周代官僚の系統」『史潮』五六(一九五五)参照。

(10) 『両周金文辞大系攷釈』八六葉、同𣪕、「隹十又二月初吉丁丑、王在宗周、格于大廟、焚伯右同立中廷、北嚮、王命、『同、左右𡭊大父、𤔲昜《(場)》林𡭊《(虞)》牧、自淲東至于河、𠂤朔至于玄水、世孫々子々左右𡭊大父、毋汝有閑』……」。

(11) 『両周金文辞大系攷釈』八九葉、免𣪕、「隹十又二月初吉、王在周、昧曹、王格于大廟、……王授乍冊尹書、卑冊命免曰『命汝足周師𤔲歔《(林)》、……』」、なお、楊樹達『積微居金文説』一二七頁)は「足周師」の「足」は「世」の字に読むべきであるとしている。

(12) 王国維「散氏盤考釈」『観堂古金文考釈』『海寧王静安先生遺書』所収。

(13) 郭沫若「石鼓文研究」『古代銘刻彙攷』(一九三三)所収。同「再論石鼓文之年代」『古代銘刻彙攷続篇』(一九三四)所収。

(14) 馬叙倫『石鼓文疏記』一九三五。

(15) 唐国香「石鼓文刻於秦霊公三年考」『大陸雑誌』五—七、一九五二。

(16) 郭沫若の考釈によれば、かれの所謂第十鼓「𡭊人石」に「𡭊《(虞)》人𢘊亟朝夕敬□、載西載北忽牿忽代」とある。

（17）松本光雄「中国古代社会に於ける分邑と宗と賦について」『山梨大学学芸学部報告』第四号、一九五三。

## 四　先秦時代の囿とその経済的意味

氏族制的邑共同体の長である公《きみ》が、その邑の外につらなる山林藪沢の一部を、自己の利用のために排他的に専取しはじめるのは、まず囿の形においてであった。

そのことに関しては、孟子梁恵王下に、斉の宣王と孟子との有名な対話が伝えられている。斉の宣王が、「周の文王の囿は方七十里であるのに民は猶それを小なりと思っていたと伝えられているそうだが、自分の囿は方四十里にすぎないにも拘らず、民はこれを大なりとして批難するのは何故であるか」と孟子に問うたのに対して、孟子はつぎのように答えている。「文王の囿は方七十里なりしも、芻蕘者《きこり》も往き雉兎者《かりうど》も往き、民これと同《とも》にせり。民が小なりと以為《おも》えることも亦宜《もっとも》ならずや。臣《われ》、始めて境《くにざかい》に至れるとき、国の大禁を問うて、然る後敢えて入れり。臣《われ》は聞きたり、郊関の内に囿ありて、方四十里、その麋鹿を殺す者には殺人の罪の如くすと。これ方四十里にて国中に阱《おとしあな》を為《つく》るなり、民以て大なりと以為《おも》えるも亦宜《もっとも》ならずや」と。

囿の籀文は、説文によれば、𡈝に作り、石鼓文も卜辞もまた同じ字形に作っている。周垣を作って界画し中に四木をおきもって木の多きを象る（説文釈例・説文通訓定声）この字形は、囿はまず山林藪沢の一部を囲い込んで設営されたものであることを推測せしめる。説文解字には「囿とは苑の垣ある也、口に从う、有の声、一に曰く禽獣を[1]養うを囿と曰う」とあり、また大雅霊台の詩の毛伝に「囿とは禽獣を域養する所なり」とあるように、また、囿と域とは古音義相近く、国語楚語の韋注に「囿は域也」とあり、説文段注に「之を引伸し、凡そ区域を分別することを囿と曰う」

とあるように、囿にはある一定区域を囲い込む意味のあることも、前記の推測を助けるものである。もともと古代田猟には、藪沢のなかに防をつくり、猟場をくぎることがならわしであった。小雅車攻の詩の毛伝に「田するには、大いに艸を艾《か》りて以て防を為る、……(獣を)駆りて入れ……然る後焚いて射る、……故に田するには防を出でず、奔走するを逐わざるは、古の道也」とあり、また穀梁伝昭公八年にも「蘭を艾《か》りて防を為る、……防を過ぎれば逐うこと弗し、奔に従わざるの道也」とあるように、古代田猟は防をもって限《さかい》となし、防を越えて逃げる獣は深追いしないならわしであった。邑の近くの藪沢の一部が猟場として常時利用されてくるにしたがい、そこにくぎられた防がやがて固定して、その囲場としての猟場が邑の長の囿として囲い込まれていったのではないかとも考えられる。(2) 囿には、やがて、禽獣が畜養せられ、池籞が設けられ、宮殿台榭がその間に建てられ、君主の田猟遊楽の場所として、君の独占的利用のための排他性の度を増して行くが、それは、氏族制的共同体の族長が家父長制的君主に転化して行く動きに相応ずるものであった。前引の孟子の言にある周の文王の囿が、孟子のいうように、はたして民の利用にも無条件に開放されていたかどうかは疑わしいが、大雅霊台の詩に「王、霊囿に在り、麀鹿の伏する攸《ところ》」とあり、また西周後期の金文とされる諫毀(3)に「……王内史先を呼びて諫に冊命して曰く『先王既に汝に命じて王宥(囿)を撇司せしむ』……」とあることから見ても、西周の王室には囿が設営されていたことは疑いない。すでに強大な王権を形成していた宗周の大邑に比して、その権力形成の未熟であった東方の「封建」諸邑においては、春秋時代に入ると次第にさかんに囿の築営が記録されてくることは、左伝が豊富に伝えている通りであるが、前引の孟子の言は、そのような君主による苑囿の囲い込みと、その排他的な独占利用が、春秋時代以来ますますさかんとなる一般的傾向を物語るものである。また、そのような山林藪沢の一部の囲い込みによる諸侯の苑囿築営がさかんになるにつれて、それは従来の山林藪沢の民の利用を排除するものであるとする非難が、戦国儒家思想家のなかから起ってくるわけであって、前記孟子の言は、その一例なのである。

ところで、前述のように、囿は、君主の田猟遊楽のために山林藪沢の一部を囲い込んだものであるが、それが同時に経済的意味をもってくるところに、私たちにとっては重要な意味があるのである。左伝僖公三三年の記事によると、鄭に駐屯していた秦の三人の大夫が鄭国にとって害をなすことを知った鄭の穆公は、その臣皇武子をしてつぎのようなことばをもって婉曲に秦の三大夫に退去を求めしめた。

「吾子《あなた》は、敝邑に淹《とど》まること久しく、唯是れ脯資餼牽竭《つ》きたり、(ために)吾子の将に行《さ》らんとするを為せり。鄭の原圃有るは、猶秦の具囿有るがごとし。吾子、其の麋鹿を取りて、以て敝邑に閑《とど》まらば若何《いかん》」と。

原圃も具囿もともに囿の名である。圃は、一般には、「菜を種えるを圃と云う」(説文解字)、「圃は菜園也」(斉風東方未明毛伝)、「果蓏を樹えるを圃と云う」(周礼天官大宰鄭注)とあるように、果樹瓜瓠蔬菜を栽培する園をいうのであるが、左伝中に出てくる圃は、往々、囿と同じ意味に用いられている。この鄭の原圃も、秦の具囿と同一性格のものとして列挙されており、そこに生息する麋鹿をとって食料に供せよ、というのであるから、この原圃は菜園ではなく、禽獣の生息する囿である。淮南子墬形訓の高誘注や、水経注巻二二渠水注ではこの鄭の原圃を圃田沢として理解している。鄭の圃田沢は、前述のように、爾雅の十藪、淮南子の九藪、周礼職方の九州の藪にも挙げられている古来有名な藪沢である。原圃はこの圃田の藪沢の一部を囿としたものであるとすると、それは明らかに単なる菜園ではなく、鄭の君主にとって経済的にも重要な意味をもつ禽獣魚鼈草木に富んだ苑囿であったのであろう。史記司馬相如列伝に、「般般之獣、楽我君囿」とあるのが、漢書では「般般之獣、楽我君圃」とあることも、圃が囿と通じて用いられていることの一証である。しかし果樹蔬菜栽培の園に限定された意味での狭義の圃も、広大な苑囿のなかに含まれてはいたのである。韓非子外儲説右下に「秦大いに饑ゆ、応侯、(昭襄王に)請うて曰く(4)『五苑の草菜蔬橡果棗栗は、以て民を活かすに足る。請ふ之を発せん』」とある。苑は前述のごとく囿である。この五苑には、果樹蔬菜を栽培する園が含まれていたのであろう。それは、平常は秦の宮廷の需要に、すなわち、宮廷の日常の食料や、賓客の饗宴や、群臣への賜与に供するものであった。それは相当広大なものであり、饑饉の際には民に解放すれば、饑民を救うに足るほどのゆたかな経済的意味を秦の君主にとってそれはもっていたのである。このように春秋戦国時代の秦や魏の囿は、その君主の経済にとっても重要な意味をもつものであったが、囿のもつそのような経済的意味についてのより重要な史料が、戦国策にある。

　戦国策の西周策によると、当時、魏に梁囿・温囿という名の二つの囿があった。梁は魏の都であり、温は魏の邑であるから、それぞれの都邑の近辺にある山林藪沢を囲い込んで囿としたものであろう。その梁囿・温囿について、西周策はつぎのような話をつたえている。すなわち、当時秦が周に兵を進めたので周君は魏におもむいて援軍を求めた。魏王は、その領内の上党の地がやはり秦兵に侵され火急の際であったので、それをことわった。そこで周君はあきらめて帰ろうとし、たまたま魏の梁囿を見て、これを楽しみ、大いに羨望の念をもった。そこで周君の臣の綦母恢という者が、周君にむかって「温囿は此(梁囿)に下らずして、又(周に)近し、臣能く君のために之を取らん」といい、単身途を返して魏王に面会し、もし魏が周に援軍を与えないならば、周は秦に降伏して秦と一緒になって魏を攻めよう、といって脅迫し、つぎのような要求を出したのである。

　「今(魏)王、戍三万人(の援軍)を許し、温囿を(周に)与えるならば、周君は以て父兄百姓に辞を為すことを得る。而して、温囿を私(利)して以て楽しみとなさば、必ずや秦に合せじ。臣嘗つて聞く、温囿の利は、計歳に八十金なりと。周君、温囿を得ば、其の以て(魏)王に事うるもの、歳に百二十金ならん。是れ上党の患なくして、四十金を贏《あま》す也」と。

魏の温囿からあがる歳入が八十金であるというこの戦国策の記載は、注意されなければならない。「温囿の利は計、歳に八十金」を注して、横田惟孝の戦国策正解は「八十金は、魏人、其の上に貢するの数なり」と解している。これは高誘の注にしたがったものである。戦国策衛策では、左氏という邑を「百金之地」という表現をもって記しているが、それは、そこからあがる税収入が百金に価する土地という意味である。八十金というのが温囿からあがる年間収入の価値を表示したものであるとすると、この囿の経営は、奴隷使役、或は徭役による宮廷の直接経営のほかに、漢代の苑囿の場合にみられるように、それを貧民に仮(貸)して、そこから仮(税)をとる形態もすでに存在していたのではないかと考えられる。管子揆度篇にも「民の本なき者には之に圃彊を貸す」とある。揆度篇は、その著作年代に疑問のある篇ではあるが、少くとも、この史料は戦国時代の斉の実状を示しているものと考えてよい。史記斉太公世家の頃公一一年に、すでに「苑囿を弛め、賦斂を薄くし、孤を振《すく》い疾を問い、積聚を虚くして以て民を救う」という記述があるからである。「苑囿を弛む」とは苑囿の一部を民に開放することで、それは、実際には、揆度篇のいうように、土地なき貧民に囿圃を仮すことであったのであろう。しかし、それは魏や斉ばかりではない、私たちの問題とする秦においても、秦本紀の孝文王元年に「苑囿を弛む」とあるのである。漢代においては、苑囿の経営には奴隷使役による直接経営とならんで、その一部を貧民に仮し、仮(税)をとる形態が一般であったことは、すでに明らかにされている。「元鳳三年、中牟苑を罷めて、貧民に賦つ」(漢書昭帝紀)、「水衡の禁囿、宜春下苑を罷めて、貧民に仮し与う」(漢書元帝紀)等、一々列挙するまでもなく、このような苑囿の開放による貧民への仮貸の例は、漢書本紀に数多く見られ、後漢に入ると、さらに多く検出できるのであって、このような仮による収入は、苑囿の収入として、漢の帝室財政収入の一項をなしていたのである。このように、漢代の事例と照しながら、さきの魏の温囿の歳入八十金という戦国策の記述や、史記斉太公世家や秦本紀の「苑囿を弛む」という史料や、管子揆度篇の記載をあわせ考えれば、すでに戦国時代の諸国の苑囿には、その一部を貧民に仮し与えて開墾させ、仮（税）を徴収する形態のあったことを認めなければならない。そしてその場合、「上林・広成の苑の墾闢す可き者は、貧民に賦《わか》ち与う」（後漢書安帝紀）という漢代の事例の示すような、苑囿内の開墾を貧民流民に強制してそこに定着させるような方策も、戦国の上記の諸例のなかには含まれていた、と推測されてよいのである。もしこのような推定が許されるとするならば、すでに戦国時代においては、苑囿内の開墾によって、君主の家産としての所有にかかわる公田[5]が新たに設けられつつあったことになる。しかしながら、問題はこれにとどまらないのである。後述のごとく、竹書紀年（漢書地理志注臣瓚所引、太平御覧一五八所引）に「梁の恵王、逢忌之藪を発（廃）して、以て民に賜う」とある記述は、単に苑囿の開墾だけでなく、広く、苑囿以外の山林藪沢一般の開墾による公田の設置について、私たちに重要な暗示を与えるのである。そのことを実証するためには、再び山林藪沢の問題に立ち返らなければならない。

（1）今本説文解字には「囿、苑有垣也、从口、有声、一曰所目養禽獣曰囿、𡈁籀文囿」とあるが、太平御覧一九六所引の説文には「苑有園曰囿、一曰養禽獣曰囿」とある。なお、上引説文に「囿、苑有垣也」とあるほか、周礼地官の囿人の条の鄭注には、「囿、今之苑」とあり、呂氏春秋孟春紀重己篇の高誘注には「畜禽獣所、大曰苑、小曰囿」とあるが、淮南子本経訓の高誘注には、「有牆曰苑、無牆曰囿」とある。この淮南子の高誘注は前記説文の解と相矛盾するが、それは、孫詒譲（周礼正義、地官場人の条）や徐中舒の次掲論文の指摘するごとく、誤りとしなければならない。

（2）徐中舒「井田制探源」『中国文化研究彙刊』第四巻上冊（一九四四）、一二三、一二六頁参照。

（3）郭沫若『両周金文辞大系攷釈』一一七葉、諫毀、「隹五年三月初吉庚寅、王在周師彔宮、旦王格大室、即位、司（𤔲）馬共右諫入門立中廷、王呼内史先、冊命諫曰『先王既命汝攱𤔲王有（囿）』……」

（4）今本韓非子外儲説右下には「五苑之章著蔬菜橡果棗栗」とあるが、兪樾（諸子平議巻二一）は「著字衍文也」とし、王先慎（集解）は、「兪説是、芸文類聚八七・御覧四八六・九六四、九六五・事類賦二六・初学記二八、並引無著字、草作果、無下果字」としている。ただ陳奇猷（集釈）は「著」を刪ると文句倫せずとして、「著、疑著字形近之誤、説文『著、蒿属』蓋大饑之歳、草著亦足為食料以充飢也」としている。

（5）もとより、公田それ自体は戦国時代になってはじめて出現したのではない。所謂籍田の儀礼は、西周さらには殷末にすでに一種の公田の存在を私たちに推定せしめる（籍田については、白川静「詩経に見える農事詩」『立命館文学』一三八・一三九、一九五六、木村正雄「籍田と助法」『東洋史学論集』第三、一九五四参照）。しかし、それは始源的な氏族共耕の祭田に由来する儀礼的性格のものであって、私たちがここで問題とする君主の家産的私田としての公田とは、その性格において明確に区別されなければならない。もっともこのような性格の籍田も、氏族制的邑共同体の族長がその家父長制的性格を強化し、宗周におけるように王権にまで発展してくると、その王の家産的私田へと転化する傾向をそれ自体のなかにもってくることになる。しかしながら西周においては未だ氏族制の強い残存と制約により、そのような傾向は、のちのような十分な展開を見なかった。本文で私たちが問題とするような、戦国諸国における開墾による新たな公田の設置とその増大は明らかに春秋中期以降の氏族制崩壊の過程のなかから突出してくる専制君主権力の強化の動きに相応ずるものとして、籍田のそれとは異なる新しい歴史的意味のもとで理解されなければならない。

## 五　専制君主による山林藪沢の家産化とその経済的意味

以上見てきたように、君主の田猟遊楽のために山林藪沢の一部を排他的に専取して設営された苑囿が、戦国時代においてはすでに、君主にとって固有の経済的収入をもたらすようになっていたことと相応じて、苑囿以外の広大な山林藪沢それ自体もまた次第に確立されてくる専制君主権力の経済的基盤として明確に意識されてくるのである。それは、氏族制的邑共同体の長としての諸侯の把握していた共同体的規制権が次第に明確に君主個人の家父長制的領有権に転化してくる、春秋中期以降の一般的趨勢に相応じた動きであった。従来、漠然たる共同体的規制下において一般に利用されていた山林藪沢は、次第に君主個人の家産として、明確に把握されてくる。それは、君主にとって、山林藪沢が新しい経済的意味をもってきたからにほかならない。

国語楚語下に、楚の大夫王孫圉が晋に使いしたとき、楚の有名な白珩(佩玉)を問うた趙簡子に対して、「楚国の宝」は白珩などの玩物ではなく、賢人観射父と雲夢の藪沢であると答えた、という有名な挿話があるが、そのときの王孫圉の答えたことばの一節に、「又藪有り、雲(夢)という。徒州に連りて、金木竹箭の生ずる所なり。亀珠・歯角・皮革・羽毛は、賦に備えて以て虞《はか》らざるに戒《そな》える所以のものなり、幣帛に供して以て諸侯に賓享する所以のものなり。……これ楚国の宝也、かの白珩の若きは、先王の玩なり、何ぞ宝とせん」とある。

そこでいう藪沢の出す材、すなわち亀珠・角歯・皮革・羽毛が、「賦に備える」ものであるということは何を意味するのであろうか。左伝襄公二五年を見ると、そこでは、楚の蔿掩が司馬となり、賦を治めるために、「山林を度《はか》り、藪沢を鳩《あつ》め、京陵を弁《わか》ち、淳鹵を表し、彊潦を数え、偃豬を規《はか》り、原防を町にし、隰皐を牧にし、衍沃を井にし、入を量りて賦を脩めた」と記されている。「山林を度り、藪沢を鳩める」とは、山林の材を量り、藪沢の出す産物を会《あつ》め計することで、山林藪沢の出す材を調査計量することである。このような「山林を度り、藪沢を鳩める」調査計量の具体的仕方の一例として、のちの管子乗馬篇[1]にある「地均」の方法は示唆的である。それは同じく兵賦を定めるために山林藪沢の調査計量の方法をしるしており、そこでは「地の食《たがや》す可からざるもの、山の木無きものは、百にして一に当る。涸沢は百にして一に当る。地の草木無きものは、百にして一に当る。樊棘襍処、民入るを得ざるものは、百にして一に当る。藪の鎌纆入るを得るものは、九にして一に当る。蔓山の、其の木以て材と為す可く以て軸と為す可く、斤斧の入るを得るものは、九にして一に当る。汎山の、其の木以て棺と為す可く以て車と為す可く、斤斧の入るを得るものは、十にして一に当る。流水の網罟入るを得るものは、五にして一に当る。林の、其の木以て棺と為す可く以て車と為す可く、斤斧入るを得るものは、五にして一に当る。沢の網罟入るを得るものは五にして一に当る。

之を命じて地均と云う、実を以て数うるなり」と記されている。そこでいう「山の木なきものは百にして一に当る」或は「藪の鎌纆入るを得るものは九にして一に当る」というのは、禿山の面積百里は、その実収が、穀土(食地)の一里に該当するものとして計算するということであり、また、鎌及び纆《なわ》を入れて雑木の伐採のできるような藪は、その面積九里を穀土一里に当るものとして計算するということであって、山林藪沢の調査計量は、単にその面積の広狭をはかることばかりではなく、そこからの実収を計量することであった。ところで、賦を治めるために、このような山林藪沢の調査計量をおこなう、ということは、何を意味するのであろうか。春秋初期までの所謂邑制国家の時代においては、賦とは、分邑がその服属するより大きな邑(国)に対して事ある毎に提供しなければならなかった軍隊を意味し、それは分邑の族人をもって構成されるところのものであった。ところが、春秋中期以降になると、諸侯は、その分邑した族人の軍隊に依存することをやめて、みずからの直轄の常備軍を持つようになる。それは、氏族制的な邑共同体の単なる長であった諸侯が、兵権を一身に集中しようとする専制的な君主へと転身する第一歩である。ここにおいて、諸侯の関心事はみずからの直轄の常備軍の整備強化にあり、その整備強化のための財物の確保にあることになる。かくして、従前の賦は、その性格と内容とを一変して、分邑から提供される兵力の意味をはなれて、君主自身の常備軍維持のために徴収される財物に、その意味を転じてくる。(2)当初はそのような財物はもっぱら軍事用資材、すなわち糧秣・甲兵・皮革等であった。前引の楚語の「亀珠・歯角・皮革・羽毛は、賦に備えて不虞に戒《そな》える所以」というその賦は、かかる意味の賦である。そして、かかる賦を徴収するために、「山林を度《はか》り、藪沢を鳩《あつ》めた」のであった。春秋初期或はそれ以前においては、前述のように、「山林川沢之実は、皁隷之事、有司之守」であって、山沢には虞がおかれて、それが皁隷を使役して、邑共同の祭祀や君主の需要のための山沢の産物を採取し、その他の一般の用のための採取は、虞のつかさどる季節的禁発の制約下においてではあるが、一般の邑人の利用に解放されていた。

ところが、今や、君主は、自己の直轄の常備軍の拡大強化のために、甲兵その他の軍事資材を賦として一般に課し、その確保をはかろうとするに至る。賦として徴収されるに至った甲兵・皮革の材料の供給源は、いうまでもなく山林藪沢である。したがって、従来漠然たる共同体的規制下にあった山林藪沢は、君主の増大する軍備的関心にとってその価値をいちじるしく増してくることになり、その結果、君主の家産として、明確にその面積と実収とが、調査計量されてくることになる。賦を治めるために、「山林を度《はか》り、藪沢を鳩《あつ》める」楚の改革は、このような兵権の君主への集中にともなう、君主による山林藪沢の家産化の一つの契機を示すものであろう。

しかしながら、この君主の常備軍が拡大強化されるにしたがい、賦はそのような特定の軍事資材に代って、ひろく直接生産者たる民の田地や収穫物に課せられるようになり、さらに戦国時代に入ると銭納をもってする人頭税に発展し、増大する専制君主の軍費の財源は、一般の広範な人民層に求められるようになって行くのである。したがって、以上のような軍事資材としての意味における賦の供給源としての山林藪沢のもつ意味は、いわば過渡的なものと考えなければならないのであるが、それに代って、或はそれと前後して、山林藪沢は、つぎに論及するようなより重要な新しい経済的意味をになって、次第に擡頭してくる専制君主権力の重要な経済的基盤となって行くのである。

前節にのべたように、孟子・荀子等の戦国の儒家思想家は、山林藪沢は民とともに利用すべきもので、税すべきでない、と強調するのは、戦国の実状が、かれらの主張と反対の実状にあるからにほかならない。「関市は幾《しら》ぶれども征せず、山林沢梁は時をもって禁発すれども税せず、……是れ王者の法也」(荀子王制)というのは、関市に税し、山沢に税する戦国の実状を、王者の法をもって批判する意図にほかならない。法家系統につながる戦国の思想家にあっては、逆に君主が山林藪沢の税を収めることが、当然のこととして記されているのは、その明らかな証拠である。例えば墨子非命下には「今や卿大夫の、股肱の力を竭《つ》くし、その思慮の知を殫《つ》くして、内は官府を治め、外は関市・山林・沢梁の利を斂め、以て官府を実《み》たして、敢えて怠倦せざるは何ぞや」とあり、また尚賢中にも「賢者の官に長となるや、夜に寝ね夙に興《お》き、関市・山林・沢梁の利を収斂して、以て官府を実《み》たす」とある。この墨子の記載は、山林藪沢をすでに君主が一方的にみずからの家産として把握し、その利用者に税を課している戦国の体制を明らかに反映しているのであるが、そこにいう「山林沢梁の利を収斂すること」或は荀子のいう「山林沢梁に税すること」は、さきにのべた楚語の亀珠・角歯・皮革・羽毛の賦とは明らかに区別されなければならない別種の性格の税収であり、より重要な経済的意味をもつものであった。楚語の所謂皮革・羽毛の賦は、前述のように賦が兵力提供から人頭税に転化する中間にとる過渡的な、いわば一時的な形態であったのに比し、この山沢の税は、漢代に入っても帝室財政収入の重要な一項目として存続して行くものであって、このような専制君主の経済的基盤は、すでに戦国の諸国において形成されていたのであった。秦においては「商鞅の法を用いて帝王の制を改め、……又田租・口賦・塩鉄の利、古に二十倍す」(漢書食貨志上)とあり、また「昔商君秦の相たるや、内は法度を立て、刑罰を厳にし、外は百倍の利を設け、山沢の税を収む」(塩鉄論非鞅篇)とあり、魏においては、前節に引用したように、李克が、農民からの田租のほかに、重要な財源として山林沢谷の利を強調しているのである。これらのことは、山林藪沢が、すでに明らかに専制君主の家産として、それの重要な経済的基盤をなしていることをものがたるものであるが、しかしながら、戦国期において、山林藪沢からの税収が、このような大きな意味において、専制君主権力の基盤として役立つためには、一つの重要な歴史的条件の成熟を必要としたのである。それは、春秋中期から戦国にかけて、ますます盛んとなる商業の発達にほかならない。

　左伝成公六年に、晋人が都を故絳から新田に遷そうとしたとき、諸大夫は、「必ず郇瑕氏の地に居らん。沃饒にして塩に近し。国利して君楽しむ。失う可からざる也」といって、故絳の地にとどまることを主張したが、韓献子は、

「夫れ山沢林塩は国の宝也。国饒《ゆたか》なれば則ち民驕佚となり、宝に近ければ公室乃ち貧し。楽と謂うべからず」といって、公に遷都をすすめた、という話が記されている。そこでいう「宝に近ければ公室乃ち貧し」を、杜預は「宝に近ければ、則ち民本に務めざる也」と注している。すなわち、晋の故絳の地は、古の郇瑕氏の国であり、その近くに、有名な解州の塩池[3]があった。「国饒《ゆたか》なれば則ち民驕佚となり、宝に近ければ公室乃ち貧し」というこの韓献子の言は、杜預の解によると、すでに春秋中期において、この解州の塩池には、その塩の採取販売を業とする商人の発生を報じているものであり、民は農をすててそのもとにおもむき、公室の把握する農民がそのために侵害されて行くさまを物語っていることになる。すなわちこの史料は、山沢林塩が春秋中期頃から商業の発達とむすびついて、その経済的価値をいちじるしく増大し始めたことを私たちに教える点において重要である。ただこの場合の商業の意味についてであるが、春秋時代の商人は官に隷属する形態をなお多く残しているのが一般である。この晋の場合においては、当時公室の権力漸く衰えて、政は有力貴族の家門にうつりつつあった時代であって、国の宝である山沢林塩に対する公室の古来の管理規制権は次第に弱化して行く状態にあったため、このような表現がとられたのであろう。すなわち、左伝成公一四年には、晋の有力貴族郤成叔(郤犨)のことを苦成叔という名で呼んでいる。潜夫論巻九志氏姓によると、「郤犨は、采(邑)を苦に食《は》み、苦成叔と号す」とあり、また「苦成は城名で、塩池の東北に在り」と記している。周礼天官塩人の鄭注に、杜子春を引いて、「苦を読んで塩と為す」とあり、苦と塩とは声相近く、「塩は河東の塩池である」(説文)から、郤氏の采邑の苦は、解州の塩池とは密接した関係にあったと考えられる。すでに弱体化した公室をしのいで、郤氏はこの塩池を領有し、そこにおける塩の採取販売の上に、大きな支配力を及ぼしていたであろうことも考えられるのである。「苦成氏には三亡あり、徳少くして寵多く、位下にして上政を欲し、大功なくして大禄を欲す」という子叔声伯の言(魯語上)、また「それ郤昭子は、その富は公室に半《なかば》し、その家は三軍に半し、その富寵を恃み、以て国に泰《おご》りしかば、その身は朝に尸《さら》され、その宗は絳に滅びたり」という叔向のことば（晋語八）の示す郤氏の公室をしのぐ富と勢力は、商業の発達によりその経済的価値をさらに増大した塩池の領有と関係があるのではないだろうか。郤氏の滅亡後、解州の塩池は、安邑に遷ってきた魏氏によって家産化され、やがて魏氏の強大化をささえる重要な経済的基盤となって行くのである。

斉においても、春秋中期から次第に公室をしのいで擡頭してくる有力貴族田氏が、民心をあつめる種々な方策をとり、その一つとして「山木は市に如《ゆ》くも山に加えず、魚塩蜃蛤は（市に如《ゆ》くも）海に加えず」（左伝昭公三年）ということが伝えられている。これは「家量を以て貸し、公量を以て収めた」ことと並び称せられる田氏の民心収攬策であるが、これは、本来公家の管理規制下に属すべき山海の一部を田氏が領して、山海の材を市に売り出していたことを意味する。田氏の領する山海から市に売り出される山木や魚塩蜃蛤の価が、きわめて低廉であったので、民心が田氏に帰したというのである。斉や晋や魯のような、貴族の勢力が公家をしのぐほど強大で簒奪や分裂の危機にある春秋末期の国々においては、本来公家の管理規制下にあるべき山林藪沢が有力貴族によって領有されていく傾向が顕著になってくる。魯では、孟孫氏が季孫氏と話し合いで萊・柞二山を領有するに至っている（左伝昭公七年）。斉でも、慶氏の乱のとき、陳桓子（田桓子）は「慶氏の木百車を荘に得ん」といっている（左伝襄公二八年）。慶氏の木百車とは、慶氏がその領する山から伐り出した木材百車を荘（六達の道）に積んであったものであろう。前記の田氏の例は、単に有力貴族が山海の一部を領有するばかりでなく、その材を市に売り出しているという点で重要である。このことは当時の商業の一つの特徴的な在り方を示唆するものであるともいえる。晋の欒桓子は、「驕泰奢侈、貪欲藝《きわまり》なく、則を略《おか》し、仮貸して賄を居《たくわ》えたり」（晋語八）と記されている。田氏の場合は、民に粟を家量をもって貸し公量をもって収めるばかりでなく、その領する山海の産物を市に売る場合にも、原産地におけると同じ低廉な価値で民に提供したので、民心を得た、というが、その背後には、春秋末期においては、山沢の材が商業交易の対象となっているという事実があり、したがってまた山沢を領有するということが、新しいそして増大する経済的価値を意味するものであることを私たちに知らせる。

左伝僖公二三年に、晋の公子重耳が流浪して楚に赴き、楚の君主より厚遇されたとき、「羽毛・歯革は則ち君の地に生ず。其の晋国に波及する者は、君の余也。其れ何を以て君に報いん」といったと記されている。また左伝襄公二六年には、蔡の声子の言として「晋の卿は楚に如《し》かず、其の大夫は則ち賢にして皆卿の材也。杞梓・皮革の楚より往くが如き也、楚に材有りと雖も、晋実に之を用う」ということが記されている。楚の山林藪沢の材である杞梓・羽毛・皮革は、すでに春秋中期においては、晋において用いられているのである。雲夢の産する「亀珠・角歯・皮革・羽毛は、幣帛に供して諸侯に賓享する所以なり」と楚語に記されているように、それは、楚の行人が他国に使いするとき贈物として他国の諸侯に献ぜられたものもあろうが、すでにそこには商人の介在を考えなければならない。「工商は官を食む」(晋語四)とあるように、商人はそもそも官に隷属しそこから発生したものだとする仮説をとるならば、両者は矛盾するものではない。戦国時代に入っての商業のいちじるしい発達はすでに諸家の論証するところであるが、注意すべきことは、それが各地方の特産物の交易という形でおこなわれ、しかもその地方特産物として挙げられているのは、主として山林藪沢の自然的産物が多いということである。史記貨殖列伝は商業交易によりはこばれる各地方の特産物を列挙しているが、それによると「山西は材・竹・穀(木の名)・纑・旄・玉・石饒《おお》く、山東は、魚・塩・漆糸・声色多く、江南は、枏・梓・薑・桂・金・錫・連・丹沙・犀・瑇瑁・珠璣・歯革を出し、龍門・碣石の北は、馬・羊・牛・旃・裘・筋角多し、銅鉄は則ち千里にして往々山より出で、棊の如く置かる」と記されている。ここに挙げられている地方特産物は、その大体において、荀子王制篇における列挙と一致するから、戦国時代における商業交易の対象たる地方特産物も、ほぼこれと同様な布置にあったものと考えてよい。そしてそれをはこぶ商人の活動は、すでに前述のように春秋中期頃から漸く顕著化してくるのである。

このように、山林藪沢の産物が商業交易の対象となり、よりひろい範囲の需要に応ずるようになってくると、山林藪沢は新しいしかも大きな富を生み出す財源として、諸国の君主の関心の対象となってくることは当然である。従来、それの利用についての管理規制権をもっていた諸国の君主は、それをみずからの家産として排他的に領有し、その材を採取販売することを業とする者に対して税を課すことになってくる。前記の孟子・荀子等の非難するところの「山沢に税する」とは、このことである。すでに、左伝昭公二〇年には、斉の晏子の言として「山林の木は、衡鹿これを守り、沢の萑蒲は舟鮫これを守り、藪の薪蒸は虞候これを守り、海の塩蜃は祈望これを守る。県鄙の人は入りて其の政に従い、偪介の関は其の私を暴征し、……徴斂度無く……民人は苦病し、夫婦は皆詛す」とのべられている。この晏子の言は、斉の景公の悪政の例としてかたられているのである。そこでいう衡鹿・舟鮫・虞候・祈望等はいずれも山海藪沢を管理する官名である。これらの官が山海藪沢の材を管することが悪政だという意味は、これらの官の管理の仕方が従来と変ったからにほかならない。本来君と民とがともに利用すべきだという思想が晏子にあって、その観点から、君主が一方的に山海藪沢を家産として、領有して、その利用者からこれらの官をして多額の税を徴収させる景公の方策を、悪政として指摘したのである。それは、このことにつづいて、関の征を非難していること、のちの孟子・荀子・墨子等が「山沢に税する」ことと「関市に税する」こととを対句的につづけていることとを想起すれば、了解されるであろう。また晏子のこの諫言を聞き入れて、景公が「有司をして政を寛くし、関を毀ち、禁を去り、斂を薄くした」という記述からも、そのことは明らかである。この晏子の批判は、同じ思想的根拠をもって、前引の孟子・荀子等の「山沢に税し、関市に税する」戦国の実状に対する批判に先行するものである。またこのような景公の山海藪沢の材の採取者への課税があったからこそ、田氏の、その領する山海の材について「山木は市に如《ゆ》くも山に加えず、魚塩蜃蛤は（市に如《ゆ》くも）海に加えず」という方策が、民心をあつめる効果をもったのであろう。このように見てくると、前節冒頭に引いた、「今夫れ越の具区・楚の雲夢・宋の鉅野・斉の孟諸は、国を有《たも》つの富にして、覇王の資也、人君統べて之を守れば則ち強く、禁ぜずば則ち亡ぶ」という塩鉄論の大夫の言は、その大夫の主張せんとする意図とは別に、春秋末期から戦国にかけての動きの一面を、ある程度忠実に物語っていると考えなければならない。晏子の諫言を入れて、山沢の禁をといた斉の公家は、ほどなく田氏の奪うところとなり、解州の塩池をはじめとする山沢林塩を一方的に管する力をもたなかった晋の公室は、やがてそれを領するに至る魏氏をはじめとして、趙氏・韓氏の三家に分割されることになる。そして秦においては公室が国内貴族の力を圧して山林藪沢をみずからの家産とし、商鞅の法をもちいて、「外は百倍の利を設けて、山沢の税を収め」（塩鉄論非鞅篇）、その専制君主権力の重要な経済的基盤となすのである。前述のように、戦国期に入ると、各国の山林藪沢の産物は、個々の地方国家の自給的需要をこえて、当時の中国の全土にわたって交易されていたのであって、それだけまた各地方の山沢の産物に対する需要は増大していたのであり、またしたがって、各地方の山林藪沢の産物の採取・栽培・飼育を業とする企業は、いちじるしく発達していたのであった。それ故、陸地では、牧馬二百蹄、牛蹄角千、また千足の羊をもつ牧畜業者、沢地では千足の彘を飼育する養豚業者、陂沢では千石の魚を養う養魚業者、或は山林では千章の材を養林伐木する林業者、または千樹の棗とか、千樹の栗とか、千樹の橘とかを栽培する果樹園経営者等の素封家が出現してくるわけであって、かれらは史記貨殖列伝の記すごとく、千戸の封君と等しい収益をあげ、それだけまた、かれらから徴収する山沢の税は、ますます巨額な収入を専制君主に約束して行くのであったのである。そしてこのような山林藪沢の産物の採取飼育業者のうち、最大の収益をあげ、その納入する巨額な税によって、専制君主の経済的基盤の確立に大きな役割をはたしたのは、いうまでもなく民衆的市場の地盤の上にたつ製塩・製鉄の業者であったのである。

史記貨殖列伝や平準書の記載によると、塩鉄の業者は、武帝の専売施行以前においては、一見、自由な民間企業として、その巨富をつんだように記されている。しかしながら、かれらは武帝の専売以前においても、もちろん今日の意味におけるような自由な民間企業家であったのではない。華陽国志巻三蜀志の臨邛県の条に「漢文帝の時、鉄銅(山)を以て侍郎鄧通に賜う。(鄧)通は民の卓王孫に仮し、歳千疋を取る。故に王孫の貨は巨万億を累ぬ」とある。漢書佞幸伝によると、漢の文帝は「鄧通に蜀の厳道の銅山を賜わり、自ら銭を鋳ることを得せしむ。鄧氏の銭、天下に布く。其の富此の如し」とある。山林藪沢は、前述のように戦国期以降、明確に君主の家産として所有されていたのであって、銅山・鉄山のような重要な財物を産出する山は、殊にそうであった。漢の文帝は、その所有する蜀の銅鉄山を寵臣鄧通に賜わった。鄧通のその銅鉄山の経営は、どういう形でおこなわれたか、というと、華陽国志によるとその銅鉄山を民に仮し、すなわち製鉄業者として名高い卓王孫に仮し、その代りに卓氏が毎年千疋の仮税を鄧通におさめたというのである。卓王孫の銅鉄業が、鄧通が文帝から賜わった銅鉄山を仮りることによっておこなわれ、それ故に巨富をいたした、という華陽国志の示す史料は、貴重である。戦国以来、多くの巨富をいたした製鉄業者が、史記貨殖列伝に記されている。一方、財用に富む山林藪沢は、戦国以来専制君主個人の領有に属し、その重要な経済的基盤となったことは、上来見てきたところである。戦国の専制君主が、山沢を管してその利を収斂した、というような記載が、諸書に見えることは、前述の通りである。鉄山・銅山も、戦国以来、専制君主の家産として所有されてきたのである。秦には、すでに鉄官が存在した。司馬遷の玄祖父昌は「秦の主鉄官と為る」と太史公自序に明記されている。武帝以前に、塩鉄の専売がおこなわれたか否かについて、論争がなされる所以が、ここにあったのである。しかしながら、君主が山沢を管してその利を収斂したということは、必ずしも専売を意味するのではない。しかしまた、塩鉄業が民間で全く自由におこなわれたのでもない。君主は、その領有する山沢を、「仮」の形において、民間業者に仮し、かれらから仮税を収めたのではなかろうか。華陽国志の卓王孫についての史料は、そのことを推定せしめる。丁度、苑囿が民に仮されるのと同じ「仮」の形態においてである。秦の鉄官は、鉄専売の官ではなく、民に仮された鉄山から直接仮税を徴収する官であったのだろう。武帝以前の塩鉄業者は、したがって、自由な民間企業者というよりは、専制君主権力にきわめて隷属的な特権的企業者ということになる。このように考えてくると、単に塩鉄についてばかりではなく、さきにのべた、山林藪沢の税というのは、総じて「仮」的性格のものではなかったろうか。もしこの推測が許されるとすると、漢代において、山沢の税が少府に属するわけも理解されてくるのである。

（1）　管子乗馬篇は、羅根沢『管子探源』（一九三一）によれば、戦国末政治思想家の作、或は早くても孔子以後の作品とされている。その推断の論拠は、同篇の主要論旨とはかかわりないところから求められてはいるが、同篇の内容からいっても、春秋末から戦国期の事情を反映しているものと考えてよかろう。ただ私が本稿の本文において、左伝襄公二五年の「楚蔿掩為司馬、子木使庀賦、数甲兵、甲午、蔿掩書土田、度山林、鳩藪沢、弁京陵、表淳鹵、数疆潦、規偃豬、町原防、牧隰皐、井衍沃、量入脩賦、賦車籍馬、賦車兵・徒卒・甲楯之数」という記事の理解のために、同じく兵賦を治するための山林藪沢の調査計量の方法を具体的にしるした管子乗馬篇の地均の法を引用したのは、左伝のしるす蔿掩のおこなった山林藪沢の調査計量が、管子の所謂地均の方法と全く同じ仕方でなされたという意味ではもとよりない。恐らくは戦国期の事情をつたえているであろう管子乗馬篇において、きわめて具体的に記されている地均の法を媒介とすることによって、春秋末蔿掩がおこなった山林藪沢の調査計量の現実性をより深く理解し確認しようとするためにほかならない。もっとも蔿掩の山林藪沢の調査計量が管子乗馬篇の地均の法と同じような仕方でおこなわれたと解する学者もいる。左伝孔疏所引の賈逵の説がそれであって、賈逵は、前引左伝襄公二五年の「度山林、鳩藪沢」以下の文を注して、「山林之地、九夫為度、九度而当一井也、藪沢之地、九夫為鳩、八鳩而当一井也、京陵之地、九夫為弁、七弁而当一井也、淳鹵之地、九夫為表、六表而当一井也、疆潦之地、九夫為数、五数而当一井也、偃豬之地、九夫為規、四規而当一井也、原防之地、九夫為町、三町而当一井也、隰皐之地、九夫為牧、二牧而当一井也、衍沃之地、畝百為夫、九夫為井」と解している。この賈逵の解釈は、周礼小司徒の「乃経土地、而井牧其田野、九夫為井」の鄭司農の注「井牧者、春秋伝所謂井衍沃、牧隰皐者也」および鄭玄の注「隰皐之地、九夫為牧、二牧而当一井、今造都鄙授民田、有不易、有一易、有再易、通率二而当一、是之謂井牧」とも相通ずるものであるが、賈逵が、度・鳩・弁・表・数・規・町を、周礼の井・牧と同じ線で、土地計測の単位と解したことは、私には未だその十分な根拠を見出し得ない。

(2)　宮崎市定「古代中国賦税制度」『史林』一八ノ二・三・四、一九三三。松本光雄、前掲論文(三四六頁註17)参照。

(3)　解州の塩池の中国古代史においてもつ重要な意味については、宮崎市定『東洋における素朴主義の民族と文明主義の社会』一九四〇においてふれている。

## 六　山林藪沢の開墾と公田の設置

以上ながながと、私たちは山林藪沢の問題を追求してきた。そして、祭祀と軍事とを共同にする邑共同体の中核をなす族の長が、共同体の諸氏族貴族をおさえて、絶対的な専制的君主になりあがって行く場合、従来共同体の漠然たる管理規制下におかれていた山林藪沢を、自己の家産としてその利を独占して、その権力形成の重要な経済的基盤としていったことを、論証してきたのである。戦国期における君主の収斂する山沢の利、すなわち山沢の税は、このような家産的収益の性格をもつものであった。そして、それは、商業活動の発達とむすびついて、ますます増大する傾向をもち、戦国期における専制君主権力確立の過程において、郡県制的農民把握により確保される賦税収入とならんで、また賦税収入が必然的に内包するその限界を塡補しつつ、君主権力の重要な経済的基盤としての役割を果していったのである。ところで戦国期において、専制君主の家産と化していったこの山林藪沢は、もっぱら上来のべてきたような仕方においてのみ、専制君主権力の経済的基盤として役立ってきたのであろうか。私たちは、ここで、いままで触れなかったもう一つの重要な問題、すなわち、山林藪沢の開墾、灌漑と排水によるそれの耕地化の問題に、直面しなければならない。ここに至って、はじめて、本稿の冒頭にかかげた公田の問題に接近し得る手がかりが与えられることになるのである。

　春秋末期から戦国にかけて、鉄器の普及は大規模な渠の開鑿を可能にし、諸国において大規模な灌漑事業が展開されるに至ることは、周知のところである。そして、そのような戦国諸侯の手による灌漑事業のうち、最も著名なものの一つは秦における鄭国渠の開鑿であり、これにより秦は関中に沃野四万余頃を開き、六国を滅ぼすほどの富彊をつちかうに至ったといわれている。すなわち漢書溝洫志によると、秦王政の時、韓の水工鄭国の献策を納れて、中山の西より渠を開鑿して涇水の水を瓠口に通じ、さらに瓠口から渠を開鑿して北山に沿うて東の洛水に通じ、その開鑿した渠の長さは三百余里、舄鹵の地を灌漑して四万余頃の田を開いた、と記されている。ところで、注意すべきことは、この鄭国渠の中心地点である瓠口一帯の地は、爾雅十藪の一に数えられている古来有名な焦穫の藪沢であった、ということである。すなわち、爾雅釈地に十藪が列挙されており、その一に「周に焦穫有り」と記されているが、その郭注に「今の扶風池陽県の瓠中、是れ也」とある。さらに、水経注巻一六沮水注には「沮水東して鄭渠に注ぐ、……渠首、上は涇水を中山の西に承け、瓠口に邸《いた》る、謂う所の瓠中也、爾雅以て周の焦穫となす」とある。この爾雅のいう周の焦穫の藪沢は、周代においては、北方から侵入してくる犬戎にとってもまず好個の猟場としてうつったらしい。史記匈奴列伝によると、西周の末年「周の幽王が寵姫褒姒を用うるの故に、……中侯怒りて犬戎と共に周の幽王を驪山の下に攻め殺して、遂に周の焦穫を取りて涇・渭之間に居す」とあり、正義も括地志を引いて「焦穫は亦瓠口と名づく、亦瓠中とも曰う」といっている。詩経小雅六月の詩にも「玁狁茹《はかるべから》匪ず、焦穫に整居し、鎬及び方を侵し、涇陽に至る」とあり、毛伝は、「焦穫は周地なり。玁狁に接す」としている。この焦穫の藪沢は、周の東遷後春秋時代に入ると、秦の地となったのであるが、戦国末期に、秦王政が開いた鄭国渠は、すなわちこの瓠口一帯にひろがる古来の焦穫の大藪沢を貫通して、開鑿されたのであり、中山の西から涇水の水を瓠口に通じ、瓠口からさらに東して洛水に水を落し、その辺一帯の沢鹵の地を灌漑排水して良田を開いたのであった。すでに秦においては、さきにのべたように、山林藪沢は、君主の家産と見做されていた。このように君主個人の家産化された藪沢を灌漑排水して新たに開墾された鄭国渠の田は、君主の家産、すなわち、秦の王室に直属する公田として、一般の民田とは異なった性格を与えられたのではなかろうかという推定がここに成立してくることになる。

漢書溝洫志によると、漢の武帝のとき、左内史児寛は、「六輔渠を穿鑿して、以て鄭国渠の傍の高卬之田を益漑せんことを奏請した」。六輔渠とは、鄭国渠の南岸の傾斜の高地の田に、渠の水が十分に行かないので、さらに六道の輔助的小渠を開いて、鄭国渠の灌漑の輔助的役割を果さんとするものである[1]。この児寛の奏請に対して、武帝はつぎのように答えている。「左右内史の地は名山川原甚だ衆く、細民未だ其の利を知らず。故に為めに溝瀆を通じ、陂沢を畜《たくわ》えるは、旱に備える所以也。今内史の稲田の租挈重く、郡と同じからず。其れ減ぜんことを議し、吏民をして農に勉め地利を尽さしめ、繇を平かにして水を行《あた》え、時を失わしむること勿れ」と。すなわち、内史の地は名山川原が多くて細民はその利をうけていないから渠を開いて細民のために利をはかってやることは結構だが、今内史の稲田の租は一般郡県に比して重いのだから、まずそれを減じて、農につとめる気持をおこさせ、渠のための力役を均斉にして倶に水利を得るようにし、そのために農時が害されることのないようにしなければならない、と武帝は答えているのである。ところで、児寛の奏請したことは、鄭国渠の上流南岸の高地の田が灌漑十分でないから、そこに小渠を穿って、鄭国渠の灌漑を補助しようということなのであった。したがって、武帝のいう「内史の稲田の租挈重し」という稲田は、鄭国渠の周辺の稲田、すなわち鄭国渠により開かれた稲田が当然そこにふくまれていると考えることが、前後の関係より見て妥当である。鄭国渠により開かれた田には稲田があったことは、班固の西都賦によっても証することができる。すなわち、「下には鄭白の沃有り、衣食の源にして、提封五万なり、疆場は綺のごとく紛《まじ》わり、溝塍は刻鏤せるがごとく、原隰は龍鱗のごとく、渠を決すれば雨を降らし、挿《すき》を荷うもの雲を成し、五穀は穎《ほ》を垂れ、桑麻は棻を鋪《し》く」とある。鄭白の沃とは、いうまでもなく鄭国渠・白渠により開かれた沃土であり、溝塍の塍は、説文によれば、稲田の畦である。これによっても、鄭国渠が沢鹵の地を漑して開いた田には、原田もあったろうが、相当多く稲田があったことが知られる。「内史の稲田の租挈重く、郡と同じからず」の稲田が、鄭国渠によって、焦穫の藪沢を開いたものも含んでいるとすると、問題はきわめて重要である。「租挈」とは、顔師古の注によると、「田租を収めるの約令」である。鄭国渠の開いた稲田の租が、一般の郡県の田租よりも重い、というのである。漢書昭帝紀元鳳元年の条に、稲田使者燕倉なる者が記されており、その「稲田使者」を如淳は注して「特に諸稲田の為めに使者を置き、民に仮与して其の税入を収める也」といっている。「民に仮与して」とあるから、それは帝室直属の公田と考えなければならない。そうすると、つぎのような推定がなり立つのである。西漢には、内史すなわち畿内に多くの帝室直属の稲田があった。それは公田として民に仮され、その仮税は、一般郡県の田租より重く、その仮税徴収のために稲田使者という特別の官職がおかれた。そして、このような畿内の公田としての稲田には、秦のとき鄭国渠の開鑿によって、開墾されたものも多くあった。このように考えてくると、鄭国渠の開鑿により、焦穫の藪沢一帯の地を灌漑して開かれた田は、秦の君主の家産としての公田となったのではなかろうか、というさきの私たちの推測は、有力な傍証を得たことになる。少くともそのうちの稲田は、秦の公田となり、その制は漢に入ってもひきつがれて、帝室直属の公田として民に仮し、稲田使者という特別の官職の管理のもとに一般郡県の田租よりも重い仮税を徴していたのであろう。このことは、曹魏の民屯田が、郡県制とは別個の典農官の管理のもとに一般郡県の田租よりもはるかに重い税（民間の仮すなわち小作料とほぼ同額）を課され、曹氏に直属する公田として、曹魏権力の重要な経済的基盤をなしたことと対照して、きわめて重要な問題を内包するものである。藪沢その他の所謂無主の地が君主の手による灌漑工作によって開墾された場合、それは、君主の家産としての公田になる場合が多いのではないか、という私たちの推測をささえる事例が漢代には他にもある。

武帝のとき河東の太守番係の献言にしたがって、渠を穿って汾水の水を皮氏・汾陰の下に漑ぎ、また黄河の水を引いて汾陰・蒲坂の下に漑ぎ、河壖の棄地五千頃を田とした。この田は、ほどなく黄河の水流が移動したため、荒廃したが、当時徙ってきた越人にこの田を与えて、少府にその租を収めさせたことが漢書溝洫志に記されている。「越人に予《あた》えて、少府をして以て稍《すこし》く入ることを為さしむ」とあるから、この田は、少府の管理に属する公田として越人に仮されたのである。この河東の渠田については注意しなければならないことがもう一つある。(2)すなわち溝洫志の記述によると、河東の太守番係が、この渠を開くことを献策したそもそもの目的は、山東の地から関中に漕運する毎歳百余万石の粟が、底柱の険処を通る際に舟の沈没その他の事故により敗亡することが多く、またその費用もかさむために、それに代る策として、河東に河壖の棄地を灌漑して渠田五千頃を開き、そこでとれる粟を渭水を通って関中に運ぶことにあった。すなわち、この河東の渠田が開墾されたあかつきには、「底柱の東より復《また》漕すること無かる可し」といっているように、従来山東から関中に送られていた毎歳百余万石の粟は、その必要がなくなって、その代りにそれだけの粟を河東の渠田から関中に送ることが、予定されていたわけである。ところで、この河東の渠田を開くについて、「今漑ぎて之を田とすれば、穀二百万石以上を得べし」と記されているように、河東の渠田五千頃の収穫量は二百万石以上と予想されているのである。すなわち番係が、この河東の渠田を開くことを献策した際、河東の渠田五千頃を開けば、そこから毎歳二百万石以上の収穫量を得ることができるから、したがって、従来はるばる山東から関中へ漕運していた毎歳百余万石は、この河東の渠田の収穫のなかからこれにあてることができると計算していたのである。河東の渠田は、その収穫量二百万石以上のなかから百余万石を、すなわち、収穫量のほぼ半分を徴収されて関中に送られることが、予定されていたのである。これは明らかに一般郡県の民田より徴収する田租の率ではない。はるかに高率の租であって、この河壖の棄地を灌漑して新たに開いた田は、その当初から公田として帝室に直属すべきものと予定されていたと考えなければならない。曹魏の屯田の租も収穫量のほぼ半分であったことを想起すべきである。この河東の渠田は、前述のように、ほどなく黄河の水流が移動したため荒廃したので、越人にこれを仮して耕作させ、その租を減じて少府におさめさせたとあるが、越人に仮される以前から、すなわち、渠田が開かれた当初からそれは帝室に帰属する公田であったであろう。以上の推論が正しいとすれば、この河東の渠田の例は、前漢の事例ではあるが、いわば無主の荒地が、官によって灌漑開墾された場合、その開かれた田は帝室直属の公田、すなわち君主の家産としての公田になる重要な事例を示すものということができよう。したがって、もともと君主の家産として少府に属する藪沢が官の手によって灌漑開墾された場合は、当然その開かれた田は、君主の家産としての公田になったものと考えなければならない。この前漢の事例から推しても、焦穫の藪沢を鄭国渠によって灌漑排水して開いた田は、秦の君主の公田とされたのであろうとする私たちの推定は、有力な根拠をもつことになる。前漢の制は、ほぼ秦のそれをうけついでいる面が多いからである。

以上種々の面から推論をかさねて、秦における君主の家産として公田は藪沢の開墾により顕著な増大を示したことを論証してきたのであるが、そのような公田が、どのような経営状態において耕作されたかは、それを明らかにする直接史料がないので、不明である。ただ漢代の公田経営の方式から類推して、一には官奴による奴隷耕作の方式と、二には、それを民に仮して仮(税)をとる公田経営の方式とが、やはりならび存していたのではないか、と想定するにとどまる。この第二の方式については、若干のそれを類推させる史料を私たちは戦国時代についてももっている。さきに提示した商君書徠民篇は、三晋の土地なき民を誘致して兵役・徭役を免除して陵陂丘隰草茅の地を開墾耕作させることを献策しているが、それは秦がおこなった実際の徙民政策から検討する必要があり、それがすべて公田を意味するとは断言できない。ただ開墾のことを論ずる墾令篇においては、すでにさきにも触れておいたように、「辟淫游惰之民」や、みずから土地なくして他家の傭となって使役される「庸民」の存在が多く指摘されており、民の游庸を禁じてこれら游民庸民を開墾耕作に従事させることの急務がとかれており、また、さきに明らかにしたように、戦国期の秦においては、漢代におけると同じように、君主の家産である苑囿の一部を開放して貧民に仮す方式が見られること、さらには前述の内史の稲田の民に仮して仮（税）をとる経営形態等をあわせ考えると、秦の公田経営の場合にも、国内の貧民や游民を徙して、これらをして耕作せしめて仮（税）をとる形態もとられたのではないか、と考えられるのである。そしてこのような公田経営の方式はすでに魏においてはより早くおこなわれていたと推定させる史料を私たちはもっているのである。

竹書紀年（漢書地理志注臣瓚引）[3]に、「梁恵王、逢忌の藪を廃して、以て民に賜う」という記事がある。この紀年の文を引用した臣瓚は、つづけてこの逢忌の藪について、「今浚儀に逢忌陂あり、是也」といっている。臣瓚はほぼ西晋の頃の人であろうから、そこでいう浚儀は大梁であり、逢忌の藪は、魏の都大梁附近にあったと見なければならない。「民に賜う」ということは、この場合、ただ民に与えたのではなく、民に「仮」して仮（税）をとることであると解した方が妥当である。例えば、前引の河東の渠田の場合に河東の渠田を廃して「越人に予《あた》う」とあるが、それは前述のように、越人に仮して仮（税）を少府に入れしめることであったからである。さらに漢代の用例をさぐって見ると塩鉄論巻三園池に、「先帝の苑囿・池籞を開くや、これを民に賦《わか》ち帰す（可賦之於民の可は衍文）、県官は租税するのみ、仮・税名を殊にすと雖も、其実は一也」とあるように、先帝がその開設した苑囿池籞を「民に賦《わか》ち帰す」ということは、民に仮すことである。ただこの場合は、先帝（武帝）のときは、苑囿を民に仮しても、貧民救済の趣旨からその税額が少なく、一般の民田の租税と同じ位しか徴収しなかったから、名は仮でも、実は租税と同じだったということを武帝の善政として強調しているだけで、その税額がいかにやすかったとしても、「民に賦《わか》ち帰す」ということは、あくまで「民に仮す」という法的性格をもつものであって、決して民田としたということではない[4]。したがって、漢書武帝紀建元元年の「苑馬を罷めて以て貧民に賜う」ということも、「貧民に仮す」ことである。昭帝紀元鳳三年の「中牟苑を罷めて貧民に賦《わかちあた》う」という用例も、したがって、民に仮すことである。仮の税率の多少は、それぞれの時の特殊事情によるのであって、明瞭に「貧民に仮す」或は「貧民に仮し与う」と記されている場合でも、元帝紀初元元年その他にもしばしば見えるように「租賦する勿れ」、「租税する勿れ」ということがあるように、貧民救済の臨時的処置として一時仮（税）を免除することもあるのであって、このような苑囿・池籞を民に仮した場合にしばしば特記される仮（税）の免除や軽減はいわば特例であって、そのような特例が一種の恩恵仁政として特記されるということ自体は、田を民に仮する場合は一般民田の租税よりは高額の仮（税）が課されることの方が一般であることを物語るものであろう。このように「苑囿を罷めて民に賦《わか》つ」とか「民に賦《わか》ち帰す」とか「民に予《あた》う」とか「民に賜う」とかいうことは、漢代の用例ではあるが、「民に仮す」ことであるとすると、前引の竹書紀年の「逢忌の藪を廃して民に賜う」ということも、民に仮して仮（税）をとることであると解した方が妥当である。大梁の附近にある逢忌の藪を廃して民に仮した、ということは、上来のべてきた、戦国期の藪沢の性格、すなわち、君主の家産としての性格から考えて見ても、それは君主の家産化されていた藪沢を開放して民に仮して開墾させ、公田として開墾耕作させて仮（税）をとることではなかったろうか。漢代のことであるが、紅陽侯立が客人に命じて南郡太守李尚に請託してみずから占し

(届出)て、管内の無主の荒地数百頃を開墾し、それを官に売りつけようとしたとき、そのなかに「頗る民の仮りる所の少府の陂沢があり、ほぼ皆開発されていた」ものが含まれていた、と漢書孫宝伝に記されている。顔師古はそれを注して、「そこは旧は陂沢であって、もともと少府に属し、その後百姓に仮し、百姓はみな(それを開墾して)すでに田としていたものを、紅陽侯立はこれらをすべて草田(荒地)であるとして、自分が新たに開墾したものであるとして届出たのだ」と解釈している。この紅陽侯立の不正は、孫宝によって弾劾されたのであるが、ここで、私たちにとって重要なことは、少府に属している陂沢が、民に仮され、民はそこを開墾して田としたということであって、その場合、民は当然仮(税)を少府に納めていたのであって、したがって当然、その田は、少府に属する一種の公田である、ということである。前引の「逢忌の藪を廃して、民に賜う」という史料は、それと同様な関係を意味するものではないだろうか。すなわち、君主の家産化された逢忌の藪沢が、民に仮されたということは、それを民に仮して開墾耕作させ、それを公田として経営したのであろう。

　戦国時代の公田の経営形態については、以上によって、民に「仮」して仮(税)をとる形態だけは、ほぼたしかめ得たのであるが、漢代の事例から類推して、そのほかに、奴隷使役による直接経営、さらには徭役による耕作等があったのではないかと考えられるが、目下のところ、それをさらに追求する史料を私たちは与えられていない。それは、またのちの課題として残すこととして、ここでは一言、この公田を貧民に「仮」して耕作させる公田経営の性格について附言しておきたい。漢代公田の仮作経営一般についてはその形態は多様で一概にはいえないが[5]、史料にもっとも多く見える貧民・流民に対する公田仮作についてのみいえば、この公田を仮された貧民・流民は、影山剛氏[6]も指摘しているごとくに、「公田を仮して種食を貸す」(漢書宣帝紀)とか、「田無き者には皆仮して種食を貸す」(漢書元帝紀)とかあるように、一切の生産手段ももたず、食料住居等もみずからもち得ないものが多いのであって、かれらは全面的に主家に依存するきわめて隷属度の強いものであることである。これと、一応独立の経営をいとなむ小作人が契約によって地代を支払う形態とは性格上峻別しなければならない。それは、戦国時代においても、ほぼ同様であったと考えられる。

（1）漢書五八児寛伝の「寛表奏開六輔渠」の顔師古の注において、六輔渠を注して、「六輔謂京兆馮翊扶風河東河南河内也」という韋昭の解や、「於六輔界中為渠也」という劉徳の解を否定して、顔師古は「二説皆非也、溝洫志云、児寛為左内史、奏請穿六輔渠、以益漑鄭国旁高卬之田、此則於鄭国渠上流南岸、更開六道小渠、以輔助漑灌耳、今雍州雲陽三原両県界、此渠尚存、郷人名曰六渠、亦号輔渠、故河渠書云関内則輔渠霊軹是也、焉説三河之地哉」といっている。元和郡県図志巻一京兆府雲陽県の条に、「初鄭国分涇水置鄭渠、後児寛又穿六輔渠、今此県与三原界、六道小渠猶有存者」とある。

（2）この点は、西嶋定生氏の示教による。

（3）今本漢書巻二八上地理志河南郡開封の条の注に臣瓚曰「汲郡古文『梁恵王発逢忌之藪以賜民』今浚儀有逢陂忌沢是也」とあるが、左伝哀公一四年の疏が引いている漢書地理志の注では、「発」を「廃」に作り、「逢陂忌沢」を「逢忌陂」に作っており、太平御覧一五八所引の漢書地理志の注でも「発」を「廃」に作っているので、それにしたがった。

（4）「罷中牟苑賦貧民」（漢書昭帝紀）のほか、その他しばしば本紀中に見える、苑囿を開放して貧民に与えるという記事は、本文にのべた如く、貧民に「仮」すことであって、全くの民田とすることではないのであるが、漢書平帝紀元始二年の「郡国大旱、……罷安定呼池苑、以為安民県、起官寺市里、募徙貧民、県次給食、至徙所、賜田宅什器、仮与犂牛種食」という記事は、この点で注意しなければならない。しかしながら、この平帝の時はすでに王莽が実権をにぎっていた時代であり、天下の田を王田となし、みな売買することを禁ずる王莽の政策思想と考えあわせると、名は安民県という県をおいたとしても、その県自体の性格はすこぶる公田的性格のものと考えられるが、ただ、貧民を徙して田宅什器を給し犂牛種食を仮与しそこに県をおくこの事例は、公田を耕する民もその戸籍等は県の管理下におかれることを示すもので、徙民政策一般の問題と関連して別に改めて考究したい問題がある。なお、安民県という県は漢書地理志にも続漢書郡国志にも見えず、前漢末王莽によっておかれ、後漢のはじめには廃されてしまったのであろう。

（5）漢代の公田の経営形態には、奴隷使役による直接経営のほか、貧民に仮する小作経営の方式がならび存したことは、すでに加藤繁「漢代における国家財政と帝室財政との区別並に帝室財政一斑」で指摘されているが、それを単なる並存としてではなく、奴隷制からコロナート的小作制への展開として縦にならべ換えようとするものに、河地重造「漢代の土地所有制について」『大阪市立大学経済学年報』第五集（一九五五）がある。この展開の方向については、天野元之助「時代区分論争に寄せて」『現代中国』三二（一九五六）が異論を提示している。私は「民に仮す」公田経営の方式は、本文でものべるように、戦国時代から存するものと考えるものである。なお、漢代公田の仮作の多様な形態について、本稿発表後、五井直弘「漢代の公田における仮作について」『歴史学研究』二二〇（一九五八）が発表された。

（6）　影山剛「前漢時代の奴隷制をめぐる一、二の問題の覚書」『福井大学学芸学部紀要Ⅲ　社会科学』第5号（一九五六）を参照。

## 七　結　語

以上ながながと迂回的な論証によって、推論をつみかさねながら、戦国期秦においてすでに君主の家産としての公田が存在し、それが秦の専制君主権力の確立に、重要な経済的基盤の一つとしての役割を演じた所以を明らかにしてきた。しかし、それはあくまで、専制君主権力の経済的基盤の一つとしてであって、そのすべてでもなければ、そのなかの圧倒的部分をしめたものでもない。戦国期における専制君主権力の経済的基盤としては、一方においては、その郡県制的農民把握による賦税収入があり、それを補うものとして、山沢の税・公田の収入・苑囿の収入・市井の税等がすでにあったのである。前漢時代におけるような、国家財政と帝室財政との明瞭な区別は、制度的には未だ明瞭には分化していなかったと思うが、しかしそれらを構成する前述のような諸種の税収入の主要な項目は、すでに戦国期においてそのプロトタイプをもっていたのである。したがって、戦国期における専制君主権力の成立とその経済的基盤を問題とする場合には、単に郡県制の問題のみをとりあげるだけでは、十分ではない。それはあくまで基本的関係ではあるが、郡県制的人民支配により把握する人頭税としての賦と、その民田より徴収する田租だけでは、十分ではなかったのである。むしろ、そのような強固な郡県制的人民支配を、国内貴族勢力を圧倒しながら、維持し拡充して行くことが可能となるためには、同時にそれとならんで君主自身の私有の経済的基礎が必要であったのである。それを、私たちは、春秋中期以降から漸く顕著になってくる君主による山林藪沢の家産化のなかに求めたのである。この君主の家産化された山林藪沢は、商業の発達や鉄器の普及等の新しい歴史的条件によって、新しい経済的価値を、君主に約束することになり、そこからゆたかな山沢の税や、公田・苑囿の収入がもたらされて、戦国期における専制君主権力の重要な経済的基盤を構成して行くこととなるのである。

戦国期に形成された専制君主権力は、プロトタイプとして、その後も永く中国の国家権力の性格を規定して行くこととなる。そして、この戦国期専制君主権力をささえる経済的基盤の構成要素、すなわち郡県制的農民支配による賦税収入のほかに、山沢の税・公田の収入・市井の税等々は、漢代に入っても専制君主権力の経済的基盤の重要な構成要素をなしていくのである。ただしかし、それら構成要素の相互間の比重は、それぞれの時代の歴史的条件によって規定されてくる。既述のごとく、そのなかの山沢の税は商業の発達と密接な関係をもつものであった。したがって、後漢末から、魏晋時代にかけて、商業が極度に衰微し、また豪族の擡頭と国家権力の弱体化による郡県制的把握の弛緩が顕著になってくると、専制君主権力は、大きな比重をもって公田の拡大とその収入の確保に、たよらざるを得なくなってくる。曹魏の屯田制・西晋の課田制は、このような歴史的要請から案出されたものであろう。しかしながら、それは、原理的には、必ずしも、そのときにはじめて出てきたのではない。その比重はいちじるしく小さいとしても、その意味での公田は、プロトタイプとしては、すでに戦国の専制君主権力の確立期に、その経済的基盤の一翼をささえるものとして存在していたのである。

（中国古代史研究会編『中国古代の社会と文化』東京大学出版会。一九五七・四・一稿）

（一九五九・三・三〇補）

# 第二章　先秦時代の封建と郡県

## 一　問題の提示

旧来の中国の伝統的歴史記述、或は歴史意識において、中国史を前後二つに分ける基本的観念に、「封建」と「郡県」とがある。そこでいう「封建」とは、ことわるまでもなく、「フューダリズム」の訳語としての封建制の概念とは一応かかわりなく、それよりもはるか遠い昔から、中国の古典とその学問的伝統のなかで、「封建」という文字で表現され、観念されてきた、中国固有の或種の政治秩序を意味する。しかしながら、中国の伝統的な歴史意識においては、この「封建」と「郡県」とは、単に時代を分ける歴史学的概念として提示されたのではなく、それは同時に価値意識にかかわるものであった。「秦、封建を廃して郡県を立ててより」以降も、「封建」が是《ぜ》か、「郡県」が是か、の議論は、のちのちまでも後をたたない。すでに秦の天下統一と郡県制の全国的施行の当初から、その是否について、淳于越と李斯の争論、漢初には酈食其と張良の議論があり、三国の曹冏・陸士衡、さらに著名なものとしては、唐の柳宗元・白居易、宋の劉敞・畢仲游・李綱等の封建論・郡県論があり、さらにはまた、清の顧炎武は郡県論九篇（亭林文集巻一）を著わして、郡県の敝を改めるために、封建の意を郡県のなかに寓すべきことを論じた。周知のように、「封建」は、先秦儒家によって、天子を頂点とする累層的な宗法的秩序として観念され、かれらは、それら宗族内のおよび宗族間の秩序を礼として内面化し、道徳的に規範化することによって、その価値体系を作りあげたのであった。そのような「封建」が、のちのちまでも、現実の経世論の論議の対象となるということは、必ずしも、全く現実を無視した、古典の観念的世界の単なる祖述とのみはいいきれず、むしろ、そのような祖述と主張を可能とするような、宗族的性格の社会的基盤が、形を変えつつも、のちのちまでも一般の社会の基底に生きて作用しているからにほかならない。このことは、郡県制の積年の弊害を改めるために、地方官の世襲と、氏族的秩序による人民の組織化の必要を説いて、「封建」の意を「郡県」のなかに寓すべきことを論じた、顧炎武の郡県論九篇からも明瞭に看取することができる。

このような意味をもった封建論・郡県論のなかから、「封建の変じて郡県と為りし所以を知ることによって」、さらに「郡県の敝《やぶ》れて将に復《また》変ぜんとする[1]」必然の歴史の動きを認知しようとする要求が起ってくる。所謂郡県制の起源についての考証的研究も、実はこのような伝統的問題要求から生れてきたのである。郡県は秦よりはじまるとする漢書地理志以来の一般的見解を排して、県はすでに春秋時代よりはじまることを論証した顧炎武の劃期的な考証(日知録巻二二郡県)は、すなわちそれであった。

県は春秋時代よりはじまることを論証したこの顧炎武[2]の考証的研究は、その後、姚鼐[3]・趙翼[4]を経て、今日の研究者にも決定的影響を与えた[5]。しかしながら「封建の変じて郡県と為りし所以を知ろう」とした顧炎武の要求は、その後の具体的な歴史学的研究の成果に即していえば、今日なお十分には答えられていないといってもよい。顧炎武の考証は、主として左伝の記事のなかから、多くの「県」という用語を指摘することによって、郡県制の県はすでに春秋時代からはじまるとしたのである。左伝に見える県と、秦漢以降の郡県制の県とが、果してまったく同一の性格のものであるかどうか、というような疑問は、もちろん、そこでは問題とはされなかった。顧炎武にあっては、あの伝統的な封建論・郡県論のなかで観念されている「郡県」が大きな枠として前提をなしているのであり、そこから問題が出発しているのであるから、左伝に見える「県」をそれとの関連でとらえたのは当然であり、またその限りでは正しいのである。今日、「封建」「郡県」という旧来の伝統的観念からそれにまつわる固有の価値意識をはぎとって、それぞれの歴史的実体と具体的構造を明らかにしようとする歴史研究の進捗によって、戦国期以降の専制君主権力の基盤となったものが郡県制であり、それは、君主による、民とその土地との直接支配の体制である、と説かれるにいたった。その際、前記顧炎武の考証的研究がそのまま無媒介に援用されて、そのような具体的内容をもった郡県制の県は、実は春秋時代からはじまるとされ、それは、君主の直轄地であって、卿大夫等の采邑領有が次第に強大化するのに対抗して、君主みずからが自己の直轄地を確保するために設けられたものである、と説明されるにいたったのである。

しかしながら、どうも、そういう解釈だけでは、理解できない問題が、春秋時代の県には多くあるのである。そこには秦漢以降とは同一視することのできない多くの問題が残されているようである。この点について、重要な指摘をしたのは顧頡剛であった(6)。顧頡剛は、春秋時代の県は、必ずしも一様には理解できないこと、殊には、秦・楚の県は君主の直轄地であるが、晋・斉の県は采邑として家臣に賜与されていることを指摘し、春秋時代の県を二つのタイプに区別することによって、前者、すなわち、秦・楚がのちに強大をいたす所以を明らかにしようとした。この顧頡剛の研究は春秋時代の県の一見多様な在り方を指摘し、それをただちに秦漢以降の郡県制の県と同一視しなかった点において、貴重な問題を提出している。しかしながら、その論証の過程を検討すると、春秋時代の県の多様性を果してそのような二つのタイプに割り切って区別することができるかどうか、また仮りにそのように区別することができたとしても、それがひとしく県と呼ばれるその県とは何か、という点において、なお多くの問題を残していたのである。この点に関し、私はさきに小稿(7)を発表して、その残された問題を解こうとこころみたが、しかし、それは、きわめて不十分な用意のもとに倉皇の間に起稿しなければならない事情にあったため、問題の核心に触れることなく、且つ、考察も慎重を欠くところがあった。本稿は、それを補う意味をも兼ねて、改めて春秋時代の県について考察しなおし、「封建」より「郡県」への転換の過程を、できるだけ具体的に、特定の邑の歴史をたどることによって、さぐって見ようとするものである。

ところで、問題は最初から困難にぶつかる。春秋時代の県を考察しようとする場合、最も豊富な材料を提供してくれるのは、いうまでもなく左伝である。左伝にはのちの思想的潤色を加えられている箇所が多くあることはすでに先学の指摘しているところである。このことは、もちろん左伝の歴史叙述の史料的信拠性を全面的に否定するものではなく、私たちは史料として用いる個々の叙述について個別的に慎重に配慮して行けばよいのであるが、殊にそのような思想的潤色の顕著なのは、説話中の事件に関して、説話中の人物をして、或は「君子曰」の形式において、語らしめるその事件の道徳的評価に多い。私たちの当面の問題についていえば、大国が他国或は他邑を滅ぼして県をおく説話の場合に、その説話中の人物をしてそのような行為を道徳的に非難させる例が少くない。例えば、左伝宣公一一年の条によると、楚の荘王は陳国を滅ぼして「陳を県にした」が、そのとき、楚の大夫申叔時が、この荘王の陳に対する処置を道徳的に非難するのである。楚王はこの申叔時の非難を聞き入れて「乃ち復《また》陳を封ず」と記されている。史記の陳杞世家にはこれとまったく同じ説話が載せられており、さらにそのあとにつづいて、「孔子史記を読み、楚、陳を復する（の条に）に至りて曰く『賢なる哉、楚の荘王、千乗の国を軽んじて（申叔時の）一言を重んず』と」という句がつけ加えられている。そこでは、楚の荘王が陳国を滅ぼして県にしたことが非難され、荘王が申叔時の諫言を聞き入れて、それを改めて、再び「陳を封じた」ことが賞讃されているのである。楚が陳を滅ぼし、のちまた陳国を復したことは、同年の経文にも見えるところであるから、それは歴史的事実であることは疑いない。しかし、楚の荘王が陳国を復するにいたったのは、中叔時の道徳的な非難によるものであるかどうかは、はなはだ疑わしい。史記では、荘王が中叔時の言を入れて陳を復した行為を孔子が賞讃したということを附加しているところから見ても、この説話の語り手が、中叔時の口を仮りて「陳を県にした」荘王の処置を道徳的に非難している、と解した方が妥当である。もしそれが、戦国以降の儒者の思想的潤色によるものであるとすれば、すでに左伝の叙述自体のなかに、前述したような後代の封建論・郡県論と同一性格の「封建」「郡県」に対する価値評価が胚胎していることに、気づくのである。このような性格の記述を史料として利用して行くために、種々の困難な操作を必要とするのであるが、しかし、その操作さえ誤らなければ、「陳を県にする」ことと、「陳を封ずる」こととが、ここで明瞭に相反する価値評価を与えられているということは、「県にする」ことと「封ずる」ことが具体的にどのような異なった関係を意味するかを明らかにしようとする私たちにとっては、却って重要な一つの手がかりを与えてくれることにもなるのである。

私たちはまずこの困難な問題の処理からはじめて行かなければならない。問題を具体的にするために、舞台を、より豊富な史料に恵まれている、河内の諸邑に移して考察をはじめることにする。周初、司寇蘇忿生の封邑であった、と伝えられ、春秋時代に晋の文公により県とされた、そして戦国時代には秦と三晋の争奪の的となった、あの交通商業の要処、温を中心とする河内の諸邑を、本稿では考察の中心におくことにする。

（1）顧炎武「郡県論九篇」『亭林文集』巻一。
（2）顧炎武「郡県」『日知録』巻二二。
（3）姚鼐「郡県考」『惜抱軒文集』巻二。
（4）趙翼「郡県」『陔余叢考』巻一六。
（5）例えば、このような影響のもとに郡県制の成立をとりあつかった最近の邦文研究としては、鎌田重雄「郡県制の起源について」『東京教育大学東洋史学論集』(一九五三)がある。

（6）顧頡剛「春秋時代的県」『禹貢半月刊』第七巻第六・七合期、一九三七。
（7）拙稿「春秋時代の県について」『一橋論叢』三八ノ四、一九五七。

## 二　晋の原県・温県設置の事情

左伝僖公二五年の条によると、晋の文公は、王子帯の乱のために鄭に出奔した周の襄王を救援して王城にかえし、その功により襄王から「陽樊・温・原・欑・茅の田を与えられた」。「晋侯、是に於て始めて南陽を啓《ひら》く」と記されているように、陽樊・温・原・欑・茅の諸邑は、河内南陽の地、すなわち、太行山脈の南麓と黄河の北岸との間の今日の沁陽を中心として済源・修武・武陟・孟・温等の一帯の地にわたって所在しており、(1) そこはもと東周洛陽の畿内にも属していた地帯であった。晋の文公は、この地帯の上記の諸邑を周王から賜わることによって、はじめて、太行山脈の南側にその所領を拡大したのである。後述するようにこれらの諸邑は、晋の手に帰すると、「温県」「原県」というように、県をもって呼ばれるに至る。そこでいう「県」とは何を意味するのか、或は「県」という名称を附せられることによって、これらの諸邑は、晋の統治組織との関係において、またその邑の内部構成において、以前とは異なるどのような変化をこうむることになるのか、ということが、まず第一に問われなければならない問題である。

この問題について、まず注意しなければならないことは、これら諸邑は、周王から晋の文公に与えられたものであるにもかかわらず、晋の支配に無条件に服することを肯ぜず、晋に対して抵抗するため、晋は武力をもってこれを攻め降さなければならなかった、ということである。まず原邑については左伝僖公二五年の条につぎのように記されている。

「晋侯、原を囲み、三日の糧を命ず。原降らず。命じて去らしめんとす。諜出でて曰く『原将に降らんとす』と。軍吏曰く『請う、待たん』と。公曰く『信は国の宝也、民の庇わるる所也。原を得るも信を失わば、何を以て之を庇わん。亡《うしな》う所滋《ますます》多からん』と。一舎を退くに、原降る。原伯貫を冀に遷す。趙衰を原の大夫と為し、狐溱を温の大夫と為す。衛人莒を我に平《たいら》ぐ。……晋侯、原の守を寺人勃鞮に問う。対えて曰く『昔趙衰は壺飧を以て従い径し、餧《うえ》ても食せざりき』と。故に原に処らしむ」

晋の文公は原邑を囲み、三日でこれを攻めおとすことを部下の士卒に約し、三日間の食糧を用意させた。ところが三日たっても原邑は降服しなかったので、文公は最初の約の通りに、囲みを解いて軍を帰そうとした。そのとき原の人で晋軍の間諜となっている者が出てきて、原はまさに力尽きて晋軍に降ろうとしているところだと知らせた。晋の軍吏はそれを聞いて、あとしばらく囲みをつづけるように文公に進言した。ところが文公は、部下の兵にすでに三日と約したのであるから、この約は守らなくてはならない。約を守ることは信である。信は、民をおさめる国の治道の要諦である。原邑を手に入れても信を失うならば、民を信服させることはできず、却って失うところが多いであろう、といって、最初の約の通りに軍を退かせた。この文公の信なることを聞いた原邑の人々は、みずからすすんで晋に降り、帰服した、というのである。この文公の信を重んずる話はさらにつづく。文公は、その手に入れた原邑を誰に治めさせようかと、侍人の勃鞮に問うた。勃鞮は答えて、文公が公子重耳として亡命流浪中、趙衰はつねに文公の食糧を携帯してつきしたがい、自分が飢えてもそれを食べることをしなかった、かれこそ信を重んずる者であるといって、趙衰を「原の守」に推薦した、というのである。原邑は文公の信によって帰服したのであるから、原を治める者にも信がなければ、原はまた叛くであろうことを文公はおそれて、その人選になやみ、侍人勃鞮に「原の守」を問うたのだ、と注釈家は解するのである。

この説話を、もしそのまま信ずるならば、文公は力をもって原を降したのではなく、信をもって帰服させたのであり、またその統治にも信を重んじたのであるから、原邑は晋の手に帰しても、原邑の旧来の秩序はそのまま温存され、その内部構成にはさしたる変化も加えられなかったのではないか、と一応考えられる。晋がその統治上の必要から、原邑の内部の旧来の秩序をうちこわすような圧力を加えたとは、この説話からは考えられない。それならば、原邑は晋の手に帰してから、「原県」と記されるのであるが、晋の県となることによって、原邑の内部構成はなんらの変化もうけなかったのであろうか。しかし、原邑が晋に降ると、晋では、旧来の原邑の長であった原伯貫を強制的に冀に遷し、文公の股肱の家臣趙衰を「原の大夫」となした、と記されている。「原大夫」とは、「原県」を統治するものであるが、それはどのような制度的性格をもつものであろうか。「原の大夫」はそこでは「原の守」ということばでも表現されていることにも、注意しておこう。そのことについては、のちに詳述する。

文公が陥落寸前の原邑を前にして、信を重んずるために囲みを解いて軍を後退させた、というこの説話には、文公の信を強調しようとする思想的潤色が加えられているのではないかということは、すでに先学も指摘しているところである[2]。覇者となる要件は、信を重んずることにある、という思想は、戦国末以降顕著である。荀子王覇篇に「故に国を用うる者は、義立ちて王たり、信立ちて覇たり、権謀立ちて亡ぶ」とあり、また、斉の桓公が柯の盟において信を重んずることを示し、諸侯これを聞いて、みな斉桓を信として附かんことを欲した、という話は呂氏春秋離俗覧貴信の条、公羊伝荘公一三年、荀子王制篇、史記斉世家等に記されているところである。文公が原を伐つ際に信を重んずることを示したというこの説話は、韓非子外儲説左上においては、より強調された形でつぎのごとく叙述されている。

「晋の文公、原を攻む、十日の糧を裹《つつ》み、遂に大夫と十日を期す。原に至る。十日なるも原下らず。金を撃ちて退き、兵を罷めて去らんとす。士の原中より出ずる者有り、曰く『原は三日にして即ち下らん』と。群臣左右諫めて曰く『夫れ原の食竭き力尽く。君姑く之を待て』と。公曰く『吾、士と十日を期せり。去らずんば、是れ吾が信を亡《うしな》う也。原を得て信を失うは、吾為さざる也』と。遂に兵を罷めて去る。原人聞いて曰く『君の彼の如く其れ信なる有り、帰する無かる可けんや』と。乃ち公に降る。衛人聞いて曰く『君の彼の如く其れ信なる有り、従う無かる可けんや』と。乃ち公に降る。孔子聞いて之を記して曰く『原を攻めて衛を得る者は、信也』と」

左伝では、原が晋の文公に降った記事ののちに、衛が晋と盟した記事が挿入されているが、この二つの記事の関係は必ずしも明示されていない。それを韓非子では、衛が晋に信服したのも、文公が信を重んじたことを示したことによるものとして、さらに孔子の言を附記してそれを強調している。さらにまた、淮南子道応訓にも、文公が原を伐つに信を重んじた、まったく同様な説話が記されているが、そこでは文公の信により原が帰服したばかりでなく「温人も（それを）聞いて、亦降らんことを請うた」という話がつけ加えられている。話はますますひろがって行くのである。

戦国儒家でも、孟子と荀子とでは覇者に対する評価が異なる。孟子は「力を以て仁を仮りる者は覇なり。覇は必ず大国を有《たも》つ。徳を以て仁を行う者は王なり。王は大なるを待たず」（公孫丑上）、といい、また「五覇は三王の罪人なり。今の諸侯は五覇の罪人なり」（告子下）といい、覇者は力をもって諸侯を威圧し、兵をもって諸侯に臨むものであり、徳をもっておのずから諸侯を帰服させる王とは対照的な性格をもつ者として、きわめて消極的な評価しか与えられていない。それ故「仲尼の徒、桓・文の事を道《い》う者無し」（梁恵王上）といって、ただ王道のみを説くのである。荀子にいたると孔子とはやや異なる。王制篇によると、君主たる道には王道・覇道・彊道の三者があるとし、覇を王に対比してはいるが、王者は仁と義と威とを天下におこなうことによって「戦わずして勝ち、攻めずして得、甲兵労せずして、天下服する」ところのものであり、覇者は、田野を辟《ひら》き、倉廩を実《みた》し、備用を便にし、人材を選び、慶賞刑罰を厳にし、「亡を存し、絶を継ぎ、弱を衛《まも》り、暴を禁じ、兼併の心なければ、則ち諸侯之に親しむ」ところのものであるとしている。もっぱら武力によって他国を滅ぼさんとする彊者よりは、より積極的な評価が与えられているのである。「義立ちて王たり、信立ちて覇たり、権謀立ちて亡ぶ」（王覇）という所以である。王道のおこなわれる三代「封建」の世を絶対視する孟子にあっては、この「封建」秩序に背馳して進行する現実の動きに対して妥協することはなかったが、荀子にあっては、より現実的に、春秋時代の覇者から戦国時代にいたる現実の動きに即して、それを自己の価値の世界のなかに包摂しようとしたのであろう。戦国儒家の覇者に対するこのような評価の推移を考慮に入れるとき、前記左伝の説話に示される、信を重んじる者としての晋の文公への積極的評価には、そのようないわば荀子的な思想的潤色がないとは断言できない。左伝僖公二七年の条によると、晋の文公が即位するや、その民を教えること二年で民を戦いに用いようとしたが、それだけではまだ足りないという子犯の言にしたがって、まず周の襄王を救援して民に義を知らせ、さらに「原を伐って以て之に信を示し」、さらに「大蒐して以て之に礼を示し」、また「執秩を作り以て其の官を正し」、かくしてのち、民を用いたので、ついに覇となった、と記されている。この記述からも、覇となるには義と信と礼を示すことが必要であるとする思想が前提となっていて、「原を伐って以て之に信を示した」という説話が、その一環をなしている、と考えなくてはならない。文公が原を伐ったことは事実であるが、その際、信を示すために軍を退かせたという話、およびその文公の信なるを聞いて、原が晋に信服したというその説話の道徳的潤色の疑いのある部分については、私たちはそのままの形でうけとらない方が安全である。私たちは、原邑が晋の手に帰したのち、「原県」と左伝に記されてくることを重視し、原邑が、晋の県となることによって、その邑の旧来の秩序およびその内部構成は、具体的にどう変化したのであろうか、という問題を提起した。しかし、原を滅ぼさずに信をもって原を帰服させ、また原を統治するにも信を重んじたという、左伝その他に記されている説話は、晋の原邑統治の方式を暗示するかのごとくであるが、その説話は軽々しくは利用できないことが、以上の考察で明らかとなった。ところで、この問題との関聯において、より重要な示唆を与えるもう一つの説話が、この原を伐つの説話の前に、同じく左伝僖公二五年の条に記されているのである。

それは晋の文公が陽樊を伐つ説話である。陽樊は、前述のように、原・温等の邑と一諸に、周の襄王から晋の文公に賜わった邑である。陽樊も、原邑と同じく、晋に服することを肯じないので、文公は兵をひきいてこれを伐った。そのことについて、左伝(僖公二五年)はつぎのごとく記している。

「陽樊、服さず。(文公)之を囲む。倉葛、呼んで曰く『徳は以て中国を柔《やす》んじ、刑は以て四夷を威《おど》す。宜《うべ》なり、吾の敢えて服さざるや。此れ誰か王の親姻に非ざらん。其れ之を俘にせんとするや』と。乃ち其の民を出す」

国語には、このことがより詳しく記されている。まず周語中には、

「王、鄭より至り、陽樊を以て晋の文公に賜う。陽(樊)の人服さず。晋侯これを囲む。倉葛呼んで曰く『王は晋君を以て徳を能くすると為し、故に之を労《ねぎら》うに陽樊を以てす。陽樊は我王の徳を懐《おも》い、是を以て未だ晋に従わざるなり。謂《おも》えり、君其れ何の徳をかこれ布きて以て懐柔して遠志あるなからしめんとするかと。(しかるに)今将に大いに其の宗祊を泯《ほろ》ぼして、其の民人を蔑殺せんとす。宜《うべ》なり、吾の敢えて服さざるや。夫れ三軍の尋《う》つ所は、将《すなわ》ち蛮夷戎狄の驕逸不虔なる、是に於てか武を致すなり。此の羸《よわ》き者は陽(樊)也。未だ君の政に狎れず、故に未だ君の命を承けざるなり。君若し恵を及ぼさば、唯官是れ徴《め》すのみにても、其れ敢えて命に逆わざらんや。何ぞ以て師を辱しめるに足らん、君の武震乃ち玩《けが》れて頓《つか》るること無からんや。臣聞く、曰く、武は覿《しめ》す可からず、文は匿《かく》す可からず、武を覿《しめ》せば烈なく、文を匿せば昭《あき》らかならずと。陽(樊)は承けて甸たることを獲《え》ず、而るに祗《たまたま》以て武を覿《しめ》さんとす。臣是を以て懼る。然らずんば、豈敢えて自愛せんや。且夫れ陽(樊)は豈裔民たる有ら

んや。夫れ亦皆天子の父兄甥舅也。若何《いかん》ぞ其れこれを虐《しいた》げんや』と。晋侯これを聞きて曰く『是れ君子の言也』と。乃ち陽(樊)の民を出す」

さらに晋語四にはつぎのように記されている。

「陽(樊)の人服さず。公これを囲み、将に其の民を残《そこな》わんとす。倉葛呼んで曰く『君、王闕を補《たす》け、以て礼に順《したが》う。陽(樊)の人未だ君の徳に狎れずして、未だ敢えて命を承けず。君将に之を残《そこな》わんとす。乃ち非礼なる無からんや。陽(樊)(3)に夏商の嗣典有り、周室の師旅有りて、樊仲の官守なりき。其れ官守に非ざれば則ち皆王の父兄甥舅也。君、王室を定めて、其の姻族を残《そこな》わば、民将に焉《いずく》に放《よ》らんとするか。敢えて私《ひそ》かに吏に布《の》ぶ。唯君これを図《はか》れ』と。公曰く『是れ君子之言也』と。迺《すなわ》ち陽(樊)の人を出す」

陽樊が晋に服さないので、文公は兵をもって陽樊を伐った。陽樊の民人はこれに抵抗してみずから守った。そのとき陽樊の人で倉葛という者が、晋には服さない理由をのべて、文公を難詰しているのである。そこに語られている倉葛の言は、左伝と国語とでは詳略の差はあるが、そのいわんとする内容は同じである。左伝に記されている倉葛の言の前半、すなわち「徳は以て中国を柔《やす》んじ、刑は以て四夷を威《おど》す。宜《うべ》なり、吾の敢えて服さざるや」の部分を詳細にかたったのが、周語中の倉葛の言であり、その後半、すなわち「誰か王の親姻に非ざらん。其れ之を俘にせんとするや」の部分をより具体的に記したのが、晋語四の倉葛の言である。

「徳は以て中国を柔《やす》んじ、刑は以て四夷を威《おど》す」という左伝に記されている倉葛のことばは尚書堯典(古文舜典)のことばと相通ずる。舜が十二牧に咨って遠近を柔《やす》んじ能くするには徳を惇《あつ》くすることをいい、また蛮夷が夏を猾《みだ》したので皋陶に命じて五刑をおこなわしめたことから、それはきたことばであろう。「刑は以て四夷を威す」を周語中では「夫れ三軍の尋《う》つ所は、蛮夷戎狄の驕逸不虔なる」と記しているように、五刑の大刑は甲兵を用いるのであって、刑と兵とは密接な関係にあったことは漢書刑法志にも明らかである。堯典は後代の作であるが、このことばは先秦儒教の徳治の理念と相通ずる。このような立場から、倉葛は文公を難詰していうのである。陽樊は周王の徳治をうけてきたもので、晋も徳をもって陽樊を柔《やす》んずるならば敢えて抵抗しない。しかるに陽樊は裔民(夷狄)でもないのに、晋は武力をもって攻め、その宗廟を滅ぼし、その民人を蔑殺しようとしている。これではみずから立って守り、抵抗せずにおれないのは当然ではないかと。それのみではない、「誰か王の親姻に非ざらんや」と倉葛はつづけていうのである。「王の親姻」ということばを、周語では「天子の父兄甥舅」ということばでいいかえている。親は父兄であり、姻は甥舅であり、前者は周の同姓諸侯、後者は異姓諸侯を意味する。礼記曲礼に、「天子は同姓をば之を伯(叔)父と謂い、異姓をば之を伯(叔)舅と謂う」とあり、小雅伐木の毛伝にも「天子は同姓諸侯を謂いて、皆父と曰い、異姓は則ち舅と称す」とあるのは、すなわちそれである。このことは、天子と諸侯との関係が、同姓・異姓を含めて、父兄甥舅の族的関係として観念されている所謂「封建」の理念を前提として発言されていることを暗に示すものであるが、この左伝の「王の親姻」は、晋語四ではより具体的に「陽に夏商の嗣典有り、周室の師旅有りて、樊仲の官守なりき。其れ官守に非ざれば則ち皆王の父兄甥舅也」と記されている。倉葛は文公を非難していうのである。このような由緒あり且つ周室と親姻の関係にある陽樊を晋は夷狄に対すると同じように、武力で伐って、その民人を俘にしようとするのかと。さきの原を伐つの説話とは裏腹の関係で、ここでは、文公の陽樊を伐つの行為は、倉葛の言を仮りて、きびしく非難されているかのごとくである。それを非難する立場は、一見先秦儒家の徳治の理念にもとづくかのごとくである。それはかれらの観念する周代「封建」の世の政治の基本的原理でもあったのである。

　左伝では、この倉葛の言を聞いて、文公は「乃ち其の民を出した」と記されている。左伝では、この倉葛の言がどのように文公に反応して、文公が「その民を出す」の処置に出たのか、明らかではないが、国語では、倉葛の言を聞いて、文公は「是れ君子の言也」といい、「乃ち陽樊の民を出した」と記されている。文公は、倉葛の抗議を正論としてきき入れて、その結果として「陽樊の民を出す」という処置をとった、と文意を解するほかはない。「その民を出す」とは具体的にどういうことを意味するのか。杜預は「其の土地を取るのみ」と解し、韋昭の注では「放ちて去らしむる也」と解している。倉葛の抗議を、君子の言なりと賞讃してきき入れた文公が、何故その民人を他処へ放逐したのであろうか。「出す」を「放つ」と解した韋昭の注には意味がありそうである。「放つ」ということばは、左伝にしばしば用いられている。例えば「晋人、命を用いざるものを討して、胥甲父を衛に放つ」（宣公元年）とある。胥甲父は下軍の佐として参加した河曲の戦において、君命にしたがわなかった（文公一二年）。すなわちそこで「命を用いざるもの」とは胥甲父をさし、君命にしたがわなかった罰としてかれは衛に追放されたのである。ところでこの伝の経文の「晋、其の大夫胥甲父を衛に放つ」の杜注に「放つとは、罪を受けて黜免せられ、之を宥《ゆる》すに遠を以てす」とあり、公羊伝の何注には「古は刑は大夫に上らず、故に罪あるも之を放つのみ」とある。左伝荘公六年の「夏、衛公入る。公子黔牟を周に放ち、甯跪を秦に放ち、左公子泄・右公子職を殺す」の杜注にも同じく「之を宥《ゆる》すに遠を以てするを放と曰う」とある。いずれも、死刑に処すべきところを、罪一等を減じて遠方に放逐することが、「放」の意味だとしている。[4]「放」をこのような意味に解釈する根拠は、尚書堯典（古文舜典）に「流は五刑を宥《ゆる》くす」とあるにもとづく。すなわち舜は、流刑の法を設けて刑を宥《ゆる》め、「共工を幽州に流し、驩兜を崇山に放ち、三苗を三危に竄し、鯀を羽山に殛す」とあるのがそれである。韋昭が「陽樊の人を出す」の「出」を「放」と解したのは、そのような意味があったのである。文公は陽樊を伐ってその民人を蔑殺せんとしたのであるが、倉葛の抗議を聞いて君子の言なりと感服し、その民人を、蔑殺すべきところを宥して、遠方に放逐した、と韋昭は解したのであろう。

しかし、「出」を、韋昭のように、そのような固有の意味内容をもった「放」と解さなければならない必然性は、必ずしもないのである。左伝には、大国が小国を滅ぼした場合、そこの民人を他処に強制的に遷す例はきわめて多い。「斉侯、萊を滅ぼす、……萊を郳に遷す」(襄公六年)、「楚の共王、頼を滅ぼす、……頼を鄢に遷す」(昭公四年)等、一々例を挙げるまでもない。この「某邑を遷す」という用例は、邑人を全部遷す場合もあり、また抵抗の根源をなす彊族を他処へ強制的に遷す場合もある。前記の原を伐って、原伯貫を冀に遷したのは、後者の例である。それは、小国を滅ぼしてそこを統治する場合、そこの住民の旧来の氏族的秩序をそのままにしておくと、住民の抵抗力をつよめ、統治の障害となるからである。斉の桓公が遂国を滅ぼし、そこに軍隊を駐屯させて統治していたところ、遂国の因氏・頜氏・工婁氏・須遂氏等の彊族が、駐屯兵に酒を御馳走して酔わせ、そこに駐屯している斉の軍隊をみな殺しにして謀叛したという話(左伝荘公一七年)などは、その好例である。陽樊の倉葛のように君子の言をはいて敵将を感服せしめなくても、大体、国を滅ぼされると、その邑人は出されて他処に遷される例は、殊に春秋中期以降には多いのである。戦国時代に入ってからであるが、秦が三晋の都邑を伐った際、「恵王八年、(樗里子をして)将として曲沃を伐たしめ、尽く其の人を出して、其の城地を取りて秦に入る」(史記樗里子甘茂列伝)、「恵王十三年、張儀をして陝を伐ち取らしめ、其の人を出して魏に与う」(史記秦本紀)、「昭襄王二十一年、魏、安邑を献ず。秦其の人を出し、募りて河東に徙す」(史記秦本紀)等々、「其の人を出す」の用例は多い。前記左伝の「其の民を出す」も、これとまったく同じで、それは、滅ぼした邑の住民を強制的に他に遷すことである。その「出す」ということばには、必ずしも、韋昭・杜預が解したような、罪一等を減ずるというような「放」の意味する恩恵とは必ずしも関係はないのである。このように考えてくると、文公が陽樊を伐ちその民人を出したことは、歴史的事実と考えてよい。ただ、文公が武力をもって陽樊を伐ちしたがえたという行為は、この説話の語り手の徳治思想の理念からすれば、非難さるべき行為である。それ故、倉葛の口を仮りて文公の行動を非難させたのであろう。しかしまた一方、文公を、信を天下に得て覇者となるところのものとして伝えるため、説話の語り手は、倉葛の口をして語らしめた正論を、文公がまったく無視したことにはしないで、「文公曰く『是れ君子の言なり』と」という一句を入れて、文公が倉葛の正論を賞讃しきき入れたことを示したのであろう。左伝には、国語のこの一句はないのである。この挿入された一句と、「其の民を出す」ということばを、経学の世界で固有な意味内容を与えられている「放」ということばをもって、解釈するために、韋昭はこの「出す」ということばをもって、解釈しようとしたのではなかろうか。

陽樊が晋の手に帰するや、その民人は他に遷されたのであるとすると、その邑の旧来の秩序、その内部構成は、相当の変化と破壊をうけたと考えなければならない。さきの原邑の場合、原伯貫が冀に遷されたことの意味も、これによって、少しくわかってくるのであって、原邑も晋の手に帰することによって、程度の差こそあれ、その内部構成になんらかの圧力が晋から加えられたと考えなければならない。このことは、原や陽樊その他の河内の諸邑が晋の手に帰すると、晋はこれを県としたということと、なんらかの関係があるのであろうか。そのことを追求する前に、またそのことを追求するためにも、この原や陽樊その他の、周から晋に与えられた河内の諸邑は、それ以前はどのような性格の秩序と社会構成をもっていたのか、また周王室と具体的にどのような関係にあったのか、を私たちの問題追求の出発点として、必要な限りにおいて、できるだけ明らかにしておかなければならない。この問題に関しては、まずさきの陽樊の人倉葛の言として、左伝や国語に記されていることが、一つの手がかりを与えてくれそうである。そこでは「天子の父兄甥舅であり」、「陽に夏商の嗣典有り、周室の師旅有りて、樊仲の官守なりき」と語られており、また周と陽樊との関係が晋と陽樊との関係と対照的に語られて、周王は徳をもって陽樊を治めたのに、晋は武力をもって陽樊の宗廟をこぼたんとする、と記されているからである。しかしながら、これらの倉葛の言は、先秦儒家思想の徳治理念の立場から文公の行為を非難したものであり、そこに多くの思想的潤色が加えられているのではないか、と私たちは疑ってきたのである。そのような疑いがある限り、この倉葛の言として語られていることは、それだけでは、陽樊の邑の過去をさぐる史料として用いることは勿論できない。私たちはそれを別のより確実な史料によって検証しながら、これら陽樊や原や温などの周から晋に与えられた河内の諸邑の歴史をさかのぼって、知り得るだけさぐって見なくてはならない。史料の制約は多くの推測を余儀なくするが、それは勿論私たちの問題追求に必要な限りにおいての前提的仮説としてである。そのことは同時に、先秦儒家によって観念された「封建」および「徳治」の理念が、まったくの架空の創造であるか、或は、抽象化され理念化されたものではあっても、それの拠るなんらかの具体的な社会秩序の基盤があったのであるか、を同時に検証することになる。これもまた、春秋時代の県の実体をつきとめようとする私たちの問題追求の出発点として必要な限りにおいてであることは、ことわるまでもない。

（1）高士奇『春秋地名考略』巻一によると、陽樊は「今済源県東南三十八里有古陽城、一名皮子城」とあり、温は「古温城在県西南三十里」とあり、原は「水経注、済有二源、東源出原城、今孟州西北九里有古原城、……後改為軹、即聶政所居、後漢志、軹県有原郷、通典、原邑在済原県西、今済原県西北十五里有原郷」とある。欑・茅は、杜注は欑茅を一邑の名とし高士奇もそれにしたがって、「今懐慶府修武県西北二十里有大陸村、即其地」としているが、沈欽韓『春秋左氏伝地名補注』巻一）は、正義所引の括地志に「修武有茅亭、在懐州獲嘉県東北二十里」とあり、また今修武県北二十里に欑城有るをもって、欑・茅を二邑としている。

（2）津田左右吉『左伝の思想史的研究』東洋文庫論叢第二二、一九三五、一五五―一九三頁参照。

（3）通行の明道本には「陽人有夏商之嗣典、……」とあるが、補音本には「陽」の下の「人」の字がない。

（4）「放」については、なお、沈家本「歴代刑法分攷」巻一〇、『沈寄簃先生遺書甲篇』所収、参照。

## 三　温・原を中心とする河内の諸邑の歴史 I——殷末周初の河内の諸邑

前述のごとく、左伝僖公二五年の条には、晋の文公は周の襄王から「陽樊・温・原・欑・茅の田を与えられた」と記されているが、晋語四を見ると、文公が周公から賜わった邑として「陽樊・温・原・州・陘・絺・組・欑・茅」の九邑が挙げられている。すなわち、州、陘・絺・組の四邑は、左伝では記されていないのである。この四邑も温・原・陽樊等と同じく河内南陽の地にある。[1] 左伝は簡略にしたがったのであろうか。ところで、そのなかの州邑については、それが晋の手に帰したのち、左伝に「州県」としてあらわれてき、それについて左伝昭公三年につぎのことが記されている。

「初め州県は欒豹の邑なりき、欒氏亡びるに及んで、范宣子・趙文子・韓宣子、皆これを欲す。文子曰く『温は吾が県也』と。二宣子曰く『郤称よりして以て別れ、三伝せり。晋の県を別つは、唯州のみならず。誰か之を治むることを獲《え》ん』と。文子之を病《うれ》え、乃ち之を舎つ」

州邑も晋の手に帰すると、やがてここで州県と呼ばれているように晋の県となったのであるが、その間に若干のいきさつがある。この史料はその点についてきわめて重要な事実を私たちに知らせてくれている。すなわち、晋の世族欒氏の領していた州県は、欒氏が欒盈の乱でほろんだので、范氏・趙氏・韓氏等の晋の世族の争い欲するところとなった。ところがそのうちの趙文子は「温は自分の領している県であるから、州県も当然自分の手に帰るべきだ」と主張したのである。その意味は、杜預が「州はもと温に属す」と注しているように、州はもともと温邑の属邑であって、温邑が晋の県となると、州は温県の管轄下におかれたのであるが、のち、温県の管轄下から別れて州県となったのである。それ故、温県を領する趙文子は、州はもと温県に属していたのだから、自分の管領下に帰るべきだ、といって主張したのである。このことは、この趙文子の主張に反対する范・韓の二宣子の反論からも明らかである。すなわちかれらはつぎのように反論する。州は温県の管轄から別れて郤称に与えられ、それからのちに欒豹に与えられたもので、その間に三人もその主を変えて今日にいたっている。晋においては大県を別けて別県を立てることは一般におこなわれていることで、何も州の場合に限らないのだから、そのように遡及してもとの県の主に返すべきだと主張するのであれば、誰も別県を治することはできなくなる、といって反対したのである。この左伝昭公三年の記事は重要である。すなわち、州はもともと温に属する子邑であって、温邑を都とすれば、州はそれに属する鄙の小邑であったのである。温には、州のほかにも、多くの鄙の小邑が属していたのであろう。それ故、温といっても、それは州その他の鄙の小邑を含めた総称でもあったのであり、したがって、温が晋の県となり温県と称されても、それは当然、州その他の属邑をその管轄下に含めた総称でもあったのである。やがてそれらの鄙の小邑も、丁度州が温県の管轄支配から独立して一個の県となって行くように、それぞれ温県の管轄支配から別れて県となり、それぞれ別個の県大夫に与えられて行くことになることは、のちに詳述するが、そのことは、すでにこの左伝昭公三年の記事からも知ることができる。このことから考えると、左伝では、周から晋の文公に賜わった邑として陽樊・温・原・欑・茅の五邑しか記されていないのに、国語では、そのほかに州・陘・絺・組の四邑を加えて九邑が挙げられているのは、左伝には温が記されていて州が挙げられていないことから考えて見ても、左伝に記されている五邑は主だった邑のみであり、国語の方はそれに属する子邑・属邑をも名を挙げて記したものと考えられる。高士奇の『春秋地名考略』によると、州は懐慶府(沁陽)の東南五十里にあるとされているから、懐慶府温県の西南三十里にあるとされる温の故城と、地理的にいっても近い距離にある。晋の文公に周から賜わった河内の諸邑のうち、温と原とはそのなかでも比較的大きな邑であり、殊に温は、河内の中心的な大邑であったことは、左伝の各処に記されている記事により知ることができる。それ故、晋ではこの河内南陽の諸邑を手に入れると、前段に記したように、「趙衰を原の大夫となし、狐溱を温の大夫となして」、当初はこの二邑に治をおいて、その他の諸邑を管轄せしめたのである。

さて、それならば、周王から晋の文公に賜わった温・原を中心とするこれら河内南陽の地一帯の諸邑は、それ以前においては、どのような状態にあったのであろうか。それについては、まず左伝成公一一年のつぎの記事が、問題追究の一つの手がかりを与えてくれる。当時温県を領していた、晋の大夫郤至が、この温の子邑の一つである鄇[2]という小邑を、その管領内においた。ところがこの鄇邑は、温の鄙と周の畿内との境界辺にあり、その所属について不明な点があった。周では畿内の邑と考えていたのである。或はさきに周王が晋の文公に温を与えたとき、温の属邑のすべてを与えたのではなく、若干の属邑を残しておいたのかも知れない。ともかく周の側では、鄇を自領の邑と考えていたので、晋の郤至が鄇を侵したと考え、周王はその卿士劉康公と単襄公に命じて、晋の厲王に郤至の不法を訴えしめた。郤至は「温は吾が故也。故に敢えて失わず」といって自己の権利を主張した。すなわち温県は自分の前からの旧領であるから、その子邑である鄇は当然自分の領下に属すべきもので、これを手ばなすことはできない、と主張したのである。それに対し、周の劉康公と単襄公は、あなたは温は自分の前からの領邑だというが、そのもともとをいえば、温は周の邑で、のちに周王から晋の文公に賞賜されたものではないか、といって、温邑の来歴についてつぎのごとくいうのである。

「昔、周は商に克ち、諸侯をして封を撫せしむ。蘇忿生は温を以て司寇と為り、檀伯達とともに河に封ぜらる。蘇氏、狄に即《つ》き、又狄に能くせずして衛に奔る。襄王、文公を労《ねぎら》いて之に温を賜う。狐氏・陽氏先ず之に処《お》り、而る後、子に及べり。若し其の故を治めれば、則ち王官の邑也。子安んぞ之を得ん」(左伝成公一一年)

すなわち、昔、周が殷を滅ぼしたとき、蘇忿生は、周の司寇となり、温を中心とする河内の諸邑を封ぜられた。蘇忿生の子孫はその後ながく温を領し、東周の恵王のとき、蘇氏は王に叛いて狄に味方し、のち狄とも仲違いして衛に出奔した。そこで周の襄王は、これまで蘇氏の邑であったこの温を、晋の文公に、功労の賞として、賜わった。文公は、狐氏(狐溱)を温の大夫となして温を守せしめ、のち、陽氏(陽処父)がこれに代り、さらにそのあとに、郤至がこれに代った、というのである。この周の劉康公・単襄公の言としてかたられている、温の歴史について、他の史料をも参酌しながら、検証していってみよう。

まず、第一に、「周初蘇忿生が、温を以て司寇となり、檀伯達[3]とともに河に封ぜられた」という、その蘇忿生について考えてみよう。尚書立政に、

「周公若く曰く『太史よ、司寇蘇公は式《も》って爾の由獄を敬み、以て我が王国を長うす。……』」

とある。そこでいう司寇蘇公は、前記左伝のいう、周初、温をもって司寇となった蘇忿生と同一人物であることは、ほとんど疑いない。また左伝隠公一一年の条に、

「王は鄔・劉・蔿・邘の田を鄭より取りて、鄭人に、蘇忿生の田たる温・原・絺・樊・隰郕・欑・茅・向・盟・州・陘・隤・懐を与う。」

と記されている。そこで蘇忿生の田として挙げられている温以下の十三邑の大半は、前述の晋の文公に周王から賜わった邑と一致し、ただ隰郕・向・盟・隤・懐の五邑が左伝・国語所記の、文公に賜わった邑名のなかには見えないだけである。この五邑の地望を、高士奇・沈欽韓等の考証によって検すると[4]、いずれも温を中心とする河内南陽の地に所在する諸邑であって、これによっても、晋の文公が周より賜わった河内の諸邑は、もとは蘇忿生の領邑であったことが知られる。ところで、ここに一つ問題がある。僖公一〇年の春秋経文に

「狄、温を滅ぼす。温子、衛に奔る」

とあり、同年の左伝には

「狄、温を滅ぼす。……蘇子、衛に奔る」

と記されている。すなわち、蘇子が温子と記されているのは、蘇氏が温に封ぜられて、蘇忿生以来、代々、温を領していることを示すものであるが、鄭語によると、史伯の言として、

「己姓の昆吾・蘇・顧・温・董は……則ち夏これを滅ぼす」

とあり、蘇と温とは己姓の古国で、同姓であるが二国としている。路史国名紀巻丙も蘇と温との古城を別記し

「温、己姓、子、今の孟之温の西南三十里に古温城有り、漢の温県。蘇忿生の邑なり。亦蘇と曰う」

「蘇、己姓、子、……今の懐之武徳に蘇の古城有り、済源の西北二里に在り」

としている。これらの伝承、殊に鄭語のそれは、それだけでは軽々しく信拠し難いが、しかし、蘇氏が己姓であることは、金文から明確に証明できるのである。

鮇公段[5]に

「鮇公、王妃[illegible]段を作る、永く宝用せよ」

とある。この銘文は、鮇が妃姓であり、鮇公の女で王に嫁した[illegible]という名の者のために、鮇公が媵器を作ったことを示している。

鮇呰妊鼎[6]には、

「鮇呰妊、虢妃魚母媵を作る、子々孫々永く宝用せよ」

とある。鮇呰妊とは、郭沫若によれば妊姓の女で鮇に嫁した者であり、それの生んだ女が虢妃魚母であろうとしてい

る。虢妃魚母とあるから、穌冶妊の女が虢に嫁したこと、および穌が妃姓であることを、この銘文は明示している。このほか、穌衛妃鼎、穌甫人匜もまた、その銘文は穌が妃姓であることを示している。(7) この金文の穌が、古文献の蘇であることは、すでに王国維の確証以来、(8) 疑いの余地がない。これらの穌器は、郭沫若によると、周の東遷前後の時期のものとされる。当時、蘇は、王や虢や衛と通婚関係にあった国であったのである。蘇氏の蘇は、国名であり、蘇・温は二邑であるとすると、蘇と温とはどういう関係にあったのであろうか。周の桓王が鄭に与えた蘇忿生の田は、温を中心とする十三邑であって、そのなかには蘇が数えられていないということ、および蘇忿生が周初温に封ぜられたという左伝成公一一年の記事から推察すると、蘇は古くからあった己姓の国で、周初、周につかえて、周からその旧拠の蘇とは別に、温を中心とする上記諸邑を封として与えられたものと考えられる。温以下の諸邑が、周の桓王によって鄭に与えられた以後も、後述するように蘇氏は河内の地に出没し、また、温が晋の文公に与えられた以後も、蘇子は王臣として女栗の盟に登場してくる(春秋経文公一〇年、同左伝)ことなども、蘇と温とは二邑と考えた方が妥当であるかも知れない。ただ、蘇と温とは、前記路史の記すように、同じく河内にあって、あまり離れていないところにあったこと、および、蘇と温とは同姓であることも考えあわせると、温はもともとは、古い昔において、蘇から分族された分邑であったのではないかとも推測される。そして周初、蘇忿生が周室にしたがうことになって、温および温を中心とするその近隣の諸邑が、周室から改めて蘇忿生に封として与えられたため、温が蘇公の中心的国都となったものと推測されるのである。晋語一に史蘇の言として、

「殷辛、有蘇を伐つ。有蘇氏、妲己を以て之に女《めあわ》す」

とある。もしこの史蘇の言を信ずれば、蘇氏は、すでに殷末に殷と交渉をもつ殷の西方の雄族の一であったことになる。この伝承はそれだけでは信拠し難いが、しかし、妲己が蘇氏の女で、殷辛(紂)に嫁したというこの記事は、妲己

の己が己姓を示していると考えられる点において、[9] 私たちの上来の考察と一致し、この史蘇の言は必ずしも無視できないのである。このことは、つぎのような卜辞研究の仮説を考察に入れることによって、別の面からその推定をたすけることができる。

それによると、私たちが問題としているこの温を中心とする河内南陽の地一帯は、殷末、殷王の田猟の地として殷王室と浅からぬ関係のある地帯であった。大体殷王の田遊卜辞は帝乙期以降になるとにわかに多くなり、かつその地域も、大体河内を中心に、すなわち今の沁陽を中心として、済源・武陟・修武附近の地帯に集中してくる。乙辛期田遊卜辞には、同一の甲骨片に卜日を接して刻される田遊地がきわめて多い。それらの田遊地は相互に一両日の行程を出ない近接した距離にあることを示すものであるが、そのような関係にある田遊地としては、向と宮と盂と噩、[10] 噩と向、[11] 噩と衣、[12] 噩と召、[13] 召と侯棊、[14] 雝と召と宮、[15] 噩と雝、[16] 宮と噩、[17] 噩と軎、[18] 軎と稌、[19] 等がある。したがって、ここに挙げられている、向・宮・盂・噩・衣・召・侯棊・雝・軎・稌等の地は、相互に相近接した距離にある、と考えなければならない。これら関係地名がすべて、相近い地に集中しているという条件をみたすものとしては、河内の地帯をおいてないというのが、今日のほぼ承認されている仮説である。[20] これら田遊地の比定について、まず噩・衣・盂・雝の四地が相近い距離にあることに注目して、殷末殷王田遊の地を河内沁陽県附近の地に比定したのは、郭沫若[21]であった。盂を左伝僖公二四年の邘、杜注の所謂「河内野王県の西北にある」邘城、雝を同じく左伝僖公二四年の雍、杜注の所謂「山陽県の西にある」雍国、続漢志の所謂「河内郡山陽邑にある」雍城に比定した王国維の研究[22]を立脚点として、それに相近い地としての衣を河内の殷城(今の沁陽県)、さらに噩を邘と同地と比定し、この四地からさらにそれと卜日の関係から相近い距離にあると考えられる上記諸地を比定していったのである。この方法はさらに陳夢家[23]によって発展せしめられ、わが国の白川氏[24]もこの見解をとり、帝乙期以降の卜辞にみえる田猟地の大半は、衣すなわち今日の沁陽を中心に東は武陟・修武、西は済源を含む河内一帯の諸地に比定されてきたのである。これらの仮説にもとづいて考察して行くと、私たちの当面の問題である蘇忿生の領邑、すなわち前記左伝隠公一一年に挙げられている蘇忿生の田の大部分は、殷王の田遊地として、殷末においては、殷の版図内にあったことになる。

すなわち前記帝乙期田遊卜辞に、向という地名が出て来る。

「辛巳卜《と》い貞う、王其れ向に田《かり》す、戋《とがな》亡きか、
壬午卜い貞う、王其れ噩に田す、戋亡きか、
乙酉卜い貞う、王其れ向に田す、戋亡きか、
戊子卜い貞う、王其れ盂に田す、戋亡きか、
辛卯卜い貞う、王其れ噩に田す、戋亡きか、
壬辰卜い貞う、王其れ向に田す、戋亡きか、
乙未卜い貞う、王其れ噩に田す、戋亡きか」（粹九七五）[11]

そこでは辛巳と壬午、辛卯と壬辰とが日を接しており、向と噩とが卜日を接して刻されている。このことより向と噩とが一両日行程の距離の相近い処にあることが知られる。噩は前述のごとく河内の邘（今の沁陽県西北）であるとすれば、これと相近い地としての向を河内の地に求めれば、前述の左伝隠公一一年に蘇忿生の田として挙げられている向に比定するほかはない。この向は、杜注は軹県の西、すなわち、その後の諸考証家も、今の懐慶府済源県西南にある向城に比定しているからである。[25] また、前述のように、侯禁という地名が召と相近い地として田遊卜辞に出てくる。[14]召は、他の卜辞では前述のごとく噩とも雝とも卜日を接して刻されており、この殷末田遊の地としての召は河内に近い今の垣曲県の東にあたる邵城か、或は河内雍城の東にある邵城かに比定さるべきであって、したがってそこと相近

い侯蔾も、河内或はその周辺に求めなければならないことになる。そうすると説文邑部に「郼は晋の温の地、邑に从い侯の声、春秋伝に曰く『郼の田を争う』」とある郼が、すなわちこれにあたると考えなければならない。晋の郤至が、温を領し、その子邑である郼邑の帰属について周と争ったことは、さきにもふれたところであるが、郭沫若は殷末田遊卜辞にでてくる侯蔾を、この左伝成公一一年に記されている温の子邑としての郼と同一の地と解し、蔾は麓の古文であり、今の懐慶府武陟県附近にある郼は山麓にあるところから、侯蔾と称したのであろうとする。郼の本邑である温については、明確にそれにあたると断定できる地名を、卜辞のなかからは、私は未だ見出していないが[26]、しかし、郼が殷末の田遊卜辞に出てくる以上、その近傍の温も、田遊地の範囲内にあった、と考えてよいであろう。また、雝・噩と近接した地にある軎[27]と同片に刻されている田猟卜辞に、殸という地名が出てくる。

「戊申、卜い貞《と》う、今日王殸に田《かり》す、雨に遘《あ》わざるか、
辛亥卜い貞う、今日王軎に田す、湝日、雨に遘わざるか[28]」(前二・四三・五、卜通六九二)

陳夢家[29]は、この殸は磬の籀文であり、古文は硜に作るところから、この硜を河内の地に求めれば、蘇忿生の田の一つに挙げられている陘に比定すべきであるとしている。

これらの比定が正しいとすると、左伝隠公一一年に蘇忿生の田として挙げられている、温を中心とする諸邑の位置する今日の沁陽・済源・武陟・修武一帯の河内の地は、殷末において、殷王の田猟地として卜辞に見えていることになる。すなわち河内の諸邑は、早くから殷の勢力圏内に入り、殷に服事していたものと考えられる。例えば、殷王の田猟地として卜辞に出てくる前記の噩は、史記殷本紀に「西伯昌・九侯・鄂侯を以て三公と為す」とある鄂侯の国でもある。噩は鄂であり、集解所引の徐広曰には「鄂は一に邘に作る。音は于。野王県に邘城あり」とあり、左伝僖公二四年の杜注にも「河内野王県の西北に邘城あり」としているから、殷末に三公をもって殷に服事したと史記に記さ

れている鄂侯は河内の鄂すなわち卜辞にみえる噩の氏族であったことが知られる。この殷に服事して三公の称を得ていた噩侯の後裔と考えられるものが、西周後期金文に姿を現わす。成鼎(30)、噩侯鼎(31)、噩侯𣪕(32)の銘文に見える噩侯がそれである。成鼎の銘文によれば、噩侯馭方が南淮夷東夷を率いて南国東国を伐って、歴寒にいたり、そのとき、王命によって殷の八師、揚の八師が出動したことがうかがい知られ、また噩侯鼎によれば、そのとき王も親しく南征し、征戦が終ったあと、坏の地において、噩侯は王に醴を納れ侑礼をおこない、王より賞与を賜わっている。さらにはまた、噩侯𣪕の銘文は、噩が姞姓の国であり、王と通婚関係にあることを、私たちに知らせる。噩侯が坏において、王に醴を納れて侑礼をおこなった、その坏の地が、王国維(33)の証するように河南杞水県の大坏山であるとすると、その地望の関係から、噩侯が殷末噩侯の後裔と考える一つの傍証ともなる。殷末、殷王室に服事していた河内の雄族噩侯の子孫が、どのような経過を経て、周に服事するにいたったかは明らかではないが、周の克殷後も、その氏族は破壊されずに、そのまま存置されて、やがて周に服事するにいたっていることは殊に注意を要する。

このことは噩邑についてのみ見られる関係ではない。上記殷王の田遊地として卜辞に出てくる召については、この関係はより明瞭に見られる。召については、白川氏(34)の研究にくわしい。それによると、召は、北は河東垣県の邵亭・邵城、東は河内雍城の東にあたる召城、南は河南郾城の東の召陵を含む範囲にわたって盤踞していた殷の西方の大族であって、召方とも呼ばれていたが、武丁より前の時代に殷に服事して、殷の西史として、殷の西方の雄藩となった。その後、殷と召との関係は、一応平穏の関係をたもったようであるが、祖庚祖甲期・廩辛康丁期にいたって、召は殷にそむいて相攻伐し、その抗争の末、召は敗れ、その主力は南西方にのがれ、殷末に入ると河内の召地はもっぱら殷王の田猟地となり、また殷の軍事的拠点となった。ところが、周が殷を滅ぼすと、この召族は召公として周初の周王室の重臣としてはなばなしく登場してくる。すなわち、古くから河内西部に盤踞する召族の協力によって、周は克殷後の東方経営をおこなうのであって、殷のとき西史として、その西方の雄族たる地位を認められたのと同じように、周の克殷後は、周からも大保として、召の氏族と故地はそのまま認められて存置されることになるのである、という。

このように考えてくると、周初、司寇として周室に仕え、温を中心とする河内の諸邑を封ぜられた蘇氏も、殷末には殷と交渉をもった河内の氏族ではなかったかという、前述の私たちの想定も、まったく根拠のないものとはいえないこととなる。私はさきに「殷辛、有蘇を伐つ。有蘇氏、妲己を以てこれに女《めあわ》す」という晋語の記事を挙げて、この有蘇氏の女が妲己と称せられていることは、蘇氏が己姓であることを明証する周金文の穌器銘と符合することを指摘し、晋語の記事のもとづくところあることを推測したのであったが、そのことばかりでなく、以上のべてきた最近の甲骨学の有力な仮説も、蘇氏が殷末においては殷に服事していたのではないか、という私たちの想定をたすけるのである。

以上の仮説が認められるとすれば、河内の温の近傍に位置していた己姓の古国蘇は、殷の時代からその周辺の子邑を領する西方の氏族で、殷と交渉をもち、周が殷を滅ぼしたのちは、周に仕え、その故地である温を中心とする諸邑に封ぜられたのであって、それが、すなわち左伝隠公一一年に挙げられている蘇忿生の田であった、ということになる。殷は多数の氏族を擁する一種の部族国家であり、その中核をなすものは、王子集団である多子、その支裔である多子族等の王族出身の諸氏族であり、それが王都の周辺をしめ、或は枢要の地域に派遣されていた。また殷と通婚関係にある帚の実家である諸氏族も、殷王室の政治支配の一つの支柱をなしていたが、そのほかに服属または通交関係にある諸他異姓氏族は、侯・白等の呼称をもって、次第に殷の政治支配のなかに秩序づけられていった。したがって殷王朝は同族的な王族の諸氏族を中核とし、諸他の氏族を疏緩な形で服属させている、いわば広汎な諸氏族の連合の上に成立していたのであって、この諸氏族の連合が弛緩し動揺することによって殷王朝は崩壊したのである。それ故、殷周革命は、従来殷を宗主とする氏族連合に代って、周を宗主とする新しい氏族連合の成立を意味し、要するに諸氏族間における勢力関係の移動にすぎないといってもよいのである。従来殷の服属していた諸氏族が、殷周の際に殷から離反して、新たに周を宗主としてそれに服事するということも見られたのであって、それは周の異姓「封建」の実体の一つであったのである。殷に服属していた東方の雄族である斉、西方の雄族である前述の召などはその顕著な例であるが、その小規模なものとしては、私たちの問題とする蘇もまたその例にもれない。もちろん、殷王朝の中核をなす諸王族、および殷王室と密接な関係にあった殷系諸氏族は、その力の結集をおそれる周の対殷政策によって各地に分散遷徙され、従来の支配的位置から転落して、周の諸氏族に従属せしめられた。しかしその場合においても、その氏族の社会組織は根底から破壊されることなく、むしろ従来の氏族組織をそのまま保持していたのである。周はこれら殷遺民の氏族的社会機能をその族の内部に存置せしめることによって、そのもつすぐれた文化的・軍事的諸機能を利用しようとしたことが、周の対殷民政策の基本をなしたことは、最近の研究の示すところである。[35]したがって殷の支配下にあった諸氏族は、その氏族制的秩序を破壊されることなく、そのままそれを保持しながら、周の統治下に入ったのであって、そのことは、征服地統治のために分邑分族の形をとっておこなわれた周の同姓「封建」の場合においても例外ではない。いずれにしても、氏族が、その氏族制的秩序を保持しながら、累層的により有力な氏族に服属するという、いわば総体的な服属関係の社会組織は、殷周革命を経てもなんら変更を見なかったのである。

このことは、私たちの当面の問題とする、蘇氏の邑についても、後述のごとく相当具体的にたしかめることができる。

(1)　高士奇『春秋地名考略』巻一によると、州については「臣謹按、周之州邑、是時予鄭、後又属晋、初為郤称邑、後為欒豹之邑、昭三年晋人以賜鄭豊施、七年子産帰州田于韓宣子、宣子更以賜宋楽大心、後宣子自徙居之、漢置州県、属河内郡、晋

因之、後魏置武徳郡、改県曰邢丘、属懐州、大業初又改曰安昌、唐武徳二年改曰武徳、置北義州、後廃、州県仍属懐州、宋熙寧中省県為武徳鎮、其地在懐慶府東南五十里」とある。陘については「臣謹按輿地志、太行陘在懐慶府西北三十里、一名丹陘、連山中断曰陘、太行首始河内、北至幽州、中有八陘、此其一也」とあり、絺については「後漢志、波有絺城、今在懐慶府城西南三十里、俗呼絺城一名付逸城、括地志、故絺城在河内県西三十二里」、組については韋昭の注に周之南陽地とあるのみで、正確な地望は不明。なお、沈欽韓『春秋左氏伝地名補注』巻一も、州・陘・絺の地望については、上述の高士奇『春秋地名考略』の見解と同じである。

(2) 杜預の注には、「郤、温別邑、河内懐県西南有郤人亭」とあり、高士奇『春秋地名考略』巻一には、「郤田、今在懐慶府武陟県」とある。

(3) 今日一般に涾司徒逘𣪘或は康侯𣪘と呼ばれる濬県出土の新出銅器(于省吾『商周金文録遺』一五七)の銘文に

「王来伐商邑、征命康侯啚于衛、涾司土逘眔啚作厥考尊彝。𤰈」

とある。貝塚茂樹氏(「新出檀伯達器考」『東方学報』(京都)第八冊)は、この銘文の考釈をなし、涾司土逘を檀司土達と読んで、左伝成公一一年に記されている、あの蘇忿生とともに河に封ぜられた檀伯達のことであると比定された。すなわち、この銘文の康侯啚は衛の始封者であり、尚書康誥の康侯封の父で、この銘文は武王の克殷後、康侯啚を衛に封じ、さらにこの康侯の侍立のもとに、その部下として濬県の地に檀伯達を封じたことを記したものであると解された。すなわち、この器が濬県の出土であること、濬県の近傍にある白馬津は、交通上軍事上からいっても周の殷及東夷統治政策上重要な地点であり、蘇忿生を温邑に封じて、その近傍の重要渡津孟津を制せしめたのと同じ意味で、檀伯達を濬県近傍に封じて白馬津を制せしめたことは、きわめて考え得ることであること、またそのような推定は、左伝成公一一年の周の克殷後、蘇忿生とともに檀伯達を河に封じたという記事と合致すること、等々が、その解釈の根拠である。この貝塚氏の解釈は、氏以前にこの銘文を解読したYetts・于省吾・孫海波の諸氏に比して、周初東方経略の広い視野から、すぐれたいくつかの見解を示した。ただしかし、涾司土逘を檀司土達と読むその字形の釈字についてはなお若干の疑問をのこしている。その後、この銘文の解読について、いくつかの研究が発表された。周法高「康侯𣪘考釈」(『金文零釈』一—三七頁、『国立中央研究院歴史語言研究所専刊』三四、一九五一、台湾)、楊樹達「涾司土逘跋」(「関渉周代史実之彝銘五篇」『歴史研究』一九五四ノ二)、陳夢家「西周銅器断代(一)」康侯𣪘(『考古学報』第九冊、一九五五)等がそれである。しかしながら、問題の涾司土逘を何人に比定するかについては、未だ定論がない。これらの諸氏は康侯啚を、成王が武庚管蔡の乱を伐ったのち、衛に封ぜられた康叔封と解す点においては一致するが(但、楊樹達は康侯啚の啚を動詞に解する)、涾司土逘については、周法高は、康叔封の弟冉季載に比定し、陳夢家は涾を地名の妹にあてているだけで、くわしい考証はなく、楊樹達は未詳としている。しかし、以上の諸氏がふれていない重要な問題が一つある。それは、王承紹(「関於西周的社会性質問題」『歴史研究』一九五五、一)も指摘しているところであるが、この銘文の末尾に刻されている という図象文字についてである。それはこの器の作器者涾司土逘の属する氏族標識であることは、ことわるまでもない。この涾司土逘毁と同一系統の器と考えられる 涾爵(『三代吉金文存』一五、三七)、 涾白尊(三代一一、三一) 逘鼎(三代三、五)等の周初の諸器からも明らかである。ところで 氏族は 乙罕(三代、一三、四八)、 觚(三代、一四、一七)のような殷代銅器にも出てくるので、殷系氏族と考えられる。そうすると問題の涾司土逘は殷系氏族の出で、周の克殷後、周につかえて司徒となり、衛に封ぜられた康侯をたすけて殷の故地の統治にあたったものと考えられる。左伝定公四年によると、周の克殷後、康叔に殷民七族を分け与えたと記されている、そのこととも符合する。周法高が涾司土逘を、康叔の弟冉季載に比定するのは、この点を無視したものであり、正しくない。貝塚氏のごとく涾司土逘を檀伯達と読むことは字形上尚若干の疑問があり、ただちには従いがたいが、少くともこの金文は、周の克殷後、殷の故地衛の統治にあたって、殷に服事していた殷系氏族を司徒に任じ、康侯に協力させたことを示している点において、私たちの問題にとっても無関係ではない。同じく殷に服事していたであろう蘇氏が、周の克殷後、周に仕えて司寇に任ぜられたことを想定しようとする私たちにとって、この金文は類似のケースを示しているからである。

(4)　高士奇の『春秋地名考略』巻一によると、隰郕は「杜注、在懐県西南、今懐慶府城西三十里有期城、即其地、一名覆背村、水経注曰湛水出河内軹県西北之湛渓、自向城東南逕湛城、時人又呼曰隰城、谿曰隰澗、後漢志、河陽有湛城、是也」、沈欽韓(『春秋左氏伝地名補注』巻一)は「隰城在武陟県西南十五里」とし、『読史方輿紀要』をひいてそれは府城西三十里にある期城と一致することを示している。向については、高士奇は「杜注、軹県西有地名向上、水経注、天漿水出軹睾向城北、闞駰十三州志、軹県南山西曲有故向城、竹書曰鄭侯使韓辰帰晋陽及向、二月城陽・向、更名陽為河雍、向為高平、即是城也、括地志、高平故城在河陽県西北四十里、今懐慶府済源県西南有向城、即周向国」となし、沈欽韓も「向城在済源県南、寰宇記、向城在孟州河陽県西北二十五里」としている。盟については高士奇は「杜注、今盟津、臣謹按武王会諸侯于盟津、即此也、地後帰晋、謂之河陽、僖二十年天王狩于河陽、是也、後属魏、史記趙恵文王十一年董叔与魏氏伐宋得河陽、漢置河陽県属河内郡、晋魏因之、北斉置河陽関、周滅斉仍為重鎮、隋置河陽宮、唐仍曰河陽県、会昌中置孟州于此、元豊志云、懐州南至河陽七十里、河陽東南至河陰一百六十二里、金大定中城為河水所壊、築城徙治、明改州為県、即今治也、古河陽城在県西南三十里」となし、沈欽韓は、「孟津在孟県南十八里」としている。隤については高士奇は「杜注、在修武県北、後漢志有隤城、今同」とし、沈欽韓は「隤城在衛輝府獲嘉県西北、紀要、隤城在修武県西北」とし、懐については、高士奇は「杜注、今懐県、臣謹按懐後属晋、宣六年赤狄伐晋囲懐、史記趙成侯四年魏敗我懐、竹書紀年、秦師伐鄭次于懐、漢置懐県為河内郡治、晋魏仍之、東魏于此置武徳郡、北斉廃、隋開皇十六年于其地置武陟県属殷州、今武陟県西南十一里有懐城」とし、沈欽韓は「懐県故城在武陟県西十里」としている。

(5) 穌公毀(郭沫若『両周金文辞大系攷釈』二四一)。
「穌公作王妃〓毀、永宝用」。

(6) 穌〓妊鼎(『大系攷釈』二四二)。
「穌〓妊作虢妃魚母媵、子々孫々永宝用」。

なお、上原淳道「虢の歴史および鄭と東虢との関係」(『古代学』六ノ二、一九五七)はこの器にふれて、虢と通婚関係にあった蘇の己姓なることをたしかめ、虢の姫姓なることを論証しようとした。なおまた、呉其昌『金文世族譜』上巻三九葉参照。

(7) 穌甫人匜(『大系攷釈』二四三)。
「穌甫人作嫚妃襄媵匜」。

穌衛改鼎、(『大系攷釈』二四四)。

「穌衛改作旅鼎、其永用」。

(8) 王国維「史頌敦跋」『観堂別集』二、『海寧王静安先生遺書』所収。

(9) 史記殷本紀索隠も、妲己を注して「国語有蘇氏女、妲字、己姓也」として、妲己の己は、有蘇氏の己姓なることを示している、と解している。もっとも、妲己の己は、殷の王后につけられる十干の己ではないかという疑問も出てくるが、しかし、そうすると妲の字の説明がつかなくなる。

(10) 「甲午卜、翌日乙、王其徃于向、亡𢦏。于宮、亡𢦏、吉。于盂、亡𢦏。于噩、亡𢦏」(『殷虚書契前編』二、二〇、五、『卜辞通纂』六四〇)。

(11)「辛巳卜貞、王其田向、亡𢦏。壬午卜貞、王其田䵹、亡𢦏。……辛卯卜貞、王其田䵹、亡𢦏。壬辰卜貞、王其田向、亡𢦏」(『殷契粋編』九七五)。

(12)「戊午(卜、在)䵹、貞(王田□)逐(□、亡巛。)己未(卜、在)雚(貞、王)田衣(逐□、亡(巛))」(前二、四一、一、卜通六三六)。

(13)「辛丑卜貞、王徙于䵹、往来亡巛。壬寅卜貞、王徙于召、往来亡巛」(前二、二一、五、卜通六二五)。

(14)「辛未、(王)卜、在召、宙隹□、其令卿史。癸酉卜貞、牢逐屖兄侯埶麑犬……。丁丑卜貞、牢逐屖兄侯埶麑犬、翌日戊寅……召」(後上、一二、一、前二、二三、一、『甲骨叕存』一七、卜通六一五)。

(15)「乙巳卜貞、王徙于召、往来亡巛、在九月。丁未卜貞、王徙于宮、往来亡巛。戊申卜貞、王徙雝、往来亡巛、王毗曰吉。己酉卜貞、王徙召、往来亡巛」(前二、二四、二、前二、二二、一、叕存七〇、卜通六二〇)。

(16)「辛丑卜貞、王田于䵹、往来亡巛、弘吉。壬寅卜貞、王田雝、往来亡巛」(前二、三五、六、卜通六四二)。

(17)「丁酉、王卜貞、其徙于宮、往来亡巛。戊戌、王卜貞、其田䵹、往来亡巛」(前二、三一、四、卜通六三八)。

(18)「丁丑、王(卜貞)、田䵹、往(来)亡巛、王(毗曰)吉。兹御。戊寅、王卜貞、田軎、往来亡巛、王毗曰吉」(前二、四一、四、卜通六四五)。

(19)「辛未、王卜貞、田軎、往来亡巛、王毗曰吉。壬申、王卜貞、田稌、往来亡巛、王毗曰吉」(前二、三四、三、卜通六五六)。

(20)郭沫若・陳夢家・白川静等の諸氏はみなこれらの地を河内の地域に比定するのであるが、董作賓は、これら殷末の田猟地を、商邱の東南地域、今の泰山・蒙山・嶧山の西麓地帯に比定した(『殷暦譜下編』巻九日譜一、三七葉)。その根拠は、専らそれら地名のうちの軎・召二地の比定にもとづく。すなわち、軎はすなわち鄣で、今の郯城にあり、向の故地は今の沂州の西にある、として、その他の地名はすべてその附近にありとするのである。そして、この軎・召が人方征伐関係の卜辞・金文にも出てき、しかもその日付が、帝辛十祀九月より十一祀七月におわる第一次人方征伐に合わないところから、これを第二次人方征伐とし、それは、第一次人方征伐とは異なった路線、すなわち商邱東南の田猟地を通ったものとするのである(『殷暦譜下編』巻八、旬譜七、八葉裏)。軎・召を人方関係とむすびつける根拠となる卜辞(続、三、一八、四)と金文(己酉戍命尊、「薛」巻二)、を董作賓のごとく第二次人方征伐の暦譜作成の基礎とすることについては、若干の疑問があるが、暦法にうとい私には十分それを批判する用意はない。しかし、私たちにとって問題なのは、喜・向二地の比定にあるのであって、喜を今の郯城、向を今の沂州の西に比定することによって、殷末田猟の関係地名をすべて商邱の東南とするところに、根本的問題があるのである。また向をそこに比定するのは、上𪚥と共存する向を莒邑(左伝定公四年)の向と解するからであるが(『殷暦譜下編』巻八、旬譜八、一三葉裏)、向という地名は、各地にあり、宮・盂・噩等の一群の地名と共存する向と同一地名であるという保証はない。殷末田猟卜辞にでてくる相互に関係する一群の地名を、矛盾なく満足させる地方としては、河内の地帯を比定する方がすぐれていると思う。なお、陳夢家『殷虚卜辞綜述』第八章第八節「乙辛時代所征的人方・盂方」三〇一頁、白川静「召方考」『甲骨金文学論叢』第二集、九二—九四頁、註11参照。

(21) 郭沫若『卜辞通纂』序四—五葉。

(22) 王国維「殷虚卜辞中所見地名考」『観堂別集』巻一、一七—一八葉、『海寧王静安先生遺書』所収。

(23) 陳夢家『殷虚卜辞綜述』第八章「方国地理」二五五—二六四頁、『考古学専刊』甲種第二号。

(24) 白川静「召方考」『甲骨金文学論叢』第二集、六八—七三頁。

(25) 郭沫若は、詩小雅十月之交の「作都于向」の向も、この河内の向に比定している。小雅十月之交の向は、王応麟(詩地理攷)以来、一般に河内済源県の向に比定されており、郭沫若もそれにしたがったものと考えられる。しかし、この十月之交の向は、皇父の邑であるから蘇忿生の領邑としての河内済源県の向と同一視することは、若干問題がないでもない。周の東都洛陽の畿内には向が二地あり、一は河内済源の向、一は開封府尉氏県の南の向城である。左伝襄公一一年の「諸侯伐鄭、師于向」の向がすなわちその後者である。小雅十月之交の向は、この尉氏県の向であり、田遊卜辞の向、すなわち蘇忿生の田の向とは、別地と考えた方が至当であろう。

(26) 『殷虚書契前編』二、二八、三に

「戊申、卜貞、王田于囚嫠、往来亡巛、玆御、獲□一、犷四」。

とある。囚嫠を、董作賓(「甲骨文断代研究例」『慶祝蔡元培先生六十五歳論文集』四〇二頁)、は、温麓と読んでいる。そして最近の『殷暦譜下編』(巻九、日譜三、六二葉裏)でも、その読み方をかえていない。蓋し、因を盈の省文と読んだのであろう。(郭沫若は囚と読んでいる)。なお、董作賓は、同じく「甲骨文断代研究例」三九四頁において、第二次発掘において得た整理番号〇五五六の骨文

「翌日壬、王、逘于温、亡戋、于稌、亡戋」。を引用しているが、この骨文は、どういう理由からか、『殷虚文字甲編』には収録されていない。もしも、その温が前と同じく囚であるとすれば、それと同日に卜されている稌は、𠷎と相近い地であるから（註19参照）、囚を河内の温と推定しうる有力な根拠となるのであるが、骨文を見ることができないので、全く不確定である。

(27)「（丁）丑、王（卜貞）、田噩、往（来）亡巛、王（毌曰）吉、玆御。戊寅、王卜貞、田𠷎、往来亡巛、王毌曰吉」（前二、四一、四、卜通六四五）。
「辛酉卜貞、王田雝、往来亡巛。（壬）戌卜貞、王（田）𠷎、往来（亡）巛」（前二、三六、四、卜通六四九）。

陳夢家は、𠷎と雝と相近きにより「𠷎従叀、音如恵、其地或即今武陟県西之懐、雍在今修武県西、与懐南隔一沁水、其地已在大邑商所在的沁陽田猟区」（『殷虚卜辞綜述』第八章方国地理三〇八頁）としている。なお、註19の卜辞は、𠷎と稌とは相近い距離にあることを示しているが、陳夢家は「今沁陽県東三十里、沁水南岸有徐保鎮、東為武徳鎮、西為尚香鎮、卜辞之稌或在此、又左伝襄二十三『救晋次於雍・楡』杜注云『雍・楡・晋地、汲郡朝歌県東有雍城』、楡或即稌、与雍相近」（『殷虚卜辞綜述』第八章方国地理二六一―二頁）としているが、一仮説である。

(28)「戊申卜貞、今日王田殸、不遘雨。其遘雨。辛亥卜貞、今日王田𠷎、湝日、不遘雨。其遘雨」（前二、四三、五、卜通六九二）。

(29)『殷虚卜辞綜述』第八章方国地理、二六一頁。

(30)成鼎（『大系攷釈』一〇八）。
「成曰『……亦唯噩侯馭方率南淮夷東夷、広伐南或東或、至于歴寒、王□命遹六𠂤殷八𠂤…』…」。

(31)噩侯鼎（『大系攷釈』一〇七）。
「王南征、伐角䚷、唯還自征、在坏、噩侯馭方内醴于王、乃裸之、馭方習王、王休宴、乃射、馭方𨞴王射、馭方休闌、王宴、咸飲、王親賜馭方玉五瑴馬四匹矢五束、馭方拝手稽首、敢対揚天子不顕休釐、用作尊鼎、其万年子孫永宝用」

(32)噩侯𣪕（呉式芬『攈古録金文』二ノ二、四〇、羅振玉『貞松堂集古遺文』五、二五）。
「噩侯作王姞王媵𣪕、王姞其万年、子々孫々永宝」

(33)王国維「鄂侯馭方鼎跋」『観堂別集』巻二、二―三葉。

(34)　白川静「召方考」『甲骨金文学論叢』二集、六五—九七頁。

(35)　この点については、白川静氏の一連のすぐれた業績が貢献するところ多い。同氏の戦後発表された数多くの研究は、一貫してこの問題をめぐって展開されているのであるが、殊に、「小臣考」(『立命館文学』一一六・一一七、一九五五)、「釈史」(『甲骨金文学論叢』初集、一九五五)、「作冊考」、「召方考」(『甲骨金文学論叢』二集、一九五五)、「釈師」(『甲骨金文学論叢』三集、一九五六)、「殷代雄族考其一」(『甲骨金文学論叢』五集、一九五七)は、その問題構想の雄大さと、細心周到な史料博捜とによって、殷周史の重要な側面を解明した注目すべき業績である。本稿も多くの点で同氏の教えをうけている。

## 四　温・原を中心とする河内の諸邑の歴史 Ⅱ——西周時代の河内の諸邑

前段にのべたごとく、左伝成公一一年の条に、周の劉康公・単襄公の言として、「昔、周、商に克ち、諸侯をして封を撫せしむ。蘇忿生、温を以て司寇となり、檀伯達とともに河に封ぜられたり」とあり、また尚書立政には、周初、司寇蘇公なる者が、その治獄に功績のあったことが、周公の言として語られている。さて、温を中心とする河内の諸邑を領するこの蘇氏は、その後、西周中後期において、どのような消息を私たちにつたえているのであろうか。詩経小雅何人斯の詩序に「何人斯は、蘇公が暴公を刺る也。暴公、王の卿士となりて、蘇公を譖す。故に蘇公、是詩を作りて以て之に絶つ」とあり、鄭箋は「暴・蘇、皆畿内の国名なり」と注し、また、孔穎達の正義は、この蘇公を、周初、温に封ぜられた蘇忿生の後裔としているが、その具体的関係は、必ずしも明らかではない。西周後期における蘇公および蘇国の動静をつたえる屈強の史料としては、恭王期の器とされる史頌𣪘(1)のつぎのような銘文がある。

「維三年五月丁巳、王、宗周に在り。史頌に命じて穌を傁《み》しむ。灂友・里君・百生、䣃《ともがら》を帥いて成周に盩《いた》る。休《おおい》に成事有り。穌、璋・馬四匹・吉金を賓《おく》る。用《も》って䵼彝を作る。頌其れ万年彊《かぎり》無く、日《ひび》に天子の覭《おおい》なる命を遅《すす》め、子々孫々まで永く宝用せんことを」

史頌段は、史頌が恭王から命ぜられて蘇を巡察したことを記したものである。史頌が蘇を巡省することを命ぜられたのは、或は、この史頌が洛陽の新宮造営および管理を命ぜられたことを記した頌鼎(2)の銘文の記事と関係があるのかも知れない。史頌の巡察をうけた蘇公は、それぞれのともがらをひきいる蘇の濶友・里君・百生をひきつれて、成周洛陽にあつまるのである。この史頌段に記されている蘇の濶友・里君・百生(百姓)とは、具体的にどのようなものなのであろうか。この濶友・里君・百生(百姓)の社会的実体をさぐることによって、蘇国の邑の社会組織やその内部構成を明らかにする手がかりが与えられないであろうか、というのが私たちの直接の問題なのである。

濶友はやや難解なので少しくあとまわしにして、まずそこでいう「里君・百生」から考えて行こう。「里君・百生」は、周初の金文、および古文献にもあらわれてくるからである。尚書酒誥に、殷の先哲王のときのことをのべて、

「越《およ》び、外服に在る侯・甸・男・衛・邦伯、越《およ》び内服に在る百僚・庶尹、惟れ亜、惟れ服、宗工越《およ》び百姓里居」

がみずから暇逸することがなかったと記している。そこにいう「百姓・里居」の「里居」を王国維(3)は「里君」の誤りであろうとし、史頌段の「里君・百姓」の方が古の成語であろう、とされた。事実またこの酒誥のつたえる殷制にそのまま符合する西周初期金文の令彝(4)にも「里君」ということばが出てくるのである。

「……維十月月吉癸未、明公朝《あした》に成周に至り、命を徃《いだ》して三事の命を舎せしむ。卿事寮と諸尹と里君と百工と諸侯たる侯・甸・男と、四方の命を舎せしむ、既に咸《ことごと》く命じおわる。……」

私たちは、史頌段の記す蘇の里君・百姓の実体を、この酒誥・令彝の「里君・百姓」を媒介としてさぐってみよう。

令彝は、周知のように近年(一九三〇)洛陽から出土した新出の器で、その銘文中の「周公子明保」については、郭沫若・陳夢家・貝塚茂樹の諸氏の間に異説はあるが、私たちの当面の問題にとって重要なことは、その銘文が周初成

王時の成周庶殷の状態を伝えてくれている点にある。すでに明らかにされているように、周は殷を滅ぼしてのち、庶殷すなわち亡殷の諸族を多く成周洛陽の地に遷して、新邑造営にあたらせたことは、召誥のつぶさにつたえるところであるが、そののちも成周はこれら遷された庶殷の定住するところであったことは、尚書多士・無逸の諸篇より明らかなばかりでなく、この令彝を含めて多くの殷系彝器が洛陽附近から出土していることからもたしかめられる。(5) 周は、後述のごとく、これら庶殷をうつす際に、その氏族組織を根本から破壊することなく、それをそのまま保持せしめて、周の命をうけさせたのであるが、さらに注意すべきことは、旧来の殷の貴族称号や職制や身分称号が、なおそのまま、これら庶殷の間に沿襲して用いられていたのである。(6) 尚書召誥に、すでに克殷の後であるにもかかわらず、「周公、乃ち朝に書を用い、庶殷の侯・甸・男・邦伯に命す。厥れ既に庶殷に命じおわり庶殷丕《おお》いに作す」とあるのは、その一例であるが、令彝に、明公が成周洛陽において三事命を発した、その対象として記されている「里君・百工」はみな洛陽にうつされた庶殷であって、「諸侯たる侯・甸・男」も亡殷の諸侯たりし殷系の諸氏族であると考えるのが、近時の研究(7)の示すごとく妥当であって、またそこに記されている官職あるいは身分称謂は、殷時のそれをそのまま沿襲したものであることは、殷制を記した前記酒誥の外服・内服の諸官職と符合することからも、またそれらの多くがト辞のなかから検出できることからも、認めることができる。そのことは、西周後期にいたってもなお沿襲されているのであって、厲王期の器とされる𩞁𣪘(8)の銘文においても

「維王正月、辰甲午に在り、王若く曰く『𩞁よ、汝に命じて成周の里人と諸侯大亜を司らしむ。……』」

とある。そこでいう成周の里人、諸侯大亜は、周初、成周にうつされた庶殷の後であり、かれらは殷時の固有の族形態を大体においてそのまま保持しながら、周室の監司をうけて、西周後期までいたっているのである。このように亡殷の身分的称謂が、そのまま殷の間にのちのちまでも沿襲されていることは、そこに庶殷の氏族組織の強固な残存を

私たちに示すものである。前記酒誥に、殷制として追述されている外服の諸侯、内服の諸官と並んで、「百姓・里君」が記されており、周初洛陽にうつされた庶殷の間にも「里君」の称謂が沿襲されているということは、史頌𣪘の記す蘇の「里君・百姓」の解釈に重要な手がかりを与えてくれることになる。

左伝定公四年に衛の祝佗が周初分封のことを追述した有名なことばのなかに

「魯公に分けるに、……殷民の六族、条氏・徐氏・蕭氏・索氏・長勺氏・尾勺氏を以てし、其の宗氏を帥い、其の分族を輯《あつ》め、其の類醜を将《ひき》いしめて、以て周公に法則《のっと》り、用《も》って命に周に即き、是を以て魯に職事せしむ。……」

とある。この殷民の六族のうち、蕭氏は、世本（左伝隠公元年正義引、殷本紀索隠引）によると殷と同姓の子姓である。蕭氏は、子姓から分れた氏族であり、その氏族の組織は、宗氏と、そこから分れた多くの分族と、さらにその下に属する類醜からなっていた。蕭氏のほか条氏・徐氏等の諸族も同様な氏族組織をもっていた。このように、この定公四年の記述は、亡殷の諸氏族は、各地に分属させられる際に、それぞれの氏族組織を破壊されることなく、それをそのまま保持しながら遷されたことを明示している。洛陽に遷された庶殷も、これと同様な関係にあったと考えて間違いない。そしてこのような氏族を構成するもろもろの族人が、「百姓」なのである。

旧来、「百姓」を百官と解する見解が多い。詩小雅天保の毛伝に「百姓とは百官の族姓也」とあり、堯典・盤庚・呂刑の各篇の孔伝に「百姓は百官也」とあり、周語の韋注に「百姓とは百官也、官、世功有れば、氏姓を受くる也」とあるのがそれである。陳夢家も、(9)楚語の、観射父が百姓を解して、「王公の子弟の質ありて言を能くし聴を能くし其の官に徹する者」とする解説を引いて、前記酒誥の「百姓」を解釈している。しかし、百姓を百官と解するのは、左伝隠公八年の衆仲の言「天子は徳を建て、生に因りて姓を賜う」の旧解にもとづくものであって原義ではない。

「百姓」は金文では「百生」と記される。西周中期穆王時代の器とされる善鼎(10)は、善という人物が、纂侯をたすけて師戍を監司することを王より命ぜられ、賜物をたまわったことを記念として、その「宗室の宝尊」を作ったことを銘文に記し、それにつづく嘏辞に、

「余、其れ用《も》って吾が宗子と百生とを格《つつし》み、余、用って純魯《おおいなるたまもの》と万年とを匃《もと》む、其れ永く之を宝用せよ」

と記している。そこでは、「吾が宗子と百生」とあるごとく、百生は宗子と対列して用いられている。王引之(11)は「古は、子孫を姓と曰い、或は子姓と曰う。字は通じて生に作る」といっている。左伝昭公四年に「魯の叔孫穆子既に立つ、宿せし所の庚宗の婦人、献ずるに雉を以てす。其の姓を問う。対えて曰く『余の子長ぜり矣。能く雉を奉じて我に従う』と」と記されている。そこでいう「其の姓を問う」を杜預が「子有るか否かを問う」と注しているのは正しい。叔孫穆子が数年前魯を出奔して斉に亡命する途中、庚宗という魯の鄙邑に立寄って宿した際、そこの婦人と情を通じたのである。やがて叔孫穆子が斉から魯に帰って顕勢の地位についたとき、かつて穆子の情をうけた庚宗の婦人がたずねてきた。そこで、穆子は「其の姓を問う」たのである。姓名を問うたのではないことは、その問いに対して婦人が「余の子長ぜり、能く雉を奉じて我に従う」と答えているところからも明らかである。「其姓を問う」の姓は、王引之が「古は子孫を姓と曰い、或は子姓と曰う」というがごとく、子孫のこと、そこでは、この婦人の生んだ子のことである。礼記曲礼下に「女を天子に納れるに、百姓に備うと曰い、国君に於ては、酒漿に備うと曰い、大夫に於ては埽灑に備うと曰う」とある。鄭注は「姓之言は生也、子姓を広むる也」と解している。そこでいう「百姓に備う」の百姓も、子孫のことであり、子孫をふやすこと、すなわち子姓を広めることが、「百姓に備う」の意味である。礼記喪大記に「既に尸を正せば、子は東方に坐し、……卿大夫父兄子姓は東方に立つ」とあり、鄭注は「子姓とは衆子孫を謂う也、姓之言は生也」と記している。すなわち、姓は、子孫であり、衆子孫すなわち族人を意味する。礼記

玉藻の「縞冠玄武は子姓の冠也」、楚語下の「その子姓を帥いて、その時享に従う」、韓非子八経篇の「乱の生ず所は六也、主母・后姫・子姓・弟兄・大臣・顕賢」の子姓はみなこの意味である。東周期の斉器である𪎭鎛(斉子中姜鎛)[12]にもその嘏辞に「用《も》って万寿死すること毋く、吾が兄弟を保たんことを祈り、用って考命弥生を求む。粛々なる義政、吾が子姓を保たんことを」とある子姓もまた同じである。ここまで考えてきて、前記の善鼎の嘏辞の解釈に帰ると、そこで「余、其れ用《も》って吾が宗子と百生とを格《つっし》み、余用って純魯と万年とを匄《もと》む」と記されているように、「百生」が「宗子」と連称されていることの意味も、おのずからあきらかになる。宗子とはその氏族の宗家の嫡系であり、百生とは衆子孫、すなわちその宗から分れたもろもろの族人の意味である。前記左伝定公四年の祝佗の言によると、殷遺民の氏族組織は、宗氏のもとに多くの分族があり、その下に類醜が属していた。そうすると、百生とは、この殷民の場合についていうと、この宗氏から分れた多くの族および族人を総称するものと解さなければならない。類醜は、族の構成員ではなく、それに従属するものであるから、それ自体として族組織をもつものであったにしても、百生のなかに入れて考えない方がよい。このように考えてくると、百姓ということばは、少くとも西周期においては、当時の氏族組織との関連で理解しなければならないのである。

さて、このような氏族組織をもったまま亡殷の百生すなわち諸族の族人は、それぞれの宗氏にひきいられて洛陽にうつされて「里」に居したのである。里とは民宅の聚居するところである。左伝その他の古文献から推察すると、春秋時代の国都の構造は、その城郭内に宮殿と市と民居とに分けられていたようであるが、その民人の居するところが里[13]である。例えば、昭公二一年の春秋経に「宋の華亥、陳より宋の南里に入りて以《ひき》いて叛く」とある南里は、左伝に「華氏、盧門に居り、南里を以《ひき》いて叛く」とあることからも知られるように、宋の城内の里であり、その方角により、南里・東里等とよばれたのであろう。論語憲問に「東里の子産」とあり、何晏の注は「子産は東里に居し、因りて以て号と為す」となし、邢疏には「東里は、鄭の城中の里名」とある。洛陽のような新営の大邑においては、その城内の里は、或は春秋時代のそれのように、若干の区劃にわけられていたのかも知れない。尚書畢命は、古文ではあるが、康王が畢公に命じて成周に遷された殷の頑民を化訓する任を与え、「淑慝を旌別し、厥の宅里を表し、善を彰し、悪を癉し、之が風声を樹て」しめた、と記し、書序は「康王が冊を作らしめ畢に命じて、居里を分ち、周郊を成し、畢命を作る」とのべているからである。逸周書作雒篇によると「殷の献民を俘として九里[14]に遷す」とあり、孔注は「九里は成周之地なり」といっている。孫詒讓[14]はこの九里は、韓非子説林篇の所謂「臼里」、戦国策韓策の所謂「九里」で、必ず東周畿内の地であるとしている。東観漢記巻一四の鮑永伝に「永に洛陽の上商里の宅を賜う」とあり、陸機の洛陽記（後漢書鮑永伝注引）には「上商里は洛陽の東北にあり、本《もと》、殷の頑民の居する所なり、故に上商里の宅という」という伝承がつたわっている。

このように、亡殷の百生、すなわち諸族人は洛陽にうつされて里に居したのであるが、前述のように、その氏族組織は破壊されることなく、そのまま保持されていた。周が洛陽の殷の頑民を化育するために「居里を分つ」ことはあっても、「啓くに商政を以てし、疆するに周索を以てする」周の対殷民宥和政策によって、それは庶殷の族的秩序を基礎としておこなわれたのであろう。前記成鼎の示すごとく、洛陽の庶殷をもって構成される殷の八師が西周後期まで維持されていたのは、逐次新陳代謝してその組織を維持するような組織、おそらくはこの軍団をささえる氏族的組織をその背後にもったものとして考えなければならず、[15]またそのために、前記鬳𣪘の示すごとく、西周後期においても、鬳をして「成周の里人と諸侯大亜を司らしめ」たことを考えれば、成周の庶殷は周初の令彝に見える頃より以来、西周後期の鬳𣪘の頃にいたるまで、里居してその固有の氏族的形態を残存していたと考えられるからである。その意味では、洛陽の庶殷の里の秩序は、もとのかれらの邑里における秩序が、そのままうつされたものと考えてよい。戦国時代のものであるが、管子小匡篇によると、斉の国都を公と国子と高子との三つの里に分ち、「その賢民を択んで里君と為し」、以て軍制の基礎となしたという。戦国時代の斉では、里民の賢なる者を択んで里君となしたかも知れないが、しかし、氏族的秩序の強い殷周の時代においては、里君は当然、里に居する百生（すなわち族人）の長者がこれに任じて、族人を統轄したのであろう。前記の令彝に記される成周の「里君」とは、したがって具体的には、洛陽の里に居する庶殷の百生の長、すなわち諸族の長者がこれにえらばれたものであると考えなければならない。酒誥のつたえる殷時の里君と同じ社会的実体がそこでも保持されていたのである。逸周書商誓篇にも、殷遺民に対する称謂として、「及び太史比・小史昔、及び百官・里居・献民」と記されている。孫詒譲（『周書斠補』巻二）の指摘するように、これは酒誥の「太史友・内史友、越《およ》び献臣・百宗工」に対応し、太史比・小史昔は、太史友・内史友の譌であるが、そこの里居も、前記酒誥の里居とおなじく、里君の譌である。白川氏の研究[15]によると、洛陽にうつされた庶殷は軍事の面では成周の八師を構成し、周の東方経営に大きな役割をはたしたとされる。師氏の職は、その師長としておかれたものであり、おそらく師を構成する氏族のなかから、諸族の長者がこれに任じたものであろうとされる。そして平時においては、師族の構成母胎である氏族、もしくはその諸族の居住する地区（すなわち里）の代表者として、広汎な行政権をもち、族人を教導する者でもあったという。この師氏をさらに統轄するものが舀壺にみえる冢司徒である。いま周官をみると、地官司徒に、大司徒・小司徒があり、師氏の職もこの司徒に属しているのは、したがって根拠のないことではなく、同じく地官の郷師・旅師・閭師・県師・遂師・鄙師も、おそらく師氏と同系の職であり、郷・旅・閭・県・遂・鄙のそれぞれの地区における師氏の意からおこったものであろう、とされる。郭沫若は、令彝の考釈において、里君とは、周官の郷師・郷老のごときものであろうとされた。郭氏はその際、周官の郷師が、どのような歴史的実体を基礎にしているかについては、何も考えるところはなかったが、前記白川氏の師氏の研究を借りて考えて行くと、西周金文における里君と師氏とは、その始源的形態をたどって行けば、意外に相近い社会的実体から発するものではないかと思う。

伝承と後代の事情を混淆して整理したものであろうが、公羊伝宣公一五年の何休の注につぎのことが記されている。

「家の田に在るを廬と曰い、邑に在るを里と曰う。一里八十戸、八家一巷を共にす。中里を校室と為す。其の耆老の高徳有る者を選び、名づけて父老と曰い、其の弁護伉健有る者を里正と為す。皆倍田を受けて馬に乗るを得。父老は三老・孝弟の官属に比し、里正は庶人の官に在るの吏に比す。民は春夏には田に出て、秋冬には入りて城郭を保す。田作の時、春は父老及び里正、旦に門を開きて塾上に坐し、晏《おそ》く時に後《おく》れて出でんとする者は、出ずるを得ず。暮に樵を持せざる者は入るを得ず。五穀畢く入れば、民皆宅に居す。里正、緝績を趣《うなが》し、男女巷を同じくして相従い、夜績して夜中に至る。故に女工は一月に四十五日の作を得、十月より正月を尽して止む。男女怨恨する所有れば相従いて歌う。飢者は其の食を歌い、労者は其の事を歌う。……十月に事訖《おわ》れば父老は校室に教う。……其の秀なる者は郷学に移し、郷学の秀なる者は庠に移し、庠の秀なる者は国学に移す……」

これとほぼ同一のことが、漢書食貨志にも記されているが、いずれも、そこにえがかれている里の状況は、秦漢当時の事情と古い伝承とが入りまじっており、その上、何休が井田制の注としてこの記述をなしているところから、儒家特有の理想化による整理もなされていて、とうていこのままの形では信ずることはできないが、しかし、そこで、里は、父老のもとに一種の統制ある共同の社会的経済的生活をなしており、その里の中央の校室は共同の作業場であり、集合所であり、また学校でもあったということは、古い氏族社会のあの所謂若者集会所（Männerhaus）の伝承を予想させるものがある。経典のつたえる「庠」・「序」の社会的実体は始源的にはそのようなものであったのであろう。この里の記述のなかから後代の事情にもとづく潤色や形式化と考えられる諸点をのぞいて考えるならば、この形式的記述のなかから、私たちが想定してきたあの「百生」たる族人が里君たる族の長者に統轄教導される殷周時代の里の状況を意外につたえている一面を見出すことすらできるのである。そこでは、里の父老は、校室において里の子弟を教え、その秀なる者は郷学へ移り、さらにその秀なる者は国学に移るという。鄭には郷校のあったことは左伝襄公三一年の記すところである。いやすでに殷の卜辞に(16)

「丁酉卜す、其れ多方の小子小臣を呼び以《ひきい》て、其れ教爻せんか」（粋編一一六二）

とあり、諸方国の貴族子弟を国都に集めて教習する制度のあったことをつたえている。そうすると殷に服事する諸国にもそれぞれ子弟を教導する学、或は庠・序の類があったであろう。礼記文王世子の「王乃ち公侯伯子男及び羣吏に命じて曰く、『反りて老幼を東序に養え』と」という記述は形式化されたものではあるが、そのことを推察させる。「里には序有り、郷には庠有り」というように、それらの方国に従属する小邑にも、その族長が子弟を教習するメンナーハウスのような制度が、丁度前記の里の校室のごとき形においてあった、とも考えられる。周礼地官に、郷・閭・県・遂・鄙のそれぞれの地区に師があって、民の教導にあたったと記されていることは、以上のような関係を、形式化した形で、伝えているのかも知れないのである。

問題をもとへもどそう。私たちは、史頌毀にみえる蘇の「里君・百生」の社会的実体をさぐるための媒介として、令彝に見える「里君」、酒誥にみえる「百姓・里君」の実体を明らかにしようとして考察をつづけてきた。それらは、殷民の氏族秩序と密接な関係をもち、宗氏の下の多くの分族およびそれを構成する族人の総称が百生であり、かれらが居住する里においてはそれらの族の長者が里君としてかれら族人を統轄教導するのであることを知ることができた。そしてそれは、かれら亡殷の諸氏族が洛陽にうつされても、そのまま、沿襲されてきたものであることが知られたのである。このことは、史頌毀にみられる蘇の「里君・百生」についても同様にあてはまると考えてよいのである。蘇国とその領する諸邑は、殷末から根本的な破壊を蒙ることなく、ひきつづいて西周にいたっていることは、さきに明らかにしたところであるからである。

ところで私たちは、さきに、令彝にみえる里君について考察したとき、成周洛陽の如き大邑の場合には、その城郭内の民の居住するところはいくつかの里に区別されていたかも知れない、とのべた。しかしながら、それは、すべての邑について、そうであるといっているのではない。周知のように邑には大小さまざまあり、大は王都より小は論語の所謂十室の邑にいたるまで、その規模は一様ではない。大邑においては、その城郭の内はいくつかの里に分けられていたであろうが、群小の邑にあっては、一邑一里の場合も多く、民居を主としていえば、邑は同時に里をもって呼ばれた。周礼地官里宰の鄭注に「邑は猶里のごとき也」とあるように、邑と里とは古くは相通じて用いられたのである。西周金文にはそのような里の用例が多い。召卣に(17)

「維十又三月初吉丁卯、召、啓《はじ》めて進事し、事に奔走す。皇辟君休王、穀自り畢に土方の五十里を賞せしむ。召、敢えて王の休異を忘れず。用《も》って歎宮旅彝を作る」

そこの「使賞畢土方五十里」は、郭沫若のように畢を人名、すなわち召の名と解して、「畢に土方の五十里を賞せしむ」と解してよいし、また白川氏(18)のように、畢を卜辞に出てくる地名の𩇦と解し、𩇦も土方も、その地望は安陽の北方に相接する位置にあると考えて、「畢と土方との五十里を賞せしむ」と読むこともできる。いずれにしてもこの銘文は、召が初めて朝廷に見事し、王事に奔走したので、その賞として休王(考王)から、土方の(或は𩇦と土方の)五十里を賜わったことを記したもので、そこの五十里の「里」は郭沫若が解するように邑里の意味で、距離の里ではないと考えなければ意味が通らない。それは𦉢鎛(斉子中姜鎛)(12)の「侯氏之に邑二百九十有九邑を賜う」と同じ用例である、と考えなければならない。また、孝王或は懿王期の器と推定される大𣪘(19)には

「維十又二年三月既生覇丁亥、王、糧仮宮に在り。王、呉師を呼んで大を召し、趞嬰の里を錫う。王、善夫豖に命じて趞嬰に謂わしめて曰く『余既に大に乃《なんじ》の里を賜えり』と。嬰、豖に璋・帛束を儐《おく》る。嬰、豖に命じて天子に謂わしめて曰く『余敢えて嗇《おし》まず』と。……」

ここでも王の賞賜の対象として里が記されている。「王、呉師を呼んで、大を召し、趞嬰の里を賜う」というのがそれである。この大という人物に王が賜わった里は、趞嬰という人物の采邑であった。それ故、王は膳夫豖をして趞嬰に通告させて、「余既に大に乃《なんじ》の里を賜えり」とことわらせ、また趞嬰は使者の豖に「余敢えて嗇《おし》まず」と答えて天子に復命させているのである。この銘文はすでに臣僚に与えた采邑について、王がなお、上級の処分権を有していることを示す点において重要な史料であるが、私たちの当面の問題についていえば、ここにおける「里」も、前の召卣の里と同じく、それが王の賞賜の対象となっていることから考えても、邑里の意味で、小邑をさしていっていると解釈することが至当である。これらの小邑にも、里君にあたるものがいて、その族人である百生を統轄していたと考えられる。ただ、これらの采邑として与えられる小邑の里君と百生は、その族全体として、領主の氏族に従属することになるわけで、もっぱらその農業労働によって領主の族人を養うことになる。国都にすむ支配階級の氏族の里君・百生とは、その族組織の社会的性格は同一であっても、そこに累層的な支配従属関係が入りこんでくるのである。このように考えてくると、私たちの当面の問題である史頌段の銘文に記されている、蘇公がその灃友・里君・百姓をひきつれて成周洛陽に集合したという記事の「里君」は、蘇の国都（すなわち温）の里君のみではなく、蘇の領有する諸他の属邑の里君も当然含めて考えるべきであって、これら属邑にも当然社会的性格においては同一性格の里君とその百生の族的組織があって、蘇氏の氏族に族全体として、いわば総体的に従属する関係にあったものと考えられる。

最後に灃友とは何であろうか。孫詒譲・郭沫若ともに未詳としている。白川氏は薦の字義の考釈[20]において、この史頌𣪘の瀏の字にも言及し、この字が薦に从うことに注目して、灋の金文に近いとし、灋と読むべきとした。灋は法の古文であるが、灋は金文では、「勿灋朕命」（大盂鼎・牧𣪘・師酉𣪘・大克鼎）と「灋保先王」（大盂鼎）とのような相異なった用法があるが、瀏友は灋友で、後者の用法の灋であり、「倗沓」（趞曹鼎）、「倗友」（乖伯𣪘）、「官友」（師晨鼎）に近い語であろう、とし、この場合の灋は倗に借り用いたものとされた。もしも瀏友を倗友と同義に読むことが許されるならば、銘文の意はきわめてよく通ずることになる。金文では、「倗友」・「友」は、僚友・僚属の意味に用いられている例が多い。令彝(21)には「亢と夨とに命じ……乃の寮と乃の友事を左右《たすけ》よ」とあり、寮と友とが対文をなしている。金文には「大史寮」とあり（毛公鼎）、酒誥では「太史友」とあることから見ても、寮も友も、同官の同僚乃至僚属の意味に用いられている、と考えられる。左伝文公七年の荀林父の言のなかにも「同官を寮と為す」と記されている。西周初期の金文である師旅鼎(22)には、白懋父の部将である師旅が于方を征した際、その士卒のものが命にしたがわなかったので、師旅は、「厥の友弘をして、以て白懋父に告げしめた」と記されている。師旅はその「友」の弘なる人物を使として葊京にいる白懋父に遣わしたのであるから、そこでいう「厥の友」とは、師旅の僚属、すなわち部下である。「友」が僚友、殊には僚属を意味することは、君夫𣪘(23)の「王、君夫に命じて曰く『乃《なんじ》の友を債求せよ』」という銘文が、師奎父鼎(24)の「王、内史駒を呼んで師奎父に冊命す『……用《も》って乃父の官友を司《つかさど》れよ』という銘文、また、師晨鼎(25)の「王、乍冊尹を呼んで師晨に冊命す、……官守友を司れよ」という銘文の「官友」「官守友」の用法と対応することからも明らかであろう。毛公鼎(26)には「王曰く『父厝よ、……善く乃の友正を效《いた》し、敢えて酒に湎《ふけ》る毋れ』」とあり、王国維(27)も「友は寮属を謂い、正は其の長也」と解釈している。師訇𣪘(28)には、「王曰く『師訇よ……乃の友を率いて、王身を扞護せよ』」と刻されている。この銘文は、その前段において、周初、師訇の祖が王を補佐して殷民の統治にあたった功績を賞讃し、第二段に入って、今や周は時運の困阨にあい、特に師訇に、その僚属部下を率いて王を扞護することを依嘱することを記しているのである。以上のように、「友」が僚友、殊には僚属の意味であるとすると、史頌段の銘文の解釈は、きわめてよくすじが通ることになる。そこでいう瀏友、すなわち倗友とは、蘇公の倗友であるから、蘇公にひきいられる蘇公の僚属、すなわち、蘇国の諸官ということになる。それには蘇国の卿大夫が任じたのであろうが、周室の側からみれば、蘇公の僚属である。それは、斉侯鎛鐘[29]において、斉侯が叔夷に萊邑を与えて統治せしめた際、叔夷の徒属を「敵寮」と呼んでいることからも明らかである。したがって、それは、蘇公の僚属、すなわち蘇国の諸官であるから、前記成周の新邑についていえば、令彝の所謂「卿事寮・諸尹」にあたることになる。王使たる史頌の巡省をうけた蘇公は、以上のような意味内容をもった瀏友・里君・百生をひきつれて、成周洛陽にあつまったのである。そしてこれらの瀏友・里君・百生もまたそれぞれ「⿰鬲禺《ともがら》[30]を帥いて、成周に盩《いた》る」と刻されているから、そこにも、族的結合の相互に累層的な従属関係を見いだすことができる。

以上、私たちは、史頌段の銘文にみえる瀏友・里君・百生を、少しくくわしく内容的に分析することによって、西周中期から後期にかけての蘇国の内部構成をほぼ知ることができた。当時蘇国は温の大邑を中核とするものであって、その邑内には、蘇国を構成する百生すなわち諸族の族人が、古い氏族的秩序を保持しながら、それぞれ里に分れて居住し、諸族においてはその長者を里君として[31]、族人の統制教導にあたっていた。里は、後世におけるような単なる行政区劃ではなく、それら諸族の日常の社会的経済的生活の単位をなし、その中央には校室のごときものがおかれて、族人の教習の場所ともなり、また共同の集会所ともなって、かれらの社会的経済的生活の中心をなした。蘇国すなわち温の邑内は、このように、諸族の居する里に分れていたが、この邑の中央には宮があり、そこは、これら諸族を統轄する邑の長としての蘇公の居処であり、また蘇国の政治祭事の中心をなした。蘇公は、これら里に分れてすむ諸族を、全体として統轄して蘇国の軍事祭事をおこなうために、また蘇国に従属する諸他の邑を管領するために、諸官をおいた。これら諸官は、それら諸族のうちの有力のものが、卿大夫として、これにあてられたのであろう。蘇公はその国都である温邑のほかに、その周辺に多くの属邑を領有していた。それらの属邑は蘇の分族の分邑もあったろうし、前から蘇と通交或は服属の関係にあった周辺の諸邑が、周初、周から蘇公の封邑として安堵されたものもあったろう。これらの属邑の内部構成も、規模の大小の差違こそあれ、上述の蘇国のそれとはほぼ同じく、同一性格の氏族秩序をそのまま保持していたものと考えられる。ただ、それら属邑は、蘇国に対して、経済的その他の負担をおわなければならず、蘇公はその族人である大夫を、これら属邑に分置してその管領にあたらせたものと考えられるが、しかし、その支配関係はゆるやかで、それら属邑のもつ氏族的秩序はそのまま保持されていたものと考えられるのである。

（1）史頌毁（『大系攷釈』七一、楊樹達『積微居金文説』六八、平凡社『書道全集』第一巻六五）。
「隹三年五月丁巳、王在宗周、命史頌覆穌、瀰友里君百生帥覉盩于成周、休有成事、穌賓章馬四匹吉金、用作𩰫彝、頌其万年無疆、日遅天子顥命、子々孫々永宝用」

（2）頌鼎（『大系攷釈』七二、『書道』第一巻六六）。
「隹三年五月既死覇甲戌、王在周康邵宮、旦、王格大室、即位、宰弘右頌入門、立中廷、尹氏授王命書、王呼史虢生冊命頌、王曰『頌、命汝官嗣成周貯廿家、監嗣新造、貯用宮御、錫汝玄衣・黹純・赤市・朱黄・鑾旂・攸勒、用事』、頌拝稽首、受命冊、佩以出、反入堇章、頌敢対揚天子丕顯魯休、用作朕皇考龏叔、皇母龏姒宝尊鼎……」

（3）「王観堂先生尚書講授記」（呉其昌）『国学論叢』第一巻第三号、一九九―二二六頁。

（4）令彝（『大系攷釈』五、陳夢家「西周銅器断代（二）」19（『考古学報』第一〇冊、一九五五）、『書道』第一巻三六）。
「隹八月、辰在甲申、王命周公子明保、尹三事四方、受卿事寮。……隹十月月吉癸未、明公朝至于成周、徣命、舎三事命、眔卿事寮、眔諸尹、眔里君、眔百工、眔諸侯侯甸男、舎四方命、既咸命、甲申、明公用牲于京宮、乙酉、用牲于康宮、咸既、用牲于王、明公帰自王、明公錫亢師鬯金小牛、曰『用禘』、錫令鬯金小牛、曰『用禘』、迺命曰『今我隹命汝二人亢眔夨、奭、左右于乃寮以乃友事』、作冊令敢揚明公尹氒宧、用作父丁宝尊彝。……」

（5）白川静「周初の対殷政策と殷の余裔」『立命館文学』七八号、同「周初における殷人の活動」『古代学』一ノ一参照。

（6）白川静「小臣考」『立命館文学』一一六・一一七号参照。

（7）陳夢家「西周金文中的殷人身分」（『歴史研究』一九五四ノ六）、同「西周銅器断代（二）」19令方彝（『考古学報』第一〇冊、一九五五）。

（8）𧆞段（『古代銘刻彙攷』二、一四、『大系攷釈』一一九）。
「唯王正月、辰在甲午、王若曰『𧆞、命汝𤔲成周里人眔諸侯大亜、訊訟罰、取遺五寽、錫汝夷臣十家、用事』、𧆞拝稽首、対揚王休命、用作宝段、其子々孫々宝用」

（9）陳夢家「西周金文中的殷人身分」（『歴史研究』一九五四ノ六）。

（10）善鼎（『大系攷釈』六五）。
「唯十又二月初吉、辰在丁亥、王在宗周、王格大師宮、王曰『善、昔先王既命汝左足㠱侯、今余唯肇𤔲先王命、命汝左足㠱侯、監□師戍、錫汝乃祖旂、用事』、善敢拝稽首、対揚皇天子不伓休、用作宗室宝尊、唯用錫福乎前文人、秉徳恭純、余其用格我宗子雩百生、余用匄純魯雩万年、其永宝用之」

（11）王引之『経義述聞』巻五、なお楊希枚「姓字古義析証」『歴史語言研究所集刊』第二三本下、一九五二。

（12）𬴊鎛（斉子中姜鎛）（『大系攷釈』二〇九、『積微居』一〇〇、『書道』第一巻九七）。
「隹王五月初吉丁亥、斉辟𩫖叔之孫、適中之子□、作子中姜宝鎛、用祈侯氏永命万年、𬴊保其身、用享用孝于皇祖聖叔・皇妣聖姜、于皇祖有成恵叔・皇妣有成恵姜・皇考適中、皇母、用祈寿老毋死、保盧《（吾）》兄弟、用求考命彌生、肅々義政、保盧《（吾）》子性、㠱叔有成、労于斉邦、侯氏賜之邑二百又九十又九邑、与□之民人都鄙、侯氏従造之曰、世万、至於辝孫子、勿或渝改、㠱子□曰、余彌心畏忌、余四事是台、余為大攻厄、大吏・大徒・大宰、是辝可事、子孫永保用享」

（13）なお、里については、宮崎市定「中国における聚落形体の変遷について」『大谷史学』六に透徹した見解がある。

（14）通行本逸周書には「俘殷献民遷于九畢」とある。朱右曾（『逸周書集訓校釈』巻五）は「九畢、玉海引作九里、誤也」としているが、王念孫（『逸周書雑志』巻二）は「念孫案、書伝皆言畢、無言九畢者、玉海十五引此作九里、挹孔注以為成周之地、近王化則作九里者是也、蓋里畢字相似、又渉上文葬武王於畢而誤也」としている。九畢は九里の誤りだとするこの王念孫の見解を引きついで、孫詒讓（『周書斠補』巻二）は「案王校是也、韓非子説林篇、魏恵王為臼里之盟、将復立天子、戦国策韓策、臼里作九里、一本作九重、蓋即此、秦策云梁君駆十二諸侯、以朝天子於孟津、則九里必東周畿内之地、朱反㾄玉海為誤、嗔也」としている。王・孫両氏にしたがって九畢は九里の伝写の誤りとすべきである。

(15) 白川静「釈師」『甲骨金文学論叢』三集、五四―九九頁参照。

(16) 「丁酉卜、其呼以多方小子小臣、其效戔」(『殷契粋編』一一六二)。

郭沫若はその『攷釈』において「多方、多国也、書多方之語足知有所本、「以多方小子小臣其效戔」、当為一辞、效即教字、見説文、戔殆戒之省、拠此可知殷時隣国、多遣子弟遊学于殷也」としている。

(17) 召卣(『古代銘刻彙攷』二、一〇、『大系攷釈』九三「西周銅器断代(二)」25)。

「隹十又三月初吉丁卯、召啓進事旋徙事、皇辟君休王、自穀使賞畢土方五十里、召弗敢忘王休異、用作欶宮旅彝」

楊樹達(『積微居金文説』一三六頁)および陳夢家(「西周銅器断代(二)」『考古学報』第10冊)は「賞畢土方五十里」を「畢土、方五十里を賞す」と読んでいる。しかし、これは礼記や孟子の説く周代封建の、「子男五十里」を証するようではあるが、当時の邑の実状からして方五十里というような土地の一定面積を賜与することは考えられない。この里は距離の里ではなく、また土方は卜辞に常見の国名であるから、郭沫若の如く「畢に土方の五十里を賞す」、或は白川氏の如く「畢・土方の五十里を賞す」と読むべきである。

(18) 白川静「召方考」『甲骨金文学論叢』二集、八六頁。

(19) 大𣪘(『大系攷釈』八七、『書道』第一巻六七頁)。

「隹十又二年三月既生霸丁亥、王在𩞁侲宮、王呼呉師召大、錫趞睽里、王命善夫豖曰趞睽曰『余既賜大乃里』、睽賓豖章帛束、睽令豖曰天子『余弗敢𢽉』、豖以睽履大錫里、大賓豖𧟟章馬両、賓睽𧟟章帛束、大拝稽首、敢対揚天子丕顕休、用作朕皇考剌白尊𣪘、其子々孫々永宝用」

(20) 白川静「琱生𣪘銘文考釈」『甲骨金文学論叢』四集二五―二七頁。

(21) 註4参照。

(22) 師旅鼎(『古代銘刻彙攷』二、『大系攷釈』二六、周法高「師旂鼎考釈」『金文零釈』三八―八八頁)。

「唯三月丁卯、師旅衆僕𠭯不従王征于方、𦉢使𠭯友弘以告于白懋父、在莽、白懋父迺罰得𢆶古三百寽、今弗克𠭯罰、懋父命曰『義播𠭯不従𠭯右征、今毋播、斯又内于師旅』、弘以告中史書、旅対𠭯𧶠于尊彝」

右の銘文中、私たちに直接関係あるのは「師旅衆僕不従王征于方、𦉢使𠭯友弘、以告白懋父」の条である。そこの𦉢は難解である。郭沫若(『大系攷釈』)は鼺を雷と読んで人名としているが、やや唐突である。徐仲舒(「遹敦考釈」『中央研究院歴史語言研究所集刊』第三本第二分、二八四―二八八頁)、呉闓生(『吉金文録』二九葉)、楊樹達(『積微居金文説』一八三頁)等は、皆、鼺を上につけて方鼺と読み、国名と解するが、難点がある。最近、周法高はその研究「師旂鼎考釈」(『金文零釈』三八―八八頁、一九五一、台湾)において、説文雨部「靁、从雨、畾象回転形、籀文靁間有回、回、靁声」段注「凡右器、多以回為靁」にもとづいて、鼺は回に通ずるとなし、鼺を回、すなわち「帰」とよむことによって従来の読法の難点を解決しようとした。本稿の本文では、仮りに周法高にしたがって読んでおいた。しかし、鼺をいずれに読もうとも、私たちの当面の問題である「友」の意味には、直接にはかかわりはない。

(23) 君夫𣪘(『大系攷釈』五八)。
「唯正月初吉乙亥、王在康宮大室、王命君夫曰『價求乃友』、君夫敢敏揚王休、用作文父丁䵼彝、子々孫々其永用之」

(24) 師奎父鼎(『大系攷釈』七八)。
「隹六月既生霸庚寅、王格于大室、𤔲馬井伯右師奎父、王呼内史駒冊命師奎父『錫載市、冋黄・玄衣黹純・戈琱戟、旂、用𤔲乃父官友。』……」

(25) 師晨鼎(『大系攷釈』一一五)。
「隹三年三月初吉甲戌、王在周師彔宮、旦、王格大室、即位、𤔲馬共右師晨入門、立中廷、王呼作冊尹、冊令師晨、足師俗、𤔲邑人与小臣・善夫・守口・官犬、眔奠人・善夫・官守友、賜赤舄。……」

(26) 毛公鼎(『大系攷釈』一三五、董作賓「毛公鼎考年」『大陸雑誌』五―八、一九五二、『書道』第一巻八二・八三)。
「……王曰『父厝、今余唯醽先王命、命汝亟一方、弘我邦我家、毋離于政、勿壅逮庶人賓、毋敢龔橐、龔橐迺侮鰥寡、善效乃友正、毋敢湎于酒、……』……」

(27) 王国維「毛公鼎銘考釈」『観堂古金文考釈』巻一『海寧王静安先生遺書』所収。

(28) 師訇𣪘(『大系攷釈』一三九)。
「王若曰『師訇、丕顕文武、敷受天命、亦則殷民、乃聖祖考、克左右先王、作乓肱股、用夾召乓辟奠大命、盭龢于政、肆皇帝亡斁、臨保我乓周与四方、民亡不康静』王曰『師訇、哀哉、今日天疾畏降喪、首徳不克規、故亡承于先王、鄕汝彶、屯卹周邦、妥立余小子、載乃事、……今余隹醽景乃命、命汝恵雝我邦小大猷、邦居潰辟、敬明乃心、率以乃友、干吾王身、欲汝弗以乃辟凾于囏、賜汝釐鬯一卣、圭瓚、夷允三百人、』……」

（29）斉侯鎛鐘（叔夷鐘）（『大系攷釈』二〇二、『書道』第一巻九七）。
「……公曰『夷、汝敬共辝命、汝雁鬲公家、汝娶労朕行師、汝肇敏于戎攻、余賜汝釐都脊劇、其県二百、余命汝嗣辝、造国徒四千、爲汝敵寮、』……」

（30）史頌𣪘の「……灋友・里君・百生・帥鸓盩于成周」の鸓については、楊樹達は『積微居金文説』六八—六九において「鸓者、隅之或体、説文十四篇下自部、隅或作鸓、是其比也、以義求之、宇当読為偶、偶謂曹偶、史記倉公伝云『女子豎曹偶四人』、又黥布伝云『率其曹偶亡之江中、為羣盗』、索隠云『偶、類也』、銘文云帥鸓、猶黥布伝云率其曹偶矣」と解している。したがうべきであろう。

（31）左伝襄公九年に「春宋災、楽喜為司城以為政、使伯氏司里、火所未至、徹小屋、塗大屋」とある。「伯氏をして里を司《つかさど》らしむ」とあるから、宋の国都では、大夫が里君の役に任じている。支配氏族の国都の里君は、後代の里宰とことなり、支配氏族の族人が里君に任ずる例の名残りを、それは示している、と考えてよい。

## 五　温・原を中心とする河内の諸邑の歴史Ⅲ——春秋時代初期の河内の諸邑

前章において、私たちは、史頌𣪘を中心史料として西周中期から後期にかけての蘇国の内部構成とその社会秩序の性格について少しくあきらかにしたのであるが、その後、周の東遷前後におよんで、蘇は、王室・虢・衛等と通婚関係をむすぶ河内の有力な国として、前記の穌公𣪘、穌甫妊鼎、穌衛妃鼎等にその姿をあらわし、東周時代に入ると、王子頽の乱との関係で、蘇子、或は温子として、春秋経伝にその姿をあらわす。このように蘇国は周初より春秋時代まで、温を中心とする河内の諸邑を領する国として存続しつづけるのであるが、周初蘇忿生が周から封ぜられたとされる河内の諸邑のすべてが、のちのちまでもそのまま蘇子の領邑として保持されつづけたのではない。左伝隠公一一年に、周が鄭人に、「蘇忿生の田たる、温・原・絺・樊・隰郕・欑・茅・向・盟・州・陘・隤・懐」の十三邑を与えたと記されているが、この記事は、これらの諸邑を周初蘇忿生がかつて領有していたことを私たちに知らせるが、隠公一一年のときまで、蘇公がそのままこれら諸邑のすべてを領有しつづけたことを意味するのではない。ことさらにその始祖の名、蘇忿生の名をそこに称して「蘇忿生の田」と記していることは、そのことを意味する。蘇公は前述のごとく、周初以来、温邑を中心とする諸邑を領して春秋期までつづいているが、その領邑の範囲については、その間若干の変化はあったものと考えられる。例えば、蘇忿生の田と記される樊、すなわち陽樊は、周の宣王のとき卿士樊仲山父に与えられたという伝承がある。(1)続漢書郡国志河内郡の条に「修武は故の南陽、秦始皇、名を更《あらた》む。南陽城・陽樊・欑・茅の田有り」とあり、劉注は服虔を引いて「樊仲山の居せし所、故に陽樊と名づく」と記している。国語周語上には、宣王の卿士として仲山父(樊仲山父・樊穆仲)が記されており、その韋注に「仲山父は王の卿士、釆を樊に食む」と記されている。これらの伝承は、前述の晋語四に、陽樊の人倉葛の言として記されている「陽(樊)には夏商の嗣典有り、周室の師旅有りて、樊仲の官守なりき」の樊仲の官守と符合する。この倉葛の言は、前述のごとく、陽樊が晋の文公に与えられることをきらって、晋に抵抗したときに、倉葛が、陽樊の由緒ある歴史をのべた言であるが、そこで、陽樊はかつて、樊仲の官守するところであった、というのである。樊仲は、周語の樊仲山父、仲山父であることはいうまでもない。陽樊の歴史については、卜辞・金文等の同時史料の裏づけが十分ないので、明確なことは不明であるが、(1)陽樊は、その地望からいっても、温・原・向等に近く、同じく河内の地に位置しているところから、前述の河内の諸邑と同じく、殷時には殷と密接な交渉があったのではないかと想定される。路史国名紀丁には、商氏の後として樊が挙げられていること、および左伝定公四年の周の分封をのべた祝佗の言のなかに、康叔に分与され殷民七族のなかに樊氏が挙げられていることなども、その想像をたすける。もしも、このような想像が許されるとすると、

「陽樊には夏商の嗣典有り」という倉葛の言は生きてくるのである。つぎの「周室の師旅有り」は明らかではない。周の東方経営に重要な役割をはたした成周の八師（殷の八師）は、洛陽にうつされた庶殷によって構成されたものであることは、前記白川氏の明らかにしたところである。或はこの成周の八師のほかに、さらに畿内近傍の諸邑に軍団を構成せしめることがあったのであろうか。成鼎には、殷の八師とならんで揚の八師が動員されたことが記されているが、この揚の八師と、「陽に周室の師旅有り」という倉葛の言と、なんらかの関係があるのであろうか、それは今のところまったく不明というほかはない。いずれにせよ、若干の疑問はのこるが、陽樊も古い氏族的伝統をもった国で、周初、蘇忿生の領邑となり、のち宣王のとき仲山父の官守するところとなった、と考えられる。

さて、周初、蘇忿生に封ぜられたとされる温を中心とする河内南陽の原・絺・樊・隰郕・欑・茅・向・盟・州・陘・隤・懐の諸邑は、そのうちのあるものは、すでに殷末において卜辞にも殷王の田猟地として見え、その他の諸邑も、その地望からして、殷となんらかの関係をもったものと考えられる、古くからの氏族的伝統のつよい古邑であるが、それが、その後、その領属関係においては、若干の変遷を経て、周の桓王八年にいたって、周王から、鄭に与えられることになる（左伝隠公一一年）。しかし、周室は、このときはすでに衰え、これら諸邑を、或はこれら諸邑を管領する蘇氏或はその他の卿士を左右するだけの力をもたず、ただ漸く強大になって王室に多くの影響力をもつにいたった鄭の歓心を買うために、これら諸邑を、鄭に与えんとしたのである。ところで、氏族的な伝統のつよいこれら諸邑は、鄭の支配に服することを肯ぜず、ここにさまざまな事件がおこってくることになる。

左伝桓公七年の条に

「夏、盟・向、成《たいらぎ》を鄭に求めたりしが、既にして之に背く。秋、鄭人・斉人・衛人、盟・向を伐つ。王、盟・向の民を郟に遷す」

とある。この記事は、盟邑・向邑が、鄭とむすんだ成《たいらぎ》に背いたのが桓公七年の夏のことで、成《たいらぎ》を鄭に求めたのは、それより以前のことであったことを示す。「成《たいらぎ》を求む」とは、盟約をむすぶことを求めることである。春秋時代においては、小国が大国に服属する場合、盟《ちかい》という形式をとることが一般であった。それは、いかにその条件が屈辱的な盟約であっても、それは、一応、自立的な国と国との間の盟約であり、それは自国の氏族的伝統と秩序をそのまま維持したままで、他国に服属する形式であった。この向邑と盟邑とは周から鄭に与えられたとき、この二邑は、無条件に鄭の支配下に属することをきらって、なんらかの条件を内容とする盟約を鄭とむすぶことによって、鄭に服属することを求めたのである。このことは、すでに周室がこれら諸邑を、自己の力で意のままに左右することはできなくなっていること、およびこれら諸邑の氏族的伝統の強さと自立性の強さを、示すものである。さてこの盟邑と向邑とは盟約の形式をとって一応鄭に服したのであるが、やがて、この年にいたって、その盟約さえ破って鄭への服属を肯ぜぬ行為があったので、鄭は衛の援助を得て、この盟・向の二邑を伐ったのである。そこで周の桓王は、さきの鄭との約束もあるので、あくまで抵抗する盟邑・向邑の民を、郟すなわち王城に遷し、盟邑・向邑の土地だけ、鄭に与えたというのである。

このように、周から鄭に与えられたことに対して不満をいだいたのは、盟・向の二邑ばかりではない。樊、すなわち陽樊もまたそれを不満として、王に叛くに至る。左伝荘公二九年の条に

「樊皮、王に叛く」

とあり、翌三〇年の条に

「春、王、虢公に命じて、樊皮を討たしむ。夏四月丙辰、虢公、樊に入り、樊仲皮を執え、京師に帰る《おく》」

とあるのが、すなわちそれである。樊皮、すなわち樊仲皮とは、西周末期、宣王のとき陽樊に封じられた樊仲山父の

子孫であるとする諸註釈家の一致した見解にしたがえば、仲山父の子孫として陽樊に土着したこの樊氏も、また、おのれの邑が、鄭に与えられたことを不満として、王に叛くにいたったのであろう。

周から鄭に与えられた諸邑のうち、最も中心的な大邑である温、すなわち蘇忿生の子孫である蘇氏の領邑の中核をなす温も、ついに、王にそむいて、周室の大内乱を惹起するにいたるのである。左伝荘公一九年の記事によると、周の僖王が薨じて、恵王が即位するや、恵王は、父僖王の弟、王子頽の党を不法に圧迫して、自己の王位をかためようとした。そこで、王子頽の党である蔿国・辺伯・子禽・詹父・祝跪等の五大夫は、さきに温以下の諸邑が鄭に与えられたことによって王室に怨みをいだく蘇氏に拠って乱をおこすことになる。

「故に(不法の圧迫の故に)、蔿国・辺伯・石速・詹父・子禽・祝跪は乱を作《おこ》して蘇氏に因る。秋、五大夫、子頽を奉じて以て王を伐つ。克たず。温に出奔す。蘇子、子頽を奉じて以て衛に奔る。衛師・燕師、周を伐つ。冬、子頽を立つ」(左伝荘公一九年)

というのが、それである。すなわち、五大夫は王子頽を奉じて、また蘇氏の後援を得て、恵王を伐ち、敗れて蘇氏の邑温に逃げてきたので、蘇子は、王子頽を奉じて、衛に奔り、衛・燕の軍隊の援助を得て、周の恵王を伐ち、王子頽を王位につかせたのである。そこで、恵王は鄭に援助を求めて、鄭の櫟邑にのがれ、翌々年、鄭伯は虢叔とともに恵王を奉じて、王城に居する王子頽を攻め、王子頽と五大夫を殺し、恵王を王城に入れて、その王位に復せしめる(荘公二一年)。一方、温邑の蘇子は、太行山脈の山向うに盤踞する狄とむすび、その後援をうけることによって、その自立的地位をたもって行こうとするが、やがて狄とも不和となり、ついに温は狄の攻めるところとなって、蘇子は再び衛に出奔する(左伝僖公一〇年)。

ところでさきに鄭伯と虢叔との援助により、王位に復することを得た恵王は、その論功行賞において、鄭伯にうすく、虢叔にあついところから、鄭伯は王を怨み、鄭と王室との不和が増大して行くことになる。[2] 周の恵王の子襄王の時にいたり、鄭は王命にしたがわぬ行為をかさねて行くため、襄王は、狄の兵力をかりることによって、鄭を伐ち、この狄の援助を徳として、狄の女、隗氏を納れて后とした。さきに恵王が薨じて襄王が立つとき、襄王の母弟である王子帯は、有力な王位継承候補者であったが、襄王が立つことによって不満をいだく王子帯は、やがて襄王の后である狄の女、隗氏と通じ不穏の行為が多かった。襄王がそれに気づいて、隗氏を廃するにおよんで、隗氏を支持する一部の周の大夫たちは、王子帯を奉じ、狄の軍隊をもって、襄王を攻め、王子帯は、隗氏とともに、さきに狄の有に帰した温に居して王を称した。襄王は出奔して、鄭の氾という鄙邑にのがれ、諸侯に救援を訴求するのである（左伝僖公二四年）。氾にのがれて鄙居する襄王を救援して、温に拠る王子帯を伐ち、襄王を王城に帰したのが、晋の文公であって、文公は、この功によって、周の襄王から、温・原・陽樊等の前記の河内の諸邑を与えられたのである。私たちの問題は、ここから出発したのであった。

　以上の諸事件は、その遠因をたずねると、等しく、周の桓王八年（魯の隠公一一年）に、かつて蘇忿生の領邑であった温・樊・向・盟等の十三邑を、周の桓王が鄭に与えんとしたことから起っている、ということができる。これらの諸邑は、前述のごとく、殷以来の古い邑であった。そこにおいては、氏族的伝統と族的組織はつよく、周の支配下に属するにいたっても、周初の「啓くに商政をもってし、疆するに周索をもってする」宥和政策によって、その氏族的秩序は根底から破壊されることなく、保持されつづけてきたのである。東周に入って、周室の力が漸く衰えるにおよんで、これらの諸邑の自立的傾向はつよく、ために、周室は、これら諸邑を統御し得なくなったので、これを鄭に与えて恩を売り、鄭の小邑と交換しようとしたのである。ところが、鄭の支配下に隷属することを嫌う、これら諸邑は、或は鄭に反抗し、或は王室に怨みをいだいて抵抗し、ここに、以上のようなさまざまな事件を惹起するにいたったのである。

ところで、上述のようないきさつを経て、これら諸邑の大半は、再び周の襄王から晋の文公に与えられることになった。これら諸邑が、再び抵抗したことは、本稿の冒頭でのべた通りである。ここまで考えてきて、もう一度、初めに帰り、晋の支配に隷属することを拒絶する陽樊の倉葛の言を聞いてみよう。

「陽樊は、我が王の徳を懐い、是を以て未だ晋に従わざるなり。謂《おも》えり、君(晋文公)其れ何の徳をか之れ布きて、以て懐柔して遠志あるなからしめんとするかと。(しかるに)今将に大いに其の宗祊を泯《ほろ》ぼして其の民人を蔑殺せんとす。宜《うべ》なり、われの敢えて服さざるや。……君若し恵を及ぼさば、唯官是れ徴《め》すのみにても、其れ敢えて命に逆わざらんや」(周語中)

これまで周王は陽樊を治するに徳をもってした。晋も徳を布き恵をおよぼすならば、陽樊は喜んで晋の命にしたがうであろう。しかるに、晋は陽樊の宗廟を滅ぼし民人を蔑殺せんとしている。それでは陽樊はとうてい晋に服することはできない、というのである。この文意からすると、「徳を布き、恵を及ぼす」ということの反対の行為は「宗廟を泯《ほろ》ぼす」ということである。宗廟は、氏族的秩序の中核であることはいうまでもない。徳を布き恵を及ぼす、ということは、したがって、その氏族的伝統を無視せず、その氏族的秩序をそのまま容認して、その上でこれを支配するということでなければならない。周王は陽樊を治するに徳をもってしたということは、そういう意味内容をもつことであるようである。

私たちはこれまでの考察によって、周初の征服民に対する統治政策は、その氏族的秩序を破壊することなく、これを保持せしめることに慎重な配慮をはらった、ということを明らかにしてきた。このことは、殷の故地衛に封じた康叔にその統治方針をつげた康誥には、つぎのようなことばで語られている。それは周王の言を周公が康叔に誥告するという形をとって、まず「克く徳を明らかにし、罰を慎んだ」乃《なんじ》の考《ちち》文王の明徳が上帝に聞《きこ》え、「天は乃ち大いに文王に命じて、戎殷を殪し、誕《おおい》に厥の命をうけた」、また乃《なんじ》の寡兄武王もよくつとめた、「汝小子封（康叔）の玆の東土にある」のは、この文王・武王の遺徳によるものであることが述べられ、つぎにまず、この乃《なんじ》の文考の「徳言」を紹《つ》ぐべきことをいって、さらに「往きて殷の先哲王（の道）を敷《あまね》く求めて、用《も》って民を保《やす》んじ乂《おさ》めよ。汝、丕《おおい》に遠く商の耇成人を惟《おも》い、心を宅《お》き訓《おしえ》を知れ。別に古の先哲王に聞き由《したが》うことを求めて、用《も》って民を康《やす》んじ保ち、天を弘《おおい》にせよ。若くのごとくして、徳は乃の身に裕かにして、王に在るの命を廃《す》てず」と述べられている。そこで、文武の徳言を紹《つ》いて、殷民をおさめるということは、殷の先哲王の道と遺老の訓を求めて、殷民の伝統的秩序と習俗を重んじて、統治をおこなうことだ、とされている。

私たちは、本稿の冒頭において、さきの陽樊の倉葛の言は、先秦儒家の徳治の理念によって潤色されているのではないか、とうたがったのであった。この説話の記述者が、倉葛の口をかりて、文公の行動をそのような道徳的基準から非難しているのではないか、とうたがったのであった。この説話の構成過程においては、或はそのようなこともあったかも知れない。しかしながら、原始儒教の徳治の理念が、どのような歴史的伝統をうけついで構成され、抽象されたものであるかを考える場合、それは前代の習俗や伝統と必ずしも無縁ではないのである。私たちは前段において、蘇国を中心としてながながと、歴史的事実としての、周の東方における対殷民統治政策を検討し、そこでは、殷以来の氏族的伝統と秩序とが重んじられ、またそれが同時に殷における異民族統治の方法の継承であることを見てきた。もしも、先秦儒教の徳治の理念が、このような伝統的な累層的氏族秩序の在り方を、道徳として内面化し抽象化し規範化したものであるとすることが許されるならば、たとえ、陽樊の倉葛の言に先秦儒教の徳治の理念による潤色があったとしても、そのような立場から晋の文公の行為が非難されるということそのこと自体が、却って文公の行動の真実の姿を、歴史のなかに浮彫にする役割をはたしている、ともいえるのである。

陽(樊)の倉葛は晋への隷属を拒否して、またつぎのようにもいっている。

「陽(樊)の人、未だ君の徳に狎れずして、未だ敢えて命を承けず。(しかるに)君は将に之を残《そこな》わんとす。乃ち非礼なる無からんや。陽(樊)には夏商の嗣典有り、周室の師旅有りて、樊仲の官守なりき」(晋語四)

そこで自負されている陽(樊)の由緒ある歴史は、必ずしも無稽の言ではなく、ほぼ歴史的にもとづくところあることを、私たちは前段でたしかめたところである。したがって

「夫れ陽(樊)は豈裔民たること有らんや、夫れ亦皆天子の父兄甥舅也」(周語中)

という倉葛のことばは真実なのである。陽(樊)は夷狄ではない。晋と同じく陽樊も天子の父兄甥舅なのである。同姓・異姓の差こそあれ、等しく周室より封ぜられた対等の国である。したがって陽樊を服属させるには、服属させる道があるはずだ、と倉葛はいうのである。春秋時代において、大国が小国を服属させる場合に一般に盟という形式をとった、ということはさきにのべた。それは小国の宗廟社稷を滅ぼすことなく、その諸族の氏族的秩序をそのままみとめて、その上でそれを服属させる方式であった。陽樊の倉葛は、晋に、盟を結ぶことによって服属することを、求めたのである。所謂「成《たいらぎ》を晋に求めた」のである。それは、いかに屈辱的な内容をもつものであれ、一応は自立した国と国との間の盟約であるからである。しかし、晋の文公は、それらの諸邑を、周から晋に与えられたものとして、その命にそむく陽樊を武力をもって滅ぼそうとした。そして抵抗する陽樊の民人を他へ放逐したのである。陽樊の宗廟とその氏族的秩序は破壊されたと、考えなければならない。そして、晋は、この陽樊をふくむ、温・原を中心とする、周から与えられた、河内の諸邑を武力をもって降し、それを自国の「県」としたのであった。ここにいたって、はじめて、「県」の問題に私たちは当面することとなる。それならば、左伝に記されている「県」とは、どのような

性格と構造をもつものなのであろうか。

周から晋の文公に与えられた前記河内の諸邑は、晋の有に帰すると、前述のごとく、左伝では、「温県」・「原県」・「州県」というように「県」をもって称されてくる。これらの河内の諸邑が、晋の有に帰してから「県」をもって呼称されるにいたった、ということは、これら諸邑の歴史にとって、どのような変化を意味するのであるか。問題は二つに分れる。一は、邑が県となることによって、中央権力との関係の仕方がどう変化するかということ、すなわち、直轄地か采邑かという問題である。二は、邑内部の社会構造がどう変化するかという問題である。従来の諸研究は、専ら第一の問題に関してであり、この左伝に見える県をただちに秦漢以降の郡県制の「県」と性格的に同一視するものが多かった。それらの見解においては、この県は君主の直轄地であって、卿大夫らの采邑領有化が次第に強大化するのに対抗して、君主みずからが自己の直轄地を確保するために、新得の領地を県とし、或は家臣の采邑を没収して県としたのである、と主張された。しかしながら、そのような解釈だけでは理解できない問題が多くあるため、前述のごとく、顧頡剛はこの第一の問題点から、春秋時代の県を地域的に整理し、晋・斉の県は卿大夫の封邑として与えられ、前代の「封建」的色彩がつよく、これに反して楚・秦の県は、君主の直轄地であって、秦漢以降の郡県制の県につながるものとした。しかしながら、果して顧頡剛のように、采邑か直轄地かという二つの相対立する概念をもって、春秋時代の県を整理することができるであろうか。采邑と直轄地とを相対立する概念として極限化するところに問題がありそうである。それも、春秋時代の県を、秦漢以降の郡県制の「県」の観念を規準として整理しようとするところから起因しているのである。春秋時代の県の歴史的性格を正しく把えるためには、これまでのようにそれを観念化された秦漢以降の県にひきつけて考えるだけでは十分ではない。それと同時に春秋以前の邑の構造との関係とその連続の面も同じ重さで考慮しないと、正しい理解は得られないのである。私たちがながながと、河内の諸邑の歴史について考察したのも、実はそのためであったのである。それは、春秋時代の県の追究のための、いわば前提的出発点としてであったのである。私たちはこれから、晋の有に帰してから県となった、これらの河内の諸邑の歴史的変化を上述の二つの問題に分けて追究して行くのであるが、まず第一の問題について、顧頡剛の研究を批判しておかなければならない。

（1）　後世の伝承によると、仲山父の封ぜられた樊は、この河内陽樊の地のほかに、なおいくつかの他の地が比定されている。続漢書郡国志・元和姓纂巻三・通志氏族略三は、河内陽樊の地をもって、仲山父の采邑としているが、括地志（史記周本紀正義引）は、「漢樊県、城在兗州瑕邱県西南三十五里、古樊国、仲山甫所封也」とし、また、元和郡県志は巻二一襄州臨漢県の条に「本漢鄧県地、即古樊城、仲山甫之国也」としている。また、路史国名紀丙の高辛氏の後としての樊の条に、「仲山甫采、鬱也、今京兆杜陵有鬱郷・樊川、昔恵王使虢公伐樊、執樊仲皮者、王符以為封南陽、在南雝州記・荊州図副・摯虞等、皆以為襄之鄧城、然兗之瑕丘亦云樊仲皮国」としている。仲山父の封ぜられた樊が、陽樊のほかに、或は兗州瑕邱（今の山東滋陽県）、或は襄州の樊城（今の湖北襄陽附近）とされるのは、詩経の大雅烝民の詩の毛伝と三家の解釈と漢儒以来の紛岐したその流伝に関係があるらしい。大雅烝民の詩は、宣王が仲山甫に命じて斉に築城せしめ、尹吉甫が詩を作ってこれを送ったものとされており、そのなかに「……四牡彭彭、八鸞鏘鏘、王命仲山甫、城彼東方、四牡騤騤、八鸞喈喈、仲山甫徂斉、……」とある。毛伝は、これを、仲山甫が斉にいったのは、斉の国都を薄姑から臨菑に遷す際に王は仲山甫にその遷都の築城のことを命じたのだと解し、韓詩或は魯詩は仲山甫は斉に封を受けたのだとしている（漢書杜欽伝）。仲山甫の封邑が兗州瑕丘県であるとするのは、後者の解釈と関係があろう。また潜夫論志氏姓には「慶姓樊尹駱……昔仲山甫亦姓樊、謚穆仲、封於南陽」としている。その南陽は河内の南陽であることは、いうまでもないが、その後その南陽を漢の南陽郡と混同して、襄州の樊が仲山甫の封邑であると流伝されたのである、と陳奐（詩毛氏伝疏巻二五）は解している。潜夫論志氏姓篇で樊氏仲山甫を慶姓として南陽に封じられたと記されているのに、路氏国名紀丁の商氏の後としての樊の条に、樊を慶姓とし、「今の襄州鄧城樊城鎮」に比定しているのは、或は陳奐の指摘するようなことにもとづくのかも知れない。路史国名紀丙で京兆杜陵にも鬱郷があるとしていることをとって、高士奇（『春秋地名考略』巻一）は「再按、仲山甫為宣王卿士、食采于今西安咸寧県之樊郷、東遷後子孫再封于河北、荘公二十九年樊皮叛王、三十年虢公入樊執樊仲皮……」と記し、折中説を出しているが、別に根拠はない。なお、陳槃「春秋大事表列国爵姓及存滅表譔異」(中)『中央研究院歴史語言研究所集刊』二七本(一九五六)参照。

ところで羅振玉の『夢郼草堂吉金図続編』八所載の樊君鬲と称される器の銘文に「樊君作叔嬴𦉜媵器宝鬻」とあり、樊君が𦉜姓であることを示している。𦉜は芈であるから、楚と同姓となる。陽樊の樊氏とは別に、楚と同姓の樊氏があったと考えると、𦉜姓の樊氏とさきの襄陽の樊城とはなんらかの関係があったのではないか、とも考えられるが、未詳である。傅斯年(「新獲卜辞写本後記跋」『安陽発掘報告』第二期)は、鄭語の「昆吾為夏伯……己姓、昆吾・蘇・顧・温・董……則夏滅之」の韋注「昆吾、祝融之孫、陸終第二子、名樊、為己姓、封於昆吾、昆吾衛是也」にもとづいて、陽樊は、この己姓の樊の後だとする、蘇を己姓とする鄭語のこの史伯の言は、本文でも証したように周代金文によって有力な傍証を得ているのであるから、樊を蘇・温の同姓とするこの韋注も、もとづくところあると考えられる。昆吾は前記鄭語の史伯の伝承によると夏伯であるから、晋語四の陽樊の倉葛の言の「陽樊に夏商之嗣典有り」ということばは、当時つたわるそのような伝承にもとづいたもので、必ずしも架空の言ではなかろう。さらに傅斯年は、新獲卜辞の董作賓の考釈から出発して殷と芈姓との交渉をさぐり、史記楚世家および前記鄭語の史伯の言を整理することによって、祝融の後八姓の分布をしらべ、己姓も芈姓も祝融の後から分れたものであるとした。このことから考えると陽樊の樊氏が己姓であり、樊君鬲の樊氏が芈姓であることは、この両者の間になんらかの関係があるものと思われるが、その具体的関係についてはまったく未詳である。なお、容庚の宝蘊楼彝器図録二八、貞松堂集古遺文二、四〇に載せられている小臣氏樊尹鼎の銘文に、「小臣氏樊尹作宝用」とある。容庚氏はこれを西周前期の器としている。西周前期において小臣某を称するものは、殷系の族が多いとする、白川静氏の研究(「小臣考」『立命館文学』一一六・一一七)を参酌すると、これもまた、私たちの推定に有利な一証を加えるものとなるかも知れない。

(2)　鄭と虢と周王室との関係については、上原淳道「虢の歴史および鄭と東虢との関係」(『古代学』第六巻第二号、一九五七)参照。

## 六　春秋時代の県の性格——顧頡剛の研究に対する批判

顧頡剛が、晋の県は君主の直轄地ではなく、「封建」の対象として卿大夫に与えられる采邑である、とする根拠は、晋では、県を家臣に賜わる例が多いからである。晋の襄公元年の晋の軍が白狄を伐ったとき、大功のあった郤缺とならんで、かれをさきに晋侯に推薦した胥臣に、「先茅之県を賞し」たと左伝僖公三三年に記され、また晋の景公六年に赤狄を伐ち、士伯がさきにかばった荀林父が戦功を立てたので、士伯にも賞を与え、「亦士伯に賞するに瓜衍之県を以てす」と左伝宣公一五年に記されている。また、左伝襄公二六年によると、楚ではみだりに刑罰をおこなうので楚の人材の晋に亡命して行く者が多いということを蔡の声子がかたっていることばのなかで「椒挙、申公子牟に娶れり。子牟、戻を得て亡《に》ぐ。君大夫、椒挙に謂う『汝、実に之を遣りき』と。懼れて鄭に奔り、……今晋に在り。晋人将に之に県を与えて、以て叔向に比せんとす」といっている。すなわち、楚から亡命してきた椒挙に、晋では県を与えて重用しようとしている、というのである。

私たちの当面の問題である、温県・原県・州県についても、同様なことがみられる。前段にも引用した左伝昭公三年の記事が、そのことを示している。前述のように、河内の諸邑が、晋の有に帰すると、それら諸邑のなかの中心的な大邑である温と原に官守をおいて、家臣の趙衰を「原大夫」とし、狐溱を「温大夫」として、その周辺の属邑を管領せしめ、かくして温邑・原邑は、温県・原県をもって呼ばれるにいたったのであるが、ところがこの温の属邑であった州邑も、やがて温県の管轄から別にわかれて州県となり、晋の家臣郤称に与えられてのち三伝して「州県は欒豹の邑となった」。欒氏が欒盈の乱によって亡びると、晋の有力世族である范宣子・趙文子・韓宣子が「皆、これ（州県)を欲した」。まず趙文子が「温は吾が県也」といって、州はもともと温県から別れたものであるから、欒氏が亡んだ以上、州県は再び自分の治に帰るべきである、と主張した。范宣子と韓宣子は、それに反対し、州県は温県から別れたといっても、郤称以来すでに三伝しており、晋では県を分けて別県を立てる例は、単に州の場合に限らず一般におこなわれていることであるから、そのように溯及してもとの県に帰すべきだというのであれば、誰も別県を治することはできなくなる、といって反対の意見を主張した。この正論によって、趙文子は州県を断念し、范宣子・韓宣子も、州県には関与しないことにして手を引いた。趙文子がのちに晋の執政(中軍将)となったとき、その子趙獲は、この機会に「以て州を取る可し」といって、すすめたが、趙文子は「退け、二子の言は、義也。義に違うは禍也。余、余の県をだに治する能わず、又焉んぞ州を用いん。其れ以て禍を徼《もと》むる也」といって、その提案をかたくしりぞけた。それから数年たって韓宣子が、趙文子に代って、執政になると、韓宣子は、ひそかに晋の平公に請うて、この州県を、鄭の大夫公孫段(伯石)に賜わることをすすめた。当時、鄭は盟によって晋国に服属し、鄭伯が晋に聘問したとき、随員の公孫段が鄭伯をたすけて晋公に対する礼において違うことがなく、また公孫段の父の子豊も晋国に功労があった、というのが、その表面の理由である。そこで晋公は「子豊は晋国に労《てがら》有りき。余聞いて忘れず。汝に州の田を賜いて、乃の旧勲に胙《むく》ゆ」と策命して、公孫段に州県を賜わったのである。しかし、実は、公孫段の家では昔から晋へくるときには、いつも韓氏の家に客になるならわしになっていて、公孫段と韓宣子は前から親密な関係にあったので、韓宣子は、執政の地位につくと、晋侯に請うてまずみなの欲する州県を公孫段に与えておき、ほとぼりのさめるのをまって、やがて公孫段から州県を自分の手に帰そうとしたのである。以上のことは、左伝昭公三年に記されているところである。この州県のはなしはこれで終るのではない。さらに四年後の左伝昭公七年の記事によると、やがて公孫段が死ぬ。そこで鄭の子産は、韓宣子に州県を返すことを提議する。公孫段の嫡子豊施は、晋国にはなんら功がないのであるから、父の故をもって州の田をもちつづけることは、却って晋国の怨みを買う所以であるから、というのが、その理由である。韓宣子は、この子産の提議を晋侯に報告する。晋侯は州県を韓宣子に与える。これで予定の計画通り、韓宣子は州県を手に入れることができるのであるが、さきに州県について、正論をはいてそれを欲する趙文子を抑えた手前もあるので、一応遠慮し、それを宋の大夫楽大心に与え、楽大心が賜わっていた原県と交換するのである。「原県に楽大心に易《か》う」というのは、そのことを意味する。

以上の左伝昭公三年・七年の記事は、温県・州県・原県等も、賞賜の対象として家臣に与えられ、それも、自国の家臣に与えられるばかりでなく、晋に服属している他国の大夫にも与えられているのである。これでは、顧頡剛が、晋の県は、君主の直轄地ではなく、卿大夫の釆邑である、と解釈するのは、一応もっともであるかのごとくである。しかし、この顧頡剛の解釈について、まず気になることは、かれが、釆邑という場合、君主に直隷する県を想定しておいて、それと区別する意味において、以上の晋の諸県を家臣の釆邑だと規定していることである。すなわち、公《きみ》の邑に対する私邑の意味で、釆邑ということばをつかっていることである。ここで、注意しておかなければならないことは、それら諸県を「与えられ」たとされる者を見ると、韓氏・趙氏・欒氏をはじめ、狐氏・范氏(士伯)・胥氏等、みな晋の有力世族であり、かわるがわるそれらの族から晋の執政を出す、いわば、晋の公権の担当者を構成する世族グループであって、果して「公」に対する意味での「私」であったかどうか、また、そこで県を「与える」とか「賜う」とかいうことが、具体的にどういう関係を意味するのか、なお十分に検討しなければならない問題を残しているのである。このことは、後に詳述することにして、ともかくも、顧頡剛は、一方に君主に直隷する県を想定して、それとの対比において、以上の晋の諸県は、君主の直轄地ではなくて、家臣の釆邑、すなわち私邑だ、というのである。それならば、以上の晋の諸県とまったく対立するような、君主の直轄地としての県が、当時あったであろうか。顧頡剛は、それは楚・秦の県であるとして、楚の申・息の県を、その例証の根拠とするのである。それならば、果してそういいえるかどうか、顧氏のあげる申・息の県を見てみよう。

左伝荘公六年に「楚の文王、申を伐つ」とあり、同じく一四年に「楚子、遂に息を滅ぼす」とあり、そのことを追述した楚の子穀のことばのなかに、「彭仲爽は申の俘也、文王以て令尹と為し、実に申・息を県にす」（左伝哀公一七年）とあるから、楚の文王は、申・息の二国を滅ぼして県としたことを知ることができる。その後、楚の荘王のとき、令尹子重が宋との戦いより凱旋してきて、

「申・呂に取りて、以て賞田と為さん」

と王に請い、王はこれを許した。ところ申公巫臣はそれに反対して、

「不可なり。此は申・呂の邑たる所以也。是を以て賦を為《おさ》め、以て北方を御《ふせ》ぐ。若し之を取らば、申・呂無き也。晋・鄭必ずや漢（漢水流域）に至らん」

と諫言した、という記事が、左伝成公七年にある。顧頡剛は、この記事をとりあげて、申公巫臣の「申公」とは申の県公、すなわち地方官としての県尹であり、その申の県公である巫臣が、申・呂を楚の大夫に采邑として賜わろうとする令尹子重の提議に反対したものであると解し、これは、楚の県が君主の直轄地であることを証するものであって、封建を打破した秦の始皇の先導をなすものである、とするのである。しかし、この顧氏の解釈は検討を要する。

「取於申・呂、以為賞田」の「申・呂に取りて」は、杜預の解するように、「申・呂の田を分ける」ことであって、ことばの意味は、申・呂の田を分割して、戦功ある諸大夫に分け与えることである。申・呂の田を分ける、とは、具体的に、どうすることであろうか。申は、周の宣王のとき、謝邑に移封されて、周の南方の雄鎮となった、あの大雅崧高のつたえる申伯の国である。呂も、周の呂侯の国である。それが、楚に滅ぼされて楚の県となったのであるが、

県とはいっても、それはかつての一国であり、大邑である。必ずや、申・呂の本邑には、その鄙の邑として多くの子邑・属邑が、それに附従していたにちがいない、それが、当時の「国」の実状であることは、すでに詳述したところである。そのような都・鄙の構造をもつ申を滅ぼして、楚がそれを県としたとき、その中心の本邑（すなわち国）である申邑に県公をおいて、それに属する周辺の鄙の諸邑を管領させたものと考えられる。それは丁度、晋が、温・原を中心とする河内の諸邑を手に入れてそれを県としたとき、最初は中心的な大邑である温と原に県大夫（後述）をおいて、その周辺の諸邑を管領せしめたのと、同じ関係にある、と考うべきであろう。したがって、申の田を分けて、これを戦功のあった諸大夫に分つということは、申邑に属しているそれの鄙の小邑を、申の県公の手から分離して、別の大夫に分け与えることと解さなければならない。すなわち、それは丁度、温県の属邑であった州邑が、温の県大夫の管轄から分離されて、別に郤称に与えられたのと同じ関係を想定すれば、理解しやすい（左伝で、「田」というのは、邑と同義で用いられる場合が多い。州邑を晋侯が公孫段に与えたとき「汝に州の田を賜う」と策命していることを想起せよ）。このように考えると、それは、申公巫臣の管轄諸邑の分割であり、申県の富の分割を意味するものであることは、いうまでもない。申邑は、経済的にこれらの鄙の属邑の労働力に依存するところ、多大であったからである。したがって、申公巫臣はそのような分離方針に反対したのである。「不可なり。此は、申・呂の邑たる所以也。是を以て賦を為《おさ》め、以て北方を御《ふせ》ぐ。若し之を取らば、申・呂無き也。晋・鄭、必ずや漢（漢水流域）に至らん」という、申公巫臣の反対の理由も、こう解することによって、具体的に了解できるのである。それら鄙の小邑が附属していてこそ、申や呂は邑としてなり立っているのである。それがあるからこそ、そこから糧秣・馬・甲兵・皮革等の賦を徴発して、申県の軍隊（後述の所謂申・息之師）が維持できるのであって、これらの属邑・子邑を申邑から分離してしまったのでは、楚の北進の重要拠点としての申・呂の軍事的意味がなくなってしまう。そうなると、晋や鄭は必ずや南進して漢水流域まで侵してくるであろう、というのである。

もしも、以上のように考えることが正しいとすると、申は県とされたとはいっても、それは申の本邑(すなわち国)ばかりではなく、それに属する鄙の小邑をふくむ広い範囲が、すなわち、かつての申侯の支配していた本邑申を中心とする諸々の属邑の全体が、一人の申県の県公の管領下におかれたことを意味するのであって、晋の県の場合におけるように、つぎつぎと、属邑を本邑から分離して、別県をたてて行くのとくらべると、逆に、楚の県の方が、案外に古い関係を温存している面が多い、ともいえるのである。もちろん、古い申国の組織が、そのままの形で残されたのではない。旧申国の氏族秩序の中核をなす宗廟や公族は滅ぼされたであろうし、また抵抗するものは放逐されたであろう。[1]「申・息の師」と称せられるように、服従した旧申国の国人層が、申の師を構成せしめられて、楚の兵力の重要な一翼をになうのではあるが、それをひきいるのは、楚から派遣された申の県公であり、[2]その点では、西周の兵力の重要な一翼をになった、前記の殷の八師(成周八師)を帥いる師某が、多く庶殷から出たのとは、根本的に異なる。ところで、県が国の兵力の重要な一翼をになうのは、何も楚の県のみに特有の現象ではない。左伝では、たしかに、「申・息の師」ということがしばしばいわれ、それは、楚の中原進出に重要な役割を果している。それは、楚の支配に服従した旧申国の国人層が、申の県公の統率のもとに、新たに編成されたものであろうことは、左伝僖公二八年の記事から、[3]推定される。しかし、晋の県でも、丁度楚の「申・息の師」に対応する形で、「温・原の師」[4]ということがいわれ、温県・原県の提供する兵力は、晋の兵力の一翼をになっているのである。

このように考えてくると、申公巫臣が、申の田を分割することに反対した、という前述の史料だけをもって、顧頡剛のように、ただちに、申県を、後代の県のような、君主の直轄地であるとし、それは、采邑である晋の県とは、その性格を異にするものだ、といい切ることはできない。申県の属邑の分割を提議したのは、楚の令尹子重であり、それに賛成したのは楚の王であり、その提議に反対したのが申の県公である申公巫臣であることも、考えに入れれば、申公巫臣の反対する意味もおのずから明らかであろう。その意味は、顧頡剛の解釈とは逆に、申の県公の地位と権力とを重くしようとするものであって、晋では、逆に、そのような属邑の分離をさかんにおこなって、大県をいくつかの小県に分離することによって、一人への権力の集中を分散せしめようとしているのである。

顧頡剛の解釈は、直轄地と采邑とを二つの相対立する極限概念として常識化し、それをもって、春秋時代の県を整理することに急で、直轄地が直轄地として君主によって保持されて行くための必要な歴史的条件についての考察を軽視している、といわなければならない。県とはいっても、申の県公の管領する邑とそのもつ力は、旧の申国の君主、申侯のそれに匹敵するものである。申県が、後代の県と同じ意味での君主の直轄地であるかどうかは、一にかかって「県公」といわれるものの性格、それと楚王との関係の法制的性格にかかわるといわなければならない。顧頡剛にはその点の分析はないのである。申公巫臣の「申公」は申の県公の意味である、と私はさきにいった。それは、左伝昭公八年に、楚が二度目に陳国を滅ぼして「穿封戌をして陳の県公たらしむ」とある県公がそれで、史記陳世家ではそれが「陳公たらしむ」と記されていることからも、それは明らかである。左伝荘公三〇年に「申公闘班」という者が記されており、その杜注に「申は楚の県なり、楚は僭号して県尹は皆公を称す」といっているように、僭号であるかどうかは、疑問であるが、ともかく県公は県尹のことで、左伝襄公二六年には「穿封戌は方城外の県尹である」とも記されているのである。申の県公で文献に最初に出てくるのは、前記の申公闘班である(左伝荘公三〇年)。闘氏は楚の古い王族の出で、楚の有力世族である。つぎに出てくるのが申公子儀(左伝僖公二五年)である。子儀は闘克の別称であり(左伝僖公二五年・文公一四年)、楚語の韋注によれば、申公闘班の子であるという。韋注は何にもとづくか明らかではないが、闘班と闘克とはその文献に出てくる年代から親子の関係に近く、韋注を信ずれば、そこでは申の県公は世襲ということになる。そのつぎに文献に出てくるのは申公叔侯である。申公子儀(鬭克)と息公子辺(屈禦寇)とが「申・息の師を帥いて」商密之地を戍《まも》り、秦のために囚われた(左伝僖公二五年)その翌年に申公叔侯のことがはじめて左伝(僖公二六年)に出てくるのであるから、鬭克が秦に囚われたので、叔侯がそれに代って申の県公になったのであろう。申公叔侯は申叔とも呼ばれるが(左伝僖公二八年)、その子[5]或はその一族に申叔時というものがあり、楚語の韋注によれば、申叔時も申公であるという。韋注を信ずれば、ここでも県公は世襲されている。さらに注意すべきは、左伝成公一五年の記事によれば、「申叔時老せり、申に在り」と記されている。年老いて県公の地位を退いても、申に永住しているのである。いわば申が申叔時の封邑でもあるかのごとくである。それから申公巫臣(左伝宣公一二年・成公二年・三年)、申公子牟(左伝襄公二六年)等があるが、これらは世襲ではなく、その継承関係は不明であるが、いずれも罪を得て、晋に亡命している。その他、申舟(文之無畏)(左伝文公一〇年)、公子申(左伝成公六年)等も、申公であったらしく思われるふしもあるが、年代の関係で矛盾するところもあり、明確なことはいえない。ただ、申公巫臣は、楚の王族屈氏の一族であり、申公子牟も王族であり、さきの申公鬭班・鬭克とおなじく、楚の王族から出た有力世族が申の県公となっている点は注意されなくてはならない。それは、申の県公の場合ばかりでない。楚の武王が権国を滅ぼして県にしたとき、その県尹になった鬭緡(左伝荘公一八年)は、さきの申公鬭班・鬭克と同じく鬭氏の一族であり、また前記息県の県公屈禦寇(子辺)は、申公巫臣と同じく、王族屈氏の一族である。このように、楚の県公は、多く王族出身の有力世族によってしめられ、そのすべてが世襲とは断定できないが、しかし前記のように世襲の関係も見られるとすると、楚の県公の権力はきわめて強大であり、後代の郡県制の県とは、その性格において、だいぶ距離があると考えなければならない。左伝宣公一一年に、楚の荘王が陳を滅ぼしたとき「諸侯・県公皆慶す」と記されているように、県公が諸侯と列記されているのは、楚の県公の権力の強大さと地位の高さを示すものである。楚の県公が、しばしば、王に対し反乱をおこすことも、そのもつ力が王に対抗し得るほどのものであることを示す。楚の武王が権国を滅ぼして鬭緡を権の県尹にしたことは、さきにものべたが、鬭緡はやがて権県をひきいて叛乱をおこすのである（左伝荘公一八年）。楚の霊王は蔡国を滅ぼして県とし、弟の公子弃疾を蔡の県公としたが、やがて弃疾は、蔡の強族とむすんで叛乱をおこし、霊王を自殺せしめて、みずから楚の王位につくのである（左伝昭公一一年）。そのことと関連するが、この霊王が、公子弃疾を県公としたとき、申無宇は次のように王に警告している。「鄭の京・櫟は実に曼伯を殺しき。宋の蕭・亳は実に子游を殺しき。斉の渠丘は実に無知を殺しき。衛の蒲・戚は献公を出せり。若し是に由りて之を観れば、則ち国に害あり。末大なれば必ず折り、尾大なれば掉わざるは、君の知る所也」と（左伝昭公一一年）。そこで挙げられている諸例は、みな、大邑に封ぜられた者が乱をおこして国君を弑し或は追放した例である。そこでは、蔡の県公である公子弃疾は、大邑を采邑として与えられたと一般に考えられている鄭の共叔段や、宋の蕭叔大心や、衛の寧殖・孫林父らに比されているのである。この申無宇の言は、のちにおこる前述の弃疾の叛乱を予定したもので、それは、この説話記述者によってあとから附加された話であろうが、この説話記述者にとっても、県公というものと、他の一般の采邑受封者と、同一範疇のなかで考えられている、ということは注意しておいてよかろう。そして、事実また、一般に采邑と理解されている諸関係と、県の具体的な諸関係とは、少くとも春秋時代においては、私邑と公邑というような明確に相互に対立的な概念をもって区別することが必ずしも適当でない問題を含んでいたのである。

このことは、晋の県の場合により明瞭にあらわれてくる。ここまで考えてきて、私たちの当面の問題である、晋の温県・原県等の問題に帰って、考察をつづけて行こう。

（1）　申は県にされたのちにおいても、楚の霊王は申の民を荊に遷している。左伝昭公一三年「楚之滅蔡也、霊王遷許・胡・

沈・道・房・申於荊焉」。

（2）例えば、「楚鬬克・屈禦寇、以申・息之師、戍高密、……秦師囚申公子儀・息公子辺、以帰」（左伝僖公二五年）、「初鬬克囚於秦、秦有殽之敗、而使帰求成」（左伝文公一四年）。

（3）城濮の戦いに、楚の令尹子玉の総帥のもとに、申・息の師は戦いに参加し、軍敗れて、かろうじて帰った子玉に対して、楚の成王は「大夫若入、其若申・息之老何」といって叱責している（左伝僖公二八年）。申・息二邑の子弟が子玉にしたがって多く戦死したので、何の面目あって申・息の父老に見えんとするか、といって成王は子玉を叱責したのだ、と杜預以下諸註釈者は、この句を解釈している。

（4）左伝昭公二二年「晋籍談・荀躒、帥九州之戎、及焦・瑕・温・原之師、以納王于王城」。

（5）陳厚燿『春秋世族譜』は申叔時を申公叔侯の子にしている。

## 七　晋の県と県大夫の性格

前述のごとく、晋の文公は、周の襄王より、河内の温・原その他の諸邑を賜わると、家臣の「趙衰を原の大夫と為し、狐溱を温の大夫と為した」と記されている。そこでいう「原大夫」・「温大夫」とは、具体的にどのような関係を意味するのか。「原大夫」・「温大夫」というように、大夫の上に邑名を冠する用例は他にもある。後述する左伝昭公二八年の有名な史料、すなわち、魏献子が晋の執政となるにおよんで、晋の有力世族祁氏・羊舌氏を滅ぼし、

「祁氏の田を分ちて七県と為し、羊舌氏の田を分ちて三県と為す。司馬弥牟を鄔の大夫と為し、賈辛を祁の大夫と為し、司馬烏を平陵の大夫と為し、魏戊を梗陽の大夫と為し、知徐吾を塗水の大夫と為し、韓固を馬首の大夫と為し、孟丙を盂の大夫と為し、楽霄を銅鞮の大夫と為し、趙朝を平陽の大夫と為し、僚安を陽氏の大夫と為し

た」

という記述がそれである。この史料は従来、家臣の采邑を没収して、そこに君主の直轄地としての県をおいた例として、しばしば引かれるものであるが、そこで記されている「鄔大夫」・「祁大夫」・「平陵大夫」・「梗陽大夫」・「塗水大夫」・「馬首大夫」・「盂大夫」等々は、みな大夫の上に邑名を冠した用例である。鄔・祁・平陵・梗陽・塗水・馬首・盂の七邑は、もと祁氏の所領で、そのうち、祁が祁氏の本邑で、その他の六邑は、祁の属邑であったと考えられるが、それを没収分離して、七つの県にしたというのであるから、「鄔大夫」・「祁大夫」・「平陵大夫」等々は、それぞれ鄔県の県大夫、祁県の県大夫、平陵県の県大夫の意味であり、司馬弥牟以下の者が、それぞれの新設の県の県大夫に任ぜられたものと、一応理解することができる。それは丁度、前述の楚の場合の、県公、県尹、とほぼ同一性格のものであり、申県の県公が申公と称されたと同じように、鄔県の県大夫が、鄔大夫と称せられたものと、一応解釈できるのである。したがって、さきの「趙衰を原の大夫と為し、狐溱を温の大夫と為した」という、その「原大夫」・「温大夫」も、原・温ともに晋の県となったものであるから、同様に原県の県大夫、温県の県大夫の意味に解するのが、一応自然である。県大夫ということばも、左伝には出ており、「趙孟が其の県大夫を問えば、則ち其の属也」(左伝襄公三〇年)というのはその一例である。もしも、晋の県大夫が、以上のように楚の県公・県尹と同一性格のものと考えることが許されるならば、晋の県と楚の県とを明確に区別する顧頡剛の指摘は意味をもたないことになる。

　顧頡剛が晋の県は、君主の直轄地ではなくて、家臣に与えられる「封建」的な采邑である、と断じたその根拠は、前述のように「先茅之県を胥臣に賞す」とか、公孫段に「州田を賜う」とか、楚の亡命の臣に対し「晋人これに県を与えて、叔向に比せんとす」とかいうように、県を家臣その他に、「与え」「賞す」と記されていることにもとづく。しかし、「与う」とか「賞す」とかいうことばを、近代的意味における所有権の移動と解するのは早計であって、たとえば、前記の魏献子が魏戊を梗陽の県大夫に任じたことを、「吾、魏戊に県を与う」ということばでも表現されているのである（左伝昭公二八年）。また前述の賈辛・司馬烏をそれぞれ、祁の県大夫、平陵の県大夫になしたことを、「賈辛・司馬烏を王室に力有ると為し、故に之を挙ぐ」といって、賞賜の対象としているのである。したがって、「士伯に賞するに瓜衍之県を以てす」とか、「先茅之県を胥臣に賞す」とかいう前記の表現も、具体的には戦功の賞として、士伯・胥臣を、瓜衍・先茅の県大夫に任じたことであるかも知れない。また楚の亡命の臣に、「晋人将にこれに県を与えて、叔向に比せんとす」という前記襄公二六年の記事をもって、顧頡剛は、晋では他国の亡命の臣にも采邑として県を与えたと解しているが、楚から晋に亡命した者について具体的にしらべてみると、

「子霊（申公巫臣）、晋に奔る。晋人これに邢を与えて、北狄を扞禦せしむ」（左伝襄公二六年）

とあるその同じことが、別のところでは、

「申公巫臣、晋に奔る。郤至に因りて以て晋に臣となる。晋人、邢の大夫（邢大夫）たらしむ」（左伝成公二年）

とあり、「邢を与える」ということは、具体的には邢の県大夫に任ずることであったのである。鄭人である羽頡が晋に亡命してきたときも、「羽頡出でて晋に奔り、任の大夫（任大夫）と為る」（左伝襄公三〇年）と記されているのも同様の関係を示すものである。もしも、「県大夫」が前記のように、県を管領するために中央から派遣任命された官職としての地方官を意味するとすれば、顧頡剛が晋の県は封邑であるとする根拠としてあげる、「県を与う」「県を賞す」ということばは、さして気にしなくてもよいことになる。

しかし、ここに問題がひそんでいるようである。「県大夫と為す」という表現と、「県を与う」という表現が、同一の事実関係を表現しているところに、春秋時代の県が、直轄地か封邑かという顧頡剛の規準では割切れない問題が、ひそんでいるのである。そのことは、つぎの史料を見ることによっても、知られる。

前記の左伝僖公二五年に、趙衰を「原大夫」となしたことについての記述において、この「原大夫」が、同時に「原の守」ということばで表現され、さらに韓非子外儲説左下では、同じ説話が記されているなかで、そのことが「原の令」ということばで表現されている。戦国時代に入ると「呉起は魏の西河の守となる」(韓非子内儲説上)、「靳黈・馮亭は上党の守となる」(戦国策趙策一)がごとく、また「西門豹が鄴の令となり」(韓非子内儲説上)、「郭遺が平原の令となる」(戦国策秦策五)がごとく、「守」や「令」は、秦漢以降の郡県の太守・県令につながる、地方官的性格のものと、一応は理解される。ところが、史記を見ると、趙世家では、「趙衰を原の大夫と為す」と記されている、その同一のことが、晋世家では「原を以て趙衰に封ず」と記されている。「原の大夫と為す」という同一の事実関係が、或は「原の守」「原の令」ということばで表現され、或は「原を以て封ず」と記されている、ということは何を意味するのであろうか。晋世家では、趙衰に原を封邑として賜わったと解し、韓非子では、趙衰を原の県令としたと解されている。どちらの所伝が古いのか、或は、どちらが真か偽かを問う前に、封邑を与える所謂「封建」と、「県大夫と為す」ということとが、同一の関係の歴史的連続の面で考えなければならない、ということを、そのことは示唆している。

私は、さきに発表した小稿(1)において、この「原大夫」が「原の守」とも記されていることにもとづいて、邑名を冠する「某邑大夫」或は「県大夫」は、その邑を治めるために、中央から派遣任命された、官職としての一種の地方官を意味し、したがって、その邑は公《きみ》邑であり、采邑とは異なるもの、と解した。左伝襄公二九年に、「卞を守する者」という表現があり、それは卞大夫のことであり、卞は魯の公邑である、という従来の諸注釈家(2)の一致した解釈が、そのささえともなっていたのである。そのような解釈の代表的なものは、孔穎達の正義の注であって、左伝襄公三〇年の「県大夫」の正義の注に「諸《これ》は邑を守するの長である。公邑は大夫を称し、私邑は宰を称す」とあるのが、それである。その他、正義は各処において、「某邑大夫」というのは、「公邑」を守する者の称であることを説いている。近くは崔東壁(考古続説巻上)も、「卞を守する者」という表現から、卞を公邑と解しているのである。私は、このような先人の見解にもとづいて、大夫に邑名を冠する「某邑大夫」というのは、公邑大夫のことであり、その邑は、采邑として君から与えられたものではなく、君主に直属する公邑を治める地方官的性格のものだ、と理解したのであった。しかし、この、私の旧解の根拠となった、正義の解釈は、少しく検討を必要とする。

公邑《きみ》と私邑、とを明確に区別する、この正義の解釈は、周礼およびその鄭注から由来するものと考えられる。左伝には「公邑」ということばは出てこないのである。周礼の地官載師の条に、「公邑之田を以て甸地に任じ、家邑之田を以て稍地に任ず」とあるように、そこでは公邑と家邑とが明確に区別され、その鄭注に「公邑とは六遂の余地をいう、天子、大夫をして之を治めしむ、家邑は大夫の采地なり」とあるのがそれである。そこで前述の「守」であるが、説文によると「守とは官を守する」ことであり、孟子公孫丑下には「官守有る者は其の職を得ざれば則ち去る」とあり、「官守有る者」とは趙注によれば、「官に居て職を守する者」である。したがって「邑を守する」とは、君から命ぜられて官職として邑を治する者であって、前記周礼鄭注にしたがって解釈すると、その邑は、公《きみ》の邑であって、所謂采邑ではないことになる。しかしながら、周礼鄭注が公邑と明確に区別した采邑についても、実は「守」ということばで表現されているのである。前引の晋語四に、陽樊は「樊仲の官守」であったと記されているが、韋注には「樊仲は、宣王の臣仲山甫なり、采を樊に食む」とある。君より命ぜられて邑を官守することと、君より采邑として賜わることとは、実は同一のことではなかったのであろうか。左伝荘公二一年に「王、虢の守を巡る」と記されている。孟子梁恵王下には「天子、諸侯に適くを巡守という、巡守とは、守する所を巡るなり」と記されている。虢は周の同姓の封国である、とつたえられている。通念によれば、もちろん周の直轄の公邑ではない。虢公が周から封ぜられた封邑を治めることも、「守」ということばで表現されている。「封を守す」という用例も左伝には見える。衛の荘公（蒯聵）は南子の乱で、晋に亡命すること久しく、やがて晋の後援により、国に復することを得たのであるが、そのことを周室に復命してつぎのようにいっている。

「蒯聵、罪を君父君母に得て、晋に逋竄せしに、晋、王室の故を以て、兄弟を棄てず、諸を河上に寘《お》きき。天其の衷を誘《ひ》きて、封を嗣ぎ守するを獲《え》たり」（左伝哀公一六年）

と記されている。ここに挙げた、孟子・左伝の記述は、後から礼制として整理した名目的な性質を多分にもつ疑いがあるので、この、「巡守」とか「封を守す」とかいう用例のみから周室と諸侯国との実質的な関係を推察することは、避けなければならないが、西周時代のことはここではふれないことにして、東周時代の諸国内部の、公と大夫との関係についてのみいえば、例えば、斉侯鎛鐘には、つぎのような銘文がある。東周の器である斉侯鎛鐘(3)は、斉の霊公につかえた叔夷という人物が、三軍の師長に任ぜられ、また卿となって、邑を賜与されたので、その恩寵を記念するために作った器であるが、その銘文のなかに、

「余、汝に釐都、脊劇を賜う。その県二百。余、汝に命じて台鄑《わが》を司らしむ」

とある。そこの県の意味についてはのちに詳述するが、斉の霊公がその家臣叔夷に釐邑を采邑として賜わることは、同時に叔夷に命じて釐邑を司《つかさど》らしめることであった。金文の「司」（𤔲）は、官守の意味である(4)。

このように考えてくると、趙衰を「原大夫」となしたことを、「原の守」ともいい、また「原を以て封ず」とも記されていることは、必ずしも矛盾しないことが理解されてくる。したがって「卞を守する者」ということから、従来の諸注釈家のように、卞邑を采邑に対立する意味での公邑である、ということを結論する正義の解釈はとることはできない。「卞を守する」者は、魯の君から卞邑を采邑として賜わったのかも知れないのである。しかし、卞を賜わる

ということは、前述のごとく、同時に、君から命ぜられて卞邑を官守することでもあったのである。ここにいたって、所謂公邑と采邑、直轄地と封邑、という相対立する概念をもって問題を処理することの不条理なことに気づいてくる。采邑も別の意味では公《きみ》の邑なのである。公から与えられた封邑も、依然として公の規制下にあったのである。

このことを、別の面から考えて見よう。「某邑大夫」を、正義の如く、公邑を守する職名と解し、所謂采邑をもつ大夫と区別すると、そこにいう「大夫」とは何かという疑問がおこってくる。周礼には、周知のように、官職名の下に、その官職に任ずる人の身分と定員が記されている。例えば、「大司徒、卿一人」とか「小司徒、中大夫二人」とかいうがごときである。ところで、同じく地官に属する官職に、「郷大夫、毎郷、卿一人」「州長、毎州、中大夫一人」と記されている。そこで記されている「郷大夫」というのは官職名であり、「州長、毎州、中大夫一人」の中大夫は、所謂「卿・大夫・士」の身分的称謂としての大夫である。「遂大夫、毎遂、中大夫一人」とある、遂大夫は官職名であり、その下の中大夫は身分称謂としての大夫である。官職名としての遂の地方官に、大夫の身分の者が任ぜられるから、その官職を「遂大夫」と呼ぶのでは必ずしもないことは、郷大夫という官職には、大夫の身分のものではなくて卿の身分の者が任ぜられていることからも知られる。「郷大夫、毎郷、卿一人」なのである。郷大夫の職に、大夫ではなく卿が任ぜられるのに、何故に「郷大夫」と、その官職は呼ばれるのであろうか。官職としての「郷大夫」の大夫と、身分称謂としての「卿・大夫・士」の大夫とが、一応かかわりのない別種の範疇に属せしめられているのは、少しくおかしい。どちらも同じく「大夫」ということばがついているということは、始源的には、両者とも、同一の実体から発生したものが、周礼では、それが別れて固定した後の状態にもとづいて整理したものと、考える方が自然である。私たちの当面の問題である「温大夫」「原大夫」も、前述のように、これを温の県大夫、原の県大夫と解し、それを周礼の、郷大夫、遂大夫と同じように、官職名として固定的に考えてしまうことは、少し危険である。

温大夫、原大夫には、たしかにそのような一面をもつのである。しかしまた別の一面も同時に含んでいることも注意しなければならない。左伝閔公元年の条に、晋の献公のとき、耿・霍・魏を滅ぼし、

「趙夙に耿を賜い、畢万に魏を賜い、以て大夫と為す」

と記されている。そこでいう「大夫と為す」とは具体的にどういうことを意味するのだろうか。「趙衰を原大夫と為し、狐溱を温大夫と為す」と同じような意味で、一種の官職としての県大夫・公邑大夫の意味において、趙夙を「耿大夫」、畢万を「魏大夫」に任じたのであろうか、或は、単に戦功により、趙夙・畢万に、耿・魏の邑を賜い、所謂大夫の身分を与えた、という意味であろうか。もともと大夫をそのような二つの異なった範疇に分けることがおかしいのである。大夫というのは、もともとは、その国を構成する諸族のそれぞれの長で、その国の支配下の鄙の邑を領するものであろう。当時の国は、始源的にいえば、祭祀と軍事を共同にする諸族の共同体で、その共同体の代表者が公《きみ》であり、そしてその国の鄙の諸邑は、この共同体の有に属するのであるが、その管理と用益は、共同体の成員である諸族の長に分属されていったのであろう。したがって分属されてはいっても、その最高の規制権は、共同体、すなわちその代表者である公《きみ》に帰属していた、と考えられる。大夫とは、そのような意味で、公から邑を分属された族の長の美称なのであろう。「公は貢を食み、大夫は邑を食む」（晋語四）と記されているように、以上のような意味で、公から邑を賜わった者を大夫と称するのであろう。そのような邑を采邑[5]とも称した。説文に「采とは採取也」とあるように、采邑はその邑の生産物をもって自己の一族を養うことを公から許された邑であるが、爾雅釈詁に、「采は官也」（郭注「官地を采と為す」）とあるように、采邑とはいっても、最高の帰属権は公に帰する公《きみ》の邑であって、その邑の生産物の一部は公に貢として納め、また兵賦を公に提供しなければならないのである。采邑を公から賜わった大夫は、同時に、公のためにその邑を官守する者でもあったのである。それ故、前述の大𣪘の銘文の示すように、周王が、そ

の大夫に一たん賜与した采邑をとり上げて、別の大夫に改めて賜与することもあり得たのである。また前記史頌𣪘の示すように、周王から河内の温に封ぜられた蘇公も、王の使の巡察をうけなければならないのである。春秋時代の諸国においては、公が大夫に賜与した采邑も公の規制下にあったことは、他国に出奔した大夫の采邑は当然公の有に帰し、またその他の事由で采邑を公に帰す例が多い(6)ことからも知られる。

このように公から采邑を賜与された者が大夫を称するのであるが、大夫は同時にその邑を公のために官守する者でもあった。それ故、大夫は、賜与された、すなわちその官守する、邑の名を冠して某邑大夫とよぶのであろう。したがって、前述の子霊に「邢を与えた」（左伝襄公二六年）と記されている同一の事が、子霊を「邢大夫と為した」（左伝成公二年）と記されていても、別に不思議はないのである。祁氏の采邑を没収して、七県に分けたという前記左伝昭公二八年の記述のなかに、県とされた祁邑を管領するために、新たに「賈辛を祁大夫と為した」と記されているが、県とされない前、すなわち、祁邑が祁奚の采邑であるときからすでに、祁奚は「祁大夫」と称されている（左伝襄公二一年）ことも、以上のように考えれば、矛盾なく理解できるのである。したがって、左伝に見える某邑大夫を、正義のごとく、公邑を官守する官職名と解し、采邑受封者としての大夫と区別することは、正しくない。

このように、公から大夫に賜わる邑は、二つの側面を不可分の形でもっていたのである。一はその邑の生産物をもって自己の一族を養う采邑としての一面であり、一は、公の規制下にあって、公に命ぜられてその邑を官守する、公邑的性格の一面である。前者の一面の傾向が強まれば、その邑は大夫の領邑化すなわち私邑化の傾向をつよめ、後者の一面が強化されれば、大夫は、それを管理する地方官的性格をつよめてくる。そして、春秋時代の晋の県も、封邑的性格と公邑的性格を不可分の形でもっていたことは、すでに、上来の論述からして明らかである。その意味で、春秋時代の県を、封邑か直轄地かという規準でもって整理しようとした、顧頡剛のこころみは、その規準の立て方自体に問題があったのである。それならば、従来の邑が県となることによって、そこにはなんらの変化もなかったのであろうか。春秋時代の県が、必ずしも君主の直轄地ということで理解できないとすると、春秋時代の県は、従来の封邑と、どのような点で異なる性格をもっていたのであろうか。問題は、第四節末尾に記した第二の問題の検討にうつらなければならない。

(1) 拙稿「春秋時代の県について」『一橋論叢』三八ノ四(一九五七)参照。

(2) 例えば、左伝襄公二九年のこの「守卞者」が魯語では「卞人」と記されていることにもとづいて、左伝文公一五年の「卞人以告」の杜注は「卞人、魯卞邑大夫也」と解し、さらに左伝襄公一〇年の「郰人紇」の正義の注には「公邑大夫、皆以邑名冠之呼為某人」とある。

(3) 郭沫若『両周金文辞大系攷釈』二〇二。本稿第四節註29参照。

(4) 例えば、免簠(『大系攷釈』九〇)に「隹三月、既生霸乙卯、王在周、命免作嗣土、嗣奠還林眔虞眔牧」とあり、左伝昭公二〇年には、「山林之木、衡鹿守之」とあり、また左伝隠公五年には「山林川沢之実、官司之守」とある。

(5) 西周初期金文と推定されている趞尊(『大系攷釈』一五、「西周銅器断代(二)」30『考古学報』第一〇、『書道』第一巻三八)。
「隹十又三月辛卯、王在𣂪、錫趞采曰𧻚、錫貝五朋、趞対王休、用作姞宝彝」
とあり、また、同じ時期の中齋(一)(『大系攷釈』一六、『積微居』一二八)には
「……王令大史兄褱土、王曰『中、茲褱人入史錫于珷王作臣、今兄畀汝褱土、作乃采』……」
とある。これらの銘文にみえる「采」は采地・采邑の意味である。

(6) 例えば、左伝襄公二二年「九月、鄭公孫黒肱有疾、帰邑于公、召室老宗人、立段、而使黜官薄祭、祭以特羊、殷以少牢、足以共祀、尽帰其余邑」。

## 八　県と鄙

県の制は、周制に因る、ということは、すでに姚鼐・趙翼により指摘されているが、そこでいう周制とは、礼記王制の「天子之県内の諸侯は禄也、外諸侯は嗣也」とある天子之県や、周礼地官載師に記される国都からの距離の遠近により区別される「郊・甸・稍・県・都」の地方制度としての県、或は、周礼地官小司徒の、一定限の戸口数のつみかさねによって区劃する「井・邑・甸・県・都」の県、或はまた、それとほぼ同性質の地官遂人に記される「鄰・里・酇・鄙・県・遂」の一種の郷区制の単位としての県等、さまざまであるが、もちろん、それだけでは、周制としての県の存在は、信ずることはできないし、またそれらは、なんらかの後代の事情を形式的に整理したものかも知れないが、そこに記されている県の意味は雑多であって、なんらかの統一した理解は、そこからだけでは引き出せない。尚書の諸誥や西周金文に、私たちの問題とする意味での「県」が記されていないので、周制としての県については、何ごとも発言できない。やはり「県」は、東周時代に入ってからの問題として、考うべきであろう。その意味では、文献にもっとも早く県があらわれてくるのは、史記秦本紀の武公一〇年（前六八八）の「邽・冀の戎を伐って、初めて之を県にす」、その翌年の武公一一年（前六八七）の「初めて杜・鄭を県にす」という史料である。楚が申・息を滅ぼしたのは文王（前六八九—前六七七）のときであるから正確な年代は不明だが、「申・息を県にした」のもそれについで古いと考えられる。晋の文公が温・原を周王から賜わったのは、左伝の記事にしたがえば晋の文公二年（前六三四）であるから、温・原を県としたのは秦・楚の県より少しくおくれることになる。「県にする」とは具体的に、どういう関係を意味することなのだろうか。私たちは、従来のように、それを君主の直轄地として、封邑と区別することは、きわめて困難であることを見てきた。東周金文には「県」という用語例が、出てくる。前引の斉侯鎛鐘[1]がそれであるが、まずそれから考えて行こう。

「隹《これ》王の五月、辰は戊寅に在り、淄涶に師《やど》る。公曰く『汝、夷よ、……余、汝に命じて、朕《わが》三軍に正たらしむ。……』……。公曰く『夷よ、汝、台《わが》命を敬恭《つつし》めよ。汝、公家に応《あた》り鬲《おさ》めよ。汝、朕《わが》行師を娶《つつし》み労せよ。汝肇めて戎攻に敏《つと》めよ。余、汝に釐都・𦟀𠠸を賜う、其の県二百。余、汝に命じて台《わが》𨟻を司らしむ。国徒四千を造《いた》し、汝の敵寮と為せ』と。……公曰く『夷よ、乃《なんじ》の有事と乃の敵寮とを康《やす》んじ能《よく》せよ。余、用《もっ》て昪《まつ》り、乃の命を純厚にせん。汝、夷よ、余少子と曰うこと毋《なか》れ。汝、余を囏卹《なやみうれえ》に専《たす》け、虔《つつし》み卹《あわれ》みて易《おこた》らず、余一人を左右《たすけ》よ。余、汝に命じて、差卿に職として、大事を為し、外内の事を膱命す。……余、汝に車馬・戎兵・釐僕二百又五十家を賜う、汝、戎作に戒《そな》えよ。』と……」

そこで、まず問題となるのは、「余、汝に釐都・𦟀𠠸を賜う、其の県二百。余、汝に命じて台《わが》𨟻を司らしむ」という一句の解釈である。孫詒譲(古籀拾遺巻上、六)は、「釐」については「釐は疑うらくは即ち莱、故の莱国ならん。左伝襄(公)六年伝の『斉侯莱を滅ぼす』又哀(公)五年伝の『斉、羣公子を莱に置く』是れ也。字亦郲に作る。襄(公)一四年伝『斉人、郲を以て衛侯に寄す』。莱・郲、並に来の声に从う。来・釐、古音同じ、経典、多く通用す」と解釈し、郭沫若(『両周金文辞大系攷釈』二〇二)も、この孫詒譲の解釈に全面的に賛成している。「𦟀𠠸」については、孫詒譲は、釐の属県の名であるとしている。そして「叔及(孫詒譲は、夷を及と読む)は蓋し釐大夫と為る。故に其の属県を以て采邑と為す、下文に亦『釐邑を司治す』と云い、又『釐僕二百又五十家を賜う』と云うは、並びに其の証也」と解釈している。すなわち、孫詒譲は、夷は釐大夫に任ぜられて、釐を司ることを命じられたもので、釐を采邑として賜わったのではなく、采邑として賜わったのは、釐の属県である、と解釈しているようである。すなわち、孫氏は、左伝に見える某邑大夫を公邑大夫と解する正義の解釈と同じ意味で、夷を釐大夫と解しているのであって、釆邑とは区別し、夷の釆邑としては、釐の属県を賜わったのだ、と解するのである。したがって、そこでいう「県」は当然直轄地のごときものではなく、「此県は小邑の通称なり、周礼六遂の県とは異なる」と解するのである。県を属邑と解する点は賛成であるが、しかしながら、左伝の某邑大夫を公邑大夫の意味で解する正義以来の伝統的見解については、すでにくどいほど私は批判をくりかえしてきたところであり、首肯できない。いずれにせよ、孫氏はこの銘文を「余、汝に、釐都の脊剫を賜う、其の県一百」と読むのであるが、脊剫が釐都の属県であるとすると、「其の県一百」とどうつながるのか、一百の属県のうちの代表的県名が脊剫なのであろうか。その点にも問題がある。郭沫若は、「脊剫は当に是れ釐の子邑たるべし、斉侯の以て夷に賜わる所の者なり、其の下に県有りて三百の多きに至る、則ち古の県の甚だ小なるを知る」と解している（孫詒讓は「其の県一百」（正しくは二百）と読み、郭沫若は「其県三百」と読むが、それは薛氏『歴代鐘鼎彝器款識法帖』所載の鎛鐘の銘文と鐘の銘文との刻字の相違による。孫氏は鎛鐘により郭氏は鐘による）。郭氏も夷に賜わったのは釐の子邑である脊剫である、という点では、孫氏と同じで「釐都の脊剫を賜う」と読むのであるが、ただ、釐都の子邑である脊剫の下にさらに多数の県がある、と解している点で、孫氏と異なる。そうすると、郭氏は、その県を具体的にどのようなものと解しているのであろうか。釐の子邑である脊剫がさらに数百の県を統括している、と考えるのであろうが、その県とは、一体どういう性格のものであろうか。それについては必ずしも明らかではない。

私は、「余、汝に、釐都・脊剫を賜う、其の県二百」と読むべきではないかと思う。左伝襄公二八年に「晏子に邶殿を与う、其の鄙六十」とある。邶殿は、顧棟高（『春秋大事表』巻七之二）によれば、今の山東省萊州昌邑県西にある斉の大邑であり、のち都昌とも呼ばれた。「其の鄙」とは、この邶殿の大邑の周辺に散在する群小の属邑をさす。すなわち邶殿を中心としてその鄙である。邶殿を、その鄙の群小の六十もの属邑とともに晏子に与えたのである。杜預の解するように、鄙の六十邑だけを与えたのではなかろう。(2) そのことは、晏子がこれを辞退したことばのなかで、「邶殿を受けざるは、富を悪むに非ず。富を失うを恐るれば也」といっていることからも、またこの同じことが、晏子春秋（王念孫『読書雑志』六之二、割地将封晏子条参照）には「景公、晏子に封ずるに都昌（邶殿）を以てす。辞して受けず」とあることからも、そのことは知られる。「封ずるに都昌（邶殿）を以てす」と記される場合、左伝等の用例では、一般に、別に特記しなくても、その属邑も含められていることは、さきに温・原等の邑の場合についても見てきたところである。

というのは、

「汝に鳌都・沓劉を賜う、其の県二百」

というのと、

「晏子に邶殿を与う、其の鄙六十」

というのと、同じ用例である、と思う。晏子春秋巻七外篇第二四には、

「昔吾が先君桓公、管仲に狐と穀とを予う、其の県十七」

とある。これも同じ用例である。そこでいう、県は鄙と同じ意味に解して、はじめて意味が通じるので、もちろん、戦国以降の郡県制の君主の直轄地などという意味内容をもつものではない。その意味で、「此の県は、小邑の通称だ」といった孫詒譲の解釈は、その限りでは正しい。叔夷に、鳌都と沓劉の邑とを賜い、そして、それらの邑の鄙にある、合計二百もの群小の属邑も一緒に、管領させたのである。後文の「汝に命じて鳌を司らしむ」とあることも、そのことと対応する。丁度それは、晋の文公が、温邑を狐溱に賜い、数を特記していないが、温邑と一緒に州のその他の群小の属邑を管領させたのと同じ関係にある、と考えてよい。

県ということばは、鄙ということばと連称して用いられる例が多い。例えば左伝昭公二〇年に晏子が斉の景公をい

さめたことばのなかに、「県鄙の人、（国都に）入りて其の政に従う」と記されている。また鄭の王族駟氏の宗家の後嗣の問題について、晋の大夫が干渉しようとしたとき、子産が「晋の大夫にして、専ら其の位を制せば、是れ、（鄭は）晋の県鄙也」といっている（左伝昭公一九年）。そこでは県鄙ということばは、いずれも、国都に対して用いられている。晋の大夫が鄭の内政に干渉を専らにするならば、鄭は晋国の県鄙と同じではないか、というのである。鄙とは、国都を中心にしていえば、その周辺にある属邑の総称である、国都をはなれて多く存する群小の属邑を鄙とよぶのである。「衛の西鄙懿氏六十を以て、孫氏に与う」（左伝襄公二六年）とあり、また「魯の豎牛が東鄙の三十邑を取りて、以て南遺に与う」（左伝昭公五年）とあるが、ここで東鄙・西鄙というのは、衛や魯の、国都を中心にして東の方にある属邑を総称して東鄙といい、西の方にある属邑を総称して西鄙というのである。楚が鄭を伐ったとき、鄭の子展は「（楚は）我（鄭）を鄙とせんことを是れ欲す」といっている（左伝襄公八年）。「我を鄙とする」とは、楚が鄭を滅ぼして、楚国の鄙とする、すなわち楚国の属邑とする、という意味である。楚の宋に対する無道の圧迫行為を怒って、宋の華元が、「（楚は）、我を鄙とする也、我を鄙とせば、（我は）亡也」といっている（左伝宣公一四年）ことも、同じ意味である。この「我を鄙とする」（「鄙我」）という用例は、例えば、楚が申・息を滅ぼして、「申・息を県とする」（「県申息」）という用例とも相通ずる。周の単襄公が宋に使いする途中、陳を通ったとき、陳のみだれているさまをみて、それを報告したことばのなかで、「国に寄寓なく、県に施舎なし」といい、それと対照的に周の制をかたったことばのなかで、「国には事を班つあり、県には民を序《つい》ずるあり」といっている（国語周語中）のは、国（すなわち国都）と県とが、丁度国と鄙との関係と同じ意味で、対文で用いられている用例である。このように見てくると、前記晏子春秋巻七の「桓公、管仲に狐と穀とを予う、其の県十七」という県の意味は、さきの「晏子に邶殿を与う、其の鄙六十」という鄙の用例と同じ意味であると断ぜざるを得ない。そこの「其の鄙」は、前述の如く、邶殿の大邑を中心としての、その周辺にある群小の属邑の総称である。斉侯鎛鐘の「汝に釐都・脊劇を賜う、其の県二百」の県も当然それと同様な意味で解さなければならない、と思う。「釐都の脊劇」と読まずに、「釐都・脊劇」と読んだのは、釐都の子邑である脊劇の下にさらに二百もの多数の属邑がついている、ということは、少しく不自然に考えられるからにほかならない。

「県」は、説文によれば「繫」である。段注は「県は繫也。繫は当に系に作るべし、……之を引伸して、則ち系《か》けられる所のものの称と為す。周礼の県は遂に系《か》かる。邑部に曰く『周制、天子、地方千里分ちて百県と為す』と、則ち国に系《か》かるなり。……顔師古云く『古の県邑の字、寰に作る』と、亦臆説と為す」と解している。すなわち県とは繫であり、此物をして彼物に属せしめることが繫である。之を引伸すれば、繫《か》けられるもの、すなわち、属せしめられるものも県である。「県申息」（申息を県とす）の県のもともとの字義は、従来、周の封国であった申・息を、楚の国都に県《か》ける、属せしめる、という意味からきたのであろう。「汝に釐都・脊劇を賜う、其の県二百」の県の字義も、釐都と脊劇とに県《か》かっている属邑の意味である。しかし、従来の通説のように、「県」は中央に県《か》かる意味だから君主の直轄地を意味する、ということには必ずしもならない。県《か》ける或は県《か》けられたものという県の字義と、県《か》けられたすなわち属せしめられた邑をどういう仕方で統治するかということとは、また別個の問題だからである。国都に県《か》けられた属邑を、君主が直接統治するのか、或は釆邑として大夫を封じて治めしめるのかは、県の字義だけからは出てこない。その字義は、ただ県《か》ける或は県《か》けられたものというだけの意味である。邑と邑の関係について、そのことばが用いられれば、県のもともとの字義は大邑に小邑を県《か》ける、属せしめる、或は大邑に県《か》けられている属邑というだけの意味である。そして、そのような、大邑に属する周辺の群小の邑は、当時鄙と呼ばれていたのである。

以上のような考察によって、斉侯鎛鐘の銘文に見える「県」は、具体的には鄙と同じ意味に解さなければならないことを知った。それならば、春秋時代の県の意味する具体的関係は、ただそれだけの意味しかもたないのであろうか。

斉侯鎛鐘の銘文を具体的な史実とつき合わせて行くと、私たちは、そこに、重要な問題がかくされていたことに気づくのである。

この斉侯鎛鐘の銘文の後段の叔夷の世系をのべた末尾には、叔夷が「斉侯之所に辟《つか》う」とあり、また、鐘の銘文には「桓武なる霊公之所に供す」という句があるから、叔夷は、斉の霊公に仕えているものであることは明らかであって、この霊公から叔夷は、釐都・脊劇を賜与されたのであるが、釐が前述のように萊であり、斉の東方の山東半島に古くからある萊国であるとすると、春秋経の襄公六年に「斉侯、萊を滅ぼす」と記されており、魯の襄公六年は斉の霊公の一五年にあたるから、まさに、左伝の記事と符合し、霊公が叔夷に「釐都・脊劇を賜わった」のは、霊公の一五年以後でなければならない。銘文には「隹王の五月、辰は戊寅に在り」とあり、丁度霊公の一六年の五月に戊寅の日があることも、このことと符合する。このことから、郭沫若は、斉の霊公が萊を滅ぼした戦役に叔夷が戦功をたてたので、萊の邑を賜わったのであろう、と解釈した。本銘文に、「淄涶に師す」とか、「朕《わが》三軍に正たらしめ、朕《わが》師旟の政徳を肅成せよ」と記されているように、叔夷が三軍の師長に任ぜられたこともそのことと相符合するのである。

ところで、斉の霊公一五年の萊討伐のことについては、左伝ではくわしくつぎのように記している。

「十一月、斉侯、萊を滅ぼす。……斉師大いに之を敗る。丁未、萊に入る。萊の共公浮柔は棠に奔る。……四月、陳無宇、萊の宗器を襄宮に献ず。晏弱（斉の将軍）、棠を囲む。十一月丙辰にして之を滅ぼす。萊を郳に遷す。高厚・崔杼、其の田を定む」（左伝襄公六年）

そこでは、萊を滅ぼして、「萊を郳に遷す」と記されていることに、注意しなければならない。すでにのべたように、左伝に出てくる「某邑を遷す」という用例は、邑の住民を他に強制的に遷すことであるが、その場合、具体的にはその統治に障害となる、或は住民の抵抗組織の中核をなす支配者層の諸強族を主として他に遷す場合が多い。萊の君主である共公浮柔は、棠にのがれ、そこで斉の軍に包囲されて殺されるのである。萊の宗器は捕獲品として、斉の襄宮、すなわち、襄公の廟に献ぜられるのである。古い伝統をもつ東夷の国である萊の宗廟社稷はここに滅ぼされ、萊の公《きみ》を頂点とする支配氏族の氏族組織は、ここに破砕されるにいたる。萊国を構成していた萊の諸族は、萊国の周辺の許多の属邑をそれぞれ領していたのであろう。萊を滅ぼして萊の公《きみ》を殺し、萊の宗器を没収し、これら族人を強制的に郳に遷し、その氏族組織を破砕してその領する民と土地との関係をたち切ったのちに、斉公は、叔夷に、萊の国都とその鄙の属邑とを与え、斉より「国徒四千を造《いた》して、叔夷の敵寮(僚属・徒属)と為して」、許多の属邑を含む「釐(萊)を司らしめた」のである。「余、汝に車馬・戎兵・釐僕二百五十家を賜う、汝、戎作に戒《そな》えよ」とある釐僕二百五十家は、郳に遷されないで残った萊の民であろう。ここに、萊国の従来の支配氏族の内部秩序、それと属邑との関係は、新しい関係に入ることとなる、といわなくてはならない。萊の国都は勿論のこと、それの多くの属邑も、萊の公《きみ》、或は萊の諸族の手からはなれて新たにそこを司ることを斉侯より命ぜられた家臣叔夷に与えられて、その支配の下に萊の大邑を中心に新しい地方統治組織の下に編成されることになる。

楚の荘王が、陳を滅ぼして「陳を県とした」とき、「郷ごとに一人を取りて以て帰り、之を夏州と謂う」と記されている(左伝宣公一一年)。陳国の住民を遷しているのである。楚の霊王が、蔡を滅ぼして県としたとき、「蔡公を殺し、其の士七十人を刑し」、蔡公の子隠太子を殺して、岡山の祭の犠牲に供しているのである(左伝昭公一一年)。やがて、蔡・陳の残存諸族の抵抗に迫られて、楚の霊王を攻めた蔡の県公弃疾は、王位について、楚の平王となるや、蔡・陳を、楚の県としていたことを止めて、再び「陳・蔡を封ずる」のである。「陳・蔡を封ずる」ということは、具体的にどういうことをするのかというと、「遷邑を復し、罪を宥して職を挙げ」、さきに殺した蔡の「隠太子の此の廬を蔡に帰し」、「悼太子の呉を陳に帰し」(左伝昭公一三年)、それぞれ、蔡・陳の祭りを継がしめて、その上で、楚に服属せしめるのである。私たちはここにいたって、封邑・封国と、県との相違は、少くとも春秋時代においては、采邑と直轄地の相違にあるのではなく、その邑の内部組織の相違にあることに気づくのである。封邑・封国は、その邑の原住氏族の組織秩序をそのまま保持させたまま、これを総体として服属させる形で邑を支配する形式であり、春秋時代の県は、その邑の原住氏族の組織秩序の中核を破砕して、これを支配する形式なのではなかろうか(3)(ただ、この県を管領する支配者の一族家臣が、そこで再び世族化する一面をもつところに、後述の問題がひそむのである)。

最近の研究の明らかにする、周の「封建」の実体をここに想起すれば、問題はより明瞭となる。ことわるまでもなく、周の「封建」は、周がその征服した殷の故地を、統治するための組織である。周はその一族子弟を亡殷の版図内の諸邑に封じて、諸侯となし、その周辺の属邑を統治せしめた。そしてその際、それらの原住の氏族はその氏族組織をそのままたもちながら、周から派遣された支配者の氏族に、総体として隷属したことは、近時の諸研究の明らかにすることである。魯に分属させられた、殷民六族については、すでに前段において、ふれた。亡殷の有力諸族は、或は洛陽に遷され、或は諸侯に分属されることはあったが、それらは、旧来の氏族組織をそのまま保持しながら、重要な職についたことも、すでに前段に記したところである。周の「封建」の実体を具体的に伝えていると考えられる、大雅崧高の詩によれば、宣王の舅氏、申伯は、南方の謝邑に封ぜられ、旧来の謝人の邑に、土城を増築して、土田を治め、周の南方の雄藩となるのであるが、その場合も、原住の謝人は、他へ遷されることなく、その氏族組織を保持したまま、総体として、申伯に隷属するのである(4)。これらの、周から封ぜられた諸侯国は、さらにまた、その国都の周辺の属邑に、その一族を分族して封じ、大夫とし、その属邑を治めしめる。その場合も、その属邑の原住の氏族は、その氏族組織をそのまま保持して、総体的に隷属するのである。魯においては、宣公一五年に、「初めて畝に税する」ことがおこなわれた。畝は、面積単位としての畝ではなく、ウネの意味に解すべきであるが、春秋中期にいたってはじめてこのような徴税方法がとられるにいたるということは、属邑の原住氏族の族組織が、なお完全には分解されていないことを意味するのであろう。[5]

このような封邑・封国の統治方式は、氏族的伝統のつよい中原の地において、殷以来とられてきたのである。したがって、これら封国間においても、大国が小国を服属させる場合には、国と国との間の盟約という形式がとられるのが一般であって、それがいかに屈辱的な服属ではあっても、自国の氏族的伝統と秩序をそのまま維持したまま、他国に服属する方式であったのである。ところがこのような方式に対し、他国・他邑を滅ぼして、その先住支配氏族の族組織の中核を破砕し、一方的にこれを支配する別種の方式が、春秋時代に入るとあらわれてくる。左伝に見える県とは、そのような形で隷属する邑であったのである。そして、それは、秦・晋・楚のような、いわば中原のそとにある戎狄荊蛮の地に位置する国が、或は周辺の戎狄を滅ぼし、さらに中原に進出してくる過程において、多くの文献にあらわれてくるのである。それらの県は、かつて私が明らかにしたごとく、[6]その大部分がそれぞれの国の防衛と進撃の第一線におかれていた。新たに獲得された邑は、県となって、その国の従来の国境の前方につけ加えられて行くからである。そして、それはもっぱら軍事的拠点として、兵力を維持する有力な賦の提供源として、厳重に支配されなければならなかったのである。申・息の師は、楚の軍隊の重要な一翼をなし、申県は「是を以て賦を為《おさ》め、以て北方を御《ふせ》ぐ」拠点であったのである。温・原の師も、晋では重要な役割をはたし、「韓の賦する七邑は皆成県で」、韓氏と羊舌氏との「十家九県は、長轂九百を出し、其の余の四十県は遺守四千」(左伝昭公五年)といわれるほどである。そのような車馬兵甲糧秣の賦を徴収するためには、県とされた邑の内部は軍事行政的見地から新たに組織化されることになる、と考えなければならない。すでに楚では、賦を治めるために「山林を度《はか》り、藪沢を鳩《あつ》め……衍沃を井にし、入を量りて賦を脩《おさ》める」(左伝襄公二五年)ことがおこなわれている。それは、戦国以降の郡県制の先駆を思わしめるものがある。このように、楚・秦・晋の諸国は、征服その他によって他国の邑を獲得して、そのフロンティヤーを前方にたえずおしすすめ、それらの新得の邑を重要な軍事拠点としての県とし、軍事的必要から、そこでおこなった邑内部の再組織を逆に国の旧来の封邑にもち帰り、その県制を、しだいにひろめて行くことになるのである。しかしながら、このような、春秋時代の県が、戦国以降の郡県制にまで生長して行くためには、そこに、どうしてものり越えなければならない基本的条件と困難な問題がたちふさがっていたのである。第一の問題は、県とされた邑は、その内部組織については、従来の支配氏族の氏族的伝統が破砕されて、強い支配のもとに新たな組織化が意図される点において、中原諸国の封邑とはことなるが、しかし、その県も、国を構成する支配者たる有力世族によって管領されて、次第にその私領と化して行く一面をもつことは、封邑の場合と同様なのである。春秋時代の県が、戦国以降の直轄地としての県制に発展して行くためには、単に県とされた邑の先住支配氏族の族組織秩序を破砕して新しい組織化を要求するだけでなく、それらの県を管領する支配者たる有力世族の族組織、およびそれら世族によって構成される国自体の権力構造も、打破され、新たに専制君主権力のもとに組織されなければならないのである。すなわち支配者層である諸世族に対しても、新しい組織化が、すなわち官僚化が要求されなければならなかったのである。そしてそのことを可能にする絶大な君主権力の基盤は、春秋時代の県自体からは生れてこない。もう一つ別の要因がその間に加わらないと、春秋時代の県は、戦国以降の郡県制にはつながらないのである。

第二の問題は、他国を滅ぼして県とするということ自体のなかにある困難さである。楚や晋が、次第に中原の地に進出してくるにつれて、この困難な問題に当面してくる。抵抗の弱い邑では、軍事的政治的強圧をかけることによって、従来の自主的な氏族的秩序は、破砕されていったのであろう。しかしながら、中原の地にある古い氏族的伝統をもつ国々においては、それがいかに小国であっても、その伝統的氏族的秩序を破砕されることに対しては、きわめて強い抵抗を示した。楚は春秋時代において、申・息・権・鄀・弦・黄・夔・江・六・庸を滅ぼし、県としているが、[6]その最前線は、申・息にとどまり、さらにそれよりすすんで多くの国を伐ってはいるが、ついに県がおかれなかったのは、そのためである。陳が楚に二度も滅ぼされて県とされながら、二度ともほどなく国を復されて一応の自治を許されるのは、いろいろな事情もあるが、その底には、消極的なそれであれ、古い氏族的伝統の抵抗があるからである。その氏族的伝統や秩序を無視しては、却って楚の統治にとってマイナスになる事情があったからにほかならない。蔡も楚の霊王によって滅ぼされて一旦県となるが、蔡の一部ののこった強族が陳の族にもはたらきかけて、楚に対して反乱をおこし、楚の霊王を自殺せしめるにいたる事件については、すでに前述したところである。蔡はそれによって国を復されるのであるが、楚の強圧に耐えて、その県には再びならず、呉にたよって、州来にうつって行くのである。[7]漢水流域の姫姓の小国随も、申・息とほぼ同じ頃、楚の圧迫をうけ、楚に伐たれるのであるが、楚の県となることなく、城下の盟をむすんで、楚に服属するだけである。その盟約のもとにあっても、随は、やがて同じく楚の圧迫下にある漢水流域の諸小国を率いて、楚に叛くのである(左伝僖公二〇年)。その結果、再び楚に敗れるが、しかし県となることなく、世々盟誓をかさねて、その宗廟社稷だけは維持して行くのである。このように、楚は、中原の地に進むにつれて、いかに小国であっても自己の古い氏族的伝統をまもる自立性のつよい諸国の抵抗に当面し、それを県とすることはできないのである。この抵抗をおし切って、その滅国兼併の県の方式をおしひろげて行くためには、楚の国力のより以上の強大化がはかられなければならず、そのためには、楚の国の権力構造が王を中心とする王族・世族の共同体から専制君主権力の形成へと改変されなければならなかったのである。そして、それを可能にする力の基盤は春秋時代の楚の県からのみでは説明できない。別種の要因が、それに加わってはじめてそれが可能となることは、第一の問題と同様なのである。

私たちは、ここにいたって、本稿の冒頭にのべた、陽樊や原が晋の文公に抵抗した意味、および、ついに文公に滅ぼされて晋の県となったことの歴史的意味について、ほぼ理解することができた。温や原は、晋の県となったが、それは、戦国以降の直轄地としての県と、具体的にどのように異なるか、またそれが戦国以降の県制に展開して行くためには、どのような障害と困難に当面しなければならなかったかについての先に挙げた二つの問題をより具体化するために、温・原その他の河内の諸邑のその後の歴史をたどって、本稿のむすびとしたい。

（1）斉侯鎛鐘とほぼ同じ銘文が編鐘（叔夷鐘）にもある。唐蘭「古楽器小記」『燕京学報』第一四期（一九三三）、七四―七九頁。『両周金文辞大系攷釈』二〇二、『積微居金文説』四六、および本章第四節註29参照。

（2）「与晏子邶殿其鄙六十」を杜預は「以邶殿辺鄙六十邑与晏嬰也」と解している。すなわち、晏子に与えたのは邶殿の本邑を含まずただその鄙の属邑だけであると解しているようである。古文献では、「其」を「之」と互訓する例があるから（経伝釈詞巻三参照）、「与晏子邶殿之鄙六十」とも読めないことはない（それにしたがえば、斉侯鎛鐘の銘文も「余賜女釐都・膂劘之県二百」とも読むことができる）。しかし、そう読むと、晏子がそれを辞退した言葉の中で「不受邶殿」といっているその邶殿は、本邑を含まぬその鄙の属邑だけをさしていると解さねばならず、また晏子春秋の「封晏子以都昌（邶殿）」も同様に解さねばならぬことになって、本文に示したような左伝の一般的用例に反することになる。

（3）鄭伯が楚に和を乞うた降服のことばとして、「若恵顧前好、……不泯其社稷、使改事君、夷於九県」といっている（左伝宣公一二年）。そこの「夷《ひとしからん》於九県」ということばは、あくまで降服の際の恭順の意を示す修飾語であって、実際に楚の県となることを意味するのではない。事実楚はこのことばを入れて、鄭の成《たいらぎ》を許し、県とはしないのである。このような用例は他にもある。戦国策燕策（史記刺客列伝もほぼ同じ）に、燕が秦に恭順の意を示すことばとして、「燕王誠振畏、慕大王之威、不敢興兵以拒大王、願挙国為内臣、比諸侯之列、給貢職如郡県、而得奉守先王之宗廟」とあるのも同様であり、ここでいう「如郡県」も、恭順の意を示す降服文書の定式である。

（4）大雅崧高の詩の申伯封建のことについては、例えば白川静「詩経に見える農事詩（下）」『立命館文学』一三九号参照。

（5）佐藤武敏「春秋時代魯国の賦税制改革に関する一考察」中国古代史研究会編『中国古代の社会と文化』（一九五七）所収。

（6）拙稿「春秋時代の県について」『一橋論叢』三八ノ四、三一頁—三三頁。
（7）陳・蔡については、後藤均平「陳について」『中国古代の社会と文化』参照。

## 九　晋の県のもつ歴史的限界

晋の現実の政治権力をにぎる支配氏族集団は、文公以降についていえば、郤氏・先氏・欒氏・韓氏・羊舌氏・狐氏・祁氏・趙氏・魏氏・范氏・荀氏等によって構成され、そこに公と近い血縁関係にある公族勢力が欠如していたことを、その重要な特色とする。そしてその固有な政治権力の構成は、晋においては軍制にその基礎をおくものであった。文公のとき作られた三軍の組織——ほどなく三行がそれに加わり、実質的には六軍となり、のち再び三軍の制にかえるのであるが——である。中軍・上軍・下軍の三軍には、それぞれ将と佐とがおかれて各一軍を統率し、その三軍の将と佐、合計六人が卿といわれ、そのうち、中軍の将が元帥とも称されて卿の筆頭となり、同時に執政となって国政を左右した。この三軍の将・佐、すなわち六人の卿が晋の政治権力の中核をなすものであり、前記の晋の世族がかわるがわるその地位についた。これらの世族のうち、狐・欒・郤・祁・羊舌・韓等の諸氏族は、きわめて遠い過去においてその祖は晋の公族より出たものと伝えられているが、すでに文公当時は旧族化し、その他はもっぱら異姓の諸氏族であって、君主に近い公族・公子集団が所謂宗法的秩序によってその国の政治的中核を構成する他の諸侯国とは、いちじるしい相違を示していた。献公のとき驪戎の内乱は公子群の数の多いことに起因し、そのとき群公子は誅滅されたが、そのことにこりて、その後も群公子には権力を与えない方針が、晋の内政の一つの方向となり、そのため、文公は、一族の力を去って、これらの晋の異姓の世族の有能なる者を、自己の股肱とすることによって、晋の政治権力の統一強化をはかったのである。三軍六卿の組織は、このような文公の要請のもとにつくられたのである。その意味では、晋の政治権力の構成は、公族・公子集団の宗法的秩序をその政治原理とする東方の諸侯国に比すれば、よりすすんだ段階にあるわけなのであるが、公がその股肱とした世族自体のそれぞれの族的結合は、実は容易に破砕されず、むしろ強化される方向に、文公以後はすすんでいったのである。これら世族は、それぞれ本拠とする邑をもち、その代表者はかわるがわる三軍の六卿の地位につき、その一族子弟は新たに獲得されて県となった邑を与えられて、その大夫になっていた。県を管領する大夫は、県より賦をおさめて軍隊を編成し、その軍隊は県大夫に率いられ、国の三軍の重要な編成単位となるのであるが、県大夫の管領する県は、同時にその県大夫の属する本族の重要な勢力基盤となるのであった。それは、その本族の代表者が三軍の六卿の地位にあり、晋の政治権力を構成する重要なメンバーでもあったからである。したがって県を管領する大夫は、国から命ぜられた地方官的性格をもつ一面、かれらを命ずる国の権力それ自体が、かれらのそれぞれの本族の代表者たちによって構成されているものであるから、かれら県大夫は、その本族に私属するという性格を本来もっていたのである。公《きみ》の権力は、そのような支配氏族集団の権力を代表するものであって、公個人の権力として、未だそのような支配氏族集団から分離しているのではないのであるから、晋の文公のように、公《きみ》がこれら世族の有能な者たちを自己の股肱としてしっかりと把握している場合には、県大夫は公《きみ》とつながるその地方官的性格を発揮するが、文公より以後のように、公《きみ》にその能力が十分なく名目的存在と化した場合には、県は世族の勢力基盤として、県大夫はその本族の私属としての性格が、前面に露呈されてくるのである。そのため、これら世族は、より多くの県を自己の勢力下におくために、相互に相結び相牽制し合って、わずかな過失をもとにして誅滅し合うようになる。このような、県を管領する県大夫と公《きみ》との具体特殊な関係は、私たちの問題とする、温・原等の古い邑が、晋の県となることによって、どのような形で、晋の政治組織のなかにくみ入れられたか、具体的には、どのような仕方で晋の政治権力を構成する世族と関係をもって行くかを、見ることによって、明らかとなる。

まず原邑は、すでにのべたように、周王から晋文公に与えられると、文公は原人の抵抗を打ちやぶってそれを晋の県として、「趙衰を原大夫と為し、原に処らしめて、国政に任ぜしめた」（史記趙世家）。趙衰は、献公の「戎御で、耿を賜わって大夫と為った」（左伝閔公元年）趙夙の弟で、みずからすすんで不遇の公子重耳に「名を策して質を委し」、重耳のあの長い流浪亡命の間、つねにしたがって離れることのなかった、いわば重耳の最も信頼する腹心であり、また、重耳が狄に亡命中めとった季隗の姉の叔隗を趙衰は妻とした関係もあって、両者の間にはかたい主従の結合関係があるのであるが、重耳がやがて、即位して文公となると、その腹心の趙衰を、新得の原邑の県大夫として、そこを守らしめたのである。文公の七年に趙衰は卿（新上軍の将）となり（左伝僖公三一年・晋語四）、国政にあずかるが、依然、原県を管領していたことは変りなく、かれが原季（晋語四）とも呼ばれていたことからも、それは知られる。そしてかれの子の趙同が原同（左伝僖公二四年）とも呼ばれたことは、原県は世襲的に趙衰・趙同父子によって管領されていた、と考えられる。すなわち、趙衰の長子は趙盾であるが、盾は、趙衰が重耳にしたがって亡命中、狄の隗氏をめとって生んだいわば庶子であるため、盾はみずから遠慮して、趙衰が国に帰ってから文公の女、趙姫をめとって生んだ同・括・嬰の三子の系統を嫡宗に立てたのである（左伝宣公二年）。同は原同或は原叔、括は屏括或は屏季、嬰は楼嬰ともよばれるように（左伝僖公二四年・宣公二年）、それぞれ原邑・屏邑・楼邑を領することになる。屏・楼二邑の地望は明らかではないが、原邑の子邑ではないかと思われるふしがある。[1] すなわち、原県は最初趙衰によって管領され、ついでその子趙同がそれを世襲し、当初原県の管轄下にあったと考えられる屏・楼の二邑も、それぞれ原県から分離して、子の趙括、趙嬰の管領に分属せしめられた、と考えられるのである。ところが、晋の景公一四年に、趙同・趙括と末弟の趙嬰とが不和となり、趙嬰は斉に出奔し、ついで景公の一七年には、趙同・趙括の兄弟は、かねて晋の有力世族欒氏と争うところがあり、欒書が執政となるにおよんで挑発的な圧迫をうけ、ついに趙同・趙括は乱をおこして、誅滅され、その領県は没収されることになる（左伝成公八年）。ここに趙衰の嫡系子孫は滅びることになるが、趙氏と親密な関係にある韓氏（韓厥）の進言によって、晋の景公は、趙衰・趙盾の遺功によって、趙盾の孫にあたる幼児趙武を立てて、その後をつがしめる。「乃ち武を立てて、其の田を反えす」（左伝成公八年）とあるから、原県はふたたび趙氏の後をついだ趙武の手に帰ったようであるが、前述の左伝昭公三年の記事には、趙武（趙文子）は、温県を管領するものとして、あらわれてくるのである。

温邑は、前述のように、周王から晋の文公に賜わると、文公はこれを県とし、「狐溱を温大夫と為した」。狐溱は文公が即位以前公子重耳として諸国を亡命流浪中、趙衰と同じく、文公につきしたがって苦難をともにした狐毛（狐毛はまた文公の舅でもある）の子である。前記左伝成公一一年の劉子・単子の言によると、温県は、狐溱ののちに、陽処父が管領した、と記されている。狐溱については、その後、左伝・国語には記述はなく、その子孫についても何も記されていないから、狐溱の死後、どのような事由で陽処父が温県を管領することになったか、必ずしも明らかではないが、つぎのような事情があったのではないかと推察される。左伝文公六年に「陽子（陽処父）は成季（趙衰）の属也」と記されているから、陽処父は趙衰の一族子弟ではないが、緊密な関係にあった私属である。顧棟高の春秋大事表巻七之一都邑の条に、「樊、一名陽樊、今の懐慶府済源県東南三十里に古陽城有り。東遷後、仲山甫の子孫の封ずる所。荘二九年、樊皮、王に叛く。即ち此の後、晋に賜わる。晋以て陽処父に予えて食邑と為す」とある。陽樊は陽処父に食邑として予えられた、という顧棟高の見解は、何にもとづくか明らかでないが、(2) もしこの説にしたがえば、趙衰は、原県の県大夫として、原邑およびその周辺の属邑を管領し、原邑のすぐ南の陽樊も当初はその管轄下におかれたのであるが、それを私属の陽処父に治めしめていたのであろう。そしてその地方の中心的大邑である温をも、自己の支配下におこうとして、趙衰は中央においてもつその勢力を利用して、温大夫狐溱の死後、その温県の管領を、陽処父に任ずるように、襄公に願ったのではないだろうか。このように解釈すると、そのあとにおこる事件とつじつまが合うのである。すなわち、趙衰のこのような処置は、狐氏の一族の反感をひきおこすことになり、狐氏と趙氏・陽氏との間の不和と対抗をつよめて行くことになる。晋の襄公七年に、従来の執政（中軍の将）であった先且居が死し、襄公は狐偃（狐溱の伯父）の子狐射姑（賈季）をそれに代えて、中軍の将に任じ、趙盾をその佐に任じようとした。当時大傅の職をも兼ねていた陽処父は、「温より至り」、狐射姑は適任でないとして、趙盾（趙衰の子）を中軍の将に極力推薦し、それによって趙盾が、執政に任ずることになった。このことは狐氏の一族をますます激怒せしめることになり、狐射姑はその族人をして陽処父を殺さしめ、趙盾は狐射姑を狄に追放する、ということがおこる（左伝文公六年）。ここに文公の外舅でもある有力世族狐氏はついにその後を絶つことになるが、陽処父が殺されたことによって、温県はふたたびその主を代え、やがて郤至の手にうつることになる（左伝成公一一年）。郤至が温県を管領するにいたったのは、何年であるか不明であるが、趙盾ののちに、郤欠が代って執政の地位につき（晋の成公六年から景公二年まで）、またそののちにも、郤克が執政となっていること（晋の景公八年から一二年まで）ともそれは関係があるように思われる。そして、温県の管轄下にあった州邑が、温県から分れて州県となって、郤氏の一族郤称に与えられたものも、この時期である。温県を領する郤至は、温季とも呼ばれ、やがて一族の郤犨・郤錡とともにそれぞれの卿の地位にすすみ、この一族の権勢をたのんで、郤至は温の属邑の故をもって、周の鄇邑を侵すにいたることは、すでにのべたところである。「夫れ郤昭子（郤至）は、其の富公室に半《なか》ばし、其の家三軍に半ばし、其の富寵を恃んで以て国に泰《おご》りしかば、その身は朝に尸《さら》され、その宗は絳に滅びたり」（晋語八）という叔向の言のごとくに、この郤氏一族の富強と専横に反感をいだく胥氏その他の諸族によって、やがて誅滅されることになる（左伝成公一七年）。有力世族郤氏はここに滅びるのであるが、郤氏の滅亡によって、従来郤称に管領されていた州県は、前記左伝昭公三年の記事の示すように欒豹の手にうつる。郤氏が誅滅されたとき（晋の厲公七年）、晋の執政の地位にあったのは欒書であるから、欒書は、その一族の欒豹に、州県を管領させたのであろう。一方、郤至の管領していた温県は、郤至の滅亡により、またその主を代えて、やがて趙武（趙文子）の管領に帰する。すでにのべたごとく、さきに原県を領していた趙衰の子、趙同・趙括らが誅滅されたのは、晋の景公一七年（前五八三）であり、その領県は没収されたのであるが、韓厥の後援によって、趙盾の孫にあたる趙武が、趙氏の後をつぐことになり、やがて「田が反《かえ》された」と前記の左伝成公八年に記されているが、当時趙武は未だ幼児であり、またのちに、趙武（趙文子）が温県の大夫として左伝（昭公三年）に登場してくることを考えると、趙武に返された田は、もと趙同たちが領していた原県ではなく、別に温県が与えられたのではないか、と思う。それまで温県を領していた郤至が誅滅されたのは、晋の厲公七年（前五七四）であり、その頃には、趙武は成年に近い年齢にいたっていたし、また、趙武の後援者である韓厥は、その翌年、晋の厲公八年（すなわち悼公即位の年）に、欒書に代って、執政の地位についているからである（左伝成公一八年）。韓厥は「昔、吾、趙氏に畜《やしな》わる、（故に）孟姫の讒に吾能く兵を違《さ》けたり」とみずからいっているように（左伝成公一七年）、趙氏に昔恩を蒙ったことがあるので、趙氏滅亡後、趙氏の孤児趙武を立てて趙氏をつがしめることに尽力し、かれが執政の地位につくと、温県を趙武に賜わったのであろう。[3] 晋の平公一七年（前五四一）の十二月に「趙孟（趙武）、南陽に適き、将に孟子余に会せんとす。甲辰朔、温に烝す」（左伝昭公元年）とあるのもその一証である。孟子余とは、趙武の曾祖趙衰のことであり、「孟子余に会す」の「会」は祫の意味で、先祖を曾祖趙衰の廟に合祭することである。すなわち、一たん滅ぼされた趙衰を始祖とする趙氏の宗廟の祭りは、韓厥の後援により、曾孫趙武によって継承され、その宗廟は、趙武に賜わった温県におかれているのであって、その祖の趙衰及び趙同らの没収されたもとの邑である原県に、おかれたのではない。さきに没収された原県は、趙武の復職によっても、趙武の手に帰ったのではない、と考えなければならない。あとになって、原県は、前述のように楽大心の手から韓起（韓宣子）にうつることも、どういう経過で原県が楽大心に与えられたかは不明であるが、すでに趙武とはかかわりのないことを推察させる。さて温県が趙武の手に帰すると、そこに趙氏の宗廟がおかれ、いわば趙氏の私領と化して、しばらくそのまま趙氏によってうけつがれていったようである。左伝哀公二年に、温大夫趙羅というものが記されている、趙武に、獲・成の二子があり、獲の孫が羅であるという[4]。この温大夫趙羅は、晋の定公一九年（前四九三）に趙武の孫にあたる趙鞅（趙簡子）にしたがって、范氏・中行氏と戦い、捕虜となると記されているから、温県は、趙武以後も、趙氏の一族によって、管領されていったものと考えられる。趙鞅が、「敵に克つ者は上大夫は県を受け、下大夫は郡を受けん」云々という有名な誓を発したのは、この戦いのときである。范氏・中行氏を滅ぼし、その一族私属の領する県を没収して自軍の戦功者に分配しようという約束である。ところで話を前にかえして、一方の州県については、郤氏の滅亡により欒書の一族である欒豹の手に帰した州県は、欒書の孫にあたる欒盈（欒懐子）が時の執政范氏の圧迫をうけて乱をおこし、その結果欒氏が誅滅されるにおよんで、范宣子・趙武（文子）・韓起（宣子）の争い欲するところとなり、結局は、韓起が、執政になったときに平公に請うて、自己の私属的関係にある鄭の大夫公孫段に州県を与えしめて、自己の支配下に収めようとしたことは、すでに前段にのべたところである（左伝昭公三年）。

　このように、晋の県は、有力世族の一族子弟に分け与えられて私領化し、世族の重要な勢力基盤としての一面を、文公以降ますます強化して行くのである。それのみではなく、他の「異姓の能」に与えられる場合にも、それは同様な効果をもたらすのである。魏献子が執政のとき、祁氏と羊舌氏を滅ぼしてその領邑を分けて十県としたとき、そのなかの梗陽・塗水・馬首・平陽の四県は、魏氏・趙氏・韓氏・知氏の世族の子弟に与えられているが、祁と平陵の二県は、王室に功有る者に賞として与えられ、鄔・盂・陽氏の三県は異姓の有能な者に与えられている。しかし、それらの者も、政治権力をにぎる世族のいずれかの勢力下に入って行くのである。杞の築城工事に、非常に年老いた老人が労役に従事していたので、「趙孟が、その県大夫を問えば、則ちその属也」(襄公三〇年)とあるように、一族子弟ではなくとも、世族の私属的関係にある県大夫も多くなって行くのである。晋が、他国の臣に、県を与えることも、同様な関係にもとづくことは、さきの鄭の公孫段の例よりも明らかであり、また、楚の申公巫臣(子霊)が晋に亡命してきて、邢の大夫に任ぜられたのも、申公巫臣が郤氏の私属となることによって、その推薦をうけたからである(左伝成公二年)。

　このような傾向は、これら世族の相互の争いによって、欒・郤・胥・先・狐・祁・羊舌等の有力世族が誅滅されその領邑・領県が没収分割されて、別県となって、魏・趙・韓・范・知等の少数の有力世族の支配下に分属されて行くにしたがい、ますます顕著になって行くのである。このようにして、晋の政治権力は、これら少数世族の手に集中され、県は、これら少数世族の一族子弟ならびにその私属の手に分属されて行くと、これらの多くの県を、血縁ならびに主従の人的結合関係を通じて支配するこれら少数世族の権力増大は、ついにかれら世族の相あつまって構成する晋の政治権力を分裂させ、韓・魏・趙の三晋を生むにいたることは、周知のところである。ところが、ここに重要な変化がおこる。三晋の公《きみ》となった、韓氏・魏氏・趙氏らの世族の長は、その支配下の県を管領するその一族子弟およびその私属を、再び世族化することなく、それを抑えて、官僚化して行くことに次第に成功して行くのである。県が君主の直轄地であり、県大夫は君主の官僚であるということは、ここにいたってはじめて問題となるのである。春秋時代の県ではこのような一面化はおこなわれていない。それらの県を管領する春秋時代の世族はその領県に宗廟をおいて、それを私領化して行き、同時に国の政治権力に参与し、その一族子弟ならびに私属を別県に分族させることによって、強大な権力をもつものであった。このような、県を支配する世族の力を抑えて、これを君主の単なる官僚と化するためには、君主個人に他に傑出した強大な権力が必要であり、またその権力をささえる物的基盤が用意されなければならない。そのような君主の権力基盤は、世族の支配下におかれている春秋時代の県からは生れてこない。その意味では、春秋時代の県を指摘するのみでは、郡県制の成立を説明することはできないのである。ここに別個の要因が加わらなければならない。それは、山林藪沢の君主による家産化と、それの開墾による君主の私有地としての公田の拡大の問題である。そのことについては、前章において詳述した。(5) 三晋の公《きみ》となった韓氏・魏氏・趙氏は、そのような意味における自己の権力基盤を次第に用意して行くことによって、県を領する一族および私属の世族化するのを抑え、これを、次第に新しい人的結合関係に代えて行くことによって、新しい所謂専制君主権力の下の官僚制(6)に転化して行くのである。そしてまたその強い権力基盤にたつことによって、中原の地にさらに進出し、そこの氏族的伝統の強い小国や他邑を滅ぼして、その県制を拡大して行くのである。

しかしながら、春秋時代の晋の県のもつ限界はこれにつきるのではない。県の内部構造についても若干の問題を残しているのである。封邑を滅ぼして県とする場合、その封邑を領していた先住支配氏族の族的秩序は破砕されるのであるが、より下部の属邑の内部構造の変化は、必ずしも簡単にはいえない。さきにも述べたように、晋の魏献子が執政のとき、祁氏の封邑を没収して七県とした。祁氏の封邑は祁邑を本邑として、それに属する鄔・平陵・梗陽・塗水・馬首・盂の六つの属邑とからなり、それが没収されて、それぞれの邑が個別的に県となって、中央から任命派遣された県大夫の管領下におかれることになったことは、前述したところである。ところがこれら諸邑が県とされる以前、すなわち祁氏の封邑であったときに、祁氏の家臣に鄔臧と祁勝というものがいたことが左伝昭公二八年に記されている。[7] 鄔臧の鄔と、祁勝の祁は、それぞれ、祁氏の封邑の鄔・祁の邑名によって名付けられたものであり、左伝の用例からすると、この鄔臧・祁勝は、それぞれ、鄔邑・祁邑の土着の有力者が祁氏につかえて、その家臣となったものか、或は、祁氏の家臣で鄔・祁の邑に邑宰としておかれたものが土着化したものか、そのいずれかであろう。いずれにせよ、かれらは祁氏の封邑における土着の有力者であり、それらの邑民をひきいて、祁氏に隷属していたものである。ところで、祁氏が誅滅され、それらの封邑が没収されて、前述のように県とされた際、領主としての祁氏一族の族組織は、もちろん破砕されたのであるが、そしてその家臣も運命をともにするか、出奔して他に主を求めるかが一般であるが、この種の鄙の属邑の土着の秩序自体は、なお、邑民の上に大きな力を及ぼしつつ、存続して行くようである。祁氏の属邑の一つに、梗陽という邑がある。この邑も祁氏誅滅後、県となり、魏戊が新たに県大夫に任ぜられて、その管領にあたったことも前述したところである。ところがこの県大夫魏戊の管領下において梗陽に訴訟事件がおこり、その事件には県大夫魏戊も「断ずる能わざる」ほどの梗陽の土着の有力者が関係していたので、魏戊はその裁決を当時の晋の執政魏献子に仰いだ。そこでその土着の有力者も魏献子に賄賂をおくったのであるが、そのことを左伝では「其の大宗、賂うに女楽を以てす」(昭公二八年)と記している。訴訟事件に関係する梗陽の土着の有力者が「大宗」ということばで表現されていること、およびその事件が県大夫の手に負えないものであったということは、梗陽は県となっても、その住民の上に大きな力を及ぼす族的遺制がのこっていることを、私たちに知らせるのである。河内の諸邑についても類似の関係を推測させる史料がある。温の属邑の州は、温県の管轄から分れて、別に州県となり、欒氏の管領するところとなったことは、これまた前述したところであるが、その欒氏の家臣に州賓・州綽というものがでてくるのである[8](左伝襄公二一年)。これもまた州邑の土着の所謂「大宗」の一族のものが、欒氏につかえてその家臣になったものではなかろうか。[9]

前述のような県大夫の世族化を抑え、またこのような属邑に残存する土着の群小の族的遺制を分解して、所謂郡県制的人頭支配を実現してゆくためには、前にものべたように、君主の強力な専制権力と、その権力をささえる物的基盤を必要としたのであって、それは戦国時代の課題となる。秦の商鞅の変法[10]をはじめとする諸国の変法にみられる一連の政策意図は、そのような課題に答えようとするものであるが、しかしそれは一挙になしとげられたのではない。それら戦国期の変法者がうけた氏族貴族からのはげしい攻撃からも知られるように、それは多くの抵抗をうけながら、長い期間を通じて徐々におしすすめられたのである。前述の属邑に残存する土着の所謂「大宗」のごときものも、族組織としては、次第に分解されて行くのではあるが、その分解過程において、新たな人的結合関係によって、縮小された族的結合を補強しつつ、固有な民間秩序を成して、秦漢時代の父老・土豪・豪俠につらなって行くのである。[11]

（1）白川静「殷代雄族考、其一、鄭」『甲骨金文学論叢』五集、一二三頁参照。

（2）高士奇（『春秋地名考略』巻四）は陽処父の采邑の陽は「漢陽邑県是也、隋改太谷、今（太原府）太谷県東南十五里、有陽邑県」としている。

（3）趙嬰の遺子趙武が韓厥の後見により趙氏の後をつぎ、邑を返されたことは、左伝・国語・史記晋世家ともに等しく記するところであるが、ひとり史記趙世家は、趙武復位の経過について屠岸賈の挿話をさしはさんで異伝をつたえている。趙翼『陔余叢考』巻五、梁玉縄『史記志疑』巻二三の考証の示すように、屠岸賈の挿話はとるべきではない。

（4）程公説、『春秋分記』、巻一一参照。なお趙武に獲・成の二子あり、温県は、獲の孫趙羅につたわるが、のちの趙国の主となるのは成の子趙鞅（簡子）の系統であり、鞅は晋陽を治する。

（5）本書第三篇第一章「先秦時代の山林藪沢と秦の公田」参照。

（6）本書第二篇第一章「戦国官僚制の一性格」参照。

（7）左伝昭公二八年「晋祁勝与鄔臧通室、祁盈将執之、……曰『祁氏私有討、国何有焉』、遂執之、祁勝賂荀躒、荀躒為之言於晋侯、晋侯執祁盈、祁盈之臣曰『鈞将皆死、憖使吾君聞勝与臧之死也、以為快』、乃殺之」。杜預は祁勝と鄔臧は祁盈の家

臣であると注しているが、杜預の注をまつまでもなく、文中の祁盈の言、および祁盈の臣の言よりして、そのことは明らかである。

（8）左伝襄公二一年「欒桓子娶於范宣子、生懐子、……桓子卒、欒祁与其老州賓通、幾亡室矣、懐子患之」、「楽王鮒謂范宣子曰『盍反州綽・邢蒯、勇士也』、宣子曰『彼欒氏勇也、余何獲焉』」。文中に「其老州賓」とあるが、左伝の用例によると、この老は家臣の意味である。昭公二五年伝の「拘臧氏之老」、哀公一五年伝の「孔氏之老欒寧問之」の老は皆この意味で、史記衛康叔世家集解引の服虔の注にも「家臣称老」とある。ただ、欒豹と欒桓子との関係は明らかでないが、一族であることは疑いない。

（9）元和姓纂巻五引風俗通義に「晋有州綽、其先食采於州、因氏焉」とある。これだけではもちろん信用することはできないが、州が欒氏の一族の領する邑であり、州賓・州綽がともに欒氏の家臣なのであるから、州賓・州綽の先祖が、なんらかの関係で州に土着して、邑中の支配層をなし、州が欒氏の領県となってから、欒氏に仕えて、その家臣となったと考えられるのである。

（10）本書第一篇第五章「商鞅変法の一問題」参照。

（11）本書第一篇第一章「漢代における民間秩序の構造と任俠的習俗」参照。

## 十　結　語

以上私たちは晋と楚の県を例にとりつつ、春秋時代の県が、秦漢時代の県につらなって行く過程において当面しなければならなかった困難な問題をみてきた。春秋時代の県は、そのままでは、すぐには秦漢時代の県にはつながらないのである。そのためには、それと裏腹の関係で、社会組織の重大な変改が、すなわち、従来の族的秩序の破砕がなされなければならなかったのである。それは、単に支配をうける民に対してばかりでなく、支配者の側に対しても要請されなければならない、困難な問題であった。そのような要請を現実化して行くためには、君主自身に別に権力の基盤が用意されなければならなかったのである。しかしながら、春秋時代の県の当面したこの困難な問題は、戦国時代に入って一挙に解決されたのでは、実はない。戦国期における諸国の君主は、自己の専制君主権力の確立のために、上にのべたような方向において、努力を傾注し、その官制をそのような方向に沿うて整備する。そしてそれは秦漢帝国の官制につながって行く。制度史の面のみから考えれば、春秋時代の県の当面しなければならなかった、上記の困難な問題は、戦国秦漢の時代に入ってまったく解決されたかのごとくである。しかし、実際の関係においては必ずしも、そうとはいえない。春秋時代の県の前進をはばんだ古い族的秩序は、戦国以降に入っても、制度の期待するような形では、なお完全には破砕しきれず、その遺制は、形を変え、意味を変えつつも、新しい人的結合関係にもとづく擬制的諸関係を新たに生み出して、民と官との両社会層において、なお根づよく、生きのこって行くのである。そして、そのような社会関係が、郡県制的支配の制度的機構をどのような形でささえ、それとどのようにからみ合って、生きた現実の動きを規制していったかは、本書第一篇・第二篇の各章で具体的に考察したところである。郡県制の確立期といわれる秦漢時代においても、郡県制はさまざまの問題を内包していたともいえる。等しく郡県制支配とはいっても、地域により、殊には戦国以降開発された新開地と、それ以前からある古い邑とでは種々と事情が異なり、国家権力の浸透度の強弱にも多くの地域差があったのではなかろうか。所謂豪族の問題も、このような展望のなかでとりあげられるべき問題の一つである。漢代に入っても、なお山沢の税・公田の収入が専制君主権力の物的基盤としてかなり大きな比重をもっていた理由、魏晋時代において、郡県の民田とは別に君主の家産としての屯田・課田が増大して行く理由等、私たちはなお郡県制について考えなければならない多くの問題をもつ。これらはすべて、今後の研究にまたなければならない。

（一橋大学研究年報『経済学研究Ⅱ』。一九五八・一・二八稿）
（一九五九・三・三〇補）

# 第三章　春秋時代の貴族と農民
## ――「初めて畝に税す」の解釈をめぐって――

### 一

私はさきに、「春秋戦国時代の社会と国家」[1]と題して、この時代の構造と動きを概観しようとしたことがあったが、種々な事情のため、問題のすべてをカバーすることができず、いくつかの重要な問題が触れられずにのこされていた。ここでとり上げるのは、そのようなのこされたいくつかの問題のなかの一つについてである。

すでにたびたびのべて来たように、春秋中期以前の「国」は、それ自体邑の発達した大聚落で、そのまわりに城・郭をめぐらした都市国家の形態をとって、この城・郭の外にひろがる広大な原野の遠近に点在する数多くの「鄙」の小邑を支配していた。たずねらるべき問題は、第一には、この「国」の内部構成とその変貌の動きであり、第二には、この「国」の「鄙」の邑に対する支配の関係と、その関係の変化の動きであった。しかしながら、前稿においては、主として第一の問題に解明の力点がおかれ、第二の問題については、触れるところが少く、触れてもきわめて不十分な触れ方にとどまったのである。

前稿において、第一の問題である「国」の内部構成の問題をとり上げたとき、所謂「卿・大夫」とよばれる貴族の外に、当時の「国」の構成員として、「国人」とよばれる、公民的性格をもった一般人の広範な基層を特に問題とした。春秋時代の「国」は、図式的に簡略化して云えば、先ず中央の小高い丘に、国君（公《きみ》）の宮殿や宗廟その他の「国」の中枢機能をはたす重要な施設がおかれ、その地域の周囲が城塞によってかこまれ、この城塞の外（周礼の所謂近郊）に、一般の人々の聚居する「郷」とそれに附属する耕地があり、それがさらに郭（外城）によってかこまれているのが多かったようである。この中央の城塞をふくめてその外辺の郭（外城）によってかこまれた全体を、当時は「国」と称し、この「国」がその郭（外城）の外に更にひろがる広大な原野（鄙）の遠近に点在する数多くの小邑を、前述のごとく支配していたのであった。そして、この「国」の中で、城塞の外の郭（外城）によってかこまれた地域が、いくつかの「郷」に分れ、そこに「国人」とよばれる、公民的性格をもった一般の人が聚居していたのである。彼らは平時は「国」から分け与えられた「郷」に附属する耕地をもち、そこで農耕に従事すると同時に、彼らは「国」の軍隊を構成する戦士として、軍隊の指揮官である国君や貴族（卿・大夫）の指揮の下に、共同して「国」の防衛にあたる重要な役割を担うものであった。貴族（卿・大夫）と「国人」との間には、明瞭な身分上の差があり、両者の間には上下の指揮命令の関係がみられるのであるが、しかし、一方、外敵から「国」をまもる、という一点にかけては、両者は、きわめて具体的・現実的な共同の集団的課題を、古くから慣行的に共有していた。ここに、春秋中期以前の「国」になお残る共同体的遺制の側面があった。したがって、指揮官でもあり、又執政者でもある国君（公《きみ》）や貴族（卿・大夫）が、「国人」と共有するその現実的課題を遂行する上において、一般「国人」の期待と信頼を裏切るような行為があった場合、国君や貴族は、「国人」の批判に当面しなければならなかったのである。国君の廃立や、「国」の存亡に関する重大事の場合には、執政者は、「国人」を召集してその意見を徴するのがならわしであった。国君だけではなく、貴族の場合にも、彼らの執政者（卿）への就任や、或は執政者（卿）としての地位の維持には、「国人」の支持が、一つの重要な要因として働いていたのである。その専断な行動によって、「国人」の支持を失った執政者(卿)が、「国人」の支持をうける他の貴族によって、追放され或は殺害される事例は、すでにこの当時多く見られるところである。すでにのべたように、「国人」は「国」の基層をなす構成分子であり、戦士として「国」の軍隊を構成する重要な人的基盤であった。したがって、国君や執政の貴族(卿)は、「国人」の「郷」における生活の安定、そこにおける集団的秩序の維持に、多くの配慮をはらわなければならなかった。その配慮をおこたって専断の行動がつのれば、国君や執政の貴族(卿)は、「国人」からの批判や、「国人」の背叛に当面しなければならなかったのである。彼等が「国人」からの批判や「国人」の背叛に当面したとき、彼等はしばしば「衆の怒りは犯し難し」ということばをはくことが左伝などに記されている。このことは、「国人」の批判や背叛が、国君や執政の地位にとって、やがて致命的打撃をもたらすものであることを物語っている。事実また、そのような場合、「国人」の支持をうける別の貴族が現執行部に対して攻撃をかけ、又政治的野心をもつ貴族は、「国人」層の支持の確保に常に配慮をおこたらない、といった、左伝に見える多くの事例は、みなこのことと関係がある。しかしながら、互に侵伐し合う列国の争いが漸くはげしくなる春秋時代中期の現実においては、何よりも軍備の強化と国力の増強が、「国」の存続と拡大のためには、要請されていたのである。このことは、とりもなおさず、「国」の兵力を担う「国人」層の負担の過重となって現われて来る。「国人」の動向を無視しても、為政者は、「専横」たらざるを得ない客観的要請が、一方にはあったのである。

「国」の為政者(国君と執政の貴族)と「国人」との間にみられるこのような緊張関係は、春秋時代の「国」々のかかえていた困難な問題の一つであり、春秋時代中期以降の「国」の変質過程の一つの動因をなすものであったことは、前稿でやや詳しくのべたところであるが、しかし、より基本的な動因は、当時の「国」の当面する、もう一つのより基本的な矛盾関係の中に伏在していたのである。本小稿では、前稿で触れなかったこの問題について考えてみることにする。

「国」の為政者と「国人」との間には、前述のような緊張関係が見られるのであるが、「国」中の貴族も「国人」も、「国」の城・郭の外の原野に点在する数多くの「鄙」の邑にすむ農民から見れば、ともに支配階級であったのである。貴族や「国人」は、「国」の構成員であったが、「鄙」の邑にすむ農民は、「国」の構成員ではなく、一方的に「国」に隷属するものであった。彼らはもともと血族集団をなして一種の邑共同体を形成していたのであるが、征服その他の事由により、共同体のまま、「国」に隷属することになったもので、専ら農業耕作に従事し、その生産物と労働力とを無償で「国」に提供しなければならなかった。「国」は、これらの「鄙」の邑を支配するために、之を釆邑として「国」中の貴族に与えて管理せしめた。したがって、「国」中の貴族は、釆邑として与えられた「鄙」の邑の農民の生産物と労働力の収奪によって、自己の一族を養い、又その一部を国君に貢としておさめていたのであって、この「国」中の支配階級として国君・貴族と、「鄙」の農民との関係は、前述の国君・貴族と「国人」との関係とは異って、「国」のより基本的な生産関係を意味するものであった。

この生産関係をより具体的に明らかにするためには、「鄙」の邑の共同体としての具体的組織や、その土地制度などの解明が不可欠なのであるが、極端な史料の不足のため、明確なことは何も断定できない。しかし、問題が重要なだけ、いつまでも避けて通るわけにも行かないので、現在の段階で、どの程度のことが、どういう限定の下でいえるのか、試みに整理してみる必要がある。先ず問題となるのは、私たちよりもはるかにこの時代に近接した戦国・秦漢時代の学者は、春秋の経文に見える「初めて畝に税す」という記録を以て、この関係、すなわち「国」の支配者層と農民との間の生産関係を示す記録としてうけとっていることである。先ず彼らの理解の線に沿うて、考えをすすめて行ってみよう。

## 二

魯国では、宣公一五年（前五九四）に、「初めて畝に税す[2]」という新しい税制がとられた、と春秋の経文に記されている。これは春秋時代中期における「国」の支配者（国君・貴族）と鄙の邑の農民との間の生産関係の何らかの変改を示すものとして、従来注目されて来た史料であるが、それは、具体的にどのような関係の変化を意味するものとして、とり上げられて来たのであろうか。先ずこの点から、考えを整理して行ってみよう。

春秋の経文に記されている、この「初めて畝に税す」という記事を、左伝・公羊伝・穀梁伝がそれぞれ解説しているが、この三伝の解説に共通していることは、三伝とも、この「初めて畝に税す」という魯国の税制改革を非難して、それ以前に行われていた「藉」という古の制の方が適正であったとのべていることである。先ずこのことは、注意しておかなければならない。ところでこの「藉する」ということの具体的内容については、左伝、公羊伝ともにのべていないが、穀梁伝では、この「藉」という方法を井田法とむすびつけて解釈している。すなわち、穀梁伝では、つぎのようにいっている。「初めて畝に税す、初とは始なり。古は什一、藉して税せず、初めて畝に税するは正に非ざるなり、古は三百歩を里となし、名づけて井田という。井田とは九百畝なり、公田一を居《し》む。私田の稼善からざれば則ち吏を非《せ》め、公田の稼善からざれば則ち民を非《せ》む。『初めて畝に税す』とは、公《きみ》の公田を去って畝を履んで十の一を取るを非《そし》れるなり。……」と。このように、穀梁伝では、この「藉する」という方法を井田法とむすびつけて、公田の耕作を民に負担せしめる意味に解釈し、「初めて畝に税す」とは、そのような民の労力供出による「公田」の共同耕作を廃止して、民の私田からその生産物の十分の一を税として取り立てることだ、と解釈している。公羊伝の何休の注も、左伝の杜預の注も、「藉する」とは、民力を借りて公田を治(耕作)することだ、としている。こうして見ると、「初めて畝に税す」という新たな税制の採用以前に行われていたとされる「藉」という方法は、孟子の所謂井田法の助法と同じ内容のものとして穀梁伝の著者及び公羊伝・左伝の注釈者によって理解されていた、と考えてよい。そして、彼等は「初めて畝に税す」という春秋の経の記事を、孟子の所謂助法に変更を加える新たな措置、すなわち、農民の労働力供出による公田の共同耕作(助法)を廃止して(杜預の場合は、助法に加えて更に)、直接農民の私田に税をかけ、その私田の収穫物の十分の一を税として徴収することと解して、この新しい措置を「礼に非ず」、「正に非ず」として非難したのである。それは、孟子自身、「助は藉なり」といい、龍子の言を引いて、「土地を治めるには、助法より善きものはない」といっていることにもとづいているのであろう。

ところで、「初めて畝に税す」という春秋経の記事についての以上のような穀梁伝の解釈は、最近まで、その内実において、うけつがれて、それを以って、単純に労役地代の徴収から実物地代の徴収への転換を意味するものとする、最近まで中国で多くの学者によって主張される見解を生んだ。しかしながら、そのもとをなす穀梁伝の解釈は前述のように、孟子の所謂井田法がその前提となっている。孟子の説く井田法の助法が、中国古代の土地制度の実際をどの程度反映しているのか、というやっかいな問題の検討をぬきにしては、この問題に近づくすべはなさそうである。

井田法の問題は、胡適や疑古派の人々が、之を孟子のフィクションであるとしてより以来、多くの人々によって、その有無が争われて来た。又、孟子の説くところと、周官・司馬法・王制等の記すところの古田制と不同のところもあり、両者の文面の上での牽合調停をはかろうとして、穿鑿附会の多くの学説を生み、必要以上に複雑淆乱した議論が展開された。しかし、最近は、そこに多くの修飾や図式化があるにせよ、それは孟子の全くのフィクションではなく、そのままの形においてではなくとも、何かもとづくところがあるものとして、その実態に近づこうとする方向に、研究がすすめられて来ている。[3] 私もそれらの研究の方向に同感し、それらの研究の助けをかりながら、問題を整理して行こうとするものであるが、しかし、現下の与えられた史料のもとでは、いまだ一義的に事実関係を確定することはできない。そこで私は井田法の有無を直接問題にすることから少しはなれて、「初めて畝に税す」という春秋経の記事が、左伝をはじめとする三伝によって、「礼に非ざる也」「正に非ざる也」として非難されていることに、先ず注意をはらって見よう。一般に左伝の叙述のなかで、そこに記されている「国」の政策なり、君主の行為なりが非難されている場合は、——賢臣（例えば晏嬰や叔向の様な）の諫言の形式をとる場合も多いのであるが——、それは、左伝の編者にとって、従来の「国」の理念や体制を乱し崩壊にみちびく好ましからざる行為としてうけとられている場合が多く、そしてそれを非難し或は阻止しようとすることばの中に、当時まで伝承されて来た古の制、古の礼が語られる、というのが、そこでとられる一般の叙述形式である。そのような場合、左伝の編者によって好ましからざるものとしてうけとられた変化は、実は、今日のことばで云えば、「国」の体制のなかになお残る共同体的側面から家父長制的専制支配の側面へ向っての変化を意味するものが多いことは、私のこれまでの研究の明らかにしてきたことでもある。この「初めて畝に税す」という春秋経の記事も、少くとも左伝の編者たちにとっては、単に税制上の技術的な変化だけではなく、そのような春秋時代の国と社会の大きな変化とかかわりのあるものとしてうけとられていると考えてよい。私は先ず大きなわくとしてこの点を重視したいと思う。その意味において、私は、この春秋経の記事についての、戦国・秦漢時代の人々のうけとり方、その解釈を頭から疑うことをさけて、出来るだけ——すでに明らかにされている周辺の諸関係と矛盾することのないその限りにおいて出来るだけ——その解釈の線に沿うて問題を考えて行ってみようと思う。そして、すでに明らかにされている周辺の諸関係と矛盾することなく理解できるかどうかを検証しながら、彼らは、この記事をどのような具体的関係において春秋時代の大きな変化とかかわりをもつものとしてうけとっていたか、ということをさぐり、それを今日の私たちのことばで再現して行って見たいと思う。

私はかつて、魯の隠公が自分の歓楽のために遠出して「射魚」を行おうとしたとき、それに反対して諫言した臧僖伯の言の中にかたられている田猟の古制をとり上げて、「国」の始源的形態を推論したことがあった。[4] それは、「公、魚を棠に矢《い》る」とある春秋経（隠公五年）の文に対して、左伝では「礼に非ず」として非難し、臧僖伯の諫言の形式をとって、田猟の古礼がのべられているのである。私はこの古礼の中から他の旁証によりたしかめつつ、田猟は氏族制的邑共同体の祭祀や軍事と密接な関係をもつ共同体の重要な行事であり、邑共同体の族長は、農閑期に諸氏族成員を引きつれて、邑の耕地の外辺につらなる山林藪沢に田猟に赴いて軍事の演習を行い、又そこで射た獲物は、これを射た氏族成員の勝手に処分し得ないものであって、その大獣は族長にひきわたされて共同体の祭祀の供物や軍器の材料にあてられ、その用に役立たない小獣のみが各族員に分配される等々の慣行を明らかにしたことがあった。そして、周礼夏官大司馬に田猟の獲物の分配について「大獣は之を公とし、小獣は之を私とす」と記してあることも、以上の田猟の古制の示す共同体的規制を更に旁証するものであり、同じことは、周礼よりもより確実な史料とされる、豳風七月の詩に「二の日、其れ同じうして、載《すなわ》ち武功を纘《つ》ぐ、言《われ》、其の豵を私にし、豣を公に献ず」と記されていることにも注意しておいた。豳風七月の詩は農事詩で数え歌式に農事暦を詠みこんだものであるが、このくだりは、冬十二月の農閑期に、農夫たちが公《きみ》（領主或は族長）とともに田猟にしたがって武事を習うことをうたったものであるが、その田猟の獲物のうち「豵（一歳の豕、即ち小豕）は私し、豣（三歳の豕、即ち大豕）は公に献ず」と歌われているその田猟の獲物の分配の仕方の中に、前述のような古い共同体的規制の遺制をうかがうに足ることを示しておいたのであった。

そこでの「豣は公に献ず」ということは、田猟で獲た大獣は公《きみ》（族長或は領主）に献ずるということなのではあるが、田猟そのものがもともとは共同体的行事であったことからして、族長に献ぜられた大獣は、もともとは族長個人の用にではなく、氏族制的邑共同体の長としての族長を通じて、共同体の祭祀の供物や軍器の材料にあてられるという共同体的慣行が族長自身をも規制する、そういう関係の中におかれた族長が、そこの公《きみ》のもともとのすがたであったのである。「鳥獣の肉、俎に登らず、皮革・歯牙・骨角・毛羽、器に登らずんば、則ち公《きみ》射せざるは、古の制也」という田猟の古制（左伝隠公五年の臧僖伯の言）は、族長をも規制する、田猟のもつそのような共同体的性格を如実に示すものであるが、族長が貴族化し領主化するに従い、族長をも規制するそのような共同体的関係は次第にうすれて、形骸化した古制が、分配の形は同じだが全く異った意味（田猟の獲物の領主による収奪）の下に残ることになる（豳風七月の詩の示す段階はそれであろう）。私はこれらのことから、邑の近辺の山林藪沢の田猟その他の利用は、始源的には、邑の氏族制的共同体の規制の下におかれ、この共同体的規制権を現実に代表していたのが、氏族制的共同体の長としての公《きみ》であり、この族長の把握する規制権の下に、山林藪沢の共同体的利用がなされていたのであるが、やがてこの氏族制的共同体の長が、その一身に代表していた共同体的規制権をば、自己の家父長制的領有権に転化して、共同体の諸他の成員に比して格段の経済的・政治的支配権を確立して行くに従い、従来、共同体の規制の下に成員の利用も許されていた山林藪沢は、次第に君主一家の家産として排他的に領有されて行き、やがて戦国時代に入るとその利用者には税が課されて、専制君主権力形成のための重要な経済的基盤に転化して行く過程を明らかにしたことがあった。そしてこのような傾向、すなわち共同体的制約が次第にうすれて、公《きみ》のそれを無視する独自の行動が漸く顕著化する春秋時代の動きの中に、価値（礼）の崩壊を感じとる左伝の編者は、之を批難し、諫言することばの中に、伝承されて来た古礼、古制を語らしめていたのであった。

　私が、田猟の古制の分析との関聯において、豳風七月の詩の上述の詩句に特に留意したのは、そこでつかわれている「公」と「私」との意味と性格を明らかにしたいと考えたからであった。田猟の獲物の「公」と「私」とへの分配の中に、上述のような形において古い共同体的規制の残骸が読みとれるのであるが、「公」の意味する以上のような関係は同じくこの七月の詩の末章に、「十月場を滌う、朋酒斯《ここ》に饗す、曰《ここ》に羔羊を殺し、彼の公堂に躋《のぼ》り、彼の兕觥を称《あ》ぐ、万寿疆《きわまり》なし」と詠われている、その「公堂」の意味するところによって、更に旁証をもつことになる。このくだりは、農耕がおわったあとで、場圃を整理し、公堂において収穫祭の饗宴が行われるその状景をうたったものであるが、かつて加藤常賢氏は、(5)「公」の字の語源的研究から、その原義は、中国の古い氏族的小邑における族人の共同集会所・共同作業所を意味するものであり、「七月」の詩の公堂も原義はそこから来ているものであることを明らかにし、氏族の族長がやがて世襲となって、この共同集会所である「公」を占有するようになると、族長が公と称せられるようになると、説明した。加藤常賢氏のこの解釈は、「公」の字の形義的研究からみちびかれたもので一つの仮説であろうが、訓詁の方からいっても、この公堂を「学校也」とした毛伝の解釈とも矛盾しない。金文（静𣪘）にみえる学宮は、周の故都（葊京）の辟雍（国学）で、諸族邦人を会して射を講習するところでもあるが、郷・里においても学校（序・庠）は、郷大夫の指導の下に郷人のあつまって郷飲酒の礼や射礼を行う集会の場所でもあると、経典（礼記）では、記されている。七月の詩で、収穫祭の饗宴が行われた公堂をば毛伝が「学校也」と注したのは、そこが単に族長や領主の宮《やかた》であっただけではなく、もともとは、族人たちのあつまる共同の集会の場所としての本来の意味を指摘したのであろう。

豳風七月の詩に詠われている田猟の分配における「公」と「私」とについて、特に問題にしたのは畿内ではあるが同じく西周貴族の本邑の農耕を詠ったと考えられる小雅大田の詩に「我が公田に雨ふり、遂に我が私に及べ」と詠われている「公田」「私田」の公・私の意味と性格が、前々から気になっていたからである。孟子が、本来殷の制度である助法が、周に入ってもなお行われていた例証として、この大田の詩句を引用したことは周知のところである。孟子が、滕国でこれから行わんとした井地、すなわち各々百畝ずつ分配された八家の私田計八百畝の耕地に囲まれたその直中に同じく百畝の公田をおくという特有の区劃の仕方の井地の法が、そのまま殷で実際に行われたものであったと孟子自身が考えていたかどうかは宮崎市定氏(6)のいうように疑問で、孟子が殷の制で周初にも行われたといっているのは助法で、そこには公田と私田の別があるということだけである。又実際に考えて見ても、そのような公田・私田の区劃の仕方はあまりにも机上の図式に類して、そのままの形での実在は信じられないが、しかし、そのような区劃の仕方は別として何らかの意味での公田と私田との存在は小雅大田の詩に公田・私田と詠われているように事実で、問題は、この公田・私田の意味と性格である。豳風七月の詩に詠われている田猟の分配における「公」と「私」とから、前述のような関係をうかがい知ることができるとすると、この小雅大田の詩に詠われている公田・私田の「公」と「私」のもつもともとの意味も、一つの類推が可能になって来る。

そこでいう公田はすでに領主化された族長の田なのであろうが、そのもともとは、邑の氏族成員(個人ではなく、氏族を構成する単位としての小血縁集団の長)の個々にもともとはほぼ等しい面積で割り当てられた小さな私田に対して、族長の直接保持する大きな田、しかもそれは単なる族長私有の田ではなくて、その耕作には族長以下氏族全員が奉仕し、その収穫物は先ず氏族の祭祀その他の共同体の用に供せられる、といった氏族制的共同体の慣行の名残りがなお残っている、そのような族長の田がその始源的形態として類推できないであろうか。しかしながら、そのような類推を裏付けるような材料は、小雅大田の詩の中にはない。私は、ここで、それを裏付けるものとして、藉田の礼を想起するのである。

# 三

藉田の礼は、殷以来の古礼と考えられるが、文献的にくわしく我々に伝えられているのは、周王室の農耕儀礼としてである。それについては、すでに多くの研究[7]があるので、ここでは我々の問題に必要な限りにおいて、それの提示している問題点だけを簡単に指摘するにとどめる。

周王室の藉田についての最も古い記録は、令鼎に見られるが、藉田の儀礼の古い慣行を最もくわしく伝えているのは、国語周語上の記載である。先秦文献では、呂氏春秋孟春紀にも、比較的簡単にではあるが、藉田についての記載がある。呂氏春秋孟春紀によれば天子は正月に豊年を上帝に祈り親しく耒耜をもって、三公・九卿・諸侯・大夫の諸官をひきいて、藉田を親耕しついで諸官も之にならい、終って労酒する、と記されている。この藉田の儀礼のより古い姿を伝えている国語周語上の記載では、春正月、王は、豊年を上帝に祈り、王以下の諸官が参加して藉田を耕し、終って饗宴が行われるという儀礼の大筋は、呂氏春秋の記載と似ているのであるが、ただ国語の記載では、この藉田の儀礼には、王以下、公卿・百吏だけでなく庶民もともに之に参加しているのであって、藉田の耕作には、先ず王が耜《すき》をとって一すくい耕し、ついで公が三すくい、卿が九すくいと、下の官になるほど順々に三倍ずつ耕して最後に庶民に至り、庶民がこの藉田のすべてを耕し終る、と記されており、又耕作の儀式がおわったのちの饗宴にも、王以下、公卿・百吏・庶民のすべてが参加するものとして記されている。そして、この藉田の収穫物は、先ず、祭祀の料、すなわち粢盛に供せられる、という記事（この点は、孟子や礼記の記述と合致する）と考え合わせると、王以下、公卿・百吏・庶民の全員参加のこの国語の藉礼の記述はその繁縟な儀礼化の底に、氏族制的共同体としての邑の過去の或る時期における、氏族員の共同耕作による公田の存在、を反映している、と云うことができる。そこでは、氏族の神を祭り、それに粢盛をささげるために、氏族の族長や長老の指導の下に、氏族全員が、共同耕作する慣行があったのであろう。のちに、族長制より次第に王権が伸長するとともに、氏族共耕的な農耕儀礼というよりも、氏族の宗法的中心たる王室の宗廟の粢盛に供することをたて前とする農耕儀礼的な性格を濃厚にしていったのであるが、それでもなお、かつての族長時代の氏族共耕の慣行が儀礼の中に反映されて、階層化された形態においてではあるが、王以下、公卿・百吏・庶民の全員の参加という形式をとっているのであろう。しかし、そこでは、すでに藉田の共耕は、庶民の集団的な奴役的強制労働に化し、官をおいて藉田を官司させるという形に制度化していたことは、この国語の記載や西周金文（諆設）から、うかがうことが出来る。

このように、国語の藉田の礼の記載には、その来歴を示す古い慣行が反映されている一方しかしながら、この儀礼には、藉田の共耕が庶民の奴役的労働と化した段階を反映して、庶民の農耕労働を強制し監督する意図がこめられていることにも注意しておかなければならない。そこでは、藉田の儀礼を行う準備をはじめるにあたって、天官である稷は、儀礼執行の時期を王につげて、「王はそれ農を監（督）すること易《おろそかに》するなかれ」とのべ、藉礼の目的が、勧農という表面的目的の底に、実は、庶人の農業労働に対して監督を加えることにあることを示しており、又、藉礼の終ったのちにも、稷は偏ねく百姓を戒《いま》しめて「……土、備《ことごとく》墾せざれば、辟《つみ》司寇にあり」といって、春分となって土地を耕し尽さなかったら、司寇（刑獄の長官）が之を処罰することを百姓に警告しているのである。これらのことは、藉田における共同耕作は、庶民の奴役的労働と化し、厳重な監督と刑罰を以てする強制なくしては、之を維持して行くことがむずかしくなっていることを物語っている。以上のようにこの国語に記されている藉田の古礼の中から、氏族制的共同体としての邑の過去のある時期における氏族全員の共同耕作による公田（藉田）の存在と、階級的分化ののち、その共同耕作が奴役的な集団労働に転化した関係との二層をうかがうことができる。

もともと、国語におけるこの藉田の儀礼の古制についての記述は、周の宣王（前八二七即位）が藉田の制を廃止しようとしたのに対し、大臣（卿士）の虢文公が之を諫めたことばの中にかたられたものである。宣王が何故にこの藉田の制を廃絶したのか、その理由について明文の記載はないのであるが、重要な問題と考えられるので、周辺の事情より少しく類推をこころみてみよう。

宣王の父、厲王の頃より周室は衰微の徴をみせはじめる。文献の記載によれば、厲王は利を専らにすることを好む栄夷公を寵して之を登用し、ために失政多く、国人の批難をうけたが、厲王はこの国人の批判に対し苛酷な弾圧政策をとったため、国人の怒りをかい、ついに厲王は山西省の彘に出奔せざるを得なくなった、とされている（史記周本紀・国語周語上）。厲王の出奔、厲王に対する国人の批難の原因は、利を専らにする栄夷公を重用したことにあるとするのであるが、この栄夷公と同一人物と思われる栄伯なる名が、夷王・厲王期の金文にしばしばみえ、そのうちの一つである卯𣪘の銘文[8]は、きわめて重要なことを私たちに伝えている。その一つは、臣下である栄伯が、王の行う冊命形式と全く同じ形式で、自分の臣下すなわち陪臣の卯に対して冊命賜与を行っていることである。これは、王室をないがしろにする、僭上の沙汰であるが、事実は栄伯の権勢の大と王室の衰微を示すものであろう。第二には、この銘文によると、陪臣の卯は父祖の代より栄伯の所領を管理して来たのであるが、ここで卯は父と同じように栄伯の所領である蒡京蒡人を管理することを栄伯より命ぜられ、その恩賞として、財宝・馬牛と数ヶ処の田を与えられていることである。ここで明示されている栄伯の所領の蒡は、文王が都を築いた豊邑、即ち周の故都であり、西周中期の遹𣪘やさきに引用した静𣪘の銘文が示すように、ここに辟雍（大学）がおかれて、重要な儀礼がたびたび行われた地である。周王室の重要な王領地の一つであり、藉田もそこにおかれたであろうことは想像に難くない。そこが、臣下である栄伯の手に渡っているということは、周王室は、その直領の経営地をすでに維持管理することが困難になりつつあることを示していると考えられる。以上のような最近の金文研究は、(9)また、夷王期から厲王期にかけて、貴族の間に大きな変動があったことを明らかにしている。それは、陝西の西方や北方における大土地の開発経営にもとづく新しい豪族勢力の擡頭がいちじるしく、散氏盤や鬲从盨の銘文から知られるように、これら豪族間における所領の兼併の争や、王室を中心とする世襲貴族が、転落して、これら新しい豪族のもとで陪臣となるといった事態もおこりつつあったのである。(10)そしてこのような貴族間の変動と対応して、大克鼎の銘文の中からうかがわれるように、(11)貴族の領邑の農民も、他の領邑へ逃亡するという事態も現われて来る。このような貴族間の変動と社会の混乱という歴史の動きの中で、前述の栄夷公のような、王廷の儀礼を僭する豪族もあらわれて来るのであるが、周室は、すでにこれらを控制する力をもたず、その直接の王領地の維持も困難になって来る、そのような一連の状況の中において彘に出奔した厲王の死後、宣王が即位するのである。宣王即位に先行する上述のような政治・社会の変動と周室の衰微、宣王即位後の所謂「中興」の挫折(果してそれが「中興」と云えるかどうかという、最近の研究(12)の疑義と否定的見解をも含めて)、具体的には、宣王の治世初年における度重なる外征から結果される民の疲弊等を考慮に入れるとき私たちの問題とする、宣王の藉田の礼の廃止(今本竹書紀年では宣王の二九年)の背後には、各地に散在する王室所領の公田(藉田はそれの儀礼的象徴)における奴役的労働徴発と管理とがすでに周室の力をもってしては、困難となって来た事情があったのではないだろうか。このことはその後の周室の急速な崩壊と無関係ではないように思われる。

## 四

藉田の制は、西周の畿内においては、宣王のとき廃絶したが、東方の「封建」諸国においては、それと同じような変化が、春秋時代に入ってから起って来たようである。魯の宣公一五年の「初めて畝に税す」という春秋経の記録は、そのことと関係があるようである。少くともこの春秋経の記事を解説した、左伝・公羊伝・穀梁伝の編者はそのように考えていたようである。前にものべたように、三伝とも、「初めて畝に税す」という税法を魯国が採用したことを礼に反するものとして非難し、「穀を出すは藉に過ぎず」とか「古は藉して税せず」とかいってそれまで行われて来た「藉」という古い方法の方を評価する、解説の仕方をとっているからである。そこで「藉」というのは、私たちがさきに見てきた藉田或は藉田の耕作のことであって、穀梁伝がそれを孟子の所謂井田法の助法と短絡して説明したことが、問題を少しく複雑にして了ったきらいがある。さきにものべたように、杜預の注をはじめとする三伝の注釈はみな「藉する」とは「民力を借りて公田を治する」ことだと解し、詩経(周頌載芟)の鄭玄の注も「藉は借の意味で、民力を借りて治するから、藉田というのだ」と解している。しかしながら、藉田の耕作が「民力を借りる」即ち民の奴役的労働によるようになったのは、邑から「国」への発達の或る一定の段階においてであることは前述の通りで、「藉」を「借」の意味に解するのは、「藉」の字の原義ではない。卜辞に藉の字は人が耒耜を足で踏むように象形されていることからも知られるように、後漢書明帝紀李注引五経要義に「藉は蹈也、親しく田に蹈履して之を耕するを言う」とあるのや、続漢書礼儀志劉注引月令盧植注に「藉は耕也」とあるのや、漢書文帝紀顔注引臣瓚が「本、躬親を以て義となし、仮借を以て称となすを得ず、藉とは蹈藉を謂う也」といっているのが原義に近い。すなわち、藉とは、自ら親しく耒耜を踏んで耕作することで、藉田とは、もとは氏族の指導者が先頭に立って他を率えて親しく行う集団耕作の田であったのであろう。

魯の国について云えば、魯の「国」に支配されている「鄙」の群小の邑も、もともとは、氏族制的な共同体で、族長や長老たちの指導を通じての共同体的規制のもとに族人たちの社会経済的生活がいとなまれ、邑の耕地は、一部は氏族成員にほぼ等しく割り当てられたが、一部は、族長の田として、氏族の神を祭り、それに粢盛をささげるためなどの共同体の用のため、氏族全員による共同耕作がなされた時期があったのであろう。そのような邑が、やがて、征服その他の事由によってより強大な邑（即ち「国」）に隷属することになり、「国」の支配をうける「鄙」の邑となる。周初、周氏族が東方に進出して、その征服・占領した地方のそれぞれの中心に「国」を建設し、征服地にある群小の邑を支配したとき、これら邑の氏族組織を破壊することなく、それを温存して、邑の支配管理のために利用したのであった。「国」はこれら鄙の邑を支配するために、「国」中の貴族（卿大夫）に之を采邑として与えて管理せしめ、その生産物を収奪することになるのであるが、その場合、邑の旧来の族長の管理する氏族共耕の田は、采邑主たる貴族（卿大夫）の直接管理下におかれて、新しい公《きみ》の田となり、邑の民の共同耕作によるその生産物は、従来のように氏族の祭祀その他の氏族の公共の支出のためにではなく、今や、采邑主たる貴族（卿大夫）に、及び貴族を通じて国君（公）に捧げられねばならなくなったのであろう。邑の氏族共耕の族長の田における共同耕作は、新しい公《きみ》の田での奴役的労働にその性格を変える。邑の民は、従来氏族から割り当てられた耕地は、「国」の貴族の管理の下に、そのままみとめられた代りに、氏族全体として新しい公《きみ》の田において無償で労働に服することになったのであろう[13]。そしてその外に、鄙の邑の民は、「国」の築城その他の土木工事や雑役に徴発され、氏族全体として、「国」に隷属することとなったのである。「藉するとは、民力を借りて公田を治することだ」とする前述の三伝の注釈者の解釈は、この段階での、公《きみ》の田と化した藉田の解釈から来ているのであろう。

この外に、魯の国君の儀礼化された祭田としての藉田は、周室の古礼に倣って、おそらく魯の「国」の建設の当初から、「国」の近郊に設けられていたのであろう。左伝成公一〇年の条に「晋侯麦を欲す、甸人をして麦を献ぜしむ」

とある。周礼天官に甸師という官職があり、「属を帥いて王藉を耕耨し、時を以て之を入れ、以て齍盛に供す」とあるように、それは、周王室の藉田を管理する役人であるが、諸侯国ではそれを甸人といったのであろう。このことは晋国に藉田がおかれたことを示すものであるが、それは、おそらく、晋国だけではなく、その他の各国にもおかれた、と考えてよかろう。桓公一四年の春秋経に「御廩災あり」とあり、杜預は「御廩とは公《きみ》の親耕する所を蔵して以て粢盛に奉ずるの倉なり」として、藉田の収穫物の貯蔵倉であると解しているところから見ても、魯の「国」に名儀上は、その収穫物を以て宗廟の祭祀にささげる国君の儀礼化された祭田としての藉田がおかれたことは、ほぼ間違いない。この耕作は、もちろん、すでに氏族共耕の本来の面影はなく、甸人のきびしい監督の下に鄙の邑の農民の強制労働の徴発によってなされたのであろう。

　春秋時代の初期より、春秋時代を通じて、我々は、きわめて多くの、諸国における築城工事の記録を左伝の中に見ることができる。これらは皆、諸国の鄙の邑の民の労役の負担のきびしさを、同時に我々に示すものであるが、この労役の負担のきびしさに堪えかねての民の逃散を報ずる記事も、左伝にひんぱんに記されるようになって来る。例えば左伝の僖公一九年の条に「梁伯、土功を好む。亟《しばしば》城《しろきず》きて処《お》らず。民罷《つか》れて堪えず。則ち曰く『某の寇将に至らんとす』と、乃ち公宮に溝ほらんとす。曰く『秦将に我を襲わんとす』と、民懼れて潰ゆ。秦遂に梁を取る」と記されている。「民潰ゆ」とは「凡そ民、其上を逃るるを『潰ゆ』という」と左伝では解し（文公三年）、公羊伝では「潰ゆとは、何ぞや、下が上に叛く也」と解し（僖公四年）、穀梁伝では「潰の言たる、上下相得ざる也」と解している（昭公二九年）ように、「国」の支配階級の課すきびしい労役に対する民の消極的抵抗、即ち集団的逃散を、それは意味するものであった。このような意味をもつ「民潰ゆ」ということば、これまた、ひんぱんに、左伝にあらわれて来る。それは、鄙の邑の民の集団的逃亡は、「国」の貴族階級にとって、その経済的基礎をおびやかす重大な事柄であった。それは、何よりも、彼ら貴族階級を養う釆邑の労働力の減少乃至潰滅を意味したからである。現実に自己の釆邑にそのような集団的逃散が起らなくても、過重な労役の強制は民の集団的逃散を惹起する可能性があることの認知は、無言の圧力を以て、貴族階級に何らかの対処を迫ったのである。事実、前述の梁国の民の集団的逃散がおこって、梁国が亡びたのは前六四一年であるが、それから百二十二年たった前五一九年になっても、この梁国の民の集団逃散の事例は、貴族階級にとって留意しなければならない教訓として、楚の国でも語り継がれているのである。すなわち、楚国の令尹の嚢瓦が民を徴発して郢に築城工事を行ったとき、沈尹戌は「昔、梁伯、其の公宮に溝ほりて、民潰ゆ。民その上を弃つ、亡びずして何をか待たん」といい、民力をついやして城を築くよりは、内政をととのえて、民が安心して野に働けるようにすることの方が、国を守るのに益がある、という意味のことをいっている(左伝昭公二三年)。

魯の国では、宣公一五年(前五九四)に、「初めて畝に税す」(春秋経宣公一五年)という改革を行った。公羊伝の何休の注では、「時に宣公、民に恩信なし、民は力を公田に尽すを肯ぜず、故に履践案行してその善畝穀最好なる者を択んで之を税取す」といい、塩鉄論の取下篇では「周の末塗に及んで、徳恵塞がりて嗜欲衆く、君奢侈となりて上の求め多し。民下に困し、公事(公田耕作)を怠る。是を以て畝を履むの税有り」といい、漢書食貨志は「周室既に衰えて、暴君汚吏其の経界を慢にし、繇役横《ほしいまま》に作《おこ》りて政令信ならず、上下相詐りて公田治《おさま》らず。故に魯の宣公初めて畝に税し、春秋これを譏る」といっている。以上の漢代文献を通じて共通に云えることは、漢代の人々は、魯の宣公が「初めて畝に税す」るに至ったその理由を、国君や貴族の民に対する酷使がはなはだしくなったので、民は公田耕作のための労力提供を怠るようになり、そのため公田からの収穫が上らなくなったため、畝に税するにいたったと解釈していることである。魯の宣公の時代とほぼ同じ頃に、周の単襄公が陳国の乱れた状況を報告したことばの中に、「今、陳国は道路知る可からず、田は草間に在り、功成るも収めず、民は(国君の)逸楽に罷る」と国語の周語にのべられており、民が、国君の収奪に罷弊して、耕地はたがやされずに放置されて雑草がおいしげっている状況がそこでのべられているが、これらのことを考えてみると、上記の「初めて畝に税する」に至った理由についての漢代の人々の解釈は、何かもとづくところがあったのであろう。「畝に税する」とは、民にわりあてられている耕地(所謂私田)に税を課すことである。従来、鄙の邑の民は、公田に労力を提供することによって、その公田の生産物を国君や貴族に捧げていたのであるが、「国」の土木工事その他の繇役の負担がきびしくなるにつれて、民はその負担に堪えきれず、公田耕作のための労力提供をも怠るようになり、そのため、国君や貴族は、鄙の邑のそれぞれの公田からの収穫に期待できなくなったため、公田ではなく、民に割当られている耕地に税を課することになった、と考えられる。しかしながら、ここで注意すべきことは、「畝に税す」とは、公羊伝にいうように「畝を履んで税す」ることであり、畝《うね》数を計って、即ち耕地面積をはかって税を課したことであるとすると、それはすでに、民のそれぞれの占有地が均等ではなくなっていることを前提としている、と解しなければならない。もとの土地の経界《さかい》はすでにみだれていた、と考えられる。共同体的規制の下でのほぼ均等な土地の割り当てということは、少くとも我々の当面する春秋時代中期の「鄙」の邑においては、すでにくずれていた、と考えざるを得ない。

直接に鄙の邑の農民についてではないが、我々は、この当時の耕地の経界《さかい》が相当みだれて来ていることは、他の国の場合にではあるが左伝の記載からも知ることができる。鄭国の執政の貴族(卿)である子駟は土地区劃整理政策をおこない、土地の経界《さかい》をみだして土地を兼併して(土地の経界《さかい》のためにのこされていた広い空地を侵占したと解釈される)、土地占有の拡大をはかった人々(士)の不法侵占の土地をとり上げて、もとの土地区劃どおりに、土地の経界を定め、そこに「洫溝」(灌漑用の水路)を設けた。そのため、この子駟の政策によりその不法侵占の土地を削りとられた司氏・堵氏・侯氏・子師氏らはその他の不逞の徒をあつめて叛乱をおこし、公宮に攻め入って、子駟らの執政者を殺害した、と左伝襄公一〇年の条に記され、春秋の経文では、これら叛乱者を「盗」と記している。杜預はこれらの人々はみな士であるといっているから、戦士としての国人層の人々かと思われるが、そこには土地占有の拡大と私有化をはかる士の動きと、之を抑えて旧来の秩序の維持強化をはかる「国」の執政者との間のきびしい緊張関係がある。このような国人(士)による土地侵占は、「国」の軍隊を構成する戦士の母胎である「郷」における共同体的秩序の攪乱を意味し、それは同時に「国」の旧来の軍隊の維持にとっても重大な脅威を意味するものであった。この子駟の土地区劃整理政策は、おそらくこのような傾向を阻止しようとしたものであったろう。これから二十年後、同じく鄭の執政(卿)の地位についた子産が子駟の政策を継承して「田に封洫有り、廬井に伍有らし」めんとする土地区劃整理政策を再び実行して、それによって土地をけずられた人々の怨みをかったことは、国人層の間に土地の不法侵占による土地占有の不均等化の動きが、その跡をたたないことを物語るものであろう。子産のこの政策は、「都鄙(国都と鄙の邑)をして章あらしめ、上下服あらしめんとする」、いいかえれば、くずれゆく旧来の「国」と「鄙」の秩序をなんとか旧にもどさんとする、一連の旧体制強化策の一環をなすものであったのである(左伝襄公三〇年)。

魯の国の、今我々が問題にして来た「初めて畝に税す」という政策は、前述の如く、公羊伝にいうように、「畝を履んで税する」ことであり、畝《うね》数を計って、即ち耕地面積をはかって税を課したことであり、それはすでに、農民の耕地占有の不均等化が前提になっていると、解する外はないとすると、この魯国の政策は、「鄙」の邑の場合についてであるが益々進行する土地保有の不均等化を阻止しようとするのではなく、その不均等化の傾向をそのまま認めて、之に税を課すものである点で特徴的であるといえる。従ってそれは、単に、以前の「藉」よりも民にとって苛酷だという理由からだけではなしに、三伝の著者のように古い「国」の支配秩序に価値をおく人々からは、礼(旧秩序)に反するものとして非難さるべき性格のものであったのであるが、しかし、古い「国」・「鄙」の秩序の崩壊過程というものは、好むと好まざるに拘らず、歴史の進みゆく方向であったのである。呂氏春秋の審分覧に「今、衆地を以てする者（衆を以て地を治する者）、公作（公田耕作）なれば則ち遅し、その力を匿す所あればなり、分地なれば則ち速《すみやか》なり、（其の力を）匿す所なければなり」と記されているように、民の労役提供による公田の共同耕作は、民の私田耕作に比すれば、はるかに非能率的であったのである。公田の共同耕作の場合には、民は、そのもつ力を十分に尽さないからその生産力は低く、これに反し、自己の耕地の耕作の場合は、その収穫物は自己の入となるのであるから、民はその力を尽して積極的に生産にあたる。その労働の生産力も自ら高くなるわけである。このような民の生産意欲が、かつての均等な土地分配の共同体的制約をやぶって、少くとも、我々の当面している春秋中期に至る間においては、その或る者は、その土地占有の拡大を行い、民の間に不均等な土地の占有を現出せしめるにいたっているのであろう。公田耕作のための民の労力提供の強制をいつまでもつづけることは、このような段階になるとその意味で、民の生産意欲を阻害し、生産力の発展に桎梏をかけることを意味し、当然そこから、公田における収穫の減少が結果されてくる。民がその力を尽さない、そのような公田耕作の強制よりも、「国」の支配者層は、より豊かな生産物の収奪を確保するために、民がその力を尽して生産にはげむ私田の収穫物に目をつけて、そこから税を収奪することに転換したことは、民の自己のためにする生産意欲を十分に発揮させる方向において、それを認めて、逆にそれを利用してその成果を収奪しようとする全く新しい政策の転換を意味する。それは、歴史の動き、民の動向を直視して、それをおさえようとするのではなく、それにのることによって、却って収奪を確実にしようとするものであった。それでも、斉国の例であるが、伍鄙の制において「地を相《み》て、征（税）を衰すれば、則ち民移らず」（国語斉語）とあるように、土地の地味の如何によって税に差等をつけて加減するという慎重な配慮を行わないと、民はなお逃散の危険があったのである。

しかし、それは従来、氏族制的な共同体的規制の下に埋没していた氏族成員（それは、もちろん単家族などではなく、家父長的な小血族集団）が次第に頭をもたげてくるその歴史の動きに着目しての新しい政策であったのであるが、そこでの把握の関心は、まだ、個々の民ではなく、土地であった。その氏族成員は、私田占有者でもあるが、それはまだ単家族などではない。それは「十室の邑」とか「百室の邑」とかいわれる「室」で、おそらくは家父長的な小血縁集団であろう。畝はもともとは「うね」で田地を耕作する上でのある種の形体をさしていったものであるが、今やこの「室」の耕地の面積をはかる単位ともなってくるのである。そこでは耕地に対する共同体的規制はうすれて行っても、共同体的関係がすべて消失するのではない。従来の氏族制的共同体に次第に地縁的共同体の要素が加味されて新しい共同体的関係に転化していくのである。

このように、「初めて畝に税す」という政策は、その支配する鄙の領邑の共同体内部に生じて来る新しい農民の動向をつかんで、それに即応することによって逆に自らを豊かにする政策なのであるが、この政策は同時に、このような政策を断行した「国」の執政の貴族（卿）自体が「国」の共同体的規制をはらいのけて、自己の権力を確立して行こうとする「国」における新しい動きの一環をなすものでもあったのである。「国」における変質過程は「鄙」の「邑」における変質過程と対応してすすめられていくのである。

この「初めて畝に税す」という政策を断行したのは、「国」の執政の貴族（卿）である季孫氏であったと思われる。左伝昭公二五年に、宋の楽祁がかたったことばとして「政、季氏に在ること三世、魯君政を喪うこと四公」と記されているが、その四公とは、杜預の注もいうように、昭公から逆算して、昭・襄・成・宣となり、魯国では宣公より政治の実権が季孫氏（季文子・季武子・季平子）にうつったと考えられるからである。又左伝昭公三二年にも、史墨の言として、「政の季氏にある、この君（昭公）において四公なり」と記されており、同じことが確認される。「魯の君世々其失（佚）を従《ほしいまま》にし、季氏世々其勤を修む」とあるように、宣公のときより、魯国の実際の政権をにぎっていたのは季孫氏であった。当時魯の「国」の支配層である国君や、貴族たちは、二つの切迫した緊張関係の中におかれて、問題の解決を迫られていた。一つは、その支配する「鄙」の邑の農民との関係においてであり、一つは「国」中の国人との関係においてである。

「初めて畝に税す」という政策は、上来見て来たように、「国」の支配する「鄙」の邑における農民たちの新しい動向に迫られて、それに対応してその経済的収奪を確保するためにとられた政策ではあるが、それを強力におしすすめて行ったのは、「国」においても、漸く、公《きみ》(国君)のもつ共同体的規制権をはねのけつつ、それぞれの家父長制的権力の確立をはかりはじめた貴族(三桓氏)、殊には、その筆頭の地位にあって、卿として「国」の実権をにぎりつつあった季孫氏であって、それによって、領邑の農民に対する収奪を確実にしようとしたものと考えられる。他方、「国」の貴族たちは、「国人」との関係においても、解決を迫られる問題をかかえていた。本稿の冒頭においてふれたように、「国人」は、「国」の基層をなす構成分子であり、戦士として「国」の軍隊を構成する重要な人的基盤であった。「国」の執政の貴族(卿)は、「国人」の「郷」における生活の安定、そこにおける集団秩序の維持に、多くの配慮をはらわねばならなかった。その配慮をおこたって、専断の行動がつのれば、国君や貴族は、「国人」からの批判や、「国人」の背叛に当面しなければならなかった。貴族の「卿」への就任や、卿としての地位の維持には、「国人」の支持が、一つの重要な要因として働いていたのである。諸国の卿がその地位を確保し、その族的勢力を増大して行くためには、一方においては、その経済的基盤である領邑からの収奪の確保と増大が必要であったばかりでなく、他方においては、「国人」の支持の確保が必要であったのである。諸国の野心ある貴族は、例えば、饑饉のときに国人に粟を放出して、国人の信望を得ようとした宋の公子鮑や、鄭の子皮のように、国人に陰徳を施すことによって、その支持を確保しようとしたのである。これを一歩すすめて、より徹底的に、「国人」に恩恵を与えることによって、公《きみ》との関係をたち切らせ、それを自己の私臣とすることを断行したのが、魯の三桓氏であって、「初めて畝に税す」という政策を行ってから、三二年後、魯の襄公一一年、季孫氏の提唱による、「三軍を作り、公室を三分す」という左伝の記述は、そのような政策の断行を意味した。そのことについては、前稿(14)でくわしく分析したところである。それは、郷邑の組織の中にいる国人に、一方では公賦の二倍の過酷な負担を課し、季孫氏に臣従すれば、公賦を一切免除するという恩恵を与えることによって、季孫氏は、国人を自己の私従に転換させようとしたのである。「国」中における国君・貴族と国人との関係は、ここに重要な変質過程を示すことになる。三桓氏による国人の私臣化が、もしも徹底して国人全員に及んだと仮定すれば、魯の「国」は、少くとも「国」中に関する限り、なお残るその共同体的性格を失って、三桓氏のそれぞれの家長の家父長制的支配の下に分割されることになろう。現実には、しかし、そうならなくて、微力化しながらも、なお公《きみ》は存続しつづけるのであるが、しかし、古い共同体的遺制をのこした「国」から、家父長制的支配の国家への転換の契機は、すでに、そこにあったのである。

以上私たちは、「初めて畝に税す」という春秋の経文について、この措置を礼に非ずとして非難し、古の制として「藉」という方法を説いた三伝の解釈をたよりに、出来るだけその解釈の線に沿うて今日のわれわれのことばで問題を復原してみた。この三伝の解釈は、「鄙」の邑の民の集団的な奴役的労働の上に支えられている「国」のもつ氏族制的、共同体的秩序の側面に価値をおく観点に立つものであって、この観点から、この「国」と「鄙」との旧い体制的関係の変革(それは歴史のすすみゆく方向であった)を、いたみ非難するものであったのである。このような復原が今日すでに明らかにされている周辺の諸関係とどの点が矛盾するかが、改めて検討さるべきであろう。他方又、三伝の解釈とは別に、この「初めて畝に税す」という政策を「国」と「鄙」の邑の農民との間の生産関係を規定するものとしてではなしに、国君と貴族との間の関係、即ち貴族の新たに開墾した私有の田に対する課税と解する郭沫若[15]の見解がある。当時の魯の国君が果して有力貴族の利益に反するような政策がとれるだけの独自の権力をもっていたかどうかという問題もふくめて、戦国時代へかけての全体の歴史の動きの中において検証し、どちらがより説得力をもつか改めて検討されなければならない。すでに紙数を超えているので、別の機会にゆずらざるを得ない。

（1）拙稿「春秋戦国時代の社会と国家」岩波講座世界歴史4『東アジア世界の形成Ⅰ』（一九七〇）所収。

（2）この問題については、佐藤武敏「春秋時代魯国の賦税制改革に関する一考察」（中国古代史研究会編『中国古代の社会と文化』一九五七所収）がある。

（3）それらの研究の中では、とくに楊寛「論西周時代的奴隷制生産関係」、同「試論中国古代的井田制度和村社組織」（いずれも『古史新探』北京、一九六五所収）は示唆するところ多い。

（4）本書第三篇第一章「先秦時代の山林藪沢と秦の公田」。

（5）加藤常賢「公私考」『歴史学研究』第九六号、一九四二、二。

（6）宮崎市定「古代中国賦税制度」『アジア史研究第一』（一九五七）所収。

（7）楊寛「籍礼新探」『古史新探』（北京、一九六五）所収。白川静『稿本詩経研究 通論篇』第三章「農事詩の研究」一九六〇。笠原仲二「支那古代に於ける田租徭役の起源」『支那学』第一〇巻第一号、一九四〇。木村正雄「藉田と助法」（『東洋史学論集』第三、一九五四）。

（8）卯𣪘「隹王十又一月既生覇丁亥、栄季入右卯立中廷、栄伯呼命卯曰、載乃先祖考死𤔲栄公室。昔乃祖亦既命乃父死𤔲莾人、不淑取我家案、用喪、今余非敢夢先公有進退、余懋爯先公官、今余隹命汝死𤔲莾宮莾人、汝毋敢不善、錫汝鬲章四、瑴一、宋彝一、将宝、錫汝馬十四、牛十、錫于乍一田、錫于𡧊一田、錫于隊一田、錫于截一田、卯拝手頁手、敢対揚栄白休、用作宝障𣪘、卯其万年、子々孫々永宝用」。

（9）白川静『金文の世界』平凡社、一九七一。伊藤道治「西周時代における王権の消長」『研究』第三五号、一九六五。同「甲骨文・金文に見える邑」『研究』第三三号、一九六四。

（10）伊藤道治、前掲「甲骨文・金文に見える邑」。

（11）大克鼎「……錫汝井人奔于量……」。

（12）白川静『金文の世界』。

（13）このような関係の推移を直接一義的に確証するような史料はない。徐中舒（「試論周代田制及其社会性質」『中国的奴隷制与封建制分期問題論文選集』（北京、一九六二）所収）は、大雅崧高の詩にある「王、召伯に命じて、申伯の土田を徹せしむ」とある徹を、徹取と解し、原住の謝人の共同体の土地の一部を徹収して公田としたと解しているが、必ずしも一義的ではない。楊寛（「論西周時代的奴隷制生産関係」『古史新探』（北京、一九六五）所収）も考え方としては同様な方向で問題を展開しているが、一義的な確証があるわけではない。しかし、戦国・秦漢時代の人々の、公田・私田に関する解釈のもとづくところを、すでに明らかにされた周辺の関係との関係においてさぐって行くと、このような類推にたちいたるのである。

（14）註1参照。

（15）郭沫若『奴隷制時代』北京、一九七三。

（『一橋論叢』七二ノ一。一九七四・四・二〇稿）

# 第四章　韓非子喩老篇の所謂楚邦之法について

## 一

韓非子喩老篇につぎのような孫叔敖の説話がつたえられている。

「楚の荘王、既に晋に河雍に勝ち、帰りて孫叔敖を賞す。孫叔敖、漢間之地の沙石之処を請う。楚邦之法、禄臣は再世にして地を収めらる。唯孫叔敖のみ独り在り。此れ、其の封を以て収められざりしは、瘠なれば也。故に九世にして祀絶えず。故に曰く『善く建つれば抜けず、善く抱けば脱せず、子孫、其の祭祀を以て、世々輟《や》まず』と。孫叔敖の謂也」

この説話と、同系統の説話は、後述する様に、太平御覧一五九、及び史記滑稽列伝正義所引の呂氏春秋の外、淮南子人間訓にも伝えられている。ここで問題として取上げるのは、そこに記されている、「禄臣は、再世にして地を収めらる」という「楚邦之法」についてである。

春秋時代の強国、斉、晋、楚、秦の諸国は、その中期頃から漸く、やがて戦国時代に成立する専制君主権力の形成の方向にむかって、共通の過渡的な動きを示しはじめるのであるが、しかし一方、その共通の動きのとる具体的な形態は、それぞれの国の地方的、歴史的な固有な条件に制約されて、必ずしも一様ではない。殊に左伝その他に比較的豊富に史料が与えられている、晋と楚の両国は、種々な点で相異ったそれぞれのローカルな特色をもつものとして、私達の目に映ずる。晋の政治権力をにぎる支配氏族集団は、文公以降は、公を中心として、先氏、欒氏、韓氏、趙氏、魏氏、范氏、荀氏等の主として異姓の諸氏族によって構成され、公と近い血縁関係にある公族勢力が欠如していたことを、その重要な特色とする。これは、献公のときの驪戎の乱——それは公子群の数の多いことに起因した——によりて、文公は一族の力を去って、これら異姓の世族の有能なる者を自己の股肱とすることによって、晋の政治権力の統一強化をはかり、その後も群公子には権力を与えない方針が、晋の内政の一つの方向となったためである。そのため、晋の政治権力の中核をなす、三軍の将・佐、すなわち六人の卿は、これらの世族が代る代るその地位について、次第にその勢力を強大化し、やがては、公の地位は名目化して行って、晋は、韓、魏、趙の三族によって、分割されるに至るのである。ところが、これに対して、楚の政治権力をにぎる支配氏族集団は、晋の場合とは、異ったきわめて対照的な構成をしめす。そこでは、楚の王室の王子、及びそこから出た王族が、楚の支配氏族集団を構成する。楚の政治権力の中核をなす、令尹、司馬、莫敖等の顕職は、楚の王室から出た王族である鬭氏、成氏、蔿氏、屈氏等の世族及び諸王子によって代る代る占められている。そこでは、王室を中心とする氏族制的紐帯は強固であり、これら、王子、王族よりなる楚の支配氏族集団は、王を中心として、体制としては容易に分解を示さず、王権は、他の諸侯国に比べれば、より安定した体制を保ちながら春秋末から戦国時代へとつづいて行くのである。その支配氏族集団が、王族から出た同姓世族によって構成されるということは、楚の特例では、もちろん、ない。その様な宗法的「封建」は、魯、鄭、宋等の東方の諸侯国では共通に見られる現象である。しかし、注意すべきことは、それらの場合には、例えば魯の三桓氏の例に明らかなように、公族から出た同姓世族はやがて公室に迫る強大な力をもち、政権は全く世族の手ににぎられて、公は単に虚器を擁して国外に流浪する、というような危機に当面するのであるが、楚の場合には、春秋時代を通じて、そのような危機は表面化せず王権は体制としては常にこれら同姓世族の上に立って安定性を維持しているということである。

このような、楚における王権の安定性は、何にもとづくのであろうか。人々は、ただちに、春秋時代の楚における県の出現に、その説明を求めるかも知れない。しかしながら、春秋時代の県は、これを詳細に検討すると、私がすでに前稿で示したように[1]、戦国以降の郡県制の県とは必ずしも同一性格のものとは考えられないさまざまな過渡的性格をもつものであって、殊には、県を管領する世族の氏族的勢力は尚つよく、そこには封邑——封邑ということばで一般に表現されている政治的社会的関係それ自体の再吟味[2]が実は重要なのであるが——と明確には区別出来ない一面をも、それは含んでいたのである。そのことは、程度の差こそあれ、基本的には、春秋時代の楚の県についても、いい得るのである。楚の県を管領する県公は、その殆んどが、王子及び王室から出た同姓世族であって、彼等の基盤にある氏族制的伝統は未だ破砕されていないのである。楚の県と晋の県との相違を指摘した顧頡剛の研究[3]があるが、少なくとも、その相違を指摘するために彼が挙げた史料に関する限りでは、彼の解釈に従い難いことは、前稿で詳述した通りであって、そこでも明示したように、彼の場合には、その相違を指摘するその比較の規準の立て方に、根本的な疑義があったのである[4]。県が、戦国秦漢時代の県のように、君主の直轄支配地として、専制君主権力の基盤として役立つためには、何よりも先ず、県を管領する世族の氏族制的力を打破して、それを君主の意のままに動く全くの官僚と化すことが必要であり、そこには、単に政治組織の面におけるばかりでなく、社会組織の面における重要な変改が必要とされたのである。そしてその様な社会組織分解の端緒的な傾向は、殊にはその下層社会において、春秋中期以降見られるのではあるが、国内の有力世族に対するその様な変革は、戦国期に入って、秦における商鞅の変法や、楚における呉起の改革や、その他の国々における改革が、世族側からの強い抵抗に直面しながら、企図したことなのである。そして又、その様な企図を遂行して行くためには、君主の側に、県とは別個に、より直接的な経済的基盤があらかじめ用意されねばならなかったことも別稿で詳述したところである。(5)楚の県は、すでに早くも春秋中期以前から現われて来る。しかも春秋時代の楚は、東方諸国の中でも、殊に氏族制の強固な基盤を保持しつづけている国であることは、前述の通りである。春秋時代の県を、戦国以降の県と無媒介的に同一視する観念をもって、楚における早期の県の出現を指摘することだけでは、春秋時代の楚の王権の安定性を十分に説明することは出来ないのである。

ここで問題となるのが、冒頭に記した、韓非子喩老篇に見える「楚邦之法」である。「禄臣は再世にして地を収めらる」というこの楚邦の法は、楚の荘王のときの令尹であった孫叔敖の説話の中に記されているのである。春秋時代の県を、戦国以降の県と同一視する従来の通説の様に解する場合には、この史料は、春秋時代の楚における県の出現と相関連して、楚の王権の安定性を説明する絶好な史料と考えられるかも知れない。それは、君権強化のための世族抑圧政策と考えられるからである。事実また、この楚邦の法を、その様に解する見解もあるのである。果して、そうであろうか。私は、ここで、この楚邦の法の意味するところを、十分検討して見ることにしよう。検討は、二つの側面からなされなければならない。一つは、この韓非子喩老篇の孫叔敖の説話が、果して、春秋時代の楚の実状を伝える信拠すべき史料として利用出来るかどうかという、云わば史料批判による吟味であり、一つは、春秋時代の楚の実際の歴史の分析の中から、このような楚邦の法の意味するような何等かの具体的な関係が見出せるかどうか、見出せるとしたら、それはどの様な歴史的意味をもつものとして解釈すべきか、という点からする、いわば内容的検討である。私の主たる関心は、後者よりするアプローチにあるのであるが、本稿では、順序として第一の史料批判による吟味から始めることにする。

(1) 本書第三篇第二章「先秦時代の封建と郡県」参照。
(2) 同上。
(3) 顧頡剛「春秋時代的県」『禹貢半月刊』第七巻第六・七合期、一九三七。
(4) 註1に同じ。
(5) 本書第三篇第一章「先秦時代の山林藪沢と秦の公田」参照。

## 二

冒頭に記した、韓非子喩老篇の孫叔敖の説話と同系統の説話は、前述の様に、呂氏春秋、淮南子にも見える。今それを列挙して見よう。

(1)「楚の荘王、既に晋(1)に河雍に勝ち、帰りて孫叔敖を賞す。孫叔敖、漢間之地の沙石の処を請う。楚邦之法、禄臣は再世にして地を収めらる。唯孫叔敖のみ独り在り。此れ、其の封を(2)以て収められざりしは瘠なれば也。故に九世にして祀絶えず。故に曰く『善く建つれば抜けず、善く抱けば脱せず、子孫、其の祭祀を以て、世々輟《や》まず』と。孫叔敖の謂也」(韓非子喩老)

(2)「楚の孫叔敖、国に功有り。疾《や》みて将に死せんとす。其子を戒めて曰く『王、数《しばしば》我を封ぜんと欲せしも、我辞して受けざりき。我死せば、必ず汝を封ぜん。汝、利地を受くること無《なか》れ。荊楚の間に寝丘というところ有り。其の地利あらず。而して前に妬谷あり後に戻丘あり、其名悪し、長く有す可き也』と。其子、之に従う。楚の功臣の封は、二世にして収(3)めらる。唯寝丘のみは奪われざりき」(史記滑稽列伝正義引呂氏春秋)

(3)「天下に三危あり、徳少くして寵多きは一の危也、才下りて位高きは二の危也、身に大功なくして厚禄を受くるは三の危也。故に物は、或は之を損じて益することあり、或は之を益して損ずることあり。何を以て其の然るを知るや。昔、楚の荘王、既に晋に河雍の間に勝ち、帰りて孫叔敖を封ず。辞して受けず。病みて且《まさ》に(4)死せんとす。其の子に謂いて曰く、『吾、則《もし》死せば、王は必ず女《なんじ》を封ぜん。女《なんじ》必ず肥饒の地を譲りて、沙石の(5)地を受けよ。寝丘というところ有り。其地は确石にして、名は醜《あ》し。荊人は鬼(俗をこのみ)、越人は禨(をこのむ)。人の之を利するもの莫《な》からん』と。孫叔敖死す。王、果して其子を封ずるに肥饒の地を以てす。其の子辞して受けず。有寝之丘を請う。楚国之法、功臣二世にして禄を奪わる。(6)唯、孫叔敖のみ独り存す。是れ所謂之を損じて益する也。……夫れ孫叔敖の、有寝之丘の沙石の地を請えるは、累世奪われざりし所以也」(淮南子人間訓)

以上の同系統の三つの説話を比較して見ると、つぎのことが注意される。韓非子に見える説話は、孫叔敖自身が、子孫の安全のためにことさらに瘠地を封邑として願ったとされているのに、呂氏春秋及び淮南子では、孫叔敖が、死にのぞんで、其の子に対する戒めとして、封邑は人の欲しがらない沙石の地を選べと遺言し、その子は、それに従ったので、子孫は長くその地を奪われることなくつづいた、というのであって、そこに若干の相違はあるが、いずれも、専ら身や子孫の保全をはかる道家系統の処世術を説くために、これらの説話が構成されているという点は、共通である。韓非子喩老篇は、周知のように、故事を挙げて老子の思想を説明したもので、そこの孫叔敖の説話の末尾の、「故に曰く『善く建つれば抜けず、善く抱けば脱せず、子孫、其の祭祀を以て、世々輟《や》まず』と。孫叔敖の謂也」の「故に曰く」の部分は、老子道徳経第五四章からの引用である。又淮南子人間訓では、前引のように、「故に物は或は之を損じて益することあり、或は之を益して損ずることあり、何を以て其の然るを知るや」という文章をうけて、「之を損じて益する」事例として、孫叔敖の説話がのべられているのであるが、「故に物は、或は之を損じて益することあり、或は之を益して損ずることあり」ということばは、老子道徳経第四二章にあることばである。

いわば損をして得をするという道家流の処世術を説くために、この孫叔敖の説話が構成されたのではないかという疑いは、これとは別系統の史記にある孫叔敖説話と対照すると、いっそうつよめられる。史記滑稽列伝には、楚の楽人優孟の伝のところで、次のような説話が記されている。楚の宰相（令尹）の孫叔敖は、倡優の優孟の賢人なることを知ってこれを厚遇していたが、死にのぞんで、子に遺言して、「自分が死んだならば、お前は必ず貧困になるだろうから、そのときは、優孟のところへ行って、自分は孫叔敖の子であると名のれ」といった。孫叔敖が死んで、数年たつと、果して其子は困窮したので、父の遺言通りに優孟のところへ会いに行った。そこで、優孟は見わけがつかぬ程たくみに孫叔敖の扮装をして、荘王の宴会の席に出た。荘王は、それをみて孫叔敖の再生かと大いに驚き、又孫叔敖のことを思い出して喜んで、優孟を宰相にしてやろうといった。優孟は、「自分は楚の宰相などにはなりたくはない。孫叔敖はそのよい例で、楚の宰相として忠を尽し廉を持し、楚王を覇たらしめる程の功績があったのに、一旦死ぬと、その子は貧乏して薪を背負わねばならないような困窮の状態にすておかれる」と答えて、荘王を諷諫する歌をうたった。そこで荘王は、孫叔敖の子を召して、之に寝丘四百戸の地を封じ、以て其の祀を奉じさせたので、孫叔敖の家はその後も子孫が十世もつづいても絶えなかった、というのである。

これは、楚の楽人の優孟が常に談笑をもって荘王を諷諫したといういくつかの故事を記した史記滑稽列伝の中にかたられている、その中の一つのおはなしで、おそらく事実ではなかろう。しかし、注意すべきことは、その内容が全く異るのにも拘らず、孫叔敖の子が寝丘という地に封ぜられたという点だけは、さきの呂氏春秋や淮南子の孫叔敖説話と共通である。ただ、ここで寝丘の地は、韓非子や呂氏春秋や淮南子の場合のように、不毛の沙石の地とは記されてはいない。むしろ、寝丘四百戸と特記してあるのはそれが特別のおぼしめしによる厚禄であることを示すものであろう。それは、優孟の諷諫によって、孫叔敖の大功に報ずるため、窮境にあるその子を救うという美談が、この説話の趣旨であるからである。先秦・秦漢の古文献に見える故事説話は、その語り手の思想的意図に従って潤色され、構成される例の多いことは、ここで改めて説明するまでもないことであるが、この孫叔敖の説話の場合にも例外ではないと、一応は云えそうである。もと、孫叔敖、或はその子が寝丘に封ぜられたという話がつたえられていて、それがもとになって、一方には、韓非子、呂氏春秋、淮南子等に見られる前記の道家系統の説話が構成され、一方には、史記滑稽列伝に採用されたような説話が構成された、とも考えられるのである。後漢の延熹三年五月に建てられたとされる、後述の楚相孫叔敖碑の碑文は(7)、先秦諸子に見えるいろいろな孫叔敖説話の集大成でもあるが、そこには、寝丘受封の件については、史記滑稽列伝系統の説話を主としながら、多少、韓非子喩老篇系統の話を雑えて雑然とした形で、説話が構成されている。

ところで、ここに、一つの警戒すべき問題がある。私は、以上の考察において、私の問題とする韓非子喩老篇の孫叔敖説話を、呂氏春秋、淮南子にみえるそれと同系統の説話を傍証とすることによって、そこに共通する道家思想による多分の潤色を指摘したのであるが、その故をもって、古史弁流の説話層累造成の理論に倣って、性急に、この説話の全体が、後代の思想家の全くの創作になると断定することはまだ出来ない。そのためには、尚慎重に処理しなければならない問題が残されているのである。荘王が孫叔敖の功績に報いるために、封邑を与えようとした際に身の安全と子孫の保全をはかるために、孫叔敖は人の欲しがるような、肥饒の地を辞退して、誰も顧みないような、不毛の沙石の地をことさらにえらんだ、というこの説話は、そこに引用されている老子の言ともマッチして、明らかに、後代の道家思想の潤色があることは、前述の通りである。しかしながら、この説話の構成を、比較的詳細な淮南子のそれについて分析して見ると、そこに次のような問題があることに気付くのである。すなわち、そこでは、先ず冒頭に、「天下に三危あり、徳少くして寵多きは一の危也、才下りて位高きは二の危也、身に大功なくして厚禄を受くるは三の危也」と記され、この三つの危険をさけるために、「物には損じて益することがある」という老子の言の例証として、孫叔敖が、その子に、肥饒の地の厚禄を辞退せしめて、瘠せた沙石の地の微禄を受けしめた、と語られ、こんどは、それとは別に、「功臣は二世にして禄を奪われる」という楚国の法のことを記し、そのような法があるにも拘らず、孫叔敖の家だけは、ひとり、禄を奪われることなく、その子孫の永続と安全を保持することが出来た、と結論されているのである。そこでは、子孫の安全と永続を危害する要因として、一応、互に関係のない二つの要因があげられているのである。一つは、過当な君寵と厚禄がひきおこす人々の怨謗である。一つは、「功臣は二世にして禄を奪われる」という楚国の法である。もしも、この楚国の法のことが記されなくて、ただ、厚禄に対する人々の怨謗をさけるために、孫叔敖が、その子に肥饒の地を辞退せしめて、瘠せた沙石の地を選ばせ、そのため子孫の安全と永続を計り得た、という一方の要因だけで説話が構成されているのであるとすれば、そこに記されている老子の言とも照応して、この説話は、後の道家思想の語り手によって、孫叔敖に託して創作されたもの、といえるかも知れない。事実又、黄老思想の盛行した漢初の重臣の間には、この説話の孫叔敖の処世態度と相似た生活態度が見られるからである。「蕭何は田宅を置くに、必ず窮処に居《お》けり。家を為《おさ》むるに垣屋を治せずして曰く『後世(子孫)賢ならば吾が倹を師とせん。不賢なる勢家のために奪われること無からん』と」と史記蕭相国世家に記されている蕭何の、その子孫の保全を慮んぱかる処世の態度は、その典型ともいえよう。それは、いうまでもなく、楚国の法の如き何等かの法を逃れるためではなく、厚禄が勢家のねたみをまねくことを恐れたがために外ならない。もしも、この説話が道家思想の具体化であるとするならば、それは、楚国の法とは一応関係なくしても成立し得るのである。東晋時代の偽作とされる列子の説符篇には、淮南子の説話と殆んど同じ構成をとりながら、ただ楚国の法のことだけははぶいて、この説話がのせられているが、説話にもられた道家思想的趣旨は、むしろその方が合理的にすじが通るのである。形式的な理屈をいえば、「禄臣は再世にしてその地を収められる」のが楚国の法であるとすれば、肥饒の地であろうと瘠地であろうと、変りなく、「再世にしてその地を収められる」はずだからである。その様なきびしい法があるのにも拘らず孫叔敖の家だけが、子孫の保全をはかり得たのは、孫叔敖が人の怨謗をさけるために瘠地をえらんだことのおかげである、という、孫叔敖の最初にとった処世の術の効果を強調するために、この楚国の法が説話の中に挿入されているのであろうが、何かこの楚国の法は、この説話の中ではやや浮いた形をとっていることは、否定出来ない。

このように考えて来ると、韓非子、呂氏春秋、淮南子にみられる孫叔敖の説話には、道家思想の潤色があることが明らかであるにしても、そこにのべられている楚国の法それ自体の内容まで、この説話の語り手によって作り上げられた創作であるということは出来ない。この説話が、道家思想にもとづいて構成されたとしても、その説話の趣旨にとって、この楚国の法は、必ずしも不可欠の要素ではないからである。この楚国の法それ自体は、その様な思想的契機とは一応無関係に、この説話の構成者のすむ客観の世界に、あらかじめ材料として与えられていたと考えなければならない。ともかく少くともこの楚国の法それ自体の内容は、説話の作者の思想的創作物ではなく、何か別にもとづくところがあるにちがいないのである。

そうすると、先ず問題となるのは、孫叔敖の住んでいた春秋時代の楚において、その様な関係が見られるか、ということである。春秋時代の楚の全般については、別に詳しく考察する予定であるので、ここでは、この説話の史料批判に必要な限りで、孫叔敖の出自とその世系の問題を中心にして、この問題を考えて行って見たい。

（1）現行各本には「楚荘王、既勝狩于河雍」とあるが、芸文類聚・淵鑑類函がその「狩」の字を「晋」の字に作るを是とする韓非子翼毳の校訂に従う。

（2）「此不以其邦為収者瘠也」の「邦」の字については、「邦は読んで封と為す」と解する顧広圻『韓非子識誤』の解釈に従う。

（3）太平御覧一五九所引の呂氏春秋には「楚孫叔敖戒其子曰、『我死、王必封汝、無受利地、荊楚之間、有寝丘、其地為不利、可長有也』其子従之、楚封功臣、二葉而滅、唯寝丘不奪、一名沈丘」とある。尚現行本呂氏春秋孟冬記異宝篇には「楚封功臣」以下の字句はない。
（4）現行本淮南子には「孫叔敖病疽将死」とあるも、「病疽将死」は当に「病且死」に作るべしとする王念孫（読書雑志巻九淮南内篇第一八）及び兪樾（諸子平議巻三二、淮南内篇四）の考証に従う。
（5）現行本淮南子には「女必譲肥饒之地、而受沙石之間、有寝丘者、其地确石而名醜」とあるが、王念孫は王引之の考証を引いて「受沙石下有脱文、此当作女必譲肥饒之地而受沙石之地楚越之間有有寝之丘者其地确而名醜」としている。
（6）現行本には「楚国之俗、功臣二世而爵禄、唯孫叔敖独存」とあるが、王念孫（読書雑志巻九）は王引之の説を引いて「俗当為法、隷書去谷二字相似、法誤為俗、後人因改為俗耳、此謂楚国之法如是、非謂其俗也、功臣二世而爵禄、文義不成、当有脱誤」といい、又兪樾（諸子平議巻三二）は、「二世而爵禄、文義未完、疑本作二世而奪禄、……奪与爵草字相似、又以文在禄上、故奪誤為爵耳」としている。
（7）隷釈巻三、尚この碑文については、顧炎武、金石文字記巻一参照。

## 三

孫叔敖は、蔿賈の子であり、蔿氏は、楚の王蚡冒から分れた王族であり、代々、その族から令尹、司馬等を出す、有力世族である、ということは、左伝の記載、およびそれにもとづく杜預の解釈以来、一般にうけ入れられている見解である。ところが、ここに、孫叔敖は期思の鄙人である、という説話が、先秦諸子文献の孫叔敖説話にかたられている。この説話を検討することは、私達の前述の問題と関係があるのである。

諸子文献には、孫叔敖については実に多くの説話がつたえられている。それらの説話において、彼に与えられている楚における彼の地位は、斉における管仲のそれに匹敵するもので、又それらの彼についての多くの説話が、左伝、国語には、殆んどのせられていないことも、又相似ている。前述の寝丘受封の説話もその一つであるが、それと並ぶ有名な説話として、孫叔敖は、期思の鄙人で、荘王に挙げられて、令尹となった、という説話がある。呂氏春秋不苟論賛能篇には、孫叔敖は期思の鄙人で、郢に游ぶこと三年、声聞知られず、修行聞えなかったが、沈尹茎に知られて、彼の推挙によって、楚の令尹となった、と記されており、史記循吏列伝には、「孫叔敖は楚の処士で、虞丘相が之を荘王に進めた」と記され、荀子非相篇には「楚の孫叔敖は、期思の鄙人也、突禿にして長左《ひだりあしがながく》、軒較の下にして、以て楚を覇たらしむ」とあり、その外、韓詩外伝二、列女伝、説苑至公篇に、同一趣旨の説話が更に尾びれをつけて記されている。毛奇齢は、経問巻九(1)において、これらの記事を博引旁証することによって、孫叔敖を、楚の王族蔿氏(蔿賈の子)であるとする杜預以来の伝統的見解を駁し、孫叔敖が、期思の鄙人であることを力弁した。しかしながら、これらの説話をならべてよくよむと、孫叔敖が、期思の鄙人であるという記事は、野の賢士を進め登用することを君主の美徳とする、あの戦国諸子文献にみられる、尚賢、進賢の思想と密接にむすびついていることに気付くのであって、例えば前引の、呂氏春秋不苟論賛能篇に記されている孫叔敖の風格は、全く仕官を求める戦国遊士のそれであって、左伝のつたえる楚の荘王時代の雰囲気とはきわめて異るものを感じさせるのである。孟子告子篇には「舜は畎畝中より発《おこ》され、傅説は版築の間より挙げられ、膠鬲は魚塩の中より挙げられ、管夷吾は士(獄官)にとらわれしより挙げられ、孫叔敖は海べより挙げられ、百里奚は市より挙げらる」とあることは、その想定をつよめるのである。堯舜禅譲の説話が墨子の尚賢説から発するとする顧頡剛の研究を想起すればよい。それについては嘗て私は批判的展望を行ったことがあった(2)。そこではそのような説話を一思想家の全くの創作として、その説話を構成する個々の材料的因子の原形を、歴史の中に追求しない、一面的な合理性を批判したのであったが、その材料を現在つたわっている様な形において組合わせる説話構成の仕方は、たしかに、戦国諸子の進賢、尚賢の思想と密接な関係をもつのである。

左伝に記されている楚の荘王の時代には、その様な戦国遊士をとりまく雰囲気は見られず、よりアルカイックである。楚の令尹は、武王のときの申俘彭仲爽をのぞいては、春秋時代を通じてすべて、王族・王子より出ているのである。左伝宣公一一年に「楚の令尹蔿艾猟、沂に城《しろきず》く」とあり、同一二年に随武子の言として、「蔿敖、宰となりて、楚国の令典を択ぶ」とあり、同年の邲の戦いに、「伍参、戦わんと欲するも、令尹孫叔敖、欲せず」とあることより、杜預は、蔿艾猟、蔿敖、孫叔敖は同一人物の別名であると解したのである。魯の宣公一一年（楚の荘王一六年）の令尹が蔿艾猟であり、次の年に、令尹孫叔敖と記されて、又蔿敖とも記されているのであるから、前後の関係から、それを同一人物と解するのは自然である。すでに東漢の高誘は呂氏春秋情欲篇知分篇の註において「孫叔敖は蔿賈の子である」と解し、服虔も左伝を註して「蔿艾猟は蔿賈の子、孫叔敖である」といっているので、すでに杜預以前からそのように解されているのである。蔿氏は、世本によれば、楚の王蚡冒から出た王族で、孫叔敖の父と解される蔿賈は、楚の荘王九年に司馬の職にあり（左伝宣公四年）、蔿賈の父とされる蔿呂臣は、楚の成王三九年に令尹の職につき（左伝僖公二八年）、又孫叔敖の従子とされる蔿子馮も、楚の庚王二二年に司馬の官から令尹になり（左伝襄公二二年）、更に、その系譜の関係は不明だが、同じく蔿氏の一族である蔿掩は、郟敖の司馬であって（左伝襄公三〇年）、又一族蔿掩は霊王のとき令尹につく等、蔿氏は代々その族から令尹、司馬の顕官を出すところの、王室から出た有力な世族であるのである。盧文弨はその鍾山札記において、孫叔敖を期思の鄙人として力弁するさきの毛奇齢の説を反駁して、杜預の見解を強化し、更に孫星衍は、「孫叔敖名字考」[3]を著わして、蔿敖、字は孫叔であるとし、蔿艾猟は、孫叔敖の兄で、蔿子馮は艾猟の子であるとする左伝襄公一五年正義所引の世本にもとづいて、蔿賈には二子あって、一が蔿敖即ち孫叔敖、一が蔿艾猟であることを考証し、杜預の解を若干訂正しているが、孫叔敖を蔿賈の子であるとする点は異りはない。さきにものべたように、楚の政治権力の中核を形成する令尹、司馬、莫敖等の職が、春秋時代を通じて殆んど王族・王子によって占められている事情は、孫叔敖を、王族蔿賈の子蔿敖であるとする見解を強化するものであって、孫叔敖が期思の鄙人で荘王に挙用されて令尹となった、という前述の説話は、自己の主張を孫叔敖に託してのべる戦国遊士の手になったものではないか、という疑いが濃い。

このように、その説話の構成の仕方には、戦国思想の潤色があることは明らかであるが、しかし、そう解釈しても尚そこに一つの疑問の点は残る。それは、孫叔敖が期思の鄙人である、という期思という地名についてである。何故に期思という特定の土地が特に孫叔敖と関係ある土地としてそこで選ばれているのであろうかという点である。それは何か別にもとづくところがあるのであろうか。この点が説明されない限り、この説話の全体を、戦国思想家の全くの創作として、否定し去ることは出来ない。左伝文公一〇年に楚の荘王の父の穆王が、孟諸の沢で田猟を行ったとき、期思公復遂なる者が、右司馬として穆王に従ったことが記されている。期思公とは、申公、息公と同じ用例で、期思県の県公の意味である。期思は、もとの蔣国で、楚が之を滅して県にしたところであることは、水経注（巻三〇淮水注）に見えている。そして水経注には更に、「この期思の県城の西北隅に、楚相孫叔敖の廟があり、廟の前に碑がある」と記されている。この碑の碑文が、楚相孫叔敖碑として、隷釈の巻三に収められている。その碑文によれば、漢延熹三年五月二八日に、固陵の令の叚光なる者が、孫叔敖の遺業をしのんで、孫叔敖のために廟を立て碑を立てたのだと記されている。その碑文の内容は、私達がさきに見て来た、戦国秦漢の諸子文献に見える数多くの孫叔敖説話の無秩序な集大成で、その行文の中には、顧炎武が金石文字記巻一で、この碑文の作者は左伝史記を読んでいないのではないかと疑っている程、その歴史に矛盾することすら刻されている。孫叔敖が伍挙よりも後の人の様に書かれていたり、孫叔敖が楚の霊王に仕えたと刻されているのは、その極端な例である。したがって、そこに記されている孫の故事も、説話以上を出ないあやしげなものであるが、私達の問題にとって注意すべきことが一つある。それは、この碑文の冒頭に「楚の相孫君、諱は饒、字は叔敖、本是れ、県人也」とあり、終の方に、私達がさきに見た史記滑稽列伝の説話と同じ系統の話をのせて、荘王は、優孟の諷諫によって、孫叔敖の困窮した子を「遂に潘郷に封ず、潘は即ち固始也」と記されていることである。そして、この碑を立てたのが固始の令の段光[4]という者である、ということである。

この碑文に、孫叔敖は期思県の人と刻されていても、すでに荀子以来、彼を期思の鄙人とする説話がつたわっているのであるから、その様な伝承が東漢の延熹年間の期思県にもつたわっていた、ということを知るだけで、別に、その説話の信拠性をつよめることにはならないが、私が注意したいのは、この期思と、彼の子が封ぜられたとここで記されている「潘郷即ち固始」との関係である。

前節で検討した韓非子喩老篇、呂氏春秋異宝篇、淮南子人間訓、史記滑稽列伝の説話では、孫叔敖、或はその子は、寝丘に封ぜられた、とされている。漢書地理志には、汝南郡に寝県があり、応劭は、「孫叔敖の子の邑とする所は是也」と注している。続漢書郡国志には寝県は後漢光武帝のときに固始と名を改められて、侯国となった、と記されている。前記の後漢の延熹年間にたてられたとされる碑文には、孫叔敖の子は「潘郷に封ぜらる。潘は即ち固始なり」とあるから、諸子文献や東漢碑文に孫叔敖の子が封ぜられたと記されている寝丘或は潘は、前漢の汝南郡の寝県、すなわち後漢の汝南郡の固始国にあたると漢代の人には考えられていることが知られる。そして、漢書地理志、続漢書郡国志によると、前記説話で孫叔敖の故郷とされる期思県も、同じく汝南郡にあるのである。読史方輿紀要によると期思城は固始県の西北七十里にあるとされているから、両者は近接した距離にあることになる。[5]期思も固始（寝丘）も、孫叔敖が令尹であった荘王時代の楚においては、当時の楚の都の郢からはるかはなれた東北方の辺疆の地である。このような辺疆のしかも相近接した両地が、どちらも孫叔敖に関係のある地として、彼の説話の中に現われて来るということは、全くの偶然とは考えられない気もするのである。もともと何かこの地方が、孫叔敖と何等かの関係があって、それに上述の戦国以降の思想的潤色が加えられて、前引のような説話が構成されたのではなかろうか、とも一応考えられるのである、この地方の孫叔敖との関係については、当時の楚の実情から、どのようなことが考えられるであろうか。想像を加えれば、そこにいろいろな関係が考えられるのであるが、その一つは、閻若璩の四書釈地巻一に見える見解である。それを若干補正しながらのべると、こうである。

左伝宣公四年の記事によると、孫叔敖の父の蔿賈は、令尹の鬭般を荘王に譖して之を殺し、自らは司馬となった。鬭般の従弟の鬭椒はその後をついて令尹となるや、同族をひきいて、一族の仇である蔿賈を殺した。父が殺されると、子は難をさけて他処に出奔することは、楚でもその例は多い、さきに令尹子元が、申公鬭班に殺されたとき、その子の王孫啓は晋に出奔し（楚語）、鬭椒が殺されたときも、その子の苗賁皇は、晋に出奔して難をさけた（左伝襄公二六年）のはその例である。孫叔敖も、父の蔿賈が殺されたので、難をさけて、当時の楚の辺疆地帯の期思のあたりにのがれて身をかくした、と考えられないことはない。蔿賈を殺した令尹鬭椒は、さきに蔿賈の譖を聞き入れて鬭般を殺すことに与った荘王に対しても怨をいだき、やがて荘王に謀叛することになって、その一族もろとも誅滅されるのである。これは楚の荘王の九年におこった所謂若敖氏の乱であるが、孫叔敖が令尹として左伝に姿を現わすのは荘王の一六年（蔿艾猟を孫叔敖の兄弟とすれば荘王の一七年）であって、この七・八年の間、孫叔敖は、期思に身をかくしていた、と考えてもさほど無理ではない。いわば蔿氏と鬭氏とは対立関係にあり、荘王は蔿賈に味方して鬭般を殺し、そのため蔿賈は鬭椒に殺され、王も又鬭椒一族の攻撃をうけることになったのであるから、荘王が鬭氏の一族を誅滅した後に、期思に身をかくしていた蔿賈の子の孫叔敖をよびよせて令尹とし、蔿氏の後を立てたと解することは、これ又当時の事情と矛盾しない。ところで、孫叔敖は後に、そのさきのゆかりの地である期思の近傍の地寝丘を、自分の又はその子のうちの一人のために封邑として請うた、ということも、考えられ、やがて子孫がそこに土着すると、それを先人に繋いで、孫叔敖は期思の人だという伝承が生れたのではないか、というのである。

蔿賈の子孫叔敖が期思の地方にかくれすんだという、このような推定は、代々、令尹や司馬を出す王族出身の闘氏・蔿氏の両有力世族の争という春秋時代に固有な現象にもとづくのであるが、そこから、上記のような経過で、孫叔敖は期思の人であるという伝承がうまれて来ると、それが、あの尚賢、進賢の戦国思想によって潤色されて、荘王は期思の鄙人である賢者孫叔敖を挙用して以て覇をなすことが出来た、という荀子、呂氏春秋、史記循吏列伝等[6]に採用されている説話が構成された、とも考えられないことはない。又一方、期思、寝丘(固始)一帯の地は楚の東北の辺疆の地であるから、以上のような因縁をもったと推測される孫叔敖の寝丘受封のことが、後に道家思想の潤色をうけて、孫叔敖は、人の怨謗をさけて子孫の安全をはかるために肥饒の地を辞退して、誰もほしがらない辺鄙の沙石の地の寝丘を荘王に封邑として請わしめ、このために、「禄臣は再世にして地を収められる」という楚国の法があるにも拘らず孫叔敖の家だけは子孫は安全に存続し得た、という、韓非子喩老篇、呂氏春秋異宝篇、淮南子人間訓のあの説話が構成されたのではないか、とも考えられるのである。

もちろん、孫叔敖と期思・寝丘(固始)一帯の地との関係についての上引の閻若璩の解釈は、全く一つの蓋然性としての推定であり、その外にもいくつかの推定[7]はなり立ちうるのであって、その事自体の真偽は私達にとってさして問題ではない。しかし、孫叔敖を蔿賈の子蔿敖であると解することの方が、彼を全く期思の鄙人とつたえる説話よりは、妥当性が強いことは否定し得ない。その根拠の一は、さきにものべたように、春秋時代の楚の令尹で、左伝の記載に見えるものは合計二八人あるが、それらの者は、はるか以前の文王のときの申俘と伝承されている彭仲爽一人をのぞいては、ことごとく、王族、王子である、ということである。成王から荘王にいたる間の令尹を数え上げて見ただけでも、公子元、鬭穀於兎(子文)、成得心(子玉)、蔿呂臣(叔伯)、鬭勃(子上)、成大心(孫伯)、成嘉(子孔)、鬭般(子揚)、鬭椒(子友)、蔿艾猟〔蔿敖(孫叔敖)〕であり、鬭氏、成氏、蔿氏のいずれも王族から出た世族が、代る代るその職についているのである。莫敖の職にいたっては、春秋時代を通じて、屈暇以来、武王から出た王族の屈氏の全くの世襲である。これらの公族のそれぞれの盛衰とその原因、又孫叔敖以後の令尹には、王族よりもむしろ王子群が多くなって行く事情等の立入った考察は、別稿で詳述する予定であるが、少くともこのような世族の実情から考えても、韓非子喩老篇等の孫叔敖説話に見える「禄臣は再世にしてその地を収められる」という楚国の法は、その文字通りの意味では、春秋時代の楚の実情からくみとることは困難である。それが、前節で指摘した様に、全く架空のものではなく、何かもとづくところあるとするならば、より後の時代の、この説話が構成された戦国以降の楚国の事情を或は反映しているものではないかと、考えられるのである。

(1) 毛奇齢『西河合集』経集所収。

(2) 拙稿「現代中国史学界における古史研究の問題傾向」『一橋論叢』一七ノ三・四(一九四七)参照。

(3) 孫星衍『問字堂集』巻四。

(4) 隷釈巻三所収の孫叔敖碑には「固始令叚君夢見孫君……為架廟屋立石銘碑」とある一方、その碑文の末尾には「期思県宰叚君諱光字世賢」とあり、又碑陰には「期思長光、視事一紀、訪問国中耆年旧歯、素聞孫君楚時良輔、本起此邦垂名於後……」とあり、同一人物の叚光が、固始の令とも、又期思の長とも記されていることは別に検討を要する。当時固始は侯国であるから、固始の相と記すべきであるが、銭大昭の「後漢郡国令長考」によると、後漢では侯国の相も、令を称した他の例もある。尚、水経注巻二二潁水注によると、固始県の故城の北にも孫叔敖の碑があるとされている。

(5) 前漢の汝南郡の寝県、すなわち後漢の固始が、今の河南光州の固始にあたると解するのは、通典、読史方輿紀要等であるが、元和郡県志、大清一統志は、それを今の陳州府沈丘県にあたるとする。この後者の誤りをただすため、顧棟高は、その春秋大事表巻七において、つぎのように解釈する。寝丘は沈丘であり、それは、もと春秋時代の沈国の別邑であり、楚はそれを沈国から奪って、そこに沈尹をおいた。それは、沈の本邑が蔡に滅される宣公四年よりはるか前で、左伝で宣公一二年からすでに沈尹が出て来るのはその故である。沈の本邑は、漢の汝南郡の平輿県で後漢書郡国志に「平輿に沈亭有り」というのがそれで、これが今の汝寧府(すなわち陳州府)の沈丘県である。我々の問題とする寝丘、すなわち前漢の寝、後漢の固始は、この沈国の別邑であって、それは、今の河南光州府の固始県なのである、とする。したがって、期思の故城は、固始県の西北七十二里にあるという、読史方輿紀要の記述は、従うべきである。

(6) 史記循吏列伝は、単に孫叔敖についてばかりでなく、子産についても鄭世家の記述といちじるしい矛盾があり、又その全体の構成からいっても疑問の点が多い。

(7) 閻若璩のような解釈の外にも、孫叔敖が期思一帯の地と何等かの関係をもっていたのではないか、という推定を許す史料を私達はもっている。淮南子人間訓に「孫叔敖は期思の水を決して雩婁の野に灌ぐ」とあり、太平御覧七二引の淮南子には「楚の相、期思の陂を作りて、雩婁の野に灌ぐ」とあり、同引の崔寔の月令にも「孫叔敖は期思の陂を作る」とあるのはその一例である。このことは、水経注巻三二肥水注の「芍陂は、楚の相孫叔敖の造る所と言う」という伝承と共に、別稿において厳密に検討する予定ではあるが、このようなことも、孫叔敖は期思の人だという説話を生むに至ったことと何等かの関係があろう。

## 四

韓非子喩老篇、呂氏春秋(史記滑稽列伝正義引)、淮南子人間訓の孫叔敖説話に見える楚国の法は、「禄臣は再世にしてその地を収められる」、「功臣は二世にして禄を奪われる」というその規定から考えると、それは君権強化のための世族抑圧を意図するものであることは、明らかである。そして、そのような法が春秋時代の楚の実情からはくみとりにくい、とすると、その様な意図が種々な方策をもって実行にうつされた顕著な事例として、すぐ頭にうかぶのは、商鞅の変法をはじめとする、戦国期諸国のあの改革である。楚においては、悼王のときに呉起による変法がつたえられている。「禄臣は再世にしてその地を収められる」という孫叔敖説話にみえるこの楚国の法は、実は、戦国時代の呉起の改革と何等かの関係があるのではなかろうか、と先ず考えることは、前節以来の考察から当然帰結されるところである。

呉起の楚における改革について調べて見ると、史記孫子呉起列伝に

「呉起、罪を得ることを懼れ、遂に(魏を)去りて、即ち楚に之《ゆ》く。楚の悼王、素《へいそ》から、呉起の賢なるを聞き、至れば則ち楚に相たらしめ、法を明らかにし令を審かにし、不急の官を損じ、公族の疏遠なる者を廃し、以て戦闘の士を撫養せしむ」

とある。「公族の疏遠なるものを廃する」ということは、重要な世族抑制政策であるが、この同じことは、韓非子和氏篇では、より具体的につぎのように記されている。

「昔、呉起、楚の悼王に教うるに楚国之俗を以てして曰く『大臣太《はなはだ》重し、封君太《はなはだ》衆し。此の若《ごと》ければ則ち上は主に偪《せま》り、下は民を虐《しいた》ぐ。此れ国を貧しくし兵を弱くするの道也。封君の子孫をして三世にして爵禄を収めしめ、百吏之禄秩を絶滅し、不急の枝官を損じ、以て選練之士を奉ずるに如《し》かず』と」

そこでは、楚における呉起の改革の一項目として、明らかに、「封君の子孫をして三世にして爵禄を収めしむ」ことが記されているのである。それは、史記孫子呉起列伝に記されている「公族の疏遠なるものを廃す」ということの具体的内容と考えることが出来る。韓非子喩老篇の孫叔敖説話の中にも、楚国の法として「禄臣は再世にして禄を収められる」ことが記され、韓非子和氏篇の呉起の楚における改革の説話にも、全く同じ内容の「封君の子孫をして三世にして爵禄を収めしめる」規定が記されているとすると、それは呉起の説話の中におかれていることの方が、当時の

歴史的状況にはるかに適合していると考えざるを得ない。そのような世族抑圧は戦国期専制君主の共通の課題であるからである。商鞅の変法においても、「宗室は軍功有るに非ざれば、論じて属籍を為るを得ず」とあって、公族抑圧をはかっているのである。

韓非子喩老篇、呂氏春秋、淮南子人間訓の孫叔敖説話は、少くとも今日伝えられているようなその説話の構成には、戦国以降の道家思想の潤色が顕著であることは、すでに見て来たところであるが、その説話に見える楚国の法も、戦国時代の楚における呉起の法にもとづいて、そこに挿入されたものではなかろうか。呉起の変法は、悼王の死と共に、公族世族の強い抵抗に会って、呉起は誅滅されるのであるが、そこで意図されたきびしい楚国の法は後々までも語りつたえられたのであろう。そしてそれが、子孫の安全をはかるために、孫叔敖はことさらに、不毛の瘠地を封邑として選んだという、戦国以降の道家思想の潤色による説話構成の中にとり入れられて、そのようなきびしい楚国の法があるにも拘らず、叔孫敖の子孫だけは永続出来たのだという話がつくり上げられたのであろう。それは、「善く建つれば抜けず、善く抱けば脱せず、子孫、以て祭祀して輟《や》まず」という老子の言、或は、「物は、或は損じて益することあり、或は益して損ずることあり」という老子の言の処世的効果を、より具体的に例示するために、その説話の中にとり入れられたのであろう。

以上の考察によって、韓非子喩老篇その他の孫叔敖説話の示す楚邦の法は、そのままの形では、春秋時代の楚の王権の安定性を解明する史料としては、利用出来ないことが明らかとなった。それならば、本稿の冒頭に記したような春秋時代の楚における王権の強さは、何にもとづくのであろうか。それは、戦国期以降の専制君主権力とどのように異った歴史的性格をもち、又どの様な連続性をその間にもつものであろうか。それは、春秋時代の楚の具体的研究によって答えられなければならない。そして、そこで再び、この楚国の法は、別の角度から検討されるであろう。本稿は、いわば、その第一章である。

（『一橋論叢』四〇ノ六。一九五八・一〇・一四稿）

# 第五章　漢代郡県制の地域別的考察

## 一

私はさきに、郡県制ことに県制の成立過程を少しく具体的に考察し、従来の通説とやや異なる見解に達した。[1] 君主の直轄支配地としての県は春秋時代より始まると従来されていたが、春秋時代の県をつぶさに見て行くと、春秋時代の県は、少なくともそのままの形では、秦漢時代の制度の示す県にはつながらない多くの古い社会関係を内包するものであった。春秋時代の県においては、そこに支配する県大夫は、なお強い族的秩序の遺制を保持しつつ、土着化の傾向を内包し、その支配を受ける民の側においても、その族的秩序の破砕には強い抵抗を示しているのである。したがって、春秋時代の県が、秦漢時代のあの個別的人身的支配を志向する郡県制に展開して行くためには、その間に、社会組織の重大な変革が、すなわち、従来の族的秩序の破砕がなされなければならなかったのである。それは単に支配をうける民に対してばかりではなく、支配者の側に対しても要請されなければならない困難な問題であった。そのような要請を現実化して行くためには、君主自身により強力な権力の基盤が用意されなければならなかった。そのような専制君主権力の基盤の形成過程についても、さきに論述したところである。[2] しかしながら、春秋時代の県の当面したこの困難な問題は、戦国時代に入って一挙に解決されたのではない。戦国時代の諸国の君主は、自己の専制君主権力の確立のために、上にのべたような方向において努力を傾注し、その官制をそのような方向に沿うて整備する。そしてそれは秦漢帝国の官制につながって行く。制度史の面から考えれば、春秋時代の県の当面しなければならなかった、上記の困難な問題は、秦漢時代に入ってまったく解決されたかのごとくである。しかし、実際の関係においては、必ずしもそうとはいえない。春秋時代の県の前進をはばんだ古い族的秩序は、秦漢時代に入っても、制度の期待するような形では、なお完全には破砕しきれず、その遺制は、形を変え意味を変えつつも、新しい人的結合関係にもとづく擬制的諸関係を新たに生み出して、民と官との両社会層において、なお根づよく生きのこって行くのである。そして、そのような社会関係が、郡県制的支配の制度的機構をどのような形でささえ、それとどのようにからみ合って、生きた現実の動きを規制していったかについては、これまたさきに一般的考察[3]を行ったところである。

しかしながら、そのような社会的条件のあり方は、地域によって必ずしも同一であったとは考えられない。郡県制の確立期といわれる秦漢時代においても、郡県制はさまざまの問題を内包していたといえる。等しく郡県制的支配とはいっても、地域により、殊には戦国期以降開発された新開地と、それ以前からの古い邑のあった地方とでは、種々と事情が異なり、国家権力の浸透度の強弱にも多くの地域差があったのではなかろうか。このような意味から、私は、漢代の郡県制的支配の地域別的研究の必要を提唱したことがあった[4]が、本稿はその一つの試みである。

（1）本書第三篇第二章「先秦時代の封建と郡県」。
（2）本書第三篇第一章「先秦時代の山林藪沢と秦の公田」。
（3）本書第一篇第一章「漢代における民間秩序の構造と任侠的習俗」。
（4）拙稿「中国古代デスポティズムの問題史的考察」（『歴史学研究』二二七号）および本書序論を参照。

# 二

漢代の太原郡治下の県・郷には、春秋時代以来の古い邑の後身が多い。春秋時代には、この太原を中心とする地方には、晋の世族祁氏の封邑が多くあった。祁・鄔・盂・平陵・梗陽・塗水・馬首の七邑がすなわちそれである。すでに、さきの旧稿(1)でふれたように、春秋後期、晋の世族間の争いにより、祁氏は誅滅され、この祁氏の七邑は没収されて、それぞれ晋の県となった。そして戦国時代を経て、漢代に入るとこれらの邑は、太原郡の治下の県・郷として、漢の郡県制的支配の下にくみ入れられているのである。すなわち、漢書地理志によると、祁邑は、太原郡の祁県に、鄔邑は太原郡の鄔県に、盂邑は太原郡の盂県に、平陵邑は太原郡の大陵県に、梗陽は太原郡楡次県の梗陽郷に、塗水は太原郡楡次県の塗水郷になっているのである。このように、太原郡治下の県・郷には、春秋時代以来の古い邑の後身が多いのであるが、そのような古い邑が県となることによって、どのような変化を示したか、またそれらの邑における古い社会関係は、漢代の郡県制下において、どのような変貌の下に残存したか、を検討して見なければならない。

ところで、これらの邑は前述の如く、すでに春秋末期において、晋の県となっているのであるから、漢代における太原郡の諸県の社会関係をさぐる前に、春秋末期においてこれらの邑が県となったとき、その内部の社会関係にどのような変化が見られたか、ということから、話を始めなければならない。このこともすでにさきの研究の末尾に附記しておいたのであるが(2)、問題の出発点として必要な限りにおいて、簡単にもう一度復習しておかねばならない。祁氏・羊舌氏の諸邑が没収されて晋の県とされたことについて、左伝ではつぎのように記述されている。

「遂に祁氏・羊舌氏を滅す。……秋、晋の韓宣子卒す。魏献子政を為す。祁氏之田を分けて以て七県と為し、羊舌氏之田を分けて以て三県と為す。司馬弥牟を鄔の大夫と為し、賈辛を祁の大夫と為し、司馬烏を平陵の大夫と為し、魏戊を梗陽の大夫と為し、知徐吾を塗水の大夫と為し、韓固を馬首の大夫と為し、孟丙を盂の大夫と為し、楽霄を銅鞮の大夫と為し、趙朝を平陽の大夫と為し、僚安を楊氏の大夫となす」(左伝昭公二八年)

そこに記されている鄔の大夫、祁の大夫、平陵の大夫、梗陽の大夫、塗水の大夫、馬首の大夫、盂の大夫等々はそれぞれ県大夫の意味であること、そして春秋時代の県大夫の性格についても、前稿で詳述したところである。問題の第一は、これらの諸邑は県とされることによって、そして新たに上述のような県大夫の管領下におかれることによって、これら諸邑の族的秩序は、果して破砕されたであろうか、という問題である。祁氏の諸邑についてみると、上述の左伝の記事の示すように、晋の魏献子が執政のとき、祁氏の封邑を没収して七県となした。祁氏の封邑は、祁邑をその本邑として、鄔・平陵・梗陽・塗水・馬首・盂の六つの属邑とからなり、それが、祁氏の誅滅とともに没収されて、それぞれの邑が個別的に県となって、中央から任命派遣された県大夫の管領下におかれることになった。ところが、これらの諸邑が県とされる以前、すなわちまだ祁氏の封邑であったときに、祁氏の家臣に鄔臧と祁勝というものがいたことが左伝昭公二八年に記されている。鄔臧の鄔と、祁勝の祁は、それぞれ祁氏の封邑の鄔・祁の邑名によって名付けられたものであり、左伝の用例からすると、この鄔臧・祁勝はそれぞれ鄔邑・祁邑の土着の有力者が祁氏につかえてその家臣となったものか、或は、祁氏の家臣で鄔・祁の邑に邑宰としておかれたものが土着化したものか、そのいずれかであろう。いずれにせよ、かれらは祁氏の封邑における土着の有力者であり、そこの邑民をひきいて、祁氏に隷属していたのである。ところで、祁氏が誅滅され、それらの封邑が没収されて、前述のように県とされた際、領主としての祁氏一族の族組織は、もちろん破砕されたであろうが、その属邑に土着化した勢力をもつその家臣たちの族秩序は、どうなったであろうか。それら家臣たちの個々人の運命についていえば、主君たる祁氏と運命をともにするか、出奔して他に主君を求めるか、その他さまざまであろうが、これらの属邑内に土着したかれらの族的秩序自体は、なお、邑民の上に大きな力を及ぼしつつ、存続して行くようである。祁氏の属邑の一つに、梗陽という邑がある。この邑も祁氏誅滅の後、県となり、魏戊が新たに県大夫に任ぜられて、その管領にあたったことも前述したところである。ところが県大夫魏戊の管領下において梗陽県に訴訟事件がおこり、その事件には県大夫魏戊も「断ずる能わざる」ほどの梗陽の土着の有力者が関係していたので、魏戊はその裁決を当時の晋の執政魏献子に仰いだ、そこでその土着の有力者も魏献子に賄賂をおくったのであるが、そのことを左伝では、「その大宗、賂うに女楽を以てす」(左伝昭公二八年)と記してある。訴訟事件に関係する梗陽の土着の有力者が「大宗」ということばで表現されていること、およびその事件が新任の県大夫の手に負えないものであったということは、梗陽は県となっても、その邑内に大きな族的遺制がのこっていることを、私たちに知らせることである。「女楽を賂う」ことのできるほどの「大宗」とは、よほどの豪族と考えなければならない。同様の関係は、晋の他の県でもみられる。河内の温邑が春秋時代に晋の県となったことは、前稿で詳述したが、そこでも述べたように、この温の属邑に州という邑があり、温県の管轄から分れて、別に州県となった。最初郤称がこの州県の大夫となり、郤氏が誅滅されてから、三伝して、欒氏の管領するところとなった。ところでこの欒氏の家臣に州賓・州綽というものがでてくるのである(左伝襄公二一年)。この州賓・州綽も州邑に土着の有力な一族のもので、欒氏が州の県大夫としてそこを管領することとなったとき、欒氏につかえてその家臣になったものではないかと考えられる。そのような推定をたすける史料として、つぎのような風俗通義の佚文(元和姓纂巻五引)がある。それには「晋に州綽・州賓あり、其の先、采を州に食み、因りて以て氏と為す」とある。これによると、州綽・州賓の祖先がいつの時代かに州の大夫となり、そこに土着化して世々州を姓とするに至ったということになる。潜夫論巻九志氏姓には「郤氏之班に州氏有り」とあり、清の王継培はこの句の箋註において、「郤称は晋の大夫なり、始めて州を受く」という左伝昭公三年の杜注を引いて、「州氏は蓋し邑を以て氏と為す者ならん」としている。すなわち郤称は前述のように最初に州の県大夫に任ぜられたのであるが、その本族の郤犨・郤至が誅滅された後、郤称の一族は世々州に土着したのである、と考えているようである。州はもともと温の属邑であって、州が温から分離して州自身が別個に賜与の対象となったとき、最初に州を与えられたのは郤称であるから、風俗通義の所謂「其の先、釆を州に食む」の「其の先」は郤称であろうとするこの潜夫論の推定は、必ずしも唐突ではない。そのとき州は温より分れて県となり、州の最初の県大夫が郤称なのであるが、春秋時代の晋の県は釆邑と同じく大夫へ賜与され、その県の賜与の表現も、釆邑の場合と同じ表現をとって記されることが一般であることは、これまた前稿で詳述したところで、郤称が州の県大夫となったことと、「釆を州に食む」という表現は、矛盾するものではない。それは、例えば、趙衰が原の県大夫となったこと（左伝僖公二五年）が、「原を以て趙衰を封ず」（史記晋世家）という表現をとっても記されていることと相応ずる。このように考えてくると、州が欒氏の一族の領県であり、州賓・州綽がともに欒氏の家臣であるというこの事例は、次のことを私たちに示す点において重要である。すなわち、最初州県の県大夫に任ぜられた郤称の一族は、その本族が誅滅された後も、州県に土着化し、その一族は世々州の姓を名のって州氏を称して、邑中の支配層をなし、その後、欒氏が州の県大夫となってそこを領すると、欒氏に仕えて、その家臣となったのである。

このような事例を頭において、さきの祁氏・羊舌氏の諸邑にかえって考えてみると、それらの諸邑が晋に没収されて県となり、司馬弥牟以下、十名のものを県大夫に任じて、それぞれの県を管領させたのであるが、それらの県大夫に任ぜられた者の一族が、それらの県邑において土着化して行くことはなかったろうか。これらの新たに任ぜられた県大夫の中には、魏戊・知徐吾・韓固・趙朝等の如く、有力世族の一族のものが多いのであるが、晋末の三晋分裂の過程における諸世族間の複雑な動きと相まって、これらの県大夫のその後の動静については、何らさぐるべき史料はない。私はさきの研究において、春秋時代の県大夫には、その領県に宗廟をおいて土着化する傾向のあることを、温県と趙氏との関係について指摘し、また前述の州県の例の如く、その本族が誅滅されて県大夫の任を奪われた後においても、その一族或は支族はなおそこに土着化して世々その邑名を氏とする事例を見て来たのであるが、上記の祁氏、羊舌氏の諸邑に新たに任ぜられた県大夫のなかには、かれら一族のものがそこに土着して豪族化する傾向はなかったであろうか。この場合についてのみいえば、それを明示する史料がないのであるが、私たちは、別の方面から、その可能性について、推測をつみかさねて行かなくてはならない。

戦国時代に入っても、郡県の長官には土着勢力と密着する傾向がつよかった。例えば、戦国期の魏において張耳は、外黄の豪富のもとに身をよせその女をめとり、そこにおいて「千里の客を致す」程の隠然たる土着勢力をきずき上げたのであるが、やがて、魏の外黄の県令になるのである(史記張耳陳余列伝)。私たちの当面の問題とする太原・上党の地方についてみると、先ず羊舌氏の諸邑のあった上党の地方についてみると、そこは、戦国時代には韓の領地であり、上党の守馮亭の管領するところであった。馮亭がもともと上党の土着勢力であったか、どうかは明らかではない。馮亭の祖先は、魏氏の祖先である畢万の支族であるといい(元和姓纂・広韻一東の条)、或は鄭の大夫馮簡(氏族略引世本)という伝承があるが、いずれも定かではない。しかし馮亭は韓の上党の守に任ぜられてから、後述するような経過によって、秦の攻撃にあって戦死するのであるが、馮氏の一族は、一部は趙にうつり、一部は上党の潞にとどまって土着し、上党の豪族として、秦漢時代までつづいて行くのである。このことを史料に即して、すこしく見てみよう。韓の上党の守馮亭のことは、史記趙世家・白起王翦列伝・漢書馮唐伝・馮奉世伝等に見える。殊に漢書の馮奉世伝は、馮亭以降の馮氏の世系を記すること詳細であり、漢書の他の伝の記述の仕方と同じではない。銭大昕(二十二史考異巻八)

は、馮奉世伝に記されている馮氏の世系の記述は、司馬遷・楊雄の自序とほぼ相類すとなし、馮商が太史公書を続編したとき記した自序の文を、班固がとったのではなかろうか、としている。いずれにせよその記述は、史記その他の記述とも符合し、信ずべきである。(3) それによると、韓の上党の守馮亭は秦の韓攻撃により、上党がささえきれなくなったので、秦の支配をきらう上党の民と共に上党の地を趙に献じ、趙は将軍趙括を上党につかわして馮亭と共に秦の白起の軍をふせがせたが、馮亭は長平の戦いで戦死した。これによって馮氏の宗族は分れて、一部は上党の潞邑に留まり、一部は趙にうつった。趙にうつった馮氏の一族は趙につかえて趙の官帥将となり、その子が代国の相となり、またその子が漢初文帝に仕えた直言の士馮唐である。他方、上党の潞にのこって土着化した馮氏の一族は、秦が六国を滅ぼした後も、世々豪族としてその地にあり、その一族の中から、秦の始皇帝に仕えて、右丞相となった馮去疾、御史大夫・将軍となった馮劫、さらに秦の倫侯馮毋沢が出ている。そして漢に入っても、上党の潞県の馮氏はその地方の豪族としてつづいていたことは、武帝の末年の上党の潞県の馮奉世が、「良家の子を以て選ばれて郎と為った」ことより知ることができる(漢書馮奉世伝)。

この上党の馮氏の例は、戦国時代の韓の上党の守の馮亭の子孫が、馮亭の死後、そこに土着化し、秦の支配の下にあっても、その一族から、秦の将相を出し、世々豪族として漢初までつづいたことを示している。このような例から考えて行くと、さきに問題として提出したように、春秋時代末に晋の県とされた、太原周辺の祁氏の諸邑・上党の羊舌氏の諸邑を新たに管領することになった、それぞれの県大夫の中にはそこに土着化して土豪化する可能性もあったのではないか、という推定も生れてくる。そしてそのような推定を傍証する史料は皆無なのではない。漢書地理志には漢代の各地方の風俗をしるした記述があるが、そこで漢代の太原・上党の両郡についてつぎのような記載がある。

「太原・上党は又晋の公族の子孫多し、詐力を以て相傾け、功名を矜夸し、仇を報ずること過直にして、嫁取送死は奢靡なり。漢興りて号して治し難しとなす。常に厳猛の将を択び、或は殺伐に任じて威を為す。父兄誅せらるれば、子弟怨憤し、刺史・二千石を告訐し、或は其の親属を報殺するに至る」(4)

晋の「公族」には他国の公族と異なった特殊な意味がある。それは、韓氏・魏氏・趙氏をはじめとする晋の六卿の有力世族のことである。左伝宣公二年に「初め麗姫の乱に、羣公子を畜《やしな》うこと無からんことを詛《ちか》い、是より晋に公族無し。成公位に即くに及び、乃ち卿の嫡を宦して、これに田を為《あた》え、以て公族と為す。晋是に於て公族有り」とある。上引の所謂「晋の公族」はこの意味での公族である。春秋末、祁氏の諸邑を没収して七県とし、羊舌氏の諸邑を三県とし、それぞれの県におかれた県大夫には、韓氏・魏氏・趙氏・知氏等の有力世族の一族のものが多かったことを、想起しておこう。このような意味における晋の公族の子孫が、漢代の太原・上党の地方には多く、彼等はそこに土着勢力として土豪化し、郷曲に武断することが多く、ために漢でこの地方を「治し難しと為し」、厳猛な地方官を配置して、殺伐に任じて威を為したが、この地方の土豪の抵抗が強かった、というのである。

はなはだ残念なことには、太原・上党両郡の漢代における地方統治の実状については、例えば同じく古い邑が県とされた潁川郡などの地方に比して、具体的関係を知らせてくれるような史料がはなはだすくない。その意味でもこの漢書地理志のしるす史料は貴重である。私たちは、この漢志の記載を手がかりとして、そこに記されている諸関係をより具体的に理解するため、諸他の史料によってそれを検証して行ってみよう。

(1)(2)　本書第三篇第二章「先秦時代の封建と郡県」。

(3)　漢書七九馮奉世伝「馮奉世、字子明、上党潞人也、徙杜陵、其先馮亭、為韓上党守、秦攻上党、絶太行道、韓不能守、馮亭乃入上党城守於趙、趙封馮亭為華陽君、与趙将括距秦、戦死於長平、宗族繇是分散、或留潞、或在趙、在趙者為官帥将、官帥将子為代相、及秦滅六国而馮亭之後、馮毋択、馮去疾、馮劫、皆為秦将相焉、漢興文帝時、馮唐顕名、即代相子也、至武帝末、奉世以良家子選為郎」。

以上の記事に見える馮奉世の世系は、史記・漢書の他の記事とも合致する。韓の上党の守馮亭については、史記趙世家・白起王翦列伝に見える。馮毋択・馮去疾・馮劫については史記秦始皇帝本紀に見える。すなわち、馮毋択については、史記六秦始皇帝本紀「(始皇)乃撫東土、至于瑯邪、列侯武城侯王離、列侯通武侯王賁……倫侯武信侯馮毋択、……従、……」なお、漢書一六高恵高后孝文功臣表に「悼武王(呂沢)の郎中を以て高祖に従って豊に起った」博成敬侯馮無択のことが記されているが、この馮無択は、始皇帝の重臣の馮毋択と同一人であるかどうか不明である。また、馮去疾・馮劫については、史記六秦始皇本紀「三十七年十月、始皇出游、左丞相(李)斯従、右丞相(馮)去疾守」

「於是二世常居禁中、与高決諸事、……右丞相(馮)去疾、左丞相(李)斯、将軍馮劫進諫曰……」

馮唐については、漢書五〇馮唐伝「馮唐、祖父趙人也、父徙代、漢興徙安陵、唐以孝著為郎中署長、事文帝」とある。なお上党の馮氏は、漢の昭・宣・元帝に仕えた武将馮奉世のとき杜陵に従ったとあるが(東観漢記馮衍伝「其先上党潞人、曽祖父奉世徙杜陵」)、したがってまた、奉世の子の野王の嫡系の孫である馮衍は、後漢書馮衍伝では「京兆杜陵人也」と記されているが、その一族のものでなお上党にとどまっていたものがあると考えられる。後漢書方術列伝に見える李郃の門人馮冑は、「奉世の後」で「上党の馮冑」と記されているからである。

(4)　漢書二八地理志下「太原上党、又多晋公族子孫、以詐力相傾、矜夸功名、報仇過直、嫁取送死奢靡、漢興号為難治、常択厳猛之将、或任殺伐為威、父兄被誅、子弟怨憤、至告訐刺史二千石、或報殺其親属」。

## 三

先ず、前引の漢書地理志の記載をもう一度ここにかかげて見る。

「太原・上党は又晋の公族の子孫多し、詐力を以て相傾け、功名を矜夸し、仇を報ずること過直にして、嫁取送死は奢靡なり。漢興りて号して治し難しとなす。常に厳猛の将を択び、或は殺伐に任じて威を為す。父兄誅せらるれば、子弟怨憤し、刺史・二千石を告訐し、或は其の親属を報殺するに至る」

そこでは、先ず「太原・上党は又晋の公族の子孫多し」と記されているが、文献上において、晋の公族の子孫が土着化して、漢代のこの地方に豪族・土豪として存続している具体的実例を、私たちは検証することができるであろうか。これは史料的にきわめて困難な問題であるが、若干の推測が許されれば、その実例を提示することはできる。後漢書馮衍伝に

「初め馮衍は狼孟の長となり、罪を以て大姓令狐略を摧陥した」

とある。馮衍は前記の馮奉世の曽孫で、その祖は上党の潞邑の馮氏である(後漢書馮衍伝引東観漢記)。昭帝より元帝の時代に仕えた馮奉世は上党の潞県より京兆の杜陵に徙ったので、後漢書本伝には「馮衍は京兆杜陵の人」と記されている。この馮衍が、王莽の滅亡後、更始帝のとき、太原郡狼孟県の県長となり、そこの土着の豪族の令狐略の不法行為を弾圧したというのである。問題はこの太原の令狐氏である。後漢書列女伝にも、太原郡の人で令狐子伯という者が記されている。太原郡ではないが、隣接の上党郡の壺関の三老の令狐茂のことは[1]、漢書武五子伝・前漢紀に記されている。漢代において、令狐氏という複姓は数少なく、私の知る限りでは、以上の三例を出ず、また、三国志魏書倉慈伝にも、曹操のとき弘農の太守に任ぜられた太原の令狐劭という人物が記されている。漢代の令狐氏はみな太原・上党の地方にあつまっており、その他の地方には見られない。漢代の太原・上党の両郡は、前述の如く、春秋時代の晋の領域である。そして、晋の有力世族に令狐氏という一族があるのである。それは晋の有力世族魏氏の支族であって、杜預の世族譜(左伝襄公三年疏引)によれば、魏犨の子に、魏顆と魏絳とがあり、魏顆が令狐氏となり、魏絳が魏氏を継いだ、と記されている。国語晋語七に令狐文子のことが見え、韋注は「令狐文子は、魏犨の孫で、魏顆の子の頡のことだ」とあり、潜夫論巻九志氏姓篇にも、「魏顆は令狐を氏とする」と記されている。魏犨の子の魏顆が令狐に封ぜられ、因りて以て氏としたのである。そうすると、漢代の太原郡・上党郡の豪族令狐氏は、春秋時代晋の世族令

狐氏の子孫ではないだろうか、という推定が生れてくる。「太原・上党には晋の公族の子孫が多く、詐力を以て相傾け、功名を矜夸し、仇を報ずること過直にして、嫁取送死は奢靡なり、漢興りて号して治し難しとなす」という前引漢書地理志の記載、および、太原狼孟県の大姓令狐略はその横恣をもって、県長馮衍の弾圧をうけた、という後漢書馮衍伝の記載を併せ考えると、そういう推定がより蓋然性を増してくる。事実また、広韻十五青の条に、

「漢の複姓に令狐氏有り、本、畢万の後よりす。国語に晋の大夫令狐文子と云う、即ち魏顆也、漢より以後世々太原に居す。邁に至り王莽の誅する所となり、邁の少子始めて燉煌に居する也。……」

と記されている。元和姓纂・新唐書宰相世系表とも同じく、漢代太原の令狐氏は、晋の大夫令狐氏の後となしている。ただそこに記されている令狐邁、すなわち王莽の誅する所となった令狐邁のこと、および邁の少子が燉煌に徙居したことは、漢書・後漢書より検出することはできない。三国志魏書の倉慈伝に、曹操のとき弘農の太守となった太原の令狐邵という人物が記されており、同伝引魏略によれば、令狐邵の叔父は後漢に仕えて烏丸校尉となったと記され、また令狐邵の族子の令狐愚は、性倜党にして大志有るので、令狐邵をして「必ず我が宗を滅さん」と憂えさせた、と記されていること等々から考えると、太原の令狐氏は、後漢から三国時代にかけてもなお豪族として太原郡に存続していたことになる。王莽のとき令狐邁が誅せられ、その少子が燉煌にうつったという前記の伝承は、後世の殊に北周以降正史に数多く登場する燉煌の令狐氏の世系を、漢代太原の令狐氏に、すなわちさらには春秋時代の晋の名族令狐氏につなぐために後から作為されたものではないか、という疑いもないではないが、その検討は当面の問題ではない。「太原・上党には晋の公族の子孫が多い」という上引の漢書地理志の記載を検証するために、その実例を私たちは太原の令狐氏にもとめたのであるが、漢書地理志ではさらに、彼らは「詐力を以て相傾け、功名を矜夸し、仇を報ずること過直にして、嫁取送死は奢靡なり」と記されている。「詐力を以て相傾ける」の「詐力」とは、ことわるまでも

なく「詐」と「力」であるが、正当な根拠によってオーソライズされない、いわば不法な権力を広く意味する。「功伐なくして栄富を求めるは詐なり」(呂氏春秋巻一三務本)とあるように、「虚を以て取ることが詐である」(同高誘註)。それ故、史記始皇帝本紀の太史公曰に「秦王は貪鄙の心を懐き、……王道を廃して私権を立て、詐力を先にして、仁義を後にす」とあるが、そこでは、「王道を廃して私権を立てる」ことと、「詐力を先にして仁義を後にする」ことが、対応してのべられているように、秦王の権力は、王道仁義によって正当化されていないという意味で私権であり、その意味で詐であり、暴力である、という意味で「詐力」という表現がとられているのである。漢代の太原・上党の地方に土豪化している多くの晋の公族の子孫たちが、「詐力を以って相傾けている」というのは、漢のオーソドックスな国家権力によって正当化されていない、その意味での不法の行為や私権をもって相競い合っている、という意味である。それは、仲長統の昌言の所謂「身に半通青綸の命なくして、三辰龍章の服を窃み、編戸一位の長たらずして、千室名邑の役有り、栄楽は封君より過ぎ、埶力は守令に侔しい」という、土豪・豪族の勢力に相類するものであろう。その勢力が正当な国家権力によりオーソライズされていないのに、「栄楽は封君より過ぎ、埶力は守令に侔しい」のは、まさに高誘の所謂「虚を以て取る」ところの「詐」であるからである。当時の土豪・豪族の勢力については、従来その大土地所有とその族的結合の面が重視され、かれらの及ぼす規制力は、族人やかれらの土地を仮作する佃客についてのみ考えられているようであるが、かれらは、それ以外の周辺の一般民に対しても、その人的関係により、さまざまな規制力を及ぼして、郷曲に武断していたのである。例えば、前漢書酷吏厳延年伝には涿郡の大姓西高氏・東高氏のもつ社会的勢力について、「郡吏より以下、皆畏れて之を避く、敢えて与に牾《さから》うものなし、咸《みな》曰く『寧ろ二千石に負《そむ》くとも、豪大家に負《そむ》くこと無けん』と」と記している。また後漢書党錮夏馥伝には、陳留の例ではあるが、「同県の高氏・蔡氏は並びに皆富殖なり、郡人は畏れて之に事《つか》う。唯夏馥のみは門を比《なら》べるも与に交通せず、是に由り豪姓の仇する所と為る」と記されている。これらは皆、前述の「身に半通青綸の命なくして、三辰龍章の服を窃み、……栄楽は封君より過ぎ、埶力は守令に侔しい」土豪の具体例であるといえよう。かれらは、族人や隷属民に対してのみならず、その周辺の邑中の一般人民に対して、さらには郡県の下級官吏に対してさえ、こばむことのできない程の大きな社会的規制力を及ぼしていたのである。このようなかれらの守令に等しい勢力は、漢の国家より与えられたものでもなく、また正当化されたものでないのであるから、漢の国家権力より見れば「詐」であり、「偽」である。「詐力をもって相傾ける」とは、このような社会関係を意味する。太原の大姓令狐氏が県長馮衍によって弾圧されたのは、そのような「詐力を以て相傾けて」いたからであろう。

かれら太原の土豪たちは、さらに、漢書地理志によれば、「仇を報ずること過直であった」と記されている。漢代において、私闘復讐が一般にさかんに行われたことは、かつて論及したことがあった[2]が、太原・上党の地方においては、殊にはなはだしかったことを、このことは示している。当時における私闘復讐は、一般的にいって集団的性格をもつことも、かつて明らかにしたことであるが、「客を将《ひき》いて」、或は「客と結んで仇を報ず」という常套語的用例が示すように、単身で行うよりもむしろ多くの場合、当事者の一族の者の外に、その養うところの客や、場合によっては小作人・奴隷をまじえた集団によって、遂行されるのが通常であった。これらのことから考えると、その民俗として「仇を報ずること過直である」太原・上党の土豪の勢力は、同族結合を中核とするだけではなく、その周辺に私兵的役割を演ずる多くの客を養い、徒党を形成して、自らの自衛体制をもつものであったろう。後漢書逸民伝の王覇伝に「太原の俗は党す」ということばがつたえられている。これは後に言及するように、太原の人王覇を非難することばとして語られているのであるが、「党す」ということは、論語述而篇の「君子は党せず」の孔注に「相助けて非を匿うを党すと曰う」とあるように、私的な人的結合関係の集積による、私的秩序の形成を意味する。それは、旧い氏族的秩序の分解の後をうけて、個々の家々が、自らの安全をはかるために、より有力な家と相結ぶ、新しい民間秩序の形成を意味する。それは、具体的な家が、その一族を中心として、その外延に具体的な人的結合関係をひろげて行く、きわめて個別的な秩序の世界であって、現実には、そのような個別的秩序の群小世界がきわめて多く併存し、それらの群小の秩序の世界のそれぞれの中心をなすものが、土豪であり、豪族であったのである。そのような私的秩序の性格を、それをなり立たせる特殊具体的な習俗的規範意識の面から、私は任俠的秩序と名付けたことがあった。しかし、このような個別的秩序の群小世界の外においては、すなわち、土豪を中心とするそれぞれの群小世界相互の間においては、強食弱肉の力の関係が事を左右する。そこにおいては、あの私闘復讐の盛行が示すように、人々は守るべき秩序規範をもたず、みずからの私的秩序をおびやかすものに対しては、力をもってのぞみ、力をもって、みずからの世界を守ったのである。「太原の俗は党す」ということばは、このような秩序構造を端的にあらわしている。そこにおける土豪・豪族は、その個別的具体的な私的秩序の維持のために、国家秩序にたよることなく、自主的な自衛体制をそなえていたのである。そのことを国家権力の側から見れば、「詐力を以て相傾ける」ということになり、「豪党の徒、以て郷曲に武断す」(史記平準書)ということになる。そのような私的秩序が強固に形成される場合は、国家権力の浸透をはばむのが一般であったから、潁川の太守趙広漢は「其の俗、朋党多きを患えた」(漢書韓延寿伝)のであり、太原・上党の地方は、それ故、「漢興りて号して治し難しと為した」(漢書地理志)のである。上引の「仇を報ずること過直であった」という漢書地理志の記載は、単に太原・上党地方における、武毅・任俠の気風の盛んであったことを示すだけでなく、その底にある社会関係としては、土豪を中心とする個別的秩序世界相互間の対立がはげしく、それだけまた、みずからの私的秩序をみずからの力をもって守る自主的習俗がこの地方においては、特に強度であったことを示すものである。

このような状態であるから、「漢興りて号して治し難しとなし、常に厳猛の将を択び、或は殺伐に任じて威を為した」と漢書地理志はつづけて記している。漢書鄭弘伝によると、鄭弘の兄の鄭昌(字は次卿)は太原の太守となり、「刑罰を用いること深かった」と記されている。また漢書張敞伝によると、張敞は、趙広漢・黄覇らとならんで、峻厳な地方官として治行著名であるが、難治をもってきこえる三輔の京兆尹を守して、長安の偸盗を根絶し、後選ばれて太原郡の太守となっているのである。そして、彼は太原の太守のとき、後述するように、部下の吏を誅してその一族のものより復讐をうけているのである。しかし、このような厳猛な地方官を任命して、或は殺伐に任じて威を為しても、太原・上党地方の「治し難い」状態は解消しなかったようである。かれら厳猛な地方官が、国家権力の浸透をはばむこれら土豪勢力を、殺伐に任じて破砕しようとしても、これらの土豪は、「父兄誅せらるれば、子弟怨憤し、刺史・二千石を告訐し、或はその親属を報殺するに至る」と前引漢書地理志は記しているからである。地方官より誅罰をうけた者の一族のものが地方官に対して復讐を行うことは、単に太原地方のみでなく、漢代では他の地方でもしばしば見られる現象であるが、このことは、少なくとも土豪たちにとっては、国家権力は、超越的絶対的性格をもった観念として受取られているのではなく、常にそれをその機構の中において担う具体的個人に即して考えられていることを示し、その意味では、「徳化未だあまねく及ばざる」状態であった、ともいえる。したがって厳猛な地方官による権力行使は、彼らの私的秩序をおびやかすものとして、その意味では、他の相並ぶ土豪勢力と同一次元においてならぶ——しかも強大な権力を背景にもつ——ものとして、考えられていたことを示すものである。それ故に、相並ぶ他の土豪勢力が、かれらの私的秩序をおびやかす場合に、彼らは敢然として私闘復讐の挙に出るのと同じように、厳猛な地方官が彼らの私的秩序を破砕しようとする場合には彼らは地方官個人に対して復讐の挙に出るのである。「刺史・二千石を告訐する」と記されているが、「告訐する」ということは、人のかくせる悪事をあばき告げることである。

後漢書蘇章伝によると、蘇章が并州の刺吏（并州の治は太原の晋陽）となったとき、「権豪の忤旨を摧折したことを以て、坐して免ぜられた」と記されている。土着の権豪から告訐されたのであろう。前述の太原の大姓令狐略を摧陥した狼孟の県長馮衍は、のち令狐略が馮衍のことを尚書令王護に譏訴したので、光武帝より遠ざけられたのである。

漢では、これら土豪を、三老等の郷官や郡県の吏に任じ、かれらのもつ自主的な土着勢力を利用することによって、国家権力の浸透をはかった。前述の晋の公族の子孫、太原の令狐氏の支族と考えられる、上党の令狐茂が壺関の三老となったことはすでにふれた。三老は官秩のない郷官ではあるが、壺関の三老令狐茂が戻太子の事件について、武帝の処置を非難しいさめる上書をなし、武帝をして感悟せしめた、その発言力の重さは、郷民の上に大きな社会的規制力を有つ土豪を漢ではいかに重視していたかを私たちに知らせる。また太原の令狐氏について云えば、令狐子伯の子が郡の功曹になっている（後漢書列女伝）。漢代における郡の功曹は、五官掾とならんで、太守の下にあって郡の諸曹を統轄する郡吏の長であり、殊に郡吏の任免賞罰をその最も主要な職掌にして、郡の政務の事実上の実権者である。太守は、その統下の県長の職を、一時的にではあるが、この功曹や五官掾をして守せしめたことは、しばしばみられるところであって、郡の太守はその実際の郡県の統治においては、功曹や五官掾に依存するところきわめて大であったのである。(3) 漢の郡県支配は、このような群小の土豪を、三老や郡県の吏に任じ、そのもつ土着勢力を利用することによって、はじめて可能であったのであり、その専制的人頭支配は、かれらの土豪のもつ社会的規制力の協同によって、現実化されたともいえる。しかしながら、そのことは同時に、これら土着勢力の温存と強化をもたらすことにもなるわけであって、その土着勢力にたのむこれら郡吏の不法な行動も、またしばしば記録に残されているところである。したがって、これら土豪の土着勢力の強い地方においては、もし厳猛な地方官が、殺伐に任じて、その配下の郡吏の不法を、きびしく誅罰するような場合には、その族党の抵抗に会わねばならないことがしばしばあった。例えば、董宣が北海の相になったとき、土着の大姓公孫丹を五官掾に任用したが、不法な行為があったので、これを誅残したところ、公孫丹の「宗族親党三十余人が兵器を操《と》って府にいたり、冤を称して叫号し」た、と後漢書酷吏董宣伝に記されている。さきに厳猛な地方官の例として挙げた太原の太守張敞は、その郡吏をその不法の行為により誅殺したところ、吏家の一族が太守張敞を怨みとし、張敞の子張璜を刺殺した、と漢書張敞伝に記されているが、それも同様な関係を示すものである。このような事例は他にも多いが、[4] この太原の太守張敞の事例は、「父兄誅せらるれば、子弟怨憤し、……或は(刺史・二千石の)親属を報殺するに至る」という漢書地理志の記載と全く符合するものである。

以上において、私たちは、漢書地理志に記されている、太原・上党の民俗について、それが信拠すべきであることを、諸他の文献記載から検証した。そこでは、晋の公族の子孫の土豪化しているものが多く、かれらはそれぞれ民間における私的秩序の中核として、社会的勢力をもつものであった。そして、その私的秩序維持のためには、国家秩序にたよることなく、自主的に自らの力をもって之にあたる習俗がつよく、それだけにまた、その私的秩序の根本をおびやかす者に対しては、それが他の土豪勢力であろうと、或は国家権力を行使する地方官であろうと、仮借なく之に対して復讐を敢行するのである。このような「仇を報ずること過直」な太原の習俗が、私たちの問題にとって何を意味するのか、ということを、もう一度考えてみるために、同じことではあるが、このことを別の面から考察をふかめて行こう。

前漢末から後漢の始めにかけて、太原郡広武県の人で周党という人物があった。かれは、家産千金にものぼる富裕な土豪の家に生れ、幼にして両親に死別し、一族の者に養われたが、その者は周党を冷遇して、かれが長ずるに及んでも財産を横領しようとして周党にかえさなかった。かれは郷・県の役所にそのことを訴えて財産をとりかえし、それを宗族一同に分け与え、また奴婢もことごとく放免して、自らは長安に遊学した。さきに郷里にあったとき、かれは郷佐（収税をつかさどる郷の吏）に衆人の中で辱しめをうけ、それを忘れることがなかったが、長安に遊学して春秋を読んで復讐の義を聞き、ただちに遊学をやめて郷里に帰り、郷佐に決闘を申しこんで、復讐をはかったということが、後漢書逸民伝の周党の伝に記されている。これも「仇を報ずること過直」な太原の民俗の一例である。東観漢記によると、そのとき「郷佐は多く兵を従えて行く」とあるから、この場合の私闘復讐も集団をなして行われたものと考えられる。ところで、周党が「春秋を読んで復讐の義を聞いた」とあるが、その「春秋」とはことわるまでもなく、西漢のオーソドックスの官学である、公羊学である。公羊学は実際政治と直結し、春秋の義をもって獄を断じたことが多かったことは、周知のところである。当時の公羊学において復讐の義はどのように説かれていたのであろうか。(5) 私たちのたずねたい問題は、そのような私闘復讐と公的な制度的秩序との関係である。

そのような観点から公羊伝において論ぜられている復讐の義について見ると、荘公四年の夏の条と、定公四年の冬の条の論が注目される。荘公四年の夏の条は、春秋経文に「紀侯大いに其の国を去る」とあるのに伝して、大略つぎのようなことをのべている。斉の襄公の九世の祖である哀公は、当時紀侯の讒言によって周に煮殺された。襄公はこの九世の祖の怨をはらすために紀を滅ぼしたのである。経文に紀侯が大いにその国を去るとのみ書して、斉に滅ぼされたと書かないのは、斉の襄公のために諱んだのであって、春秋では賢者のために諱むからである。斉の襄公は淫泆の行があるのに賢者であるとするのは何故かというと、それは襄公が九世の祖のために復讐を行ったからだ、として、復讐の義をのべた後につづいて、公羊伝ではさらに、次のごとき問答を記している。「しかし、今の紀には罪はない。この復讐は先祖の怒りを子孫にうつしたものではないか。そうではない。昔、明天子があったならば、紀侯は必ず誅せられ、必ず紀という国はなくなっていたであろう。紀侯がその時誅せられずして、今に至ってもなお紀があるということは、明天子がなかったからである。……それならば明天子がいても襄公は此の如き行いを為すことを得るのであるか。それは出来ない。出来ないとすれば襄公はなぜしたのか。上に天子なく、下に方伯がないから、恩や憎によって行動してもよいのである。」

この公羊伝においては、斉の襄公は、復讐を行った故をもって賢とされ、復讐が高く評価されている。諸侯の場合は、九世はおろか百世の祖先の讐でも子孫たるものは、報恩することができるとされているのである。しかし、注意すべきことは、このようないわば私的な恩怨による復讐の遂行は、上に明天子がある場合には許されないのである。上に明天子があって、諸侯間の紛争に対し正邪の判定を下し、然るべき処置をとる場合には、このような恩怨による復讐は許されない、とされる。その意味で復讐は無条件に肯定されているのではない。それが明天子ではなく、諸侯に対する誅賞が正しくない場合は、恩怨による復讐は当然許されるのである。復讐の可否は要するに天子の政治の善悪の問題にかかわることになる。

定公四年冬の公羊伝はこの点をより端的に示している。定公四年冬一一月の春秋の経文に「蔡侯、呉子を以て楚人と伯莒に戦う、楚師敗績す」とあるのに伝して、有名な伍子胥の復讐のことを述べている。伍子胥は父が楚の君に誅せられたので弓を挟んで楚を去り、以て呉王闔廬に助力を求めた、闔廬は伍子胥のために師を興して楚に復讐してやろうといったが、伍子胥は諸侯は匹夫のために師を興すものではないといって、しばらくこれをとどめた。ところが、たまたま、蔡の昭公が楚から無道の圧迫をうけ、呉に救を求めて来た。そこで伍子胥は、「蔡に罪あるに非ざる也、楚人無道をなす也、君もし中国を憂うるの心あらば、この時こそよい時機である」といって呉王闔廬に師を興すことをすすめ、楚を伐って蔡を救い、これによって父を誅した楚に復讐をした、というのである。公羊伝はそれにつづいて次のような問答を記している。

「曰く君に事うるは猶父に事うるがごとき也、此れ其れ復讐を以て可と為すは奈何と。曰く父誅を受けざれば、子復讐するも可也、父誅を受け、子復讐するは、推刃の道也、復讐は除害せず、朋友相衛り、相迿《さき》んぜざるは、古の道也」

そこで、「父誅を受けず」の誅は、正当な道理にかなった誅の意味で、何休は「誅を受けずとは罪誅に当らざる也」と注しているように、「父、誅を受けず」というのは、父が、正当な道理にかなった誅をうけなかったこと、すなわち罪なくして君の殺すところとなったことを意味する。そういう場合は、父を殺した無道の君に対する復讐は是認されるのである。伍子胥が楚の君から無道な誅戮をうけた父の復讐をはたすために、呉王闔廬の助けを得て楚を伐ったことは、正しいとされているのである。このように、公羊伝では、結局、君が無道な誅戮をしたときは、臣は復讐することのできることを認めているのであって、君に事うるには猶父に事うるが如しといっても、あくまで父子の関係が基本であって、ただ、この自然血縁の父子の関係をもって人為的に君臣の関係を推すだけであって、そこに、父子と君臣との関係には、根本的に差があったのである。臣が無道を名として君を討つことが、正当化される論拠も生じてくるのである。

荘公四年の公羊伝の何休の註によれば、「父母の讐は同じく天を戴かず、兄弟の讐は国を同じくせず、九族の讐は郷党を同じくせず、朋友の讐は市朝を同じくせず」(礼記曲礼・檀弓、大戴礼会子制言、白虎通誅伐に同じ趣旨のことばがある)とあるように、父子兄弟同族朋友が秩序の根本であって、この秩序の根本を、他者が力をもっておびやかせば、それに対する復讐は、それぞれ親疎の差による地域の差は設けつつも、礼でも認められているのである。罪なくして父を殺した無道な君に対しては復讐してもよい、とする前記公羊伝の思想は、この父子を中核とする秩序を、君臣の秩序よりも、より基本的なものとするものであって、制約された形においてではあるが、家の秩序の自主性をみとめるものであったのである。このような思想の社会的基盤として、統一的君権の未発達な、春秋戦国時代の社会を、人々は想定するかも知れない。しかしながら、制度的には統一的専制君主権力の樹立をみたとされる漢代においても、父子兄弟同族朋友よりなる私的秩序を守るために、国家的秩序にたよることなく、むしろ自主的に私闘復讐がさかんに行われ、君主権力を代行する地方官に対しても、その刑罰をうけた家の一族のものが、それを不当として復讐を行うことがしばしばであり、しかもそれらのことが社会的に是認されている、ということは何を意味するのであろうか。それは、制度的には専制君主権力の体制が樹立されても、それが必ずしも制度の意図する形の通りには機能しなかったこと、すなわち、実際の運用の面において、民間に根づよい私的秩序に大きく制約されて、それを完全にカバーし得なかったことを物語るものである。そのことは、専制君主権力の郡県支配が、これらの地方土着の土豪のもつ社会的規制力をむしろ利用し、かれらを郡県の下級官吏に任用することによって、はじめて現実化の条件を得たのであり、このことはまた逆にこれら土豪の私的勢力の温存を結果し、土豪相互間の対立をさらに激成することともなることを想起すれば明らかであろう。ことに、太原の地方におけるように、「晋の公族の子孫が多く」土豪化し、古い社会関係の遺制の存続が顕著である地方においては、それら土豪の私的秩序は根強く、「仇を報ずること過直」で、厳猛な地方官によって「父兄が誅せらるれば、子弟怨憤し、刺史・二千石を告訐し、或はその親属を報殺するに至る」ことは、それなりの社会的根拠があったのである。無道を名として臣が君に復讐することを是認する、公羊伝の思想からすれば、一般官吏に対してはいうまでもないことであって、刑罰の不当を名として地方官に対して復讐を行うことは、当然認められることである。それは、思想の影響というような問題ではなく、より本源的に思想をささえる社会的基盤の同質性と存続の問題である。

漢室では、武帝以降、君臣の義を強調する教学政策によって、広くこれら郡国の土豪の上に徳化をおよぼし、かれらを徴召して、官僚制の中核の中にくみ入れようとした。孝廉その他の選挙の制がすなわちそれである。それは後漢に入ってさらに一般化し、殊に光武帝は、その創業の基をかためるために、広く野にいる賢豪を徴召して、臣従による協力を求めたのである。しかしながら、この場合においても、太原の地方は、「天子も臣とする能わざる」強毅な逸民を多く史上の記録にとどめているのである。これも、前述の太原地方の歴史的・社会的条件と何らかの関係があるであろうか。

（1）前漢書六三武五子伝には、「壺関三老茂」と記されてその姓を載せていないが、顔師古注引の荀悦の漢紀には「令狐茂」と記されており、また続漢書地理志劉注引の上党記には令狐徴君とあり、後漢書張皓伝の李注にも壺関三老令狐茂とあり、漢書の書す壺関三老茂の姓は令狐氏であることは疑いない。なお、水経注巻一〇濁漳水注に「壺関三老公乗興」とあるが、これは漢書王尊伝にある「湖三老公乗興」の誤記である。

（2）本書第一篇第一章「漢代における民間秩序の構造と任俠的習俗」、なお牧野巽「漢代における復讎」（『支那家族研究』昭和一九年所収）参照。

（3）厳耕望「漢代地方行政制度」『歴史語言研究所集刊』25（一九五四）参照。

（4）例えば、後漢書一〇六任延伝。「（任延）拝武威太守、……時将兵長史田紺、郡大姓、其子弟賓客、為人暴害、延収紺繫之、父子賓客伏法者五六人、紺少子尚、乃聚会軽薄数百人、自号将軍、夜来攻郡、延即発兵破之、自是威行境内、吏民累息」。また、後漢末のことであるが、三国志呉志一五賀斉伝に「（賀斉）少為郡吏、守剡長、県吏斯従、軽俠為奸、斉欲治之、主簿諫曰『従県大族、山越所附、今日治之、明日寇至』、斉聞大怒、便立斬従、従族党遂相糾合、衆千余人、挙兵攻県、斉率吏民、開城門突撃、大破之」とある。

（5）公羊伝における復讐の義については、註2牧野論文がふれている。

# 四

前漢書では太原地方出身者で漢室の枢機に参劃した高官・重臣は一人も記録されていない。そこに記録されているものは、武将の荀彘・趙破奴・常恵、游侠の魯翁孺と逸民的風格をもった郇越・郇相の六人であり、その中で特に伝を立てられているのは、匈奴・朝鮮等の外夷征伐に功のあった荀彘以下の三人にすぎない。郇越・郇相の二人は、漢書鮑宣伝の末尾に記されているが、それによると、この二人は同族昆弟で、ともに州郡の孝廉茂材に挙げられたが、数々病を理由として官を去った。郇越は、その先祖伝来の資産千余万を同族や州里の人々に分け散じたと記されているから、太原土着の富裕な土豪で、志節尤も高く、成帝より王莽にいたる期間、清名の士として著名であったという。同族の郇相は、王莽のとき徴されて太子の四友にさせられたが病死し、その子は、亡父の棺によじのぼって、亡父の遺言であるとして、王莽の太子の使者を拒絶し、京師の賞讃をはくした、と記されている。

東漢の光武帝が即位するや、広く野にいる賢俊を徴召して、大業の翼賛を求めた。光武帝の徴召にも拘らず、出で て仕えることを肯んじない強毅な逸民が、太原地方には多くみられる。郇恁・閔貢・周党・王覇等の人士がそれである。

郇恁は字は君大、前述の太原の郇越の子である。少にして清節を修め、父越が卒すると、父と同じく家産を九族に分け散じて隠れ居し、光武帝がその賢を聞いて徴召するも至らず、のち明帝のとき驃騎将軍東平王蒼の辟召には止むなく応じたが、月余にして辞して家に帰った。明帝がたわむれに、郇恁に対し、先帝が徴しても来なかったのに、驃騎将軍の辟召に応じたのは何故か、と問うたところ、郇恁は、「先帝は徳を秉《と》りて以て下を恵むが故に自分は来なくても許されたが、驃騎将軍は法を執って下を検するが故に、来ないわけにはゆかなかった」とこたえた、という話が後漢書周黄姜申屠列伝の序に記されている。

閔貢は字は仲叔、同じく太原の人である。節士を以て著名で、後述の周党の潔清を以てしても、閔貢には及ばなかったとされている。光武帝のとき司徒侯霸の辟召に応じたが、侯霸が政事のことを問わず、その労をねぎらうだけなので、閔貢は、「仲叔(閔貢の字)を以て問うに足らずとなすか、辟して問わざるは人を失する也」といって、劾状を投じて辞し去り、のちまた博士を以て徴されても応ぜず、安邑に客居して、清貧に甘んじた。安邑の県令はこれを聞いて、ひそかに吏に命じて衣食を贈ったが、閔貢はこれを受けず、安邑を去って沛に客居し、寿をもって終った、と東観漢記・後漢書周黄姜申屠列伝に記されている。

これらの所伝はその叙述がきわめて類型的で、個性的な描写を欠くところから、そのような生活態度とそれをささえる社会関係について、具体的なことは殆んど知ることはできない。そこで強調されることは、等しく官に仕えず清貧に甘んじて志を完うしたことであって、清貧を求めるその志を表現するために、この種の人物についてしばしば記される、資産をことごとく同族・邑人に分け散じて、自らは隠れ居した、という類型的な挿話も、この種の逸民には、富裕な土豪が多いということを類推せしめる程度である。同じく類型的な描写によるものではあるが、後漢書逸民伝に記されている、周党と王霸の伝には、若干の問題の手がかりとなるような記述をふくんでいる。

周党は太原郡広武県の土豪である。彼がわかいとき郷佐から衆人の中で辱しめをうけたのを忘れず、長ずるに及んで春秋の復讐の義に感じて、郷佐に決闘を申しこみ、傷をうけたがその義を称せられたことについては、「仇を報ずること過直である」太原の民俗の一例として、さきにのべたところである。この周党が後漢書では逸民伝に列せられている。そこでは周党も家産千金を宗族に分け散じ、奴婢を悉く放免したと記されているが、彼はその後身を敕《つつ》しんで志を修め、州里の人望を得、王莽が簒位するに及んで病に託して門を杜《とざ》した。光武帝が即位するに及んで徵されたが、周党は短布単衣を著て、樹皮でもって頭髪をつつみ、尚書にいたり、服装をかえることを命じられても肯えんぜず、光武帝に引見されても、伏して謁せず、ただ仕官を欲しないみずからの素志を守り度いことをのべたので、光武帝は止むを得ずこれを許した、邑人は彼を賢者として祠った、ということが、東観漢記・後漢書逸民伝に記されている。

前節にのべた太原の大姓令狐子伯の友人に、同じく太原広武県の人で王霸という人物がいる。後漢書はこの王霸も逸民伝中に列している。それによると、王霸は、字は儒中、少にして清節あり、王莽が簒位するに及んで冠帯を棄て交宦を絶った。光武帝が即位するや、徵されて尚書に到り、拝謁したが、名は称するも臣を称しなかった。有司がその故を問うたところ、王霸は「天子でも臣とすることのできない者はいるし、諸侯でも友とすることのできない者はいるのだ」と答えた。司徒の侯霸は、自分の位を王霸に譲ろうとしたが、故《もと》の梁令の閻陽という人物が、王霸のことを毀《そし》って、「太原の俗は党す、儒仲（王霸の字）に頗るその風あり」、といったので、侯霸は王霸を司徒に推すことをやめた。王霸は、病を口実として仕えず、郷里太原に帰り、隠れ居して志を守り、茅屋蓬戸に住んで、連《しき》りに徵《め》されても遂に応じなかった、と記されている。

この周党・王霸の所伝も、さきの数人の所伝と同じくきわめて類型的であるが、ただ、周党が仇を報ずること過直であったということ、および、「太原の俗は党す、儒仲に頗るその風あり」ということばが王霸の人物の一面を伝えているとすれば、それは若干具体的であるといえる。「太原の俗、党す」ということの社会史的意味については、さきに詳論したところである。それは人的結合関係の集積による私的秩序の形成を意味する。太原の地方においては、土豪を中心とする私的秩序が根強く、かれらは国家秩序にたよることなくむしろ自主的に力をもってこれを守り、それが、「仇を報ずること過直な」好勇任侠の習俗を生んだことは、すでに前述したところである。後漢書の章懐太子の注は、この「太原の俗は党す、儒仲に頗るその風あり」ということばを、前引の漢書地理志の「太原には晋の公族の子孫多し、詐力を以て相傾け、功名を矜夸し、仇を報ずること過直なり、漢興りて号して治し難しと為す、常に厳猛の将を択び或は殺伐に任じて威を為すも、父兄誅を被れば子弟怨憤し、刺史・二千石を告訐し、或はその親属を報殺するにいたる」の記述を引用して解釈しているのである。このように考えてくると、太原地方において、後漢の当初、光武帝の創業に際して、その徴召に応じなかった強毅な逸民を多く輩出したこととの社会史的関連がすこしく明らかになってくる。

王霸が、光武帝に徴されても、名を称するも臣を称しなかったということ、および有司にその故を問われたとき答えたことば、すなわち、「天子にも臣として仕えない者はいるし、諸侯にも友として交わらない者はいるのだ」ということばは、礼記儒行篇にある「儒には、上は天子に臣たらず、下は諸侯に事《つか》えざるもの有り」ということばに相応ずる。そのような儒を、儒行篇では、「慎静にして寛を尚《とうと》び、強毅以て人と与《まじわ》り、博学以て服を知り、文章に近づき、廉隅を砥厲し、国を分つと雖も、錙銖の如くし、臣たらず、仕えず」と説明している。人の言行が道に照らして正しからざれば、それがどのような人であっても、苟しくも屈従して順うことをしない、禄として国を分け与えられても、これを錙銖の如く軽視して受けない。天子に臣たらざるものは、伯夷・叔斉の例の如きであり、諸侯に事えないのは長沮・桀溺の例の如くである、と注釈者は解している。王霸の言動を、この礼記儒行篇の思想をもって解釈することは、従来の通説であろう。後漢書が、厳光・周党らとともに王霸を逸民伝に列したのも、また、皇甫謐が高士伝に王霸をとり上げたのも、そのような評価にもとづいてである。また、郇恁・閔貢を、「邦に道あるときは仕え、邦に道なきときは巻《おさ》めて懐《かえ》る」ところの君子の道をとく後漢書周黄姜申屠列伝の序に列したこともそのような道徳的評価にもとづくものであろう。しかしながら、そのような道徳的評価だけでは十分に理解できない問題がのこる。王覇が王莽の簒位に際して、冠帯を棄て、周党が疾に託して門を杜《とざ》したことは、そのような解釈でも一応理解できるのであるが、光武帝が即位した後においても、徴《め》されても、出でて仕えなかった、というのは、何故であろうか。

王船山は、その読通鑑論（巻六）において、この点から、彼らの言動は長沮・桀溺・丈人とくらべて尤も陋であり、僻であるとしている。道の行われざるを知りて、君臣の義を廃したのが、長沮・桀溺・丈人である。隠者の隠者たる所以は、道を蔵して自ら居ることにあるのであって、蔵すべき道なき者が、いたずらに君臣の義を廃することなのではない。光武帝は、王莽の乱を定め、漢の正統を継ぎ、礼楽をおさめ、古典に式《のっと》った。其の或は未だ醇ならざるものがあるにしても、それは、賢者が道をもって之を賛襄することを待っているのである。それ故、光武帝は、野にいる厳光・周党・王覇らを徴召したのである。しかるに彼らは、徴されても、これを避けて仕えようとはしない。忿鷙の気を君臣の礼法の下に施さんとする者ではないか。彼らは長沮・桀溺・丈人に比すべきではなく、ことに周党の如きは、むしろ北宮黝の徒ではないか、と王船山は酷評している。北宮黝は、ことわるまでもなく、孟子公孫丑篇に記されている勇者である。「北宮黝の勇を養うや、膚撓《たゆ》まず、目逃《たじろ》がず、一毫《いつぽんのほそげ》を人に挫《ぬ》かれることを思うこと、市朝《やくしよ》にて撻《むちう》たれるが若し、褐寛博《いやしきおとこ》にも受けず、亦万乗の君にも受けず、万乗の君を刺すことを視ること、褐夫《いやしきおとこ》を刺すが如し、諸侯を厳《はばか》ることなく、悪声至らば、必ず之を反《むく》ゆ」と、そこでは記されている。韓非子顕学篇の所謂「色撓まず目逃《たじろ》がず、行曲なれば臧獲《どれい》をも違《さ》け、行直なれば諸侯をも怒る」漆雕の儒とも相類するものである。私はかつて、これらの徒を、戦国時代以降の任侠好勇の気風の盛行との関連において、その祖型として論じたことがあった。そして、そのような気風と習俗は、漢代においても、民間における自主的な私的秩序の形成と維持の上に、不可欠の役割を果したことも、詳論したところであった。

王船山の議論は、光武帝の治を、やや理想化したきらいがあり、後漢初期の政情には、なお、上記の人士をして出仕することを躊躇せしめる何らかの問題もあったのかも知れない。それらの問題については、別に検討を必要とするが、しかしながら、その故だけをもって、王船山のするどい洞察には、一がいに無視し去ることのできない問題を含んでいる。それは、私たちが検討してきた太原地方の歴史的社会的条件と、相符合するからである。

逸民は、後漢より、魏晋南北朝時代に入ると、道家の思想の影響と相まって、専制政治下における知識人の中国固有の抵抗の伝統を確立する。それは、中国思想の固有の構造、あの道義を媒介として成立する君臣関係の相対性に、その思想的根拠をもつものであるが、それを社会史的に見るとき、それは、専制君主権力の現実の機能が中国固有の天下的秩序世界のすべてを覆いつくさないところから生ずる、固有な社会的存在であるともいえる。王船山は、志操の純粋さをきびしく求めるその立論から、後漢書逸民伝にのせられている厳光・周党等を、逸民の祖型として類型化された長沮・桀溺・蓧を荷う丈人と峻別したが、両者は、意外にも共通の社会的基盤から生じているのではないだろうか。

以上において、私たちは、春秋時代以来の古い邑のある地方の一例として、太原郡をとり上げ、その古い社会関係が、漢代の郡県制下において、形をかえつつも、なお存続し、それが郡県制的支配そのものを、多様に制約している関係を見て来た。そこで見てきた様々な現象は、もとより太原郡のみに固有な現象なのではない。それは、古い社会関係が形を変えつつも存続する地方においては、同じく「治し難い」現象は多く見られるのである。ただ問題は、このような古い邑が県となった地方ではなく、戦国秦漢の時代に、新たに開発されて県がおかれた地方においては、問題は必ずしも同一ではない。この点については、別の機会に論ずることとする。

（１）　もとより、後漢書の記す太原出身の人がすべて、辟召に応じなかった、などといっているのではない。太原晋陽の人劉茂は、前漢末孝廉に挙げられたが、王莽の簒位により官を去り、後漢の初め郡の門下掾となり、のち義士を以て、推薦されて、議郎となり、また、太原祁の人温序は、州の従事につかえ、後徴されて侍御史となっている。また太原祁の人王允は、世々州郡に仕え、三公の辟召に応じて、侍御史になった。しかし、さきの劉茂・温序は、ともにその任侠的行為により、独行伝に列せられている義士であり、王允はことわるまでなく、同じく太原界休の人の郭泰と結んで、宦官の暴政に抗し、董卓を倒すのに積極的な役割を演じた清節強毅の士であることに注意しておかなければならない。

（中国古代史研究会編『中国古代史研究』吉川弘文館。一九六〇・八・五稿）

# 〔旧版〕あとがき

本書は、序論の部分をのぞいて、一九五一年より一九五八年の間に、論文の形で発表された私の研究をあつめたものである。排列の順序は、問題の性質にしたがい、必ずしも発表の年代順によったのではない。それらの論文は、秦漢帝国の成立過程を社会史的観点から明らかにしようとする共通の意図から、相関連する諸問題をとり上げたものであるが、なにぶんにも、ほぼ十年に近い期間に時期を異にして起草されたものであるため、その間における学界の進歩や、それによって啓発される私自身の若干の成長もあって、それぞれの論文における問題追求の仕方には、精粗の差があり、その考察も、同一水準の密度をもって一貫されているわけではない。本書を編むにあたって、印刷技術上可能な範囲において、若干の補正加筆をおこなったが、それとてもごく小部分に限られなければならなかった。

本書が、秦漢帝国形成過程の解明を意図するものであるとはいっても、それは、もっぱら社会史的視野においてであって、そこにはなお触れられていない多くの問題が残されていることはいうまでもない。従来、中国史研究において最も精緻に発達している分野は制度史(官制史)であるが、本書において意図したところは、序論において詳述したように、ただ、そのような制度を規制する社会史的基盤、そのような制度が現実に生きて動くための社会的諸条件を、専制君主権力形成の具体的な歴史的展開の中で、明らかにしようとすることであった。

このように、本書は、限られた視野に立つものであり、また触れられていない多くの問題を後に残す未熟なものであるが、このような形で本書が成るについては、多くの師友の教示と指導によることが多大であった。私は何よりも先ず、上原専禄先生に、このまずしい研究をささげたいと思う。私をはじめて歴史研究の道にみちびき、今日なお、歴史研究の意味と方法についてきびしく教えをたれる先生の学問をはなれては、私の研究はそもそも成り立ち得なかったからである。故三浦新七先生の主宰された東洋文化研究室は、私の中国史研究に最初の出発点を与えてくれたものであった。さらに、この研究の過程において、常に温いはげましと教示を与えてくれた多くの先学や学友に感謝しなければならない。宇都宮清吉・平中苓次・守屋美都雄・西順蔵・西嶋定生・上原淳道の諸氏をはじめ、三上次男氏を中心とする中国古代史研究会の方々の変らぬ友情のささえがなかったならば、私の中国史研究は不可能であったとさえいってよい。また、本書が弘文堂から出ることになったのは、増田四郎氏の御すすめと御骨折りの賜であり、私は氏に厚い感謝の意を抱くとともに、校正・出版についていろいろと御迷惑をかけた弘文堂の諸氏、殊に塩沢清氏の御厚意に御礼を申しのべたい。

一九五九年十一月二十日

著者

# 後　記

著者の増淵龍夫博士は、一九八三（昭和五八）年五月一二日、享年六七歳で不帰の客となられた。本書は、一九六〇（昭和三五）年に弘文堂から上梓された『中国古代の社会と国家』に、節子夫人の手元に遺された生前の覚書きにもとづいて増補改訂を加え、新版として岩波書店から刊行されるものである。

もと東京商科大学商学士としてドイツ中世経済史を専攻された著者は、第二次世界大戦のさなかに中国の革命運動の高まりとアジア諸国の内発的発展を直視し、その行方を内在的に理解する衝動やみがたく、福島高等商業学校の教壇をおりて恩師上原専禄先生の門を敲き、一九四三（昭和一八）年、東京商科大学東亜経済研究所の研究員として中国古代史の研究に着手された。上原先生の助言にそって『史記』に沈潜すること七年有余、その間、一橋大学経済学部助教授に任ぜられて東洋経済史の講義を受けもちながら、はじめて世に問うたのが本書第一篇第一章の「漢代における民間秩序の構造と任侠的習俗」であった。

歴史の内面的理解と内在的把握を重んじる著者の研究姿勢は、処女作「ワイズテューマーと後期中世独逸マルク、村落団体の若干問題（一）（二）」『社会経済史学』一〇—七、八（一九四〇）以来、生涯を通じて貫かれている。原史料そのものの意味体系をその時代の社会秩序のなかに内在させて内面から理解するための実証研究が、著者のドイツ史研究であり、中国史研究でもあった。逆にいえば、原史料の置かれた時代と社会に対する外側の価値基準をものさしとしてその史料を解釈するような外在的把握は厳しい批判の対象とされたのである。とりわけ西洋近代の合理的価値基準を前提として東洋社会の停滞性や「専制主義」を論じることのないように注意を喚起し、そのような観点から学界動向についても常に問題整理を試みられた。本書の「序論」はその結晶である。

このような視座から、中国の革命主体が自らの歴史的位置づけと変革の課題を明らかにするために展開した中国社会史論戦と古代史論戦について問題史的に整理したうえで、著者は、中国最初の統一国家である「秦漢統一帝国」の成立過程について、その後の古代史研究の指針となる体系的把握を提示した。中国古代社会を秩序づけ、国家行政機構を成立させる共通の場として、任俠的習俗が重要な意義をもつことに著者は注目し、その普遍的な人的結合の理念と実態を実証的に解明した。上からの国家支配と、下から形成される民間秩序とを媒介する、人格的結合関係が整合性を保つか否かが、統一の成否を分つのであって、そのことを内在的基準として、社会史的・思想史的な研究が積み重ねられた「第一篇」並びに「第二篇」と、国家権力の成立基盤を財政・経済史的に解明した「第三篇」が本書旧版を構成していた。この新版では、旧版の枠組みを維持しつつ、次のような改訂と増補を施した。

史料の引用については、前記のような著者の観点を損なわないように配慮した。通常の読み下し方と異なる箇所や、現在の研究段階では訂すべきと思われる箇所も、明白な誤植のみ訂し、基本的には著者の原文通りに印行することとした。原史料の本来の時代的な意味を浮き彫りにするために、著者は時として大胆ともいえる現代語訳を試みている場合もあるが、それらは読者の吟味に委ねられるべきものと判断した。

その他の改訂事項を列挙すれば、次の通りである。

㈠ 原則として新字体を用いた。

㈡ 同一史料が複数箇所に引用されている場合、必要最少限度の統一をはかった。

㈢ 引用論文に「　」、雑誌、著作に『　』をつけた。

今回増補したものは以下のとおりである。増補にあたっては、『一橋論叢』等、一般に入手の困難なものを優先した。

序論　第四節「所謂東洋的専制主義と共同体」（『一橋論叢』一九六二年三月）
第一篇第五章「商鞅変法の一問題」（『野村兼太郎博士還暦記念論文集　封建制と資本制』有斐閣、一九五六年三月）
第二篇第三章「後漢党錮事件の史評について」（『一橋論叢』一九六〇年一二月）
第三篇第三章「春秋時代の貴族と農民」（『一橋論叢』一九七四年七月）
第三篇第四章「韓非子喩老篇の所謂楚邦之法について」（『一橋論叢』一九五八年一二月）
第三篇第五章「漢代郡県制の地域別的考察」（『中国古代史研究』吉川弘文館、一九六〇年一一月）

改訂増補と編集の作業は、増淵ゼミナール出身の内田知行（大東文化大学）、江夏由樹（一橋大学）、佐藤宏（一橋大学）、佐藤佑治（関東学院大学）、土屋紀義（国立国会図書館）、中川学（一橋大学）、三谷孝（一橋大学）、米浜泰英（岩波書店）の八名が分担した。

なお、本書の第三篇第一章、第二章に頻出する金石文字については、松丸道雄氏（東京大学名誉教授）と竹内康浩氏（北海道教育大学釧路校助教授）に特別に校閲を依頼し、若干の訂正を施した。ここに明記して感謝の意を表する。

一九九六年八月

中　川　学

■岩波オンデマンドブックス■

新版 中国古代の社会と国家

1996年10月25日　第1刷発行
1997年6月5日　第2刷発行
2014年1月10日　オンデマンド版発行

著　者　増淵龍夫《ますぶちたつお》

発行者　岡本　厚

発行所　株式会社　岩波書店
〒101-8002 東京都千代田区一ツ橋2-5-5
電話案内 03-5210-4000
http://www.iwanami.co.jp/

印刷／製本・法令印刷


ISBN978-4-00-730087-5　　Printed in Japan